D1687078

SCHÄFFER
POESCHEL

Die neue Schule
des Bilanzbuchhalters
Band 2

Besondere Buchungsvorgänge, Bilanzanalyse, Kostenrechnung, Finanzwirtschaft

Bilanzbuchhalter (IHK)
mit Aufgaben und Lösungen

10., überarbeitete Auflage

Begründet von Prof. Dr. Werner Kresse
Herausgegeben von Dipl. oec. Norbert Leuz, Steuerberater

Bearbeitet von
Prof. Dr. Dr. Ekbert Hering
Prof. Dr. Hans-Peter Kicherer
Dipl. oec. Norbert Leuz, Steuerberater
Christa Loidl
Prof. Dr. Werner Rössle
Dipl.-Betriebswirt Günter Weyrauther
Prof. Dr. Michael Wobbermin

2003
Schäffer-Poeschel Verlag Stuttgart

Bibliografische Information Der Deutschen Bibliothek
Die Deutsche Bibliothek verzeichnet diese Publikation in der Deutschen Nationalbibliografie; detaillierte bibliografische Daten sind im Internet über <http://dnb.ddb.de> abrufbar.

Gedruckt auf chlorfrei gebleichtem, säurefreiem und alterungsbeständigem Papier

ISBN 3-7910-2127-3

Dieses Werk einschließlich aller seiner Teile ist urheberrechtlich geschützt. Jede Verwertung außerhalb der engen Grenzen des Urheberrechtsgesetzes ist ohne Zustimmung des Verlages unzulässig und strafbar. Das gilt insbesondere für Vervielfältigungen, Übersetzungen, Mikroverfilmungen und die Einspeicherung und Verarbeitung in elektronischen Systemen.

© 2003 Schäffer-Poeschel Verlag für Wirtschaft · Steuern · Recht GmbH
www.schaeffer-poeschel.de
info@schaeffer-poeschel.de

Satz: Grafik-Design Fischer, Weimar
Druck: Ebner & Spiegel GmbH, Ulm
Printed in Germany
Mai / 2003

Schäffer-Poeschel Verlag Stuttgart

Ein Tochterunternehmen der Verlagsgruppe Handelsblatt

Vorwort zur 10. Auflage

Band 2 der »Neuen Schule des Bilanzbuchhalters« behandelt im 5. Hauptteil des Gesamtwerks **besondere Buchungsvorgänge,** z. B. Buchungen im Wechselverkehr, bei Leasinggeschäften, bei Verkauf von Anlagegegenständen, von Reisekosten, von Sachbezügen u. a. m. Dabei wurde – wie im ganzen Werk – auf eine praxisorientierte Darstellung Wert gelegt, die insbesondere die Belange einer EDV- und umsatzsteuergerechten Buchungsweise berücksichtigt, so dass eine aus Kontensalden abgeleitete Umsatzsteuerverprobung möglich ist. Wo in der Praxis verschiedene Buchungsvarianten üblich sind, werden deren Vor- und Nachteile aufgezeigt.

Der 6. Hauptteil ist der **Konzernrechnungslegung** gewidmet. Um sich ohne Vorkenntnisse mit diesem schwierigen Fachgebiet vertraut machen zu können, wurde auf eine leicht verständliche und kompakte Darstellung besonderer Wert gelegt. Neben den Grundlagen der Konzernrechnungslegung und Fragen des Konsolidierungskreises werden die fundamentalen Kenntnisse der einzelnen Teilbereiche der Konsolidierung vermittelt. Im Vordergrund steht dabei die Erläuterung der anzuwendenden Verfahren der Kapitalkonsolidierung (Vollkonsolidierung nach verschiedenen Methoden und Equity-Konsolidierung), die durch Beispiele und Aufgaben veranschaulicht werden.

Im 7. Hauptteil über die **Auswertung der Rechnungslegung (Bilanzanalyse)** ist es das Hauptanliegen dieses Werkes, dem Leser Leitlinien für bilanzanalytische Untersuchungen zu geben und den Blick für die Zusammenhänge zwischen den einzelnen Daten des Abschlusses zu schärfen. Die am praktischen Fall demonstrierte Jahresabschlussanalyse legt neben der Aufbereitung des Abschlusses und einer systematischen Kennzahlenanalyse besonderes Gewicht auf die Auswertung des Anhangs. Checklisten über die Bilanzierungs-, Bewertungs- und Ausweiswahlrechte nach HGB sowie 20 Tabellen zu Branchenkennzahlen, die auf empirischen Branchenuntersuchungen der Deutschen Bundesbank basieren, einschließlich Erläuterungen hierzu schließen diesen Hauptteil ab.

Im 8. Hauptteil wird die **Kosten- und Leistungsrechnung** behandelt. Hauptanliegen dabei ist, nicht nur einen Überblick über die Grundgedanken, Grundlagen, Verfahren und Prinzipien der Kostenrechnung zu vermitteln, sondern auch die mit den einzelnen Abrechnungstechniken verbundenen Schwachpunkte und Probleme aufzuzeigen. Denn erst dadurch wird es möglich, die Aussagekraft der gewonnenen Informationen in der Praxis richtig einzuschätzen. Großer Wert wurde darauf gelegt, den Erfordernissen und Möglichkeiten der praktischen Durchführung Rechnung zu tragen, weshalb unter Verzicht auf langwierige mathematische Ableitungen das Hauptaugenmerk den materiellen Problemen der Kosten- und Leistungsrechnung gilt. Wichtige Schwerpunkte sind die Darstellungen des Betriebsabrechnungsbogens (BAB) auf Voll- und Teilkostenbasis, der Produktkostenrechnung mit Soll-Deckungsbeiträgen und der Prozesskostenrechnung.

Gegenüber der vorhergehenden Auflage haben wir außer den üblichen notwendigen Anpassungen vor allem an sich verändernde steuerliche Vorschriften (wie Sachbezugswerte, Reisekosten etc.) wichtige Erweiterungen eingebaut:
- Zum Thema Bilanzanalyse wurden, um den Praxisbezug noch zu verbessern, als Anhang **Branchendaten** zur Kennziffernanalyse (20 Tabellen mit Kommentierung) hinzugefügt, die auf empirischen Branchenuntersuchungen der Deutschen

Bundesbank basieren. Darüber hinaus wurde die Fallstudie zur Bilanzanalyse auf das **Halbeinkünfteverfahren** umgestellt.
- Die Ausführungen zur Finanzwirtschaft wurden um die Stichworte »Basel II« und »Rating« erweitert.
- Der Beitrag zur Kosten- und Leistungsrechnung ist um Darstellung und Kritik der **Zielkostenrechnung (Target Costing)** ergänzt.

Damit entspricht der vorliegende Band wieder dem aktuellen Gesetzesstand zum 01.01.2003.

Herausgeber und Verlag

Vorwort zum Gesamtwerk

Die »Neue Schule des Bilanzbuchhalters« ist ein Lehr- und Nachschlagewerk für den gesamten Bereich des kaufmännischen Rechnungswesens. Es wendet sich nicht nur an diejenigen, die sich auf die Bilanzbuchhalterprüfung vorbereiten sowie an Studierende, sondern dient auch dem kaufmännischen Nachwuchs allgemein zur systematischen Weiterbildung und hilft den erfahrenen Praktikern in Betrieben und Steuerberatungen bei der Lösung von Zweifelsfragen.

Das Gesamtwerk, das eng an die Rahmenstoffpläne zu den Bilanzbuchhalterprüfungen national wie international angelehnt ist, umfasst 6 Bände:

– Die ersten **vier Bände** gewähren eine umfassende Vorbereitung für die schriftliche Prüfung (national). Die Bände 1 bis 3 enthalten den funktionsspezifischen Teil. Den funktionsübergreifenden Teil deckt der Band 4 ab.
  Zum besseren Verständnis und zur Vertiefung des Wissens wurden **Aufgaben** entwickelt, auf die an den entsprechenden Stellen im Text verwiesen wird. Um inhaltliche Zusammenhänge nicht auseinanderzureißen, sind die Aufgaben und dazugehörigen Lösungen gesondert am Ende des jeweiligen Textteils zu finden.
  Kontrollfragen zu jedem Abschnitt erleichtern die schnelle Rekapitulation des Stoffgebiets.
  Ein besonderes Anliegen ist die **Praxisbezogenheit** des Werkes, die u. a. durch Berücksichtigung der Belange einer EDV-gerechten und umsatzsteuergerechten Buchungsweise zum Ausdruck kommt, z. B. auch unter Verwendung des DATEV-Kontenrahmens SKR 03.
– **Band 5** ist ganz auf die Besonderheiten der mündlichen Prüfung ausgerichtet.

Ausgerichtet an der neuen IHK-Weiterbildungsprüfung »**Bilanzbuchhaltung international**« vermittelt **Band 6** der »Neuen Schule des Bilanzbuchhalters« praxisnahe Kenntnisse von Außenwirtschaft und internationalem Finanzmanagement, internationalem Rechnungswesen (IAS, US-GAAP), internationalem Steuerrecht sowie fachbezogenem Englisch.

Herausgeber und Verlag

Verzeichnis der Bearbeiter des Gesamtwerkes

Diethard Erbslöh, Benningen am Neckar

Prof. Dr. Dr. Ekbert Hering, Fachhochschule Aalen

Prof. Dr. Hans-Peter Kicherer, Berufsakademie Heidenheim

Dr. Werner Klein, Universität zu Köln

Dr. Lieselotte Kotsch-Faßhauer, Steuerberaterin, Stuttgart

Dipl.-Finanzwirt (FH) Angelika Leuz, Stuttgart

Dipl. oec. Norbert Leuz, Steuerberater, Stuttgart

Christa Loidl, Stuttgart

Prof. Eberhard Rick, Fachhochschule Ludwigsburg, Hochschule für öffentliche Verwaltung und Finanzen

Prof. Dr. Werner Rössle, Berufsakademie Stuttgart

Dr. Monika Simoneit, Tübingen

Prof. Dr. Herbert Sperber, Fachhochschule Nürtingen, Hochschule für Wirtschaft, Landwirtschaft und Landespflege

Dipl.-Betriebswirt Günter Weyrauther, Stuttgart

Cornelia Wobbermin, beeidigte Verhandlungsdolmetscherin, Affalterbach

Prof. Dr. Michael Wobbermin, Fachhochschule Reutlingen, Hochschule für Technik und Wirtschaft

Überblick über das Gesamtwerk

Im **1. Band** werden behandelt:

- Grundlagen der Buchführung
- Allgemeine rechtliche Vorschriften und Grundsätze ordnungsmäßiger Buchführung (GoB)
- Organisation der Buchführung und EDV
- Abschlüsse nach Handels- und Steuerrecht (Bilanz, GuV-Rechnung, Anhang, Lagebericht, Prüfung, Offenlegung u. a.)

Im **2. Band** werden behandelt:

- Besondere Buchungsvorgänge (Wechselgeschäfte, Leasing, Kommissionsgeschäfte, Reisekosten, Lohn und Gehalt u. a.)
- Konzernrechnungslegung
- Auswertung der Rechnungslegung (Bilanzanalyse)
- Kosten- und Leistungsrechnung
- Finanzwirtschaft und Planungsrechnung

Im **3. Band** werden behandelt:

- Steuern (AO, EStG, KStG, GewStG, UStG, UmwStG, InvZulG)

Im **4. Band** werden behandelt:

- Arbeitsmethodik
- Volkswirtschaftliche Grundlagen (Wirtschaftsordnungen und -systeme, Märkte und Preisbildung, Konjunktur, Geld und Geldpolitik u. a.)
- Betriebswirtschaftliche Grundlagen (Unternehmensziele, betriebswirtschaftliche Steuerungsgrößen, Produktionsfaktoren, betriebliche Funktionsbereiche u. a.)
- Recht (BGB, HGB, Gerichtsbarkeit, Zivilprozess und Mahnverfahren, Gewerberecht, Insolvenzrecht, Arbeits- und Sozialrecht u. a.)
- EDV, Informations- und Kommunikationstechniken (Ziele und Einsatzmöglichkeiten, Grundlagen und Begriffe, Hardware, Software, Vernetzung, Datenschutz und Datensicherung, Kommunikationssysteme)

Im **5. Band** werden behandelt:

- Fragen und Antworten zur mündlichen Bilanzbuchhalter-Prüfung.

Im **6. Band** werden behandelt:

- Außenwirtschaft, Internationales Finanzmanagement
- Internationale Rechnungslegung nach IAS und US-GAAP im Vergleich zum HGB
- Internationales Steuerrecht
- Fachbezogenes Englisch (Englisch/Deutsch und Deutsch/Englisch)

Inhaltsverzeichnis

BAND 2

Abkürzungsverzeichnis XXVI

5. HAUPTTEIL: BESONDERE BUCHUNGSVORGÄNGE

1	**Der Wechsel und seine Verbuchung**	1
1.1	Grundlagen	1
1.2	Ausstellung und Annahme	2
1.3	Aufbewahrung und Einlösung	2
1.4	Wechselindossierung	3
1.5	Wechseldiskontierung	4
	1.5.1 Umsatzsteuerliche Besonderheiten	6
	1.5.2 Weiterberechnung der Diskontierungskosten	6
1.6	Wechselprolongation	8
	1.6.1 Besonderheiten bei der Ausstellung eines Prolongationswechsels	9
	1.6.2 Ermittlung des Prolongationswechselbetrages	9
	1.6.3 Buchung des Prolongationswechsels	11
1.7	Wechselprotest und Rückgriff	11
	1.7.1 Allgemeines	11
	1.7.2 Umsatzsteuerliche Besonderheiten	12
	1.7.3 Buchungsablauf bei Protest und Regress	12
2	**Das Scheck-Wechsel-Tauschverfahren (Umkehrwechsel)**	13
3	**Buchungen bei Leasinggeschäften**	15
3.1	Allgemeines	15
3.2	Zurechnung des Leasinggutes beim Leasinggeber	16
3.3	Zurechnung des Leasinggutes beim Leasingnehmer	18
	3.3.1 Umsatzsteuerliche Besonderheiten	18
	3.3.2 Ertragsteuerliche Besonderheiten	18
	3.3.3 Aufteilung der Leasingraten	19
4	**Buchungen bei Verkauf von Gegenständen des Anlagevermögens**	22
4.1	Anlagenverkauf und Einkommensteuer	22
4.2	Gewinn- und Verlustermittlung	23
4.3	Anlagenverkauf und Umsatzsteuer	23
4.4	Anlagenverkauf als Tauschgeschäft	23
4.5	Anforderungen an den Kontenplan	24
4.6	Forderungen aus Anlagenverkauf in der Bilanz	24
4.7	Buchgewinn und Buchverlust in der GuV-Rechnung	25
4.8	Der Anlagenabgang im Anlagenspiegel	26
5	**Buchungen bei Abzahlungs-, Teilzahlungs- und Ratengeschäften**	27
5.1	Grundlagen	27
5.2	Verbraucherschutzvorschriften	28
5.3	Umsatzsteuerliche Besonderheit	29
5.4	Buchung eines Abzahlungsgeschäftes	29

6	**Verbuchung von Anzahlungen/Vorauszahlungen**	30
6.1	Allgemeines	30
6.2	Istversteuerung als Besonderheit	31
6.3	Buchungstechnische Behandlung von Anzahlungen/Vorauszahlungen	31
	6.3.1 Buchungstechnik ohne Verrechnungskonto	32
	6.3.2 Buchungstechnik mit Verrechnungskonto	33
6.4	Ausweis erhaltener Anzahlungen/Vorauszahlungen am Jahresende	34
	6.4.1 Bewertung erhaltener An-/Vorauszahlungen brutto oder netto	34
	6.4.2 Buchung der Umsatzsteuer auf erhaltene Anzahlungen	35
	6.4.3 Buchungstechnik	35
7	**Verbuchung von Nachnahmesendungen**	37
7.1	Grundlagen	37
7.2	Postalische Bestimmungen	37
7.3	Nachnahmebetrag, Zahlscheingebühr und Zahlscheinbetrag	37
7.4	Umsatzsteuerliche Besonderheiten	38
7.5	Verschiedene Buchungsmöglichkeiten	38
7.6	Annahmeverweigerung	40
8	**Kommissionsgeschäfte**	41
8.1	Einkaufskommission	41
8.2	Verkaufskommission	43
9	**Abrechnung und Buchung von Inlandsreisekosten**	45
9.1	Einkommen- und lohnsteuerrechtliche Vorschriften	45
	9.1.1 Fahrtkosten	46
	9.1.2 Verpflegungskosten	47
	9.1.3 Übernachtungskosten	48
	9.1.4 Reisenebenkosten	49
9.2	Umsatzsteuerrechtliche Vorschriften	49
10	**Verbuchung von Löhnen und Gehältern**	52
10.1	Allgemeines	52
10.2	Konten für die Lohn- und Gehaltsbuchung	53
10.3	Technik der Lohn- und Gehaltsbuchung	54
	10.3.1 Buchung ohne Einschaltung des Lohn- und Gehaltsverrechnungskontos	54
	10.3.2 Buchung mit Einschaltung des Lohn- und Gehaltsverrechnungskontos	55
10.4	Lohn- und Gehaltsvorschüsse	55
10.5	Abschlagszahlungen	56
11	**Verbuchung von Sachbezügen**	59
11.1	Allgemeines	59
	11.1.1 Grundlegende lohnsteuerrechtliche Vorschriften	59
	11.1.2 Grundlegende umsatzsteuerrechtliche Vorschriften	59
11.2	Kantinenessen	60
	11.2.1 Lohnsteuerliche Behandlung	60
	11.2.2 Umsatzsteuerliche Behandlung von betrieblichen Kantinenessen	61
11.3	Überlassung von Firmenwagen an Arbeitnehmer	62
	11.3.1 Lohnsteuerrechtliche Regelung	63
	11.3.1.1 Ermittlung des geldwerten Vorteils nach der Fahrtenbuchmethode	63

	11.3.1.2 Ermittlung des geldwerten Vorteils nach der 1%-Regelung	63
11.3.2	Umsatzsteuerrechtliche Regelung	64
	11.3.2.1 Umsatzsteuerermittlung nach der Fahrtenbuchmethode	64
	11.3.2.2 Umsatzsteuerermittlung nach der 1%-Regelung	65
11.3.4	Überlassung von gemieteten oder geleasten Fahrzeugen an Arbeitnehmer	69

11.4 Freie Unterkunft und Verpflegung 69
    11.4.1 Lohnsteuerrechtliche Regelung für die Gestellung von Unterkunft . 69
    11.4.2 Umsatzsteuerliche Behandlung der freien Unterkunft 70
    11.4.3 Lohnsteuerpflicht für unentgeltliche Verpflegung 70
    11.4.4 Umsatzsteuerpflicht für Gewährung unentgeltlicher Verpflegung . 70
11.5 Überlassung von Werks-/Dienstwohnungen 71
    11.5.1 Lohnsteuerrechtliche Regelung 71
    11.5.2 Umsatzsteuerliche Behandlung 72
11.6 Verbilligter Verkauf von Waren oder Dienstleistungen an Arbeitnehmer 73
    11.6.1 Vorschriften des Lohnsteuerrechtes 73
    11.6.2 Abrechnungserschwernis durch umsatzsteuerliche Vorschriften . . 74

6. HAUPTTEIL: KONZERNRECHNUNGSLEGUNG

1 Rechtsgrundlagen 77

2 Grundlagen der Konzernrechnungslegung 78
2.1 Konzernbegriff 78
2.2 Problematik der Rechnungslegung bei Konzernen 78
    2.2.1 Konsolidierung 78
    2.2.2 Organisatorische Voraussetzungen 80
2.3 Materiellrechtliche Bedeutung des Konzernabschlusses 80

3 Aufstellungspflicht 80
3.1 Gesamtkonzernabschluss 80
3.2 Teilkonzernabschluss 82
3.3 Konzernabschluss nach international anerkannten Rechnungslegungsgrundsätzen 82
     82

4 Konsolidierungskreis 83

5 Allgemeine Anforderungen an den Konzernabschluss 83
5.1 Inhalt und Form des Konzernabschlusses 83
5.2 Stichtag für die Aufstellung 85

6 Kapitalkonsolidierung 86
6.1 Vollkonsolidierung 86
    6.1.1 Buchwert- und Neubewertungsmethode 87
    6.1.2 Vorgehensweise bei der Buchwertmethode 88
    6.1.3 Vorgehensweise bei der Neubewertungsmethode 90
6.2 Vollkonsolidierung beim Vorhandensein von Minderheiten 90
6.3 Interessenzusammenführungsmethode 92
6.4 Equity-Konsolidierung assoziierter Unternehmen 92
6.5 Quotenkonsolidierung (anteilmäßige Konsolidierung) 94
6.6 Zusammenfassung 94

7	Schuldenkonsolidierung	95
8	Zwischenergebniseliminierung	95
9	Aufwands- und Ertragskonsolidierung	96
10	Konzernanhang	96
11	Erweiterter Konzernabschluss börsennotierter Unternehmen	97
12	Konzernlagebericht	97
13	Prüfung und Offenlegung	98

7. HAUPTTEIL: AUSWERTUNG DER RECHNUNGSLEGUNG (BILANZANALYSE)

1	Gegenstand und Zweck der Bilanzanalyse	99
1.1	Interne und externe Adressaten	100
1.2	Zeitvergleich, Betriebs- und Branchenvergleich	100
1.3	Grundsätze der Bilanzanalyse	101
1.4	Grenzen der Bilanzanalyse	102
2	Jahresabschlussanalyse am praktischen Fall	103
3	Aufbereitung des Jahresabschlusses	111
3.1	Ziel der Aufbereitung	111
3.2	Aufbereitung der Bilanz	111
	3.2.1 Ansatzkorrekturen	111
	3.2.2 Gliederungskorrekturen	114
	3.2.3 Bewertungskorrekturen	116
	3.2.3.1 Bewertungskorrekturen auf Grund handelsrechtlicher Vorschriften	118
	3.2.3.2 Bewertungskorrekturen auf Grund steuerlicher Vorschriften	119
	3.2.4 Strukturbilanz	119
3.3	Aufbereitung der GuV-Rechnung	121
	3.3.1 Aufspaltung in Betriebsergebnis und neutrales Ergebnis	121
	3.3.2 Orientierung an der betriebswirtschaftlichen Grobstruktur der GuV-Rechnung	121
4	Analyse durch Kennzahlen	122
4.1	Absolute Zahlen und Kennzahlen	126
	4.1.1 Absolute Zahlen	126
	4.1.2 Kennzahlen	126
4.2	Kennzahlen zum Vermögensaufbau	127
	4.2.1 Vermögensintensitäten	127
	4.2.2 Umschlagskoeffizienten	128
4.3	Kennzahlen zur Kapitalstruktur	129
	4.3.1 Kapitalquoten	130
	4.3.2 Umschlagskoeffizienten	132
4.4	Kennzahlen zur Finanzlage	134
	4.4.1 Horizontale Bilanzkennziffern	134
	4.4.1.1 Goldene Bilanzregel (Prinzip der Fristenkongruenz)	134
	4.4.1.2 Kennzahlen zur Liquidität	135
	4.4.1.3 Working capital	136

	4.4.2 Kennziffern zum Finanzierungspotenzial	136
	4.4.3 Bewegungsbilanz	138
4.5	Kennzahlen zur Ertragskraft	140
	4.5.1 Ergebnisentwicklung	140
	4.5.2 Kostenstruktur	141
	4.5.3 Rentabilität	141
4.6	Kennzahlen zum Wachstum	143
	4.6.1 Wachstumsindizes und Wachstumsquoten	143
	4.6.2 Personalproduktivität	144
	4.6.3 Wachstumselastizität	145
4.7	Kennzahlensysteme	145
5	**Checklisten über die Wahlrechte beim Jahresabschluss nach HGB**	148
5.1	Ausweis- bzw. Gliederungswahlrechte	148
5.2	Bilanzierungswahlrechte	152
5.3	Bewertungswahlrechte	153
5.4	Wahlrechte im Zusammenhang mit der Einführung des Euro	155
6	**Anhang: Branchendaten zur Kennzahlenanalyse**	156
6.1	Methodische Anmerkungen	156
6.2	Branchenkennzahlen	157

8. HAUPTTEIL: KOSTEN- UND LEISTUNGSRECHNUNG

1	**Grundlagen**	179
1.1	Kosten- und Leistungsrechnung als Teil des betrieblichen Rechnungswesens	179
1.2	Zentrale Begriffe der Kosten- und Leistungsrechnung	180
	1.2.1 Übersicht	180
	1.2.2 Abgrenzung der Begriffe Ausgabe, Aufwand und Kosten	180
	1.2.2.1 Die Teilkategorien des Kostenbegriffs	182
	1.2.2.2 Die Teilkategorien des Aufwandsbegriffs	183
	1.2.3 Abgrenzung der Begriffe Einnahme, Erlös (Umsatz), Ertrag und Leistung	185
	1.2.3.1 Einnahmen, Erlöse (Umsätze)	185
	1.2.3.2 Inhalt und Beziehungen der Kategorien Ertrag und Leistung im Überblick	186
	1.2.3.3 Die Teilkategorien des Ertragsbegriffs	186
	1.2.3.4 Kategorien des Leistungsbegriffs in der Kosten- und Leistungsrechnung	188
	1.2.4 Erfolgsgrößen	189
1.3	Begriffliche Ergänzungen	190
	1.3.1 Durchschnittskosten	190
	1.3.2 Grenzkosten	190
	1.3.3 Einzelkosten	190
	1.3.4 Gemeinkosten	191
1.4	Zur Gliederung der Kosten- und Leistungsrechnung	191
	1.4.1 Gliederung nach Objekten: Kostenarten-, Kostenstellen- und Kostenträgerrechnung	191
	1.4.2 Gliederung nach dem Zeitbezug: Vor-, Nach-, Zwischen- und Synchronkalkulation	192

  1.4.3 Gliederung nach dem Grad der Kostennormierung: Ist-, Normal- und Plankostenrechnung 193
  1.4.4 Gliederung nach dem Volumen der auf die Kostenträger zugerechneten Kosten: Voll- und Teilkostenrechnung 194
  1.4.5 Gliederung nach der Zeitfolge und der Häufigkeit der Rechnungen 195
1.5 Aufgaben und Prinzipien der Kosten- und Leistungsrechnung 195
  1.5.1 Aufgaben der Kosten- und Leistungsrechnung 195
    1.5.1.1 Kontrolle der Wirtschaftlichkeit der betrieblichen Abläufe . . 195
    1.5.1.2 Hilfeleistung bei der Preisstellung 196
    1.5.1.3 Preiskontrolle und Programmplanung 196
    1.5.1.4 Bestimmung des Leistungsergebnisses je Abrechnungsperiode 196
    1.5.1.5 Hilfestellung für andere Bereiche des Rechnungswesens . . . 196
  1.5.2 Die Prinzipien der Kosten- und Leistungsrechnung 197
    1.5.2.1 Das Prinzip der Wirtschaftlichkeit 197
    1.5.2.2 Die Prinzipien der Objektivität und der Vollständigkeit 197
    1.5.2.3 Die Prinzipien der Relevanz, der Flexibilität und der Transparenz 198
    1.5.2.4 Das Prinzip der Periodengerechtigkeit 198
    1.5.2.5 Das Verursachungsprinzip und das Prinzip der Plausibilität 200
    1.5.2.6 Das Durchschnittsprinzip 200
    1.5.2.7 Die Prinzipien der relativen Genauigkeit und der relativen Richtigkeit 201
    1.5.2.8 Das Prinzip der Ausschaltung außergewöhnlicher Ereignisse 201
    1.5.2.9 Die Prinzipien der Aktualität und der Adäquanz 201
    1.5.2.10 Ergänzungen 202

2 Verfahren der Kostenträgerrechnung auf Vollkostenbasis bei einfach strukturierten Produktionsverhältnissen 202
2.1 Divisionskalkulation 203
  2.1.1 Einfache Divisionskalkulation 203
  2.1.2 Differenzierende (vielstufige) Divisionskalkulation 204
2.2 Äquivalenzziffernrechnung 208
  2.2.1 Äquivalenzziffern als Umrechnungsfaktoren 208
  2.2.2 Problem der Bestimmung von Äquivalenzziffern 208
  2.2.3 Vorgehensweise 208
2.3 Die (so genannte) Kalkulation von Kuppelprodukten 210
  2.3.1 Begriff Kuppelproduktion 210
  2.3.2 Abgrenzung zwischen Kosten der Kuppelproduktion und Folgekosten 210
  2.3.3 Vorgehensweise 210
    2.3.3.1 Restwertrechnung 211
    2.3.3.2 Verteilungsrechnung 211
2.4 Einfache Formen der Zuschlagskalkulation und der Stundensatzrechnung 214
  2.4.1 Einfache (summarische) Zuschlagskalkulation 214
    2.4.1.1 Begriff Zuschlagskalkulation 214
    2.4.1.2 Bezugsbasis 215

	2.4.1.3	Ist-, Soll- oder Normalzuschläge	215
	2.4.1.4	Vorgehensweise	215
2.4.2	Einfache Stundensatzkalkulation		217
	2.4.2.1	Begriff Stundensatzkalkulation	217
	2.4.2.2	Ermittlung der Verrechnungssätze	217
	2.4.2.3	Vorgehensweise	218

3 Kostenartenrechnung ... 219
3.1 Wesen und Aufgabe ... 219
3.2 Kostenartenbildung und Kostenartengliederung ... 220
- 3.2.1 Aufgliederung nach dem Merkmal Faktororientierung ... 220
- 3.2.2 Die Gliederung in Einzel- und Gemeinkosten ... 220
- 3.2.3 Unterscheidung primärer und sekundärer Kostenarten ... 220
- 3.2.4 Kostenartenplan ... 221

3.3 Zur Unterscheidung von fixen und variablen Kosten (Beziehungen zwischen Kosten und Beschäftigung) ... 223
- 3.3.1 Einführung ... 223
- 3.3.2 Produktions- und Kostenfunktionen als Kern der Produktions- und Kostentheorie ... 223
- 3.3.3 Potenzielle Kostenverläufe ... 223
- 3.3.4 Produktions- und Kostenfunktionen vom Typ A ... 225
- 3.3.5 Produktions- und Kostenfunktionen vom Typ B ... 227
  - 3.3.5.1 Ableitung der mengenabhängigen Kosten ... 227
  - 3.3.5.2 Ergänzungen ... 228
  - 3.3.5.3 Zum Problem der als beschäftigungsfix bezeichneten Kosten ... 229
- 3.3.6 Ergebnis ... 231
- 3.3.7 Ansätze zu einer mehrdimensionalen Kostenbetrachtung ... 232
  - 3.3.7.1 Überblick ... 232
  - 3.3.7.2 Die Dimension »Zurechenbarkeit« ... 233
  - 3.3.7.3 Die Dimension »Tempo der Beeinflussbarkeit« ... 233
  - 3.3.7.4 Die Dimension »Art der Kostenverursachung« ... 233
  - 3.3.7.5 Die Dimension »Ausgabenwirksamkeit« ... 233
  - 3.3.7.6 Erläuterung der Begriffe Produkt- und Managementkosten ... 234
  - 3.3.7.7 Ergänzende Abgrenzungen zwischen Produktkosten und Managementkosten ... 235

3.4 Grundzüge der Erfassung, Bewertung und Verrechnung ausgewählter Kostenarten und Kostenartengruppen ... 236
- 3.4.1 Materialverbrauch (Stoffverbrauch) ... 237
  - 3.4.1.1 Erfassung des Materialverbrauchs ... 237
  - 3.4.1.2 Bewertung des Materialverbrauchs ... 238
  - 3.4.1.3 Zuordnung zu Produkt- oder Managementkosten ... 240
- 3.4.2 Personalkosten ... 241
  - 3.4.2.1 Löhne und Gehälter ... 241
  - 3.4.2.2 Sozialkosten ... 243
- 3.4.3 Fremdreparaturen und technische Fremdleistungen ... 245
  - 3.4.3.1 Erfassung und Zurechnung der Fremdreparaturen ... 245
  - 3.4.3.2 Zuordnung zu Produkt- oder Managementkosten ... 246
- 3.4.4 Steuern, Versicherungen, Gebühren und Beiträge ... 246
  - 3.4.4.1 Steuern ... 246
  - 3.4.4.2 Versicherungsprämien ... 247
  - 3.4.4.3 Gebühren und Beiträge ... 247

		3.4.4.4 Zuordnung zu Produkt- oder Managementkosten und zeitliche Abgrenzung	247
	3.4.5	Verschiedene Kosten	247
	3.4.6	Kalkulatorische Kosten	248
		3.4.6.1 Kalkulatorische Abschreibungen	248
		3.4.6.2 Kalkulatorische Zinsen	255
		3.4.6.3 Kalkulatorische Wagnisse	259
		3.4.6.4 Kalkulatorischer Unternehmerlohn	261
		3.4.6.5 Kalkulatorische Miete	262
		3.4.6.6 Kalkulatorische Kosten und Finanzbuchführung	263
	3.4.7	Sonderkosten	263
		3.4.7.1 Begriffliches	263
		3.4.7.2 Charakteristische Merkmale der Sonderkosten	264
		3.4.7.3 Abrechnungstechnische Behandlung	264
		3.4.7.4 Zuordnung zu Produkt- oder Managementkosten	264
	3.4.8	Zusammengesetzte Kostenarten	264

4 Kostenstellenrechnung 265

- 4.1 Zweck 265
- 4.2 Kostenstellenbildung und Kostenstellengliederung 265
  - 4.2.1 Kostenbereiche 266
    - 4.2.1.1 Materialbereich 266
    - 4.2.1.2 Fertigungsbereich 266
    - 4.2.1.3 Vertriebsbereich 267
    - 4.2.1.4 Verwaltungsbereich 267
    - 4.2.1.5 Allgemeiner Bereich 267
    - 4.2.1.6 Aussonderungsbereich 267
  - 4.2.2 Prinzipien der Kostenstellengliederung 268
    - 4.2.2.1 Abgrenzung des Verantwortungsbereichs 268
    - 4.2.2.2 Zum Problem der Weiterverrechnung der Kostenarten 268
- 4.3 Beziehungen zwischen den Kostenstellen untereinander und zu den Kostenträgern 269
- 4.4 Kostenstellenplan 270
- 4.5 Formen der Kostenstellenrechnung 270
- 4.6 Kostenstellenrechnung in tabellarischer Form (Betriebsabrechnungsbogen) 271
  - 4.6.1 Formaler Aufbau des Betriebsabrechnungsbogens (BAB) 271
  - 4.6.2 Verrechnung der primären Gemeinkosten auf die Kostenstellen 271
  - 4.6.3 Innerbetriebliche Leistungsverrechnung 273
    - 4.6.3.1 Grundtypen innerbetrieblicher Leistungsbeziehungen 273
    - 4.6.3.2 Abrechnung einseitiger Leistungsbeziehungen 273
    - 4.6.3.3 Abrechnung mehrseitiger Leistungsbeziehungen 276
  - 4.6.4 Bildung von Kalkulationssätzen und Soll-Ist-Vergleich 279
- 4.7 Beispiele zum BAB 280
  - 4.7.1 BAB auf Vollkostenbasis 280
    - 4.7.1.1 Erläuterung der Kostenstellengliederung 280
    - 4.7.1.2 Zurechnung der Kostenarten auf die Kostenstellen (Zeilen 1–19) 281
    - 4.7.1.3 Innerbetriebliche Leistungsverrechnung (Zeilen 20–27) 284
    - 4.7.1.4 Abrechnung Kantine (Zeilen 28–30) 285

             4.7.1.5 Bestimmung der Kalkulationssätze und Soll-Ist-Vergleich
                     (Zeilen 31–39) 285
             4.7.1.6 Kritik am BAB für die Vollkostenrechnung 288
      4.7.2 Beispiel 2: Kombinierter BAB 289
             4.7.2.1 Struktur 289
             4.7.2.2 Zu den verrechneten Kostenarten 292
             4.7.2.3 Abrechnung der Hilfskostenstellen (Umlagen) 293
             4.7.2.4 Zum allgemeinen Bereich und zur Kantine 293
             4.7.2.5 Aggregation aller Gemeinkosten 294
             4.7.2.6 Verrechnungsbasen 294
             4.7.2.7 Ermittlung von Stundensätzen 294
4.8 Betriebsabrechnungsbogen mit EDV 296

5 Differenzierte Formen der Zuschlagskalkulation (Kostenträgerrechnung) .. 297
5.1 Überblick 297
5.2 Differenzierte Zuschlagskalkulation auf Vollkostenbasis 297
      5.2.1 Kalkulation von einteiligen Produkten 297
             5.2.1.1 Vorkalkulation 297
             5.2.1.2 Nachkalkulation 299
      5.2.2 Kalkulation von Einzelteilen und mehrteiligen Produkten 300
      5.2.3 Problematik der differenzierten Zuschlagskalkulation auf
             Vollkostenbasis 301
5.3 Differenzierte Kalkulation mit Stundensätzen auf Vollkostenbasis 302
5.4 Kalkulation auf Teilkostenbasis 302
5.5 Beispiele zur Produktkostenrechnung mit Soll-Deckungsbeiträgen 303
      5.5.1 Vorbemerkung 303
      5.5.2 Kalkulation bei fehlendem preispolitischem Spielraum 304
      5.5.3 Kalkulation bei vorhandenem preispolitischen Spielraum 306
      5.5.4 Bewertung der kombinierten Produkt- und Vollkostenrechnung 307

6 Ermittlung und Einsatzmöglichkeiten von Maschinenstundensätzen
    (differenzierte Stundensatzrechnung) 308
6.1 Grundlagen 308
6.2 Technik 308
6.3 Beispiele 310
      6.3.1 Vorbemerkung 310
      6.3.2 Beispiel I 310
             6.3.2.1 Aufgabenstellung 310
             6.3.2.2 Ausgangsdaten 310
             6.3.2.3 Lösung 311
             6.3.2.4 Anwendungsbeispiel 314
      6.3.3 Beispiel II 314
             6.3.3.1 Problemstellung 314
             6.3.3.2 Ausgangsdaten 315
             6.3.3.3 Produktkosten 317
             6.3.3.4 Soll-Deckungsbeiträge 318
             6.3.3.5 Restgemeinkosten 319
             6.3.3.6 Gesamtkostensätze 319

7 Möglichkeiten und Grenzen der Deckungsbeitragsrechnung 320
7.1 Vorbemerkung 320
7.2 Entscheidungen über die kurzfristige Peisuntergrenze 321

7.3	Entscheidungen zur Programmbereinigung	321
7.4	Auftragsauswahl in Engpasssituationen	322
7.5	Entscheidungen über Eigenfertigung oder Fremdbezug	324
7.6	Gewinnplanung und kurzfristige Erfolgsrechnung mit Produktkosten	324
	7.6.1 Gewinnplanung	324
	7.6.2 Kurzfristige Erfolgsrechnung mit Soll-Deckungsbeiträgen	327

8 Flexible Plankostenrechnung ... 327

8.1	Überblick	327
8.2	Grundlagen der Plankostenrechnung	327
	8.2.1 Definition	327
	8.2.2 Formen der Plankostenrechnung	328
	8.2.3 Zum Einsatzgebiet der flexiblen Plankostenrechnung	328
8.3	Aufbau und Durchführung der flexiblen Plankostenrechnung	329
	8.3.1 Planungsphase	329
	8.3.1.1 Festlegung des Planungszeitraums	329
	8.3.1.2 Aufstellung eines Kostenartenplanes und eines Kostenstellenplanes	329
	8.3.1.3 Gliederung der Kostenarten in Produkt- und Managementkosten sowie in Einzel- und Gemeinkosten	329
	8.3.1.4 Bestimmung von Maßgrößen für Kostenverursachung und Beschäftigung	329
	8.3.1.5 Bestimmung der Planbeschäftigung	330
	8.3.1.6 Bestimmung der Planmengen	330
	8.3.1.7 Bestimmung der Planpreise	331
	8.3.1.8 Bestimmung der Plankosten	331
	8.3.1.9 Bestimmung von Kalkulationssätzen (Plankostensätzen)	331
	8.3.2 Abrechnungsphase (Abweichungsanalyse)	332
	8.3.2.1 Ermittlung von Istbeschäftigung und Istbeschäftigungsgrad	332
	8.3.2.2 Bestimmung der Istkosten	332
	8.3.2.3 Ermittlung der Sollkosten	333
	8.3.2.4 Bestimmung der Abweichungen	333
8.4	Beispiele zur Plankostenrechnung	334
	8.4.1 Beispiel zur Plankostenrechnung ohne Mengenangaben	334
	8.4.2 Beispiel zur Plankostenrechnung mit Mengenangaben	335

9 Prozesskostenrechnung ... 338

9.1	Entstehungsgründe	338
9.2	Philosophie und Ziele	340
9.3	Vorgehensweise	340
	9.3.1 Die Grundphase	340
	9.3.1.1 Lmi- und Lmn-Prozesse	340
	9.3.1.2 Bestimmung von Maßgrößen	341
	9.3.1.3 Kostenplanung	342
	9.3.1.4 Kostenzuordnung	342
	9.3.1.5 Ermittlung von Prozesskostensätzen	342
	9.3.2 Die Verdichtungsphase	343
9.4	Differenziertes Rechenbeispiel	343
	9.4.1 Einführung	343
	9.4.2 Erläuterungen zu den Kostenstellen	344
	9.4.3 Erläuterungen zum Hauptprozess WARENANNAHME	345
9.5	Die Kalkulationsphase	346

9.6	Kritik	347
	9.6.1 Überblick	347
	9.6.2 Keine verursachungsgerechte Kostenzuordnung	348
	9.6.3 Zur Frage der strategischen Produktkalkulation	348
	9.6.4 Das Problem der Wirtschaftlichkeit	349
10	**Zielkostenrechnung**	349
10.1	Darstellung	349
10.2	Kritik	350

9. HAUPTTEIL: FINANZWIRTSCHAFT UND PLANUNGSRECHNUNG

1	**Grundlagen der Finanzwirtschaft**	353
1.1	Aufgabenstruktur der Finanzwirtschaft	353
1.2	Finanzwirtschaftliche Grundbegriffe	354
1.3	Finanzwirtschaftliche Zielsetzungen	356
	1.3.1 Rentabilität	356
	1.3.2 Sicherheit	356
	1.3.3 Unabhängigkeit	357
	1.3.4 Liquidität	357
	1.3.4.1 Bedeutung	357
	1.3.4.2 Arten	358
	1.3.4.3 Liquiditätsgrade	359
	1.3.4.4 Cashflow-Analyse, Bewegungsbilanz, Kapitalflussrechnung	360
	1.3.4.5 Beurteilung	361
2	**Die Finanzplanung als Instrument zur Steuerung und Sicherung der Unternehmensliquidität**	362
2.1	Der Kapitalbedarf als Ausgangspunkt	362
	2.1.1 Ursachen und Einflussgrößen	362
	2.1.2 Ermittlung des Kapitalbedarfs	363
	2.1.2.1 Berechnung für das Anlagevermögen	363
	2.1.2.2 Berechnung für das Umlaufvermögen	363
2.2	Durchführung der Finanzplanung	364
	2.2.1 Finanzprognose	364
	2.2.2 Planausgleich	366
	2.2.2.1 Maßnahmen bei zu erwartendem Finanzbedarf	367
	2.2.2.2 Maßnahmen bei zu erwartendem Finanzüberschuss	367
	2.2.3 Finanzkontrolle	367
3	**Alternativen der Kapitalbeschaffung**	368
3.1	Kapitalquellen	368
3.2	Außenfinanzierung in Form von Beteiligungsfinanzierung	369
	3.2.1 Beteiligungsfinanzierung bei nicht emissionsfähigen Unternehmen	369
	3.2.2 Beteiligungsfinanzierung bei emissionsfähigen Unternehmen	370
	3.2.2.1 Kapitalerhöhung gegen Einlagen (§§ 182 ff. AktG)	371
	3.2.2.2 Kapitalerhöhung aus Gesellschaftsmitteln (§§ 207 ff. AktG)	372
	3.2.2.3 Genehmigte Kapitalerhöhung (§§ 202 ff. AktG)	373
	3.2.2.4 Bedingte Kapitalerhöhung (§§ 192 ff. AktG)	373
	3.2.3 Erleichterungen für nicht börsennotierte Aktiengesellschaften	373

3.3 Außenfinanzierung in Form von Fremdfinanzierung 374
  3.3.1 Kreditwürdigkeitsprüfung 375
  3.3.2 Kurz- und mittelfristige Fremdfinanzierung 376
    3.3.2.1 Lieferantenkredit 376
    3.3.2.2 Anzahlungs- oder Kundenkredit 377
    3.3.2.3 Kurz- und mittelfristige Bankkredite 377
  3.3.3 Langfristige Fremdfinanzierung (Darlehensfinanzierung) 380
    3.3.3.1 Darlehen (§§ 607 ff. BGB) 380
    3.3.3.2 Schuldscheindarlehen 382
  3.3.4 Kreditleihe 382
    3.3.4.1 Avalkredit 382
    3.3.4.2 Akzeptkredit 383
3.4 Innenfinanzierung 383
  3.4.1 Gewinneinbehaltung (Selbstfinanzierung) 384
  3.4.2 Freisetzung von Abschreibungsgegenwerten 384
  3.4.3 Bildung von Rückstellungen 385
  3.4.4 Umfinanzierung 385

4 Leasing und Factoring als Finanzierungshilfen 386
4.1 Leasing 386
4.2 Factoring 387

5 Finanzierungsregeln 388

6 Außenhandelsfinanzierung 389
6.1 Allgemeines 389
6.2 Definition der Außenhandelsfinanzierung 390
6.3 Das Dokumentenakkreditiv 390

7 Investitionsplanung und Investitionsentscheidung 392
7.1 Definition und Einteilungskriterien 392
7.2 Investition und Risiko 393
7.3 Aufgaben der Investitionsrechnung 393
7.4 Verfahren der Investitionsrechnung 393
  7.4.1 Die statischen Verfahren 394
  7.4.2 Die dynamischen Verfahren 395
    7.4.2.1 Kapitalwertmethode und Methode des Internen Zinssatzes .. 395
    7.4.2.2 Annuitätenmethode 397
  7.4.3 Beurteilung der Verfahren 398

8 Planungsrechnung 399
8.1 Begriff und Funktionen der Planungsrechnung 399
8.2 Phasen der Planungsrechnung 400
8.3 Arten der Planungsrechnung 400
8.4 Verfahren und Methoden der Planungsrechnung 401

AUFGABEN

Aufgaben zum 5. Hauptteil: Besondere Buchungsvorgänge 403

Aufgabe 5.01	Besitzwechsel, Schuldwechsel	403
Aufgabe 5.02	Wechseldiskontierung	403
Aufgabe 5.03	Diskontermittlung	403
Aufgabe 5.04	Wechselprolongation	404
Aufgabe 5.05	Ermittlung des Betrags eines Prolongationswechsels	404
Aufgabe 5.06	Anschaffung eines Firmenfahrzeugs mit Wechselfinanzierung	404
Aufgabe 5.07	Wechselprotest	405
Aufgabe 5.08	Umkehrwechsel	405
Aufgabe 5.09	Leasing	405
Aufgabe 5.10	Leasing mit Aufteilung der Leasingraten	406
Aufgabe 5.11	Gewinn aus Anlagenverkauf	406
Aufgabe 5.12	Verlust aus Anlagenverkauf	406
Aufgabe 5.13	Abzahlungs-/Teilzahlungsgeschäft	406
Aufgabe 5.14	An-/Vorauszahlungen	407
Aufgabe 5.15	Nachnahme	407
Aufgabe 5.16	Nichtannahme einer Nachnahmesendung	407
Aufgabe 5.17	Reisekosten nach Einzelbelegen	407
Aufgabe 5.18	Reisekosten mit Verpflegungsaufwand ohne Beleg	408
Aufgabe 5.19	Lohn und Gehalt	408
Aufgabe 5.20	Geldwerter Vorteil aus Kantinenessen	408
Aufgabe 5.21	Private Nutzung von Firmenfahrzeugen	409
Aufgabe 5.22	Freie Unterkunft und Verpflegung	409
Aufgabe 5.23	Überlassung einer Werkswohnung	410
Aufgabe 5.24	Verbilligter Verkauf von Waren an Mitarbeiter	410

Aufgaben zum 6. Hauptteil: Konzernrechnungslegung 411

Aufgabe 6.01	Erstkonsolidierung nach der Buchwertmethode	411
Aufgabe 6.02	Erstkonsolidierung nach der Neubewertungsmethode	411
Aufgabe 6.03	Erstkonsolidierung nach der Buchwertmethode bei Vorhandensein von Minderheiten	411
Aufgabe 6.04	Erstkonsolidierung nach der Neubewertungsmethode bei Vorhandensein von Minderheiten	411

Aufgaben zum 7. Hauptteil: Bilanzanalyse 412

Aufgabe 7.01	Gestaltbarkeit von Bilanzen	412
Aufgabe 7.02	Analyseplanung	412
Aufgabe 7.03	Aufwendungen für Erweiterung des Geschäftsbetriebs	412
Aufgabe 7.04	Sonderposten mit Rücklageanteil	412
Aufgabe 7.05	Sonstige betriebliche Aufwendungen	412
Aufgabe 7.06	Wertpapiere	412
Aufgabe 7.07	Steuern vom Einkommen und vom Ertrag	412
Aufgabe 7.08	Kapitalerhöhung	413
Aufgabe 7.09	Latente Steuern	413
Aufgabe 7.10	Ansatzkorrekturen	413
Aufgabe 7.11	Bewertungskorrektur bei Anteilsbesitz	413

Aufgabe 7.12 Bewertungskorrektur bei Herstellungskosten 414
Aufgabe 7.13 Erstellung der Strukturbilanz der Festing GmbH 414
Aufgabe 7.14 Kreisdiagramm 414
Aufgabe 7.15 Kennzahlen zum Vermögensaufbau 414
Aufgabe 7.16 Kennzahlen zur Kapitalstruktur 414
Aufgabe 7.17 Kennzahlen zur Finanzlage und Bewegungsbilanz 414
Aufgabe 7.18 Kennzahlen zur Ertragskraft 415
Aufgabe 7.19 Kennzahlen zum Wachstum 415
Aufgabe 7.20 Return on investment 415

Aufgaben zum 8. Hauptteil: Kosten- und Leistungsrechnung 416

Aufgabe 8.01 Einfache Divisionskalkulation 416
Aufgabe 8.02 Differenzierende Divisionskalkulation 416
Aufgabe 8.03 Äquivalenzziffernrechnung 416
Aufgabe 8.04 Kuppelproduktion 417
Aufgabe 8.05 Einfache Zuschlagskalkulation 417
Aufgabe 8.06 Kostenkategorien 417
Aufgabe 8.07 Kalkulatorische Kosten 418
Aufgabe 8.08 Bestimmung Kalkulatorischer Abschreibungen und
              kalkulatorischer Wagnisse 418
Aufgabe 8.09 Betriebsabrechnungsbogen (einfaches Beispiel) 418
Aufgabe 8.10 Betriebsabrechnungsbogen mit Kostenstellenausgleich 420
Aufgabe 8.11 Kalkulation mit Produktkosten und Soll-Deckungsbeiträgen .. 421
Aufgabe 8.12 Einfache Stundensatzrechnung 421
Aufgabe 8.13 Bestimmung eines Maschinenstundensatzes 422
Aufgabe 8.14 Deckungsbeitragsrechnung zur Programmbereinigung 424
Aufgabe 8.15 Deckungsbeitragsrechnung bei Engpass 425
Aufgabe 8.16 Auftragsauswahl bei Unterbeschäftigung 425
Aufgabe 8.17 Plankostenrechnung (einfache Gesamtabrechnung) 425
Aufgabe 8.18 Plankostenrechnung (Planstundensatz für Kostenstelle) 426

Aufgaben zum 9. Hauptteil: Finanzwirtschaft und Planungsrechnung 427

Aufgabe 9.01 Kapitalbedarfsrechnung 427
Aufgabe 9.02 Liquiditätsplanung 427
Aufgabe 9.03 Finanzplanung durch Liquiditätsprognose 428
Aufgabe 9.04 Finanzplanung durch Liquiditätsprognose bei mittelständischen Unternehmen 428
Aufgabe 9.05 Finanzplanung bei Neugründung 429
Aufgabe 9.06 Rechenschritte bei einer Kapitalerhöhung 429
Aufgabe 9.07 Kapitalerhöhung gegen Einlagen 430
Aufgabe 9.08 Bilanz nach Kapitalerhöhung gegen Einlagen 430
Aufgabe 9.09 Berechnung des entgangenen Skontos 431
Aufgabe 9.10 Kredit und Sicherheiten 431
Aufgabe 9.11 Selbstfinanzierung 432
Aufgabe 9.12 Selbstfinanzierung und Rentabilität 432
Aufgabe 9.13 Finanzierung aus Abschreibungen 433
Aufgabe 9.14 Finanzierung aus dem Cashflow 433
Aufgabe 9.15 Finanzierung und Bilanzauswirkung 434
Aufgabe 9.16 Vergleich Leasing oder Kreditkauf 435

Aufgabe 9.17 Factoring 435
Aufgabe 9.18 Finanzierungsregeln 436
Aufgabe 9.19 Kapitalstruktur und Leverage-Effekt 436
Aufgabe 9.20 Kostenvergleichsrechnung 437
Aufgabe 9.21 Anwendung der Kostenvergleichsrechnung 437
Aufgabe 9.22 Amortisationsrechnung 437
Aufgabe 9.23 Kostenvergleichs-, Rentabilitäts- und Amortisationsrechnung . 438
Aufgabe 9.24 Kapitalwertmethode 438
Aufgabe 9.25 Kapitalwertmethode und Alternativangebot 439
Aufgabe 9.26 Kapitalwertmethode und Differenzinvestition 439
Aufgabe 9.27 Leverage-Effekt und Kapitalwertmethode 440
Aufgabe 9.28 Kapitalwert und Interner Zinsfuß 441

LÖSUNGEN

Lösungen zum 5. Hauptteil: Besondere Buchungsvorgänge 442

Lösungen zum 6. Hauptteil: Konzernrechnungslegung 461

Lösungen zum 7. Hauptteil: Bilanzanalyse 465

Lösungen zum 8. Hauptteil: Kosten- und Leistungsrechnung 489

Lösungen zum 9. Hauptteil: Finanzwirtschaft und Planungsrechnung 509

Literaturverzeichnis 527

Stichwortverzeichnis 530

Abkürzungsverzeichnis

Abs.	Absatz
Abschn.	Abschnitt
ADS	Adler/Düring/Schmaltz, Rechnungslegung und Prüfung der Unternehmen, Stuttgart
AfA	Absetzung für Abnutzung
AfaA	Absetzung für außergewöhnliche technische und wirtschaftliche Abnutzung
AfS	Absetzung für Substanzverringerung
AG	Aktiengesellschaft
AktG	Aktiengesetz
AO	Abgabenordnung
a.o.	außerordentlich
ArbN	Arbeitnehmer
BAB	Betriebsabrechnungsbogen
BB	Betriebs-Berater (Zeitschrift)
BdF	Bundesminister der Finanzen
BDI	Bundesverband der Deutschen Industrie e. V.
BFH	Bundesfinanzhof
BGB	Bürgerliches Gesetzbuch
BGBl	Bundesgesetzblatt
BiRiLiG	Gesetz zur Durchführung der Vierten, Siebenten und Achten Richtlinie des Rates der Europäischen Gemeinschaften zur Koordinierung des Gesellschaftsrechts (Bilanzrichtlinien-Gesetz)
BStBl	Bundessteuerblatt
BT-Drucksache	Bundestags-Drucksache
c. p.	ceteris paribus (unter sonst gleichen Umständen, Fachausdruck der Wirtschaftstheorie)
DB	Der Betrieb (Zeitschrift)
DIHK	Deutscher Industrie- und Handelskammertag
EDV	Elektronische Datenverarbeitung
eG	eingetragene Genossenschaft
EGHGB	Einführungsgesetz zum Handelsgesetzbuch
EStDV	Einkommensteuer-Durchführungsverordnung
EStG	Einkommensteuergesetz
EStR	Einkommensteuer-Richtlinien
GenG	Gesetz betreffend die Erwerbs- und Wirtschaftsgenossenschaften (Genossenschaftsgesetz)
GewStDV	Gewerbesteuer-Durchführungsverordnung
GewStG	Gewerbesteuergesetz
GewStR	Gewerbesteuer-Richtlinien
GKR	Gemeinschaftskontenrahmen der Industrie
GmbH	Gesellschaft mit beschränkter Haftung
GmbHG	Gesetz betreffend die Gesellschaften mit beschränkter Haftung
GoB	Grundsätze ordnungsmäßiger Buchführung
GrEStG	Grunderwerbsteuergesetz
GuV	Gewinn- und Verlustrechnung
HB	Handelsbilanz

HFA	Hauptfachausschuss des Instituts der Wirtschaftsprüfer in Deutschland e. V.
HGB	Handelsgesetzbuch
h. L.	herrschende Lehre
HR	Handelsregister
Hrsg.	Herausgeber
IAS	International Accounting Standards
IDW	Institut der Wirtschaftsprüfer in Deutschland e.V.
IHK	Industrie- und Handelskammer
IKR	Industriekontenrahmen
JA	Jahresabschluss
KER	Kurzfristige Erfolgsrechnung
KG	Kommanditgesellschaft
KGaA	Kommanditgesellschaft auf Aktien
KLR	Kosten- und Leistungsrechnung
KStG	Körperschaftsteuergesetz
KStR	Körperschaftsteuer-Richtlinien
OFD	Oberfinanzdirektion
OHG	Offene Handelsgesellschaft
PublG	Gesetz über die Rechnungslegung von bestimmten Unternehmen und Konzernen (Publizitätsgesetz)
REFA	ursprünglich »Reichsausschuss für Arbeitszeitermittlung«, heute Kurzbezeichnung für »Verband für Arbeitsstudien – REFA e. V.«
SABI	Sonderausschuss Bilanzrichtlinien-Gesetz des Instituts der Wirtschaftsprüfer in Deutschland e. V.
StB	Der Steuerberater (Zeitschrift)
	Steuerbilanz
StGB	Strafgesetzbuch
StPO	Strafprozessordnung
T€	Tausend EUR
Tz	Textziffer
US-GAAP	United States Generally Accepted Accounting Principles
UStDV	Verordnung zur Durchführung des Umsatzsteuergesetzes (Mehrwertsteuer)
UStG	Umsatzsteuergesetz
UStR	Umsatzsteuer-Richtlinien
VerbrKrG	Verbraucherkreditgesetz
VO	Verordnung
WG	Wechselgesetz
WPg	Die Wirtschaftsprüfung (Zeitschrift)
ZPO	Zivilprozessordnung

5. HAUPTTEIL: BESONDERE BUCHUNGSVORGÄNGE

Bearbeitet von: Christa Loidl
Dipl.-Betriebswirt Günter Weyrauther

1 Der Wechsel und seine Verbuchung

1.1 Grundlagen

Das Wechselgeschäft bietet sich als Finanzierungs- und Absatzhilfe an, wenn sich bei einem wichtigen Auftrag die allgemein üblichen Zahlungsbedingungen (z. B. 14 Tage mit 2 % Skonto, 30 Tage netto) als zu kurzfristig herausstellen und der Lieferant den Zahlungszielwünschen des Kunden im Rahmen einer für ihn größtmöglichen Sicherheit entgegenkommen will.

Die dazu notwendigen Rahmenbedingungen regelt das Wechselgesetz. Danach ist es zwingend notwendig, dass der Kunde dem Lieferanten ein schriftliches Zahlungsversprechen geben muss, zu einem bestimmten Zeitpunkt einen bestimmten Betrag an einem bestimmten Ort zu zahlen. Ebenfalls muss auf diesem Schriftstück das Wort »Wechsel« im Text erscheinen.

In der Praxis wird dazu i. d. R. der Lieferant einen standardisierten Vordruck ausfüllen, den sog. Einheitswechsel, welcher alle gesetzlich vorgeschriebenen Angaben zum Ausfüllen vorgibt und in Schreibwarengeschäften erhältlich ist. Der Kunde hat dann lediglich noch zu unterschreiben.

Man unterscheidet zwischen gezogenem und eigenem Wechsel.

Gezogener Wechsel: Der Aussteller (Trassant) des Wechsels weist den Bezogenen an, an einen Dritten (Wechselnehmer bzw. Remittent) eine bestimmte Summe zu zahlen. Der Bezogene haftet erst, wenn er den Wechsel angenommen hat. Tratte ist der noch nicht angenommene, Akzept der vom Bezogenen durch Querschreiben angenommene Wechsel.

Eigener Wechsel (Solawechsel): In ihm verspricht der Aussteller, den im Wechsel angegebenen Betrag an einen anderen zu zahlen.

Der gezogene Wechsel ist der Regelfall. Er muss folgende acht gesetzliche Bestandteile aufweisen (Art. 1 WG):

(1) die Bezeichnung als Wechsel im Text der Urkunde,
(2) die unbedingte Anweisung, eine bestimmte Geldsumme zu zahlen,
(3) den Namen dessen, der zahlen soll (Bezogener),
(4) Angabe der Verfallzeit,
(5) Angabe des Zahlungsortes,
(6) den Namen dessen, an den oder an dessen Order gezahlt werden soll,
(7) Tag und Ort der Ausstellung,
(8) die Unterschrift des Ausstellers.

Die zu erwerbenden Wechselvordrucke enthalten bereits diese gesetzlichen Anforderungen standardmäßig vorgedruckt.

In Anbetracht der Besonderheiten des Wechselgeschäftes, z. B. strenge Beachtung des Fälligkeitstages, ist es notwendig, für die Wechselforderungen das aktive Bestandskonto **Besitzwechsel** und für die Wechselschulden das passive Bestandskonto **Schuldwechsel** zu führen.

1.2 Ausstellung und Annahme

Ausstellung und Annahme des Wechsels sollen an Hand des folgenden Beispiels dargestellt werden.

Beispiel:
Der Kaufmann Ulrich Bez hat mit der Aust GmbH, von der er Waren im Wert von 20 000,– (netto) bezieht, Zahlungsausgleich durch Wechsel vereinbart. Mit gleicher Post wie die Ausgangsrechnung (bzw. in unmittelbarem zeitlichen Zusammenhang) übersendet die Firma Aust dem Kunden ein ausgefülltes Wechselformular über 23 200,–, fällig in 90 Tagen.
Bez unterschreibt, d. h. akzeptiert den Wechsel und gibt ihn an die Aust GmbH zurück.[1]

Buchung beim Aussteller

Forderungen aus Lieferungen
und Leistungen 23 200,–
   an Warenverkauf 20 000,–
      Umsatzsteuer 3 200,–

Besitzwechsel
   an Forderungen aus Lieferungen
      und Leistungen 23 200,–

Buchung beim Bezogenen

Wareneinkauf 20 000,–
Vorsteuer 3 200,–
   an Verbindlichkeiten aus
      Lieferungen und Leistungen 23 200,–

Verbindlichkeiten aus
Lieferungen und Leistungen
   an Schuldwechsel 23 200,–

Der Inhaber des Besitzwechsels hat drei Möglichkeiten:
- Aufbewahrung des Wechsels bis zum Verfalltag,
- Weitergabe als Zahlungsmittel, z. B. an einen Lieferanten (Wechselindossierung),
- Weitergabe an die Bank (Wechseldiskontierung).

Aufgabe 5.01 *Besitzwechsel, Schuldwechsel S. 403*

1.3 Aufbewahrung und Einlösung

Am Verfalltag legt der Aussteller den Wechsel, falls er diesen inzwischen nicht weitergegeben hat, dem bezogenen Kunden zur Einlösung vor. Statt der persönlichen Vorlage kann der Wechsel auch durch die Bank des Bezogenen eingelöst werden.

---

1 Gemäß Art. 4 Finanzmarktförderungsgesetz (BGBl 1990 I S. 266 ff.) entfällt die Wechselsteuer seit 1. 1. 1992.

Beispiel:
Am Fälligkeitstag löst der Kaufmann Bez sein Zahlungsversprechen ein. Mit Einlösung der Wechselsumme erlöschen Wechselforderung und -schuld. Der Wechsel wird entwertet und verbleibt beim Bezogenen.

Buchung beim Aussteller		Buchung beim Bezogenen	
Bank an Besitzwechsel	23 200,–	Schuldwechsel an Bank	23 200,–

1.4 Wechselindossierung

Jeder Wechsel kann als geborenes Orderpapier durch Indossament übertragen werden, auch wenn er nicht ausdrücklich an Order lautet (Art. 11 WG). Das Indossament ist eine schriftliche Erklärung, mit dem der Berechtigte (Indossant) die Rechte aus dem Papier auf den Bezeichneten (Indossatar oder Indossat) überträgt. Es hat dreifache Wirkung:

– Übertragungswirkung bzw. Transportfunktion (Art. 14 WG): Das Indossament überträgt alle Rechte aus dem Wechsel vom bisherigen Gläubiger (Indossanten) auf seinen Rechtsnachfolger (Indossatar).
– Haftungswirkung bzw. Garantiefunktion (Art. 15 WG): Der Indossant haftet (ebenso wie der Aussteller) jedem künftigen rechtmäßigen Wechselinhaber für Annahme und Zahlung des Wechsels.
– Ausweiswirkung bzw. Legitimationsfunktion (Art. 16 WG): Wer den Wechsel in Händen hält, gilt als rechtmäßiger Inhaber, sofern er sein Recht durch eine ununterbrochene Reihe von Indossamenten nachweist, was allerdings bei Blankoindossamenten nur unvollkommen möglich ist.

Arten des Indossaments sind:

– das Vollindossament (übliche Form des Indossaments), das den Vermerk »an die Order« enthält und den Indossatar angibt,
– das Blankoindossament (Art. 13 Abs. 2 WG), das den Namen des Indossatars nicht angibt und damit die Verkehrsfähigkeit des Wechsels verbessert,
– das Vollmachtsindossament (Art. 18 WG), das den Vermerk »Wert zur Einziehung«, »zum Inkasso«, »in Prokura« oder einen anderen, nur eine Bevollmächtigung ausdrückenden Vermerk enthält und den Inhaber (Indossatar) berechtigt, die Rechte aus dem Wechsel (Einzug der Wechselsumme) im Namen des Indossanten geltend zu machen,
– das Pfandindossament (Art. 19 WG), das den Vermerk »Wert zum Pfande« oder einen anderen eine Verpfändung ausdrückenden Vermerk enthält und zum Ausdruck bringt, dass der Wechsel zum Zweck der Verpfändung indossiert worden ist; der Indossant bleibt Eigentümer.

Beispiel:
Die Firma Aust hat noch eine Eingangsrechnung der Indos GmbH über 57 500,– (brutto) offen. Diese ist bereit, den Besitzwechsel (Bezogener Firma Bez) anzunehmen, der restliche Betrag wird durch Bankscheck ausgeglichen. Firma Aust bringt auf der Rückseite des Wechsels das Indossament an und sendet Wechsel und Scheck an den Lieferanten.

Buchung beim Aussteller/Indossant			Buchung beim Indossatar		
Verbindlichkeiten aus Lieferungen und Leistungen	57 500,–		Besitzwechsel Bank	23 200,–	34 300,–
an Besitzwechsel		23 200,–	an Forderungen aus Lieferungen und		
Bank		34 300,–	Leistungen		57 500,–

Buchungstechnisch gesehen, hat jetzt die Firma Aust durch die Ausstellung und Weitergabe des Besitzwechsels weder eine Forderung an den Kunden Bez noch eine Schuld an die Indos GmbH. Es verbleibt aber ein Haftungsrisiko (**Wechselobligo**) für die Einlösung des Wechsels durch den Bezogenen am Fälligkeitstag.

1.5 Wechseldiskontierung

Unter Diskontierung versteht man den Ankauf noch nicht fälliger Wechsel bzw. die Entgegennahme gegen Kredit unter Abzug der bis zur Fälligkeit entstehenden Zinsen (Diskont), Provision und sonstiger Kosten. Dazu wird der Wechsel durch Indossament zugunsten der Bank übertragen.

Der Vorteil für den Wechseleinreicher ist darin zu sehen, dass er bereits vor dem Fälligkeitstag des Wechsels über das gutgeschriebene Geld verfügen und damit wirtschaften kann. Am Fälligkeitstag ist die Bank Wechselinhaber; der Bezogene bzw. dessen beauftragte Bank muss an diese die Wechselsumme zahlen.

Außer zur Befriedigung eines Gläubigers kann ein Wechsel zur Beschaffung eines kurzfristigen Kredits bei Banken dienen. Der Gläubiger nimmt den Wechsel erfüllungshalber, die Bank kauft ihn oder nimmt ihn gegen Gewährung eines Darlehens entgegen; auch dann erfolgt die Übertragung des Rechts durch Indossament.

Mit dem Eintritt in die 3. Stufe der Wirtschafts- und Währungsunion (01.01.1999) ging die Zuständigkeit für die Geldpolitik von der Deutschen Bundesbank auf die Europäische Zentralbank (EZB) über. Die **EZB** macht ihre **Geldpolitik nicht durch Rediskontgeschäfte und die Festsetzung eines Diskontsatzes**, sondern in Form der Offenmarktpolitik. Dadurch entfiel die bisherige einseitige Subventionierung des Wechselkredits. D. h., eine Wechseldiskontierung ist zwar nach wie vor möglich. Ob sie aber im Einzelfall die günstigste Finanzierungsmöglichkeit darstellt, sollten Lieferant und Abnehmer mit ihren Hausbanken klären.

In Vorschriften und Verträgen, in denen früher auf den Diskontsatz Bezug genommen wurde, wurde durch das Diskontsatz-Überleitungs-Gesetz der Diskontsatz durch den sog. **Basiszinssatz** als neue Referenzgröße abgelöst.

Wie vorstehend erwähnt, berechnet die Bank für die Zeit des Wechselankaufs bis zum Verfalltag Zinsen (= Diskont). Bei der Ermittlung der Zinstage wird das Jahr zu 360 Tagen und jeder Monat mit 30 Tagen angesetzt. Der 31. eines Monats wird nicht mitgerechnet. Für den Monat Februar werden 30 Tage gezählt, wenn der Wechsel zu einem späteren Zeitpunkt fällig ist. Ist jedoch ein Wechsel genau Ende Februar fällig, dann muss der Februar mit 28 bzw. 29 Tagen gerechnet werden. Der Tag, von dem an gerechnet wird (Ankauf des Wechsels), zählt nicht mit. Der Tag der Fälligkeit wird jedoch eingerechnet.

Inzwischen weichen viele Banken von dieser Grundregel ab. Die Wechsel werden dann überwiegend taggenau (Mai = 31 Tage) abgerechnet. Ist der Wechsel an einem Samstag oder Sonntag fällig, sind diese Tage zusätzlich in die Berechnung einzubeziehen. Wird der Wechsel bei einer fremden Bank eingezogen, dann kommen noch ein bis zwei Tage hinzu.

Beispiel:

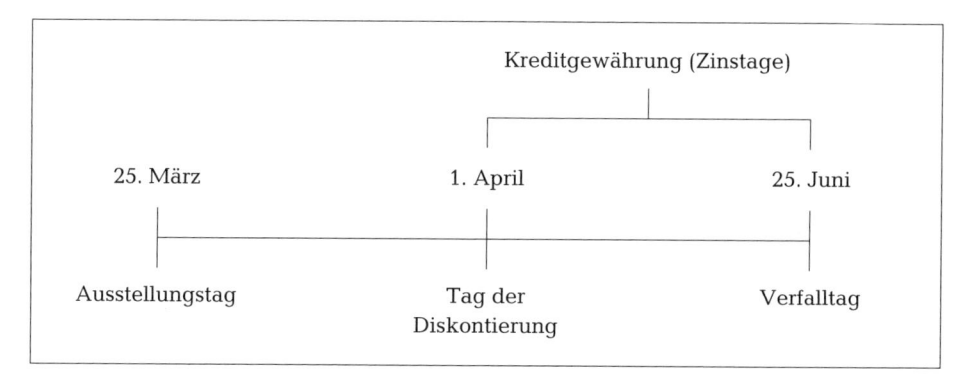

```
                    Kreditgewährung (Zinstage)
                    ┌─────────────┴─────────────┐
25. März           1. April                    25. Juni
├──────────────────┼───────────────────────────┤
Ausstellungstag    Tag der                    Verfalltag
                   Diskontierung
```

Die Zinstage ergeben sich:

29 Tage im April
30 Tage im Mai
25 Tage im Juni
─────────────
84 Tage insgesamt

Von dieser Grundregel kann es – wie vorstehend gesagt – in der Praxis aber Abweichungen von ein bis zwei Tagen geben.

Zur Berechnung des Diskonts bedienen sich die Banken der allgemein üblichen Formel aus der Zinsrechnung:

$$\text{Diskont} = \frac{\text{Wechselsumme} \times \text{Zinstage} \times \text{Zinssatz}}{100 \times 360}$$

Beispiel:
Die Firma Aust reicht den Besitzwechsel über 23 200,– zum Diskont ein.

Wechsel, fällig 25. Juni	23 200,00
Diskont 8 % / 84 Tage = $\frac{23\,200,- \times 84 \times 8}{100 \times 360}$	433,07
Gebühren	10,00
Gutschrift	22 756,93

Buchung beim Aussteller:

Bank	22 756,93	
Diskontaufwand	433,07	
Nebenkosten des Finanz- und Geldverkehrs	10,00	
an Besitzwechsel		23 200,00

Neben dem Diskont können die Banken noch verauslagte Gebühren und Inkassoprovision in Abzug bringen (Buchung über Nebenkosten des Finanz- und Geldverkehrs).

1.5.1 Umsatzsteuerliche Besonderheiten

Die dem Wechseleinreicher von der Bank in Rechnung gestellten Diskontierungskosten fallen gemäß § 4 Nr. 8 a UStG unter das umsatzsteuerfreie Kreditgeschäft. Die Bank berechnet demzufolge keine Umsatzsteuer. Allerdings **mindert der Diskont**, der dem Unternehmer bei der Diskontierung in Abzug gebracht wird, **das Entgelt** für seinen Umsatz im Sinne des § 17 Abs. 1 UStG i. V. mit Abschn. 151 Absatz 5 UStR. Dies bedeutet, dass im Beispiel die Aust GmbH als Wechseleinreicher ihre Umsatzsteuerschuld aus der Lieferung an den Kaufmann Bez anteilig zu kürzen hat (vergleichbar der Entlastung des Kundenskontobetrages mit der darin anteilig enthaltenen Umsatzsteuer). Bez als Empfänger der Lieferung hat dann entsprechend das aus der Lieferung bestehende Vorsteuerguthaben zu kürzen. Allerdings setzt dieser Ablauf voraus, dass die Aust GmbH der Firma Bez die erfolgte Diskontierung, die Höhe des Diskontbetrages und den enthaltenen Umsatzsteueranteil schriftlich mitteilt.

Keine Entgeltminderung im Sinne des Umsatzsteuergesetzes sind dagegen die im Rahmen der Diskontierung abgezogenen Spesen, Provision und Domizilgebühren gemäß Abschn. 151 Abs. 5 UStR.

Beispiel:
Die Firma Aust bucht die Diskontierung und teilt Bez die Höhe des Diskontbetrags **(433,07)** und den enthaltenen Umsatzsteueranteil (59,73) als Grundlage für die Buchung der Entgeltminderung mit (ohne die entstandenen Kosten an ihn weiterzuberechnen).

Buchung beim Aussteller		Buchung beim Bezogenen	
Bank	22 756,93	Sonstiger betrieblicher	
Diskontaufwand	373,34	Aufwand	59,73
Umsatzsteuer	59,73	an Vorsteuer	59,73
Nebenkosten des Finanz- und Geldverkehrs	10,00		
an Besitzwechsel	23 200,00		

In der Praxis ist die schriftliche Mitteilung der Entgeltberichtigung ohne gleichzeitige Weiterberechnung der Diskontierungskosten aber kaum anzutreffen. Weder Lieferant noch Kunde haben einen finanziellen Vorteil, da die Umsatzsteuer und der Vorsteuerabzug sich um denselben Betrag mindern.

1.5.2 Weiterberechnung der Diskontierungskosten

Sind sich Lieferant und Kunde im Rahmen des Kaufabschlusses einig, das Geschäft finanziell auf Wechselbasis abzuwickeln, so wird meist auch eine **Vereinbarung** für den Fall einer späteren Wechseldiskontierung getroffen. In der Regel wird dabei festgehalten, dass alle dem Einreicher entstehenden Kosten vom Kunden bzw. Bezogenen zu übernehmen sind. Der Bezogene erfährt von der durchgeführten Diskontierung durch eine **Belastungsanzeige** des Lieferanten. Er hat daraufhin den Betrag dem Lieferanten zu ersetzen.

Für die rechnerische Gestaltung der Belastungsanzeige und demzufolge für die anschließende Buchung bestehen **mehrere Möglichkeiten,** die nachstehend aufgezeigt werden. Ausgang ist dabei die folgende Diskontabrechnung der Bank an die Firma Aust:

Wechselsumme	23 200,00
Diskont	433,07
Gebühren	10,00
Gutschrift	22 756,93

Beispiel zu ausführlicher Buchungsweise:
Lieferant Aust bucht die Diskontabrechnung der Bank und berichtigt sofort Diskontaufwand und Umsatzsteuer.

Buchung beim Aussteller

Bank	22 756,93	
Diskontaufwand	373,34	
Umsatzsteuer	59,73	
Nebenkosten des Finanz- und Geldverkehrs	10,00	
an Besitzwechsel		23 200,00

Bei der folgenden Weiterberechnung wird der als Entgeltminderung berichtigte Diskontaufwand wieder zu einer Entgelterhöhung, d. h. umsatzsteuerpflichtig. Die zunächst erfolgte Korrektur wird rückgängig gemacht. Alle weiteren in Rechnung gestellten Kosten nebst eigenen Auslagen unterliegen der Umsatzsteuer.

Belastungsanzeige:

Verauslagter Diskont	373,34
Verauslagte Spesen	10,00
Eigene Auslagen	10,00
	393,34
+ 16 % Umsatzsteuer	62,93
Zu zahlen	456,27

Buchung beim Aussteller

Sonstige Forderungen	456,27	
an Diskontertrag (umsatzsteuerpflichtig)		373,34
Sonstige Erlöse (umsatzsteuerpflichtig)		20,00
Umsatzsteuer		62,93

Buchung beim Bezogenen

Diskontaufwand	373,34	
Nebenkosten des Finanz- und Geldverkehrs	20,00	
Vorsteuer	62,93	
an Sonstige Verbindlichkeiten		456,27

Beispiel zu Praxisvariante I:
In der Praxis verzichtet man auf die umsatzsteuerlichen Entgeltkorrekturen, da Entgeltminderung und -erhöhung sich beim Diskontbetrag ausgleichen. Lediglich den weiterberechneten Nebenkosten des Finanz- und Geldverkehrs ist Umsatzsteuer zuzurechnen.
  Diese Darstellung ist in der Praxis am weitesten verbreitet und empfiehlt sich insbesondere bei umfangreichen Wechselgeschäften.

8 Besondere Buchungsvorgänge

Buchung beim Aussteller

(1) Buchung der Diskontabrechnung:

Bank	22 756,93	
Diskontaufwand	433,07	
Nebenkosten des Finanz- und Geldverkehrs	10,00	
an Besitzwechsel		23 200,00

(2) **Belastungsanzeige:**

Verauslagter Diskont		433,07
Verauslagte Spesen	10,00	
Eigene Auslagen	10,00	
	20,00	
+ 16 % Umsatzsteuer	3,20	23,20
Zu überweisen		456,27

(3) Weiterberechnung der Diskontierungskosten:

Sonstige Forderungen	456,27	
an Diskontertrag		433,07
Sonstige Erträge (umsatzsteuerpflichtig)		20,00
Umsatzsteuer		3,20

Buchung beim Bezogenen

Diskontaufwand		433,07
Nebenkosten des Finanz- und Geldverkehrs		20,00
Vorsteuer		3,20
an Sonstige Verbindlichkeiten		456,27

Beispiel zu Praxisvariante II:
Für Unternehmen, die nur in geringem Umfang am Wechselverkehr teilnehmen, hat sich eine weitere Variante mit stillschweigendem Einverständnis der Finanzverwaltung herausgebildet. Die Buchung der Diskontabrechnung bei Lieferant Aust erfolgt zunächst wie bei Variante I. Die **Weiterberechnung** wird jedoch wie folgt **vereinfacht**:
Diese Variante ist in Bezug auf die Kapitalaufbringung ungünstiger und sollte nur bei Wechselgeschäften von geringem Umfang praktiziert werden.
Es ist unbedingt darauf zu achten, dass in der Praxis nicht beide Varianten miteinander vermischt werden. Schwierigkeiten bei der Abstimmung der Konten mit der Umsatzsteuervoranmeldung wären die Folge.

Aufgabe 5.02 *Wechseldiskontierung S. 403*

Aufgabe 5.03 *Diskontermittlung S. 403*

1.6 Wechselprolongation

Naht der Fälligkeitstag des Wechsels und kann der Bezogene die Wechselschuld nicht einlösen, weil er nicht liquide ist und keinen geeigneten Geldgeber findet, so muss er den Aussteller des Wechsels bitten, den **Fälligkeitstag hinauszuschieben**, d. h. den Wechsel zu **prolongieren**. Sofern der Aussteller den fälligen Wechsel noch nicht weitergegeben hat, erfolgt die Prolongation dadurch, dass der alte Wechsel an den zur Zeit zahlungsunfähigen Bezogenen zurückgegeben und ein neuer, später fälliger Wechsel, der **Prolongationswechsel**, ausgestellt und akzeptiert wird. Bleibt die Wechselsumme gleich, entstehen keine Buchungen bei Aussteller und Bezogenem. Der Aussteller kann den für Dritte nicht als Prolongationswechsel erkennbaren Wechsel wie jeden normalen Wechsel im Rahmen der bekannten Möglichkeiten weiterverwenden. Der Bezogene hat am neuen Verfalltag einzulösen.

In aller Regel kann aber davon ausgegangen werden, dass der Aussteller den Wechsel bereits einer Bank zum Diskont oder einem Lieferanten weitergegeben hat, sodass er keine Zugriffsmöglichkeit mehr auf den umlaufenden Wechsel besitzt. Um einen Wechselprotest und die Kosten eines Rückgriffes zu vermeiden, wird der Aussteller dem Bezogenen den zur Einlösung erforderlichen Betrag vorstrecken. Damit kann am Fälligkeitstag der Wechsel planmäßig durch den Bezogenen eingelöst werden. Kein am Wechselverkehr weiterer Beteiligter erfährt von der Zahlungsunfähigkeit des Bezogenen. Im Zusammenhang mit der vorgestreckten Geldsumme lässt sich der Lieferant einen neuen, später fälligen Wechsel, den Prolongationswechsel, akzeptieren.

1.6.1 Besonderheiten bei der Ausstellung eines Prolongationswechsels

Aushändigung des Geldbetrages zur Einlösung des ursprünglichen Wechsels und Ziehung des Prolongationswechsels geschehen Zug um Zug. Durch das Vorstrecken des Geldbetrages entstehen dem Lieferanten und Aussteller des neuen Wechsels unter Umständen nicht unerhebliche Kosten. Er wird deshalb alle ihm entstehenden Kosten nebst Zinsen und eigener Aufwendungen an den Bezogenen weiterbelasten. Dies geschieht entweder durch getrennte Abrechnung, in der Regel aber durch Einrechnung in die Summe des Prolongationswechsels.

Gemäß § 4 Nr. 8 a UStG sind die weiterberechneten Zinsen und Gebühren als umsatzsteuerfreies Kreditgeschäft anzusehen. Meist wird jedoch, wenn beide Partner Unternehmer sind, auf diese Art der Steuerfreiheit verzichtet und stillschweigend Umsatzsteuer im Sinne der Optionsmöglichkeit nach § 9 UStG angesetzt.

1.6.2 Ermittlung des Prolongationswechselbetrages

Bei der Ermittlung des Wechselbetrages ist auf eine Wechselsumme hochzurechnen, die den vorgestreckten Betrag zuzüglich Nebenkosten und Umsatzsteuer auf die Nebenkosten beinhaltet.

Beispiel:
Die Firma Aust überlässt am 25. Juni im Rahmen einer Prolongation dem Bezogenen Bez per Scheck 23 200,–. Der bezogene Kunde hat als Gegenleistung einen Prolongationswechsel zu akzeptieren, fällig am 28. Juli. In die Wechselsumme schließt der Aussteller 8,75 % Diskont, die gesetzliche Umsatzsteuer und 3,50 Spesen ein.

Diskont und Wechselbetrag (unter Berücksichtigung der Umsatzsteuer) sind durch In-Hundert-Rechnung in folgenden Schritten zu bestimmen:

(1) Die unterjährige Verzinsung (p) in Abhängigkeit von der Laufzeit des Wechsels ist zu errechnen:

360 Tage = 8,75 %
 33 Tage = p %

p = 0,80208 %

Auf diesen Prozentsatz ist noch die Umsatzsteuer zu ermitteln. Sie beträgt (in Prozent ausgedrückt):

16 % x p = 0,12833 %

(2) Der Basiswert für die Diskonterrechnung (einschließlich Umsatzsteuer) entspricht:

100 % ·/· (0,80208 % + 0,12833 %) = 99,06959 %

(3) Die nun folgende In-Hundert-Rechnung erlaubt es, dass bei späterer Diskontierung (zu den gleichen Bedingungen) der volle Ausgangsbetrag (hier 23 200,–) gutgeschrieben wird.

Schecksumme	23 200,00
+ Spesen	3,50
+ 16 % Umsatzsteuer auf 3,50	0,56
= Basiswert für Diskontberechnung (99,06959 %)	23 204,06
+ Diskont (inkl. USt)	?
Wechselbetrag (100 %)	?

$$\text{Wechselbetrag} = \frac{23\,204,06}{99,06959\,\%} = 23\,421,98$$

(4) Nun lässt sich der Diskont ermitteln:

Wechselsumme	23 421,98
·/· Scheckbetrag	23 200,00
weiterberechnete Kosten einschließlich Umsatzsteuer	221,98
·/· 16 % Umsatzsteuer (aus 221,98)	30,62
·/· Spesen	3,50
Rest = Diskont	187,86

Für das **Wechselbegleitschreiben** ergibt sich folgende Beleggestaltung:

Scheckbetrag		23 200,00
Diskont 8,75 %/33 Tage	187,86	
Spesen	3,50	
	191,36	
+ 16 % Umsatzsteuer	30,62	221,98
Prolongationswechselbetrag		23 421,98

Rechnerische Gegenprobe:
Würde der Wechsel sofort zu den gleichen Bedingungen diskontiert werden, ergibt sich die folgende Abrechnung für den Einreicher, welcher den verauslagten Scheckbetrag wieder erhalten will:

Wechselsumme	23 421,98
·/· Diskont $\dfrac{23\,421,98 \times 8,75 \times 33}{100 \times 360}$	187,86
·/· Spesen	3,50
Gutschrift der Bank (fiktiv)	23 230,62
·/· MWSt-Belastung ohne VSt-Abzug	30,62
= Ausgangsforderung	23 200,00

1.6.3 Buchung des Prolongationswechsels

Beim Aussteller und beim Bezogenen sind, ausgehend von den Beträgen im Beispiel, folgende Buchungen erforderlich:

Aufgabe 5.04 *Wechselprolongation S. 404*

Aufgabe 5.05 *Ermittlung des Betrags eines Prolongationswechsels S. 404*

Aufgabe 5.06 *Anschaffung eines Fahrzeuges mit Wechselfinanzierung S. 404*

1.7 Wechselprotest und Rückgriff

1.7.1 Allgemeines

Gelingt es dem Bezogenen bis zum Fälligkeitstag des Wechsels nicht, die erforderlichen Geldmittel zu beschaffen, und verweigert der Aussteller eine Prolongation, kommt es unweigerlich zum **Wechselprotest.** Der Protest ist eine **amtliche Beurkundung** über die Zahlungsunfähigkeit des Bezogenen. Die Protesturkunde wird vom beauftragten Gerichtsvollzieher oder Notar an den Wechsel geklebt.

Gemäß Art. 44 WG ist Protest an einem der beiden auf den Zahlungstag folgenden Werktage zu erheben. Die damit verbundenen Kosten werden dem Wechselinhaber (Wechselgläubiger) in Rechnung gestellt.

Art. 45 WG verpflichtet den Wechselinhaber, innerhalb von 4 Werktagen nach dem Tag der Protesterhebung seinen unmittelbaren Vorbesitzer, von dem er den Wechsel erhielt, und den Aussteller des Wechsels zu benachrichtigen. Jeder Indossant muss seinerseits innerhalb zweier Werktage nach dem Empfang der Protestnachricht seinen unmittelbaren Vorindossanten in Kenntnis setzen. Die Reihenfolge setzt sich so lange rückwärts fort, bis sie den Aussteller auf diesem Weg erreicht.

Wechselprotest und Protesturkunde sind Voraussetzung für den nun folgenden **Rückgriff,** auch Regress genannt. Art. 47 WG verpflichtet alle, die ihre Unterschrift auf das Wechselformular gesetzt haben, zur gesamtschuldnerischen Haftung. Deshalb kann der Inhaber des zu Protest gegangenen Wechsels auf seinen unmittelbaren Vorindossanten wie auch auf jeden anderen Vorindossanten zur Begleichung der Schuld zurückgreifen. Er ist also nicht an die Reihenfolge gebunden, in der sie sich verpflichtet haben.

Im Rahmen des Rückgriffs können die folgenden Beträge nach Art. 48 WG weiterbelastet werden:

– die nicht eingelöste Wechselsumme,
– angefallene Protestkosten,
– Auslagen für Porti, Telefon, Wegegeld, Schreibaufwand,
– Verzugszinsen von 2 % über dem Basiszinssatz, mindestens aber 6 %,
– Provision von maximal $1/3$ % der Wechselsumme.

1.7.2 Umsatzsteuerliche Besonderheiten

Die weiterberechneten Zinsen, Protestkosten, Provision und sonstigen Auslagen sind laut Abschn. 3 Abs. 3 UStR als Schadenersatz zu betrachten. Beim Schadenersatz fehlt der Leistungsaustausch, somit tritt keine Umsatzsteuerpflicht ein. In der Praxis ist es jedoch nicht schädlich, die Weiterberechnung der Umsatzsteuer zu unterwerfen. Der Rechnungsempfänger ist dann zum Vorsteuerabzug berechtigt.

1.7.3 Buchungsablauf bei Protest und Regress

Zur buchungsmäßigen Darstellung werden die folgenden Konten benötigt:
- für entstandene Aufwendungen:
  - Konto »Zinsaufwand« für Zinsen,
  - Konto »Nebenkosten des Finanz- und Geldverkehrs« für Protestkosten, Wegegeld des Notars, Provision;
- zur Weiterberechnung der Aufwendungen an den Vormann im Rahmen des Regresses:
  - Konto »Zinsertrag« für Zinsen,
  - Konto »A. o. Ertrag« (ein Unterkonto der »Sonstigen betrieblichen Erträge«) für Protestkosten, Provision, eigene Spesen und Auslagen.

Beispiel:
Die Firma Indos GmbH ist Inhaber des Wechsels über 23 200,–, den die Aust GmbH (Aussteller) auf den Kaufmann Bez (Bezogener) gezogen hat. Der Wechsel geht zu Protest. Der Notar berechnet für die Protesterhebung Gebühren von 58,– zuzüglich Umsatzsteuer. Die Indos GmbH macht ihren Rückgriffsanspruch gegenüber dem Aussteller wie folgt geltend:

Protestwechsel		23 200,00
Protestkosten	58,00	
Verzugszinsen 6 %/4 Tage	15,47	
Provision 1/3 %	77,34	
Eigene Auslagen	30,00	180,81
		23 380,81

Buchung beim Indossanten		Buchung beim Aussteller	
Protestwechsel		Protestwechsel	23 200,00
an Besitzwechsel	23 200,00	Zinsaufwand	15,47
Nebenkosten des Finanz- und		Nebenkosten des Finanz- und	
Geldverkehrs	58,00	Geldverkehrs	165,34
Vorsteuer	9,28	an Sonstige Verbind-	
an Kasse	67,28	lichkeiten	23 380,81
Sonstige Forderungen	23 380,81		
an Zinsertrag	15,47		
A. o. Ertrag	165,34		
Protestwechsel	23 200,00		
Bank		Sonstige Verbindlichkeiten	
an Sonstige Forderungen	23 380,81	an Bank	23 380,81

Nach Erhalt des Protestwechsels lebt die Forderung der Aust GmbH (Aussteller) an den Kaufmann Bez (Bezogener) in der Buchführung wieder auf. Um zu ihrem Geld zu kommen, muss die Aust GmbH den Wechselprozess einleiten. Bei Uneinbringlichkeit ist die Forderung auszubuchen und die Umsatzsteuer gem. § 17 Abs. 2 Nr. 1 UStG zu berichtigen.

Kontrollfragen
1. Was ist der Unterschied zwischen gezogenem und Solawechsel? Welche Form ist die häufigere?
2. Welche Bestandteile muss ein gezogener Wechsel aufweisen?
3. Was versteht man unter Wechselindossierung? Welche Wirkungen hat ein Indossament?
4. Was versteht man unter Wechseldiskontierung?
5. Wie werden bei Wechseldiskontierung die Zinstage berechnet?
6. Was ist bei Diskontierung umsatzsteuerlich zu beachten?
7. Was versteht man unter Wechselprolongation und unter Wechselprotest?

Aufgabe 5.07 Wechselprotest S. 405

2 Das Scheck-Wechsel-Tauschverfahren (Umkehrwechsel)

Beim Scheck-Wechsel-Tauschverfahren begleicht ein Kunde zunächst seine Verbindlichkeiten aus Lieferungen unter Wahrung der Skontofrist per Banküberweisung oder Scheck. Das Schuldverhältnis erlischt. Dem Warengeschäft schließt sich nun ein Finanzierungsteil an, der dem Kunden durch Umkehrung der üblichen Wechselziehung Liquidität zurückbringen soll.

Der Käufer erstellt einen Wechsel (Summe um Skontoabzug gekürzt), unterschreibt als Bezogener und schickt diesen Wechsel dem Lieferanten zur Unterschrift als Aussteller. Zurück vom Lieferanten (Aussteller) kann der Kunde (Bezogener) den Wechsel bei seiner Hausbank zum Diskont einreichen und beschafft sich so die für die Bezahlung des Kaufpreises aufgewendeten Mittel. Zum späteren Fälligkeitstag muss dieser so genannte **Umkehrwechsel** vom Kunden eingelöst werden.

Voraussetzungen des Scheck-Wechsel-Tauschverfahrens sind:
– Dem Wechsel muss ein Warengeschäft/Handelsgeschäft zugrunde liegen.
– Für die Rediskontierbarkeit sind mindestens 2 gute Unterschriften notwendig, und die Laufzeit darf nicht mehr als 3 Monate betragen.
– Der Kunde muss seinen Lieferanten um Anerkennung und Bestätigung dieser Zahlungsweise bitten.

Für den **Käufer** kann dieses Verfahren, je nach den Bedingungen, die ihm seine Bank einräumt, **finanzielle Vorteile** aufweisen. Er kann Skontogewährung durch den Lieferanten in Anspruch nehmen; die von der Bank abgezogenen Diskontzinsen einschließlich weiterer Kosten können unter den üblichen Kontokorrentzinsen liegen.

Für den **Verkäufer** birgt dieses Verfahren aber **Risiken,** da er bei einer Nichteinlösung des Umkehrwechsels gegenüber dem letzten Wechselinhaber als Aussteller haftet. Da die Kaufpreisforderung des Verkäufers bereits mit Bezahlung des Kaufpreises erlischt, bedarf es deshalb einer auf diesen Fall speziell ausgerichteten **Vorbehaltsklausel.** Diese wird in der Praxis etwa wie folgt formuliert:
»Der Verkäufer behält sich das Eigentum an der Sache bis zur vollen Tilgung seiner Kaufpreisforderung vor. Wird im Zusammenhang mit der Kaufpreistilgung eine wechselmäßige Haftung des Verkäufers begründet, so erlischt in Ergänzung von § 455 BGB der Eigentumsvorbehalt erst mit der Einlösung des Wechsels durch den Käufer als Bezogenem.«

Der Verkäufer muss außerdem – auch wenn er eine Warenkreditversicherung bzw. Debitorenausfallversicherung abgeschlossen hat – noch beachten, dass Insolvenzverluste aus dem Scheck-Wechsel-Tauschverfahren in der Regel nicht ersetzt werden, da sich der Versicherungsschutz nur auf das Handelsgeschäft bezieht.

Buchungstechnisch ist zu beachten, dass Ausstellung und Annahme des Umkehrwechsels keine Buchungen nach sich ziehen.

Beispiel:

Ein Kunde erwirbt Waren im Wert von 10 000,– (netto) und zahlt unter Abzug von 3 % Skonto. Mit dem Lieferanten ist das Scheck-Wechsel-Tauschverfahren verabredet.

Buchung beim Lieferanten

(1) Kauf der Ware:

Forderungen aus
Lieferungen und
Leistungen   11 600,–
  an Warenverkauf   10 000,–
     Umsatzsteuer   1 600,–

Buchung beim Kunden

Wareneinkauf   10 000,–
Vorsteuer   1 600,–
an Verbindlichkeiten aus
   Lieferungen und
   Leistungen   11 600,–

(2) Zahlung unter Abzug von 3 % Skonto:

Bank   11 252,–
Skonto   300,–
Umsatzsteuer   48,–
  an Forderungen aus
     Lieferungen und
     Leistungen   11 600,–

Verbindlichkeiten
aus Lieferungen
und Leistungen   11 600,–
  an Bank   11 252,–
     Skonto   300,–
     Vorsteuer   48,–

(3) Ausstellung und Annahme eines Wechsels über 11 252,–:

Keine Buchung, da dem Wechsel keine Gegenposition gegenübersteht.

Keine Buchung, da dem Wechsel keine Gegenposition gegenübersteht.

(4) Diskontierung:
keine Buchung

Bank   11 194,–
Diskontaufwand   50,–
Nebenkosten des Finanz-
und Geldverkehrs   8,–
  an Schuldwechsel   11 252,–

(5) Einlösung des Schuldwechsels:
Keine Buchung

Schuldenwechsel an Bank   11 252,–

Das Beispiel zeigt, dass beim Lieferanten (Aussteller) der Umkehrwechsel in den Sachkonten nicht in Erscheinung tritt. Aufzeichnungen in einem Wechselkopierbuch (vgl. hierzu Band 1) zur Führung des Obligonachweises wären deshalb sinnvoll.

Aufgabe 5.08 *Umkehrwechsel S. 405*

3 Buchungen bei Leasinggeschäften

3.1 Allgemeines

Bei Leasinggeschäften handelt es sich um eine besondere Art von Verträgen, die eine Vereinbarung über die Nutzung eines Gegenstandes auf eine bestimmte Zeit enthalten. Wirtschaftlich gesehen sind sie weder Kauf, noch Miete, noch Darlehen, sondern eine Mischung aus allen drei klassischen Vertragstypen. Da diese Vertragsart ursprünglich aus Amerika übernommen wurde, ist eine Einordnung in das deutsche Handels- und Steuerrecht nur unter Schwierigkeiten und unter Zuhilfenahme der mittlerweile ergangenen komplizierten Rechtsprechung möglich.

Während zivilrechtlich durch geltende Vertragsfreiheit eine Vielzahl von unterschiedlichen Vertragstypen entstanden sind (Finanzierungsleasing, Seconhand-Leasing, Operate Leasing, Sale-and-lease-back-Leasing, Spezialleasing, Kfz-Leasing u. a.), ist handels- und steuerrechtlich die Zuordnung des geleasten Wirtschaftsgutes zu Leasinggeber oder Leasingnehmer von ausschlaggebender Bedeutung.

Für den am häufigsten anzutreffenden Vertragstyp, das sog. Finanzierungsleasing, hat die Finanzverwaltung in mehreren BdF-Schreiben der Jahre 1971, 1972 und 1975 die grundlegenden Leasingerlasse veröffentlicht. Demnach liegt dann Finanzierungsleasing vor, wenn:

– eine feste Grundmietzeit vereinbart wurde, während der der Vertrag von beiden Seiten nicht planmäßig kündbar ist,
– während der Vertragszeit die Gefahr des Unterganges des Leasinggutes und dessen Verschlechterung vom Leasingnehmer zu tragen ist,
– Gewährleistungsansprüche des Leasinggebers während der Vertragslaufzeit an den Leasingnehmer abgetreten werden,
– während der vertraglichen Laufzeit alle Kosten des Leasinggebers durch die periodischen Ratenzahlungen des Leasingnehmers gedeckt werden, z. B. Anschaffungs- oder Herstellungskosten, Finanzierungskosten sowie kakulierter Gewinn.

Ist die Nutzungsdauer des Leasinggutes länger als die vereinbarte Vertragsdauer, bestehen nach deren Ablauf über die weitere Verwendung des Gegenstandes die folgenden Möglichkeiten:

– **keine Optionsmöglichkeit** oder sonstigen Rechte, d. h. der Leasingnehmer hat das Leasinggut grundsätzlich zurückzugeben,
– **Kaufoption**, d. h. dem Leasingnehmer wird die Möglichkeit des späteren Erwerbs angeboten,
– **Verlängerungsoption**, d. h. der Leasingnehmer hat die Möglichkeit, den Vertrag um eine noch zu bestimmende Anzahl von Monaten oder Jahren zu verlängern und das Leasinggut gegen ein neu berechnetes Entgelt weiter zu nutzen.

Neben diesen Grundregeln bestehen weitere vertragliche Gestaltungsmöglichkeiten, auf die hier wegen ihrer Komplexität nicht weiter eingegangen werden kann. Wir müssen deshalb auf die hierzu vorhandene Spezialliteratur verweisen.

Die bei Leasinggeschäften durchzuführenden Buchungen richten sich nach der steuerlichen Zurechnung des Leasinggutes. Entscheidend ist hierbei, welche Vertragspartei als wirtschaftlicher Eigentümer anzusehen ist (vgl. nachstehende Übersicht).

	**Zurechnungsschema bei Finanzierungsleasing** (BdF-Schreiben vom 19.4.1971, BStBl 1971 I S. 264)
Vertragstyp	Vertragsbedingungen	Zurechnung
Verträge ohne Option	a) Grundmietzeit mindestens 40 % und maximal 90 % der betriebsgewöhnlichen Nutzungsdauer	Leasinggeber
	b) andernfalls	Leasingnehmer
Verträge mit Kaufoption	a) Grundmietzeit mindestens 40 % und maximal 90 % der betriebsgewöhnlichen Nutzungsdauer, wobei vorgesehener Kaufpreis nicht niedriger als regulärer Buchwert bzw. niedrigerer gemeiner Wert sein darf	Leasinggeber
	b) andernfalls	Leasingnehmer
Verträge mit Mietverlängerungsoption	a) Grundmietzeit mindestens 40 % und maximal 90 % der betriebsgewöhnlichen Nutzungsdauer, wobei Anschlussmiete mindestens dem Wertverzehr (d. h. der Abschreibung) entsprechen muss	Leasinggeber
	b) andernfalls	Leasingnehmer
Spezialleasing	regelmäßig Zurechung zum Leasingnehmer (ohne Rücksicht auf das Verhältnis von Grundmietzeit und Nutzungsdauer und auf Optionsklauseln	

3.2 Zurechnung des Leasinggutes beim Leasinggeber

Ist das Leasinggut dem Leasinggeber zuzurechnen, ergeben sich keine buchungstechnischen Probleme. Der **Leasinggeber** hat das verleaste Wirtschaftsgut in seinem Anlagevermögen auszuweisen, also mit den ihm entstandenen Anschaffungs- bzw. Herstellungskosten zu aktivieren und auf die betriebsgewöhnliche Nutzungsdauer abzuschreiben. Die Abschreibungen sind als Aufwand und die periodischen Leasingraten als Ertrag zu erfassen. Die einzelnen Leasingraten sind als Nutzungsüberlassung in umsatzsteuerrechtlichem Sinn eine sonstige Leistung (§ 1 Abs. 1 Nr. 1 und § 3 Abs. 9 UStG) und unterliegen demzufolge der Umsatzsteuer.

Umsatzsteuerfreiheit ergibt sich beim Immobilien-Leasing gemäß § 4 Nr. 12 a UStG, es sei denn, dass nach § 9 UStG auf Besteuerung optiert werden kann. Der Leasingnehmer ist dann nach § 15 UStG zum Vorsteuerabzug berechtigt.

Der **Leasingnehmer bucht** seine Zahlungen an den Leasinggeber als Aufwand. Buchungstechnisch unterscheidet sich dies nicht von einer laufenden Mietzahlung. In der einzelnen Leasingrate enthaltene Umsatzsteuer kann nach § 15 UStG als Vorsteuer in Anrechnung gebracht werden.

Beispiel:
Ein Bürocomputersystem wird mit einer Vertragsdauer von 54 Monaten am 1. Dezember geleast. Während der Mietzeit besteht keine reguläre Kündigungsmöglichkeit. Am Ende der Vertragszeit ist das Wirtschaftsgut dem Leasinggeber zurückzugeben. Die monatliche Leasingrate beläuft sich auf 750,– netto. Dem Leasinggeber entstehen für das Computersystem Anschaffungskosten in Höhe von 20 500,– zuzüglich Umsatzsteuer. Er legt diese seiner Kalkulation zugrunde. Die betriebsgewöhnliche Nutzungsdauer beträgt für Bürocomputer laut AfA-Tabelle 5 Jahre.

Um die Buchungen vornehmen zu können, ist zu klären,
– um welche Form des Leasings es sich handelt und
– welchem der Vertragspartner der Computer zuzurechnen ist.

Bestimmung der Leasingform und der Zurechnung:

Gemessen an der Nutzungsdauer von 5 Jahren beträgt die Grundmietzeit von 54 Monaten 90 %. Die Kosten des Leasinggebers (20 500,–) sind innerhalb der Grundmietzeit gedeckt (54 Raten zu 750,– = 40 500,–). Demzufolge handelt es sich im Rahmen des Finanzierungsleasings um einen Vollamortisationsvertrag ohne Optionsmöglichkeit. Gemäß Leasing-Erlass ist das Computersystem dem Leasinggeber als dem wirtschaftlichen Eigentümer zuzurechnen.

Buchung beim Leasinggeber

(1) Eingangsrechnung des Computerherstellers:

Betriebs- und Ge-
schäftsausstattung   20 500,–
Vorsteuer   3 280,–
   an Bank   23 780,–

(2) Buchung der Leasingrate:

Forderungen aus
Lieferungen und
Leistungen   870,–
   an Erlöse aus Leasing-
      geschäft (umsatz-
      steuerpflichtig)   750,–
   Umsatzsteuer   120,–

Bank
   an Forderungen aus
      Lieferungen und
      Leistungen   870,–

(3) Abschreibung am Jahresende:

Abschreibung
   an Betriebs- und Geschäfts-
      ausstattung   2 050,–

Buchung beim Leasingnehmer

(2) Buchung der Leasingrate:

Leasingkosten   750,–
Vorsteuer   120,–
   an Verbindlichkeiten
      aus Lieferungen
      und Leistungen   870,–

Verbindlichkeiten aus
Lieferungen und Leistungen
   an Bank   870,–

In der Praxis wird die Vertragsgestaltung (außer beim Spezialleasing) so gewählt, dass dem Leasinggeber das Leasinggut zuzurechnen ist. Denn nur dann kommen beim Leasingnehmer die bei dieser Vertragsgestaltung angestrebten Renditegesichtspunkte zum Tragen.

3.3 Zurechnung des Leasinggutes beim Leasingnehmer

Erfolgt die Zurechnung des Leasinggutes beim Leasingnehmer, ist aus steuerlicher Sicht der Vertrag wie ein Verkaufsgeschäft mit vereinbarter Ratenzahlung zu beurteilen. Die Leasingraten entsprechen den Kaufpreisraten, die jeweils einen Zins- und einen Tilgungsanteil enthalten.

Der Leasinggeber benötigt ein Bestandskonto für das beschaffte Leasinggut im Umlaufvermögen und ein Erlöskonto, wenn der Leasinggegenstand an den Leasingnehmer übergeht. Dabei entspricht der fiktive Verkaufserlös den Anschaffungskosten.

3.3.1 Umsatzsteuerliche Besonderheiten

Ist der Leasinggegenstand dem Leasingnehmer zuzurechnen, so liegt aus umsatzsteuerrechtlicher Sicht eine **Lieferung des Leasinggebers** an den Leasingnehmer vor (Abschn. 25 Abs. 4 UStR). Als Entgelt für diese Lieferung gelten alle Zahlungen, die der Leasingnehmer aufwendet, um das wirtschaftliche Eigentum an dem Leasinggegenstand zu erwerben. Demzufolge unterliegt die Summe aller zu leistenden Leasingraten, die während der Grundmietzeit anfallen, der Umsatzsteuer.

Es ist nicht zulässig, das Entgelt in einen umsatzsteuerpflichtigen Lieferanteil und in ein umsatzsteuerfreies Kreditgeschäft gemäß § 4 Nr. 8 UStG aufzuteilen (BFH-Urteil, BStBl 1971 II S. 34). Die in den Kaufpreisraten enthaltenen Zinsanteile gehören zum Entgelt für die Überlassung der Verfügungsmacht an den Leasingnehmer, deshalb wird die Umsatzsteuer dem Leasingnehmer **bei Vertragsausführung sofort in Rechnung gestellt**. Die Zahlung der einzelnen Leasingraten löst danach keine Umsatzsteuerpflicht mehr aus. Selbst bei Verträgen mit Kaufoption zu einem feststehenden Preis ist schon mit Beginn des Vertrages der später zu entrichtende Kaufpreis in die Umsatzsteuer einzuschließen. Auch bei Verträgen mit Mietverlängerungsoption ist die Summe der zu Vertragsbeginn vereinbarten Anschlussmieten der Umsatzsteuer zu unterwerfen.

Wird nach Ablauf der Grundmietzeit das eingeräumte Optionsrecht durch den Leasingnehmer nicht ausgeübt, so ist nach § 17 UStG bei beiden Vertragspartnern eine Entgeltberichtigung durchzuführen.

3.3.2 Ertragsteuerliche Besonderheiten

Bei Zurechnung des Leasinggegenstandes zum Leasingnehmer ist beim **Leasinggeber** ertragsteuerlich folgendes zu beachten:

– Der Leasinggeber ist zwar bürgerlich-rechtlicher Eigentümer des Leasinggutes, das wirtschaftliche Eigentum erlangt aber der Leasingnehmer. Der Leasinggeber darf deshalb das Leasinggut weder aktivieren noch abschreiben.
– Der Leasinggeber hat eine Forderung an den Leasingnehmer in Höhe der ihm entstandenen und der Kalkulation zugrunde liegenden Anschaffungskosten zu aktivieren.
– Die in die Summe der Leasingraten über die Anschaffungskosten hinaus eingeschlossenen Verwaltungskosten, Risikozuschläge, Eigenkapitalverzinsung und Gewinne sind erfolgswirksam zu behandelnde Zins- und Kostenanteile.
– Die jeweils fällige Leasingrate ist deshalb in einen erfolgsneutralen Tilgungsanteil (mit welchem die Forderung an den Leasingnehmer getilgt wird) und in den erfolgswirksam zu buchenden Zins-/Kostenanteil zu splitten.

Die ertragsteuerlichen Besonderheiten auf **Leasingnehmerseite** lassen sich dementsprechend wie folgt zusammenfassen:

- Der Leasingnehmer aktiviert das Leasinggut mit den Anschaffungskosten, die der Leasinggeber seinen Raten zugrunde gelegt hat. Sind dem Leasingnehmer die Kosten des Leasinggebers unbekannt, hat er die Kosten zu aktivieren, die ihm entstanden wären, wenn er das Wirtschaftsgut selbst erworben hätte. In der Praxis bereitet dies keine Schwierigkeit, da in den Leasingverträgen entweder ein fiktiver Kaufpreis angegeben ist oder der künftige Leasingnehmer selbst beim Lieferanten das Leasinggut bestellt (wobei die Rechnung auf den Leasinggeber ausgestellt wird).
- In Höhe des für das Leasinggut aktivierten Betrages ist mit Beginn des Vertrages eine Verbindlichkeit an den Leasinggeber auszuweisen.
- Die periodisch zu leistenden Leasingraten sind in einen erfolgsneutralen Tilgungsanteil und einen erfolgswirksamen Zins-/Kostenanteil aufzuteilen.
- Entstehen dem Leasingnehmer zusätzliche Kosten für das geleaste Wirtschaftsgut, z. B. Transport, Versicherung, Montage u. a., so sind diese in die Anschaffungskosten einzuschließen.
- Als wirtschaftlicher Eigentümer hat der Leasingnehmer das Wirtschaftsgut gemäß Leasing-Erlass zu aktivieren und am Jahresende nach § 7 EStG auf die Nutzungsdauer nach AfA-Tabelle abzuschreiben. Die Grundmietzeit des Vertrages ist nicht ausschlaggebend.

3.3.3 Aufteilung der Leasingraten

Die Aufteilung der Leasingraten in einen Tilgungs- und einen Zins-/Kostenanteil erfolgt in zwei Schritten:

(1) Betrag aller zu leistenden Raten
 ·/· fiktive Anschaffungskosten
 _____
 = Zins- und Kostenanteile aller Raten

(2) Gemäß dem Schreiben FinMin NRW vom 13. 12. 1973 kann die Ermittlung des Zins-/Kostenanteils einer Rate mit Hilfe der Zinsstaffelmethode nach folgender Formel bestimmt werden:

$$\frac{\text{Summe der Zins- und Kostenanteile aller Leasingraten}}{\text{Summe der Zahlenreihe aller Raten}} \times (\text{Anzahl der restlichen Raten} + 1)$$

$$= \frac{\sum ZK_t}{\frac{(1+n)\,n}{2}} [(n-t)+1]$$

Beispiel:
Anfang September wird ein Leasingvertrag über ein Computersystem geschlossen. Die monatliche Leasingrate beträgt 750,–. Der Vertrag sieht vor, dass die Anlage nach einer festen Grundmietzeit von 48 Monaten zum Preis von 3 500,– erworben wird. Der Computerhersteller berechnet dem Leasinggeber 20 500,– züglich Umsatzsteuer. Die Nutzungsdauer laut AfA-Tabelle beträgt 5 Jahre.

Bestimmung der Leasingform und der Zurechnung:

Eine feste Grundmietzeit ist gegeben. Die Kosten des Leasinggebers während der Grundmietzeit sind gedeckt (750,– x 48 Monate = 36 000,–). Es handelt sich um Finanzierungsleasing mit Vollamortisation.

Gemessen an der betriebsgewöhnlichen Nutzungsdauer von 5 Jahren beläuft sich die Vertragsdauer auf 80 %. Das würde eine Zurechnung beim Leasinggeber bedeuten. Da aber eine **Kaufoption** besteht, muss weiter geprüft werden:

Fiktive Anschaffungskosten	20 500,–
./. 20 % lineare AfA für 4 Jahre	16 400,–
= Fiktiver Buchwert nach 4 Jahren	4 100,–
Vereinbarter Kaufpreis nach Grundmietzeit	3 500,–

Da der Kaufpreis niedriger ist als ein sich nach planmäßiger Abschreibung ergebender Buchwert, ist das Computersystem dem **Leasingnehmer zuzurechnen**.

Ermittlung des Zins-/Kostenanteils aller Raten:

48 Raten zu je 750,–	36 000,–
./. Fiktive Anschaffungskosten	20 500,–
= Zins-/Kostenanteil aller Raten	15 500,–

Zins-/Kostenanteil der monatlichen Leasingraten:

$$\text{Zins-/Kostenanteil einer Leasingrate} = \frac{15\,500}{\frac{(1+48)\,48}{2}} \cdot [(n-t)+1]$$

Zins-/Kostenanteil 1. Rate: $\dfrac{15\,500}{1\,176} \times 48 = 632{,}65$

Zins-/Kostenanteil 2. Rate: $\dfrac{15\,500}{1\,176} \times 47 = 619{,}47$

Zins-/Kostenanteil 3. Rate: $\dfrac{15\,500}{1\,176} \times 46 = 606{,}29$

Zins-/Kostenanteil 4. Rate: $\dfrac{15\,500}{1\,176} \times 45 = 593{,}11$

Tilgungsanteil der monatlichen Leasingraten:

Monat	Rate	Zins- und Kostenanteil	Tilgungsanteil
(1)	(2)	(3)	(2) – (3)
1. Rate (Sept.)	750,–	632,65	117,35
2. Rate (Okt.)	750,–	619,47	130,53
3. Rate (Nov.)	750,–	606,29	143,71
4. Rate (Dez.)	750,–	593,11	156,89

Buchung beim Leasinggeber	Buchung beim Leasingnehmer
(1) Eingangsrechnung des Computerherstellers: Leasingeinkauf 20 500,00 Vorsteuer 3 280,00 　an Bank 23 780,00	

(2) Buchung der Umsatzsteuer einschließlich Optionspreis, Aktivierung der Kaufpreisforderung und fiktiver Verkauf an den Leasingnehmer:

Forderungen Leasingnehmer 20 500,00 Sonstige Forderungen (Umsatzsteuer) 6 320,00 Neutralisationskonto (zu umsatzsteuerpflichtigen Erlösen aus Zins-/Kostenanteil und Optionsverkauf) 19 000,00 　an Erlöse aus Leasinggeschäft (umsatzsteuerpflichtig) 20 500,00 　Erlöse aus Zins/Kostenanteil (umsatzsteuerpflichtig) 15 500,00 　Erlöse aus Optionsverkauf (umsatzsteuerpflichtig) 3 500,00 　Umsatzsteuer 6 320,00	Betriebs- und Geschäftsausstattung 　an Verbindlichkeiten Leasinggeber 20 500,00 Vorsteuer 　an Sonstige Verbindlichkeiten 6 320,00
oder vorherige Buchung zusammengefasst: Forderungen Leasingnehmer 26 820,00 Neutralisationskonto 19 000,00 　an Erlöse aus Leasinggeschäft (umsatzsteuerpflichtig) 39 500,00 　Umsatzsteuer 6 320,00	

(3) Zahlung der berechneten Umsatzsteuer:

Bank an Sonstige Forderungen 6 320,00	Sonstige Verbindlichkeiten 　an Bank 6 320,00

(4) Zahlung der Leasingraten:

– Rate September Bank 750,00 　an Forderungen Leasingnehmer 117,35 　Zins-/Kostenertrag 632,65	Verbindlichkeiten Leasinggeber 117,35 Leasingkosten 632,65 　an Bank 750,00
– Rate Oktober (usw.) Bank 750,00 　an Forderungen Leasingnehmer 130,53 　Zins/Kostenertrag 619,47	Verbindlichkeiten Leasinggeber 130,53 Leasingkosten 619,47 　an Bank 750,00

(5) Abschreibung am Jahresende:

	Abschreibungen 　an Betriebs- und Geschäftsausstattung 1 366,67

Die Konten »Forderungen Leasingnehmer« und »Verbindlichkeiten Leasinggeber« sind unter diejenigen aus Lieferungen und Leistungen einzuordnen. Das »Neutralisationskonto« verhindert als Aufwandskonto, dass die umsatzsteuerpflichtigen Zins-/Kostenanteile und der Optionspreis sich sofort erfolgswirksam in der GuV-Rechnung auswirken. Die Konten »Erlöse aus Leasinggeschäft (umsatzsteuerpflichtig)«, »Erlöse aus Zins-/Kostenanteil (umsatzsteuerpflichtig)« sowie »Erlöse aus Optionsverkauf (umsatzsteuerpflichtig)« geben die Bemessungsgrundlage für die Umsatzsteuervoranmeldung bzw. -erklärung am Monats- bzw. Jahresende.

Kontrollfragen
1. Welchem Zweck dient das Scheck-Wechsel-Tauschverfahren? Wie wird es durchgeführt?
2. Welche Risiken sind für den Verkäufer mit dem Scheck-Wechsel-Tausch-Verfahren verbunden?
3. Nach welchen Vorschriften richtet sich die Zurechnung von Leasinggegenständen?
4. Warum werden Leasingverträge in der Regel so gestaltet, dass eine Zurechnung des Leasingguts beim Leasinggeber erfolgt?
5. Welche bilanziellen Auswirkungen ergeben sich bei Zurechnung des Leasingguts
   - zum Leasinggeber,
   - zum Leasingnehmer?

Aufgabe 5.09 *Leasing S. 405*

Aufgabe 5.10 *Leasing mit Aufteilung der Leasingraten S. 406*

4 Buchungen bei Verkauf von Gegenständen des Anlagevermögens

Anlagenverkauf liegt dann vor, wenn ein Unternehmen Gegenstände des Anlagevermögens, z. B. Grundstücke und Gebäude, Fahrzeuge, Maschinen, Teile der Betriebs- oder Geschäftsausstattung, veräußert. Hierbei sind einkommen- und umsatzsteuerliche Aspekte zu unterscheiden.

4.1 Anlagenverkauf und Einkommensteuer

Gemäß den Vorschriften §§ 4 bis 7 EStG wurden die Anschaffungskosten der verkauften Anlagegüter auf die voraussichtliche Nutzungsdauer aufgeteilt, d. h. abgeschrieben. Damit sind dem Betrieb einerseits Kosten entstanden, die aber andererseits während der Abschreibungsdauer durch die periodischen Abschreibungsbeträge gleichzeitig eine Steuerersparnis erbrachten.

Werden nun ganz oder teilweise abgeschriebene Wirtschaftsgüter des Anlagevermögens verkauft oder in Zahlung gegeben, so ist zu prüfen, ob bei dem Verkaufsvorgang ein Gewinn oder Verlust entstanden ist. Als Ausgangsbasis dient hierbei der Buchwert.

Gemäß R 41 a Abs. 6 EStR ist als Buchwert der Wert anzusetzen, der sich ergeben würde, wenn am Tag des Verkaufes eine Bilanz zu erstellen wäre. D. h., im Jahr des Ausscheidens aus dem Anlagevermögen ist die Abschreibung vom letzten Bilanzstichtag bis zum Tag vor dem Ausscheiden genau zeitanteilig zu berechnen.

Mit Duldung durch die Finanzverwaltung wird jedoch die genaue Zeitanteiligkeit nur selten praktiziert. Es muss aber immer dann exakt abgeschrieben werden, wenn bei ausgeschiedenen Wirtschaftsgütern eine private Nutzung zu berücksichtigen ist, so z. B. bei betrieblich und privat genutzten Grundstücken und Gebäuden, Kraftfahrzeugen und Flugzeugen. Ansonsten ist es für die betriebliche Praxis ausreichend, die Abschreibung zeitanteilig bis zum Ende des Monats vor dem Ausscheiden zu berechnen (R 44 Abs. 9 EStR).

4.2 Gewinn- und Verlustermittlung

Dem ermittelten Buchwert wird der Nettoverkaufspreis bzw. Nettogutschriftsbetrag gegenübergestellt:

  Nettoverkaufspreis > Buchwert = Gewinn
  Nettoverkaufspreis < Buchwert = Verlust

Wurden bei dem ausscheidenden Wirtschaftsgut die angefallenen Abschreibungsbeträge gewinnmindernd und steuersenkend bis zur Veräußerung behandelt, so führt ein entstandener Gewinn zu einer höheren Besteuerung, also zu einer nachträglichen Korrektur der bisher vorgenommenen Abschreibung. Umgekehrt verhält es sich bei einem realisierten Verlust. Dieser darf sich im Jahr der Veräußerung gewinn- und steuermindernd auswirken, da die bisher vorgenommene Abschreibung den eingetretenen Wertverlust des Anlagegutes nicht aufgefangen hat.

4.3 Anlagenverkauf und Umsatzsteuer

Buchwert, Gewinn- und Verlustrealisierung erlangen für die Umsatzsteuer keine Bedeutung. Es kommt hier lediglich auf den Verkaufspreis, d. h. auf das vereinbarte Entgelt an. Der Veräußerer hat über den i. d. R. umsatzsteuerpflichtigen Verkaufsvorgang eine Rechnung im Sinne § 14 UStG zu erstellen, die folgende Angaben enthält: Name und Anschrift des leistenden Unternehmers und des Leistungsempfängers, Menge, Zeitpunkt und Entgelt der Leistung sowie den Steuerbetrag. Üblicherweise wird zusätzlich noch der Steuersatz angegeben. Gleiches gilt, wenn der veräußernde Unternehmer auf eine Steuerbefreiung der Umsätze (§ 4 UStG) verzichtet und nach § 9 UStG die Optionsmöglichkeit in Anspruch nimmt.

4.4 Anlagenverkauf als Tauschgeschäft

Vielfach wird in der Praxis ein gebrauchtes Wirtschaftsgut bei einem Neugeschäft in Zahlung gegeben. Der Lieferant erteilt über das angekaufte Wirtschaftsgut eine Gutschrift bzw. setzt auf einer Faktura vom Preis des neuen Wirtschaftsgutes das in Zahlung genommene ab. Lediglich der verminderte Betrag ist so zu zahlen.

Steuerlich gesehen handelt es sich um ein **Tauschgeschäft mit Aufzahlung.** Entsprechend § 14 Abs. 5 UStG i. V. m. Abschn. 184 UStR ersetzt hier die Gutschrift des Lieferanten die Rechnungsstellung. Der Veräußerer des gebrauchten Wirtschaftsgutes erspart sich somit eine eigene Rechnungsstellung. Die erteilte bzw. vom Rechnungsbetrag abgesetzte Gutschrift hat aber die Eigenschaft einer Ausgangsrechnung. **Umsatzsteuerlich streng zu trennen sind also Preis des neuen Wirtschaftsgutes und Zahlung für das ausgeschiedene Wirtschaftsgut.**

4.5 Anforderungen an den Kontenplan

Da Einkommen- und Umsatzsteuergesetz unterschiedliche Zielsetzungen aufweisen, muss den unterschiedlichen Anforderungen buchungstechnisch entsprochen werden. Dazu wird der **Anlagenverkauf** zweckmäßigerweise in **zwei Vorgänge** zerlegt:

- Der umsatzsteuerpflichtige Vorgang mit entsprechender Buchung findet im Monat des Verkaufes bzw. der Lieferantengutschrift statt und endet mit Erstellung der Umsatzsteuervoranmeldung.
- Die für die Einkommensteuer relevante Gewinn- bzw. Verlustermittlung erfolgt am Monatsende durch eine Korrekturbuchung. In Klein- und Mittelbetrieben wird diese jedoch i. d. R. am Jahresende im Rahmen der Jahresschlussarbeiten vorgenommen.

Es empfiehlt sich, neben den Konten »Kasse«, »Bank«, »Sonstige Forderungen« und dem Konto »Umsatzsteuer« für den Anlagenverkauf noch folgende Konten einzurichten:

a) für den Verkauf bzw. die Lieferantengutschrift:
   - »Erlöse aus Anlagenverkauf, umsatzsteuerpflichtig« (für den Zahlenfluss in die Umsatzsteuer-Voranmeldung)
b) zur Korrektur des umsatzsteuerpflichtigen Erlöses im Rahmen einer offen gelegten Gewinn- bzw. Verlustrealisierung:
   - »Neutralisationskonto« (Gegenkonto zu umsatzsteuerpflichtige Erlöse aus Anlageverkauf),
   - »Gewinn aus Anlagenabgang«,
   - »Verlust aus Anlagenabgang«.

4.6 Forderungen aus Anlagenverkauf in der Bilanz

Erfolgte der Anlagenverkauf auf Rechnung, ist gemäß Adler/Düring/Schmaltz, (Rechnungslegung und Prüfung der Unternehmen, § 266 Tz 120 u. 134) der Forderungsbetrag nicht unter der Bilanzposition Aktiva B.II.1 »Forderungen aus Lieferungen und Leistungen« auszuweisen. Zum Ausweis in dieser Position sind nur solche Forderungen vorgesehen, die in engem Zusammenhang mit dem Gegenstand des Unternehmens stehen.

Demzufolge zählen Forderungen aus dem gelegentlichen Verkauf von Anlagevermögen oder auch evtl. Umlaufvermögen zu den **Sonstigen Vermögensgegenständen** (Bilanzposition Aktiva B.II.4). Dieser Position kann ein Konto »Sonstige Forderungen« zugeordnet werden, auf welchem die Forderungen aus Anlagenverkauf gebucht werden.

4.7 Buchgewinn und Buchverlust in der GuV-Rechnung

Die GuV-Gliederungsvorschriften des § 275 HGB sehen keine eigenständigen Positionen für die gewinn- bzw. verlustrelevanten Tatbestände infolge Anlagenverkauf vor.
So beinhaltet die GuV-Position Nr. 4 »Sonstige betriebliche Erträge« die Salden der Konten:
- »Erlöse aus Anlagenverkauf (umsatzsteuerpflichtig)«,
- »Neutralisationskonto zu Erlöse aus Anlagenverkauf (umsatzsteuerpflichtig)«,
- »Gewinn aus Anlagenabgang.«

Ein Verlust aus Anlagenabgang wird in der Position Nr. 8 »Sonstige betriebliche Aufwendungen« erfasst.
Da die Positionen 4 wie 8 ein Schmelztiegel aller nicht weiter spezifizierten Aufwendungen und Erträge darstellen, kann es angebracht sein, dass bei bedeutsamen Anlagenverkäufen eine Erläuterung im Rahmen des Anhanges erfolgt.

Beispiel zur Verbuchung eines Anlagenabganges
Eine gebrauchte Drehbank wird für 10 000,– € zuzüglich 16 % Umsatzsteuer veräußert. Dem Käufer wird ein Zahlungsziel von 14 Tagen eingeräumt.

Der Buchwert der veräußerten Drehbank beträgt:
a) 8 000,– €
b) 15 000,– €

Lösung:
Die Problematik der Verbuchung ergibt sich aus unterschiedlichen Bemessungsgrundlagen bei Einkommen- und Gewerbeertragsteuer einerseits und Umsatzsteuer andererseits.

(1) Umsatzsteuerliche Buchung des Anlagenverkaufs für Fall a) und b):

    Sonstige Forderungen   11 600,–
        an Erlöse aus Anlagenverkauf
            (umsatzsteuerpflichtig)   10 000,–
            Umsatzsteuer   1 600,–

Anmerkung:
Der Saldo des Kontos »Erlöse aus Anlagenverkauf (umsatzsteuerpflichtig)« geht in die Umsatzsteuer-Voranmeldung ein und unterliegt der Umsatzsteuerverprobung.

(2) Korrekturverbuchung zur Gewinnermittlung und Offenlegung im Fall a):

    Neutralisationskonto   10 000,–
        an Maschine   8 000,–
            Gewinn aus Anlagenabgang   2 000,–

(3) Korrekturbuchung zur Verlustermittlung und Offenlegung im Fall b):

    Neutralisationskonto   10 000,–
    Verlust aus Anlagenabgang   5 000,–
        an Maschine   15 000,–

Neben der Korrekturwirkung der umsatzsteuerlichen Buchung besitzt diese Buchungstechnik den Vorteil, dass am Jahresende im GuV-Konto bzw. in der EDV-Saldenliste Gewinne und Verluste aus Anlagenabgängen durch den Saldenfluss offen ausgewiesen werden.

GuV-Konto (Fall a)

Neutralisationskonto	10 000,–	Erlöse aus Anlagenverkauf (umsatzsteuerpflichtig)	10 000,–
		Gewinn aus Anlagenabgang	2 000,–

GuV-Konto (Fall b):

Neutralisationskonto	10 000,–	Erlöse aus Anlagenverkauf (umsatzsteuerpflichtig)	10 000,–
Verlust aus Anlagenabgang	5 000,–		

4.8 Der Anlagenabgang im Anlagenspiegel

Der Abgang eines Anlagengutes ist im Anlagenspiegel (§ 268 Abs. 2 HBG) auszuweisen. Im Jahr des Abganges werden die historischen Anschaffungs- bzw. Herstellungskosten und die darauf aufgelaufene kumulierte Abschreibung herausgenommen. Mit Hilfe einer modernen Fibu-Software kann diese Entwicklung im Anlagenspiegel automatisch dargestellt werden.

Einen entstandenen Gewinn bzw. Verlust auszuweisen, ist nicht Ziel der HGB-Vorschrift.

Entwicklung des Anlagenspiegels im Fallbeispiel a), wenn:

- Anschaffungs-/Herstellungskosten 100 000,–,
- Buchwert 31. 12. Vorjahr 10 000,–,
- kumulierte Abschreibung 31. 12. Vorjahr 90 000,–,
- zeitanteilige Abschreibung bis Monatsende vor dem Verkauf 2 000,–,
- Verkaufspreis 10 000,–.

Anlagenspiegel						
Gesamte AK/HK	Zugang	Abgang	Um-buchung	kumulierte AfA	Buchwert 31. 12.	AfA lfd. Jahr
(Vorjahr) 100 000				90 000	10 000	10 000
(vor Verkauf) 100 000				92 000	8 000	2 000
(31. 12. laufendes Jahr) 100 000		100 000		0	0	2 000

Der Anlagenspiegel für Fallbeispiel b) stellt sich sinngemäß dar. Der Buchwert zum Zeitpunkt vor Verkauf würde 15 000,– betragen.

Der Abgangsspiegel als Ergänzung zum Anlagenspiegel

Wie vorstehend erwähnt, ist es nicht Aufgabe des Anlagenspiegels, einen Gewinn bzw. Verlust aus dem Anlagenabgang offen zu legen. Da Anlagenabgänge das Jahresergebnis erheblich beeinflussen können, z. B. durch getätigte Immobilienverkäufe, ist im Anhang zum Jahresabschluss auf diese ergebnisbeeinflussenden Vorgänge hinzuweisen. Geeignete Fibu-Software kann, abgeleitet aus den Buchungen des Verkaufes und des Abganges, die folgende statistische Auswertung erstellen:

Abgangsspiegel (zu Fallbeispiel a)						
Inventar-Nr./ Bezeichnung	AK/HK	kumulierte AfA	Buchwert	Erlös aus Anlagenabgang	Buchgewinn	Buchverlust
23333 Drehbank	100 000	92 000	8 000	10 000	2 000	

Abgangsspiegel (zu Fallbeispiel b)						
Inventar-Nr./ Bezeichnung	AK/HK	kumulierte AfA	Buchwert	Erlös aus Anlagenabgang	Buchgewinn	Buchverlust
23333 Drehbank	100 000	85 000	15 000	10 000		5 000

Aufgabe 5.11 *Gewinn aus Anlagenverkauf S. 406*

Aufgabe 5.12 *Verlust aus Anlagenverkauf S. 406*

5 Buchungen bei Abzahlungs-, Teilzahlungs- und Ratengeschäften

5.1 Grundlagen

Teilzahlungs-, Abzahlungs- oder Ratengeschäfte basieren auf dem gleichen Sachverhalt und lassen sich nicht gegenseitig abgrenzen. Begrifflich dürfen sie nicht verwechselt werden mit Anzahlungen bzw. Vorauszahlungen.

Bei Teilzahlungen, Abzahlungen oder Ratenzahlungen handelt es sich immer um ein Geschäft, bei welchem der Verkäufer dem Erwerber – je nach dessen Finanzkraft – die Ware gegen Bezahlung des Kaufpreises in monatlichen Raten (Teilzahlungen) aushändigt. Für die Gewährung des Ratenzahlungsvorteiles wird der Verkäufer in die einzelnen Teilzahlungsbeträge die Kaufpreistilgung, Zinsen, Bearbeitungsgebühren und sonstige Risikozuschläge einkalkulieren.

5.2 Verbraucherschutzvorschriften

Zum Schutz des Kunden, also des Verbrauchers wurde einst das Gesetz über Verbraucherkredite geschaffen, das alle notwendigen Rahmenbedingungen enthielt. Dessen Vorschriften wurden im Rahmen der Schuldrechtsreform zum 01.01.2002 in das allgemeine Schuldrecht des BGB integriert, nun geregelt in den §§ 491 ff. BGB. Diese beinhalten sowohl Vorschriften für das Kreditgeschäft im engen Sinn (Verbraucherdarlehensvertrag) als auch für Teilzahlungsgeschäfte und Ratengeschäfte.

Diese Verbraucherschutzvorschriften finden jedoch nur dann Anwendung, wenn sich der Verkäufer als Gewerbetreibender und der Kunde (Verbraucher) als Privatperson gegenüberstehen.

Bei Teilzahlungsgeschäften müssen im Rahmen eines schriftlichen Vertrages die folgenden Punkte zwingend berücksichtigt werden (§ 502 BGB):
- **Barzahlungspreis:** Das ist der Preis, um den der Kunde die Ware bei Sofortzahlung ausgehändigt bekäme, z. B. in der Verkaufsabteilung.
- **Teilzahlungspreis:** Das ist der Gesamtbetrag von Anzahlung und allen vom Kunden zu entrichtenden Teilzahlungen einschließlich Zinsen und sonstiger Kosten (z. B. Risikoversicherung), also die Summe der laufenden Teilzahlungen.
- **Betrag, Zahl** und **Fälligkeit** der einzelnen Teilzahlungen.
- **Effektiver Jahreszins:** Dieser ist nach den Bestimmungen der Preisangabeverordnung zu ermitteln, die auch die Formeln hierfür vorschreibt (§ 6 Abs. 2 PAngV). Er beziffert den Zinssatz, mit dem sich der Kredit bei regelmäßigem Kreditverlauf, ausgehend von den tatsächlichen Zahlungen des Kreditgebers und Kreditnehmers, auf der Grundlage taggenauer Verrechnung aller Leistungen abrechnen lässt. Der anzugebende Vomhundertsatz ist mit der im Kreditgewerbe üblichen Genauigkeit zu berechnen.
- **Kosten einer Versicherung,** die im Zusammenhang mit dem Teilzahlungsgeschäft abgeschlossen wird.
- **Sicherheiten:** Hier kommt die Vereinbarung eines Eigentumsvorbehalts des Verkäufers bis zur vollständigen Bezahlung der Ware oder eine andere zu bestellende Sicherheit in Betracht.

Der Angabe eines Barzahlungspreises und eines effektiven Jahreszinses bedarf es nicht, wenn der Unternehmer nur gegen Teilzahlungen Sachen liefert oder Leistungen erbringt (§ 502 Abs. 1 Satz 2 BGB).

Als weitere Verbraucherschutzvorschriften sind hervorzuheben:
- **Widerrufsrecht:** Der Verbraucher kann ohne weitere Angabe von Gründen den Vertrag innerhalb von zwei Wochen widerrufen. Der Widerruf ist in Textform oder durch Rücksendung der Sache zu erklären; zur Fristwahrung genügt die rechtzeitige Absendung (§ 503 Abs. 1 BGB i. V. m. § 495 Abs. 1 u § 355 BGB).
- **Zahlungsverzug, Rücktritt:** Der Verkäufer kann von einem Teilzahlungsgeschäft wegen Zahlungsverzugs des Verbrauchers nur zurücktreten, wenn dieser mit mindestens zwei aufeinander folgenden Teilzahlungen in Rückstand ist und der Gesamtrückstand 10 % des Teilzahlungspreises beträgt (bei Verträgen mit einer Gesamtlaufzeit von mehr als drei Jahren 5 % des Teilzahlungspreises). Der Verkäufer muss darüber hinaus erfolglos eine zweiwöchige Frist zur Zahlung des rückständigen Betrags mit der Erklärung gesetzt haben, dass er bei Nichtzahlung innerhalb der Frist die gesamte Restschuld verlangt (§ 503 Abs. 2 i. V. m. § 498 Abs. 1 BGB).
- **Rückgabe:** Nimmt der Unternehmer die auf Grund des Teilzahlungsgeschäfts gelieferte Sache wieder an sich, gilt dies als Ausübung des Rücktrittsrechts. Der Erwerber erhält die bisher gezahlte Summe zurück, wobei aber Nutzungsvergütung und Wertminderung gegengerechnet werden (§ 503 Abs. 2 Satz 2–4 BGB).

5.3 Umsatzsteuerliche Besonderheit

Die umsatzsteuerliche Behandlung ergibt sich aus den Bestimmungen des Verbraucherkreditgesetzes: Teilung in eine Warenlieferung und die Bewilligung einer Teilzahlung (sonstige Leistung) gegen ein gesondert vereinbartes und berechnetes Entgelt.
Dazu ist erforderlich:

- Lieferwert und Kreditgewährung müssen bei Abschluss des Geschäftes vereinbart worden sein,
- der Jahreszins muss angegeben werden.

Dabei ist das gesondert berechnete Entgelt nach § 4 Nr. 8a UStG i. V. m. Abschn. 29a UStR als umsatzsteuerfreie Kreditgewährung anzusehen.

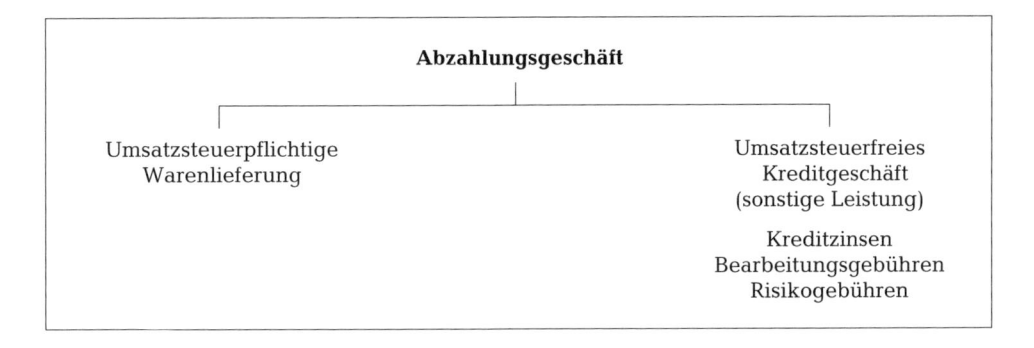

```
                        Abzahlungsgeschäft
            ┌───────────────────┴───────────────────┐
    Umsatzsteuerpflichtige              Umsatzsteuerfreies
        Warenlieferung                      Kreditgeschäft
                                          (sonstige Leistung)

                                             Kreditzinsen
                                         Bearbeitungsgebühren
                                            Risikogebühren
```

5.4 Buchung eines Abzahlungsgeschäftes

Die Konten sind so zu gliedern, dass es möglich ist, die Umsätze für Zwecke der Umsatzsteuer-Voranmeldung in umsatzsteuerpflichtige und umsatzsteuerfreie Erlöse aufzuteilen.
Da der Abzahlungszeitraum sich auch über einen längeren Zeitraum erstrecken kann, besteht eine besondere Aufgabe der Debitorenbuchhaltung in der Überwachung des periodischen Zahlungseinganges. Durch EDV-Einsatz und im Rahmen eines Offenen-Posten-Programmes lässt sich diese Terminüberwachung korrekt durchführen.
Es müssen beispielsweise die folgenden Konten geführt werden:

- »Teilzahlungsforderung (Kunde XY)«,
- »Erlöse aus Warenverkauf (umsatzsteuerpflichtig)«,
- »Erlöse aus Teilzahlungszuschlägen (umsatzsteuerfrei)«.

Beispiel:
An Kunde XY wird eine Tiefkühltruhe auf Teilzahlungsbasis zu folgenden Bedingungen verkauft: Barverkaufspreis 900,– zuzüglich 16 % Umsatzsteuer, 1,5 % Bearbeitungsgebühr vom Verkaufspreis, Anzahlung 100,– bei Erhalt des Gerätes, Kreditzinsen 0,5 % je angefangener Monat vom Ratenkaufpreis.
Der Verkauf erfolgt am 10. März, die erste der 6 Monatsraten wird am 1. April fällig und durch Banküberweisung bezahlt.

Nettopreis	900,00
+ 16 % Umsatzsteuer	144,00
Barverkaufspreis	1 044,00
+ 1,5 % Bearbeitungsgebühr	15,66
	1 059,66
./. Anzahlung	100,00
Kreditbetrag	959,66
+ 0,5 % Kreditzinsen für 7 angefangene Monate	33,59
Ratenzahlbetrag	993,25

Die monatliche Rate beträgt somit 165,54 ($1/6$ des Ratenzahlbetrages), der Teilzahlungspreis 1 093,25 (Ratenzahlbetrag + Anzahlung).

Die hier dargestellte ausführliche Beleggestaltung mit ihren detaillierten Positionen ist kein »Muss« für die Praxis. Es besteht im Hinblick auf die Beleggestaltung des Verkäufers keine Formvorschrift. So können z. B. Bearbeitungsgebühr und Kreditzinsen in einer Summe ausgewiesen werden.

Buchungen:

(1) Buchung des Waren- und Kreditgeschäftes gemäß Vertrag:

Teilzahlungsforderung (Kunde XY)	1 093,25	
an Warenverkauf (umsatzsteuerpflichtig)		900,00
Umsatzsteuer		144,00
Erlöse aus Teilzahlungszuschlag (umsatzsteuerfrei)		49,25

(2) Entrichtung der Anzahlung:

Kasse an Teilzahlungsforderung (Kunde XY)	100,00

(3) Überweisung der monatlichen Raten:

Bank an Teilzahlungsforderung (Kunde XY)	165,54

Aufgabe 5.13 *Abzahlungs-/Teilzahlungsgeschäft S. 406*

6 Verbuchung von Anzahlungen/Vorauszahlungen

6.1 Allgemeines

Anzahlungen und Vorauszahlungen, häufig auch Abschlagszahlungen genannt, sind dem Bereich der schwebenden Geschäfte zuzuordnen. Es sind Vorleistungen auf eine von dem anderen Vertragsteil noch zu erbringende Lieferung oder Leistung, z. B. Fertigungs- oder Bauauftrag. Weder Auftraggeber noch Auftragnehmer haben im Rahmen des zivilrechtlich vereinbarten Geschäftes zum Zeitpunkt des Zahlungsflusses ihre Leistung vollständig erbracht. Damit sind vom Käufer geleistete und vom Lieferanten erhaltene Zahlungen als Vorleistungen erfolgsneutral in Buchführung und Bilanz auszuweisen.

6.2 Istversteuerung als Besonderheit

Im Regelfall entsteht gem. § 13 Abs. 1 Nr. 1a Satz 1 UStG die Umsatzsteuerschuld in dem Voranmeldungszeitraum, in dem der Lieferant seine Lieferung oder Leistung ausgeführt hat. Dabei kommt es nicht auf den Zeitpunkt des Zahlungseinganges beim Lieferanten bzw. Zahlungsausgang beim Kunden an.

Etwas anderes gilt jedoch nach § 13 Abs. 1 Nr. 1a Satz 4 i. V. m. Abschn. 181 und 182 UStR, wenn das Entgelt oder ein Teil davon (Anzahlung, Vorauszahlung, Abschlagszahlung) vereinnahmt wird, bevor die Leistung oder Teilleistung ausgeführt wurde. In diesem Fall entsteht die Umsatzsteuerschuld beim Lieferanten in dem Voranmeldungszeitraum, in welchem die Zahlung vereinnahmt wird. Umgekehrt dazu steht dem Kunden der Vorsteuerabzug erst in dem Voranmeldungszeitraum des Zahlungsausganges zu.

Damit eine Übereinstimmung zwischen der Entstehung der Steuerschuld beim Lieferanten und dem Recht zum Vorsteuerabzug beim Kunden gegeben ist, ist nach § 14 UStG eine Rechnung mit Ausweis der Umsatzsteuer zum jeweiligen Steuersatz auszustellen. Die endgültige Abschluss-/Restzahlung und die daraus resultierende Umsatzsteuerschuld bestimmen sich nach Abrechnung der abgeschlossenen Lieferung bzw. Leistung.

In der Endabrechnung ist die bereits abgerechnete Umsatzsteuer auszuweisen und von der Schuld der Gesamtleistung abzusetzen. Die weitere umsatzsteuerliche und buchtechnische Behandlung entspricht wieder der normalen Sollversteuerung.

Im Hinblick auf mögliche Änderungen des Umsatzsteuersatzes zwischen umsatzsteuerpflichtigen Anzahlungen/Vorauszahlungen und der Endabrechnung ist die Buchhaltung kontenmäßig so zu gestalten, dass die bisher geleisteten Umsatzsteuerzahlungen ohne Schwierigkeiten erkennbar sind.

Für die kontenmäßige Darstellung sind mindestens folgende Konten notwendig:

Beim Kunden:

- Anzahlungen auf Sachanlagen
- Anzahlungen auf Vorräte
- Vorsteuer

Beim Lieferanten:

- Erhaltene Anzahlungen
- Umsatzsteuer

Nach Erteilung der Schlussrechnung sind die Anzahlungskonten durch Verrechnung mit Forderungen aus Lieferungen und Leistungen bzw. Verbindlichkeiten aus Lieferungen und Leistungen aufzulösen. Danach ergibt sich der durch die Abschlusszahlung auszugleichende Restbetrag.

6.3 Buchungstechnische Behandlung von Anzahlungen/Vorauszahlungen

Buchungstechnisch unterscheidet man in der Praxis zwei Verfahren, ohne bzw. mit Einschaltung eines Verrechnungskontos. Im folgenden Beispiel, das für die Lieferung einer Maschine im Wert von 50 000,– (netto) zwei Anzahlungen von jeweils 15 000,– (netto) unterstellt, werden diese Verfahren aufgezeigt.

6.3.1 Buchungstechnik ohne Verrechnungskonto

Buchung beim Lieferanten

(1) 1. An-/Vorauszahlung:

Bank 17 400,–
   an Kundenanzahlung
     (umsatzsteuerpflichtig) 15 000,–
     Umsatzsteuer 2 400,–

(2) 2. An-/Vorauszahlung:

Bank 17 400,–
   an Kundenanzahlung
     (umsatzsteuerpflichtig) 15 000,–
     Umsatzsteuer 2 400,–

(3) Endabrechnung: Gesamtleistung
   (Maschine) 50 000,–
   + 16 % Umsatzsteuer 8 000,–
                                58 000,–
   2 Anzahlungen 30 000,–
   + 16 % Umsatzsteuer 4 800,– 34 800,–
   Restzahlung 23 200,–

(4) Buchung der Endabrechnung:

Forderungen aus
Lieferungen und
Leistungen 58 000,–
   an Erlöse
     (umsatzsteuerpflichtig) 50 000,–
     Umsatzsteuer 8 000,–

(5) Umbuchung der Anzahlungen:

Kundenanzahlung
(umsatzsteuerpfl.) 30 000,–
Umsatzsteuer 4 800,–
   an Forderungen aus
     Lieferungen und
     Leistungen 34 800,–

(6) Restzahlung

Bank
   an Forderungen aus
     Lieferungen und
     Leistungen 23 200,–

Buchung beim Kunden

Lieferantenanzahlung
(umsatzsteuerpfl.) 15 000,–
Vorsteuer 2 400,–
   an Bank 17 400,–

Lieferantenanzahlung
(umsatzsteuerpfl.) 15 000,–
Vorsteuer 2 400,–
   an Bank 17 400,–

Maschinen 50 000,–
Vorsteuer 8 000,–
   an Verbindlichkeiten aus
     Lieferungen und
     Leistungen 58 000,–

Verbindlichkeiten
aus Lieferungen
und Leistungen 34 800,–
   an Lieferantenanzahlung
     (umsatzsteuerpflichtig) 30 000,–
     Vorsteuer 4 800,–

Verbindlichkeiten aus
Lieferungen und Leistungen
   an Bank 23 200,–

6.3.2 Buchungstechnik mit Verrechnungskonto

Durch die Einschaltung eines zusätzlichen Verrechnungskontos wird die Versteuerung der An-/Vorauszahlungen gesondert gebucht.

Buchung beim Lieferanten   **Buchung beim Kunden**

(1) 1. An-/Vorauszahlung:

    Bank
        an Forderungen aus
           Lieferungen und
           Leistungen   17 400,–

    Verbindlichkeiten aus Lieferungen und Leistungen an Bank   17 400,–

    Anzahlungs-
    verrechnungskonto   17 400,–
        an Kundenanzahlung
           (umsatzsteuerpflichtig) 15 000,–
           Umsatzsteuer   2 400,–

    Lieferantenanzahlung
    (umsatzsteuerpfl.)   15 000,–
    Vorsteuer   2 400,–
        an Anzahlungs-
           verrechnungskonto   17 400,–

(2) 2. An-/Vorauszahlung:

    Bank
        an Forderungen aus
           Lieferungen und
           Leistungen   17 400,–

    Verbindlichkeiten aus Lieferungen und Leistungen an Bank   17 400,–

    Anzahlungs-
    verrechnungskonto   17 400,–
        an Kundenanzahlung
           (umsatzsteuerpflichtig) 15 000,–
           Umsatzsteuer   2 400,–

    Lieferantenanzahlung
    (umsatzsteuerpfl.)   15 000,–
    Vorsteuer   2 400,–
        an Anzahlungs-
           verrechnungskonto   17 400,–

(3) Endabrechnung: Gesamtleistung (Maschine)   50 000,–
    + 16 % Umsatzsteuer   8 000,–
                                                   58 000,–

    2 Anzahlungen   30 000,–
    + 16 % Umsatzsteuer   4 800,–   34 800,–

    Restzahlung   23 200,–

(4) Buchung der Endabrechnung:

    Forderungen aus Lieferungen
    und Leistungen   58 000,–
        an Erlöse
           (umsatzsteuerpflichtig) 50 000,–
           Umsatzsteuer   8 000,–

    Maschinen   50 000,–
    Vorsteuer   8 000,–
        an Verbindlichkeiten aus
           Lieferungen und
           Leistungen   58 000,–

(5) Umbuchung der Anzahlungen:

    Kundenanzahlung
    (umsatzsteuerpfl.)   30 000,–
    Umsatzsteuer   4 800,–
        an Anzahlungs-
           verrechnungskonto   34 800,–

    Anzahlungs-
    verrechnungskonto   34 800,–
        an Lieferantenanzahlung
           (umsatzsteuerpflichtig)   30 000,–
           Vorsteuer   4 800,–

(6) Restzahlung:

    Bank
        an Forderungen aus Lieferungen
           und Leistungen   23 200,–

    Verbindlichkeiten aus
    Lieferungen und Leistungen
        an Bank   23 200,–

6.4 Ausweis erhaltener Anzahlungen/Vorauszahlungen am Jahresende

6.4.1 Bewertung erhaltener An-/Vorauszahlungen brutto oder netto

Für den betragsmäßigen Ausweis (und damit die Verbuchung) von am Geschäftsjahresende bestehender erhaltener An-/Vorauszahlungen gibt es im Prinzip eine Brutto- und eine Nettomethode. Diese unterschiedlichen Methoden resultieren daraus, dass über den Charakter der erhaltenen Anzahlungen handels- und steuerrechtlich unterschiedliche Auffassungen bestehen.

Handelsrecht

Der Hauptfachausschuss des Instituts der Wirtschaftsprüfer präferiert beim Ausweis erhaltener Anzahlungen die Nettomethode, wenngleich er auch die Bruttomethode zulässt. Er führt in seiner Stellungnahme HFA 1/1985 i. d. F. 1990 (IDW-Fachnachrichten/Stellungnahmen, Loseblattwerk, Düsseldorf, S. 140) folgendes aus:

»Es ist naheliegend, dem Charakter der Umsatzsteuer entsprechend, die erhaltenen Anzahlungen netto, d. h. ohne Umsatzsteueranteil, auszuweisen. Bei noch schwebendem Geschäft besteht die Verpflichtung des Unternehmens in der Erbringung einer Lieferung oder sonstigen Leistung. Die erhaltenen Anzahlungen – als gesonderter Passivposten – zeigen an, in welchem Umfang der Auftraggeber für diese Verpflichtung bereits eine Gegenleistung erbracht hat. Es ist folgerichtig, wie beim Umsatzgeschäft, Leistung und darauf entfallende Umsatzsteuer zu trennen und damit die Gegenleistung ohne Umsatzsteuer auszuweisen (Nettomethode).

Es bestehen aber auch keine Bedenken, unter dem Gesichtspunkt einer möglichen Rückgängigmachung des Geschäfts, erhaltene Anzahlungen brutto, d. h. einschließlich Umsatzsteuer, als Verpflichtung auszuweisen. Dann muss allerdings dementsprechend ein Anspruch auf Rückerstattung der Umsatzsteuer aktiviert werden, um die Erfolgsneutralität zu wahren.«

Steuerrecht

Demgegenüber vertritt der BFH (BStBl 1979 11 S. 625) zu diesem Problem die Bruttomethode:

Die Bewertung der erhaltenen Anzahlungen auf der Passivseite der Bilanz mit dem vollen Betrag des Geldeingangs ergibt sich aus folgender Überlegung.

- Der Wert der Gegenleistung wird durch den Preis bestimmt; der Preis umfasst auch die Umsatzsteuer. Die Umsatzsteuer ist nicht etwa beim Empfänger der Auszahlung ein durchlaufender Posten im Sinne des Einkommensteuerrechts. Der Unternehmer vereinnahmt sie nicht »im Namen und für Rechnung eines anderen« – des Finanzamts – (§ 4 Abs. 3 Satz 2 EStG). Die im Preis enthaltene Umsatzsteuer gehört daher zu den Betriebseinnahmen.
- Bei Nichterfüllung oder bei Wegfall des Vertrags umfasst die Verpflichtung zur Zurückzahlung der Anzahlung den vollen Betrag der Anzahlung einschließlich Umsatzsteuer.

Steuerlich ist die Nettomethode also nicht zulässig. Da handelsrechtlich gegen die Bruttomethode aber keine Bedenken bestehen, ist in der **Praxis die Bruttomethode** anzuwenden.

6.4.2 Buchung der Umsatzsteuer auf erhaltene Anzahlungen

Für die anfallende Umsatzsteuer besteht nach § 5 Abs. 5 Satz 2 Nr. 2 EStG ein Aktivierungsgebot (eventueller Anspruch auf Rückerstattung), soweit die Anzahlung am Bilanzstichtag noch besteht. Als Gegenkonto für die Umsatzsteuer auf erhaltene Anzahlungen ist ein aktiver Rechnungsabgrenzungsposten zu bilden.

6.4.3 Buchungstechnik

Bei der für die Bruttomethode notwendigen Buchungstechnik gibt es die unterschiedlichsten Variationen, je nachdem, welche Anforderungen betrieblicher Art gestellt werden oder durch das EDV-System bedingt sind.

Von Bedeutung ist auch die Frage, ob die für die Abgrenzung notwendigen Kontensalden auch nach dem Jahresabschluss im EDV-System noch erhalten bleiben müssen, sodass es auch in einem folgenden Geschäftsjahr noch möglich ist, eine Umsatzsteuervoranmeldung und -erklärung für das zurückliegende Jahr automatisch aus den Kontensalden erstellen zu können.

Buchung beim Lieferanten

(1) Anzahlung/Vorauszahlung:

    Bank   69 600,–
       an Forderungen aus
          Lieferungen und
          Leistungen   69 600,–

    Anzahlungs-
    verrechnungskonto   69 600,–
       an Kundenanzahlung
          (umsatzsteuerpfl.)   60 000,–
          Umsatzsteuer   9 600,–

(2) Umbuchungen zum Bilanzstichtag

    Forderungen aus Lieferungen
    und Leistungen   69 600,–
       an Erhaltene Anzahlungen
          (pass. Bestandskonto)   69 600,–

    Gegenkonto/Korrekturkonto
    zu Kundenanzahlung
    (umsatzsteuerpfl.)   60 000,–
    Aktive Rechnungs-
    abgrenzung   9 600,–
       an Anzahlungs-
          verrechnungskonto   69 600,–

Buchung beim Kunden

    Verbindlichkeiten aus
    Lieferungen und
    Leistungen   69 600,–
       an Bank   69 600,–

    Lieferantenanzahlung
    (umsatzsteuerpflichtig)   60 000,–
    Vorsteuer   9 600,–
       an Anzahlungs-
          verrechnungskonto   69 600,–

    Geleistete Anzahlungen
    (akt. Bestandskonto)   69 600,–
       an Verbindlichkeiten aus Liefe-
          rungen und Leistungen   69 600,–

    Anzahlungsverrechnungs-
    konto   69 600,–
       an Gegenkonto zu
          Lieferantenzahlung
          (umsatzsteuerpflichtig)   60 000,–
          Sonstige Verbindlichkeiten   9 600,–

Anmerkung:
Die Konten »Kundenanzahlung (umsatzsteuerpflichtig)« und »Gegenkonto zur Kundenanzahlung (umsatzsteuerpflichtig)« sind Konten, die sich gegenseitig ausgleichen müssen und keinen Saldo an Bilanz oder GuV abgeben. Der Saldo von »Kundenanzahlung (Umsatzsteuerpflicht) steht aber weiterhin für die automatische Erstellung von USt-Voranmeldung und -erklärung zur Verfügung. Das dazu notwendige Gegenkonto übernimmt die notwendige Erfolgsneutralisierung.
Die Konten »Lieferantenanzahlung (umsatzsteuerpflichtig)« und »Gegenkonto zu Lieferantenanzahlung (umsatzsteuerpflichtig)« sind Konten, die sich gegenseitig ausgleichen.

Buchung beim Lieferanten	Buchung beim Kunden
Bilanzausweis:	
Passivseite: Erhaltene Anzahlungen 69 600,– Umsatzsteuer (noch zu zahlen) 9 600,– Aktivseite: Aktive Rechnungsabgrenzung 9 600,–	Aktivseite: Geleistete Anzahlungen 69 600,– Aktivseite: Vorsteuer (noch zu verrechnen) 9 600,– Passivseite: Sonstige Verbindlichkeiten 9 600,–

(3) Endabrechnung: Gesamtleistung, z. B. Maschine   100 000,–
              + 16 % Umsatzsteuer   16 000,–
                                                                                    116 000,–

                     Anzahlung   60 000,–
                     + 16 % Umsatzsteuer   9 000,–   69 600,–
                     Restzahlung   46 400,–

(4) Buchung der Endabrechnung:

Forderungen aus Lieferungen und Leistungen   116 000,–
     an Erlöse (umsatzsteuerpfl.)   100 000,–
     Umsatzsteuer   16 000,–
	Maschinen 100 000,–
	 Vorsteuer 16 000,–
	     an Verbindlichkeiten aus Lieferungen und Leistungen 116 000,–

(5) Umbuchung der Anzahlung:

Erhaltene Anzahlungen (pass. Bestandskonto)   69 600,–
     an Forderungen aus Lieferungen und Leistungen   69 600,–
	Verbindlichkeiten aus Lieferungen und Leistungen 69 600,–
	     an Geleistete Anzahlungen (akt. Bestandskonto) 69 600,–

Kundenanzahlung (umsatzsteuerpfl.) 60 000,– Umsatzsteuer 9 600,– an Anzahlungsverrechnungskonto 69 600,–	(keine vergleichbare Gegenbuchung)

Anzahlungsverrechnungskonto   69 600,–
     an Aktive Rechnungsabgrenzung   9 600,–
     Gegenkonto zu Kundenanzahlung (umsatzsteuerpfl.)   60 000,–
	Sonstige Verbindlichkeiten 9 600,–
	     an Vorsteuer 9 600,–

(6) Restzahlung:

Bank   46 400,–
     an Forderungen aus Lieferungen und Leistungen   46 400,–
	Verbindlichkeiten aus Lieferungen und Leistungen 46 400,–
	     an Bank 46 400,–

Kontrollfragen

1. Was unterscheidet den Verkauf von Anlagegegenständen vom Verkauf von Waren?
2. Welche Konten werden beim Anlagenverkauf benötigt?
3. Welche Besonderheiten sind bei einem Abzahlungs-/Teilzahlungsgeschäft gegeben? In welche Schritte ist es buchungsmäßig zu unterteilen?

4. Nach welcher Bestimmung richtet sich die Verbuchung von An-/Vorauszahlungen?
5. Wodurch unterscheidet sich die Behandlung der Umsatzsteuer bei An-/Vorauszahlungen gegenüber normalen Ein- und Ausgangsrechnungen?

Aufgabe 5.14 *An-/Vorauszahlungen S. 407*

7 Verbuchung von Nachnahmesendungen

7.1 Grundlagen

Bei der Nachnahmesendung handelt es sich um ein für den Lieferanten risikoloses Versandgeschäft, bei dem die Deutsche Post AG sowohl mit dem Transport des zu liefernden Gegenstandes als auch mit Geldeinzug und Überweisung des eingezogenen Geldes auf das Konto des Lieferanten beauftragt wird.

Sollte der Empfänger nicht zahlungsfähig bzw. nicht zahlungswillig sein, darf die Ware des Lieferanten nicht ausgehändigt werden und muss auf dem Postweg wieder zurück an den Absender gehen.

Diese Art des Versandgeschäftes ist zu empfehlen, wenn sich der Kundenkreis aus vielen Abnehmern zusammensetzt, deren Kreditwürdigkeit und Zahlungsverhalten unbekannt ist.

7.2 Postalische Bestimmungen

Im Rahmen des Nachnahmeauftrages befördert die Post

- Briefe bis 1 000 g,
- Päckchen bis 2 kg,
- Pakete bis 20 kg.

Der Absender sollte i. d. R. ein Postbankkonto führen, welchem der vom Empfänger durch die Post eingezogene Wert gutgeschrieben wird. Nach den neuen Bestimmungen für den Zahlungsverkehr ist ein Postbankkonto jedoch nicht mehr unbedingte Voraussetzung. Von der Post wird der eingezogene Betrag auch jedem anderen Bankkonto gutgeschrieben, wobei jedoch der Gebührensatz erhöht wird.

Die wertmäßige Höchstgrenze beläuft sich auf den Nachnahmebetrag von 3 000,–.

Der Absender hat die Postsendung freigemacht am Schalter aufzugeben bzw. die Postgebühren zu entrichten, und zwar unabhängig davon, ob dem Empfänger diese Gebühren weiterberechnet werden oder dieser die Ware frei Haus erhält. Die Postsendungen sind mit einem Streifenaufkleber »Nachnahme« zu versehen.

7.3 Nachnahmebetrag, Zahlscheingebühr und Zahlscheinbetrag

Nachnahmekarte bzw. Nachnahmepaketkarte sind vom Lieferanten selbst entsprechend den von der Post vorgeschriebenen Vordrucken auszufüllen. Dabei sind gemäß der Formularaufteilung zwei Beträge zu unterscheiden:

- Nachnahmebetrag und
- Zahlscheinbetrag (früher Zahlkartenbetrag).

Zusammensetzung des Nachnahmebetrags

Der einzusetzende Nachnahmebetrag beinhaltet neben dem Warenwert noch die dem Kunden weiterberechneten Gebühren, wie Brief-, Päckchen- bzw. Paketgebühr und die Nachnahmegebühr. Erfolgt die Lieferung »frei Haus« an den Kunden, setzt sich der Nachnahmebetrag aus Warenwert und Nachnahmegebühr zusammen. Die **Nachnahmegebühr** beträgt z. Zt. 3,50 für Briefe, Päckchen und Pakete. Alle weiteren Gebühren gehen zu Lasten des Absenders.

Vom Absender nicht zu verauslagen, jedoch in den Nachnahmebetrag als weiteren Wert immer einzuschließen, ist die Zahlscheingebühr.

Zahlscheingebühr

Diesen Betrag behält die Post als Entgelt für die Überweisung des vom Kunden in Empfang genommenen Geldes auf das Bankkonto des Absenders. Die Zahlscheingebühr beläuft sich z. Zt. auf 3,–.

Zahlscheinbetrag

Der vom Absender einzusetzende Zahlscheinbetrag entspricht dem Wert, der auf dem Bankkonto des Lieferanten bzw. des Auftraggebers gutgeschrieben wird.

7.4 Umsatzsteuerliche Besonderheiten

Bei der Fakturierung des Nachnahmegeschäftes, also schon vor Anlieferung beim Postamt, ist zu beachten, dass alle in dem Nachnahmebetrag eingeschlossenen Postgebühren der Umsatzsteuer unterliegen. Nach § 10 Abs. 1 UStG i. V. m. Abschn. 149 Abs. 3 UStR gilt dies auch für die im Nachnahmebetrag enthaltene Zahlscheingebühr. Die umsatzsteuerliche Rechtsprechung geht davon aus, dass der Absender die Zahlscheingebühr vom höheren Nachnahmebetrag an die Post abtritt. Unabhängig davon, ob Forderungen abgetreten werden oder nicht, unterliegen diese der Versteuerung durch den Lieferanten.

7.5 Verschiedene Buchungsmöglichkeiten

Die Buchhaltungspraxis muss berücksichtigen, dass das umsatzsteuerliche Entgelt um die Zahlscheingebühr überhöht auszuweisen ist. Dies führt beim Buchen zu einem überhöhten umsatzsteuerlichen Erlös, der sich wiederum als nicht realisierter Gewinn auch ertragserhöhend auswirken würde. Um dies zu verhindern, ist zu Korrekturzwecken ein spezielles Konto einzurichten. Es kann als

- »Korrekturkonto zu umsatzsteuerpflichtigen Erlösen«,
- »Neutralisationskonto zu umsatzsteuerpflichtigen Erlösen« oder als
- »Zahlscheinverrechnungskonto«

geführt werden. Letztere Bezeichnung bietet den Vorteil des offen gelegten und sachbezogenen Korrekturzweckes.

Dazu werden noch neben dem Konto »Umsatzsteuer« die folgenden Konten benötigt:

- »Nachnahmeforderungen«,
- »Erlöse aus Warenverkauf umsatzsteuerpflichtig« und
- »Sonstige Erlöse (Postgebühren) umsatzsteuerpflichtig«.

Wird kein Wert auf die Trennung zwischen Warenumsatz und weiterberechneten Nebenkosten gelegt, können die beiden Erlöskonten zusammengefasst werden, z. B.
- »Erlöse aus Nachnahmeverkauf umsatzsteuerpflichtig«.

1. Beispiel eines für den Empfänger unfreien Versandes

Ausführliche Fakturierung:

Warenwert, netto	300,00
+ Paketgebühr	12,00
+ Nachnahmegebühr	3,50
+ Zahlscheingebühr	3,00
	318,50
+ 16 % Umsatzsteuer	50,96
= Nachnahmebetrag	369,46
./. Zahlscheingebühr	3,00
= Zahlscheinbetrag (Nachnahmeforderung)	366,46

(1) Buchung des Versandes (einschließlich Weiterberechnung der Paketgebühr):

Nachnahmeforderung	366,46
Zahlscheinverrechnungskonto	3,00
an Erlöse aus Warenverkauf (umsatzsteuerpflichtig)	300,00
Sonstige Erlöse (umsatzsteuerpflichtig)	18,50
Umsatzsteuer	50,96

oder:

Nachnahmeforderung	366,46
Zahlscheinverrechnungskonto	3,00
an Erlöse aus Nachnahmeverkauf (umsatzsteuerpflichtig)	318,50
Umsatzsteuer	50,96

(2) Buchung der Postkosten (die bei Versand vom Lieferanten gezahlt werden müssen):

Versandkosten an Kasse	15,50

(3) Buchung des Zahlungseinganges:

Postbankkonto an Nachnahmeforderung	366,46

Buchungsvariante (bei EDV-Einsatz):
Für die Praxis, besonders bei EDV-Einsatz, eignet sich auch die folgende Buchungstechnik, die zunächst den Nachnahmebetrag als Forderung erfasst und erst bei Zahlungseingang die Korrekturbuchung für die nicht gutgeschriebene Zahlscheingebühr vornimmt.

Nachnahmeforderung	369,46	
an Erlöse aus Warenverkauf (umsatzsteuerpflichtig)		300,00
Sonstige Erlöse (umsatzsteuerpflichtig)		18,50
Umsatzsteuer		50,96

Versandkosten an Kasse		15,50
Postbankkonto	366,46	
Zahlscheinverrechnungskonto	3,00	
an Nachnahmeforderung		369,46

Im GuV-Konto ergibt sich zum Jahresabschluss folgendes Bild:

GuV-Konto

Versandkosten	15,50	Erlöse aus Warenverkauf (umsatzsteuerpflichtig)	300,00
Zahlscheinverrechnungskonto	3,00	Sonstige Erlöse (umsatzsteuerpflichtig)	18,50

2. Beispiel mit Versandkostenpauschale

In der Praxis ist es besonders im Versandhandel üblich, je nach Höhe der Bestellung eine **gestaffelte Versandkostenpauschale** zu berechnen. In dieser Versandkostenpauschale sind dann alle Gebühren, auch die Zahlscheingebühr, eingeschlossen. So lässt sich die Fakturierung wie folgt vereinfachen:

Warenwert, netto	200,00
+ Versandkostenpauschale	10,00
	210,00
+ 16 % Umsatzsteuer	33,60
= Nachnahmebetrag	243,60
./. Zahlscheingebühr	3,00
= Zahlscheinbetrag (Nachnahmeforderung)	240,60

Der Versandkostenpauschale stehen dann die tatsächlich gezahlten Postgebühren aufwandsmäßig gegenüber. In der Regel wird dabei ein geringer Überschuss entstehen, der sich gewinnerhöhend auswirkt.

Diese Art der Fakturierung lässt sich mit den im Beispiel 1 aufgezeigten Varianten buchen.

7.6 Annahmeverweigerung

Der besondere Vorteil des Nachnahmegeschäftes kommt in dem Moment zum Tragen, wenn der Besteller wegen Zahlungsunfähigkeit oder Zahlungsunwilligkeit oder aus anderen Gründen die Annahme der Sendung verweigert. Tritt dieser Fall ein, wird die Ware automatisch auf dem Postweg an den Absender zurückbefördert. Die dabei entstehenden Postgebühren hat der Lieferant zu entrichten. Der Betrag wird dem Konto Versandkosten belastet. Die bei Versand vorgenommene Ausgangsbuchung ist unter Berücksichtigung der Umsatzsteuer zu stornieren.

Aufgabe 5.15 *Nachnahme S. 407*

Aufgabe 5.16 *Nichtannahme einer Nachnahmesendung S. 407*

8 Kommissionsgeschäfte

Kommissionsgeschäfte sind in §§ 383 ff. HGB geregelt. Danach ist derjenige Kommissionär, der es gewerbsmäßig übernimmt, Waren oder Wertpapiere für Rechnung eines anderen (des Kommittenten) nach außen hin in **eigenem Namen** zu kaufen oder zu verkaufen. Deshalb wird von einer **Einkaufs- bzw. Verkaufskommission** gesprochen.

Der Kommissionär wird per Gesetz als Zwischenhändler in das Liefergeschäft eingeschaltet. Im Innenverhältnis besteht zwischen Kommittenten und Kommissionär ein Geschäftsbesorgungsvertrag. Der Kommissionär hat Anspruch auf Provision und Ersatz seiner Aufwendungen (§ 396 HGB).

Umsatzsteuerlich ist zu beachten, dass gemäß § 3 Abs. 3 UStG beim Kommissionsgeschäft zwischen dem Kommittenten und dem Kommissionär eine Lieferung und keine sonstige Leistung vorliegt. Bei der Verkaufskommission gilt der Kommissionär, bei der Einkaufskommission der Kommittent als Abnehmer.

8.1 Einkaufskommission

Einkaufskommissionäre spielen besonders bei Importen eine Rolle, wenn spezielle Kenntnisse von ausländischen Markt- oder Börsenplätzen erforderlich sind.

Der **Einkaufskommissionär** kauft im eigenen Namen und wird rechtlicher Eigentümer der Ware. Er ist jedoch verpflichtet, dieses an den Kommittenten zu übertragen. Deshalb wird nicht der Kommissionär, sondern der Kommittent ab dem Zeitpunkt des Erwerbs der Ware durch den Kommissionär wirtschaftlicher Eigentümer.

Der Kommittent hat die beim Kommissionär lagernde Ware in seiner Bilanz auszuweisen. Für den Nachweis der beschafften Ware genügt beim Kommittenten zur Aufzeichnung die mengenmäßige Erfassung in einem Warenskonto (Nebenbuch).

Das Einkaufskommissionsgeschäft besteht aus zwei Lieferungen, nämlich:

- Die erste Lieferung erfolgt zwischen Verkäufer der Ware und dem Kommissionär als Einkäufer, während
- die zweite Lieferung zwischen Kommissionär als Verkäufer und Kommittent als Abnehmer abgewickelt wird.

Der Verkäufer hat als Regelversteurer das Entgelt für seine Lieferung mit dem Nettobetrag zu versteuern, den der Kommittent als Kaufpreis aufgewendet hat.

Der Kommissionär hat lediglich einen **Provisionsanspruch** an den Kommittenten, muss jedoch wegen der Lieferfiktion nach § 3 Abs. 3 UStG den vollen Kaufpreis zuzüglich der Provision versteuern.

Kommissionär und Kommittent haben als Regelversteurer den Vorsteuerabzug nach § 15 UStG an den für sie ausgeführten Lieferungen.

Buchungstechnik

Der **Einkaufskommissionär** aktiviert daher nicht die Ware, sondern die Forderung, die er für den Einkauf an den Kommittenten hat. Es kann aber durchaus zweckmäßig sein ein Kommissionsverrechnungskonto vorzuschalten. Dieses lässt sich wieder für Einkauf und Verkauf teilen. Die Forderung an den Kommittenten wird auf einem besonderen Konto, dem »Kommittentenkonto«, gebucht (Kontokorrentkonto). Für seine Provision führt er das Konto »Provisionsertrag«.

Der **Kommittent** führt ein »Kommissionärkonto« (Kontokorrentkonto) und bucht die bezogene Ware auf sein gewöhnliches Wareneinkaufkonto. Vom Kommissionär in Rechnung gestellte Frachten, Auslagen und Provision sind als Bezugsnebenkosten (Anschaffungsnebenkosten) zu buchen.

Beispiel zur Abwicklung einer Einkaufskommission

Ein Einkaufskommissionär wird vom Kommittenten beauftragt, spezielles Rohmaterial zu besorgen. Alle Auslagen gehen zu Lasten des Auftraggebers. Die vereinbarte Provision beträgt 10 % vom Einkaufspreis. Der Kommissionär findet einen Spezialhersteller dieses Materials und erteilt unter eigenem Namen den Auftrag. Die Lieferung erfolgt auf das Lager des Kommissionärs ab Werk des Herstellers. Die Lieferantenrechnung beläuft sich auf 80 000,– zzgl. 16 % MWSt und wird durch Banküberweisung bezahlt. An Frachtkosten berechnet der Spediteur 600,– zzgl. 16 % MWSt. Der Kommissionär liefert ab Kommissionslager dem Kommittenten und erstellt folgende Abrechnung:

Einkaufspreis Kommissionsware	80 000,–
Vorfracht	600,–
10 % Provision lt. Vereinbarung	8 000,–
Nettobetrag	88 600,–
zzgl. 16 % MWSt	14 176,–
Rechnungsbetrag	102 776,–

Der Kommittent überweist durch Bank den fälligen Rechnungsbetrag. An den Spediteur, der die Ware vom Kommissionslager zum Betrieb des Kommittenten verbrachte, werden durch Bank 1 000,– zzgl. 16 % MWSt überwiesen.

Buchungen beim Kommissionär

(1) Kommissionswaren-
   einkauf 80 000,–
   Vorsteuer 12 800,–
      an Verbindlichkeiten aus Lieferun-
         gen und Leistungen 92 800,–

(2) Verbindlichkeiten aus Lieferungen
   und Leistungen 92 800,–
      an Bank 92 800,–

(3) Kommissionsfrachten (oder Kommissionswareneinkauf) 600,–
   Vorsteuer 96,–
      an Bank 696,–

(4) Forderungen
   Kommittent 102 776,–
      an Erlös Kommissionsware
         (umsatzsteuerpfl.) 80 000,–
      Erlös weiterberechnete
         Frachten
         (umsatzsteuerpflichtig) 600,–
      Provisionserlös aus Kommissio-
         nen (umsatzsteuerpfl.) 8 000,–
      Umsatzsteuer 14 176,–

Buchungen beim Kommittenten

keine Buchung

keine Buchung

keine Buchung

Rohstoffe (incl. Fracht,
Provision, u. a.) 88 600,–
Vorsteuer 14 176,–
   an Verbindlichkeiten
      Kommissionär 102 776,–

Buchungen beim Kommissionär		Buchungen beim Kommittenten		
(5) Bank	102 776,–	Verbindlichkeiten		
an Forderungen		Kommissionär	102 776,–	
Kommittent	102 776,–	an Bank		102 776,–
(6) Keine Buchung		Rohstoffe (Fracht)	1 000,–	
		Vorsteuer	160,–	
		an Bank		1 160,–

8.2 Verkaufskommission

Im Großhandel kann das Verkaufskommissionsgeschäft manchmal einziger Gegenstand des Handelsgewerbes sein. Ein Merkmal dieser Geschäftsart besteht darin, dass in der Kette von Kommittent über Kommissionär bis hin zum Abnehmer zwei Lieferungen vorliegen, nämlich:

(1) Lieferung vom Kommittenten an den Kommissionär und
(2) Lieferung vom Kommissionär an den Abnehmer.

Der Kommittent bleibt solange rechtlicher und wirtschaftlicher Eigentümer der beim Kommissionär lagernden Kommissionsware, bis der Kommissionär das Eigentum im Rahmen des Ausführungsgeschäftes an den Abnehmer überträgt. Das beim Kommissionär hierzu notwendige Zwischenlager wird entweder als **Kommissionslager** oder auch als **Konsignationslager** bezeichnet. Die Ware wird analog dazu als **Kommissionsware** bzw. **Konsignationsware** bezeichnet.

Nach Abschn. 24 Abs. 2 UStR liegt bei der Verkaufskommission eine Lieferung des Kommittenten an den Kommissionär erst im Zeitpunkt der Lieferung an den Abnehmer vor. Das bedeutet, dass Ort und Zeitpunkt der ersten Lieferung des Kommittenten an den Kommissionär vom Ort und Zeitpunkt der zweiten Lieferung abhängen, nämlich dann, wenn der Kommissionär an den Abnehmer liefert. Sollte aus irgend einem Grund die Kommissionsware vor der Lieferung durch den Kommissionär an den Abnehmer untergehen, kommt umsatzsteuerrechtlich gesehen kein Liefergeschäft zustande.

Für den Fall, dass bei einer ausgeführten Verkaufskommission der Abnehmer seinen Zahlungsverpflichtungen nicht nachkommt, z. B. durch Uneinbringlichkeit, können nach § 17 UStG sowohl der Kommittent die Umsatzsteuer als auch der Kommissionär die Vorsteuer berichtigen.

Buchungstechnik

Bei Empfang der Ware hat der **Verkaufskommissionär** keine systematische Buchung vorzunehmen; mengenmäßige Aufzeichnungen in einem Nebenbuch genügen.

Bei Verkauf ist das »**Kommittentenkonto**« zu erkennen, dessen Stand bei der Abrechnung durch Provisionserträge und Aufwandsersatz gemindert wird. Zweckmäßig ist es aber auch hier, ein Konto »**Kommissionswareneinkauf**« für die Abrechnung mit dem Kommittenten und ein weiteres Konto »**Kommissionswarenverkauf**« für die Weiterberechnung des Kommissionsgeschäftes an den Kunden zu führen.

Der **Kommittent** nimmt bei Warenzusendung an den Kommissionär eine erfolgsneutrale Umbuchung zu Einstandspreisen bzw. Herstellungskosten von »Wareneinkauf/Warenbestand« auf »**Kommissionsware**« oder »**Konsignationsware**« vor und trennt damit seine Bestände.

Bei der Verkaufsmeldung des Kommissionärs werden das »**Kommissionärskonto**« und das **Erlöskonto** »**Kommissionswarenverkauf**« bzw. »Konsignationswarenverkauf«

angesprochen. Das Kommissionärskonto (als Kontokorrentkonto) dient dem Ausweis der Bruttoforderung. Mit dieser Forderung werden Provisionen, verauslagte Spesen, Geldeingänge und durch Warenrücksendung verursachte Erlösschmälerungen gegengerechnet.

Beispiel zur Abwicklung einer Verkaufskommission

(1) Ein Kommittent (Hersteller) liefert Ware an das sich beim Kommissionär befindliche Konsignationslager. Die Herstellungskosten dieser Ware belaufen sich auf 90 000,–. An den Kommissionär übersendet er gleichzeitig eine Proforma-Rechnung über 100 000,–. Dieser Wert ist als Limitpreis nicht zu unterschreiten. Von einem Mehrerlös stehen dem Kommissionär 10 % Provision zu.

(2) Der Kommissionär verauslagt die Frachtkosten in Höhe von 1 600,– zzgl. 16 % MWSt und wird sie mit der Kommittentenschuld verrechnen.

(3) Der Kommissionär verkauft die Kommissionsware ab Lager im eigenen Namen für 120 000,– zzgl. 19 200,– MWSt auf Ziel.

Anmerkung: Mit dieser zweiten Lieferung wird auch Ort und Zeit der ersten Lieferung bestimmt. Erst jetzt ist auch die Lieferung des Kommittenten an den Kommissionär in Sinne des Umsatzsteuergesetzes bewirkt.

(4) Da dem Kommittenten bis zu diesem Zeitpunkt keine Informationen über den abgewickelten Verkauf und dessen Höhe vorliegen (je nach Vertrag und organisatorsicher Abwicklung), ist es üblich, dass der Kommissionär eine Gutschrift als Rechnung erstellt (§ 14 Abs. 5 UStG i. V. Abschn. 184 UStR).

Endabrechnung

Verkaufte Kommissionsware		120 000,–
zzgl. 16 % MWSt		19 200,–
		139 200,–
abzgl. verauslagte Frachtkosten	1 000,–	
zzgl. 16 % MWSt	160,–	1 160,–
abzgl. 10 % Provision vom Mehrerlös	2 000,–	
zzgl. 16 % MWSt	320,–	2 320,–
Abrechnung		**135 720,–**

(5) Der Kunde des Kommissionärs überweist durch Bank seine fällige Rechnung in Höhe von 139 200,–.

Anmerkung: Der Kommissionär verwaltet treuhänderisch bis zur Endabrechnung das eingegangene und an den Kommittenten abzuführende Geld. Ihm stehen nur Auslagenersatz und Provision zu.

(6) Der Kommissionär überweist an den Kommittenten 135 720,– durch Bank.

Buchungen beim Kommissionär

(1) Keine Buchung der Proforma-Rechnung

(2) Verauslagte
  Kommissionsfracht 1 000,–
  Vorsteuer 160,–
    an Bank 1 160,–

Buchungen beim Kommittenten

Bestand Kommissionsware 90 000,–
  an Bestand Fertigerzeugnisse 90 000,–

Keine Buchung. Abrechnung durch den Kommissionär nach Abwicklung des Geschäftes

Buchungen beim Kommissionär		Buchungen beim Kommittenten	
(3) Forderungen aus Lieferungen und Leistungen 139 200,–		Keine Buchung, da Information des getätigten Geschäftes erst durch die Abrechnung des Kommissionärs unter Ziffer 4 erfolgt	
an Erlöse Kommissionsware (umsatzsteuerpfl.) 120 000,– MWSt 19 200,–			
(4a) Einkauf Kommissionsware 120 000,– Vorsteuer 19 200,– an Kommittent 139 200,–		Kommissionär 139 200,– an Erlöse Kommissionsware (umsatzsteuerpflichtig) 120 000,– MWSt 19 200,–	
(4b) Kommittent 1 160,– an weiterberechnete Kommissionsfracht 1 000,– MWSt 160,–		Frachtkosten 1 000,– Vorsteuer 160,– an Kommissionär 1 160,–	
(4c) Kommittent 2 320,– an Provisionserlöse (umsatzsteuerpflichtig) 2 000,– MWSt 320,–		Aufwand Verkaufsprovision 2 000,– Vorsteuer 320,– an Kommissionär 2 320,–	
(5) Bank 139 200,– an Forderungen aus Lieferungen und Leistungen 139 200,–			
(6) Kommittent 135 720,– an Bank 135 720,–		Bank 135 720,– an Kommissionär 135 720,–	

Hinweis: Bei den vorstehenden Beispielen war unser Ziel, diese an den Ablauf der Praxis anzupassen und nicht theoretische Schulbuchlösungen aufzuzeigen, welche i. d. R. zu Abstimmungsproblemen mit der Umsatzsteuer am Monats- und Jahresende führen würden. Die Praxis ist aber in ihren Abläufen, vertraglichen Gestaltungsmöglichkeiten, Provisionsberechnungsvarianten und Gewinnaufteilungsverträgen derart reichhaltig, dass wir hier nur einen Leitfaden geben können.

9 Abrechnung und Buchung von Inlandsreisekosten

9.1 Einkommen- und lohnsteuerrechtliche Vorschriften

Nach R 119 EStR und R 37 ff. LStR sind Reisekosten Aufwendungen, die einem Unternehmer oder Arbeitnehmer bei einer vorübergehend beruflich bedingten Abwesenheit vom normalen Arbeitsplatz bzw. seiner Wohnung entstehen. Auf eine Mindestentfernung kommt es nicht an. Der Unternehmer begibt sich auf **Geschäftsreise**, der Arbeitnehmer auf **Dienstreise**. Es spielt keine Rolle, ob die Reise vom Arbeitsplatz oder vom Wohnort aus angetreten wird. Entsprechendes gilt auch für die Beendigung einer Reise. Voraussetzung ist, dass der Reisende nach Auswärtstätigkeiten wieder in den Betrieb zurückkehrt.

Als **zeitliche Obergrenze einer Reise** und dem damit zusammenhängenden Kostenersatz werden in R 37 Abs. 3 LStR **drei Monate** vorgegeben. Diese Dreimonatsfrist ist dann von Bedeutung, wenn z. B. ein Arbeitnehmer für eine bestimmte Zeit zur Aushilfe in eine Zweigstelle delegiert oder an einem geplanten Projekt bei einem befreundeten Unternehmen beteiligt wird. Wird diese Frist überschritten, so wird für die anschließende Zeit die Zweigstelle oder Niederlassung, steuerlich gesehen, zur regelmäßigen Arbeitsstätte. Somit können für diese überschreitende Zeit nur Aufwendungen für Fahrten zwischen Wohnung und Arbeitsstätte bzw. Familienheimfahrten in Ansatz gebracht werden (vgl. R 42 LStR).

Für den **steuerfreien Ersatz der Reisekosten** gegenüber dem Reisenden einerseits und dem Abzug als Betriebsausgaben beim Arbeitgeber anderseits ist es notwendig, dass der Betrieb nur auf Nachweis Kostenersatz leistet. So hat der Reisende Anlass und Art der Reise, die Reisedauer, den Reiseweg und das dabei benutzte Verkehrsmittel anzugeben. Desgleichen sind Hotelrechnungen, Tankquittungen, Fahrkarten u. a. als Nachweis abzugeben oder glaubhaft zu machen. Hilfreich haben sich in der Praxis vorgefertigte **Reisekostenabrechnungsformulare** erwiesen. Diese können entweder betriebsindividuell gestaltet sein oder werden von Fachverlagen und Organisationsunternehmen standardisiert angeboten.

Auf Geschäfts- bzw. Dienstreisen entstehen typische Kosten, die sich unterteilen lassen in:

– Fahrtkosten (R 38 LStR),
– Verpflegungskosten (R 39 LStR),
– Übernachtungskosten (R 40 LStR),
– Nebenkosten (R 40a LStR).

Nach § 3 Nr. 16 EStG bleiben die dem Reisenden ersetzten Aufwendungen lohn- und einkommensteuerfrei, soweit diese nachgewiesen werden bzw. bestimmte nachfolgend aufgeführte Höchstgrenzen nicht überschreiten.

9.1.1 Fahrtkosten

Die dem Reisenden tatsächlich entstandenen Auslagen werden steuerfrei in voller Höhe ersetzt, z. B. Fahrkarten, Flugscheine, Mietwagen, Park- und Straßenbenutzungsgebühren u. ä. Wird ein privates Fahrzeug benutzt (was bei Arbeitnehmern auf Dienstreisen sehr häufig der Fall ist), können die Fahrzeugkosten ohne Einzelnachweis mit festen Kilometerpauschbeträgen **je dienstlich gefahrenen Kilometern** ersetzt werden. Zur Zeit gelten die folgenden **Pauschbeträge** (H 38 LStH, R 23 Abs. 2 EStR):

– Pkw-Benutzung 0,30 €,
– Benutzung Motorrad oder Motorroller 0,13 €,
– Benutzung Moped oder Mofa 0,08 €,
– Fahrradbenutzung 0,05 €.

Für jede Person, die bei einer Geschäfts- oder Dienstreise mitgenommen wird, erhöhen sich diese Sätze bei einem Kraftwagen um 0,02 € je gefahrenen Kilometer und bei einem Motorrad oder Motorroller um 0,01 € je Fahrtkilometer. Die Mitnahme von Gepäck wird durch die jeweiligen Pauschsätze abgegolten.

Arbeitnehmer, die während einer Reise den Privat-Pkw benutzen, können als Alternative auch die **tatsächlichen Aufwendungen** ihres Fahrzeuges anteilig in Ansatz bringen. R 38 LStR schreibt vor, dass der Teilbetrag der jährlichen Gesamtkosten dieses Fahrzeuges anzusetzen ist, der dem Anteil der durchgeführten Fahrt an der Jahresfahrleistung entspricht. Dazu sind vom Reisenden die folgenden Gesamtkosten nachzuweisen:

- Betriebsstoffkosten,
- Wartungs- und Reparaturkosten,
- Garagenkosten,
- Kfz-Steuer,
- Kosten der Fahrzeugversicherung,
- jährliche Abschreibung und
- die Zinsen für ein Anschaffungsdarlehen.

Bei einem geleasten Fahrzeug gehört eine Leasingsonderzahlung im Kalenderjahr der Zahlung in voller Höhe zu den Gesamtkosten.

So kann nach Zusammenstellung der in einem Zeitraum von zwölf Monaten ermittelten Gesamtkosten für das auf Dienstreise benutzte Fahrzeug ein Kilometersatz errechnet werden, der so lange angesetzt werden darf, bis sich die Verhältnisse wesentlich ändern, z. B. durch Kauf eines neuen Fahrzeuges.

9.1.2 Verpflegungskosten

Verpflegungskosten bei Reisen im Inland werden für jeden Kalendertag, an denen der Geschäfts/Dienstreisende von seiner Wohnung und seiner Arbeitsstätte abwesend ist, mit folgenden Pauschbeträgen ersetzt (§ 4 Abs. 5 Nr. 5 EStG):

Dauer der Geschäfts-/Dienstreise	Pauschbetrag in €
– 24 Stunden und mehr	24,–
– 14–24 Stunden	12,–
– 8–14 Stunden	6,–
– weniger als 8 Stunden	Kein Ersatz

Bei einer Abwesenheit von weniger als 8 Stunden ist der steuerfreie Ersatz von Verpflegungskosten nicht möglich.

Nach § 40 Abs. 2 Satz 1 Nr.4 EStG kann der Arbeitgeber **Verpflegungsmehraufwendungen bis zur doppelten Höhe** der o. g. Pauschbeträge ersetzen. Die Differenz zwischen einfachem und doppeltem Pauschbetrag darf mit 25 % pauschal durch den Arbeitgeber versteuert werden. Sozialversicherungspflicht besteht nicht (§ 2 Abs. 1 Nr. 2 Arbeitsentgelt-VO).

Es ist steuerlich nicht zulässig, die dem Reisenden tatsächlich entstandenen Verpflegungskosten auf entsprechenden Einzelnachweis steuerfrei zu ersetzen. Wird dennoch der tatsächliche Betrag durch den Arbeitgeber ersetzt, so ist der Unterschied zwischen Pauschbetrag und dem ausbezahlten Betrag steuer- und sozialversicherungspflichtiger Arbeitslohn.

Beispiel:
Ein Arbeitnehmer kehrt nach einer 15 Stunden umfassenden Dienstreise zurück. Für Verpflegung weist er 30,– gem. Rechnung nach.
Der Arbeitgeber kann dem Reisenden 24,– steuerfrei ersetzen unter der Voraussetzung, dass er die Differenz zwischen dem zulässigen Pauschbetrag von 12,– und dem ausbezahlten Betrag von 24,– der Lohnsteuerpauschalierung mit 25 % unterwirft.

- Buchung des Reisekostenersatzes:
  Reisekosten   12,00
  Reisekosten (25 % Pauschalversteuerung)   12,00
    an Kasse   24,00

Auf die Frage und Möglichkeit einer Vorsteuerermittlung wird in Kapitel 9.2 eingegangen.

- Buchung der Pauschalversteuerung
  mit 25 % St, 7 % KiSt u. 5,5 % SolZ:
  Aufwand f. Pauschalversteuerung   3,38
    an Sonstige Verbindlichkeiten (Finanzamt)   3,38

9.1.3 Übernachtungskosten

Werden Übernachtungskosten belegmäßig nachgewiesen, so können diese dem Reisenden steuerfrei ersetzt werden. Enthält ein Übernachtungsbeleg Übernachtungskosten und Frühstück in einer Summe und lassen sich diese Kosten mangels Angabe nicht trennen, sind als Kosten für das Frühstück 4,50 aus der Belegsumme auszusondern (R 40 Abs. 1 LStR), wenn im Inland die Übernachtung stattfand.
Arbeitnehmer als Dienstreisende können ohne Beleg auch einen **Pauschbetrag in Höhe von 20,-** je Übernachtung steuerfrei ersetzt bekommen. Innerhalb einer mehrtägigen Reise dürfen jedoch die Übernachtungskosten entweder nur einzeln oder nur nach Pauschbeträgen abgerechnet werden.
Geschäftsreisende haben grundsätzlich **Einzelnachweis** zu führen.

Beispiel:
Ein Arbeitnehmer unternimmt eine zweitägige Dienstreise. Die tägliche Abwesenheitszeit liegt zwischen 14 und 24 Stunden. An Kosten für Übernachtung incl. Frühstück sind 140,- lt. Beleg entstanden. Der Preis des Frühstücks ist nicht ersichtlich. Für Verpflegung hat er während dieser Zeit 60,- ausgegeben. Der Arbeitgeber ersetzt dem Arbeitnehmer die nachgewiesenen Kosten in tatsächlicher Höhe.
Die Reisekostenabrechnung wird wie folgt zusammengestellt:

a) Übernachtungskosten
   Übernachtung mit Frühstück   140,00
   – fiktive Frühstückskosten   4,50
   = steuerfrei zu ersetzende Übernachtungskosten   135,50

b) Verpflegung
   Verpflegungskosten lt. Beleg   60,00
   + aus Übernachtung gekürztes Frühstück   4,50
   = Verpflegungskosten gesamt   64,50
   – möglicher steuerfreier Ersatz für 2 Tage je 12,–   24,00
   = lohnsteuer- und sozialversicherungspflichtiger Arbeitslohn   88,50

Von 200,– ersetzten Reisekosten sind lediglich 159,50 steuerfrei, während 40,50 lohnsteuer- und sozialversicherungspflichtiger Arbeitslohn verbleiben.

9.1.4 Reisenebenkosten

Als Nebenkosten einer Reise gelten z. B. Gepäckbeförderung und -aufbewahrung, Taxi, Telefon, Messeeintrittskarten, Straßenkarten, Straßenbenutzungsgebühren, Parkgebühren u. ä. Diese Kosten sind einzeln nachzuweisen oder aber glaubhaft zu machen. Nur so können sie vom Arbeitgeber steuerfrei ersetzt werden.

9.2 Umsatzsteuerrechtliche Vorschriften

Wurden dem Reisenden die Reisekosten vom Arbeitgeber ersetzt, so konnte das Unternehmen **bis 31. 3. 1999** aus den lohnsteuerfrei zu ersetzenden Beträgen ein Vorsteuerguthaben in Höhe des Regelsteuersatzes bilden. Ebenfalls konnte ein Vorsteuerguthaben durch Anwendung folgender spezieller Vorsteuersätze in Ansatz gebracht werden:

- 13,1 v. H. bei Pauschbeträgen für Verpflegung und Übernachtung,
- 8,7 v. H. bei Pauschbeträgen für Nutzung des Privat-Pkw bzw. Privat-Motorrads des Arbeitnehmers,
- 13,8 v. H. bei Benutzung eines Fahrrads durch den Arbeitnehmer,
- 6,1 v. H., wenn ein Unternehmer einen nicht zu einem Unternehmen gehörenden Pkw benutzt.

Seit 1. 4. 1999 ist umsatzsteuerrechtlich eine **wesentliche Änderung** in Kraft getreten. Durch den neu geschaffenen **§ 15 Abs. 1a Nr. 2 UStG** wird die Bildung eines Vorsteuerguthabens aus ersetzten Verpflegungs- und Übernachtungskosten nicht mehr zugelassen. Dies gilt auch für an Mitarbeiter erstattete Beträge, wenn diese ihr Privatfahrzeug während der Dienstreise benutzten. Bei Geschäftsreisen ist jedoch für das benutzte Firmenfahrzeug und die dabei entstandenen Kosten weiterhin Vorsteuerabzug gegeben.

Da den Unternehmen ab diesem Zeitpunkt bei Ersatz der Verpflegungs- und Übernachtungskosten sowie der Kilometergelder bei Privatfahrzeugen kein Vorsteuerabzug mehr zusteht, ist die in den Beträgen enthaltene **Umsatzsteuer Kostenbestandteil**. Sie wirkt sich dadurch aufwandserhöhend bzw. ertragsmindernd in der Gewinn- und Verlustrechnung aus.

Nicht vom Vorsteuerausschluss betroffen sind die dem Reisenden ersetzten Fahrkosten für öffentliche Verkehrsmittel (Bahn, Busse, Taxi) und bei Ersatz von belegmäßig nachgewiesenen Reisenebenkosten (Eintrittskarten, Mietwagen, Parkgebühren, Straßenkarten, Stadtpläne). Ebenfalls steht ein Vorsteuerabzug zu, wenn unternehmenseigene Fahrzeuge (Dienstwagen, Fuhrparkfahrzeuge) während der Reise eingesetzt werden.

Vorsteuer aus Kosten bei Vorstellungsgesprächen

Nach den R 37 Abs. 1 LStR können dem Bewerber bei Vorstellungsgesprächen entstandene Kosten für Fahrt, Verpflegung und evtl. Übernachtung vom Unternehmen wie bei einer Dienstreise ersetzt werden. Bis 31. 3. 1999 war ein Vorsteuerguthaben aus den erstatteten Kosten möglich. Nach der neuen Rechtslage ab 1. 4. 1999 kann aus derartigen Kostenerstattungen keine Vorsteuer herausgerechnet werden. Sollte jedoch der zum Gespräch einladende Unternehmer Fahrt und Übernachtung für den Bewerber selbst buchen und würden die Belege auf seinen Namen lauten, wäre ein Vorsteuerabzug möglich.

Die folgenden Fallbeispiele sollen Abrechnung und Buchungen verdeutlichen.

Fall 1:
Ein Arbeitnehmer unternimmt eine Dienstreise von Stuttgart nach München und zurück (550 km) mit dem Privat-Pkw. Die Abreise erfolgte am Montagnachmittag um 15.00 Uhr vom Büro aus. Am Freitag trifft er um 15.00 Uhr direkt am Wohnort wieder ein.
Nach der internen Reisekostenordnung ersetzt der Arbeitgeber für die Fahrt mit dem Privat-Pkw und für Verpflegung die lohnsteuerrechtlich zulässigen Pauschbeträge. Die Übernachtungskosten werden nach Belegen ersetzt.
Es werden 4 Übernachtungen in Höhe von insgesamt brutto 460,– (einschl. Frühstückskosten) nachgewiesen. Der Anteil der Frühstückskosten an den Übernachtungskosten lässt sich aus der Hotelrechnung nicht ersehen.
An weiteren Auslagen sind dem Reisenden entstanden:
- 25,– Telefonkosten lt. Beleg des Hotels (brutto),
- 20,– Hotelgarage lt. Beleg (brutto),
- 10,– gezahltes Trinkgeld, ohne Beleg.

Nach Rückkehr von der Reise rechnet der Arbeitnehmer unter Zuhilfenahme eines Reisekostenabrechnungsformulares wie folgt ab:

Aufwandsart	Brutto	Vorsteuer		Netto
		%	Betrag	
Fahrtkosten mit Privat-Pkw: 550 km x –,30	165,00	—	—	165,00
Übernachtung lt. Einzelnachweis: Rechnungsbetrag 460,– ·/· 4 x Frühstück je 4,50 18,–	442,00	—	—	442,00
Verpflegung nach Pauschbeträgen: 1 Tag zu 9 Stunden 6,– 3 Tage zu 24 Stunden 72,– 1 Tag zu 15 Stunden 12,–	90,00	—	—	90,00
Nebenkosten: Telefonkosten lt. Hotelbeleg Hotelgarage lt. Beleg Trinkgeld ohne Beleg	25,00 20,00 10,00	16 16 —	3,45 2,76 —	21,55 17,24 10,00
Auszahlungsbetrag	752,00	—	6,21	745,79

Buchungsmöglichkeit:
Reisekosten   745,79
Vorsteuer   6,21
   an Kasse   752,00

Bei EDV-Einsatz kann es notwendig werden, die dargestellte Buchung in mehrere Buchungen aufzuteilen.

Fall 2:
Ein Abteilungsleiter unternimmt eine dreitägige Dienstreise um wichtige Kunden zu besuchen. Die Reise beginnt am 11. 10. um 7.30 Uhr mit Abfahrt von der Wohnung. Reiseende am 13. 10. mit Rückkehr in die Wohnung um 21.00 Uhr.

Die folgend aufgeführten Kosten sind anlässlich der Dienstreise entstanden und werden nach betrieblicher Vereinbarung voll ersetzt:

- Übernachtungskosten ohne Frühstück lt. Beleg,
  Rechnung auf den ArbN ausgestellt
  (über Frühstückskosten erfolgt getrennter Beleg) 270,–
- Verpflegungskosten gem. Belegsammlung incl. tägliches Frühstück 215,–
- Tankquittungen für das benutzte Firmenfahrzeug 168,–
- Telefongespräch lt. Beleg 12,–
- Parkgebühren lt. Belegen 25,–
- Summe der nachgewiesenen Reisekosten 690,–

Die Reisekostenabrechnung wird wie folgt erstellt:

Aufwandsart	Brutto	Vorsteuer %	Vorsteuer Betrag	Netto
Übernachtung lt. Einzelnachweis:	270,00	—	—	270,00
lstfr. Verpflegung nach Pauschbeträgen: 1 Tag zu 16,5 Stunden 12,– 1 Tag zu 24 Stunden 24,– 1 Tag zu 19 Stunden 12,–	48,00	—	—	48,00
Nebenkosten: Telefonkosten lt. Beleg Parkgebühren lt. Belegen	12,00 25,00	16 16	1,66 3,45	10,34 21,55
Aufwendungen für betriebliches Fahrzeug Benzin lt. Tankbelegen	168,00	16	23,17	144,83
Steuerfreier Reisekostenersatz Auszahlungsbetrag LStpfl./sozialverspfl. Reisekostenersatz	523,00 690,00 167,00		28,28	494,72

Hinweis: Es muss in der betrieblichen Organisation unbedingt sichergestellt werden, dass von einem derartigen Auszahlungsbeleg eine Belegkopie der Lohn- und Gehaltsbuchhaltung zugeleitet wird. Die den steuerfreien Reisekostenbetrag übersteigende Summe ist am Monatsende als geldwerter Vorteil in der Lohn- oder Gehaltsabrechnung zu erfassen.

Buchungsmöglichkeit:

Reisekosten	349,89	
Kfz-Kosten	144,83	
Vorsteuer	28,28	
Verrechnungskonto geldwerter Vorteil	167,00	
(Kontengruppe Personalaufwendungen)		
an Kasse		690,00

Vereinfachte Darstellung der monatlichen Gehaltsabrechnung:

Monatsgehalt lt. Vereinbarung	10 000,00
+ geldwerter Vorteil aus Reisekostenersatz	167,00
= lstpfl. und soz.verspfl. Brutto	10 167,00

– Lohnsteuer und Sozialversicherung		5 000,–
= Nettogehalt		5 167,–
– ausbezahlter Reisekostenersatz		167,–
= Auszahlungsbetrag		5 000,–

Buchungsmöglichkeit:

Aufwendungen für Gehälter	10 167,–	
an Sonstige Verbindlichkeiten (Lohnsteuer und Sozialversicherung)		5 000,–
Verrechnungskonto geldwerter Vorteil		167,–
Lohn- und Gehaltsverrechnungskonto		5 000,–
Lohn- und Gehaltsverrechnungskonto	5 000,–	
an Bank		5 000,–

Aufgabe 5.17 *Reisekosten nach Einzelbelegen S. 407*

Aufgabe 5.18 *Reisekosten mit Verpflegungsaufwand ohne Beleg S. 408*

10 Verbuchung von Löhnen und Gehältern

10.1 Allgemeines

Der Entgeltanspruch von Arbeitnehmern (Lohn/Gehalt) ergibt sich aus Einzelarbeitsvertrag, tariflichen Vereinbarungen, Betriebsvereinbarungen und gesetzlichen Bestimmungen (z. B. Lohnfortzahlungsgesetz, Mutterschutzgesetz, Bundesurlaubsgesetz u. a.). Da der Arbeitgeber verpflichtet ist, bei Auszahlung von Löhnen und Gehältern die darauf entfallende Lohn- und Kirchensteuer (§ 38 EStG) und den Arbeitnehmeranteil zur Sozialversicherung einzubehalten und an das zuständige Finanzamt bzw. den Versicherungsträger abzuführen, ergibt sich **abrechnungstechnisch** (aus Sicht des Arbeitnehmers) folgendes Schema:

Bruttolohn/Bruttogehalt
·/· Lohnsteuer
·/· Kirchensteuer
·/· Solidaritätszuschlag
·/· Arbeitnehmeranteil zur Sozialversicherung

= Nettoverdienst
·/· Sonstige Abzüge, z. B.
   – Sparbeitrag vermögenswirksame Leistung
   – Darlehensrückzahlung an Arbeitgeber
   – Abzug Lohnpfändungsbetrag
   – Sachbezüge
   – Lohn-/Gehaltsvorschuss

= Auszahlungsbetrag an Arbeitnehmer

Während für den einzelnen Arbeitnehmer der Auszahlungsbetrag von besonderem Interesse ist, kommt es für das Unternehmen auf die Gesamtsumme der Personalaufwendungen an und wie sich diese für Zwecke der innerbetrieblichen Kostenrechnung in verschiedene Aufwandskategorien unterteilt. Die Summe der Bruttolöhne und Bruttogehälter ergibt noch nicht die gesamten betrieblichen Personalkosten. Diese ermitteln sich wie folgt:

Bruttolöhne/Bruttogehälter
+ tarifliche Sozialleistungen
+ Arbeitgeberanteil zur Sozialversicherung
+ freiwillige Sozialleistungen
+ Beitrag zur Berufsgenossenschaft
_____
= Summe Personalaufwand

Grundsätzlich wird bei Personalaufwendungen der Bruttobetrag auf dem jeweiligen Lohn- oder Gehaltskonto gebucht. Ob dieser steuerfrei oder steuerpflichtig, sozialversicherungsfrei oder sozialversicherungspflichtig ist, spielt dabei zunächst keine Rolle.

10.2 Konten für die Lohn- und Gehaltsbuchung

Die von der **Lohnbuchhaltung** (vgl. hierzu auch Band 1) errechneten Summen auf den Lohn- und Gehaltslisten sind die Grundlage für die Aufteilung auf die jeweiligen Konten der **Finanzbuchhaltung.** Je größer der Betrieb und je zahlreicher die Arbeitnehmer, desto notwendiger ist eine tiefgestaffelte kontenmäßige Gliederung, vor allem auch aus kostenrechnerischen Erwägungen.

Konten der Finanzbuchhaltung für die Lohn- und Gehaltsbuchung[1]		
Konten für Personalkosten	Konten für vorgenommene und abzuführende Abzüge	Konten für die Verrechnung mit dem Nettoverdienst
– Löhne – Gehälter – Aushilfslöhne – Bedienungsgelder – Verkaufsprämien – Urlaubslöhne/Urlaubsgeld – Krankengeldzuschüsse – Vermögenswirksame Leistungen – Geldwerte Vorteile – Sachbezüge – Schwerbehindertenabgabe – Fahrtkostenerstattung Wohnung – Betrieb – Arbeitgeberanteile zur Sozialversicherung – Beiträge Berufsgenossenschaft – Aufwendungen für Altersversorgung – Aufwendungen für Unterstützung – Sonstige Aufwendungen mit Lohn- und Gehaltscharakter	– Sonstige Verbindlichkeiten (Lohn- und Kirchensteuer, Solidaritätszuschlag) – Sonstige Verbindlichkeiten (Sozialversicherung: Kranken-, Renten-, Arbeitslosen- und Pflegeversicherung) – Sonstige Verbindlichkeiten (vermögenswirksame Leistungen)	– Lohnvorschüsse – Gehaltsvorschüsse – Lohn- und Gehaltsverrechnungskonto

[1] Vgl. auch die im Anhang von Band 1 abgedruckten Kontenrahmen, insbesondere DATEV-Kontenrahmen SKR 03.

10.3 Technik der Lohn- und Gehaltsbuchung

10.3.1 Buchung ohne Einschaltung des Lohn- und Gehaltsverrechnungskontos

Aufgabe der Lohn- und Gehaltsbuchung ist, das Ergebnis der Lohn- und Gehaltsabrechnung kontenmäßig festzuhalten, nämlich den Bruttoaufwand, die einbehaltenen und abzuführenden Abgaben und den Auszahlungsbetrag. Hinzu kommt noch die Buchung des Arbeitgeberanteils zur Sozialversicherung. Demzufolge kann als **Grundbuchung** der folgende dreistufige Ablauf gelten:

- **Lohn- und Gehaltsbuchung:**
  Löhne/Gehälter (brutto)
    an Sonstige Verbindlichkeiten (Lohn- und Kirchensteuer, Solidaritätszuschlag)
      Sonstige Verbindlichkeiten (Sozialversicherung: RV, KV, AV, PV)
      Sonstige Verbindlichkeiten (vermögenswirksame Leistungen)
      Bank (netto)

- **Buchung des Arbeitgeberanteils zur Sozialversicherung:**
  Arbeitgeberanteil zur Sozialversicherung
    an Sonstige Verbindlichkeiten (Sozialversicherung)

- **Abführung der einbehaltenen Abzüge im Folgemonat:**
  Sonstige Verbindlichkeiten (Lohn- und Kirchensteuer, Solidaritätszuschlag) an Bank
  Sonstige Verbindlichkeiten (Sozialversicherung) an Bank
  Sonstige Verbindlichkeiten (vermögenswirksame Leistungen) an Bank

Die Zahlung der einbehaltenen Abzüge einschließlich des Arbeitgeberanteils zur Sozialversicherung durch den Arbeitgeber erfolgt in der Regel bis zum 10. bzw. 15. des folgenden Monats. Bis dahin sind diese Beträge – wie dargestellt – in der Kontengruppe »Sonstige Verbindlichkeiten« zu erfassen. Im Zeitpunkt der Zahlung der einbehaltenen Abzüge wirken sich diese durch die Auflösung der »Sonstigen Verbindlichkeiten« nicht mehr aufwandmäßig aus; die anschließende Buchung ist erfolgsneutral.

Beispiel:
Ein Arbeitnehmer erhält ein vertragliches Monatsgehalt von 2 600,– und 30,– Zuschuss des Arbeitgebers zum vermögenswirksamen Bausparen. An Steuern und Abgaben werden 558,13 einbehalten, 536,54 für die Sozialversicherung in Abzug gebracht und 30,– an die Bausparkasse überwiesen. Als Nettogehalt erhält der Arbeitnehmer 1 505,33 durch die Bank auf sein Konto überwiesen. Der Arbeitgeberanteil zur Sozialversicherung beläuft sich auf 536,54.

- Lohn- und Gehaltsbuchung:
  Gehälter   2 600,00
  Arbeitgeberanteil vermögenswirksame Leistungen   30,00
    an Sonstige Verbindlichkeiten (Steuern und Abgaben)   558,13
      Sonstige Verbindlichkeiten (Sozialversicherung)   536,54
      Sonstige Verbindlichkeiten (vermögenswirksame
      Leistungen, Bausparkasse)   30,00
      Bank   1 505,33

- Buchung des Arbeitgeberanteils zur Sozialversicherung:
  Arbeitgeberanteil zur Sozialversicherung
      an Sonstige Verbindlichkeiten (Sozialversicherung)   536,54
- Abführung der einbehaltenen Abzüge im Folgemonat:
  Sonstige Verbindlichkeiten (Steuern und Abgaben)
      an Bank   558,13
  Sonstige Verbindlichkeiten (Sozialversicherung)
      an Bank   1 073,08
  Sonstige Verbindlichkeiten (vermögenswirksame Leistungen, Bausparkasse)
      an Bank   30,00

10.3.2 Buchung mit Einschaltung des Lohn- und Gehaltsverrechnungskontos

In der betrieblichen Praxis weichen die eigentliche Lohn- und Gehaltsbuchung und die Auszahlung der Löhne und Gehälter zeitlich voneinander ab. Zudem ist eine belegmäßige Trennung dieser Arbeitsgänge zwangsläufig, da der Buchhalter den Auszahlungsbetrag bei den Zahlungsmittelbelegen vorfindet und dabei nicht gleichzeitig – diesen Belegkreis durchbrechend – die Lohnbuchungen vornehmen kann.

Die zahlenmäßige Verklammerung dieser zeitlich unterschiedlichen Arbeitsschritte besorgt das Lohn- und Gehaltsverrechnungskonto. Dabei werden die vorstehend geschilderten Buchungen um eine Buchung erweitert.

Beispiel:
- Lohn- und Gehaltsbuchung:
  Gehälter   2 600,00
  Arbeitgeberanteil vermögenswirksame Leistungen   30,00
      an Sonstige Verbindlichkeiten (Steuern und Abgaben)   558,13
          Sonstige Verbindlichkeiten (Sozialversicherung)   536,54
          Sonstige Verbindlichkeiten (vermögenswirksame Leistungen, Bausparkasse)   30,00
          Lohn- und Gehaltsverrechnungskonto   1 505,33
- Buchung des Arbeitgeberanteils zur Sozialversicherung:
  Arbeitgeberanteil zur Sozialversicherung
      an Sonstige Verbindlichkeiten (Sozialversicherung)   536,54
- Buchung der Lohn- und Gehaltsüberweisung:
  Lohn- und Gehaltsverrechnungskonto
      an Bank   1 505,33

Bei den Buchungen der abzuführenden Abgaben im Folgemonat (Steuern und Abgaben, Sozialversicherung, vermögenswirksame Leistungen) gibt es keine Unterschiede zum Ausgangsbeispiel.

10.4 Lohn- und Gehaltsvorschüsse

Vorschussbeträge stellen bis zur Verrechnung mit der monatlichen Lohn- und Gehaltszahlung kurzfristige Forderungen des Arbeitgebers an den Arbeitnehmer dar. Der vorgeschossene Betrag ist erfolgsneutral in der Kontengruppe »Sonstige Forderungen« zu erfassen. Zweckmäßigerweise richtet man hierfür ein spezielles Unterkonto ein, z. B. »Lohn- und Gehaltsvorschüsse«. Im Rahmen der Lohn- und Gehaltsbuchung erfolgt die Verrechnung bzw. Auflösung der Vorschussbuchung zum Monatsende.

Beispiel:
Ein angestellter Arbeitnehmer erhält Mitte Februar auf Grund seines Antrages einen Gehaltsvorschuss in Höhe von 1 000,– ausbezahlt. Der Vorschuss wird mit der am Monatsende erfolgten Gehaltszahlung verrechnet.
Der Arbeitnehmer erhält neben einem Gehalt von 2 500,– einen Arbeitgeberanteil zum vermögenswirksamen Sparen in Höhe von 30,–. Die gesetzlichen Abzüge an Steuern und Abgaben betragen 206,73, an Beiträgen zur Sozialversicherung werden ihm 516,14 in Abzug gebracht. Den gleichen Betrag zur Sozialversicherung leistet auch der Arbeitgeber.

– Buchung des ausbezahlten Vorschusses:
  Sonstige Forderungen (Lohn- und Gehaltsvorschuss)
    an Kasse   1 000,00
– Lohn- und Gehaltsbuchung zum Monatsende:
  Gehälter   2 500,00
  Arbeitgeberanteil vermögenswirksame Leistungen   30,00
    an Sonstige Verbindlichkeiten (Steuern und Abgaben)   206,73
       Sonstige Verbindlichkeiten (Sozialversicherung)   516,14
       Sonstige Verbindlichkeiten (vermögenswirksame
       Leistungen, Bausparkasse)   30,00
       Sonstige Forderungen (Lohn- und Gehaltsvorschuss)   1 000,00
       Lohn- und Gehaltsverrechnungskonto   777,13
– Buchung des Arbeitgeberanteils zur Sozialversicherung:
  Arbeitgeberanteil zur Sozialversicherung
    an Sonstige Verbindlichkeiten (Sozialversicherung)   516,14
– Buchung der Lohn- und Gehaltsüberweisung:
  Lohn- und Gehaltsverrechnungskonto
    an Bank   777,13
– Abführung der einbehaltenen Abzüge im Folgemonat:
  Sonstige Verbindlichkeiten (Steuern und Abgaben)
    an Bank   206,73

  Sonstige Verbindlichkeiten (Sozialversicherung)
    an Bank   1032,28

  Sonstige Verbindlichkeiten (vermögenswirksame Leistungen,
  Bausparkasse)
    an Bank   30,00

10.5 Abschlagszahlungen

Die früher übliche Abrechnung und Auszahlung von Wochenlöhnen war mit viel organisatorischem und abrechnungstechnischem Aufwand verbunden. Deshalb gingen die Unternehmen dazu über, die Abrechnung nicht mehr wöchentlich, sondern nur noch zum Monatsende durchzuführen. Inzwischen erhalten gewerbliche Arbeitnehmer in der Regel einen Abschlag auf die am Monatsende zu zahlenden Löhne in Höhe von ca. 50 % bis 70 % ihres Vormonatslohnes. Wie häufig und zu welchen Terminen ein Abschlag ausbezahlt wird, ist jeweils Bestandteil der arbeitsvertraglichen Regelung.

Im Gegensatz zu einem Vorschuss handelt es sich bei einem Abschlag um einen dem Arbeitnehmer zustehenden Lohn, da dem zur Auszahlung kommenden Betrag eine bereits erbrachte Arbeitsleistung gegenübersteht. Der ausbezahlte Abschlag kann demzufolge direkt aufwandswirksam auf das Lohnkonto gebucht werden. Für die Praxis empfiehlt sich jedoch wegen der Übersichtlichkeit der Buchführung die Einschaltung eines **Abschlagsverrechnungskontos.** Zum Monatsende erfolgt die Ermittlung des gesamten Lohnanspruchs und des noch auszuzahlenden Restlohnes. In Verbindung mit der anschließenden Lohnbuchung wird das Verrechnungskonto über die Lohn- und eventuell auch Gehaltskonten buchungstechnisch aufgelöst.

Beispiel:
Einem gewerblichen Arbeitnehmer werden zum 20. eines Monats 500,– als Abschlag auf den Monatslohn ausbezahlt. Am Monatsende ergeben sich aus der Lohnabrechnung folgende Daten:

- Fertigungslohn gemäß geleisteter Stunden 1 850,90
- Überstundenlöhne einschließlich Zuschläge 324,13
- Feiertagslöhne 164,15
- steuerfreie Fahrgelderstattung durch den Arbeitgeber, der die Pauschalierung für Lohnsteuer, Kirchensteuer und Solidaritätszuschlag übernimmt 76,00
- Arbeitgeberzuschuss zum vermögenswirksamen Sparen 30,00
(der Arbeitnehmer zahlt zusätzlich noch 10,00)

Einbehalten werden die folgenden Abzüge:
- Lohnsteuer 156,16
- Solidaritätszuschlag 0,00
- Kirchensteuer 12,49
- Krankenversicherung 161,94
- Pflegeversicherung 20,39
- Rentenversicherung 229,12
- Arbeitslosenversicherung 77,97
- ausbezahlter Abschlag vom 20. des Monats 500,00
- Zinsen für Arbeitgeberdarlehen 88,60
- Arbeitgeber- und Arbeitnehmeranteil zur vermögenswirksamen Leistung 40,00

Rahmen einer Sammelüberweisung werden durch die Bank 1 158,51 ausbezahlt.

- Buchung der Abschlagszahlung:
 Abschlagsverrechnungskonto
  an Bank 1 500,00
- Buchung der Lohn- und Gehaltsabrechnung
 zum Monatsende:
 Fertigungslöhne 1 850,90
 Überstundenlöhne 324,13
 Feiertagslöhne 164,15
 Fahrgelderstattung (steuerfrei; Pauschalversteuerung) 76,00

        Arbeitgeberanteil vermögenswirksame Leistungen   30,00
          an Sonstige Verbindlichkeiten (Steuern und Abgaben)   168,65
              Sonstige Verbindlichkeiten (Sozialversicherung)   489,42
              Sonstige Verbindlichkeiten (vermögenswirksame
              Leistungen, Bausparkasse)   40,00
              Zinserträge   88,60
              Abschlagsverrechnungskonto   500,00
              Lohn- und Gehaltsverrechnungskonto   1 158,51

- Übernahme der pauschalen Lohnsteuer (15 %), Solidaritätszuschlag (5,5 %) und Kirchensteuer (7 %):
  Aufwendungen pauschalierte Steuern und Abgaben
      an Sonstige Verbindlichkeiten (Steuern und Abgaben)   12,83

- Buchung des Arbeitgeberanteils zur Sozialversicherung:
  Arbeitgeberanteil zur Sozialversicherung
      an Sonstige Verbindlichkeiten (Sozialversicherung)   489,42

- Buchung der Lohn- und Gehaltsüberweisung:
  Lohn- und Gehaltsverrechnungskonto
      an Bank   1 158,51

- Abführung der einbehaltenen Abzüge im Folgemonat:
  Sonstige Verbindlichkeiten (Steuern und Abgaben)
      an Bank   168,65
  Sonstige Verbindlichkeiten (Sozialversicherung)
      an Bank   978,84
  Sonstige Verbindlichkeiten (vermögenswirksame Leistungen, Bausparkasse)
      an Bank   40,00

Kontrollfragen
1. Welche Besonderheiten sind bei der Verbuchung von Nachnahmesendungen zu beachten?
2. Wie ist bei Nichtannahme einer Nachnahmesendung buchungsmäßig zu verfahren?
3. Worin unterscheiden sich Einkaufs- und Verkaufskommission? Welche Konten werden jeweils von Kommissionär und Kommittent benötigt?
4. In welche Kostenbestandteile werden Reisekosten untergliedert?
5. Wie können Verpflegungskosten abgerechnet werden?
6. Worauf ist bei Abrechnung von Übernachtungskosten zu achten?
7. Wie ist bei Erstattung der Reisekosten die Vorsteuer zu ermitteln?
8. Wie werden abrechnungstechnisch die Auszahlungsbeträge für Löhne bzw. Gehälter ermittelt?
9. Welche Konten werden in der Finanzbuchhaltung für die Lohn- und Gehaltsabrechnung benötigt?
10. Wozu dient das Lohn- und Gehaltsverrechnungskonto? Worin unterscheidet sich der Buchungsablauf der Lohn- und Gehaltsabrechnung mit und ohne Verwendung eines Verrechnungskontos?
11. Wie werden Lohn- und Gehaltsvorschüsse und Abschlagszahlungen buchungsmäßig behandelt?

Aufgabe 5.19 *Lohn und Gehalt S. 408*

11 Verbuchung von Sachbezügen

11.1 Allgemeines

Im Rahmen von Arbeitsverhältnissen ist es durchaus üblich, dass Arbeitnehmer zusätzlich zu den vereinbarten Lohn- oder Gehaltszahlungen Sachbezüge erhalten. Man denke beispielsweise an die Möglichkeit, preiswertes Mittagessen in der Betriebskantine zu erhalten oder einen Firmenwagen für Privatfahrten nutzen zu können.

Der begünstigte Arbeitnehmer ist sich oft nicht des finanziellen Vorteiles bewusst, den er gegenüber einem Kollegen hat, der sich Gleichartiges durch Geld oder zusätzliche Leistungen erkaufen muss. Deshalb stellt sich der Gesetzgeber, von der steuerlichen Seite her betrachtet, auf den Standpunkt, dass Vorteile aus dem Arbeitsverhältnis wie Lohn zu behandeln sind. Über diese Betrachtungsweise werden derartige **Vorteile, Sachbezüge genannt**, lohnsteuerpflichtig (§ 19 Abs. 1 Nr. 1 EStG). Ergänzend schreibt R 31 Abs. 1 LStR vor, dass Arbeitslohn in Form von Sachbezügen entweder dem laufenden Arbeitslohn oder den sonstigen Bezügen zuzuordnen ist.

Die folgend aufgeführten Sachbezüge sind in der betrieblichen Praxis am häufigsten anzutreffen:

- Essenszuschüsse durch Abgabe von verbilligtem Kantinenessen,
- Fahrzeuggestellung für Privatfahrten,
- freie Unterkunft und Verpflegung,
- Überlassung von Werkswohnungen,
- verbilligter Verkauf von Waren oder Dienstleistungen an Arbeitnehmer.

11.1.1 Grundlegende lohnsteuerrechtliche Vorschriften

Wird in § 19 Abs. 1 Nr. 1 EStG der Tatbestand der Lohnsteuerpflicht von Sachbezügen erfasst, so schreibt § 8 Abs. 2 EStG i. V. mit R 31 LStR die **Bewertung** der **nicht in Geld bestehenden Einnahmen** vor. Demnach sind Sachbezüge mit dem um übliche Preisnachlässe geminderten üblichen **Endpreis am Abgabeort** im Zeitpunkt der Abgabe anzusetzen.

Für bestimmte Vorteile, z. B. Unterkunft, Wohnung, Verpflegung und Kantinenmahlzeiten sind anstelle individueller Endpreise die **amtlichen Sachbezugswerte** der Bundesregierung maßgebend. Diese werden durch die jährlich neu veröffentlichte **Sachbezugsverordnung** vorgegeben oder durch **Erlasse der obersten Landesfinanzbehörden** nach § 8 Abs. 2 EStG festgesetzt.

11.1.2 Grundlegende umsatzsteuerrechtliche Vorschriften

Nicht nur die Umsätze aus Lieferungen und Leistungen, die ein Unternehmer im Inland gegen Entgelt im Rahmen seines Unternehmens ausführt, unterliegen nach § 1 Abs. 1 UStG der Umsatzsteuer, sondern auch Lieferungen und Leistungen, die dieser an sein Personal unentgeltlich ausführt. Rechtsgrundlage ab 1. 4. 1999 ist hierzu § 3 Abs. 1b UStG für unentgeltliche Zuwendungen und § 3 Abs. 9a UStG für die Verwendung von unternehmenseigenen Gegenständen durch das Personal und die unentgeltliche Erbringung von sonstigen Leistungen für den privaten Bedarf des Personals.

In § 3 Abs. 1b und Abs. 9a UStG wurden Fiktionen aufgestellt, wonach die unentgeltliche Zuwendung eines unternehmerischen Gegenstands an das Personal einer

Lieferung gegen Entgelt gleichgestellt wird und damit unter den Tatbestand des § 1 Abs. 1 Nr. 1 UStG fällt. Sinngemäß handelt es sich um eine sonstige Leistung gegen Entgelt, wenn Gegenstände des Unternehmens privat verwendet werden oder das Personal unentgeltliche Leistungen für den Privatbedarf erhält.

11.2 Kantinenessen

11.2.1 Lohnsteuerliche Behandlung

Bereits ab mittlerer Betriebsgröße ist es üblich, Arbeitnehmer durch eine eigene **Werksküche bzw. Kantine** während der Pausen mit warmem Essen zu versorgen. In der Regel leistet der Arbeitnehmer durch Kauf einer Essenmarke seinen Beitrag zum subventionierten Essen.

Wo dies nicht möglich ist, erhalten Arbeitnehmer häufig auch Barzuschüsse im Wert von **Essenmarken**, die der Arbeitgeber seinen Arbeitnehmern aushändigt und die beim Bezug der Mahlzeiten in nahegelegenen Gaststätten, Restaurants oder Metzgereien in Zahlung genommen werden.

Der Gesetzgeber geht in seiner Rechtsprechung davon aus, dass ein Arbeitnehmer ohne Essenmarke oder Gutschein einen höheren Betrag zu seiner Verpflegung hätte aufwenden müssen als mit Marke oder Gutschein. Demzufolge ergibt sich ein Vorteil zu Gunsten des Arbeitnehmers, der dann als Sachbezug/geldwerter Vorteil der Lohnsteuerpflicht unterliegt. Nach R 31 Abs. 6 LStR sind Mahlzeiten, die durch eine vom Arbeitgeber selbst betriebene Kantine, Gaststätte oder vergleichbare Einrichtung abgegeben werden, mit dem maßgebenden **amtlichen Sachbezugswert** nach der Sachbezugsverordnung zu bewerten. Dieser beträgt für das Jahr 2003 für je ein Mittag- oder Abendessen arbeitstäglich 2,55 und für ein Frühstück 1,43.

Den innerbetrieblichen Kantinenmahlzeiten gleichgestellt sind Mahlzeiten in einer vom Arbeitgeber nicht selbst betriebenen Kantine oder Gaststätte, zu denen der Arbeitnehmer vom Arbeitgeber Essenmarken erhält. Auch hier ist der amtliche Sachbezugswert von 2,55 anzuwenden, soweit der Verrechnungswert der einzelnen arbeitstäglichen Essenmarke 6,53 nicht übersteigt (R 31 Abs. 7 Nr. 4 Buchst a LStR).

> **Beispiel:**
> Ein Arbeitgeber bietet für die mittägliche Verpflegung zwei verschiedene Speisen an. Ein Menü für 2,20 und das etwas höherwertige für 2,40. Die Arbeitnehmer können zwischen den beiden Speisen frei wählen, wobei sie vorher an der Kasse Essenmarken der entsprechenden Preislage zu erwerben haben.
> Da die Abgabepreise des Kantinenessens den Sachbezugswert von 2,55 unterschreiten, ist ein geldwerter Vorteil in Höhe des Unterschiedes zwischen Zuzahlung und Sachbezugswert als Arbeitslohn zu erfassen.
> Würde der Abgabepreis für das höherwertige Menü 2,60 betragen, entstünde kein lohnsteuerpflichtiger geldwerter Vorteil, da der Sachbezugswert überschritten wird. Hieraus ergibt sich, dass die steuerliche Erfassung der Mahlzeiten entfällt, wenn gewährleistet ist, dass der Arbeitnehmer für jede Mahlzeit mindestens einen Preis in Höhe des amtlichen Sachbezugswertes zahlt.

Der Arbeitgeber muss nun entscheiden:
- erfasst er monatlich diesen geldwerten Vorteil je Arbeitnehmer auf dem Lohnkonto des Arbeitnehmers und unterwirft ihn zu Lasten des Mitarbeiters der Lohnsteuer und Sozialversicherung, oder

– übernimmt er im Rahmen seiner sozialen Verantwortung zu Gunsten seiner Arbeitnehmer die **Pauschalversteuerung** für den Sachbezug Mahlzeit mit einem festen Steuersatz in Höhe von **25 %** (§ 40 Abs. 2 Nr. 1 EStG). Dabei entfallen auch die anteiligen Beiträge des Arbeitgebers und Arbeitnehmers zur Sozialversicherung.

11.2.2 Umsatzsteuerliche Behandlung von betrieblichen Kantinenessen

Werden nach Abschn. 12 Abs. 11 UStR Mahlzeiten in **unternehmenseigenen Kantinen** entgeltlich abgegeben, ist der vom Arbeitnehmer **gezahlte Essenspreis, mindestens** jedoch der amtliche **Sachbezugswert**, als **Bruttopreis** der Besteuerung zugrunde zu legen.

Beispiel 1:
Ein Arbeitnehmer kauft pro Tag eine Essensmarke für 2,– incl. 16 % MWSt. Die Differenz zu 2,55 Sachbezugswert beträgt –,55, entspricht dem lohnsteuerpflichtigen Sachbezugswert und ist umsatzsteuerrechtlich zusätzlich zu berücksichtigen. Zusammengefasst beläuft sich für den Unternehmer die Umsatzsteuerschuld aus Essenmarkenverkauf und dem geldwerten Vorteil auf –,35 (16 %) bei einem Nettoerlös von 2,20.

Beispiel 2:
Das Mittagessen wird gegen eine Essenmarke bzw. Barzahlung von 3,– täglich abgegeben. Da der Eigenbeitrag des Arbeitnehmers über dem Sachbezugswert von 2,55 liegt, entsteht weder ein lohnsteuerpflichtiger noch ein umsatzsteuerpflichtiger geldwerter Vorteil. Die Umsatzsteuerschuld des Unternehmens aus dem Kantinenumsatz beträgt 0,41 (16 %) bei einem Nettoerlös von 2,59.

Die folgenden beiden Fallbeispiele sollen Abrechnung und Buchungen verdeutlichen.

Fall 1: Lohnsteuerpauschalierung des geldwerten Vorteils
Der Arbeitgeber ermöglicht seinen Mitarbeitern in der betriebseigenen Kantine ein Mittagessen einzunehmen. Die Abgabe erfolgt gegen Essenmarken, die vorher gegen Barzahlung von 2,00 € je Marke zu erwerben sind.
Im Monat September werden 1 100 Essen ausgegeben. Der Arbeitgeber übernimmt gemäß Betriebsvereinbarung die Lohnsteuerpauschalierung des geldwerten Vorteils.

- Amtlicher Sachbezugswert 2003 für ein Mittagessen: 2,55
- Ermittlung geldwerter Vorteil 2003 je Mittagessen:
  Sachbezugswert   2,55
  Eigenanteil Mitarbeiter   2,00
  Geldwerter Vorteil für ein Mittagessen: 0,55

- Geldwerter Vorteil incl. Umsatzsteuer für Mittagessenabgabe
  im Monat September:
  1 100 verkaufte Mittagessen je 0,55 = 605,–

- Pauschalierung von Lohnsteuer, Kirchensteuer und Solidaritätszuschlag:
Pauschale Lohnsteuer (25 % von 605,– €) 151,25
Pauschale Kirchensteuer Baden-Württemberg (7 % von 151,25) 10,59
Pauschaler Solidaritätszuschlag (5,5 % von 151,25) 8,32

Steuerschuld des Arbeitgebers aus Pauschalierung 170,16

- Buchung des Essenmarkenverkaufes:
Kasse 2 200,00
    an Erlöse aus Personalverpflegung
      (umsatzsteuerpflichtig 16 %) 1 896,55
    Umsatzsteuer 303,45

- Buchung des ustpfl. geldwerten Vorteils:
Aufwand geldwerter Vorteil Kantinenessen 605,00
    an Geldwerter Vorteil Kantinenessen
      (umsatzsteuerpflichtig 16 %) 521,55
    Umsatzsteuer 83,45

- Buchung der Steuerschuld:
Aufwand aus LSt-Pauschalierung (25 %) 170,16
    an Verbindlichkeiten Finanzamt 170,16

Fall 2: Preis der Essenmarken über dem amtlichen Sachbezugswert
Wie wäre zu buchen, wenn, wie im vorstehenden Fall 1, die Arbeitnehmer in der Werkskantine verpflegt werden, aber pro Essenmarke einen Betrag von 3,– zu entrichten hätten?

- Amtlicher Sachbezugswert 2003 für ein Mittagessen: 2,55

- Ermittlung geldwerter Vorteil 2003:
Sachbezugswert 2,55
Eigenanteil der Mitarbeiter 3,00

Geldwerter Vorteil je Mittagessen 0,00

- Buchung des Essenmarkenverkaufes:
Kasse 3 300,00
    an Erlöse aus Personalverpflegung
      umsatzsteuerpflichtig 16 %) 2 844,83
    Umsatzsteuer 455,17

- Buchung geldwerter Vorteil:
entfällt; kein lohnsteuerpflichtiger geldwerter Vorteil; demzufolge auch keine Umsatzsteuerpflicht aus dem geldwerten Vorteil.

Aufgabe 5.20 *Geldwerter Vorteil aus Kantinenessen S. 408*

11.3 Überlassung von Firmenwagen an Arbeitnehmer

Mit Eintritt in eine bestimmte betriebliche Hierarchieebene ist es neben einer gehaltlichen Höherstufung üblich, einen Firmen-Pkw für betriebliche wie auch für private Fahrten uneingeschränkt nutzen zu können. Bei Außendienstmitarbeitern ist es ebenfalls eine Selbstverständlichkeit, das Dienstfahrzeug nach Dienstschluss und im Urlaub zu benutzen. Neben den rein betrieblichen Aspekten soll durch die private Nutzungsmöglichkeit ein zusätzlicher Leistungsanreiz für den dadurch Begünstigten geschaffen werden.

Durch die Nutzung des Firmenfahrzeuges für **Privatfahrten**, dazu rechnen **auch** die **Fahrten zwischen Wohnung und Arbeitsstätte** sowie **Familienheimfahrten**, entstehen dem Arbeitnehmer erhebliche Vorteile gegenüber Arbeitnehmern, die diese Vergünstigung nicht erhalten. Unter diesem Aspekt betrachtet auch der Gesetzgeber den Vorteil der privaten Nutzungsmöglichkeit und unterwirft ihn als sog. **geldwerten Vorteil** der Lohn- und Umsatzsteuerpflicht. Ebenfalls tritt Sozialversicherungspflicht ein.

11.3.1 Lohnsteuerrechtliche Regelung

Im Laufe der letzten Jahre entwickelte sich die lohnsteuerrechtliche Behandlung des geldwerten Vorteils aus der privaten Nutzung von Firmenfahrzeugen zu einem Politikum. Ein Ende des beinahe unerschöpflichen Einfallsreichtums der Finanzbürokraten ist auch in den nächsten Jahren nicht absehbar. Allen Varianten zu eigen ist das Ziel der Ermittlung und Versteuerung des geldwerten Vorteils. Nach der z. Zt. gültigen Rechtsprechung ist hierzu die **Fahrtenbuchmethode** oder die Ermittlung nach der sog. **1 %-Regelung** anzuwenden. Nach R 31 Abs. 7 Nr. 3 LStR haben Arbeitgeber und Arbeitnehmer eine der beiden Ermittlungsmethoden festzulegen.

11.3.1.1 Ermittlung des geldwerten Vorteils nach der Fahrtenbuchmethode

Zur Ermittlung des geldwerten Vorteils gehen § 6 Abs. 1 Nr. 4 EStG, § 8 Abs. 2 EStG und R 31 Abs. 7 LStR zunächst vom Regelfall aus. Dies bedeutet, dass der Betrag als lohnsteuerpflichtig anzusetzen ist, der dem Arbeitnehmer für die Haltung und den Betrieb eines eigenen Fahrzeuges des gleichen Typs an Aufwendungen entstanden wäre. Dabei entsprechen die Gesamtkosten der Summe der Nettoaufwendungen (einschließlich evtl. Unfallkosten) zuzüglich Umsatzsteuer und Abschreibung. Bei der Ermittlung des Abschreibungsbetrages ist von den tatsächlichen Anschaffungskosten einschließlich Umsatzsteuer auszugehen.

Zur einwandfreien Trennung der betrieblichen von den privaten Fahrten ist ein **Fahrtenbuch** zu führen, und alle entstandenen Aufwendungen für die betriebliche und private Nutzung sind belegmäßig nachzuweisen (R 31 Abs. 7 Nr. 2 LStR).

Die privatanteiligen Kosten und der zu versteuernde Nutzungswert bzw. geldwerte Vorteil ergeben sich nach der Formel:

Kostenanteil privat = (Gesamtfahrzeugkosten : Gesamtkilometer) x Privatkilometer

11.3.1.2 Ermittlung des geldwerten Vorteils nach der 1 %-Regelung

Die oben geschilderte Fahrtenbuchmethode ist nur durch erheblichen Aufwand zu realisieren. Deshalb besteht nach R 31 Abs. 7 Nr. 1 LStR die Möglichkeit, unter Weglassens des Fahrtenbuches die in der Praxis deshalb weitgehend gebräuchliche 1 %-Regelung anzuwenden.

Danach ermittelt der Arbeitgeber den geldwerten Vorteil wie folgt:
- monatlich 1 % des inländischen Listenpreises des Fahrzeuges,
- zuzüglich 0,03 % des inländischen Listenpreises pro Entfernungskilometer, wenn das Fahrzeug auch zu Fahrten zwischen Wohnung und Arbeitsstätte genutzt wird.

Der **Listenpreis** ist, und dies gilt auch bei gebraucht erworbenen oder geleasten Fahrzeugen, die auf volle Hundert € abgerundete unverbindliche Preisempfehlung des Herstellers für das genutzte Fahrzeug im Zeitpunkt seiner Erstzulassung. Einzuschließen sind die Zuschläge für evtl. Sonderausstattung und die Umsatzsteuer.

Nicht zu berücksichtigen sind individuelle Preisnachlässe, Überführungskosten, Kosten der Zulassung, sowie Autotelefon und zusätzliche Diebstahlsicherung.

Die vorgegebenen Prozentsätze sind auch dann anzuwenden, wenn das Fahrzeug dem Arbeitnehmer nur zeitweise zur Verfügung steht, z. B. wegen Reparatur, Krankheit oder Urlaubsreise ohne Kraftfahrzeug. Ebenfalls auch dann, wenn der Arbeitnehmer Treibstoffkosten oder Garagenkosten selbst übernimmt.

Der geldwerte Vorteil kann jedoch gemindert werden, wenn der Arbeitnehmer eine pauschale oder kilometerbezogene Nutzungsvergütung an den Arbeitgeber zu entrichten hat.

11.3.2 Umsatzsteuerrechtliche Regelung

Überlässt der Arbeitgeber dem Arbeitnehmer einen sog. Dienst- oder Firmenwagen zur privaten Nutzung, ist hierin ein tauschähnlicher Umsatz zu sehen (entgeltliche sonstige Leistung § 1 Abs. 1 Nr. 1 UStG i. V. § 3 Abs. 12 UStG). Der Arbeitnehmer erhält einen Firmenwagen auf Dauer und im Gegenzug muss er eine anteilige Arbeitsleistung erbringen. Von einer Entgeltlichkeit ist besonders dann auszugehen, wenn die Überlassung des Fahrzeuges im Arbeitsvertrag geregelt ist oder auf mündlichen Abreden oder betrieblicher Übung beruht. Für eine Entgeltlichkeit spricht weiterhin, dass ein solches Fahrzeug dem Arbeitnehmer für eine gewisse Dauer und nicht nur zur gelegentlichen Privatnutzung überlassen wird.

Von einer nach § 3 Abs. 9a UStG unentgeltlichen Überlassung von Kraftfahrzeugen kann nur dann ausgegangen werden, wenn die vereinbarte private Nutzung derart gering ist, dass sie für die Gehaltsbemessung keine wirtschaftliche Rolle spielt und eine weitergehende private Nutzungsmöglichkeit ausscheidet.

Nach dem Umsatzsteuergesetz gilt als Bemessungsgrundlage für die steuerbare sonstige Leistung nach § 10 Abs. 2 S. 2 UStG i. V. § 10 Abs. 1 S. 1 UStG der Wert der nicht durch Barlohn abgegoltenen Arbeitsleistung. Sollten Arbeitgeber und Arbeitnehmer diesen schriftlich fixiert haben, so ist dieser Wert als Bemessungsgrundlage für die Überlassung des Fahrzeuges zugrunde zu legen, falls er die Kosten für die Fahrzeugüberlassung übersteigt. Liegt eine derartige Schriftform nicht vor, bezieht sich das Umsatzsteuerrecht auf die lohnsteuerrechtliche Abwicklung gem. R 31 Abs. 7 Nr. 1 bis 3 LStR. Danach ist es für die Bemessung der Umsatzsteuer von Bedeutung, ob die Ermittlung des zu versteuernden Nutzungswertes nach der Fahrtenbuchmethode oder der sog. 1 %-Regelung erfolgt.

11.3.2.1 Umsatzsteuerermittlung nach der Fahrtenbuchmethode

Werden alle das Fahrzeug betreffenden Kosten und die jährlich gefahrenen Kilometer anhand eines ordnungsgemäßen Fahrtenbuches nachgewiesen, ist das nach dem Fahrtenbuch ermittelte Nutzungsverhältnis von betrieblichen und privaten Fahrten auch bei der Umsatzsteuer zu berücksichtigen. Den ursächlichen Privatfahrten werden noch die Fahrten zwischen Wohnung und Arbeitsstätte sowie die Familienheimfahrten hinzugerechnet.

Bei der Ermittlung der umsatzsteuerrechtlichen **Bemessungsgrundlage** dürfen keine Kosten ausgeschieden werden, bei denen ein Vorsteuerabzug nicht möglich ist, z. B. Kfz-Steuer, Versicherungen, Abschreibung.

Der so ermittelte Wert bildet die Bemessungsgrundlage für die Umsatzsteuer mit dem aktuellen Mehrwertsteuersatz.

11.3.2.2 Umsatzsteuerermittlung nach der 1%-Regelung

Um die aufwendige Ermittlung der umsatzsteuerlichen Bemessungsgrundlage zu erleichtern, kann aus Vereinfachungsgründen gem. Abschn. 12 Abs. 8 UStR auf die lohnsteuerlichen Werte für die private Nutzung, ermittelt nach R 31 Abs. 7 Nr. 1 LStR, zurückgegriffen werden. Abweichend von der lohnsteuerrechtlichen Regelung unterliegen jedoch die auf Familienheimfahrten entfallenden Kosten auch dann der Umsatzsteuer, wenn der Freibetrag nach § 8 Abs. 2 EStG nicht in die Lohnsteuerbemessungsgrundlage einzubeziehen ist. Aus Vereinfachungsgründen kann der umsatzsteuerliche Wert mit 0,002 % des Listenpreises im Sinne von § 6 Abs. 1 Nr. 4 EStG für jeden Kilometer der Entfernung zwischen dem Ort des eigenen Hausstandes und dem Beschäftigungsort angesetzt werden.

Die so ermittelten Werte sind dann als **Bruttowerte** anzusehen, aus denen die Umsatzsteuer herauszurechnen ist.

Die folgenden Fallbeispiele sollen Abrechnung und Buchungen verdeutlichen.

Fall 1: Geldwerter Vorteil nach der Fahrtenbuchmethode und Umsatzsteuer
Gemäß Arbeitsvertrag stellt der Arbeitgeber einem Mitarbeiter einen Firmenwagen zur betrieblichen sowie zur uneingeschränkten privaten Nutzung zur Verfügung. Anhand eines Fahrtenbuches sind die gefahrenen Kilometer insgesamt nachzuweisen und in betriebliche und private Fahrten aufzuteilen. Zur Ermittlung des monatlich zu versteuernden geldwerten Vorteiles wird ein Kostensatz pro Kilometer zu Grunde gelegt, der sich aus den gefahrenen Kilometern und den Gesamtkosten des vergangenen Jahres ableitet. Der Kilometersatz wird mit den durch das Fahrtenbuch nachgewiesenen privatanteilig gefahrenen Kilometern zur Ermittlung des monatlichen geldwerten Vorteils multipliziert.

So betrugen die gesamten Kfz-Kosten des vergangenen Jahres für das Fahrzeug (Treibstoff, Reparaturen, Wartung und Pflege, Unfallkosten, Versicherung und Steuer, zzgl. Umsatzsteuer auf die Nettoaufwendungen und die bilanzmäßige Abschreibung von den tatsächlichen Anschaffungskosten einschließlich Umsatzsteuer) 20 100,–. Insgesamt wurden 36 533 km gefahren, davon 18 725 km privat, incl. Fahrten zwischen Wohnung und Arbeitsstätte.

Für das laufende Jahr wird mit einer ähnlichen Kostenentwicklung und Kilometerleistung gerechnet.

Am Schluss des laufenden Jahres wird eine Endabrechnung durchgeführt, die je nach privater Nutzung und Kostenentwicklung zu einer Nachversteuerung im Monat Dezember führen kann.

- Kostenermittlung pro gefahrenen Kilometer (Vorjahr)
  20 100,– € : 36 533 km = 0,55 €/km
- Ermittlung geldwerter Vorteil im Monat September
  1 800 km Privatfahrten lt. Fahrtenbuch x 0,55 €/km = 990,–

– Buchung des umsatzsteuerpflichtigen geldwerten Vorteils im Monat September
Gehälter (geldwerter Vorteil priv. Nutzung
Firmenfahrzeug) 1 148,40
    an geldwerte Vorteile, umsatzsteuerpflichtig (16 %) 990,00
        Umsatzsteuer 158,40

Von diesem Buchungsbeleg ist eine Kopie dem Lohn- und Gehaltsabrechner zuzuleiten, der den Betrag von 990,– dem lohnsteuer- und sozialversicherungspflichtigen Bruttogehalt hinzuzurechnen und die entsprechenden Abzüge vorzunehmen hat.

Hätte der Arbeitnehmer gemäß einer vertraglichen Regelung dem Arbeitgeber eine pauschale oder kilometerbezogene Nutzungsvergütung für die Überlassung des Firmenwagens zu zahlen, so würde dieser Betrag den zu versteuernden geldwerten Vorteil mindern.

– Lohn- und Gehaltsabrechnung September

Grundvergütung	4 000,00
– Grundgehalt, LSt-, SV-pflichtig	4 000,00
– geldwerter Vorteil, LSt-, SV-pflichtig	990,00
steuerpflichtiges Brutto	**4 990,00**
Lohnsteuer	911,83
Solidaritätszuschlag	50,15
Kirchensteuer	72,94
Rentenversicherung	476,55
Krankenversicherung	227,81
Pflegeversicherung	28,69
Arbeitslosenversicherung	162,18
Auszahlungsbetrag	**2 069,85**

– Lohn- und Gehaltsbuchung September
Gehälter 4 000,00
    an Verbindlichkeiten Finanzamt 1 034,92
        Verbindlichkeiten Sozialversicherung 895,23
        Lohn- und Gehaltsverrechnungskonto 2 069,85

Fall 2: Geldwerter Vorteil nach der 1 %-Methode und Umsatzsteuer

Ein Arbeitgeber überlässt einem Arbeitnehmer ein Firmenfahrzeug für betrieblich veranlasste Fahrten, Fahrten zwischen Wohnung und Arbeitsstätte, sowie uneingeschränkt für alle Privatfahrten. Der Listenpreis für dieses Fahrzeug beträgt incl. Sonderausstattung und Mehrwertsteuer 67 280,–. Die Entfernung zwischen Wohnort und Arbeitsstätte beträgt 44 km. Mit dem Arbeitnehmer wurde vertraglich ein Grundgehalt von monatlich 3 600,– vereinbart.

– Ermittlung des geldwerten Vorteils
Listenpreis, abgerundet auf voll Hundert €: 67 200,00
  – davon 1 % für die private Nutzung 672,00
  – zzgl. 0,03 % vom Listenpreis x 44 Entfernungskilometer
    für Fahrten zwischen Wohnung und Arbeitsstätte 887,04
ergibt den geldwerten Vorteil 1 559,04

Der **geldwerte Vorteil** ist auf dem **Lohn- und Gehaltskonto** zu erfassen und unterliegt der Lohnsteuer und Sozialversicherung. Für Zwecke der Umsatzbesteuerung ist dieser Betrag als Bruttowert des Sachbezuges anzusehen und die Umsatzsteuer mit dem aktuellen Steuersatz herauszurechnen.

- Buchung des umsatzsteuerpflichtigen geldwerten Vorteils
  Gehälter (geldwerter Vorteil priv. Nutzung
  Firmenfahrzeug) 1 559,04
    an Geldwerte Vorteile,
      umsatzsteuerpflichtig (16 %) 1 344,00
    Umsatzsteuer 215,04

- Lohn- und Gehaltsabrechnung
  Grundgehalt 3 600,00
  – Grundgehalt, LSt-, SV-pflichtig 3 600,00
  – Geldwerter Vorteil, LSt-, SV-pflichtig 1 559,04
  steuerpflichtiges Brutto **5 159,04**

Lohnsteuer 977,50
Solidaritätszuschlag 53,76
Kirchensteuer 78,20
Rentenversicherung 429,75
Krankenversicherung 227,81
Arbeitslosenversicherung 146,25
Pflegeversicherung 28,69
Auszahlungsbetrag **1 658,04**

- Lohn- und Gehaltsbuchung
  Gehälter 3 600,–
    an Verbindlichkeiten Finanzamt 1 109,46
    Verbindlichkeiten Sozialversicherung 832,50
    Lohn- und Gehaltsverrechnungskonto 1 658,04

Anmerkung: Da die Fahrten zwischen Wohnung und Arbeitsstätte beim Arbeitnehmer der Besteuerung unterworfen wurden, kann er bei seiner ESt-Veranlagung Werbungskostenabzug gem. § 9 Abs. 1 Nr. 4a EStG für derartige Fahrten in Höhe von –,36 € je Entfernungskilometer geltend machen.

Fall 3: Ermittlung des geldwerten Vorteils, der Umsatzsteuer und Pauschalversteuerung durch den Arbeitgeber

Aus Gründen des besseren Vergleiches soll es sich um denselben Arbeitnehmer von Fall 2 handeln. Gemäß Vereinbarung hat der Arbeitnehmer den geldwerten Vorteil für die private Nutzung des Firmenwagens im Rahmen der Lohn- und Gehaltsabrechnung zu versteuern.

Da den übrigen Mitarbeitern die Fahrkosten zwischen Wohnung und Arbeitsstätte lt. Nachweis ersetzt und die **Lohnsteuerpauschalierung** mit 15 % vom Arbeitgeber übernommen werden, wird in die Pauschalierung auch dieser Arbeitnehmer eingeschlossen.

Die Ermittlung des geldwerten Vorteils erfolgt in einem derartigen Fall nach den Vorschriften von § 40 Abs. 2 EStG i. V. R 127 Abs. 5 ff. LStR, R 31 Abs. 7 LStR.

- Ermittlung des geldwerten Vorteils für die Lohnsteuer
  Listenpreis, abgerundet auf volle Hundert €: 67 200,00
  - davon 1 % für die private Nutzung   672,00
  - 0,03 % vom Listenpreis x 44 Entfernungskilometer
    für Fahrten zwischen Wohnung und Arbeitsstätte   887,04
    abzgl. 10 km x -,36 x 15 Tage Monatsdurchschnitt   54,00
    abzgl. 34 km x -,40 x 15 Tage Monatsdurchschnitt   204,00
                                       258,00   629,04
  ergibt geldwerten Vorteil   1 301,04

- Ermittlung des umsatzsteuerpflichtigen geldwerten Vorteils
  Hinweis: Die **Pauschalierung** des lohnsteuer- und sozialversicherungspflichtigen geldwerten Vorteils wirkt sich **nicht auf die Berechnung der Umsatzsteuer** aus. Der umsatzsteuerrelevante geldwerte Vorteil als Bruttobetrag rechnet sich wie in Fall 2:

  Listenpreis, abgerundet auf voll Hundert €: 67 200,00
  - davon 1 % für private Nutzung   672,00
  - zzgl. 0,03 % vom Listenpreis x 44 Entfernungskilometer
    für Fahrten zwischen Wohnung und Arbeitsstätte   887,04
  ergibt den geldwerten Vorteil (für Umsatzsteuer)   1 559,04

- Buchung des umsatzsteuerpflichtigen geldwerten Vorteils
  Gehälter (geldwerter Vorteil priv. Nutzung
  Firmenfahrzeug)   1 559,04
       an Geldwerte Vorteile,
           umsatzsteuerpflichtig (16 %)   1 344,00
           Umsatzsteuer   215,04

- Lohn- und Gehaltsabrechnung
  - Grundgehalt   3 600,00
  - Grundgehalt, LSt-, SV-pflichtig   3 600,00
  - Geldwerter Vorteil, LSt-, SV-pflichtig   1 301,04
  steuerpflichtiges Brutto   **4 901,04**

  Lohnsteuer   891,66
  Solidaritätszuschlag   49,04
  Kirchensteuer   71,33
  Rentenversicherung   429,75
  Krankenversicherung   227,81
  Arbeitslosenversicherung   146,25
  Pflegeversicherung   28,69
  Auszahlungsbetrag   **1 755,47**

- Lohn- und Gehaltsbuchung
  Gehälter   3 600,00
      an Verbindlichkeiten Finanzamt   1 012,03
         Verbindlichkeiten Sozialversicherung   832,50
         Lohn- und Gehaltsverrechnungskonto   1 755,47

- Ermittlung der pauschalierten Lohnsteuer
  15 % Pauschale Lohnsteuer von 258,–   38,70
  5,5 % Solidaritätszuschlag von 38,70   2,13
  7 % Pauschale Kirchensteuer (Bad.-Württ.) von 38,70   2,71
  Verbindlichkeit gegenüber Finanzamt   **43,54**

- Buchung der pauschalierten Lohnsteuer
  Aufwand LSt-Pauschalierung (15 %)   43,54
     an Verbindlichkeiten Finanzamt   43,54

11.3.4 Überlassung von gemieteten oder geleasten Fahrzeugen an Arbeitnehmer

Wenn geleaste oder gemietete Firmenfahrzeuge durch die Arbeitnehmer ausschließlich für deren berufliche Fahrten und Privatfahrten genutzt werden, ist der Vorsteuerabzug beim Unternehmer in voller Höhe zulässig. Für die Nutzungsbesteuerung dieser Fahrzeuge durch das Personal ist der geldwerte Vorteil für Lohn- und Umsatzsteuer nach der Fahrtenbuchmethode oder der 1 %-Regelung zu ermitteln.

Aufgabe 5.21 *Private Nutzung von Firmenfahrzeugen S. 409*

11.4 Freie Unterkunft und Verpflegung

In bestimmten Wirtschaftszweigen besteht die Möglichkeit, dass Arbeitnehmer von ihrem Arbeitgeber im Rahmen ihres Arbeitsverhältnisses teilweise freie oder verbilligte Unterkunft und Verpflegung erhalten, so z. B. im Krankenhaus- und Sozialwesen oder im Hotel- und Gaststättengewerbe. Ähnliches gilt auch für die Besatzung von Schiffen, wobei allerdings hierfür spezielle Regelungen gelten.

Nach § 8 Abs. 2 EStG i. V. R 31 Abs. 3 ff. LStR ist dies für den Arbeitnehmer ein geldwerter Vorteil, der zu besteuern ist. Für Zwecke der Umsatzsteuer ist jedoch zwischen Überlassung der Unterkunft und Gestellung der freien Verpflegung zu unterscheiden.

11.4.1 Lohnsteuerrechtliche Regelung für die Gestellung von Unterkunft

Zunächst definiert R 31 Abs. 4 und 5 LStR den Begriff »Unterkunft«. Dabei wird festgestellt, dass zwischen **Wohnung** und **Unterkunft** zu unterscheiden ist. In der Regel handelt es sich bei der Unterkunft um ein Einzelzimmer in einer Wohnung oder um ein Zimmer im Rahmen einer Gemeinschaftsunterkunft oder evtl. eines Wohnheimes, wobei bestimmte Räume wie Küche, Bad, Waschraum, Toiletten oder Aufenthaltsraum gemeinsam mitbenutzt werden.

Die Lohnsteuerrichtlinien schreiben vor, dass der dem Lohn oder Gehalt hinzuzurechnende geldwerte Vorteil nach der **Sachbezugsverordnung** zu ermitteln ist. Dieser Wert ist auch dann in die Lohn- und Gehaltsabrechnung einzubeziehen, wenn der Arbeitgeber die dem Arbeitnehmer zur Verfügung gestellte Unterkunft gemietet und mit Einrichtungsgegenständen ausgestattet hat.

Gemäß der Sachbezugsverordnung beträgt 2000 der monatliche Sachbezugswert 355,–. Stellt der Arbeitgeber keine Heizung zur Verfügung, vermindert sich der Wert um 24,–.

11.4.2 Umsatzsteuerliche Behandlung der freien Unterkunft

§ 3 Abs. 9a UStG weist zunächst darauf hin, dass auch Leistungen, für die der Arbeitnehmer kein Entgelt aufwendet, sonstigen Leistungen gegen Entgelt gleichgestellt werden. In Abschn. 12 Abs. 9 UStR werden die lohnsteuerrechtlich geltenden Sachbezüge gem. Sachbezugsverordnung als Bemessungsgrundlage für die Umsatzsteuer benannt. Diese sind als **Bruttobeträge** anzusehen.

Die kostenlose Überlassung der Unterkunft kann so angesehen werden, als würde der Arbeitgeber dem Arbeitnehmer zunächst für die Nutzung mehr Lohn oder Gehalt auszahlen, um dann aber andererseits die Unterkunft wieder als Einnahmequelle an den Arbeitnehmer zu vermieten. Die **Vermietung** selbst ist dann nach § 4 Nr. 12a UStG **umsatzsteuerfrei**.

11.4.3 Lohnsteuerpflicht für unentgeltliche Verpflegung

Wird der Arbeitnehmer von seinem Arbeitgeber unentgeltlich oder verbilligt verpflegt, so ist dieser lohnsteuerpflichtige geldwerte Vorteil nach der **Sachbezugsverordnung** zu ermitteln und dem Lohn oder Gehalt hinzuzurechnen. Zu den Mahlzeiten zählen alle Speisen und Lebensmittel einschließlich der üblichen Getränke, die der normalen Ernährung dienen.

Der Sachbezugswert für die Verpflegung beträgt 2003 monatlich 195,80. Das enthaltene Frühstück beläuft sich auf 42,80 und der Wert für Mittag- und Abendessen jeweils 76,50.

11.4.4 Umsatzsteuerpflicht für Gewährung unentgeltlicher Verpflegung

Aus umsatzsteuerlicher Sicht gesehen, zahlt der Unternehmer dem Arbeitnehmer Lohn und Gehalt für die zum Leben notwendige Verpflegung, um anschließend dem Arbeitnehmer für die gelieferte Verpflegung das ausbezahlte Geld wieder als Umsatz in Rechnung zu stellen.

Nach Abschn. 12 Abs. 9 UStR unterliegt die Gewährung von Verpflegung dem allgemeinen Steuersatz. Der durch die Sachbezugsverordnung vorgegebene Wert gilt als **Bruttobetrag.**

> **Zusammenfassendes Beispiel**
> Eine hauptamtlich angestellte Mitarbeiterin eines Altenheimes wohnt in einem vom Arbeitgeber eingerichteten Zimmer. Sie erhält dort die übliche Verpflegung und kann die vorhandenen Gemeinschaftseinrichtungen unentgeltlich mitbenutzen.
>
> – Geldwerter Vorteil aus Unterkunft:
>   gemäß Sachbezugsverordnung 2003 monatlich   189,80
> – Geldwerter Vorteil aus unentgeltlicher Verpflegung:
>   nach Sachbezugsverordnung 2003 monatlich   195,80

- Buchung des geldwerten Vorteiles aus unentgeltlicher Unterkunft:
  Gehälter (geldwerter Vorteil Unterkunft) 189,80
  an Erlöse aus Vermietung, umsatzsteuerfrei 189,80
- Buchung des geldwerten Vorteiles aus unentgeltlicher Verpflegung:
  Gehälter (geldwerter Vorteil Verpflegung) 195,80
  an geldwerte Vorteile, umsatzsteuerpflichtig (16 %) 168,79
  Umsatzsteuer 27,01

Die beiden geldwerten Vorteile von zusammen 385,60 sind im Rahmen der Lohn- und Gehaltsabrechnung dem lohnsteuer- und sozialversicherungspflichtigen Lohn hinzuzurechnen. Der Abrechnungsgang und die darauf folgenden Buchungen entsprechen den in den vorstehenden Abschnitten aufgeführten Beispielen.

Aufgabe 5.22 *Freie Unterkunft und Verpflegung S. 409*

11.5 Überlassung von Werks-/Dienstwohnungen

Große Unternehmen stellen ihren Führungskräften oftmals Wohnungen oder Einfamilienhäuser kostenlos oder stark verbilligt zur Verfügung. Damit tragen sie zur Mobilität der leitenden Mitarbeiter bei, die sonst viel Zeit und Energie für Anmietung oder Kauf eines für ihre Familie geeigneten Domizils aufzuwenden hätten. Ähnliche Überlegungen führen auch dazu, Hausmeistern, Pförtnern, Sicherheitspersonal u. ä. Personen, die schnell erreichbar sein müssen, eine Wohnung im Betrieb einzurichten. Die Vermietung einer Wohnung oder eines Hauses erfolgt also im eigensten betrieblichen Interesse und demzufolge besteht eine Vermieterleistung des Betriebes an den Arbeitnehmer.

Sollte die dem Arbeitnehmer zur Verfügung gestellte Wohnung oder das Haus nicht Eigentum der Betriebes sondern angemietet sein, so ist die Vermietung an den Arbeitnehmer ebenfalls eine Leistung des Betriebes.

11.5.1 Lohnsteuerrechtliche Regelung

Nach R 31 Abs. 5 LStR wird der Begriff **Wohnung** als eine in sich geschlossene Einheit von Räumen definiert, in denen ein selbstständiger Haushalt geführt werden kann. Dazu rechnen Wasserversorgung, Entsorgungsmöglichkeit, Küche oder eine entsprechende Kochgelegenheit sowie eine eigene Toilette. Auch ein Einzimmerappartement gilt als Wohnung, wenn Küchenabteil und ein WC als Nebenraum vorhanden sind.

Bei einer unentgeltlichen oder verbilligten Überlassung von Wohnraum gilt als zu versteuernder geldwerter Vorteil der Differenzbetrag zwischen gezahlter Miete und dem ortsüblichen Mietwert. Es ist hierfür der **ortsübliche Mietwert** für Wohnraum des gleichen Baujahres, ähnlicher Größe, Ausstattung, Beschaffenheit und Lage maßgebend (Vergleichsmiete), ggf. die vom Arbeitgeber bei angemietetem Wohnraum gezahlte Miete.

Bei einer verbilligten Überlassung ist die Zuzahlung des Arbeitnehmers von der Höhe des Wohnungswertes abzusetzen. Nur die Differenz ist dann als geldwerter Vorteil anzusetzen. Der Mietanteil des Arbeitnehmers wird in der Regel von der monatlichen Lohn- und Gehaltssumme einbehalten.

Sollten zusätzlich Energie, Wasser und sonstige Nebenkosten unentgeltlich oder verbilligt gewährt werden, so ist auch hier der übliche Preis am Abgabeort als geldwerter Vorteil anzusetzen.

11.5.2 Umsatzsteuerliche Behandlung

Aus Sicht der Umsatzsteuer liegt eine Art Tauschgeschäft gem. § 3 Abs. 12 UStG vor, nämlich eine Geldleistung des Arbeitgebers in Höhe des Wohnungswertes an den Arbeitnehmer für dessen Arbeitsleistung und eine Vermietung der Wohnung an den gleichen Arbeitnehmer zum gleichen Betrag. Die Vermietungsleistung des Arbeitgebers ist nach § 4 Nr. 12a UStG umsatzsteuerfrei. Als Bemessungsgrundlage ist nach Abschn. 12 Abs. 9 UStR der in der Sachbezugsverordnung vorgeschriebene ortsübliche Mietwert als Sachbezugswert maßgebend.

Zusammenfassendes Beispiel
Ein Unternehmen stellt dem angestellten Hausmeister im Verwaltungsgebäude eine Werkswohnung für monatlich 200,– € zur Verfügung. Ein vergleichbarer ortsüblicher Mietwert würde hierfür 400,– € betragen. Alle weiteren Kosten werden einzeln nach Verbrauch abgerechnet. Die Miete wird monatlich vom Gehalt in Abzug gebracht. Das vertragliche Grundgehalt beträgt monatlich 1 500,– €.

- Ermittlung des monatlichen geldwerten Vorteils:

ortsüblicher Mietwert (Vergleichsmiete)	400,00
vereinbarter vertraglicher Mietpreis	200,00
geldwerter Vorteil	200,00

  Der geldwerte Vorteil ist lohnsteuer- und sozialversicherungspflichtig, unterliegt jedoch nicht der Umsatzsteuer.

- Monatliche Buchung des geldwerten Vorteils:

Gehälter (geldwerter Vorteil Wohnung)	200,00	
an Erlöse aus Vermietung, umsatzsteuerfrei		200,00

- Monatliche Gehaltsabrechnung

Grundgehalt		1 500,00
– Grundgehalt, LSt-, SV-pflichtig	1 500,00	
– Geldwerter Vorteil, LSt-, SV-pflichtig	200,00	
steuerpflichtiges Brutto	1 700,00	
Lohnsteuer		206,83
Solidaritätszuschlag		11,37
Kirchensteuer		16,54
Rentenversicherung		162,35
Krankenversicherung		114,75
Arbeitslosenversicherung		55,25
Pflegeversicherung		14,45
Nettogehalt		918,46
einbehaltene Miete für Werkswohnung		200,00
Auszahlungsbetrag		718,46

- Monatliche Lohn- und Gehaltsbuchung:

Gehälter	1 500,00

an Verbindlichkeiten Finanzamt	234,74
Verbindlichkeiten Sozialversicherung	346,80
Erlöse aus Vermietung, umsatzsteuerfrei	200,00
Lohn- und Gehaltsverrechnungskonto	718,46

– Durch die Buchung des geldwerten Vorteils in Höhe von 400,– und der mit 400,– in Abzug gebrachten Wohnungsmiete ergibt sich für das Unternehmen buchungstechnisch ein umsatzsteuerfreier Mietertrag in Höhe der ortsüblichen Vergleichsmiete mit 800,–.

Aufgabe 5.23 *Überlassung einer Werkswohnung S. 410*

11.6 Verbilligter Verkauf von Waren oder Dienstleistungen an Arbeitnehmer

In aller Regel erhalten Arbeitnehmer die Möglichkeit, Erzeugnisse, die im Unternehmen hergestellt oder vertrieben werden, verbilligt für den privaten Gebrauch zu erwerben. Bei großen Unternehmen, wie in der Automobilindustrie, kann der Personalverkauf zu einem nicht unerheblichen Aspekt der Absatzpolitik werden. Auch Dienstleistungsunternehmen, wie Bahn, Luftfahrtgesellschaften, Energieversorgungsunternehmen, Versicherungen, Banken u. a. bieten ihren Beschäftigten Waren und Leistungen zum Vorzugstarif an.

11.6.1 Vorschriften des Lohnsteuerrechtes

Die Ausgangsvorschrift ist in § 8 Abs. 3 EStG zu finden, ergänzend hierzu R 32 LStR. Danach wird der zu versteuernde Sachbezugswert (geldwerte Vorteil) wie folgt ermittelt:

Endpreis der Ware bzw. Dienstleistung (einschließlich Umsatzsteuer) zu denen der Arbeitgeber die Ware oder Dienstleistung fremden Endverbrauchern im allgemeinen Geschäftsverkehr anbietet

- 4 % Bewertungsabschlag vom Endpreis

= Geldwert des Sachbezuges (R 32 Abs. 2 LStR)
- gezahlte Entgelte des Arbeitnehmers

= steuerpflichtiger Arbeitslohn (geldwerter Vorteil), **aber noch beachten:**
- 1 224,– € Rabatt-Freibetrag im Kalenderjahr (§ 8 Abs. 3 EStG)

= zu versteuernden Sachbezugswert bezogen auf das Kalenderjahr

Zur Endpreisbestimmung beim Erwerb von Kraftfahrzeugen durch Arbeitnehmer der Automobilindustrie und zur steuerlichen Behandlung von Personalrabatten bei Arbeitnehmern von Kreditinstituten sind verschiedene BFM-Schreiben veröffentlicht worden.

Können Arbeitnehmer im Laufe des Jahres regelmäßig verbilligt Waren oder Leistungen von ihrem Arbeitgeber beziehen, so hat der Arbeitgeber durch entsprechende Aufzeichnungen sicherzustellen, dass geldwerte Vorteile aufgrund von wiederholten Rabattgewährungen als steuerpflichtiger Arbeitslohn behandelt werden. Letzteres gilt jedoch nur dann, soweit die Summe der geldwerten Vorteile im Laufe eines Kalenderjahres den **Rabatt-Freibetrag** von **1 224,–** übersteigt.

Aus Sicht der Buchhaltung kann sich hier als Lösung die Kombination von besonderen, den Umsatz fortschreibenden Kreditorenkonten für Mitarbeiter und korrespondierend dazu die Führung eines Erlöskontos für Mitarbeiterumsätze anbieten. Es ist auf jeden Fall sicherzustellen, dass eine Verbindung zum Lohnkonto hergestellt wird, aus der sich der Wert der Sachbezüge, der Abgabetag, der Abgabeort und die vom Arbeitnehmer geleistete Zuzahlung ablesen lassen.

Bei Personalrabatten ist die Eintragung als Personalrabatt kenntlich zu machen und ohne Kürzung um den Rabattfreibetrag aufzuzeichnen. Es wird dadurch sichergestellt, dass geldwerte Vorteile durch wiederholte Rabattgewährung im Laufe des Kalenderjahres dem Lohnsteuerabzug unterworfen werden, soweit der Freibetrag von 1 224,– überschritten wird.

11.6.2 Abrechnungserschwernis durch umsatzsteuerliche Vorschriften

Nach § 1 Abs. 1 UStG sind Lieferungen und Leistungen steuerbar, die der Unternehmer an sein Personal auf Grund des Dienstverhältnisses gegen besonders berechnetes Entgelt, aber verbilligt, ausführt. Sollten diese unentgeltlich erfolgen, werden sie nach § 3 Abs. 1b oder § 3 Abs. 9a UStG dennoch Lieferungen und sonstigen Leistungen gegen Entgelt gleichgestellt.

Abschn. 12 Abs. 6 UStR verweist bei unentgeltlichen oder verbilligten Lieferungen und Leistungen an Arbeitnehmer auf die Bemessungsgrundlage in § 10 Abs. 5 UStG, dieser wiederum auf § 10 Abs. 4 UStG (**Mindestbemessungsgrundlage**). Danach ergibt sich für die an die Arbeitnehmer verkaufte Ware oder Dienstleistung als Bemessungsgrundlage für die Umsatzsteuer bei verbilligten Lieferungen:

a) der Einkaufspreis zuzüglich Nebenkosten oder
b) die Selbstkosten mangels eines Einkaufspreises,

wenn die Bemessungsgrundlage nach a) oder b) das vom Arbeitnehmer gezahlte Entgelt übersteigt.

Bei verbilligter Lieferung bzw. Leistung aufgrund von **Belegschaftsrabatten** wird in Abschn. 12 Abs. 6 UStR darauf hingewiesen, dass § 10 Abs. 5 Nr. 2 UStG nicht anzuwenden ist. Die Bemessungsgrundlage ist der tatsächlich aufgewendete Betrag abzüglich Umsatzsteuer.

Um das von den Finanztechnokraten geschaffene Auseinanderdriften von Einkommen- und Umsatzsteuer nochmals zu unterstreichen, verweist Abschn. 12 Abs. 8 UStR darauf hin, dass die für Lohnsteuerzwecke anzusetzenden Werte grundsätzlich nicht für Zwecke der Umsatzbesteuerung gelten sollen. So bleibt auch der jährliche **Rabatt-Freibetrag** nach § 8 Abs. 3 EStG in Höhe von **1 224,–** bei Ermittlung der umsatzsteuerlichen Bemessungsgrundlage **unberücksichtigt**.

Die folgenden Fallbeispiele sollen Abrechnung und Buchungen verdeutlichen.

Fall 1: Verbilligte Überlassung von Waren
Ein Arbeitnehmer, beschäftigt in einem Elektrofachgeschäft, erwirbt zu Weihnachten von seinem Arbeitgeber eine Videoausrüstung. Die Geräte werden im Laden für einen Bruttobetrag von 4 000,– den Interessenten angeboten.
Der Arbeitgeber gewährt seinem Arbeitnehmer einen Nachlass von 20 % auf den ausgezeichneten Verkaufspreis und berechnet den über den Selbstkosten liegenden Preis von brutto 3 200,–. Eine Kopie der Rechnung wird der Lohn- und Ge-

haltsabrechnung zugeleitet. Vom Arbeitnehmer wird der Rechnungsbetrag bar an der Kasse einbezahlt.

- Buchung der Personalverkaufes
  Nach § 1 Abs. 1 UStG sind verbilligte Lieferungen und Leistungen an die Arbeitnehmer steuerbar. Bemessungsgrundlage für die Umsatzsteuer ist das Entgelt. Bei verbilligten Lieferungen und Leistungen ist als Mindestbemessungsgrundlage der nach § 10 Abs. 4 UStG bezeichnete Wert (Einkaufspreis, Selbstkosten, Kosten) abzüglich Umsatzsteuer anzusetzen, wenn dieser den vom Arbeitnehmer tatsächlich gezahlten Betrag abzüglich der Umsatzsteuer übersteigt.
  Im Beispiel liegt der von Arbeitnehmer gezahlte Betrag über den Selbstkosten. Somit wird die Umsatzsteuer auf den Nettoverkaufspreis aufgeschlagen bzw. ist im Bruttoverkaufspreis enthalten.

Forderungen an Mitarbeiter XY	3 200,00
an Erlöse aus Personalverkauf, umsatzsteuerpflichtig (16 %)	2 758,62
Umsatzsteuer	441,38

- Buchung des Kassenberichtes

Kasse	3 200,00
an Forderungen an Mitarbeiter XY	3 200,00

- Ermittlung des geldwerten Vorteils am Monatsende

Listenverkaufspreis ohne MWSt	3 448,28
+ 16 % MWSt	551,72
= Endpreis (Listenpreis incl. MWSt)	4 000,00
− 4 % Bewertungsabschlag vom Endpreis	160,00
= Geldwert des Sachbezuges	3 840,00
− Entgelt des Arbeitnehmers	3 200,00
= Zwischensumme	640,00
− Beachtung des Rabatt-Freibetrages von jährlich 1 224,−	640,00
= als Arbeitslohn steuerpflichtiger geldwerter Vorteil	0,00

  Der geldwerte Vorteil ist in diesem Fall nicht lohnsteuer- und sozialversicherungspflichtig, da der Freibetrag von jährlich 1 224,− nicht überschritten wird. Es ist aber am Jahresende durch die Lohn- und Gehaltsabrechnung zu prüfen, ob der Arbeitnehmer im Laufe des Jahres bereits verbilligte Ware erworben hat. Falls dies zutrifft, ist die Summe der einzelnen geldwerten Vorteile aus Personalverkäufen zu ermitteln und der die 1 224,− € übersteigende Betrag als geldwerter Vorteil zu erfassen und zu versteuern.

- Buchung des geldwerten Vorteils
  Entfällt in diesem Fall in der Finanzbuchhaltung, da nicht umsatz- und lohnsteuerpflichtig.

Fall 2: Unentgeltliche Überlassung von Waren
Jeder Arbeitnehmer eines Spirituosenherstellers kann wöchentlich unentgeltlich aus einem zusammengestellten Sortiment bestimmte Erzeugnisse mit nach Hause nehmen. Der Selbstkostenpreis beträgt hierfür 20,−. Der Abgabepreis an Endverbraucher beläuft sich auf brutto 37,70.
Der Empfang wird quittiert und der Beleg der Lohn- und Gehaltsabrechnung zugeleitet. Am Jahresende wird die fällige Umsatz- und Lohnsteuer ermittelt.

- Ermittlung der Bemessungsgrundlage
  Nach § 3 Abs. 1b UStG sind Lieferungen, die Unternehmer an ihr Personal aufgrund des Dienstverhältnisses ausführen, auch dann steuerbar, wenn dafür kein besonderes Entgelt berechnet wird. Bei **unentgeltlichen Lieferungen** ist nach § 10 Abs. 4 und 5 UStG die Mindestbemessungsgrenze zu beachten.
  Da hier in diesem Fall der Arbeitnehmer kein Entgelt zahlt, sind die Selbstkosten (Herstellungskosten) als **Mindestbemessungsgrundlage** für die Umsatzsteuer heranzuziehen.

- Ermittlung der Umsatzsteuerschuld

20,– x 52 Wochen (Jahresbezug) (*Mindestbemessung =*)	1 040,00	
zzgl. 16 % MWSt	166,40	
Bruttobetrag des Mitarbeiterumsatzes	1 206,40	

- Buchung des geldwerten Vorteils nach dem Umsatzsteuergesetz

Geldwerte Vorteile (unentgeltlicher Personallieferung)	1 206,40	
an Erlöse aus Personalverkauf,		
umsatzsteuerpflichtig (16 %)		1 040,00
Umsatzsteuer		166,40

- Ermittlung des geldwerten Vorteils am Jahresende

Endverbraucherpreis ohne MWSt (32,50 € x 52 Wochen)	1 690,00
+ 16 % MWSt	270,40
= Endverbraucherpreis incl. MWSt	1 960,40
− 4 % Bewertungsabschlag vom Listenpreis	78,42
= Geldwert des Sachbezuges	1 881,98
− Entgelt des Arbeitnehmers	0,00
= Zwischensumme	1 881,98
− Beachtung des Rabatt-Freibetrages von jährlich 2 400,–	1 224,00
= als Arbeitslohn steuerpflichtiger geldwerter Vorteil	657,98

- Buchung des geldwerten Vorteils gem. Lohnsteuer
  Der auf das Kalenderjahr bezogene lohnsteuerrechtliche geldwerte Vorteil in Höhe von 495,36 ist in der Finanzbuchhaltung nicht mehr zusätzlich zu buchen, sondern im Rahmen der Lohn- und Gehaltsabrechnung dem Grundgehalt hinzuzurechnen und mit diesem zusammen der Lohnsteuer und Sozialversicherung zu unterwerfen. Daran anschließend kann die Lohn- und Gehaltsbuchung vorgenommen werden.

Aufgabe 5.24 *Verbilligter Verkauf von Waren an Mitarbeiter S. 410*

6. HAUPTTEIL: KONZERNRECHNUNGSLEGUNG

Bearbeitet von: Dipl. oec. Norbert Leuz, Steuerberater

1   Rechtsgrundlagen

Durch die 7. EG-Richtlinie über den Konzernabschluss vom 13. 6. 1983 sind die EG-Mitgliedstaaten verpflichtet worden, ihr nationales Recht bis zum 1. 1. 1988 anzupassen und auf ab 1990 beginnende Geschäftsjahre anwenden zu lassen. Da die früheren deutschen Konzernrechnungslegungsvorschriften im Aktiengesetz zum Teil erheblich von internationalen Gepflogenheiten abwichen, war die Umsetzung in deutsches Recht mit gravierenden Änderungen verbunden.

Der Anwendungsbereich der Konzernbilanzrichtlinie erstreckt sich nur auf Konzerne, denen eine Kapitalgesellschaft angehört, wobei die Pflicht zur Konzernrechnungslegung auf Mutterunternehmen beschränkt werden darf, die als Kapitalgesellschaft betrieben werden. Die Übernahme dieser Einschränkung durch den deutschen Gesetzgeber hat zur Folge, dass die Konzernrechnungslegungsvorschriften des Publizitätsgesetzes von der 7. Richtlinie nicht unmittelbar betroffen sind.

Die Konzernrechnungslegungsvorschriften sind vor allem im Dritten Buch des HGB angesiedelt. Um Spezialgesetze so weit wie möglich von Mehrfachregelungen zu entlasten, wurden auch Bestimmungen über die Pflicht zu Aufstellung, Prüfung, Offenlegung von Konzernabschlüssen in das HGB aufgenommen, aber nur sofern diese Pflicht Mutterunternehmen in der Rechtsform einer Kapitalgesellschaft trifft. Für Mutterunternehmen in anderen Rechtsformen ergibt sie sich aus dem Publizitätsgesetz. Die konzernrechtlichen Bestimmungen des Aktiengesetzes sind auf wenige unternehmensspezifische Regelungen beschränkt (z. B. Vorlage des Konzernabschlusses beim Aufsichtsrat).

Der Unterabschnitt über Konzernabschluss und Konzernlagebericht im HGB ist wie folgt eingeteilt:

Erster Titel:	Anwendungsbereich (§§ 290 bis 293 HGB)
Zweiter Titel:	Konsolidierungskreis (§§ 294 bis 296 HGB)
Dritter Titel:	Inhalt und Form des Konzernabschlusses (§§ 297 bis 299 HGB)
Vierter Titel:	Vollkonsolidierung (§§ 300 bis 307 HGB)
Fünfter Titel:	Bewertungsvorschriften (§§ 308, 309 HGB)
Sechster Titel:	Anteilmäßige Konsolidierung (§ 310 HGB)
Siebenter Titel:	Assoziierte Unternehmen (§§ 311, 312 HGB)
Achter Titel:	Konzernanhang (§§ 313, 314 HGB)
Neunter Titel:	Konzernlagebericht (§ 315 HGB)

Zur Frage der Anwendung von **IAS** vgl. S. 82 f.

2 Grundlagen der Konzernrechnungslegung

2.1 Konzernbegriff

Was unter einem Konzern zu verstehen ist, ist in den Konzernrechnungslegungsvorschriften des HGB nicht definiert, sondern im allgemeinen Konzernrecht (§ 18 AktG). Danach liegt ein Konzern vor, wenn rechtlich selbstständige Unternehmen unter **einheitlicher Leitung** zusammengefasst sind. Dabei unterscheidet das Aktiengesetz nach dem Kriterium der Leitungsbeziehungen zwei Konzernarten. Beim Unterordnungskonzern erfolgt die einheitliche Leitung auf Grund eines Abhängigkeitsverhältnisses, beim Gleichordnungskonzern, ohne dass ein solches gegeben ist. Die einheitliche Leitung ist nicht näher umschrieben, sodass sie von Fall zu Fall anhand allgemeiner konzernrechtlicher Vorschriften festzustellen ist.

Die Definition des Aktiengesetzes ist jedoch für Rechnungslegungszwecke zu weit gefasst, denn nicht alle Konzerne sind auch dazu verpflichtet, einen Konzernabschluss aufzustellen. Die Verpflichtung ist noch vom Unterordnungsverhältnis, von der Rechtsform der Muttergesellschaft bzw. vom Erreichen bestimmter Größenmerkmale abhängig.

Nach § 290 HGB ist die **Verpflichtung zur Konzernrechnungslegung** jedoch nicht nur an das Merkmal der einheitlichen Leitung geknüpft, sondern auch – unabhängig davon – in Anlehnung an angelsächsische Praxis an bestimmte, dem Mutterunternehmen zustehende Rechte, z. B. die Mehrheit der Stimmrechte, Recht auf Ausübung eines beherrschenden Einflusses. Durch diese Zweigleisigkeit wird zum einen erreicht, dass die Systematik des allgemeinen Konzernrechts, das an die einheitliche Leitung anknüpft, grundsätzlich erhalten bleibt, zum anderen, dass eine die Verpflichtung zur Konzernrechnungslegung auslösende Einflussnahme relativ leicht festzustellen bzw. nachzuprüfen ist.

2.2 Problematik der Rechnungslegung bei Konzernen

Da Konzernunternehmen zwar rechtlich, aber nicht mehr wirtschaftlich selbstständig, sondern von der Konzernpolitik abhängig sind, können ihre Einzelabschlüsse erheblich an Aussagekraft einbüßen. Durch konzerninterne Geschäfte zu Preisen, die nicht marktgerecht sind, z. B. bei Lieferung von Waren oder Gewährung von Krediten, kann im Jahresabschluss eines Konzernunternehmens trotz einer Verlustsituation eine gute Liquiditäts- oder Ertragslage ausgewiesen werden. Die wirtschaftlichen Verhältnisse eines zu einem Konzern gehörenden Unternehmens können daher nur unter Berücksichtigung der Konzernzugehörigkeit und der wirtschaftlichen Situation des Konzerns zutreffend beurteilt werden.

2.2.1 Konsolidierung

Der Konzernabschluss entsteht durch Zusammenfassung der Einzelabschlüsse der Konzernunternehmen. Der Konzern wird dabei als **fiktive rechtliche Einheit** behandelt, so als ob die in die Konzernrechnungslegung einbezogenen Unternehmen insgesamt ein einziges Unternehmen bildeten. Aus dieser die Konzernrechnungslegung bestimmenden **Einheitstheorie** folgt, dass die Zusammenfassung nicht durch einfache Addition der Einzelabschlüsse erfolgen darf, sondern nur unter gleichzeitiger Korrektur konzerninterner Verflechtungen, was als Konsolidierung bezeichnet wird. Ansonsten würden nämlich zum einen bestimmte Posten doppelt erfasst, zum anderen Gewinne oder Verluste ausgewiesen, die auf konzerninterne Geschäfte zurückzuführen sind. Die Konsolidierungsmaßnahmen erstrecken sich daher auf

- die Verrechnung der beim Mutterunternehmen bilanzierten Beteiligung mit dem darauf entfallenden Eigenkapital des Tochterunternehmens (Kapitalkonsolidierung),
- die Eliminierung von Zwischengewinnen bzw. -verlusten (Zwischenerfolgseliminierung),
- das Weglassen von Forderungen und Schulden zwischen den Konzernunternehmen (Schuldenkonsolidierung) sowie
- die Eliminierung der Innenumsatzerlöse (Aufwands- und Ertragskonsolidierung).

In der Konzernrechnungslegung werden aber nicht alle Konsolidierungsfragen auf der Grundlage der Einheitstheorie gelöst. In wenigen Fällen kommt die **Interessentheorie** zum Tragen, die den Konzern nur in dem Umfang als Einheit ansieht, der der Beteiligung der Muttergesellschaft entspricht. Markantestes Beispiel für die Anwendung der Interessentheorie ist die anteilmäßige bzw. Quotenkonsolidierung, die für die Einbeziehung eines Unternehmens in Frage kommt, das gemeinsam von einem Konzernunternehmen und einem Nicht-Konzernunternehmen geleitet wird (§ 310 HGB).

In der nachstehenden Übersicht sind die die Aufstellung des Konzernabschlusses bestimmenden Grundsätze abgebildet.

Konsolidierungsgrundsätze		
Bedeutung	Grundsätze im Einzelnen	Erleichterungen
1	2	3
Für die Aufstellung des Konzernabschlusses haben sich bestimmte Grundsätze herausgebildet, die in den Gesetzestext aufgenommen worden sind. Sie erfahren vor allem durch den Grundsatz der Wesentlichkeit (Spalte 3) eine gewisse Einschränkung.	**Vollständigkeit des Konsolidierungskreises** (§ 294 Abs. 1 HGB) In den Konzernabschluss sind das Mutterunternehmen und alle Tochterunternehmen ohne Rücksicht auf den Sitz der Tochterunternehmen einzubeziehen, sofern die Einbeziehung nicht nach §§ 295, 296 HGB unterbleibt. **Fiktion der rechtlichen Einheit des Konzerns** (§ 297 Abs. 3 HGB) Im Konzernabschluss ist die Vermögens-, Finanz- und Ertragslage der einbezogenen Unternehmen so darzustellen, als ob diese Unternehmen insgesamt ein einziges Unternehmen wären. **Vollständigkeit des Konzernabschlusses** (§ 300 Abs. 2 HGB) Die Vermögensgegenstände, Schulden und Rechnungsabgrenzungsposten sowie die Erträge und Aufwendungen der in den Konzernabschluss einbezogenen Unternehmen sind unabhängig von ihrer Berücksichtigung in den Jahresabschlüssen dieser Unternehmen vollständig aufzunehmen, soweit nach dem Recht des Mutterunternehmens nicht ein Bilanzierungsverbot oder ein Bilanzierungswahlrecht besteht. **Stetigkeit der Konsolidierungsmethoden** (§ 297 Abs. 3 HGB) Die auf den vorhergehenden Konzernabschluss angewandten Konsolidierungsmethoden sollen beibehalten werden. Abweichungen sind in Einzelfällen zulässig.	**Grundsatz der Wesentlichkeit** Auf Konsolidierungsvorgänge, die für die Darstellung der Vermögens-, Finanz- und Ertragslage nur von untergeordneter Bedeutung sind (§§ 296 Abs. 2, 303 Abs. 2, 304 Abs. 3, 305 Abs. 2 HGB), kann verzichtet werden.

2.2.2 Organisatorische Voraussetzungen

Zur sachgerechten Aufstellung des Konzernabschlusses sind

- Kontierung,
- Bewertung (§ 308 HGB),
- Abschlussstichtag (§ 299 HGB),
- Recheneinheit (bei Einbeziehung ausländischer Konzernunternehmen)

zu vereinheitlichen. Wo dies nicht möglich ist, ist eine einheitliche Handhabung durch Überleitungsrichtlinien und Zwischenabschlüsse (§ 299 Abs. 2 HGB) anzustreben.

2.3 Materiellrechtliche Bedeutung des Konzernabschlusses

Der Konzernabschluss besteht – entsprechend dem Jahresabschluss von Kapitalgesellschaften – aus der Konzernbilanz, der Konzern-GuV-Rechnung und dem Konzernanhang, die eine Einheit bilden; bei börsennotierten Unternehmen außerdem aus Kapitalflussrechnung, Segmentberichterstattung sowie Eigenkapitalspiegel (§ 297 Abs. 1 HGB). Außer dem Konzernabschluss muss die Konzernleitung einen Konzernlagebericht erstellen. Der Konzernabschluss ergänzt die Einzelabschlüsse der Konzernunternehmen, ersetzt sie jedoch nicht.

Der wichtigste **Unterschied zum Einzelabschluss** liegt darin, dass der Konzernabschluss allein der Befriedigung von Informationsbedürfnissen dient. Er ist weder Grundlage für die Gewinnverteilung noch für die Besteuerung. Auch Gläubigeransprüche können nicht aus dem Konzernabschluss abgeleitet werden, sondern richten sich wegen der rechtlichen Selbstständigkeit der Konzernunternehmen allein gegen das Unternehmen, demgegenüber die Forderung besteht.

3 Aufstellungspflicht

3.1 Gesamtkonzernabschluss

Ein Konzernabschluss ist aufzustellen, wenn in einem Konzern die Unternehmen unter der einheitlichen Leitung einer Kapitalgesellschaft (Mutterunternehmen) mit Sitz im Inland stehen und dem Mutterunternehmen eine Beteiligung nach § 271 Abs. 1 HGB an dem oder den anderen unter der einheitlichen Leitung stehenden Unternehmen (Tochterunternehmen) gehört. Darüber hinaus wird ein Konzernabschluss nach § 290 HGB auch verlangt, wenn einem Mutterunternehmen, das eine Kapitalgesellschaft ist,

- die Mehrheit der Stimmrechte zusteht,
- das Recht zusteht, die Mehrheit der Mitglieder des Verwaltungs-, Leitungs- oder Aufsichtsorgans zu bestellen oder abzuberufen, und es gleichzeitig Gesellschafter ist, oder
- das Recht zusteht, einen beherrschenden Einfluss auf Grund eines Beherrschungsvertrags oder einer Satzungsbestimmung auszuüben.

Kleinere Konzerne mit einer Kapitalgesellschaft an der Spitze werden jedoch von der Konzernrechnungslegungspflicht befreit, sofern bestimmte Größenmerkmale (vgl. Übersicht auf S. 81) nicht überschritten werden (§ 293 HGB).

Die Konzernrechnungslegungspflicht auf Grund des Publizitätsgesetzes ergibt sich allein nach dem Merkmal der einheitlichen Leitung (§ 11 PublG).

Größenabhängige Befreiungen von der Aufstellung eines Konzernabschlusses und eines Konzernlageberichts aufgrund des HGB

Grundsätzliches	Allgemeine Vorschrift über die Befreiung		Zeitliche Voraussetzungen	Ausnahmen von der Befreiung
	Größenmerkmale nach der Bruttomethode (§ 293 Abs. 1 Nr. 1 HGB)	Größenmerkmale nach der Nettomethode (§ 293 Abs. 1 Nr. 2 HGB)		
I. Befreiungsregelung Konzerne, die bestimmte Größenmerkmale nicht überschreiten, werden von der Pflicht zur Aufstellung eines Konzernabschlusses und eines Konzernlageberichts befreit. Diese Regelung betrifft nur die Pflicht zur Konzernrechnungslegung aufgrund des HGB, also Konzerne mit AG, KGaA und GmbH als Muttergesellschaft, nicht aufgrund des Publizitätsgesetzes, das höhere Schwellenwerte hat. **II. Methoden der Ermittlung von Größenmerkmalen** Nach der Art der Ermittlung von Größenmerkmalen unterscheidet man – Bruttomethode und – Nettomethode, die alternativ anwendbar sind. Bei der **Bruttomethode** bilden Wertgrößen aus den Einzelabschlüssen der Konzernunternehmen die Berechnungsgrundlage. Diese Methode hat den Vorteil, dass kein Konzernabschluss aufzustellen ist, nur um festzustellen, ob eine Pflicht zur Konzernrechnungslegung besteht. Bei der **Nettomethode** werden die Größenmerkmale so ermittelt, als ob ein Konzernabschluss vorläge. Infolgedessen sind die Größenmerkmale, von der Nettomethode aus gerechnet, um 20 % niedriger als bei der Bruttomethode. Diese Regelung ist gerechtfertigt, denn im Rahmen der Erstellung des Konzernabschlusses werden vorkommende Doppelzählungen eliminiert. **III. Voraussetzungen der Inanspruchnahme** Neben Größenmerkmalen als sachlichen Voraussetzungen sind zeitliche Voraussetzungen zu beachten.	Unter Zugrundelegung der **Einzelabschlüsse** müssen zwei der drei nachstehenden Merkmale zutreffen: 1. Die Bilanzsummen in den Bilanzen des Mutterunternehmens **und** der einzubeziehenden Tochterunternehmen übersteigen insgesamt nicht 16,5 Mio. €. 2. Die Umsatzerlöse des Mutterunternehmens und der einzubeziehenden Tochterunternehmen übersteigen in den 12 Monaten vor dem Abschlussstichtag nicht 33 Mio. €. 3. Das Mutterunternehmen und die einzubeziehenden Tochterunternehmen haben in den 12 Monaten vor dem Abschlussstichtag durchschnittlich nicht mehr als 250 Arbeitnehmer beschäftigt.	Unter Zugrundelegung eines fiktiven **Konzernabschlusses** müssen zwei der drei nachstehenden Merkmale zutreffen: 1. Die Bilanzsumme übersteigt nicht 13,75 Mio. €. 2. Die Umsatzerlöse in den 12 Monaten vor dem Abschlussstichtag übersteigen nicht 27,5 Mio. €. 3. Das Mutterunternehmen und die einbezogenen Tochterunternehmen haben in den 12 Monaten vor dem Abschlussstichtag durchschnittlich nicht mehr als 250 Arbeitnehmer beschäftigt.	Die Pflicht zur Konzernrechnungslegung ergibt sich nicht bereits dann, wenn die entsprechende Anzahl der Größenmerkmale nur einmal überschritten wird (§ 293 Abs. 4 HGB).	Die Befreiungsvorschriften sind nicht anzuwenden, wenn das Mutterunternehmen oder ein einbezogenes Tochterunternehmen am Abschlussstichtag – einen organisierten Markt i. S. d. § 2 Abs. 5 WpHG durch von ihm ausgegebene Wertpapiere i. S. d. § 2 Abs. 1 Satz 1 WpHG in Anspruch nimmt oder – die Zulassung zum Handel an einem organisierten Markt beantragt hat.

3.2 Teilkonzernabschluss

In Stufenkonzernen (d. h. in vertikal gegliederten Konzernen) sind grundsätzlich nicht nur Konzernleitungen zur Aufstellung eines Konzernabschlusses verpflichtet, sondern auch Tochterunternehmen, die ihrerseits wieder Mutterunternehmen sind (so genanntes Tannenbaumprinzip). Solche **Zwischenholdings** sind jedoch nach § 291 HGB von der Aufstellungspflicht befreit, wenn

- ein Konzernabschluss ihres Mutterunternehmens (Gesamtkonzernabschluss) nach den Vorschriften der 7. EG-Richtlinie vorliegt,
- der in deutscher Sprache offen gelegt wird, und
- Minderheitsgesellschafter die Aufstellung (eines Teilkonzernabschlusses) nicht beantragt bzw. der Befreiung zugestimmt haben,
- und sie keine AG sind, deren Aktien zum Handel in amtlichen Markt zugelassen sind.

Der befreiende Konzernabschluss muss jedoch von einem Mutterunternehmen aufgestellt worden sein, das seinen Sitz in einem Mitgliedstaat der EU oder in einem anderen Vertragsstaat des Europäischen Wirtschaftsraums hat. Hat das Mutterunternehmen seinen Sitz nicht dort, so wird die befreiende Wirkung von einer vom Bundesjustizminister zu erlassenden Rechtsverordnung abhängig gemacht (§ 292 HGB).

Die Zwischenholding muss im Anhang ihres Jahresabschlusses auf die Befreiung hinweisen und dabei Namen und Sitz des Mutterunternehmens angeben, das den befreienden Konzernabschluss aufstellt, sowie die im befreienden Konzernabschluss vom deutschen Recht abweichend angewandten Bilanzierungs-, Bewertungs- und Konsolidierungsmethoden erläutern (§ 291 Abs. 2 Nr. 3 HGB).

3.3 Konzernabschluss nach international anerkannten Rechnungslegungsgrundsätzen

Auf die gesonderte Aufstellung eines den deutschen Konzernrechnungslegungsbestimmungen entsprechenden Konzernabschlusses wird gem. § 292a HGB verzichtet, wenn

- der Konzernabschluss und der Konzernlagebericht nach international anerkannten Rechnungslegungsgrundsätzen aufgestellt worden sind,
- in deutscher Sprache und in € offen gelegt werden,
- im Einklang mit der 7. EG-Richtlinie (Konzernbilanzrichtlinie) stehen und
- die befreienden Unterlagen vom Abschlussprüfer geprüft worden sind und außerdem bestätigt wurde, dass die Bedingungen für die Befreiung erfüllt sind.

Mit international anerkannten Rechnungslegungsgrundsätzen ist vor allem an **US-amerikanische Rechnungslegungsgrundsätze (US-GAAP)** oder die **International Accounting Standards (IAS)** des IASB gedacht.

Die Bestimmungen des § 292a HGB dienen der Entlastung deutscher Konzerne, die zum Zwecke der **Zulassung an ausländischen Börsen** einen Konzernabschluss nach internationalen Rechnungslegungsgrundsätzen oder ausländischem Recht aufstellen müssen. Darüber hinaus wird der unerwünschte, Verwirrung stiftende Effekt vermieden, dass sich aus unterschiedlichen Konzernabschlüssen desselben Konzerns ggf. unterschiedliche Gewinne und Verluste ergeben.

§ 292a HGB tritt am 31. 12. 2004 wieder außer Kraft. Das Nebeneinander zwischen Konzernabschlüssen nach deutschem Recht sowie internationalen Standards soll nach der Gesetzesbegründung nur eine **Übergangslösung** darstellen.

Am 19.07.2002 trat die **Verordnung über die Anwendung internationaler Rechnungslegungsstandards** (EG Nr. 1606/2002) in Kraft. Diese Verordnung verpflichtet **kapitalmarktorientierte Unternehmen**, für Geschäftsjahre **ab 01.01.2005** bei der Aufstellung ihrer konsolidierten Abschlüsse internationale Rechnungslegungsstandards **(IAS) anzuwenden**. Europäische Unternehmen, die auch in den USA gelistet sind, erhalten einen Aufschub zur Anwendung der IAS-Regeln bis 2007.

Diese EU-Verordnung, die im Unterschied zu einer EU-Richtlinie in den Mitgliedsstaaten unmittelbar gilt, enthält ein **Wahlrecht** in Bezug auf nicht kapitalmarktorientierte Unternehmen, ihre

- konsolidierten Abschlüsse und/oder
- ihre Jahresabschlüsse

ebenfalls nach IAS aufzustellen. Ob diese Wahlrechte von Deutschland in Anspruch genommen werden, ist derzeit in Diskussion; ihre Annahme hätte weit reichende Folgen für Handels-, Steuerbilanz und das Maßgeblichkeitsprinzip.

4 Konsolidierungskreis

Der Konsolidierungskreis (d. h. die in den Konzernabschluss einzubeziehenden Unternehmen) umfasst **alle Konzernunternehmen,** unabhängig davon, ob sie ihren Sitz im Inland oder im Ausland haben (**Weltabschluss**, § 294 HGB). Ausnahmen von der Einbeziehung sind durch ein Einbeziehungsverbot und durch Einbeziehungswahlrechte gegeben.

Das Einbeziehungsverbot greift, wenn sich die Tätigkeit eines Tochterunternehmens von der der anderen gravierend unterscheidet, sodass die Einbeziehung ein falsches Bild der Vermögens-, Finanz- und Ertragslage des Konzerns vermitteln würde (§ 295 HGB).

Die Einbeziehungswahlrechte sind in § 296 HGB zusammengefasst (vgl. Übersicht auf S. 84).

Durch die Einbeziehung von so genannten **assoziierten Unternehmen** wird der Konsolidierungskreis partiell erweitert. Assoziierte Unternehmen sind solche, die zwar nicht zum Konzern gehören, aber von einem Konzernunternehmen maßgeblich beeinflusst werden können. Ein maßgeblicher Einfluss wird bei einer mindestens 20 %igen Beteiligung vermutet (§ 311 HGB). Diese Beteiligung ist im Konzernabschluss gesondert auszuweisen (vgl. S. 92).

5 Allgemeine Anforderungen an den Konzernabschluss

5.1 Inhalt und Form des Konzernabschlusses

Der Konzernabschluss, bestehend aus Konzernbilanz, Konzern-GuV-Rechnung und Konzernanhang, ist klar und übersichtlich aufzustellen und hat unter Beachtung der GoB ein den tatsächlichen Verhältnissen entsprechendes Bild der Vermögens-, Finanz-

Konsolidierungskreis im Konzernabschluss nach §§ 294 ff. HGB		
Einzubeziehende Unternehmen (§ 294 HGB)	Verbot der Einbeziehung (§ 295 HGB)	Verzicht auf Einbeziehung (§ 296 HGB)
1	2	3

I. In den Konzernabschluss sind
– das Mutterunternehmen und
– alle Tochterunternehmen
ohne Rücksicht auf den Sitz der Tochterunternehmen einzubeziehen, sofern die Einbeziehung
– nicht nach § 295 HGB verboten ist (vgl. Spalte 2) oder
– nach § 296 wegen Verzichts unterbleibt (vgl. Spalte 3).
 	
II. Besondere Angaben im Konzernabschluss sind nötig, wenn sich die Zusammensetzung der einbezogenen Unternehmen im Laufe des Geschäftsjahres wesentlich geändert hat. Die Angaben sollen es ermöglichen, die aufeinanderfolgenden Konzernabschlüsse sinnvoll zu vergleichen. Dieser Verpflichtung kann auch entsprochen werden durch Anpassung der entsprechenden Beträge des vorhergehenden Abschlusses.
	I. Nicht einbezogen werden darf ein Tochterunternehmen, dessen Tätigkeit sich von dem der anderen einbezogenen Unternehmen derart unterscheidet, dass die Einbeziehung ein den tatsächlichen Verhältnissen entsprechendes Bild der
	– Vermögens-,
	– Finanz- und
	– Ertragslage
	des Konzerns nicht geben würde. Die Einbeziehung eines assoziierten Unternehmens (§ 311 HGB) bleibt unberührt.
	
	II. Eine Einbeziehung darf nicht allein
	– wegen Zugehörigkeit zu unterschiedlichen Wirtschaftszweigen (Industrie, Handel, Dienstleistungen) oder
	– Unterschiedlichkeit der
	  – Erzeugnisse,
	  – Handelswaren oder
	  – Dienstleistungen
	unterbleiben.
	
	III. Die Nichteinbeziehung ist im Konzernanhang anzugeben und zu begründen.
	
	IV. Wird der Abschluss eines nach Ziffer I nicht einbezogenen Unternehmens im Geltungsbereich des HGB nicht offengelegt, so ist er gemeinsam mit dem Konzernabschluss zum Handelsregister einzureichen.
		I. Nicht einbezogen zu werden braucht ein Tochterunternehmen, wenn
		– erhebliche und andauernde Beschränkungen die Ausübung der Rechte des Mutterunternehmens in bezug auf Vermögen oder Geschäftsführung dieses Unternehmens nachhaltig beeinflussen,
		– die für Aufstellung des Konzernabschlusses erforderlichen Angaben nicht ohne unverhältnismäßig hohe Kosten oder Verzögerungen zu erhalten sind oder
		– die Anteile des Tochterunternehmens ausschließlich zum Zwecke der Weiterveräußerung gehalten werden.
		
		II. Auf Einbeziehung eines Tochterunternehmens kann auch verzichtet werden, wenn dies für die Beurteilung der Vermögens-, Finanz- und Ertragslage des Konzerns von untergeordneter Bedeutung ist.
		
		Entsprechen mehrere Tochterunternehmen dieser Voraussetzung, so sind sie dann einzubeziehen, wenn sie zusammen nicht von untergeordneter Bedeutung sind.

und Ertragslage des Konzerns zu vermitteln (§ 297 HGB). Die Vermögensgegenstände, Schulden und Rechnungsabgrenzungsposten sowie die Erträge und Aufwendungen der in den Konzernabschluss einbezogenen Unternehmen sind unabhängig von ihrer Berücksichtigung in den Jahresabschlüssen dieser Unternehmen vollständig aufzunehmen (**Vollständigkeitsgebot**, § 300 HGB). Die auf den vorhergehenden Konzernabschluss angewandten Konsolidierungsmethoden sollen beibehalten werden (**Stetigkeitsgebot**, § 297 Abs. 3 HGB).

Der Konzernabschluss ist weitgehend auf die **Fiktion der rechtlichen Einheit** ausgerichtet. Nach diesem im § 297 Abs. 3 HGB ausdrücklich formulierten Grundsatz ist die Vermögens-, Finanz- und Ertragslage der einbezogenen Unternehmen so darzustellen, als ob sie insgesamt ein einziges Unternehmen bildeten. Dies schlägt sich vor allem in der Bewertung deutlich nieder.

Der früher einmal gehandhabte Grundsatz der Maßgeblichkeit der Einzelabschlüsse für den Konzernabschluss, wonach die Werte aus den Einzelabschlüssen grundsätzlich unverändert in den Konzernabschluss zu übernehmen waren, ist zugunsten einer einheitlichen Bewertung aufgegeben. Diese richtet sich nach den für den Jahresabschluss des Mutterunternehmens anwendbaren Bewertungsmethoden. In die Konsolidierung einbezogene Vermögensgegenstände oder Schulden, die nach anderen als auf den Konzernabschluss angewendeten Methoden bewertet wurden, sind deshalb **neu zu bewerten** (Erstellung der so genannten **Handelsbilanz II**) und erst mit diesen Wertansätzen in den Konzernabschluss zu übernehmen (§ 308 HGB). Eine solche Neubewertung kann z. B. bei Abschlüssen von Personengesellschaften notwendig werden, welche die Möglichkeiten, stille Reserven zu bilden, voll ausgeschöpft haben, es sei denn, die Auswirkungen der Unterbewertung sind nur von untergeordneter Bedeutung.

Durch Verweis auf Form- und Gliederungsvorschriften über den Jahresabschluss (§ 298 Abs. 1 HGB) sind die dortigen Vorschriften auch für den Konzernabschluss verbindlich. **Besonderheiten zu Konzernanhang und Konzernlagebericht** werden in den §§ 297 Abs. 1 Satz 2 und 313 bis 315 HGB aufgeführt.

In der folgenden Übersicht sind die Anforderungen an den Konzernabschluss bei Vollkonsolidierung dargelegt.

Vollkonsolidierung nach § 300 HGB			
Grundprinzip	Anteilsersatz im Ausweis	Vollständigkeitsgebot	Anwendung von Wahlrechten
Zusammenzufassen sind: – der Jahresabschluss des Mutterunternehmens mit den – Jahresabschlüssen der Tochterunternehmen.	Die dem Mutterunternehmen gehörenden Anteile an den einbezogenen Tochterunternehmen werden ersetzt durch die – Vermögensgegenstände, – Schulden, – Rechnungsabgrenzungsposten, – Bilanzierungshilfen, – Sonderposten der Tochterunternehmen, soweit sie nach dem Recht des Mutterunternehmens – bilanzierungsfähig sind und – die Eigenart des Konzernabschlusses keine Abweichungen bedingt.	Die – Vermögensgegenstände, Schulden und Rechnungsabgrenzungsposten sowie die – Erträge und Aufwendungen der in den Konzernabschluss einbezogenen Unternehmen sind unabhängig von ihrer Berücksichtigung in den Jahresabschlüssen dieser Unternehmen vollständig aufzunehmen, soweit nach dem Recht des Mutterunternehmens nicht ein Bilanzierungsverbot oder ein Bilanzierungswahlrecht besteht.	Nach dem Recht des Mutterunternehmens zulässige Bilanzierungswahlrechte dürfen im Konzernabschluss unabhängig von ihrer Ausübung in den Jahresabschlüssen der in den Konzernabschluss einbezogenen Unternehmen ausgeübt werden.

5.2 Stichtag für die Aufstellung

Die Jahresabschlüsse der in den Konzernabschluss einbezogenen Unternehmen sollen auf den Stichtag des Konzernabschlusses aufgestellt werden (§ 299 Abs. 2 HGB).

Der Konzernabschluss ist auf den Stichtag des Jahresabschlusses des Mutterunternehmens aufzustellen (§ 299 Abs. 1 HGB).

Ein **Zwischenabschluss** wird erst dann verlangt, wenn der Stichtag des Jahresabschlusses eines Unternehmens um mehr als drei Monate vor dem Stichtag des Konzernabschlusses liegt (§ 299 Abs. 2 Satz 2 HGB). Da im Gesetz nicht festgelegt ist, welchem Konzerngeschäftsjahr die innerhalb der Dreimonatsfrist anfallenden Geschäftsvorfälle verbindlich zuzurechnen sind, kann der Konzernabschluss an Aussagekraft verlieren. Unter Umständen wird dann der Konzernabschlussprüfer zu einem erweiterten Testat gezwungen sein.

Kontrollfragen
1. Was ist unter einem Konzern zu verstehen? Welche Arten von Konzernen unterscheidet man?
2. Welche Probleme konzerninterner Verflechtungen führen dazu, dass ein Konzernabschluss keine bloße Addition von Einzelabschlüssen sein kann?
3. Welche Konsolidierungsgrundsätze sind zu beachten?
4. Erläutern Sie die Vorschriften über die Einbeziehungspflichten, -wahlrechte und -verbote für den Konsolidierungskreis.
5. Welche Unternehmen sind von der Aufstellungspflicht befreit, wenn sie einen IAS-Abschluss vorlegen?
6. Was ist unter der Handelsbilanz II zu verstehen?

6 Kapitalkonsolidierung

Die Konzernbilanz basiert nicht auf einer der Buchhaltung entsprechenden Konzernbuchhaltung, sondern entsteht durch Zusammenfassen der Einzelbilanzen der einbezogenen Konzernunternehmen. Infolge konzerninterner Verflechtungen sind hierbei bestimmte Konsolidierungsmaßnahmen notwendig, um insbesondere Doppelerfassungen zu beseitigen.

6.1 Vollkonsolidierung

Im Grundsatz wird bei der Kapitalkonsolidierung der Wertansatz der dem Mutterunternehmen gehörenden Anteile an einem Tochterunternehmen mit dem auf diese Anteile entfallenden Betrag der Vermögensgegenstände und Schulden des Tochterunternehmens verrechnet. Dabei können Verrechnungsdifferenzen auftreten. Für die Art der Handhabung der Verrechnungsdifferenzen sind verschiedene Methoden denkbar. In § 301 HGB ist die international gebräuchliche **angelsächsische Methode bzw. Erwerbsmethode (purchase method)** in zwei Varianten verankert. Vgl. Übersicht auf S. 87.

Wesensmerkmale der Erwerbsmethode, die an der Fiktion der rechtlichen Einheit des Konzerns orientiert ist, sind die bei erstmaliger Konsolidierung durchzuführende **Prüfung von Verrechnungsdifferenzen** und ihre Verteilung auf Wirtschaftsgüter des einzubeziehenden Tochterunternehmens. Verbleibt bei der Verteilung von Verrechnungsdifferenzen auf die einzelnen Wirtschaftsgüter ein Restbetrag, so ist ein aktivischer als Geschäfts- oder Firmenwert, ein passivischer als Unterschiedsbetrag aus der Kapitalkonsolidierung (Geschäftsminderwert) auszuweisen (§ 301 HGB). Bei Anwendung dieser Methode werden die im Erwerbsjahr ermittelten Verrechnungsdifferenzen in der Folgezeit erfolgswirksam, da z. B. Gewinne des Tochterunternehmens um den durch Zuschreibungen erhöhten Aufwand und Abschreibungen auf den Firmenwert (§ 309 HGB) gemindert werden. Bei der Konsolidierung in den Folgejahren werden von Tochterunternehmen während der Konzernzugehörigkeit gebildete Gewinnrücklagen als solche in der Konzernbilanz ausgewiesen.

6.1.1 Buchwert- und Neubewertungsmethode

Bei der Vollkonsolidierung nach der Erwerbsmethode kann zwischen zwei Verrechnungsarten gewählt werden, der Buchwertmethode und der Neubewertungsmethode. Der Hauptunterschied der beiden Methoden liegt in der technischen Durchführung.

Kapitalkonsolidierung nach § 301 HGB			
Wertansatz der dem Mutterunternehmen gehörenden Anteile	Ansatz des Eigenkapitals	Verrechnungszeitpunkt	Behandlung des verbleibenden Unterschiedsbetrages
(1) Der Wertansatz der dem Mutterunternehmen gehörenden Anteile an einem in den Konzernabschluss einbezogenen Tochterunternehmen wird mit dem auf diese Anteile entfallenden Betrag des Eigenkapitals des Tochterunternehmens verrechnet. (2) Die Verrechnung des Beteiligungswertes mit dem anteiligen Eigenkapital des Tochterunternehmens erfolgt nicht jährlich, sondern nur einmal. Behandlung des Erwerbs wie eine Fusion; der Konzern wird als fiktive rechtliche Einheit gesehen.	(1) Verrechnung nach der **Buchwertmethode** Das Eigenkapital ist anzusetzen mit dem Betrag, der dem Buchwert der in den Konzernabschluss aufzunehmenden Vermögensgegenstände, Schulden, Rechnungsabgrenzungsposten Bilanzierungshilfen und Sonderposten, gegebenenfalls nach Anpassung der Wertansätze nach § 308 Abs. 2 HGB entspricht. (2) Verrechnung nach der **Neubewertungsmethode** Das Eigenkapital ist anzusetzen mit dem Betrag, der dem Wert der in den Konzernabschluss aufzunehmenden Vermögensgegenstände, Schulden, Rechnungsabgrenzungsposten, Bilanzierungshilfen und Sonderposten entspricht, der diesen an dem für die Verrechnung gewählten Zeitpunkt beizulegen ist.	(1) Die Verrechnung erfolgt auf Grundlage der Wertansätze – zum Zeitpunkt des Erwerbs der Anteile oder – der erstmaligen Einbeziehung des Tochterunternehmens in den Konzernabschluss oder, – beim Erwerb der Anteile zu verschiedenen Zeitpunkten, zu dem Zeitpunkt, zu dem das Unternehmen Tochterunternehmen geworden ist. (2) Der gewählte Zeitpunkt ist im Konzernanhang anzugeben.	(1) Ein bei der Verrechnung entstehender oder verbleibender Unterschiedsbetrag ist in der Konzernbilanz, – wenn er auf der Aktivseite entsteht, als Geschäfts- oder Firmenwert, und, – wenn er auf der Passivseite entsteht, als Unterschiedsbetrag aus der Kapitalkonsolidierung auszuweisen. (2) Der Posten und wesentliche Änderungen gegenüber dem Vorjahr sind im Anhang zu erläutern. (3) Bei Verrechnung von Unterschiedsbeträgen der Aktiv- mit denen der Passivseite sind die verrechneten Beträge im Anhang anzugeben.

Bei der **Buchwertmethode** erfolgt die Verrechnung der dem Mutterunternehmen gehörenden Anteile mit dem anteiligen Eigenkapital des Tochterunternehmens auf Basis der Buchwerte der Handelsbilanz, gegebenenfalls nach Anpassung der Wertansätze im Zuge der Vereinheitlichung der Bewertung (§ 308 HGB). Ergibt sich hierbei ein Unterschiedsbetrag, so ist dieser den Wertansätzen von in der Konzernbilanz anzusetzenden Vermögensgegenständen und Schulden insoweit zuzuschreiben oder mit diesen zu verrechnen, als deren Wert höher oder niedriger ist als der bisherige Wertansatz. Sind beispielsweise die Anschaffungskosten der Beteiligung höher als das anteilige Eigenkapital, so müssen etwa vorhandene stille Reserven der Aktiva bis zur Höhe des Unterschiedsbetrags aufgelöst werden (Neubewertung). Ein nicht aufteilbarer Restbetrag ist als Geschäfts- oder Firmenwert auszuweisen. Dieser ist entweder

– in jedem folgenden Geschäftsjahr zu mindestens 25 % oder
– planmäßig abzuschreiben oder
– offen mit den Rücklagen zu verrechnen (§ 309 HGB).

Kann ein passivischer Unterschiedsbetrag nicht vollständig verrechnet werden, so ist der Restbetrag auf der Passivseite als Unterschiedsbetrag aus der Kapitalkonsolidierung auszuweisen.

Bei der **Neubewertungsmethode** dagegen ist zunächst eine Neubewertung der in den Konzernabschluss aufzunehmenden Vermögensgegenstände und Schulden durchzuführen. Erst in einem zweiten Schritt wird dann ermittelt, ob sich bei der Verrechnung ein Unterschiedsbetrag ergibt. Bei einem hohen Substanzwert bzw. hohen stillen Reserven des Tochterunternehmens kann durch Anwendung dieser Methode der Fall eintreten, dass bei einem günstigen Kauf die Anschaffungskosten der Beteiligung geringer sind als das anteilige Eigenkapital. Um bei der Verrechnung nicht gegen das Anschaffungswertprinzip zu verstoßen, sind deshalb die Anschaffungskosten der Beteiligung die Obergrenze für den Ansatz des anteiligen Eigenkapitals.

Beide Methoden führen häufig zum gleichen Ergebnis.

6.1.2 Vorgehensweise bei der Buchwertmethode

Die Beispiele auf S. 89 zeigen die Vorgehensweise bei der Kapitalkonsolidierung (Erst- und Folgekonsolidierung) nach der Buchwertmethode.[1]

Ausgangspunkt sind die Handelsbilanzen des Mutter- und des Tochterunternehmens, deren Bewertung als bereits angeglichen unterstellt wird. Die einzelnen Werte beider Bilanzen sind zu addieren (Spalte 3). Die dabei erfolgende Doppelzählung eigentlich identischer Posten, nämlich der Anschaffungskosten der Beteiligung und des anteiligen Eigenkapitals der Tochterunternehmung, muss beseitigt werden. Die in Spalte 4 sich ergebende Verrechnungsdifferenz aus der Kapitalkonsolidierung in Höhe von 350 ist im Beispiel der Betrag, bis zu dessen Höhe nach der Buchwertmethode stille Reserven, soweit vorhanden, aufzulösen sind. Sie betragen im Beispiel – durchgeführt als Wertkorrektur in Spalte 5 – beim nicht abnutzbaren Anlagevermögen 50 und beim abnutzbaren Anlagevermögen 100. Entsprechend niedriger ist die

---

[1] Vgl. auch Küting/Weber: Handbuch der Konzernrechnungslegung, Schäffer-Poeschel Verlag Stuttgart 1998, § 301 sowie Küting/Weber: Der Konzernabschluss, Schäffer-Poeschel Verlag Stuttgart 2001, S. 183 ff.

Kapitalkonsolidierung

Erstkonsolidierung nach der Buchwertmethode (MU ist zu 100 % an TU beteiligt)

	Handelsbilanz MU		Handelsbilanz TU		Summenbilanz		Konsolidierung				Konzernbilanz nach Buchwertmethode	
							Verrechnung Eigenkapital und Beteiligung		Verteilung der Verrechnungsdifferenz			
	1		2		3 (= 1 + 2)		4		5		6 (= 3 + 4 + 5)	
	A	P	A	P	A	P	S	H	S	H	A	P
Aktiva												
Anlagevermögen												
nicht abnutzbar	1 000		250		1 250					50	1 300	
abnutzbar	2 000		400		2 400					100	2 500	
Beteiligung an TU	1 150				1 150			1 150				
Sonstige Aktiva	3 850		1 350		5 200						5 200	
Unterschiedsbetrag aus Kapitalkonsolidierung							350[1]			150	200	
Passiva												
Eigenkapital		3 000		800		3 800	800					3 000
Sonstige Passiva		5 000		1 200		6 200						6 200
	8 000	8 000	2 000	2 000	10 000	10 000	1 150	1 150	150	150	9 200	9 200

1 Anschaffungskosten der Beteiligung 1 150
 ./. anteiliges Eigenkapital 800
 = Verrechnungsdifferenz 350

Folgekonsolidierung nach der Buchwertmethode (MU ist zu 100 % an TU beteiligt)

	Handelsbilanz MU		Handelsbilanz TU		Summenbilanz		Konsolidierung				Umbuchung		Konzernbilanz nach Buchwertmethode	
							Verrechnung Eigenkapital und Beteiligung		Verteilung der Verrechnungsdifferenz					
	1		2		3 (= 1 + 2)		4		5		6		7 (= 3 + 4 + 5 + 6)	
	A	P	A	P	A	P	S	H	S	H	S	H	A	P
Aktiva														
Anlagevermögen														
nicht abnutzbar	1 000		250		1 250					50			1 300	
abnutzbar	2 000		360		2 360					100		10	2 450	
Beteiligung an TU	1 150				1 150			1 150						
Sonstige Aktiva	3 850		1 490		5 340								5 340	
Unterschiedsbetrag aus Kapitalkonsol.							350			150		50	150	
Passiva														
Eigenkapital		3 000		900		3 900	800				60			3 040
Sonstige Passiva		5 000		1 200		6 200								6 200
	8 000	8 000	2 100	2 100	10 100	10 100	1 150	1 150	150	150	60	60	9 200	9 240

Verrechnungsdifferenz. Der nicht aufteilbare Restbetrag von 200, der sich bei der Konsolidierung nach Spalte 6 ergibt, ist der Geschäfts- oder Firmenwert. Die Addition der Spalten 3, 4 und 5 ergibt die Konzernbilanz nach der Buchwertmethode.

Bei der **Folgekonsolidierung** soll lediglich die Bilanz des Tochterunternehmens verändert werden. Es wird unterstellt, dass das abnutzbare Anlagevermögen bei einer Restnutzungsdauer von 10 Jahren linear abgeschrieben wird. Vom Jahresergebnis werden die Gewinnrücklagen um 100 erhöht.

Zunächst wird wieder die Summenbilanz erstellt (Spalte 3). Die Spalten 4 und 5 werden unverändert aus der Erstkonsolidierung übernommen. Da die bei der Erstkonsolidierung durch die Neubewertung aufgedeckten stillen Reserven das geldliche Schicksal der ihnen zugrunde liegenden Vermögensgegenstände teilen, sind die Wertkorrekturen entsprechend fortzuschreiben. Die Position »Abnutzbares Anlagevermögen« mindert sich in Spalte 6 um 10. Der nach Auflösung stiller Reserven verbliebene Unterschiedsbetrag aus der Erstkonsolidierung ist um 25 % auf 150 abzuschreiben. Infolge der Rücklagenbildung des Tochterunternehmens (100), gekürzt um Abschreibungen der aufgedeckten stillen Reserven (10) und des Geschäftswerts (50), erhöht sich deshalb die Eigenkapitalposition der Konzernbilanz gegenüber dem Vorjahr um 40 auf 3 040.

Aufgabe 6.01 *Erstkonsolidierung nach der Buchwertmethode S. 411*

6.1.3 Vorgehensweise bei der Neubewertungsmethode

Bei der Neubewertungsmethode werden die Vermögensgegenstände und Schulden **vor der Konsolidierung** neu bewertet. Ausgehend von den Daten des Beispiels auf S. 89 ergibt sich die auf S. 91 gezeigte Darstellung.

Die Neubewertung ist hier in Spalte 3 gesondert dargestellt. Möglich wäre auch, Spalte 2 und 3 zusammengefasst darzustellen. Das gesonderte Erfassen der Wertkorrekturen infolge Neubewertung hat jedoch den Vorteil, dass die spätere Fortschreibung z. B. beim abnutzbaren Anlagevermögen leichter durchzuführen ist. Dies zeigt die Folgekonsolidierung. Spalte 3 weist dort den Vorjahresstand der Neubewertung auf. Darauf vorzunehmende Umbuchungen werden in Spalte 6 vorgenommen, in der auch die Abschreibung des Unterschiedsbetrags aus der Kapitalkonsolidierung (Geschäfts- oder Firmenwert) erfolgt. Spalte 5 wird aus dem Vorjahr übernommen.

Aufgabe 6.02 *Erstkonsolidierung nach der Neubewertungsmethode S. 411*

6.2 Vollkonsolidierung beim Vorhandensein von Minderheiten

Wenn ein Konzern nicht alle Anteile an einem Tochterunternehmen hält, sondern andere Gesellschafter an diesem Tochterunternehmen beteiligt sind, so stellt sich die Frage, wie das auf die anderen Gesellschafter entfallende Kapital bei der Vollkonsolidierung zu behandeln ist. Da die Vollkonsolidierung von Tochterunternehmen ja dadurch gekennzeichnet ist, dass

- deren Vermögensgegenstände und Schulden **in vollem Umfang** (also unabhängig von der Höhe des dem Mutterunternehmens zuzurechnenden Anteils am Kapital des Tochterunternehmens) in den Konzernabschluss übernommen werden,

Kapitalkonsolidierung

Erstkonsolidierung nach der Neubewertungsmethode (MU ist zu 100 % an TU beteiligt)

	Handels-bilanz MU		Handels-bilanz TU		Neu-bewertung TU		Summen-bilanz		Konsolidierung Verrechnung Eigenkapital und Beteiligung		Konzern-bilanz nach Neubewer-tungs-methode	
	1		2		3		4		5		6 (= 4 + 5)	
	A	P	A	P	A	P	A	P	S	H	A	P
Aktiva												
Anlagevermögen												
nicht abnutzbar	1 000		250		50		1 300				1 300	
abnutzbar	2 000		400		100		2 500				2 500	
Beteiligung an TU	1 150						1 150			1 150		
Sonstige Aktiva	3 850		1 350				5 200				5 200	
Unterschiedsbetrag aus Kapitalkonsolidierung									200[1]		200	
Passiva												
Eigenkapital		3 000		800		150		3 950	950			3 000
Sonstige Passiva		5 000		1 200				6 200				6 200
	8 000	8 000	2 000	2 000	150	150	10 150	10 150	1 150	1 150	9 200	9 200

[1] Anschaffungskosten der Beteiligung   1 150
    ·/· anteiliges Eigenkapital (800 + 150)   950
    = Verrechnungsdifferenz   200

Folgekonsolidierung nach der Neubewertungsmethode (MU ist zu 100 % an TU beteiligt)

	Handels-bilanz MU		Handels-bilanz TU		Neu-bewertung TU Vorjahres-stand		Summen-bilanz		Konsolidierung Verrechnung Eigenkapital und Beteiligung		Umbuchung		Konzern-bilanz nach Neubewer-tungs-methode	
	1		2		3		4		5		6		7 (= 4 + 5 + 6)	
	A	P	A	P	A	P	A	P	S	H	S	H	A	P
Aktiva														
Anlagevermögen														
nicht abnutzbar	1 000		250		50		1 300						1 300	
abnutzbar	2 000		360		100		2 460					10	2 450	
Beteiligung an TU	1 150						1 150			1 150				
Sonstige Aktiva	3 850		1 490				5 340						5 340	
Unterschiedsbetrag aus Kapitalkonsol.									200			50	150	
Passiva														
Eigenkapital		3 000		900		150		4 050	950		60			3 040
Sonstige Passiva		5 000		1 200				6 200						6 200
	8 000	8 000	2 100	2 100	150	150	10 250	10 250	1 150	1 150	60	60	9 240	9 240

– die Aufrechnung der Anteile des Mutterunternehmens aber nur gegen das anteilige Eigenkapital des Tochterunternehmens **(also nur quotal)** erfolgt,

verbleibt hinsichtlich des Eigenkapitals ein Differenzbetrag, der den Anteilen entspricht, die nicht vom Mutterunternehmen gehalten werden. Dieser Differenzbetrag ist gem. § 307 Abs. 1 Satz 1 HGB als **Ausgleichsposten für die Anteile der anderen Gesellschafter** in Höhe ihres Anteils am Eigenkapital unter entsprechender Bezeichnung innerhalb des Eigenkapitals gesondert auszuweisen.

Der **hauptsächliche Unterschied zwischen der Buchwert- und der Neubewertungsmethode** bei einem Anteilsbesitz von weniger als 100 % wird durch § 307 Abs. 1 Satz 2 HGB fixiert: In den Ausgleichsposten für Anteile anderer Gesellschafter sind bei der Neubewertungsmethode auch die Beträge einzubeziehen, die sich aufgrund der Neubewertung ergeben. Deshalb werden die Minderheitsanteile bei der Neubewertungsmethode entsprechend höher dotiert, was letztlich ein höheres Konzerneigenkapital zur Folge hat, da dieser Ausgleichsposten gem. § 307 Abs. 1 Satz 1 HGB zum Eigenkapital zu rechnen ist.

Die Technik der Kapitalkonsolidierung bei Vorhandensein von Minderheiten entspricht mit Ausnahme der zusätzlichen Berücksichtigung der Minderheitsanteile der Konsolidierung bei einem Anteilsbesitz von 100 %. Vgl. hierzu die Aufgaben 6.03 und 6.04.

Aufgabe 6.03 *Erstkonsolidierung nach der Buchwertmethode bei Vorhandensein von Minderheiten S. 411*

Aufgabe 6.04 *Erstkonsolidierung nach der Neubewertungsmethode bei Vorhandensein von Minderheiten S. 411*

6.3 Interessenzusammenführungsmethode

Die Kapitalkonsolidierung darf – statt nach der Erwerbsmethode – nach der Interessenzusammenführungsmethode (pooling of interests method) durchgeführt werden, wenn mindestens **90 % der Kapitalanteile im Tausch gegen eigene Anteile erworben werden** (§ 302 HGB). Hierbei wird der Beteiligungsbuchwert lediglich mit dem gezeichneten Kapital verrechnet, eine Neubewertung des Eigenkapitals unterbleibt.

6.4 Equity-Konsolidierung assoziierter Unternehmen

Wird von einem Konzernunternehmen ein **maßgeblicher Einfluss (Anteil von mindestens 20 % der Stimmrechte)** auf ein nicht zum Konzern gehörendes Unternehmen (assoziiertes Unternehmen) ausgeübt, so ist diese Beteiligung nach der Equity-Methode zu bewerten und im Konzernabschluss gesondert auszuweisen (§ 311 HGB). Kernpunkt der Equity-Methode ist, dass die Bewertung von Beteiligungen an assoziierten Unternehmen nicht nach herkömmlichen Regeln zu Anschaffungskosten erfolgt, sondern die **Ergebnisse des assoziierten Unternehmens anteilmäßig berücksichtigt.** Veränderungen des Eigenkapitals der Beteiligungsgesellschaft, z. B. durch die Bildung von Gewinnrücklagen beim Beteiligungsunternehmen, führen zu einer entsprechenden Höherbewertung der Beteiligung. In ihrer Wirkung kommt die Anwendung der Equity-Methode damit einer Vollkonsolidierung gleich, wobei jedoch der

Beteiligungsbuchwert im Unterschied zur Vollkonsolidierung nicht durch Aktiv- und Passivposten der Beteiligungsgesellschaft ersetzt wird.

Bei der erstmaligen Anwendung der Equity-Methode wird in Entsprechung der für die Vollkonsolidierung geltenden Grundsätze der Anschaffungswert der Beteiligung mit dem anteiligen Eigenkapital verglichen. Ein Unterschiedsbetrag ist in Bilanz oder Anhang zu vermerken. Seine Behandlung in den Folgeperioden ist davon abhängig, welcher Bruchteil davon als in Wirtschaftsgütern enthaltene stille Reserven und welcher als Geschäfts- oder Firmenwert angesehen wurde.

Die Wertansätze der Beteiligung und des Unterschiedsbetrags können wahlweise nach der Buchwert- oder nach der Kapitalanteilsmethode ermittelt werden (§ 312 HGB). Bei Erstkonsolidierung ist die Beteiligung nach der Buchwertmethode mit dem Buchwert bzw. den Anschaffungskosten der Beteiligung, nach der Kapitalanteilsmethode mit dem sich durch Neubewertung ergebenden anteiligen Eigenkapital des assoziierten Unternehmens anzusetzen. Sofern das anteilige Eigenkapital nicht dem Buchwert der Beteiligung entspricht, führen beide Methoden zu unterschiedlichen Ergebnissen. Bei der Buchwertmethode ist ein nach Auflösung von stillen Reserven verbleibender Unterschiedsbetrag (Geschäfts- oder Firmenwert) im Ansatz der Beteiligung enthalten, bei der Kapitalanteilsmethode dagegen nicht.

Beispiel:
Ein Mutterunternehmen erwirbt eine 20 %ige Beteiligung zu 1 000. Das Eigenkapital des assoziierten Unternehmens beträgt 3 000, nach Auflösung stiller Reserven im nicht abnutzbaren Anlagevermögen 3 200.

	Buchwertmethode (§ 312 Abs. 1 Satz 1 Nr. 1 HGB)	Kapitalanteilsmethode (§ 312 Abs. 1 Satz 1 Nr. 2 HGB)
Ansatz der Beteiligung	1 000	640[2]
Ansatz des Unterschiedsbetrages in Bilanz oder Anhang	400[1]	360

1 Bilanzausweis lediglich in der Vorspalte. Von den 400 (1 000 ·/· 20 % von 3 000) entfallen 40 (20 % von 200) auf die stillen Reserven im nicht abnutzbaren Anlagevermögen, 360 sind Geschäfts- oder Firmenwert.
2 20 % von 3 200 = 640.

Erwirtschaftet das assoziierte Unternehmen in der Folgeperiode einen Jahresüberschuss von 100, so ist dies beim Ansatz der Beteiligung zu berücksichtigen (§ 312 Abs. 4 HGB). Unter Vornahme der Abschreibungen auf den die stillen Reserven übersteigenden Teil des Unterschiedsbetrags ergibt sich folgender Ausweis in der Folgeperiode:

	Buchwertmethode		Kapitalanteilsmethode	
Ansatz der Beteiligung	1 000 ·/· 90 + 20 930	(25 % Abschreibungen von 360) (anteiliges Jahresergebnis, 20 % von 100)	640 + 20 660	(anteiliges Jahresergebnis, 20 % von 100)
Ansatz des Unterschiedsbetrags	400 ·/· 90 310	(25 % Abschreibungen von 360)	360 ·/· 90 270	(25 % Abschreibungen von 360)

Werden später Ausschüttungen vorgenommen, so ist der Ansatz der Beteiligung entsprechend herabzusetzen. In der Konzern-GuV-Rechnung ist das auf assoziierte Beteiligungen entfallende Ergebnis unter einem gesonderten Posten auszuweisen (§ 312 Abs. 4 HGB).

Der Teil des Unterschiedsbetrags, der als Geschäfts- oder Firmenwert einzustufen ist, kann auch nach den anderen in § 309 HGB beschriebenen Verfahren behandelt werden (§ 312 Abs. 2 HGB).

Der **wichtigste Unterschied zwischen den beiden Methoden der Equity-Konsolidierung** besteht darin, dass bei der Kapitalanteilsmethode der Buchwert bzw. die Anschaffungskosten der Beteiligung in zwei Werte aufgespalten wird, nämlich

- in einen dem anteiligen Eigenkapital entsprechenden Betrag und
- einen Goodwillbetrag,

während der Goodwillbetrag bei der Buchwertmethode im Ansatz der Beteiligung enthalten ist. Die Abschreibung des Goodwillbetrags führt zu einer Angleichung der Beteiligungswerte nach den beiden Methoden.

6.5 Quotenkonsolidierung (anteilmäßige Konsolidierung)

Gemeinschaftsunternehmen **(Joint Venture)** ist eine Bezeichnung für eine spezielle Form zwischenbetrieblicher Kooperation, bei der ein rechtlich selbstständiges Unternehmen gemeinsam gegründet oder erworben wird, um gemeinsame Interessen zu verwirklichen. Es wird auch als »gemeinsames Tochterunternehmen« bezeichnet. I. d. R. beträgt die kapitalmäßige Beteiligung je 50 % bzw. bei drei Partnern je $1/3$.

Bei der Quotenkonsolidierung sind die Vorschriften der Vollkonsolidierung entsprechend anzuwenden (§ 310 HGB). Der **Hauptunterschied zur Vollkonsolidierung** besteht darin, dass bei der Quotenkonsolidierung die im Jahresabschluss des Gemeinschaftsunternehmens ausgewiesenen **Abschlussposten quotal**, also nicht in voller Höhe, sondern abhängig von der Höhe des dem Gesellschafterunternehmen zuzurechnenden Anteils am Kapital des Gemeinschaftsunternehmens in den Summen- und Konzernabschluss übernommen werden. Beträgt der Kapitalanteil z. B. 50 %, so gehen Vermögensgegenstände, Schulden, Erträge und Aufwendungen nur zu 50 % in den Konzernabschluss ein, d. h., die auf den oder die anderen Partner entfallenden Aktiva und Passiva, Erträge und Aufwendungen werden nicht in den Konzernabschluss übernommen. Deshalb kann auch kein Ausgleichsposten für Anteile anderer Gesellschafter entstehen.

6.6 Zusammenfassung

Der Konzernabschluss ist ein Abschluss über die Einflusssphäre eines Konzerns. Die anzuwendenden Konsolidierungsverfahren sind von dem unterschiedlichen Grad der Einflussnahme abhängig, nämlich

- **einheitliche Leitung bzw. Mehrheit der Stimmrechte** (§ 290 HGB): dann liegt ein Tochterunternehmen vor, und Vollkonsolidierung (§ 300 HGB) ist vorgeschrieben, sofern nicht Ausnahmen nach §§ 295, 296 HGB gegeben sind.

- **gemeinsame Führung** (§ 310 HGB): die möglichen Konsolidierungsverfahren bei Gemeinschaftsunternehmen sind die Quotenkonsolidierung oder die Equity-Konsolidierung.
- **maßgeblicher Einfluss bzw. Stimmrechtsanteil von mindestens 20 %** (§ 311 HGB): hier spricht man von einem assoziierten Unternehmen, für das die Equity-Konsolidierung vorgeschrieben ist.

Kontrollfragen
1. *Wie unterscheiden sich Buchwert- und Neubewertungsmethode bei der Kapitalkonsolidierung?*
2. *Wie sind Minderheitsanteile bei der Kapitalkonsolidierung zu berücksichtigen?*
3. *Welche Bedeutung hat die Equity-Methode?*
4. *Unter welcher Bezeichnung sind die Konsolidierungsausgleichsposten in der Konzernbilanz zu verbuchen?*
5. *Was versteht man unter Quotenkonsolidierung?*

7 Schuldenkonsolidierung

Die Schuldenkonsolidierung ist in § 303 HGB geregelt.

Nach der Fiktion der rechtlichen Einheit (§ 297 Abs. 3 HGB) sind **Forderungen und Verbindlichkeiten** zwischen den in den Konzernabschluss einbezogenen Unternehmen **wegzulassen**, da ein Unternehmen keine Forderungen und Verbindlichkeiten gegen sich selbst haben kann.

In die Schuldenkonsolidierung sind auch entsprechende Ausleihungen, Rückstellungen und Rechnungsabgrenzungsposten einzubeziehen, letztlich also **alle Posten, die auf innerkonzernlichen Schuldverhältnissen** beruhen.

Die Schuldenkonsolidierung braucht nicht angewendet zu werden, wenn die wegzulassenden Beträge für die Vermittlung eines den tatsächlichen Verhältnissen entsprechenden Bildes der Vermögens-, Finanz- und Ertragslage des Konzerns nur von untergeordneter Bedeutung sind (Wirtschaftlichkeits- und Wesentlichkeitsgrundsatz, § 303 Abs. 2 HGB).

8 Zwischenergebniseliminierung

Die Zwischenergebniseliminierung betrifft die Behandlung von Zwischenergebnissen, die in Buchwerte der Aktiva eingehen, z. B. bei Waren, die ein Konzernunternehmen von einem anderen Konzernunternehmen erworben, aber noch nicht weiterveräußert hat. Aus **Sicht der jeweilgen Einzelgesellschaft** sind solche konzerninternen Beziehungen nicht anders zu behandeln als konzernexterne:

- Das empfangende Konzernunternehmen setzt in seinem Einzelabschluss den konzerninternen Verrechnungspreis als Anschaffungskosten an.

– Der konzerninterne Verrechnungspreis ist für das liefernde Konzernunternehmen Veräußerungserlös. Je nach Höhe des Verrechnungspreises realisiert es in seinem Einzelabschluss Gewinn oder Verlust.

Aus **Konzernsicht** ist aufgrund der Einheitstheorie (§ 297 Abs. 3 HGB) ein Gewinn oder Verlust aber erst dann realisiert, wenn der betreffende Vermögensgegenstand den Konzernbereich verlassen hat.

Im Rahmen der Konsolidierung sind deshalb Vermögensgegenstände, die in den Konzernabschluss zu übernehmen sind und ganz oder teilweise auf Lieferungen oder Leistungen zwischen in den Konzernabschluss einbezogenen Unternehmen beruhen, auf Zwischenergebnisse zu untersuchen. Etwaige **Zwischengewinne oder -verluste** sind dann zu neutralisieren (§ 304 Abs. 1 HGB).

Die Verpflichtung zur Eliminierung der Zwischenergebnisse entfällt (§ 304 Abs. 2 HGB), wenn die Zwischenergebnisse für die Darstellung der Vermögens-, Finanz- und Ertragslage nur von untergeordneter Bedeutung sind.

9 Aufwands- und Ertragskonsolidierung

Die Aufwands- und Ertragskonsolidierung ist in § 305 HGB kodifiziert. Danach ist eine Vollkonsolidierung vorgeschrieben, es sei denn, die wegzulassenden Beträge sind von untergeordneter Bedeutung.

Erster Schritt zur Erstellung der Konzern-GuV-Rechnung ist die Aufstellung der Summen-GuV, die sich durch Addition der Einzelerfolgsrechnungen der in den Konzernabschluss einbezogenen Unternehmen ergibt. Nach der Fiktion der rechtlichen Einheit (§ 297 Abs. 3 HGB) dürfen aber nur solche Aufwendungen und Erträge ausgewiesen werden, die aus geschäftlichen Beziehungen zu Konzernfremden resultieren. Dies bedeutet

– entweder eine gegenseitige **Aufrechnung** der Innenumsatzerlöse mit den auf sie entfallenden Aufwendungen
– oder eine **Umgliederung** in andere Positionen der Konzern-GuV.

Letzteres ist z. B. notwendig, wenn vom Lieferunternehmen hergestellte Vermögensgegenstände beim Empfängerunternehmen im Bestand erfasst, aber zur Weiterveräußerung bestimmt sind. Aus Konzernsicht liegen noch keine Umsatzerlöse, sondern Bestandserhöhungen vor. Zusätzlich zur Umgliederung (aus Umsatzerlöse in Bestandserhöhung) ist der in der Bestandserhöhung enthaltene Zwischengewinn oder Zwischenverlust gem. § 304 Abs. 1 HGB zu eliminieren.

10 Konzernanhang

Der Konzernanhang ist nach § 297 Abs. 1 HGB – neben Konzernbilanz und Konzern-GuV-Rechnung – zwingender Bestandteil des Konzernabschlusses. Vorschriften zum Konzernanhang sind vor allem in §§ 313–314 HGB kodifiziert.

Der Konzernanhang dient dem Verständnis und der Ergänzung von Konzernbilanz und Konzern-GuV-Rechnung mit dem Ziel, ein den tatsächlichen Verhältnissen entsprechendes Bild der Vermögens-, Finanz- und Ertragslage zu vermitteln. Führen besondere Umstände dazu, dass der Konzernabschluss ein solches Bild nicht vermittelt, so sind im Konzernanhang zusätzliche Angaben zu machen (§ 297 Abs. 2 HGB).

Bezüglich des Konzernanhangs sind

– Pflichtangaben von
– Wahlpflichtangaben und
– freiwilligen Angaben

zu unterscheiden. Als Wahlpflichtangaben sind diejenigen Angaben aufzunehmen, die zu einzelnen Posten der Konzernbilanz oder der Konzern-GuV-Rechnung zu machen sind, aber in Ausübung eines Wahlrechts dort nicht aufgenommen wurden, um diese Rechenwerke von Details zu entlasten und übersichtlicher zu gestalten (§ 313 Abs. 1 HGB). Zu den wesentlichsten Pflichtangaben zählen die Angaben zum Beteiligungsbesitz (§ 313 Abs. 2 HGB).

Gem. 298 Abs. 3 HGB ist eine Zusammenfassung von Konzernanhang und dem Anhang des Mutterunternehmens möglich.

11 Erweiterter Konzernabschluss börsennotierter Unternehmen

Börsennotierte Unternehmen haben den Konzernanhang um

– eine Kapitalflussrechnung,
– eine Segmentberichterstattung sowie
– um einen Eigenkapitalspiegel

zu erweitern (§ 297 Abs. 1 Satz 2 HGB).

12 Konzernlagebericht

Nach § 290 Abs. 1 HGB hat jedes zur Konzernrechnungslegung verpflichtete Mutterunternehmen neben dem Konzernabschluss auch einen Konzernlagebericht aufzustellen.

Welche Inhalte er darstellen muss, ergibt sich aus § 315 HGB. Gem. § 315 Abs. 1 HGB sind zumindest der Geschäftsverlauf und die Lage des Konzerns so darzustellen, dass ein den tatsächlichen Verhältnissen entsprechendes Bild vermittelt wird; dabei ist auch auf die Risiken der künftigen Entwicklung einzugehen.

Neben diesem Pflichtbestandteil führt § 315 Abs. 2 HGB sog. Sollbestandteile auf. Dort heißt es: Der Konzernlagebericht soll auch eingehen auf

(1) Vorgänge von besonderer Bedeutung, die nach dem Schluss des Konzerngeschäftsjahres eingetreten sind,

(2) die voraussichtliche Entwicklung des Konzerns,
(3) den Bereich Forschung und Entwicklung des Konzerns.

Aus der Formulierung »soll« kann jedoch kein Berichterstattungswahlrecht abgeleitet werden, sondern sie ist so zu verstehen, dass grundsätzlich zu den Punkten (1)–(3) zu berichten ist, die Detailliertheit aber der besonderen Problematik von Prognosen Rechnung tragen muss (vgl. Küting/Weber: Handbuch der Konzernrechnungslegung, § 315 Tz 36).

Gem. § 315 Abs. 3 HGB ist eine Zusammenfassung von Konzernlagebericht und dem Lagebericht des Mutterunternehmens möglich.

13 Prüfung und Offenlegung

Die Vorschriften über Prüfung (§§ 316 ff. HGB) und Offenlegung (§§ 325 ff. HGB) von Konzernabschluss und Konzernlagebericht sind zusammen mit den Vorschriften über Prüfung und Offenlegung von Jahresabschluss und Lagebericht von Kapitalgesellschaften kodifiziert. Die entsprechenden Vorschriften im Publizitätsgesetz sind in den §§ 14 und 15 PublG zusammengefasst.

Für die Prüfung des Konzernabschlusses ist hervorzuheben, dass sie sich nicht nur auf die Einhaltung der konsolidierungspflichtigen Anpassungen zu erstrecken hat, sondern grundsätzlich auch auf die einbezogenen Jahresabschlüsse selbst, es sei denn, sie sind bereits nach den entsprechenden Vorschriften geprüft (§ 317 Abs. 3 HGB).

Hat keine Prüfung stattgefunden, so kann der Konzernabschluss nicht gebilligt werden (§ 316 Abs. 2 HGB).

Kontrollfragen
1. Was versteht man unter Schuldenkonsolidierung?
2. Aus welchen Gründen ist in der Konzernrechnungslegung eine Zwischenergebniseliminierung notwendig.
3. Unter welchen Bedingungen kann die Verpflichtung zur Zwischenergebniseliminierung entfallen?
4. Welche Funktion hat die Aufwands- und Ertragskonsolidierung?
5. Welche Anpassungsschritte können bei der Aufwands- und Ertragskonsolidierung vorkommen?
6. Worauf hat sich die Prüfung eines Konzernabschlusses zu erstrecken?

7. HAUPTTEIL: AUSWERTUNG DER RECHNUNGSLEGUNG (BILANZANALYSE)

Bearbeitet von: Prof. Dr. Dr. Ekbert Hering
Dipl. oec. Norbert Leuz, Steuerberater
Prof. Dr. Michael Wobbermin

1 Gegenstand und Zweck der Bilanzanalyse

Der Jahresabschluss aller Kaufleute umfasst **Bilanz und GuV-Rechnung** (§ 242 Abs. 3 HGB). Kapitalgesellschaften haben ihn um einen **Anhang** zu erweitern sowie einen **Lagebericht** aufzustellen (§ 264 Abs. 1 HGB). Die Bilanzanalyse erstreckt sich deshalb auf **alle** diese Teile und ist, trotz des Begriffs Bilanzanalyse, nicht auf die Bilanz beschränkt. Da die Auswertung einer Bilanz zugleich eine kritische Auseinandersetzung mit dem Jahresabschluss bedeutet, wird die Bilanzanalyse auch **Bilanzkritik** genannt. Im Folgenden wird immer der Begriff Bilanzanalyse verwendet.

Zweck der Bilanzanalyse ist es, einen möglichst genauen und richtigen Überblick über die derzeitige Lage und die künftigen Aussichten des Unternehmens zu gewinnen. Im Einzelnen betrifft dies folgende Aufgaben:

- Beurteilung der Vermögenslage,
- Beurteilung der Liquiditätsstruktur und Sicherheit der Finanzierung,
- Feststellen der Kreditwürdigkeit,
- Einschätzen der Ertragskraft,
- Begutachtung der Kostenstruktur,
- Einschätzen von Wachstumsmöglichkeiten und der Zukunftssicherung des Unternehmens.

Jahresabschluss und Lagebericht stellen dazu die nachstehend aufgeführten Informationen zur Verfügung.

	Informationen aus Jahresabschluss und Lagebericht
Bilanz	Bestandteile und Höhe des Vermögens (Aktiva) sowie die Finanzierung durch Eigen- und Fremdkapital (Passiva)
GuV-Rechnung	Gegenüberstellung von Erträgen und Aufwendungen sowie deren Zusammensetzung
Anhang	Zusätzliche Informationen zum Jahresabschluss (z. B. Währungsumrechnung, Entwicklung und Zusammensetzung einzelner Posten, Begründung von Maßnahmen)
Lagebericht	Darstellung des Geschäftsablaufs, besondere Vorkommnisse im Berichtsjahr (z. B. Neuorganisation von Geschäftsbereichen) und zukünftige Geschäftsentwicklung (z. B. Produktentwicklung, Mitarbeiterentwicklung, Risiken des Geschäftes)

Die aus Jahresabschluss und Lagebericht ersichtlichen Informationen müssen **systematisch aufbereitet** werden, um die gegenwärtige wirtschaftliche Situation des Unternehmens richtig einschätzen und die zukünftige Entwicklung möglichst treffsicher vorhersagen zu können. Zu diesem Zweck werden die Zahlenwerke der Bilanz und der GuV-Rechnung unter Berücksichtigung der Informationen aus Anhang und Lagebericht aufbereitet (vgl. S. 106 ff.) und spezielle Kennzahlen gebildet (vgl. S. 122 ff.). Die Vorgehensweise soll im Folgenden anhand eines Beispiels aus der Praxis anschaulich dargestellt werden.

1.1 Interne und externe Adressaten

An der Bilanz sind entweder Personen im Unternehmen (interne) oder Personen außerhalb des Unternehmens (externe) interessiert. Dies können folgende Personengruppen sein:

- **Geschäftsführung:** Für Klein- und Mittelbetriebe ist der Jahresabschluss oft das einzige, systematisch zusammengestellte Zahlenwerk des Unternehmens. Deshalb dient die Bilanzanalyse in diesen Fällen als Steuerungsinstrument. Auch Großbetriebe betreiben eine umfassende Bilanzanalyse. Hier geht es meist darum, externen Personengruppen (z. B. Kapitalgebern oder Banken) den Jahresabschluss transparenter zu machen. Überlegungen zur Rentabilität des investierten Kapitals oder zur Finanzierung der Unternehmensentwicklung stehen hierbei meist im Vordergrund.
- **Eigentümer, Gesellschafter und mögliche Anleger:** Sie erwarten einen Rechenschaftsbericht über die Verwendung ihres Kapitals.
- **Mitarbeiter:** Diese Personengruppe wünscht von der Bilanzanalyse Aussagen über die Sicherheit der Arbeitsplätze (eventuell auch der Altersversorgung) und über Karrieremöglichkeiten.
- **Gewerkschaften:** Die Arbeitnehmervertretung wird spezielle Tariflöhne (Haustarife) von der Leistungsfähigkeit des Unternehmens abhängig machen.
- **Banken:** Für den Kreditgeber ist wichtig, wie sicher die gewährten Kredite sind.
- **Lieferanten:** Diese Gruppe gehört ebenfalls zu den Gläubigern, da die gelieferten Waren in der Regel nicht sofort bezahlt werden. Die Lieferanten erwarten hauptsächlich Aufschlüsse über Art und Umfang künftiger Lieferungen (z. B. bei neuen Produkten oder bei steigendem Unternehmenswachstum).
- **Kunden:** Der Kundenkreis ist oftmals daran interessiert, dauerhafte Geschäftsbeziehungen zu seinen Lieferanten aufzubauen (z. B. im Sondermaschinenbau). Deshalb informiert er sich über die Stabilität und die Zukunftssicherheit des Unternehmens.
- **Interessierte Öffentlichkeit:** Hierzu zählen alle Personen und Institutionen, die an der Entwicklung des Unternehmens interessiert sind. Das können beispielsweise die Medien, die Konkurrenten, Verbände oder auch staatliche Institutionen sein. Die Bedeutung unternehmerischer Tätigkeit im Hinblick auf die Entwicklung von Städten oder Regionen, auf Umwelteinflüsse oder das Finanzwesen ist oft sehr erheblich.

1.2 Zeitvergleich, Betriebs- und Branchenvergleich

Werden in die Bilanzanalyse mehrere Bilanzen einbezogen, so handelt es sich um eine **dynamische** Bilanzanalyse im Zeitvergleich. Dadurch soll es möglich werden, aus den gegenwärtig erkennbaren Veränderungen auf zukünftige Entwicklungsmöglichkeiten der Unternehmen zu schließen.

Bilanzen können sich auf **einzelne Betriebe** (oder auch Betriebsteile) beschränken oder ganze Branchen einbeziehen. Beim **Branchenvergleich** können volkswirtschaftliche Erkenntnisse zur Entwicklung bestimmter Industriezweige gewonnen werden (z. B. Entwicklung des Eigenkapitalanteils oder des Anlagevermögens). Ferner bietet dieser Vergleich den einzelnen Unternehmen die Möglichkeit, die eigene Position innerhalb der Branche festzustellen. Für den Fall des Branchenvergleichs ist ein zusätzlicher Zeitvergleich außerordentlich aufschlussreich.

1.3 Grundsätze der Bilanzanalyse

Bei der Aufstellung des Jahresabschlusses sind die im Handelsgesetzbuch festgelegten Grundsätze zu Ansatz, Gliederung und Bewertung zu beachten. Die Daten müssen nach verbindlichen Maßstäben ermittelt werden und sich in dem gesetzlich vorgegebenen Rahmen bewegen. Nur dann ist ihre Auswertung, d. h. eine Bilanzanalyse, überhaupt sinnvoll. Von besonderer Bedeutung für die Bilanzanalyse sind folgende Grundsätze:

- **Klarheit und Übersichtlichkeit, Darstellungsstetigkeit:** Die einzelnen Posten der Bilanz und GuV-Rechnung müssen eindeutig gekennzeichnet sein und der vorgeschriebenen Gliederung entsprechen. Die Form der Darstellung ist beizubehalten; eventuelle Abweichungen sind im Anhang anzugeben und zu begründen.
- **Methodenstetigkeit: Einmal gewählte Bewertungsmethoden** sollen beibehalten werden. Abweichungen sind im Anhang anzugeben und zu begründen; ihr Einfluss auf die Vermögens-, Finanz- und Ertragslage ist gesondert darzustellen.
- **Fortführung der Unternehmenstätigkeit:** Grundsätzlich wird davon ausgegangen, dass die Unternehmung auf Dauer fortgesetzt wird. Das hat vor allem auf die Bewertungsansätze Auswirkungen, beispielsweise sind für Grundstücke keine Zeitwerte, sondern die ursprünglichen Anschaffungskosten anzusetzen.
- **Wesentlichkeit:** Dieser Grundsatz besagt, dass alle wesentlichen Informationen zur Vermögens-, Finanz- und Ertragslage gegeben werden müssen, während auf die Darstellung unwesentlicher Sachverhalte verzichtet werden kann.

In der Phase der Aufbereitung des Abschlusses (vgl. S. 111) sollte die Einhaltung dieser Grundsätze untersucht werden, besonders dann, wenn der Abschluss nicht prüfungspflichtig ist (§ 316 HGB).

Die angesprochenen Grundsätze sind in analoger Anwendung auch auf die Bilanzanalyse selbst übertragbar. Die Grundsätze der Klarheit und Übersichtlichkeit, Darstellungsstetigkeit, Methodenstetigkeit (hinsichtlich der Analysemethoden) und der Wesentlichkeit gewinnen vor allem bei vergleichender Analyse an Bedeutung.

Gliederungsmöglichkeiten der Bilanzanalyse		
Nach dem Untersuchungsobjekt	Nach der Stellung des Bilanzanalytikers	Nach Vergleichsmöglichkeiten

1. Analyse der Beständebilanz
2. Analyse der Erfolgsbilanz
3. Analyse sonstiger Betriebsdaten
	1. Externe Analyse
	2. Interne Analyse
		1. Einzelanalyse
		2. Vergleichende Analyse
		   a) Zeitvergleich
		   b) Zwischenbetriebliche Vergleiche

Analyse der Bestände- und Erfolgsbilanzen bilden das Kernstück. Hauptziel ist eine integrierte Kennzahlenrechnung.	Interne Analyse ist aufschlussreicher, weil Einsicht in gesamtes Rechnungswesen möglich ist.	Zwischenbetriebliche Vergleiche vermeiden »Betriebsblindheit«, lassen Typisches erkennen.

1.4 Grenzen der Bilanzanalyse

Die **Vollständigkeit** und die **Qualität** der Informationen ist entscheidend für die Güte jeder Auswertung; dies trifft natürlich auch für die Bilanzanalyse zu. Die Besonderheiten des Jahresabschlusses bestimmen zusammen mit den gesetzlichen Regelungen die Grenzen der Bilanzanalyse. Im Einzelnen liegen die Grenzen in folgenden Punkten begründet:

- **Abstimmung auf das Jahresende:** Das Jahresende ist das Schlussdatum der Betrachtungsweise. Nur Berechnungen über die gesamte Lebensdauer des Unternehmens würden einen »richtigen« Einblick in die Vermögens-, Finanz- und Ertragsverhältnisse gewähren. So können beispielsweise bestimmte Tätigkeiten oder Unterlassungen kurz vor dem Bilanzstichtag die Bilanz oder den Erfolgsausweis erheblich beeinflussen (z. B. Kauf von Anlagegütern oder Rohstoffen kurz vor dem Bilanzstichtag).
- **Bilanzpolitischer Spielraum:** Verschiedene Bilanzierungs- und Bewertungswahlrechte ergeben unterschiedliche Werte bei den einzelnen Bilanzpositionen und ermöglichen deshalb Verschiebungen. Darüber hinaus beruhen zum Teil sehr gewichtige Bilanzposten und ihre Bewertung auf Schätzungen und Prognosen, deren Bandbreite vertretbarer Werte sehr erheblich ist. Beispiele sind Forderungen an notleidende Schuldner (Bonitätsrisiko) oder Rückstellungen für ungewisse Schulden und für drohende Verluste aus schwebenden Geschäften.
- Allerdings darf von einmal gewählten Bewertungsmethoden nur in Ausnahmefällen abgewichen werden (§ 252 Abs. 2 HGB). Abweichungen von Bilanzierungs- und Bewertungsmethoden und deren Einfluss auf die Vermögens-, Finanz- und Ertragslage sind im Anhang anzugeben (§ 284 Abs. 2 Nr. 3 HGB).
- Bilanzierung und Bewertung werden oftmals so gewählt, dass den Wünschen der am Unternehmen interessierten Gruppen am ehesten entsprochen wird. Damit können bilanzpolitische Überlegungen sehr in den Vordergrund treten.
- **Unvollständige Informationen:** Aus den Zahlen des Jahresabschlusses lassen sich nicht alle Fragestellungen richtig beantworten. Beispielsweise kann aus den Zahlen des Jahresabschlusses keine richtige Liquiditätsanalyse vorgenommen werden. Dazu müssten Einzahlungs- und Auszahlungsströme in kürzeren Zeitabständen verglichen werden. Ein anderes Beispiel: Die Erfolgsträchtigkeit einzelner Produkte oder Produktgruppen (z. B. deren Deckungsbeiträge) können nicht ermittelt werden.
- **Keine qualitativen Beurteilungen:** Da im Wesentlichen nur Zahlenmaterial vorliegt, können kaum qualitative Aussagen gemacht werden, beispielsweise zu Chancen und Risiken der Märkte, zur Wettbewerbssituation, zum Ausbildungsstand der Mitarbeiter, zum Qualitätsstandard der Produkte, zur Marktposition, zum Know-how, zur technischen Reife der Produkte, zur Qualität des Managements, zur Güte der Personalführung oder zur Motivation der Mitarbeiter.
- **Mangelhafter Zukunftsbezug:** Aus den im Jahresabschluss ersichtlichen Vergangenheitswerten auf die zukünftige Entwicklung zu schließen, ist sehr fragwürdig. Zudem liegen zwischen dem Bilanzstichtag und der Bilanzveröffentlichung meist mehrere Monate, sodass die Daten zum Zeitpunkt ihrer Veröffentlichung nicht mehr aktuell sind.
- **Begrenzte Aussagen durch Kennzahlen:** Betriebliche Kennziffern vermitteln viele Informationen als Zahl verdichtet, z. B. Liquiditätskennzahl, Aufwand im Verhältnis zum Umsatz u. ä. Sie machen betriebliche Tatbestände zwar transparenter, sind aber doch an die Restriktionen der Ausgangsinformationen (Bilanz- und GuV-Daten) gebunden. Trotz Bezugnahme auf viele Einflussgrößen gilt dies auch für Kennzah-

lensysteme, bei denen ersichtlich ist, aus welchen Teilinformationen (Teilkennzahlen) sich die Hauptinformation (Hauptkennzahl) zusammensetzt (vgl. S. 126).

Die hier angesprochenen Grenzen der Bilanzanalyse sollten nicht zu dem Fehlschluss verleiten, eine Bilanzanalyse sei sinnlos. Vielmehr ist daraus zu erkennen, dass zu weitreichende Informationsbedürfnisse nicht befriedigt werden können. Ferner sollten sie davor warnen, allzu schematisch Bilanzanalysen vorzunehmen und die gewonnenen Ergebnisse in immer gleicher Weise ohne kritisches Hinterfragen zu beurteilen.

Kontrollfragen
1. *Welche Zwecke verfolgt die Bilanzanalyse?*
2. *Mit welchen Informationen wird eine Bilanzanalyse durchgeführt?*
3. *Für welchen Personenkreis ist eine Bilanzanalyse von Bedeutung?*
4. *Was versteht man unter statischer und dynamischer Bilanzanalyse?*
5. *Welche Grundsätze gelten für die Bilanzanalyse?*
6. *Nennen Sie die Grenzen der Bilanzanalyse. Welche Schlussfolgerungen sind daraus zu ziehen?*

Aufgabe 7.01 *Gestaltbarkeit von Bilanzen S. 412*

2 Jahresabschlussanalyse am praktischen Fall

Die Vorgehensweise bei einer Bilanzanalyse soll nicht nur allgemein erklärt, sondern auch an einem **Fallbeispiel** durchgeführt werden. Zu diesem Zweck werden Bilanz, GuV-Rechnung, Anhang und Lagebericht der Festing GmbH dargestellt, eines Unternehmens, das im Rechnergeschäft tätig ist, Hardware baut, Software entwickelt, diese Produkte im In- und Ausland verkauft und Schulungen zu Computeranwendungen durchführt.

Anhand dieser Daten soll beispielhaft vorgeführt werden, wie aus den allgemein zugänglichen Informationen des Jahresabschlusses und Lageberichts die gegenwärtige Situation eines Unternehmens beurteilt und die zukünftigen wirtschaftlichen Entwicklungen abgeschätzt werden können.

Durch **Bilanzpolitik** versucht ein Unternehmen, den Jahresabschluss im Rahmen des rechtlich Zulässigen zielgerichtet auf den Adressatenkreis abzustimmen. Je nach Interessenlage wird man das Ziel der Informationsvermeidung anstreben, um z. B. Wettbewerbern die Einsicht möglichst zu erschweren, oder aber eine offene Informationspolitik betreiben, um das Unternehmenserscheinungsbild durch eine zweckorientierte Selbstdarstellung in das gewünschte Licht zu rücken.

Die Festing GmbH ist eine mittelgroße Kapitalgesellschaft (vgl. § 267 HGB, die Bilanzsumme übersteigt zwar die Grenze von 13,75 Mio. €, Umsatzerlöse und Zahl der Arbeitnehmer sind jedoch in beiden Geschäftsjahren den Größenordnungsmerkmalen mittelgroß zuzuordnen). Die folgenden Angaben zu Jahresabschluss und Lagebericht sind an den gesetzlichen Vorschriften hierfür ausgerichtet.

Im Band 1 der »Neuen Schule des Bilanzbuchhalters« sind Bilanz, GuV-Rechnung, Anhang, Lagebericht, Prüfung und Offenlegung ausführlich besprochen, sodass sich hier nähere Ausführungen, etwa zu Inhalten der einzelnen Bilanzposten, Bewertungs- oder Gliederungsfragen, erübrigen.

Bilanz der

Aktiva	Berichtsjahr		Vorjahr	
	T€	T€	T€	T€
A. Aufwendungen für Erweiterung des Geschäftsbetriebs		28,6		—
B. Anlagevermögen				
I. Immaterielle Vermögensgegenstände				
1. Lizenzen	661,4		480,6	
2. Geschäfts- oder Firmenwert	447,0	1 108,4	—	480,6
II. Sachanlagen				
1. Grundstücke und Bauten einschließlich der Bauten auf fremden Grundstücken	6 340,8		4 960,4	
2. Technische Anlagen und Maschinen	2 860,2		2 480,2	
3. Andere Anlagen, Betriebs- und Geschäftsausstattung	680,6	9 881,6	540,0	7 980,6
III. Finanzanlagen				
1. Anteile an verbundenen Unternehmen	1 420,8		—	
2. Beteiligungen	120,3	1 541,1	120,3	120,3
		12 531,1		8 581,5
C. Umlaufvermögen				
I. Vorräte				
1. Roh-, Hilfs- und Betriebsstoffe	982,3		886,4	
2. Unfertige Erzeugnisse	320,6		280,3	
3. Fertige Erzeugnisse und Waren	480,7		140,6	
4. Geleistete Anzahlungen	50,1	1 833,7	80,4	1 387,7
II. Forderungen und sonstige Vermögensgegenstände				
1. Forderungen aus Lieferungen und Leistungen	2 650,2		2 600,6	
2. Forderungen gegen verbundene Unternehmen	250,1		—	
3. Sonstige Vermögensgegenstände	80,4	2 980,7	90,4	2 691,0
III. Wertpapiere				
1. Sonstige Wertpapiere		430,6		2 080,4
IV. Kassenbestand, Guthaben bei Kreditinstituten und Schecks		980,7		730,7
		6 225,7		6 889,8
D. Rechnungsabgrenzungsposten		76,7		85,6
		18 862,1		15 556,9

Festing GmbH

Passiva	Berichtsjahr		Vorjahr	
	T€	T€	T€	T€
A. Eigenkapital				
I. Gezeichnetes Kapital	8 000,0		4 000,0	
II. Kapitalrücklage	—		1 600,0	
III. Gewinnrücklagen	560,2		1 700,5	
IV. Gewinnvortrag	—		30,1	
V. Jahresüberschuss	1 840,6	10 400,8	1 229,6	8 560,2
B. Sonderposten mit Rücklageanteil		1 800,4		1 670,2
C. Rückstellungen				
1. Rückstellungen für Pensionen	1 400,6		1 230,4	
2. Steuerrückstellungen	520,4		408,6	
3. Sonstige Rückstellungen	1 000,5	2 921,5	1 070,3	2 709,3
D. Verbindlichkeiten				
1. Verbindlichkeiten gegenüber Kreditinstituten	2 211,0		1 682,0	
2. Erhaltene Anzahlungen auf Bestellungen	80,3		30,2	
3. Verbindlichkeiten aus Lieferungen und Leistungen	360,7		257,3	
4. Verbindlichkeiten aus der Annahme gezogener und Ausstellung eigener Wechsel	340,6		140,7	
5. Verbindlichkeiten gegenüber verbundenen Unternehmen	120,4		—	
6. Sonstige Verbindlichkeiten	620,6		502,5	
– davon aus Steuern 450,4 (Vorjahr 359,2)				
– davon im Rahmen der sozialen Sicherheit 150,0 (Vorjahr 111,0)		3 733,6		2 612,7
E. Rechnungsabgrenzungsposten		5,8		4,5
		18 862,1		15 556,9

GuV-Rechnung der Festing GmbH

	Berichtsjahr		Vorjahr	
	T€	T€	T€	T€
1. Umsatzerlöse	21 518,0		18 557,5	
2. + Erhöhung des Bestandes an unfertigen und fertigen Erzeugnissen	216,0		180,3	
3. + Sonstige betriebliche Erträge	282,6		166,8	
4. ·/· Materialaufwand				
a) Aufwendungen für Roh-, Hilfs- und Betriebsstoffe und bezogene Waren	6 388,9		5 680,4	
b) Aufwendungen für bezogene Leistungen	872,4		802,6	
5. ·/· Personalaufwand				
a) Löhne und Gehälter	6 000,6		5 094,4	
b) Soziale Abgaben und Aufwendungen für Altersversorgung und für Unterstützung – davon für Altersversorgung 745,0 (Vorjahr 620,0)	1 839,4		1 373,6	
7. ·/· Abschreibungen				
a) auf immaterielle Vermögensgegenstände des Anlagevermögens und Sachanlagen	2 198,0		2 038,6	
b) auf Gegenstände des Unlaufvermögens, soweit diese die üblichen Abschreibungen überschreiten	102,0		134,4	
8. ·/· Sonstige betriebliche Aufwendungen	1 441,3		1 726,9	
9. + Erträge aus Beteiligungen	20,3		10,8	
10. + Sonstige Zinsen und ähnliche Erträge	104,2		148,4	
11. ·/· Zinsen und ähnliche Aufwendungen	257,4		193,2	
12. Ergebnis der gewöhnlichen Geschäftstätigkeit		3 041,1		2 019,7
13. + Außerordentliche Erträge	79,0		100,0	
14. Außerordentliches Ergebnis		79,0		100,0
15. ·/· Steuern vom Einkommen und vom Ertrag		1159,3		774,5
16. ·/· Sonstige Steuern		120,2		115,6
17. Jahresüberschuss		1 840,6		1 229,6

Anhang der Festing GmbH (verkürzt)

A. Allgemeine Erläuterungen

I. Bilanzierungs- und Bewertungsmethoden (§ 284 Abs. 2 Nr. 1 HGB)

(1) Die Angaben zu den Bilanzierungsmethoden werden im Rahmen der Erläuterung der einzelnen Posten von Bilanz und GuV-Rechnung gemacht, um Wiederholungen oder Überschneidungen zu vermeiden.

(2) Bei der Ermittlung der Herstellungskosten erfolgte die Einbeziehung aktivierungsfähiger Aufwendungen nach steuerlichen Vorschriften (R 33 EStR), und zwar sowohl für Wirtschaftsgüter des Anlagevermögens als auch des Umlaufvermögens.

(3) Die Abschreibungen richten sich nach den vom Bundesministerium der Finanzen herausgegebenen AfA-Tabellen. Als Abschreibungsmethode kommt die degressive unter Zugrundelegung des steuerlichen Höchstsatzes mit planmäßigem späterem Übergang auf die lineare Methode zur Anwendung.
(4) Außerplanmäßige Abschreibungen nach § 253 Abs. 2 Satz 3 HGB wurden auf Bauten vorgenommen.
(5) Geringwertige Wirtschaftsgüter des Anlagevermögens werden im Zugangsjahr voll abgeschrieben.
(6) Bei der Bewertung der Vorräte wird das Lifo-Verfahren eingesetzt. Bei Hardware-Komponenten musste wegen fallender Preise das Niederstwertprinzip gemäß § 253 Abs. 3 Satz 1 und 2 HGB angewendet werden.
(7) Die ausgewiesenen Pensionsrückstellungen werden im Einklang mit steuerlichen Vorschriften (§ 6a EStG) ermittelt.

II. Währungsumrechnung (§ 284 Abs. 2 Nr. 2 HGB)

Forderungen und Verbindlichkeiten in fremden Währungen werden nach Maßgabe des Wechselkurses zum Entstehungstag der Forderungen oder Verbindlichkeiten angesetzt, soweit nicht ein gesunkener bzw. gestiegener Wechselkurs eine Abwertung der Forderung oder eine Höherbewertung der Verpflichtungen erforderlich gemacht hat.

B. Erläuterungen der Bilanz und GuV-Rechnung
I. Bilanz

(1) Angabe nach § 269 HGB: Von den Ansatzmöglichkeiten einer Bilanzierungshilfe nach § 269 HGB wurde Gebrauch gemacht; die Erweiterungskosten betreffen Aufwendungen für die Personalbeschaffung und -schulung im Geschäftsbereich »Schulung«.
(2) Angabe nach § 268 Abs. 2 HGB: Anlagenspiegel (siehe S. 108)
(3) Angabe nach § 268 Abs. 4 HGB: Keine der Forderungen aus Lieferungen und Leistungen haben eine Restlaufzeit von über einem Jahr (Vorjahr ebenfalls).
(4) Angabe nach § 265 Abs. 3 HGB: Forderungen gegenüber verbundenen Unternehmen beruhen auf Lieferungs- und Leistungsverhältnissen.
(5) Angabe nach § 268 Abs. 6 HGB: Von aktiven Rechnungsabgrenzungsposten entfällt ein Betrag von 18 200,– (Vorjahr 15 100,–) auf ein Disagio (§ 250 Abs. 3 HGB).
(6) Angabe nach §§ 273, 281 Abs. 2 HGB: Sonderposten mit Rücklageanteil[1]

Sonderpostenspiegel (in T€)					
Art des Sonderpostens	Stand 31.12. Vorjahr	Einstellungen	Umbuchungen	Auflösungen	Stand 31.12. Abschlussjahr
unversteuerte Rücklagen nach § 6b EStG	1 670,2	—	—	—	1 670,2
Rücklage für Ersatzbeschaffungen nach R 35 EStR	—	130,2	—	—	130,2
	1 670,2	130,2	—	—	1 800,4

---
1 Zum »Sonderpostenspiegel« vgl. ADS § 281 Tz 58.

Bilanzposten	Gesamte Anschaffungs-/Herstellungskosten	Zugänge +	Abgänge -	Umbuchungen +/-	Abschreibungen kumuliert -	Zuschreibungen +	Buchwert 31.12. Abschlussjahr	Buchwert 31.12. Vorjahr	Abschreibungen Abschlussjahr
	1	2	3	4	5	6	7	8	9
A. Aufwendungen für Erweiterung des Geschäftsbetriebs	–	28,6	–	–	–	–	28,6	–	–
B. Anlagevermögen									
I. Immaterielle Vermögensgegenstände									
1. Lizenzen	654,9	382,4	38,6	–	337,3	–	661,4	480,6	196,6
2. Geschäfts- oder Firmenwert	–	596,0	–	–	149,0	–	447,0	–	149,0
II. Sachanlagen									
1. Grundstücke und Bauten einschließlich der Bauten auf fremden Grundstücken	12 620,4	2 321,0	–	–	8 600,6	–	6 340,8	4 960,4	940,6
2. Technische Anlagen und Maschinen	5 380,6	906,2	304,3	–	3 122,3	–	2 860,2	2 480,2	506,2
3. Andere Anlagen, Betriebs- und Geschäftsausstattung	3 240,0	576,2	326,4	–	2 809,2	–	680,6	540,0	405,6
III. Finanzanlagen									
1. Anteile an verbund. Unternehmen	–	1 420,8	–	–	–	–	1 420,8	–	–
2. Beteiligungen	120,3	–	–	–	–	–	120,3	120,3	–
Summe	22 016,2	6 231,2	669,3	–	15 018,4	–	12 559,7	8 581,5	2 198,0

(7) Angabe nach Art. 28 Abs. 2 EGHGB: In der Bilanz nicht ausgewiesene Pensionsrückstellungen auf Grund von Altzusagen belaufen sich auf 253 000,–.

(8) Angabe nach § 285 Nr. 12 HGB: Die »Sonstigen Rückstellungen« enthalten vor allem Rückstellungen für Gewährleistungsverpflichtungen und für drohende Verluste aus schwebenden Geschäften.

(9) Angabe nach § 285 Nr. 1 und 2 HGB: Verbindlichkeitenspiegel. (siehe S. 109)

(10) Angabe nach § 268 Abs. 7 HGB: Haftungsverhältnisse basieren auf einem Wechselobligo in Höhe von 120 000,–.

II. GuV-Rechnung

(1) Angabe nach § 277 Abs. 3 HGB: Außerplanmäßige Abschreibungen nach § 253 Abs. 2 Satz 3 HGB betragen 720 600,–.

(2) Angaben nach §§ 285 Nr. 5, 281 Abs. 2 Satz 2 HGB: Um die Einstellungen in den Sonderposten mit Rücklageanteil wird der ausgewiesene Jahresüberschuss entsprechend vermindert.
Von den sonstigen betrieblichen Aufwendungen entfallen 130 200,– auf die Einstellungen in den Sonderposten mit Rücklageanteil.

(3) Angabe nach § 285 Nr. 6 HGB: Der ausgewiesene Steueraufwand entfällt zu 2,6 % auf das außerordentliche Ergebnis.

Verbindlichkeitsspiegel (in T €)*						
Art der Verbindlichkeit	Gesamt-betrag	Davon mit Restlaufzeit von			Sicherheiten	
		bis zu 1 Jahr	1 bis 5 Jahren	über 5 Jahren	gesicher-ter Betrag	Art und Form
1	2	3	4	5	6	7
1. Verbindlichkeiten gegenüber Kreditinstituten	2 211,0 (1 682,0)	1 100,0 (971,0)	—	1 111,02 (711,0)	2 211,0	Grundschuld, Sicherungs-abtretung
2. Erhaltene Anzahlungen auf Bestellungen	80,3 (30,2)	80,3 (30,2)	—	—	—	—
3. Verbindlichkeiten aus Lieferungen und Leistungen	360,7 (257,3)	360,7 (257,3)	—	—	156,0	Eigentums-vorbehalt
4. Wechselverbindlichkeiten	340,6 (140,7)	340,6 (140,7)	—	—	—	—
5. Verbindlichkeiten gegenüber verbundenen Unternehmen	120,4 (—)	— (—)	120,4	—	—	—
6. Sonstige Verbindlichkeiten	620,6 (502,5)	620,6 (502,5)	—	—	—	—
– davon Steuern	450,4 (359,2)	450,4 (359,2)	—	—	—	—
– davon im Rahmen der sozialen Sicherheit	150,0 (111,0)	150,0 (111,0)	—	—	—	—
Summe	3 733,6 (2 612,7)	2 502,2 (1 901,7)	120,4	1 111,0 (711,0)	2 367,0	

* Die Klammerangaben betreffen die Vorjahresdaten.

C. Sonstige Angaben

Angabe nach § 285 Nr. 11 HGB:

Anteilsbesitz			
Name und Sitz	Höhe des Kapitalanteils	Eigenkapital	Ergebnis des letzten Geschäftsjahres
Procom GmbH, Düsseldorf	20 %	1 102 700,–	210 400,–
DDS Computing, London	100 %	756 420,–	188 100,–

Lagebericht der Festing GmbH

Hauptziele

Die geplanten Umsatzerwartungen für das Berichtsjahr wurden voll erreicht und die geplanten Ergebnisse sogar übertroffen.

Die Umsatzerlöse stiegen im Vergleich zum Vorjahr um 2 960 500,–, das entspricht einer Steigerungsrate von 15,9 %. Zur Belebung haben im Wesentlichen die Geschäftsbereiche Software (Zuwachs 1 470 500,–) und Schulung (Zuwachs 1 109 200,–)

beigetragen. Die Erlöse aus Hardware (Zuwachs 380 800,–) sind wegen der fallenden Hardwarepreise nur geringfügig gestiegen.

Die Kapitalerhöhung um 4 auf 8 Mio. € war ohne Aufnahme neuer Gesellschafter möglich, was die Stärke der Finanzkraft des Unternehmens belegt und auf lange Sicht die Eigenständigkeit trotz weiterhin steigenden Kapitalbedarfs sichert. Diesem Ziel dient auch die Thesaurierung von 1 Mio. € aus dem Jahresüberschuss des Berichtsjahres.

Zukünftige Entwicklung
Die Erträge im Hardwaregeschäft werden zurückgehen. Deshalb ist für die kommenden Jahre ein systematischer Ausbau der Softwareproduktion und eine gezielte Erweiterung des Schulungsangebotes geplant. Mit dem projektierten Neubau der Zentrale, Baubeginn voraussichtlich Mitte Mai, sollen die hierfür notwendigen räumlichen Voraussetzungen verbessert werden. Mit dem Erwerb der DDS-Computing in London, die hochwertige Softwareprodukte entwickelt, wurde der erste Schritt zu einem maßvollen Wachstum in den europäischen Markt erfolgreich verwirklicht. Verhandlungen mit einem italienischen Unternehmen stehen vor dem Abschluss. Auch Spanien und Frankreich sowie Osteuropa sollen mittelfristig in die Vertriebsstrategie miteinbezogen werden.

Drei Arten von Risiken sind zu betrachten. Technologische Risiken sind weitgehend ausgeschaltet, weil alle gängigen Hard- und Software-Plattformen bedient werden. Wachstumsrisiken müssen sehr genau analysiert werden. Beim Kauf fremder Unternehmen müssen gleichzeitig neue Entwicklungen, Märkte und Kunden mit gekauft werden. Die Risiken bei den Kunden werden dadurch minimiert, dass möglichst viele Kunden mit hoher Bonität beliefert werden.

Mitarbeiter
Im Berichtsjahr wurde die Mitarbeiterzahl von 76 um 25 auf nunmehr 101 Mitarbeiter erhöht. Es handelt sich vorwiegend um jüngere Mitarbeiter für Vertrieb und Schulung. Für die Erweiterung des Softwareangebots war kein weiteres Personal notwendig; denn die entsprechenden Entwicklungen wurden auf dem Markt erworben.

Durch gezielte Aus- und Weiterbildungmaßnahmen soll erreicht werden, dass das bestehende Personal qualifizierter, erfolgreicher und flexibler die Kundenwünsche erfüllt, damit das Unternehmen sich auf einem hoch dynamischem Markt der Informationstechnik erfolgreich behaupten kann.

Aufgabe 7.02 *Analyseplanung S. 412*

Aufgabe 7.03 *Aufwendungen für Erweiterung des Geschäftsbetriebs S. 412*

Aufgabe 7.04 *Sonderposten mit Rücklageanteil S. 412*

Aufgabe 7.05 *Sonstige betriebliche Aufwendungen S. 412*

Aufgabe 7.06 *Wertpapiere S. 412*

Aufgabe 7.07 *Steuern vom Einkommen und vom Ertrag S. 412*

Aufgabe 7.08 *Kapitalerhöhung S. 413*

Aufgabe 7.09 *Latente Steuern S. 413*

3 Aufbereitung des Jahresabschlusses

Das Zahlenmaterial der Bilanz und der GuV-Rechnung muss zum Zweck der Analyse in den meisten Fällen aufbereitet werden, um eine sinnvolle Bilanzanalyse durchführen zu können.

Bei der **Bilanz** werden vor allem die Informationen des Anhangs und des Lageberichts ausgewertet sowie die einzelnen Bilanzpositionen verdichtet und bereinigt. Bei der Verdichtung werden bestimmte Einzelpositionen in Gruppen zusammengefasst. Bei der Bereinigung wird die Aktivseite der Bilanz nach dem Liquiditätsgrad des Vermögens gegliedert und die Passivseite nach der Fristigkeit des Kapitals geordnet und einzelne Umrechnungen vorgenommen, die nachfolgend im Einzelnen erläutert werden. Die in dieser Form neu geordnete und bereinigte Bilanz wird **Strukturbilanz** genannt.

Bei der Aufbereitung der **GuV-Rechnung** wird das Jahresergebnis in verschiedene Erfolgskomponenten aufgeteilt.

3.1 Ziel der Aufbereitung

Die Aufbereitung des Jahresabschlusses durch **Ansatz-, Gliederungs- und Bewertungskorrekturen** darf nie schematisch vorgenommen werden, sondern muss an den Zielen der jeweiligen Analyse ausgerichtet sein. Bei vergleichender Analyse ist die Vergleichbarmachung des Datenmaterials oberstes Gebot.

> **Beispiel:**
> Der Bilanzbuchhalter einer Brauerei will einen **zwischenbetrieblichen** Vergleich anstellen, der den Stand des Unternehmens im Verhältnis zur Branche aufzeigen soll. Die vorhandenen Branchendaten basieren auf nicht aufbereiteten Jahresabschlussdaten laut HGB, insbesondere sind keine Bewertungskorrekturen durchgeführt, d. h. stille Reserven nicht offengelegt.
> Da es sich bei der Brauerei um eine »alte« Firma handelt, sind die Betriebsgrundstücke heute ein Vielfaches der ursprünglichen Anschaffungskosten wert. Auch die stillen Reserven aus den anderen Bilanzpositionen sind dem Bilanzbuchhalter bekannt.
> Soll der Branchenvergleich einen Sinn haben, so müssen **Werte gleicher Konvention** einander gegenübergestellt werden, hier die »einfachen« (nicht aufbereiteten) Jahresabschlussdaten laut HGB. Beruhen die Daten nicht auf gleichen Wertkategorien, so ist das, als ob man in verschiedenen Währungen rechnet, ohne Umrechnungskurse zu verwenden.
> Für **innerbetriebliche** Analysezwecke ist es jedoch sinnvoll, die »wahren« Werte zugrunde zu legen.

3.2 Aufbereitung der Bilanz

3.2.1 Ansatzkorrekturen

Es gibt Bilanzpositionen, die in der Strukturbilanz, die der späteren Analyse zugrunde gelegt wird, **nicht mehr enthalten sein dürfen.** Ansatzkorrekturen führen automatisch auch zu Gliederungskorrekturen.

Sonderposten: Ausstehende Einlagen auf das gezeichnete Kapital

Die ausstehenden Einlagen sind vom gezeichneten Kapital bzw. Eigenkapital abzuziehen, bei Kommanditgesellschaften vom Kommanditkapital. Es ergibt sich eine entsprechende Bilanzverkürzung.

Beispiel bei Bruttoausweis des gezeichneten Kapitals:[1]

Ausgangsbilanz

A. Ausstehende Einlagen auf das gezeichnete Kapital	200 000,–	A. Eigenkapital	
– davon eingefordert 50 000,–		I. Gezeichnetes Kapital	600 000,–
B. Anlagevermögen	300 000,–	B. Fremdkapital	400 000,–
C. Umlaufvermögen	500 000,–		
	1 000 000,–		1 000 000,–

Durch den Abzug der ausstehenden Einlagen wird die Bilanzsumme entsprechend niedriger. Bei ausführlicher Darstellung der Passivseite ergibt sich folgende Strukturbilanz:

Strukturbilanz

A. Anlagevermögen	300 000,–	A. Eigenkapital		
B. Umlaufvermögen	500 000,–	I. Gezeichnetes Kapital	600 000,–	
		./. Nicht eingeforderte Einlagen	150 000,–	
		Eingefordertes Kapital	450 000,–	
		./. Eingeforderte Einlagen	50 000,–	
		Gezeichnetes Kapital ohne ausstehende Einlagen		400 000,–
		B. Fremdkapital		400 000,–
	800 000,–			800 000,–

Sonderposten: Eingeforderte, noch ausstehende Kapitaleinlagen

Beim Nettoausweis des gezeichneten Kapitals sind die eingeforderten, noch ausstehenden Kapitaleinlagen, die unter den Forderungen gesondert auszuweisen sind (§ 272 Abs. 1 HGB), bei Erstellung der Strukturbilanz zu eliminieren.

---

[1] Zur ausführlichen Darstellung des Brutto- und Nettoausweises des gezeichneten Kapitals vgl. Band 1.

Beispiel: bei Nettoausweis des gezeichneten Kapitals

Ausgangsbilanz

A. Anlagevermögen	300 000,–	A. Eigenkapital	
B. Umlaufvermögen		I. Gezeichnetes Kapital	600 000,–
II. Forderungen und sonstige Vermögensgegenstände		./. Nicht eingeforderte Einlagen	150 000,–
4. Eingefordertes, noch nicht eingezahltes Kapital	50 000,–	Eingefordertes Kapital	450 000,–
Saldo	500 000,–	B. Fremdkapital	400 000,–
	850 000,–		850 000,–

Die Strukturbilanz ist mit der beim Bruttoausweis identisch (vgl. S. 112).

Sonderposten: Eingeforderte Nachschüsse
Bei einer GmbH sind gemäß § 42 Abs. 2 GmbHG eingeforderte Nachschüsse unter den Forderungen gesondert auszuweisen und ein entsprechender Betrag in die Kapitalrücklage einzustellen. In der Strukturbilanz sind diese Beträge herauszurechnen; es ergibt sich eine Bilanzverkürzung.

Sonderposten: Aufwendungen für die Ingangsetzung und Erweiterung des Geschäftsbetriebs
Dieser Sonderposten darf als Bilanzierungshilfe in die Bilanz eingestellt werden, um einen möglichen Verlustausweis in der Anlauf- oder Erweiterungsphase zu vermeiden (§ 269 HGB). Die Buchung bei Einstellung führt zu einer Verringerung des Aufwands und damit zu einem entsprechend erhöhten Eigenkapitalausweis. Für die Bilanzanalyse sind die Ingangsetzungsaufwendungen – entsprechend der Handhabung in der Steuerbilanz – als Aufwand des Entstehungsjahres abzuziehen. Damit ist der Betrag des Eigenkapitals entsprechend zu vermindern.

Aktiva B.III.2: Eigene Anteile
Eigenen Anteilen steht gemäß § 272 Abs. 4 HGB auf der Passivseite die Rücklage für eigene Anteile gegenüber. Beide Positionen sind für bilanzanalytische Zwecke gegeneinander aufzurechnen, wodurch sich eine Bilanzverkürzung ergibt.

Aktiviertes Disagio
Ein nach § 250 Abs. 3 HGB in den aktiven Rechnungsabgrenzungsposten aufgenommenes Disagio ist in der Bilanz gesondert auszuweisen oder im Anhang anzugeben (§ 268 Abs. 6 HGB). Seinem Charakter nach ist es vorweggenommener Zinsanteil. Der Betrag der aktiven Rechnungsabgrenzung ist um das Disagio zu kürzen (»gedachte« Korrekturbuchung: Aufwand an Disagio). Auf der Passivseite ist eine entsprechende Verringerung des Eigenkapitals vorzunehmen; denn Aufwandkonten sind Unterkonten des Eigenkapitals.

Sonderposten: Aktive Steuerabgrenzung
Eine aktive Steuerabgrenzung zeigt an, dass in der Handelsbilanz höhere Aufwendungen verrechnet wurden als in der Steuerbilanz. Diese Bilanzierungshilfe weist also auf das Vorhandensein stiller Reserven (im Vergleich zur Steuerbilanz) hin, wobei aber

nicht zu erkennen ist, worauf sie basieren. (Vgl. hierzu die Beispiele zur aktiven Steuerabgrenzung in Band 1).

Für eine Eliminierung dieser Position (unter gleichzeitiger Kürzung des Eigenkapitals) sprechen verschiedene Gründe: Eine aktive Steuerabgrenzung dürfte nicht allzu häufig vorzufinden sein, sodass aus Gründen einer einheitlichen Datenbasis bei zwischenbetrieblichen Vergleichen dieser Posten nicht enthalten sein sollte. Auch für den innerbetrieblichen Vergleich ist eine Kürzung notwendig; denn die aktive Steuerabgrenzung macht eine Aussage über das Verhältnis von der Handels- zur Steuerbilanz und nicht über die der Analyse zugrunde zu legenden »wahren« Bilanzwerte.

Passiva A: Eigenkapital
Das Eigenkapital hat insofern eine Sonderstellung bei der Aufbereitung, als eine Vielzahl von Ansatz- und Bewertungskorrekturen die Eigenkapitalgröße verändern, insbesondere alle »gedachten« **Aufwands- und Ertragskorrekturen.**

Auf die Korrektur hinsichtlich der Rücklage für eigene Anteile sowie der ausstehenden Einlagen ist zu achten.

Passiva B.1: Rückstellungen für Pensionen und ähnliche Verpflichtungen
Hat ein Unternehmen von dem Wahlrecht nach Art. 28 EGHGB Gebrauch gemacht und Pensionsrückstellungen für Altzusagen nicht passiviert, sind folgende Korrekturen durchzuführen: Erhöhung der Pensionsrückstellungen um den im Anhang gemäß Art. 28 Abs. 2 EGHGB genannten Betrag, Verminderung des Eigenkapitals um die gleiche Summe.

Passiva C.3: Erhaltene Anzahlungen auf Bestellungen
Erhaltene Anzahlungen auf Bestellungen können entweder auf der Passivseite unter »Verbindlichkeiten« ausgewiesen oder auf der Aktivseite offen von den Vorräten abgesetzt werden. Der besondere Charakter dieser Verbindlichkeit besteht darin, dass sie im Normalfall durch Lieferung und nicht durch Zahlungen getilgt wird. Sofern die Verbindlichkeit insgesamt nicht höher als die Position »Vorräte« ist, ist für bilanzanalytische Zwecke der letzteren Möglichkeit, d. h. der Verrechnung mit den Vorräten, der Vorzug zu geben (Bilanzverkürzung).

Aufgabe 7.10 *Ansatzkorrekturen S. 413*

3.2.2 Gliederungskorrekturen

Außer den angesprochenen Ansatzkorrekturen sind weitere Gliederungskorrekturen notwendig, vor allem um die Aktiva nach dem Grad der Liquidierbarkeit und die Passiva nach der Fristigkeit des Kapitals zu ordnen.

Anlagevermögen
An der Gliederung des Anlagevermögens nach § 266 HGB in immaterielle Vermögensgegenstände, Sachanlagen und Finanzanlagen kann festgehalten werden.

Umlaufvermögen
Das Umlaufvermögen ist so zu gliedern, dass es leicht nach drei Liquiditätsstufen aufzuteilen ist. Hierbei wird der Rechnungsabgrenzungsposten dem Finanzumlaufvermögen zugeordnet (vgl. S. 121).

Wie weitgehend man Einzelpositionen zu Gruppen zusammenfasst, ist wiederum vom Analyseziel abhängig. Sollen z. B. auch finanzielle Verflechtungen mit verbundenen Unternehmen näher untersucht werden, so dürfen die entsprechenden Einzelposten nicht in Gruppen aufgehen.

Flüssige Mittel (Aktiva B.IV)
+ Wertpapiere (Aktiva B.III)

= Liquiditätsstufe I (Geldwerte)
+ Forderungen und sonstige Vermögensgegenstände (Aktiva B.II)
+ Rechnungsabgrenzungsposten (Aktiva C)

= Liquiditätsstufe II (Finanzumlaufvermögen)
+ Vorräte (Aktiva B.I)

= Liquiditätsstufe III (gesamtes Umlaufvermögen)

Eigenkapital

Beim Eigenkapital ist im Hinblick auf Gliederungskorrekturen den Positionen **Jahresüberschuss oder Bilanzgewinn Beachtung** zu schenken. Hier sind die vorgesehenen **Ausschüttungen abzuziehen,** die aus dem Ergebnisverwendungsvorschlag, der nach §§ 325, 326 HGB offen zu legen ist, zu ersehen sind. Geht aus dem Ergebnisverwendungsvorschlag nichts anderes hervor, ist ein ausgewiesener Bilanzgewinn vollständig beim Eigenkapital abzuziehen und dem kurzfristigen Fremdkapital zuzurechnen.

Sonderposten mit Rücklageanteil

Der Sonderposten mit Rücklageanteil erfasst

– steuerfreie Rücklagen und
– indirekte steuerliche Wertberichtigungen.

Bei den **steuerfreien Rücklagen** (z. B. Rücklage nach § 6 b EStG, Ersatzbeschaffungsrücklage) handelt es sich um Ertragsanteile, deren Gewinnrealisierung durch steuerliche Vorschriften aufgeschoben sind. Die Gewinnanteile stehen als temporäres Eigenkapital der Unternehmung zur Verfügung; die darauf noch zu entrichtenden Steuern (künftige Steuerschuld) haben Fremdkapitalcharakter.

Die **indirekte steuerliche Wertberichtigung** entsteht durch eine über das handelsrechtliche Maß hinausgehende Mehrabschreibung. Sie ist damit ihrem Wesen nach durch Abschreibung freigesetztes Kapital, das den gleichen Mischcharakter (Eigen- und Fremdkapitalanteil) aufweist wie steuerfreie Rücklagen.

Die **Höhe des Eigen- und des Fremdkapitalanteils** hängt von den Gewinn- bzw. Verlustverhältnissen und damit der Steuerbelastung im Auflösungsjahr ab; darüber hinaus aber auch von der Art der zu beachtenden steuerlichen Vorschrift. Um hier eine **Vereinfachung** zu erhalten, ist es nicht zu beanstanden, wenn der Sonderposten mit Rücklageanteil je zur Hälfte dem Eigenkapital und dem mittelfristigen Fremdkapital zugeordnet wird (bei Unterstellung einer 50 %igen Besteuerung). Eine andere Aufteilung wäre z. B. auf Grund ausführlicher Anhangangaben (Sonderpostenspiegel) möglich, aber nur sinnvoll, wenn auch zum Vergleichsmaterial entsprechende Daten zur Verfügung stehen. Für den internen Vergleich aber ist eine genauere Aufteilung angebracht.

Rückstellungen

Bei den Rückstellungen sind die **Rückstellungen für Pensionen und ähnliche Verpflichtungen** (einschließlich der unterlassenen Rückstellungen für Altzusagen) dem langfristigen Fremdkapital zuzuordnen, **Steuerrückstellungen** und **sonstige Rückstellungen** dem kurzfristigen Fremdkapital. Unter Umständen könnten aus der Anhangangabe gemäß § 285 Nr. 12 HGB aber auch Hinweise für eine andere Einordnung (z. B. mittelfristig) zu finden sein.

Verbindlichkeiten

Die Fristigkeit der Verbindlichkeiten ist dem Verbindlichkeitenspiegel zu entnehmen. Ist kein Verbindlichkeitenspiegel oder eine ähnliche Aufstellung offen gelegt, so sind zumindest auf Grund der Angabepflicht gemäß § 268 Abs. 5 HGB die kurzfristigen Verbindlichkeiten (Restlaufzeit bis zu einem Jahr) von den längerfristigen zu trennen; zudem kann der Gesamtbetrag der langfristigen Verbindlichkeiten (Restlaufzeit von mehr als 5 Jahren) dem Anhang aller Kapitalgesellschaften entnommen werden (§ 285 Nr. 1 HGB).

Passive Rechnungsabgrenzungsposten

Der passive Rechnungsabgrenzungsposten wird unter die kurzfristigen Verbindlichkeiten subsumiert.

Demnach gliedert sich in der Strukturbilanz das Fremdkapital wie folgt:[1]

Aufgliederung des Fremdkapitals in der Strukturbilanz nach der Bindungsfrist		
Langfristiges Fremdkapital	Mittelfristiges Fremdkapital	Kurzfristiges Fremdkapital
– Verbindlichkeiten mit Restlaufzeit über 5 Jahren – Rückstellungen für Pensionen und ähnliche Verpflichtungen (einschließlich unterlassener Rückstellungen für Altzusagen)	– Verbindlichkeiten mit Restlaufzeit von 1 bis 5 Jahren – Fremdkapitalanteil des Sonderpostens mit Rücklageanteil	– Verbindlichkeiten mit Restlaufzeit bis 1 Jahr – vorgesehene Ausschüttungen – Steuerrückstellungen – sonstige Rückstellungen – passiver Rechnungsabgrenzungsposten

3.2.3 Bewertungskorrekturen

Durch Bewertungskorrekturen werden zu hohe oder zu niedrige Wertansätze für bilanzanalytische Zwecke berichtigt. Vor einer eventuellen Vornahme von Bewertungskorrekturen ist jedoch zwei Fragen nachzugehen:

(1) Müssen bzw. dürfen in Abhängigkeit vom Analysezweck Bewertungskorrekturen überhaupt durchgeführt werden?
(2) Sind die hierfür notwendigen Daten bekannt?

Zu (1): Wie auf S. 111 bereits erläutert, kommt der Vergleichbarkeit des Datenmaterials hohe Bedeutung zu. Die einer vergleichenden Analyse zugrunde liegenden Daten **müssen auf gleichen Wertkategorien beruhen.** Es ist allenfalls möglich, die Daten ein und desselben Jahresabschlusses daraufhin zu überprüfen, ob Bewertungskorrekturen das Bild der Vermögens-, Finanz- und Ertragslage verbessern oder verschlechtern.

---

1 Vgl. Coenenberg: Jahresabschluss und Jahresabschlussanalyse, Stuttgart 2003.

Zu (2): Während für interne Analysen die Beschaffung des hierfür notwendigen Datenmaterials keine Probleme bereitet, kommt es bei externen Analysen darauf an, wie umfänglich die Anhangangaben oder sonstige freiwillige Angaben sind. Vielfach wird die Vornahme von Bewertungskorrekturen an der fehlenden Information scheitern.

Bei **externer Analyse** werden aus den Anhangangaben stille Reserven erkennbar sein, die hauptsächlich aus der Anwendung steuerlicher Vorschriften resultieren (vgl. Abbildung). Wertsteigerungen etwa im Grundvermögen oder beim Wertpapierbestand

Anhangangaben für mögliche Bewertungskorrekturen aufgrund			
handelsrechtlicher Vorschriften für		steuerlicher Vorschriften für	
alle Kapitalgesellschaften	große/mittelgroße Kapitalgesellschaften	alle Kapitalgesellschaften	große/mittelgroße Kapitalgesellschaften
(1) **Außerplanmäßige Abschreibungen** auf Anlage- und Umlaufvermögen nach § 253 Abs. 2 Satz 3 und § 253 Abs. 3 Satz 3 HGB: Gesonderter Ausweis in GuV-Rechnung oder Anhang (§ 277 Abs. 3 Satz 1 HGB). (2) Angaben zu Unternehmen, an denen ein **Anteilsbesitz** von mehr als 20 % besteht: – Namen und Sitz dieser Unternehmen, – Höhe des Anteils am Kapital, – Eigenkapital, – letztes Jahresergebnis, für das ein Jahresabschluss vorliegt (§ 285 Nr. 11 HGB).	**Gruppenbewertung** entsprechend § 240 Abs. 4 HGB sowie Bewertung von Vorratsvermögen nach **Fifo-, Lifo- oder entsprechenden Verfahren** gemäß § 256 Satz 1 HGB: Bei erheblichem Unterschied im Vergleich zu einer Bewertung auf der Grundlage des letzten vor dem Abschluss-Stichtag bekannten Börsenkurses oder Marktpreises ist Angabe der Unterschiedsbeträge pauschal für die jeweilige Gruppe im Anhang vorgeschrieben (§ 284 Abs. 2 Nr. 4 HGB).	(1) **Betrag** der aus steuerlichen Gründen unterbliebenen Zuschreibung: Angabe des Betrages sowie Begründung im Anhang vorgeschrieben (§ 280 Abs. 3 HGB). (2) **Betrag** der im Geschäftsjahr allein **nach steuerlichen Vorschriften vorgenommenen Abschreibungen**, soweit nicht aus Bilanz oder GuV-Rechnung ersichtlich (für Anlagevermögen getrennt vom Umlaufvermögen): Angabe des Betrags im Anhang; hinreichende Begründung in jedem Fall vorgeschrieben (§ 281 Abs. 2 Satz 1 HGB). (3) **Sonderposten mit Rücklageanteil:** Angabe der einzelnen steuerlichen Vorschriften, nach denen der Posten gebildet wurde, in Bilanz oder Anhang (§§ 273, 281 Abs. 1 HGB). (4) **Einstellungen in den Sonderposten mit Rücklageanteil und Auflösung** dieses Postens: Gesonderter Ausweis in den Posten »Sonstige betriebliche Aufwendungen« bzw. »Sonstige betriebliche Erträge« der GuV-Rechnung oder Angabe im Anhang (§ 281 Abs. 2 Satz 2 HGB).	Ausmaß der **Beeinflussung des Jahresergebnisses durch Inanspruchnahme steuerlicher Vergünstigungen:** Im Anhang großer und mittelgroßer Kapitalgesellschaften ist nach § 285 Nr. 5 HGB anzugeben das Ausmaß der Beeinflussung durch – Vornahme oder Beibehaltung von Abschreibungen nach §§ 254, 280 Abs. 2 HGB, – Bildung eines Sonderpostens mit Rücklageanteil nach § 273 HGB. Das Ausmaß künftiger erheblicher Belastungen aus einer solchen Bewertung ist ebenfalls anzugeben. Beachte: Diese Angaben entfallen jedoch für mittelgroße Kapitalgesellschaften bei der Offenlegung (§ 327 Nr. 2 HGB).

über die ursprünglichen Anschaffungskosten hinaus sind bei externer Analyse dagegen kaum feststellbar.

3.2.3.1 Bewertungskorrekturen auf Grund handelsrechtlicher Vorschriften

Außerplanmäßige Abschreibungen auf Anlage- und Umlaufvermögen nach § 277 Abs. 3 Satz 1 HGB

Es handelt sich hier um folgende Abschreibungen:

Anlagevermögen	Umlaufvermögen
Außerplanmäßige Abschreibungen auf den niedrigeren beizulegenden Wert (§ 253 Abs. 2 Satz 3 HGB), wobei der niedrigere Wert nicht dauerhaft sein muss (diese Abschreibung ist bei Kapitalgesellschaften nur bei **Finanzanlagen** möglich, § 279 Abs. 1 HGB).	Außerplanmäßige Abschreibungen auf den niedrigeren Wert zur Vermeidung von Wertansatzänderung in nächster Zukunft (§ 253 Abs. 3 Satz 3 HGB).
Beispiel: Zeitweiliger Rückgang von Börsenkursen.	**Beispiel:** Erwarteter Preisrückgang bei Rohstoffen in einem Zeitraum von zwei Jahren.

In diesen Fällen wird man nicht apodiktisch von stillen Reserven reden können; denn beide Abschreibungen sind nur möglich, wenn Anzeichen für eine rückläufige Preisentwicklung vorhanden sind. Wer in der Strukturbilanz stille Reserven in der Höhe der jeweils angegebenen Beträge ansetzt, unterstellt, dass

– beim Anlagevermögen der beizulegende Wert sich wieder erholt (der Börsenkurs wieder steigt),
– beim Umlaufvermögen entweder diese Preisentwicklung nicht eintritt oder die entsprechenden Vermögensgegenstände vor dem Preisrückgang bereits veräußert wurden bzw. umgeschlagen worden sind.

Anteilsbesitz

Auf Grund der Angabe nach § 285 Nr. 11 HGB ist der Anteilsbesitz näher aufzuschlüsseln (Ausnahmen § 286 Abs. 3 HGB). Während die Bilanzposition »Anteile an verbundenen Unternehmen« und »Beteiligungen« die Buchwerte (Anschaffungskosten) der entsprechenden Anteile zusammengefasst ausweisen, ist in der Anhangangabe das ausgewiesene Eigenkapital des letzten Geschäftsjahres derjenigen Unternehmen angegeben. Hält das Unternehmen viele Beteiligungen, werden Rückschlüsse vom ausgewiesenen Eigenkapital auf die Buchwerte der Anteile nicht möglich sein. Anders dagegen, wenn das Unternehmen nur eine Beteiligung hat.

> **Beispiel:**
> Ein Unternehmen X hält eine Beteiligung von 25 % am Unternehmen Y. Die Beteiligung an Y ist in der Bilanz zu 100 000,– ausgewiesen. Das Eigenkapital Y beträgt laut Anhangangabe 1 200 000,–. Demnach ist die Beteiligung, gemessen am Eigenkapital von Unternehmen Y, dreimal so viel wert wie der Buchwert von 100 000,–, nämlich 300 000,– (25 % von 1 200 000,–).

Aufgabe 7.11 *Bewertungskorrektur bei Anteilsbesitz S. 413*

Angabe der Unterschiedsbeträge bei Anwendung von Bewertungsvereinfachungsverfahren nach § 284 Abs. 2 Nr. 4 HGB

Auf Grund des Niederstwertprinzips können Unterschiedsbeträge zwischen der Anwendung der Gruppenbewertung bzw. Verbrauchsfolgeverfahren und der Bewertung zum Börsen- oder Marktpreis am Bilanzstichtag nur entstehen, wenn Letzterer im Verhältnis zu den Anschaffungskosten gestiegen ist. Durch diese Angabepflicht, die nur besteht, wenn die Unterschiedsbeträge erheblich sind, werden stille Reserven offen gelegt. Sie können dem jeweiligen Bilanzposten in der Strukturbilanz hinzuaddiert werden (unter gleichzeitiger Erhöhung des Eigenkapitals).

3.2.3.2 Bewertungskorrekturen auf Grund steuerlicher Vorschriften

Wird die Anwendung aller steuerrechtlichen Wahlrechte (steuerfreie Rücklagen sowie steuerliche Mehrabschreibungen) im **Sonderposten mit Rücklageanteil** erfasst, so wird dadurch gezeigt, in welchem Ausmaß der Jahresabschluss durch steuerliche Vergünstigungen beeinflusst ist. Die stillen Reserven sind gleichsam **offen gelegt**. Korrekturen für die Erstellung der Strukturbilanz sind **nicht mehr erforderlich.**

Wird hinsichtlich der steuerlichen Mehrabschreibungen jedoch die **direkte Form (Abschreibung vom jeweiligen Anlagegut)** gewählt, so sind die Wertansätze in der Bilanz entsprechend vermindert. Die hierdurch entstandenen stillen Reserven werden durch die Anhangangabe nach § 281 Abs. 2 Satz 1 HGB (Betrag der im Geschäftsjahr allein nach steuerlichen Vorschriften vorgenommenen Abschreibungen, getrennt nach Anlage- und Umlaufvermögen) ausgewiesen.

Der **Bilanzenzusammenhang** bewirkt, dass die Vornahme steuerlicher Mehrabschreibungen in späteren Jahren Minderabschreibungen nachsichzieht. Wie sich dieser Umstand auf den Jahresabschluss ausgewirkt hat und künftig auswirken wird, hierüber sind nur von großen Kapitalgesellschaften Angaben offen zu legen (§ 285 Nr. 5 HGB).

Aufgabe 7.12 *Bewertungskorrektur bei Herstellungskosten S. 414*

3.2.4 Strukturbilanz

Wird die Bilanz, wie vorstehend geschildert, bereinigt (Vornahme von Ansatz-, Gliederungs- und Bewertungskorrekturen), so ergibt sich eine Strukturbilanz, die Grundlage für die Bilanzanalyse mit Kennzahlen ist. Während Ansatz- und Gliederungskorrekturen in den meisten Fällen für die Bilanzanalyse mit Kennzahlen durchzuführen sind – es sei denn, z. B. bei einem Zeitvergleich nur weniger Bilanzposten –, ist die Vornahme von Bewertungskorrekturen jedoch von der Wertkonvention der Vergleichsdaten abhängig.

Für die Festing GmbH wird unterstellt, dass eine **Konkurrenzanalyse** durchzuführen ist; in den Vergleichsdaten sind keine Bewertungskorrekturen vorgenommen.

In die auf S. 125 abgebildete Strukturbilanz der Festing GmbH (vgl. zu deren Entwicklung Aufgabe 9.12) sind Prozentangaben aufgenommen, die das Verhältnis des jeweiligen Bilanzpostens zur Bilanzsumme angeben.

Aufgabe 7.13 *Erstellung der Strukturbilanz der Festing GmbH S. 414*

Strukturbilanz der Festing GmbH

Aktiva	Berichtsjahr				Vorjahr			Passiva	Berichtsjahr			Vorjahr	
	T€	T€	%		T€	T€	%		T€	T€	%	T€	%
A. Anlagevermögen								A. Eigenkapital					
I. Immaterielle Vermögensgegenstände		1 108,4	5,9			480,6	3,1	I. Gezeichnetes Kapital		8 000,0	42,7	4 000,0	25,8
II. Sachanlagen		9 881,6	52,8			7 980,6	51,4	II. Kapitalrücklage		–	–	1 600,0	10,3
III. Finanzanlagen		1 541,1	8,2			120,3	0,8	III. Gewinnrücklagen		560,2	3,0	1 700,5	11,0
		12 531,1	66,9			8 581,5	55,3	IV. Sonstiges Eigenkapital		1 600,4	8,5	1 801,7	11,6
B. Umlaufvermögen										10 160,6	54,2	9 102,2	58,7
I. Vorräte		1 753,4	9,4			1 357,5	8,8	B. Fremdkapital					
II. Finanzumlaufvermögen								I. Langfristiges Fremdkapital		2 764,6	14,7	2 219,4	14,3
1. Forderungen	2 900,3		15,5	2 600,6		16,8		II. Mittelfristiges Fremdkapital		1 020,6	5,5	835,1	5,4
2. Sonstige Vermögensgegenstände, Rechnungsabgrenzungsposten	138,9		0,7	160,9		1,0		III. Kurzfristiges Fremdkapital		4 789,2	25,6	3 354,9	21,6
3. Geldwerte	1 411,3		7,5	2 811,1		18,1				8 574,4	45,8	6 409,4	41,3
	4 450,5	4 450,5	23,7	5 572,6	5 572,6	35,9							
		6 203,9	33,1			6 930,1	44,7						
		18 735,0	100,0			15 511,6	100,0			18 735,0	100,0	15 511,6	100,0

3.3 Aufbereitung der GuV-Rechnung

Mit der GuV-Rechnung steht ein Zahlenwerk zur Verfügung, mit dem die Ursachen des Unternehmenserfolges untersucht werden können. Ziel der Aufbereitung ist es, das Jahresergebnis in verschiedene Erfolgskomponenten aufzuteilen.

3.3.1 Aufspaltung in Betriebsergebnis und neutrales Ergebnis

Eine Aufspaltung in Betriebs- und neutrales Ergebnis ist mit hinreichender Genauigkeit nur bei **interner Auswertung bzw. Analyse** möglich. Man wird dabei nicht von den Daten der GuV-Rechnung ausgehen, sondern auf die Konten zurückgreifen.

Eine Erfolgsaufspaltung ist bei prozessgegliederten Kontennetzen (z. B. GKR, DATEV-Kontenrahmen SKR 03) systemimmanent. Diese nehmen in der Kontenklasse 2, den so genannten Abgrenzungskonten, die Abgrenzung der neutralen Aufwendungen und Erträge vor, also solcher Erfolgsbestandteile, die nicht aus der Erfüllung des eigentlichen Betriebszwecks stammen. Dadurch werden die gesamten Aufwendungen nach Kostengesichtspunkten in betriebsbedingte und in nicht betriebsbedingte Aufwendungen getrennt, wobei letztere sich aus außerordentlichen, betriebsfremden und periodenfremden Elementen zusammensetzen.

Bei abschlussgegliederten Kontennetzen (z. B. IKR '86) wird diese Erfolgsaufspaltung als Vorstufe innerhalb der Kosten- und Leistungsrechnung (Rechnungskreis II) durchgeführt (vgl. hierzu ausführlich Band 1).

Wie schwierig eine solche Erfolgsaufspaltung bei **externer Analyse** wäre, verdeutlicht folgendes Beispiel: Auf die »Sonstigen betrieblichen Aufwendungen« entfallen beim prozessgegliederten DATEV-Kontenrahmen SKR 03 (abgedruckt in Band 1) ca. 100 Konten, davon über 30 auf Kontenklasse 2 (und sind damit dem neutralen Ergebnis zugehörig). Für die »Sonstigen betrieblichen Erträge« sind ca. 35 Konten eingerichtet, wovon rd. 2/3 auf Klasse 2 entfallen. Eine pauschale Zuordnung der Beträge dieser GuV-Posten zum neutralen oder zum Betriebsergebnis oder eine prozentuale Aufteilung erscheint daher sehr fragwürdig.

3.3.2 Orientierung an der betriebswirtschaftlichen Grobstruktur der GuV-Rechnung

Wie in Band 1 ausführlich dargestellt, müssen alle Kapitalgesellschaften GuV-Schemata nach § 275 HGB anwenden, die das Jahresergebnis in folgende Komponenten aufspalten:

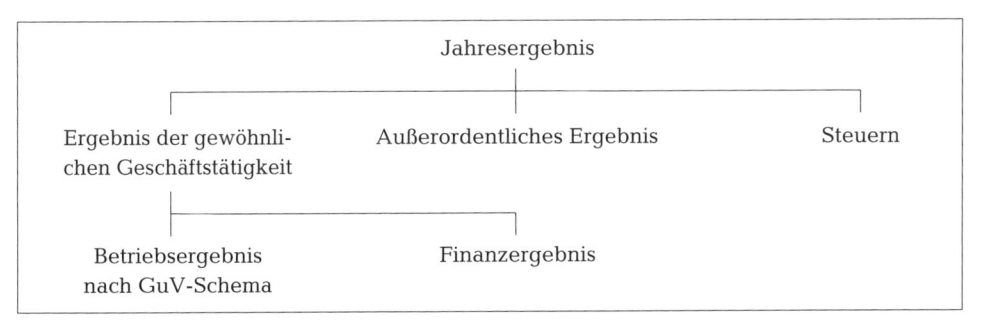

```
                            Jahresergebnis
                                  |
        ┌─────────────────────────┼─────────────────────────┐
Ergebnis der gewöhnli-    Außerordentliches Ergebnis      Steuern
chen Geschäftstätigkeit
        |
   ┌────┴─────┐
Betriebsergebnis        Finanzergebnis
nach GuV-Schema
```

Besonders für die **externe Analyse** ist es sinnvoll, sich an dieser Grobstruktur für die GuV-Rechnung zu orientieren, obwohl die Abgrenzung zwischen den einzelnen Erfolgskomponenten nicht einwandfrei möglich ist (woran aber alle Abschlüsse kranken). Die mangelnde Vergleichbarkeit zwischen der GuV-Rechnung nach Gesamtkostenverfahren und der nach Umsatzkostenverfahren ist zu beachten (vgl. Band 1). Bei Ausweis aller Zwischenergebnisse ergibt sich die auf S. 123 abgebildete Struktur-GuV-Rechnung für die Festing GmbH.

Kontrollfragen
1. Warum ist es notwendig, dass Bilanzen zur Analyse aufbereitet werden?
2. Was versteht man unter Ansatzkorrekturen bei Erstellung der Strukturbilanz? Nennen Sie die Wichtigsten.
3. Welche Gliederungskorrekturen sind beim Umlaufvermögen vorzunehmen?
4. In welcher Weise werden
   – Rückstellungen (Pensions; Steuer- und sonstige Rückstellungen) und
   – Sonderposten mit Rücklageanteil
   bei Erstellung der Strukturbilanz behandelt?
5. Wie wird das Fremdkapital strukturiert?
6. Was versteht man unter Bewertungskorrekturen? Welche Bedingungen müssen für ihre Vornahme erfüllt sein?
7. Was versteht man unter einer Strukturbilanz, und welche Mindestgliederung sollte sie aufweisen?
8. Weshalb ist es für einen externen Analytiker nicht möglich, aus der GuV-Rechnung das Betriebsergebnis und das neutrale Ergebnis abzuleiten?
9. Aus welchen Daten und auf welche Weise wird für interne Auswertungen das Betriebs- und das neutrale Ergebnis ermittelt?
10. Welche Erfolgskomponenten weist die Struktur-GuV-Rechnung bei einer externen Analyse auf?

4 Analyse durch Kennzahlen

Kennzahlen haben die Aufgabe, sinnvolle betriebswirtschaftliche Tatbestände zu beschreiben oder Entwicklungen in einem Unternehmen aufzuzeigen. Wie die Tabelle auf S. 125 zeigt, können die Kennzahlen aus Bilanz und GuV-Rechnung in folgende Gruppen aufgeteilt werden:

- **Vermögensaufbau:** Die Aktivseite der Bilanz wird untersucht (vertikale Bilanzanalyse der Aktiva).
- **Kapitalstruktur:** Die Passivseite der Bilanz wird analysiert (vertikale Bilanzanalyse der Passiva).
- **Finanzlage:** Hierbei wird eine horizontale Bilanzanalyse durchgeführt, d. h. die Vermögensseite mit der Kapitalseite verglichen. In diesem Zusammenhang ist vor allem die Liquidität des Unternehmens von großer Bedeutung.
- **Ertragskraft:** Die verschiedenen Erfolgskomponenten, Kostenstrukturen und Rentabilitäten geben Aufschluss über die Ertragskraft des Unternehmens.

Struktur-GuV-Rechnung	
Gesamtkostenverfahren (§ 275 Abs. 2 HGB)	Umsatzkostenverfahren (§ 275 Abs. 3 HGB)
1. Umsatzerlöse 2. +/·/· Erhöhung oder Verminderung des Bestands an unfertigen und fertigen Erzeugnissen 3. + Andere aktivierte Eigenleistungen	1. Umsatzerlöse 2. ·/· Herstellungskosten der zur Erzielung der Umsatzerlöse erbrachten Leistungen
Gesamtleistung (Summe 1–3)	3. Bruttoergebnis vom Umsatz (Summe 1–2)
4. + Sonstige betriebliche Erträge 5. ·/· Materialaufwand	4. ·/· Vertriebskosten 5. ·/· Allgemeine Verwaltungskosten 6. + Sonstige betriebliche Erträge 7. ·/· Sonstige betriebliche Aufwendungen
Rohergebnis (Summe 1–5)	
6. ·/· Personalaufwand 7. ·/· Abschreibungen 8. ·/· Sonstige betriebliche Aufwendungen	
Betriebsergebnis nach GuV-Schema (Summe 1–8)	Betriebsergebnis nach GuV-Schema (Summe 1–7)
9. + Erträge aus Beteiligungen 10. + Erträge aus anderen Wertpapieren und Ausleihungen des Finanzanlagevermögens 11. + Sonstige Zinsen und ähnliche Erträge 12. ·/· Abschreibungen auf Finanzanlagen und auf Wertpapiere des Umlaufvermögens 13. ·/· Zinsen und ähnliche Aufwendungen	8. + Erträge aus Beteiligungen 9. + Erträge aus anderen Wertpapieren und Ausleihungen des Finanzanlagevermögens 10. + Sonstige Zinsen und ähnliche Erträge 11. ·/· Abschreibungen auf Finanzanlagen und auf Wertpapiere des Umlaufvermögens 12. ·/· Zinsen und ähnliche Aufwendungen
Finanzergebnis (Summe 9–13)	Finanzergebnis (Summe 8–12)
14. Ergebnis der gewöhnlichen Geschäftstätigkeit (Summe 1–13)	13. Ergebnis der gewöhnlichen Geschäftstätigkeit (Summe 1–12)
15. + Außerordentliche Erträge 16. ·/· Außerordentliche Aufwendungen	14. + Außerordentliche Erträge 15. ·/· Außerordentliche Aufwendungen
17. Außerordentliches Ergebnis (Summe 15–16)	16. Außerordentliches Ergebnis (Summe 14–15)
Jahresergebnis vor Steuern (Summe 1–16)	Jahresergebnis vor Steuern (Summe 1–15)
18. ·/· Steuern vom Einkommen und vom Ertrag 19. ·/· Sonstige Steuern	17. ·/· Steuern vom Einkommen und vom Ertrag 18. ·/· Sonstige Steuern
Summe Steuern (Summe 18–19)	Summe Steuern (Summe 17–18)
20. Jahresüberschuss/Jahresfehlbetrag (Summe 1–19)	19. Jahresüberschuss/Jahresfehlbetrag (Summe 1–18)

Struktur-GuV-Rechnung der Festing GmbH						
		Berichtsjahr			Vorjahr		
		T€	Gesamt-erträge	Gesamt-aufwendungen	T€	Gesamt-erträge	Gesamt-aufwendungen
			% (gerundet)			% (gerundet)	
1.	Umsatzerlöse	21 518,0	96,8		18 557,5	96,8	
2.	+ Erhöhung des Bestands an unfertigen und fertigen Erzeugnissen	216,0	1,0		180,3	0,9	
	Gesamtleistung (Summe 1–2)	21 734,0	97,8		18 737,8	97,7	
3.	+ sonstige betriebliche Erträge	282,6	1,3		166,8	0,9	
4.	·/· Materialaufwand	7 261,3		35,6	6 483,0		36,1
	Rohergebnis (Summe 1–4)	14 755,3			12 421,6		
5.	·/· Personalaufwand	7 840,0		38,5	6 468,0		36,1
6.	·/· Abschreibungen	2 300,0		11,3	2 173,0		12,1
7.	·/· Sonstige betriebliche Aufwendungen	1 441,3		7,1	1 726,9		9,7
	Betriebsergebnis nach GuV-Schema (Summe 1–7)	3 174,0			2 053,7		
8.	+ Erträge aus Beteiligungen	20,3	0,1		10,8	0,1	
9.	+ Sonstige Zinsen und ähnliche Erträge	104,2	0,5		148,4	0,8	
10.	·/· Zinsen und ähnliche Aufwendungen	257,4		1,3	193,2		1,1
	Finanzergebnis (Summe 8–10)	·/· 132,9			·/· 34,0		
11.	Ergebnis der gewöhnlichen Geschäftstätigkeit (Summe 1–10)	3 041,1			2 019,7		
12.	+ Außerordentliche Erträge	79,0	0,3		100,0	0,5	
13.	Außerordentliches Ergebnis (Summe 12)	79,0			100,0		
	Jahresergebnis vor Steuern (Summe 1–13)	3 120,1			2 119,7		
14.	·/· Steuern vom Einkommen und vom Ertrag	1 159,3		5,7	774,5		4,3
15.	·/· Sonstige Steuern	120,2		0,5	115,6		0,6
	Summe Steuern (Summe 14–15)	1 279,5			890,1		
16.	Jahresüberschuss (Summe 1–15)	1 840,6			1 229,6		
	Summe der Gesamterträge	22 220,1	100,0		19 163,8	100,0	
	Summe der Gesamtaufwendungen	20 379,5		100,0	17 934,2		100,0

- **Wachstum:** Die zeitliche Entwicklung, beispielsweise von Erlösen, Ergebnissen oder Kapital, geben Anhaltspunkte für die Wachstumsmöglichkeiten eines Unternehmens. Wachstumselastizitäten geben an, inwieweit das Unternehmen am branchenüblichen Wachstum teilgenommen hat.

Bei der Analyse des Jahresabschlusses mit Kennzahlen muss darauf hingewiesen werden, dass nur Zahlenmaterial ausgewertet wird. Fragen der **qualitativen** Eigenschaften der Unternehmen bleiben deshalb, soweit sie nicht in Zahlen fassbar sind, unberücksichtigt. Bei der Zukunftssicherung eines Unternehmens spielen diese qualitativen Faktoren aber eine bedeutende Rolle. So sind beispielsweise die Wettbe-

Kennzahlenanalyse				
Vermögensaufbau	Kapitalstruktur	Finanzlage	Ertragskraft	Wachstum
(1) Vermögensintensitäten – Anlagevermögensintensität – Umlaufvermögensintensität – Vorratsintensität – Anlagenkoeffizient (2) Umschlagskoeffizienten – Umschlagshäufigkeit der Vorräte – Lagerdauer der Vorräte – Umschlagshäufigkeit der Forderungen aus Lieferungen und Leistungen – Kundenziel	(1) Kapitalquoten – Eigenkapitalquote – Rücklagenquote – Selbstfinanzierungsgrad – Bilanzkurs – Rückstellungsquote – Pensionsrückstellungsquote – Fremdkapitalquote – lang- und mittelfristige Finanzierungsquote – kurzfristige Finanzierungsquote – Vorfinanzierungsquote – Verschuldungsgrad (2) Umschlagskoeffizienten – Kapitalumschlag – Eigenkapitalumschlag – Umschlagshäufigkeit der Verbindlichkeiten aus Lieferungen und Leistungen – Lieferantenziel	(1) Horizontale Bilanzkennziffern – Anlagendeckung I – Anlagendeckung II – Liquidität 1. Grades – Liquidität 2. Grades – Liquidität 3. Grades – Working capital (2) Finanzierungspotenzial – Cashflow – Cashflow-Umsatzrate – Innenfinanzierungsgrad – dynamischer Verschuldungsgrad Ergänzung der Kennzahlenanalyse zur Finanzlage durch Bewegungsbilanz	(1) Ergebnisentwicklung – Prozentuale Änderung des Jahresergebnisses – prozentuale Änderung des Jahresergebnisses vor Steuern – Anteil des Betriebsergebnisses – Anteil des Finanzergebnisses – Anteil des außerordentlichen Ergebnisses – prozentuale Änderung der Ausschüttung (2) Kostenstruktur – Materialintensität – Personalintensität – Abschreibungsintensität – Intensität der sonstigen betrieblichen Aufwendungen (3) Rentabilität – Eigenkapitalrentabilität – Gesamtkapitalrentabilität – Umsatzrentabilität	(1) Wachstumsindizes und Wachstumsquoten – Umsatzwachstum – Betriebsergebniswachstum – Cashflow-Wachstum – Gesamtkapitalwachstum – Eigenkapitalwachstum – Fremdkapitalwachstum – Anlagevermögenswachstum – Umlaufvermögenswachstum – Cashflow-Gesamtkapitalrendite – Eigenkapitalquote (2) Personalproduktivität – Pro-Kopf-Umsatz – Pro-Kopf-Leistung (3) Wachstumselastizität – Umsatzwachstumselastizität – Kapitalwachstumselastizität

werbssituation, der technische Stand der Produkte, die Qualität des Managements, das Know-how und die Motivation der Mitarbeiter sowie das Betriebsklima wichtige Voraussetzungen für eine positive Entwicklung eines Unternehmens.

4.1 Absolute Zahlen und Kennzahlen

4.1.1 Absolute Zahlen

Der Jahresabschluss liefert absolute Zahlen. Diese werden in zwei Gruppen geteilt, in Bestands- und Bewegungszahlen.

Die **Bestandszahlen** zeigen die Zustände im Unternehmen zu einem ganz bestimmten Zeitpunkt. Die Bilanzpositionen bzw. Inventurdaten sind dafür gut geeignete Beispiele. Solche Bestandszahlen sind ein Maß für betriebliche Risiken.

Auf der Vermögensseite geben die einzelnen Bilanzposten Auskunft über das Verflüssigungsrisiko und über die Verfügungssicherheit. Beispielsweise geben hohe Vorräte an Roh-, Hilfs- und Betriebsstoffen ein gewisses Verflüssigungsrisiko an, da die Vorräte erst verkauft oder verarbeitet werden müssen; auf der anderen Seite ist ein hohes Maß an Verfügungssicherheit für den Produktionsprozess vorhanden, um Kundenaufträge termingerecht erledigen zu können.

Die Kapitalseite der Bilanz zeigt dagegen die Risiken der Finanzierung und die Zugriffssicherheit. Beispielsweise gibt die Höhe des Eigenkapitals an, ob das Finanzierungsrisiko gering ist; denn es ist praktisch unkündbar (von der Kündigungsmöglichkeit des Mitgesellschafters abgesehen).

In den **Bewegungszahlen** kommt, wie der Name bereits sagt, die Entwicklung unternehmerischen Handelns zum Ausdruck. Die Werte der GuV-Rechnung sind solche Bewegungszahlen, die im Wesentlichen ein Maß für die Ertragskraft des Unternehmens sind (z. B. Jahresergebnis als Differenz zwischen Gesamterlösen und Gesamtaufwendungen).

Da eine absolute Zahl für sich allein genommen nicht aussagekräftig ist, werden Kennzahlen gebildet.

4.1.2 Kennzahlen

Bei den Kennzahlen wird zwischen Gliederungs-, Beziehungs- und Indexzahlen unterschieden.

Unter **Gliederungszahlen** versteht man die Anteile am Ganzen, meist in Prozent ausgedrückt (durch Multiplikation mit 100). Dabei ist die Größe im Zähler der betrachtete Anteil, und im Nenner steht das Ganze, z. B. Eigenkapitalquote = (Eigenkapital : Gesamtkapital) x 100. Gliederungszahlen werden grafisch sinnvollerweise durch Kreisdiagramme ausgewertet.

Beim Bilden von **Beziehungszahlen** setzt man zwei »ungleichartige« Massen miteinander in Beziehung, um Einblick in vorhandene Zusammenhänge zu gewinnen. Beispiel: Anlagevermögen und Umsatz, Produktionsausstoß und Zahl der Mitarbeiter, Lohnsumme und Arbeiterzahl.

Indexzahlen beziehen sich auf zeitliche Entwicklungen derselben Kennzahl. Dabei wird für einen bestimmten Zeitpunkt der Index auf 100 festgelegt (Basisjahr, dessen Zahlenwert im Nenner steht), und danach sind die zeitlichen Veränderungen zu betrachten. Die grafische Auswertung der Indexzahlen geschieht durch Balken- oder Liniendiagramme.

Aufgabe 7.14 *Kreisdiagramm S. 414*

4.2 Kennzahlen zum Vermögensaufbau

Die Aktivseite einer Bilanz zeigt, in welcher Form Eigenkapital und Fremdkapital im Betrieb angelegt sind. Bei der Analyse des Vermögensaufbaus werden zum einen Vermögensintensitäten und zum anderen Umschlagskoeffizienten bestimmt.

An dieser Stelle ist ausdrücklich darauf hinzuweisen, dass die Werte der Kennzahlen sehr stark von der Branche abhängen (vgl. Seite 156 ff.). So ist beispielsweise in der Schwerindustrie das Anlagevermögen sehr hoch und im Handel relativ niedrig. Deshalb ist zu empfehlen, die für einen Betrieb errechneten Kennzahlen mit den branchenüblichen zu vergleichen, um feststellen zu können, in welchem Umfang sich das betreffende Unternehmen vom Branchendurchschnitt unterscheidet.

4.2.1 Vermögensintensitäten

Das Anlagevermögen ist langfristig und das Umlaufvermögen kurzfristig im Unternehmen gebunden. Ein hoher Anteil an Umlaufvermögen bedeutet daher im Allgemeinen eine größere Liquidität; ein kleiner Anteil des Anlagevermögens kann entweder auf eine gute Kapazitätsauslastung der Produktion oder aber auch auf einen veralteten Anlagenpark schließen lassen. Zur Beurteilung des Vermögensaufbaues bedient man sich unterschiedlicher Kennzahlen. Sie sind entweder anlagen- oder umlaufvermögensorientiert.

Anteil des Anlagevermögens am Gesamtvermögen

$$\text{Anlagevermögensintensität} = \frac{\text{Anlagevermögen}}{\text{Gesamtvermögen}} \times 100$$

Leitsatz für die Beurteilung:
Je höher die Anlagenintensität, desto höher sind die fixen Gesamtkosten und je geringer ist die Liquidität (bezogen auf das Gesamtvermögen).

Anteil des Umlaufvermögens am Gesamtvermögen

$$\text{Umlaufvermögensintensität} = \frac{\text{Umlaufvermögen}}{\text{Gesamtvermögen}} \times 100$$

Leitsatz für die Beurteilung:
Je höher die Umlaufvermögensintensität, desto höher ist die Liquidität (bezogen auf das Gesamtvermögen).

Anteil der Vorräte am Umlaufvermögen

$$\text{Vorratsintensität} = \frac{\text{Vorräte}}{\text{Umlaufvermögen}} \times 100$$

Leitsatz für die Beurteilung:
Steigt die Vorratsintensität an, dann wird zunehmend mehr Kapital in den Beständen gebunden und das Unternehmen wird weniger liquide. Ursachen können in der Einkaufspolitik (z. B. Einkauf großer Mengen wegen günstiger Rabatte), in der Lagerorganisation (z. B. mangelhafte Bestandsführung) oder in der Art der Fertigung (z. B. lange Durchlaufzeiten bearbeitungsintensiver Produkte) liegen.

Verhältnis von Anlage- zu Umlaufvermögen

$$\text{Anlagenkoeffizient} = \frac{\text{Anlagevermögen}}{\text{Umlaufvermögen}} \times 100$$

Leitsätze für die Beurteilung:
Insbesondere der Anlagenkoeffizient ist sehr stark branchenabhängig. Er gibt gute Aussagen, wenn seine Veränderungen über mehrere Jahre betrachtet werden.
Ein Anwachsen des Anlagenkoeffizienten bedeutet verstärkte Investitionen. Sinkt der Anlagenkoeffizient im Laufe der Jahre ab, so sind Investitionen unterlassen worden, was auf eine verringerte Wettbewerbsfähigkeit hindeuten könnte.
Der Anlagenkoeffizient ist immer sehr kritisch zu betrachten; denn wenn Investitionen wegen steuerlicher Vergünstigungen getätigt werden, gibt er ein falsches Bild der Anlagenintensität.

4.2.2 Umschlagskoeffizienten

Alle Umschlagskoeffizienten geben an, wie oft bestimmte Vermögensgegenstände verflüssigt wurden. Die Umschlagskoeffizienten bestimmen den Finanzbedarf und zeigen die finanziellen Risiken auf. Wird beispielsweise durch überhöhte Vorräte oder zu volle Fertigwarenbestände das Kapital zu lange im Unternehmen gebunden, dann kann dies für ein Unternehmen gefährlich sein.

Umschlag der Vorräte
Die Beobachtung des Umschlags der Vorräte erfolgt anhand zweier Kennzahlen. Der durchschnittliche Bestand errechnet sich aus (Anfangs- und Endbestand) : 2, oder besser (falls Daten vorhanden) aus Vierteljahres- oder Monatsendbeständen.

$$\text{Umschlagshäufigkeit der Vorräte} = \frac{\text{Umsatz}}{\text{durchschnittlicher Vorrätebestand}}$$

$$\text{Umschlagsdauer der Vorräte} = \frac{365}{\text{Umschlagshäufigkeit der Vorräte}}$$

Vielfach wird die Umschlagsdauer ausgehend von 360 Tagen berechnet (wobei für jeden Monat aus Vereinfachungsgründen 30 Tage angesetzt werden).

Leitsatz für die Beurteilung:
Je kürzer die Umschlagsdauer der Vorräte ist, umso geringer ist das Lagerrisiko, umso schneller werden aus den Vorräten Produkte, die verkauft werden, und desto liquider wird ein Unternehmen sein.

Verhältnis der durchschnittlichen Forderungen aus Lieferungen und Leistungen zum Umsatz
Die Umschlagsdauer für die Forderungen aus Lieferungen und Leistungen spiegelt das Zahlungsverhalten der Kunden wider und kann als Kundenziel verstanden werden. Diese Kennzahl gibt an, nach wie viel Tagen die Kundenforderungen beglichen werden.

$$\frac{\text{Umschlagshäufigkeit der Forderungen}}{\text{aus Lieferungen und Leistungen}} = \frac{\text{Umsatz}}{\text{durchschnittlicher Bestand an Forderungen}}$$

$$\text{Kundenziel} = \frac{365}{\text{Umschlagshäufigkeit der Forderungen aus Lieferungen und Leistungen}}$$

Leitsatz für die Beurteilung:
Lange Kundenziele weisen auf eine schlechte Zahlungsmoral der Kunden hin oder sind Zeichen zu großzügig gewährter Zahlungskonditionen (eventuell, um den Umsatz zu erhöhen). Wird in diesen Fällen vermehrt Skonto gewährt und das Mahnwesen verstärkt, dann wird der Rückfluss in das Unternehmen beschleunigt.

Kennzahlen zum Vermögensaufbau im Überblick	
Kennzahl	Berechnung
Anlagevermögensintensität	$\frac{\text{Anlagevermögen}}{\text{Gesamtvermögen}} \times 100$
Umlaufvermögensintensität	$\frac{\text{Umlaufvermögen}}{\text{Gesamtvermögen}} \times 100$
Vorratsintensität	$\frac{\text{Vorräte}}{\text{Umlaufvermögen}} \times 100$
Anlagenkoeffizient	$\frac{\text{Anlagevermögen}}{\text{Umlaufvermögen}} \times 100$
Umschlagshäufigkeit der Vorräte	$\frac{\text{Umsatz}}{\text{durchschnittlicher Vorrätebestand}}$
Umschlagsdauer der Vorräte	$\frac{365}{\text{Umschlagshäufigkeit der Vorräte}}$
Umschlagshäufigkeit der Forderungen aus Lieferungen und Leistungen	$\frac{\text{Umsatz}}{\text{durchschnittlicher Bestand an Forderungen aus Lieferungen und Leistungen}}$
Kundenziel	$\frac{365}{\text{Umschlagshäufigkeit der Forderungen aus Lieferungen und Leistungen}}$

Aufgabe 7.15 *Kennzahlen zum Vermögensaufbau S. 414*

4.3 Kennzahlen zur Kapitalstruktur

Das Kapital setzt sich aus Eigen- und Fremdkapital zusammen. Die Höhe des Eigenkapitals ist von besonderer Bedeutung, da dieses dem Unternehmen langfristig und unabhängig von Kreditgebern zur Verfügung steht. Für die Gläubiger stellt es das Haftungskapital dar. Allgemein gilt folgender Grundsatz: Je größer das Eigenkapital ist, umso unabhängiger ist das Unternehmen von fremden Geldgebern und umso größer ist seine Selbstständigkeit.

Das Fremdkapital stammt – wie die Bezeichnung sagt – von fremden Geldgebern und ist im Allgemeinen nicht auf Dauer, sondern zeitlich begrenzt im Unternehmen verfügbar. Je nach Zeitdauer wird das Fremdkapital in langfristiges, mittelfristiges und kurzfristiges unterteilt. Zwar gilt auch hier der Grundsatz: Je geringer das Fremdkapital, desto unabhängiger und selbstständiger ist das Unternehmen. Aber durch Einsatz kostengünstigen Fremdkapitals kann die Rentabilität des Eigenkapitals gesteigert werden, wenn die Kosten einer (überwiegend) fremdfinanzierten Investition geringer sind als die Rentabilität dieser Investition (so genannter **Leverage-Effekt**).

4.3.1 Kapitalquoten

Eigenkapitalquote
Die Eigenkapitalquote gibt den Anteil des Eigenkapitals am Gesamtkapital an.

$$\text{Eigenkapitalquote} = \frac{\text{Eigenkapital}}{\text{Gesamtkapital}} \times 100$$

Leitsatz für die Beurteilung:
Je höher die Eigenkapitalquote, desto höher ist die finanzielle Sicherheit und die Unabhängigkeit des Unternehmens.

Rücklagenquote
Rücklagen stellen zusätzliches Eigenkapital gegenüber dem gezeichneten Kapital dar. Die Rücklagenquote gibt den Anteil der gesamten Rücklagen am Eigenkapital an.

$$\text{Rücklagenquote} = \frac{\text{Rücklagen}}{\text{Eigenkapital}} \times 100$$

Leitsatz für die Beurteilung:
Je höher die Rücklagenquote, umso mehr wurde das Eigenkapital durch Rücklagenzuführung bzw. einbehaltene Gewinne erhöht. Hohe Rücklagenquoten sind oftmals wichtige Voraussetzungen für Wachstumsmöglichkeiten.

Selbstfinanzierungsgrad
Er gibt an, in welchem Umfang die Gewinnrücklagen zur Bildung des Gesamtkapitals beigetragen haben.

$$\text{Selbstfinanzlegungsgrad} = \frac{\text{Gewinnrücklagen}}{\text{Gesamtkapital}} \times 100$$

Bilanzkurs
Der Bilanzkurs ist nicht gleichzusetzen mit dem Börsenkurs, der nicht durch diese Kennzahl errechnet, sondern auf einer Börse durch Angebot und Nachfrage sowie durch die Gewinnaussichten des Unternehmens bestimmt wird. Börsenkurs und Bilanzkurs stimmen wohl fast nie überein. Meist ist der Börsenkurs höher, weil man in der Bilanz stille Rücklagen vermutet.

$$\text{Bilanzkurs} = \frac{\text{Eigenkapital}}{\text{Gezeichnetes Kapital}} \times 100$$

Leitsätze für die Beurteilung:
Abweichungen zwischen Bilanz- und Börsenkurs lassen sich nicht nur mit den stillen Rücklagen begründen. Wirksam ist auch die Beliebtheit der Anteile. Man berücksichtigt, dass man mit ihrem Erwerb am Wachstum und an der Substanz eines Unternehmens teilnimmt.

Bilanz- und Börsenkurs lassen sich oft nicht rentabilitätsmäßig erklären. Durch Kapitalisierung der Ausschüttung kommt man zu einem Ertragswert, der vielfach weit unter dem Kurswert liegt.

Rückstellungsquote
Sie gibt den Anteil der Rückstellungen am Gesamtkapital an.

$$\text{Rückstellungsquote} = \frac{\text{Rückstellungen}}{\text{Gesamtkapital}} \times 100$$

Pensionsrückstellungsquote
Die Pensionsrückstellungsquote gibt den Anteil der Pensionsrückstellungen am Gesamtkapital an. Die Pensionsrückstellungen müssen daraufhin geprüft werden, ob Altzusagen passiviert sind. Nicht passivierte Pensionsrückstellungen sind mit zu berücksichtigen.

$$\text{Pensionsrückstellungsquote} = \frac{\text{Pensionsrückstellungen}}{\text{Gesamtkapital}} \times 100$$

Fremdkapitalquote
Sie gibt den Anteil des Fremdkapitals am Gesamtkapital an.

$$\text{Fremdkapitalquote} = \frac{\text{Fremdkapital}}{\text{Gesamtkapital}} \times 100$$

Leitsatz für die Beurteilung:
Je höher die Fremdkapitalquote, umso abhängiger ist das Unternehmen von fremden Geldgebern. Diese Kennzahl ist noch aussagefähiger, wenn sie im Zeitverlauf betrachtet wird, d. h. wenn beurteilt werden kann, ob die Fremdkapitalquote zu- bzw. abgenommen hat.

Lang- und mittelfristige Finanzierungsquote
Diese Kennzahl bestimmt den Anteil des Fremdkapitals, der lang- und mittelfristig im Unternehmen bleibt.

$$\text{Lang- und mittelfristige Finanzierungsquote} = \frac{\text{lang- und mittelfristiges Fremdkapital}}{\text{Gesamtkapital}} \times 100$$

Kurzfristige Finanzierungsquote

$$\text{Kurzfristige Finanzierungsquote} = \frac{\text{kurzfristiges Fremdkapital}}{\text{Gesamtkapital}} \times 100$$

Vorfinanzierungsquote
Mit dieser Kennzahl wird der Anteil der erhaltenen Kundenanzahlungen am Fremdkapital ermittelt.

$$\text{Vorfinanzierungsquote} = \frac{\text{erhaltene Kundenanzahlungen}}{\text{Fremdkapital}} \times 100$$

Anteil von Fremdkapital zu Eigenkapital

$$\text{Verschuldungsgrad} = \frac{\text{Fremdkapital}}{\text{Eigenkapital}} \times 100$$

Leitsätze für die Beurteilung:
Je niedriger die Finanzierungsquoten und der Verschuldungsgrad, desto geringer ist die Abhängigkeit des Unternehmens von fremden Geldgebern. Die Aussage entspricht der Kennzahl Eigenkapitalquote.
Da der Verschuldungsgrad sich auf die stichtagsbezogene Kapitalstruktur bezieht, wird er als statisch bezeichnet; zum dynamischen Verschuldungsgrad vgl. S. 137.

4.3.2 Umschlagskoeffizienten

Die Umschlagskoeffizienten zur Analyse der Kapitalstruktur geben an, wie oft die entsprechenden Kapitalanteile ins Unternehmen zurückgeflossen sind.

Kapitalumschlag

$$\text{Kapitalumschlag} = \frac{\text{Umsatz}}{\text{durchschnittliches investiertes Gesamtkapital}}$$

Leitsätze für die Beurteilung:
Der Kapitalumschlag ist sehr stark branchenabhängig und sollte im zeitlichen Verlauf studiert werden. Er ist eine der beiden Komponenten der Return-on-Investment-Analyse (vgl. S. 147).
Je höher er ist, umso schneller fließt das eingesetzte Kapital ins Unternehmen zurück und umso liquider ist das Unternehmen. Ein hoher Kapitalumschlag ist vor allem im Handel sehr wichtig.

Eigenkapitalumschlag

$$\text{Eigenkapitalumschlag} = \frac{\text{Umsatz}}{\text{durchschnittliches investiertes Eigenkapital}}$$

Ein Eigenkapitalumschlag von beispielsweise 3 bedeutet, dass mit 1,– Eigenkapital 3,– Umsatz erzielt wurden.

Verhältnis der durchschnittlichen Verbindlichkeiten aus Lieferungen und Leistungen zum Materialaufwand

Die Kennzahlen für die Zahlungsmoral des Unternehmens sind die Umschlagshäufigkeit der Verbindlichkeiten aus Lieferungen und Leistungen sowie das Lieferantenziel. Letzteres gibt an, nach wie viel Tagen die Materialeinkäufe im Durchschnitt bezahlt werden.

$$\text{Umschlagshäufigkeit der Verbindlichkeiten aus Lieferungen und Leistungen} = \frac{\text{Materialaufwand}}{\text{durchschnittlicher Bestand an Verbindlichkeiten aus Lieferungen und Leistungen}}$$

$$\text{Lieferantenziel} = \frac{365}{\text{Umschlagshäufigkeit der Verbindlichkeiten aus Lieferungen und Leistungen}}$$

Leitsatz für die Beurteilung:
Lange Lieferantenziele können gute Zahlungsbedingungen, hohe Lieferantenkredite und damit zinsgünstiges Kapital bedeuten; sie können aber auch auf schlechte eigene Zahlungsmoral hinweisen. Werden die Lieferantenziele kürzer, dann muss mehr Geld zur Bezahlung bereitgestellt werden.

Kennzahlen zur Kapitalstruktur im Überblick	
Kennzahl	Berechnung
Eigenkapitalquote	$\dfrac{\text{Eigenkapital}}{\text{Gesamtkapital}} \times 100$
Rücklagenquote	$\dfrac{\text{Rücklagen}}{\text{Eigenkapital}} \times 100$
Selbstfinanzierungsgrad	$\dfrac{\text{Gewinnrücklagen}}{\text{Gesamtkapital}} \times 100$
Bilanzkurs	$\dfrac{\text{Eigenkapital}}{\text{Gezeichnetes Kapital}} \times 100$
Rückstellungsquote	$\dfrac{\text{Rückstellungen}}{\text{Gesamtkapital}} \times 100$
Pensionsrückstellungsquote	$\dfrac{\text{Pensionsrückstellungen}}{\text{Gesamtkapital}} \times 100$
Fremdkapitalquote	$\dfrac{\text{Fremdkapital}}{\text{Gesamtkapital}} \times 100$
Lang- und mittelfristige Finanzierungsquote	$\dfrac{\text{lang- und mittelfristiges Fremdkapital}}{\text{Gesamtkapital}} \times 100$
Kurzfristige Finanzierungsquote	$\dfrac{\text{kurzfristiges Fremdkapital}}{\text{Gesamtkapital}} \times 100$
Vorfinanzierungsquote	$\dfrac{\text{erhaltene Kundenanzahlungen}}{\text{Fremdkapital}} \times 100$
Verschuldungsgrad	$\dfrac{\text{Fremdkapital}}{\text{Eigenkapital}} \times 100$
Kapitalumschlag	$\dfrac{\text{Umsatz}}{\text{durchschnittliches investiertes Gesamtkapital}}$
Eigenkapitalumschlag	$\dfrac{\text{Umsatz}}{\text{durchschnittliches investiertes Eigenkapital}}$
Umschlagshäufigkeit der Verbindlichkeiten aus Lieferungen und Leistungen	$\dfrac{\text{Materialaufwand}}{\text{durchschnittlicher Bestand an Verbindlichkeiten aus Lieferungen und Leistungen}}$
Lieferantenziel	$\dfrac{365}{\text{Umschlaghäufigkeit der Verbindlichkeiten aus Lieferungen und Leistungen}}$

Kontrollfragen

1. Welche Zwecke verfolgt eine Kennzahlenanalyse?
2. Welche Bedeutung haben absolute Zahlen und Verhältniszahlen im Rahmen der Bilanzanalyse?
3. Was versteht man unter vertikaler und horizontaler Bilanzanalyse?
4. In welche Gruppen lassen sich die Kennzahlen einteilen?
5. Welches sind die wichtigsten Kennzahlen für den Vermögensaufbau?
6. Welche Gründe gibt es für ansteigende Umlaufvermögensintensität?
7. Was versteht man unter dem Kunden- bzw. Lieferantenziel?
8. Welche Kennzahlen zur Beurteilung der Kapitalstruktur gibt es?
9. Welcher Unterschied besteht zwischen dem Bilanz- und dem Börsenkurs, und welcher Kurswert wird im Allgemeinen höher sein?

Aufgabe 7.16 *Kennzahlen zur Kapitalstruktur S. 414*

4.4 Kennzahlen zur Finanzlage

4.4.1 Horizontale Bilanzkennziffern

Die bisher angesprochenen Kennzahlen bezogen sich entweder auf das Vermögen oder auf das Kapital und entsprachen einer vertikalen Bilanzanalyse. Zwischen Kapital und Kapitalverwendung bestehen aber wichtige Zusammenhänge, die in einer horizontalen Bilanzanalyse untersucht werden, wie sie Gegenstand dieses Abschnittes ist.

4.4.1.1 Goldene Bilanzregel (Prinzip der Fristenkongruenz)

Eine der wichtigsten Regeln in diesem Zusammenhang ist das Prinzip der Fristenkongruenz. Es besagt, dass die Vermögensbestandteile entsprechend der Verweildauer im Unternehmen mit entsprechend gleichen Kapitalfristen finanziert werden müssen. Diese Forderung wird auch **goldene Bilanzregel** genannt und kann folgendermaßen formuliert werden: Langfristig im Unternehmen befindliches Vermögen soll durch langfristiges Kapital finanziert werden.

Anlagendeckung

Dazu werden zwei Kennzahlen verwendet, die Deckung des Anlagevermögens durch Eigenkapital (Anlagendeckung I) und die Deckung durch Eigenkapital zuzüglich langfristiges Fremdkapital (Anlagendeckung II).

$$\text{Anlagendeckung I} = \frac{\text{Eigenkapital}}{\text{Anlagevermögen}} \times 100$$

$$\text{Anlagendeckung II} = \frac{\text{Eigenkapital} + \text{langfristiges Fremdkapital}}{\text{Anlagevermögen}} \times 100$$

Leitsatz für die Beurteilung:
Nach der goldenen Bilanzregel sollte die Anlagendeckung etwa 100 % betragen. Je größer die Anlagendeckung ist, umso solider ist die Finanzierung.

4.4.1.2 Kennzahlen zur Liquidität

Unter Liquidität versteht man die Fähigkeit eines Unternehmens, seine finanziellen Verpflichtungen, beispielsweise zur Bezahlung von Warenschulden, fristgerecht zu erfüllen. Neben den Bemühungen, immer genügend flüssige Mittel zur Erfüllung aller finanziellen Verpflichtungen zur Verfügung zu haben, muss die Entwicklung der Liquidität ständig überwacht werden. Zur Beurteilung der Liquidität dienen Liquiditätskennzahlen. Sie machen Aussagen über das Verhältnis der Geldwerte, des Finanzumlaufvermögens sowie des Umlaufvermögens zu den kurzfristigen Verbindlichkeiten (Liquidität 1., 2. und 3. Grades, vgl. auch S. 357).

Liquidität 1. Grades

$$\text{Liquidität 1. Grades} = \frac{\text{Geldwerte}}{\text{kurzfristiges Fremdkapital}} \times 100$$

Zu den Geldwerten zählen die flüssigen Mittel (Schecks, Kassenbestand, Bundesbank- und Postgiroguthaben, Guthaben bei Kreditinstituten) und die Wertpapiere des Umlaufvermögens.

Liquidität 2. Grades

$$\text{Liquidität 2. Grades} = \frac{\text{Finanzumlaufvermögen}}{\text{kurzfristiges Fremdkapital}} \times 100$$

Zum Finanzumlaufvermögen rechnen die Geldwerte zuzüglich Forderungen und sonstige Vermögensgegenstände sowie aktive Rechnungsabgrenzungsposten.

Liquidität 3. Grades

$$\text{Liquidität 3. Grades} = \frac{\text{Umlaufvermögen}}{\text{kurzfristiges Fremdkapital}} \times 100$$

Leitsätze für die Beurteilung der Liquiditätsgrade:
Für die Kennzahlen der Liquidität gilt allgemein folgender Grundsatz: Je höher die Liquidität, desto sicherer ist das Unternehmen. Die Liquiditätsgrade sind stark branchenabhängig. Um Liquiditätsentwicklungen beobachten zu können, müssen die Kennzahlen vor allem im zeitlichen Verlauf verfolgt werden. Die Liquiditätskennzahlen 2. und 3. Grades sind nur dann unproblematisch, wenn die Verfalldaten von Forderungen und Verbindlichkeiten einander etwa entsprechen und auch die Vorräte innerhalb entsprechender Fristen realisiert werden können. Die Liquidität 3. Grades sollte mindestens 100 % betragen.
In kurzfristiger Betrachtung (d. h. Analyse eines Jahres) hat die **Liquidität 3. Grades** den höchsten Informationsgehalt hinsichtlich einer **Insolvenzfrüherkennung.** Dies ergab eine von Loistl durchgeführte empirische Untersuchung, bei der die Abschlüsse von 43 insolventen mittelständischen Unternehmen vergleichbaren bestehenden Unternehmen gegenübergestellt wurden. Bei dieser Untersuchung wurde eine Diskriminanzanalyse durchgeführt, ein Verfahren der Statistik, welches das Augenmerk auf signifikante bzw. »diskriminierende« Unterschiede richtet. In der kurzfristigen Betrachtung zur Beurteilung einer aktuellen Liquiditätskrise waren die Unterschiede in der Liquidität 3. Grades am auffälligsten.[1]

---

1 Vgl. ausführlich Loistl: Ergebnisse einer Untersuchung über kurz- und mittelfristige Liquiditätsanalysen mit Hilfe von Bilanzkennziffern, in: Jahrbuch für Betriebswirte, 11. Jahrgang, Taylorix Fachverlag, Stuttgart, S. 233 ff.

4.4.1.3 Working Capital

Für das Working Capital werden die Daten für die Liquidität 3. Grades verwendet, nämlich als Differenz zwischen Umlaufvermögen und kurzfristigem Fremdkapital.

Working Capital = Umlaufvermögen ·/· kurzfristiges Fremdkapital

Das Working Capital kann positiv oder negativ sein (vgl. folgende Abbildung).

Leitsätze für die Beurteilung:
Das Working Capital soll möglichst positiv sein. Es stellt Liquiditätsreserven dar, die bei Schwankungen im Einkauf (z. B. Preiserhöhungen oder Wechselkursänderungen) oder Schwierigkeiten beim Absatz für das Unternehmen lebenswichtig sein können. Nach der amerikanischen Bankregel fordern die Banken von den zu beleihenden Unternehmen sogar, dass das Umlaufvermögen etwa doppelt so groß wie das kurzfristige Fremdkapital sein solle.

Darstellung von positivem und negativem Working Capital

Ein Unternehmen mit negativem Working Capital ist in seiner Liquidität gefährdet, weil es kurzfristige Mittel langfristig angelegt hat. Besonderes Augenmerk ist auf die Entwicklung des Working Capital zu richten.

4.4.2 Kennziffern zum Finanzierungspotenzial

Cashflow

Der Cashflow ist ein Maß für die vom Unternehmen innerhalb einer Periode erwirtschafteten Erträge, die zur Eigenfinanzierung bereitstehen. Bei seiner Berechnung wird deshalb vom Jahresergebnis ausgegangen, das um den ausgabelosen Aufwand (z. B. Abschreibungen) erhöht und um den einnahmelosen Ertrag (z. B. Auflösung von Sonderposten mit Rücklageanteil) gekürzt wird. Folgendes Berechnungsschema wird zugrunde gelegt:

Jahresüberschuss/Jahresfehlbetrag
+   Abschreibungen
+/·/· Veränderung langfristiger Rückstellungen (Pensionsrückstellungen)
+/·/· Einstellung/Auflösung des Sonderpostens mit Rücklageanteil

Cashflow

Nicht passivierte Pensionsrückstellungen (Art. 28 Abs. 2 EGHGB) werden bei dieser Berechnung außer Acht gelassen; denn sie wurden bei der Ermittlung des Jahresergebnisses nicht berücksichtigt.

Der Cashflow steht dem Unternehmen als Finanzierungspotenzial zur Verfügung. Damit können beispielsweise Schulden getilgt, Wachstum finanziert, Investitionen in Personen und Anlagen oder Gewinnausschüttungen vorgenommen werden.

Cashflow-Umsatzrate

Sie gibt das Verhältnis des Cashflow zum Umsatz an und zeigt, wie viel Prozent des Umsatzes zur Selbstfinanzierung beitragen. Insofern ist die Cashflow-Umsatzrate auch als Kennziffer zur Ertragskraft interpretierbar.

$$\text{Cashflow-Umsatzrate} = \frac{\text{Cashflow}}{\text{Umsatz}} \times 100$$

Leitsätze für die Beurteilung:
Je größer der Cashflow bzw. die Cashflow-Rate, umso mehr selbst erwirtschaftetes Kapital steht dem Unternehmen zur Verfügung.
Hohe Werte dieser Kennzahlen zeugen von ertragreichen Geschäften und der Möglichkeit der Selbstfinanzierung von Investitionen.

Innenfinanzierungsgrad

$$\text{Innenfinanzierungsgrad} = \frac{\text{Cashflow}}{\text{Zugänge des Anlagevermögens}} \times 100$$

Leitsatz für die Beurteilung:
Diese Kennzahl zeigt, in welchem Umfang neu getätigte Investitionen aus eigener Kraft finanziert werden konnten. Sie sagt aber nichts dazu, ob es besser gewesen wäre, mehr oder weniger Fremdmittel einzusetzen.

Dynamischer Verschuldungsgrad

Während der statische Verschuldungsgrad (vgl. S. 132) als Quotient von Fremdkapital zu Eigenkapital nur eine Aussage über das Größenverhältnis der Kapitalquellen macht, ist der dynamische Verschuldungsgrad eine Maßzahl für die Schuldentilgung aus eigenen Kräften.

$$\text{Dynamischer Verschuldungsgrad} = \frac{\text{Fremdkapital} \cdot / \cdot \text{Geldwerte}}{\text{Cashflow}}$$

Leitsatz für die Beurteilung:
Diese Kennzahl unterstellt, dass der ganze Cashflow zur Schuldentilgung verwendet wird, was aber meist nicht der Fall sein dürfte. Trotzdem können am dynamischen Verschuldungsgrad die Möglichkeiten der Selbstfinanzierung sichtbar werden.

Kennzahlen zur Finanzlage im Überblick	
Kennzahl	Berechnung
Anlagendeckung I	$\dfrac{\text{Eigenkapital}}{\text{Anlagevermögen}} \times 100$
Anlagendeckung II	$\dfrac{\text{Eigenkapital + langfrist. Fremdkapital}}{\text{Anlagevermögen}} \times 100$
Liquidität 1. Grades	$\dfrac{\text{Geldwerte}}{\text{kurzfristiges Fremdkapital}} \times 100$
Liquidität 2. Grades	$\dfrac{\text{Finanzumlaufvermögen}}{\text{kurzfristiges Fremdkapital}} \times 100$
Liquidität 3. Grades	$\dfrac{\text{Umlaufvermögen}}{\text{kurzfristiges Fremdkapital}} \times 100$
Working capital	Umlaufvermögen ·/· kurzfristiges Fremdkapital
Cashflow	Jahresüberschuss/Jahresfehlbetrag + Abschreibungen +/·/· Veränderung langfristiger Rückstellungen (Pensionsrückstellungen) +/·/· Einstellung/Auflösung des Sonderpostens mit Rücklageanteil = Cashflow
Cashflow-Umsatzrate	$\dfrac{\text{Cashflow}}{\text{Umsatz}} \times 100$
Innenfinanzierungsgrad	$\dfrac{\text{Cashflow}}{\text{Zugänge des Anlagevermögens}} \times 100$
Dynamischer Verschuldungsgrad	$\dfrac{\text{Fremdkapital ·/· Geldwerte}}{\text{Cashflow}}$

4.4.3 Bewegungsbilanz

Es ist sinnvoll, der Analyse über das Ausmaß des Finanzierungspotenzials (Cashflow-Analyse) eine Untersuchung folgen zu lassen, die Einblick gibt, wie das Finanzierungspotenzial verwendet wurde. Instrument hierfür ist die Bewegungsbilanz, die durch Differenzenbildung der einzelnen Bilanzposten aufeinander folgender Jahre aufgestellt werden kann. Die Bewegungsbilanz gibt Aufschluss über die Finanzierungsweise (d. h. Mittelherkunft und Mittelverwendung) eines Unternehmens und ist insbesondere auch geeignet, Liquiditätsverhältnisse aus retrospektiver Sicht aufzuzeigen.

Die **Mittelverwendung** zeigt, wohin die Kapitalmittel geflossen sind. Sie entspricht daher einer Erhöhung der Aktiva (Vermögenszuwachs, z. B. durch Kauf von Sachanlagen) bzw. einer Verminderung der Passiva (Kapitalabfluss, z. B. Verringerung der Bankschulden ohne Erhöhung des Eigenkapitals).

Die **Mittelherkunft** gibt an, woher das Kapital kommt, das zum Vermögenszuwachs geführt hat. Es rührt entweder von der Verminderung der Aktiva her (Vermögensverminderung, z. B. durch Verkauf von Sachanlagen, Abschreibungen) oder durch die Erhöhung der Passiva (Kapitalzunahme, z. B. durch Einlagen).

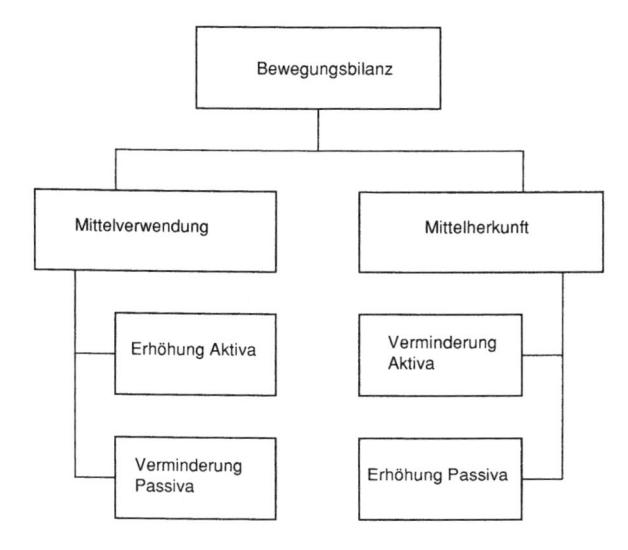

Für die Darstellung ist folgendes Schema geeignet:

Bewegungsbilanz					
Aktiva	Mittel-verwendung +	Mittel-herkunft ./.	Passiva	Mittel-herkunft +	Mittel-verwendung ./.

A. Anlagevermögen
  I. Immaterielle
    Vermögens-
    gegenstände
    .
			A. Eigenkapital
			  I. Gezeichnetes
			    Kapital
			    .		

Es erscheint sinnvoll, auf der Aktiv- und Passivseite noch je 2 Vorspalten anzufügen, welche die Ausgangsdaten der beiden zu vergleichenden Bilanzen aufnehmen.

Kontrollfragen

1. Welche Kennzahlen gibt es zur Beurteilung der Finanzlage?
2. Was besagt die goldene Bilanzregel und was die amerikanische Bankregel?
3. Welche Aussagen ermöglicht das Working Capital?
4. Welche Liquiditätsgrade gibt es, und wie sind sie definiert?
5. Wie wird der Cashflow ermittelt, und welche Aussagen lässt er zu?
6. Welche Möglichkeiten der Finanzierung zeigen die Kennzahlen dynamischer Verschuldungsgrad und Innenfinanzierungsgrad auf?
7. Wie ergänzen sich Cashflow-Analyse und Bewegungsbilanz?
8. Welche Aussagen erlaubt eine Bewegungsbilanz?
9. Schildern Sie das systematische Vorgehen beim Aufstellen einer Bewegungsbilanz.

Aufgabe 7.17 *Kennzahlen zur Finanzlage und Bewegungsbilanz S. 414*

4.5 Kennzahlen zur Ertragskraft

Unter Ertragskraft versteht man die Fähigkeit eines Unternehmens, auf längere Sicht Gewinne zu erwirtschaften. Die Kennzahlenanalyse versucht, die Ertragskraft für die Zukunft abzuschätzen, was insofern schwierig ist, als die vorhandenen Daten sich auf die Vergangenheit beziehen. Durch die Betrachtung der Kennzahlen im Zeitvergleich werden aber Entwicklungen sichtbar.

Die Kennzahlenanalyse zur Ertragskraft umfasst drei Bereiche, nämlich Ergebnisentwicklung, Kostenstruktur und Rentabilität.

4.5.1 Ergebnisentwicklung

Prozentuale Änderung des Jahresergebnisses

$$\text{Prozentuale Änderung des Jahresergebnisses} = \frac{\text{Änderung Jahresergebnis}}{\text{Jahresergebnis Vorjahr}} \times 100$$

Prozentuale Änderung des Jahresergebnisses vor Steuern

$$\text{Prozentuale Änderung des Jahresergebnisses vor Steuern} = \frac{\text{Änderung Jahresergebnis vor Steuern}}{\text{Jahresergebnis vor Steuern Vorjahr}} \times 100$$

Anteil des Betriebsergebnisses

$$\text{Anteil des Betriebsergebnisses} = \frac{\text{Betriebsergebnis}}{\text{Gesamtergebnis}} \times 100$$

Anteil des Finanzergebnisses

$$\text{Anteil des Finanzergebnisses} = \frac{\text{Finanzergebnis}}{\text{Gesamtergebnis}} \times 100$$

Anteil des außerordentlichen Ergebnisses

$$\text{Anteil des außerordentlichen Ergebnisses} = \frac{\text{Außerordentliches Ergebnis}}{\text{Gesamtergebnis}} \times 100$$

Prozentuale Änderung der Ausschüttung

$$\text{Prozentuale Änderung der Ausschüttung} = \frac{\text{Änderung Aussschüttung}}{\text{Ausschüttung Vorjahr}} \times 100$$

Leitsätze für die Beurteilung der Kennzahlen zur Ergebnisentwicklung:
Von großer Bedeutung ist die prozentuale Änderung des Gesamtergebnisses, welches aber durch Ausschüttungen beeinflusst werden kann. Deshalb ist die Entwicklung des Jahresergebnisses vor Steuern interessant. Die Höhe des Jahresüberschusses ist verständlicherweise sehr stark branchenbedingt.
Je niedriger der Anteil des Betriebsergebnisses am Gesamtergebnis ausfällt, umso mehr muss Kostendeckung unter Zuhilfenahme von Finanz- und außerordentlichen Erträgen erfolgen.

Im Gegensatz zum Vergleich anderer Daten ist ein Vergleich des Jahresergebnisses auf Grund statistischer Erhebungen in einer Branche nur sehr bedingt aussagefähig. Durch die Zusammenfassung von Daten gleichen sich negative Erscheinungen der einen Unternehmung mit positiven Ergebnissen der anderen Unternehmung aus. Deshalb ist ein exakter Ergebnisvergleich nur beim jeweiligen betrachteten Unternehmen möglich.

4.5.2 Kostenstruktur

Diese Kennzahlen geben an, welchen Anteil die wichtigsten Aufwendungen an der Gesamtleistung haben. Im Handel sind in aller Regel die Umsatzerlöse die Bezugsgröße, da keine Erzeugnisse hergestellt werden und keine aktivierten Eigenleistungen anfallen.

Intensitätsgrade (mit den gleichen Bezeichnungen) werden aber auch gebildet, indem man die jeweilige Aufwandsart in Beziehung zu den gesamten Aufwendungen setzt. Dann ist aber nicht die Ertragskraft das Ziel der Betrachtung, sondern die Gewichtung der Aufwendungen untereinander.

Materialintensität

$$\text{Materialintensität} = \frac{\text{Materialaufwand}}{\text{Gesamtleistung}} \times 100$$

Personalintensität

$$\text{Personalintensität} = \frac{\text{Personalaufwand}}{\text{Gesamtleistung}} \times 100$$

Abschreibungsintensität

$$\text{Abschreibungsintensität} = \frac{\text{Abschreibungsaufwand}}{\text{Gesamtleistung}} \times 100$$

Intensität der sonstigen betrieblichen Aufwendungen

$$\text{Intensität der sonstigen betrieblichen Aufwendungen} = \frac{\text{sonstige betriebliche Aufwendungen}}{\text{Gesamtleistung}} \times 100$$

Leitsätze für die Beurteilung der Kennzahlen zur Kostenstruktur:
Bei den Kennzahlen zur Kostenstruktur sind Branchen- und Zeitvergleich gleichermaßen wichtig. Personal- und Abschreibungsintensität sind im Zusammenhang zu sehen; denn unterbliebene Rationalisierungsinvestitionen können eine erhöhte Personalintensität zur Folge haben. Bei Leasing ist die Abschreibungsintensität vermindert.
Bei der Intensität der sonstigen betrieblichen Aufwendungen interessiert hauptsächlich der Vergleich zur Höhe der anderen Intensitätsgrade; denn die sonstigen betrieblichen Aufwendungen sind ein Sammelposten, auf den eine Vielzahl von Aufwendungen entfallen (vgl. ausführlich Band 1).

4.5.3 Rentabilität

Rentabilitäten geben das Verhältnis des Gewinnes zum eingesetzten Kapital bzw. zum Umsatz an.

Eigenkapitalrentabilität

$$\text{Eigenkapitalrentabilität} = \frac{\text{Jahresergebnis vor Steuern}}{\text{durchschnittliches investiertes Eigenkapital}} \times 100$$

Gesamtkapitalrentabilität

$$\text{Gesamtkapitalrentabilität} = \frac{\text{Jahresergebnis vor Steuern + Zinsaufwand}}{\text{durchschnittliches investiertes Gesamtkapital}} \times 100$$

Umsatzrentabilität

$$\text{Umsatzrentabilität (Gewinnspanne)} = \frac{\text{Betriebsergebnis}}{\text{Umsatz}} \times 100$$

Kennzahlen zur Ertragskraft im Überblick	
Kennzahl	Berechnung
Prozentuale Änderung des Jahresergebnisses	$\frac{\text{Änderung Jahresergebnis}}{\text{Jahresergebnis Vorjahr}} \times 100$
Prozentuale Änderung des Jahresergebnisses vor Steuern	$\frac{\text{Änderung Jahresergebnis vor Steuern}}{\text{Jahresergebnis vor Steuern Vorjahr}} \times 100$
Anteil des Betriebsergebnisses	$\frac{\text{Betriebsergebnis}}{\text{Gesamtergebnis}} \times 100$
Anteil des Finanzergebnisses	$\frac{\text{Finanzergebnis}}{\text{Gesamtergebnis}} \times 100$
Anteil des außerordentlichen Ergebnisses	$\frac{\text{Außerordentliches Ergebnis}}{\text{Gesamtergebnis}} \times 100$
Prozentuale Änderung der Ausschüttung	$\frac{\text{Ausschüttung Berichtsjahr}}{\text{Ausschüttung Vorjahr}} \times 100$
Materialintensität	$\frac{\text{Materialaufwand}}{\text{Gesamtleistung}} \times 100$
Personalintensität	$\frac{\text{Personalaufwand}}{\text{Gesamtleistung}} \times 100$
Abschreibungsintensität	$\frac{\text{Abschreibungsaufwand}}{\text{Gesamtleistung}} \times 100$
Intensität der sonstigen betrieblichen Aufwendungen	$\frac{\text{Sonstige betriebliche Aufwendungen}}{\text{Gesamtleistung}} \times 100$
Eigenkapitalrentabilität	$\frac{\text{Jahresergebnis vor Steuern}}{\text{durchschnittl. investiertes Eigenkapital}} \times 100$
Gesamtkapitalrentabilität	$\frac{\text{Jahresergebnis vor Steuern + Zinsaufwand}}{\text{durchschnittl. investiertes Gesamtkapital}} \times 100$
Umsatzrentabilität (Gewinnspanne)	$\frac{\text{Betriebsergebnis}}{\text{Umsatz}} \times 100$

Leitsätze für die Beurteilung der Rentabilitätskennzahlen:
Die Eigen- bzw. Gesamtkapitalrentabilität dient der Beurteilung der erwirtschafteten Kapitalverzinsung. Um eine Vergleichbarkeit zwischen Personen- und Kapitalgesellschaft zu ermöglichen, dient als Basis das Ergebnis vor Steuern. Manchmal wird aber einfach der Jahresüberschuss (Ergebnis nach Steuern) angesetzt.
Die Umsatzrentabilität gibt Auskunft über den umsatzbezogenen Erfolg und ist aufschlussreich bei zwischenbetrieblichen Vergleichen und im Zeitverlauf. Sie ist eine der beiden Komponenten der Return-on-Investment-Analyse (vgl. S. 147).
Die Gesamtkapitalrentabilität ist für mittelfristige Untersuchungen (1 bis 5 Jahre) diejenige Kennziffer, die eine **Insolvenzerkennung** am ehesten ermöglicht. Dies ergab eine empirische Untersuchung, bei der die Entwicklung der (möglichst) fünf letzten Abschlüsse von Konkursunternehmen denen von gesunden Unternehmen gegenübergestellt wurde.[1] (Vgl. auch S. 135).

Aufgabe 7.18 *Kennzahlen zur Ertragskraft S. 415*

4.6 Kennzahlen zum Wachstum

Das Wachstum eines Unternehmens wird zum einen an den Veränderungen bestimmter Kennzahlen des Betriebes gemessen (Wachstumsindizes, Zeitvergleich). Zum anderen wird die Personalproduktivität festgestellt und sind Branchenvergleiche angezeigt. Bei der Beurteilung von Wachstum in Unternehmen kann es sinnvoll sein, entsprechende Größen inflationsbereinigt anzugeben.

4.6.1 Wachstumsindizes und Wachstumsquoten

Umsatzwachstum

$$\text{Umsatzwachstum} = \frac{\text{Umsatzänderung}}{\text{Umsatz der Vorperiode}} \times 100$$

Betriebsergebniswachstum

$$\text{Betriebsergebniswachstum} = \frac{\text{Betriebsergebnisänderung}}{\text{Betriebsergebnis der Vorperiode}} \times 100$$

Cashflow-Wachstum

$$\text{Cashflow-Wachstum} = \frac{\text{Cashflow-Änderung}}{\text{Cashflow der Vorperiode}} \times 100$$

Gesamtkapitalwachstum

$$\text{Gesamtkapitalwachstum} = \frac{\text{Änderung des Gesamtkapitals}}{\text{Gesamtkapital der Vorperiode}} \times 100$$

Eigenkapitalwachstum

$$\text{Eigenkapitalwachstum} = \frac{\text{Änderung des Eigenkapitals}}{\text{Eigenkapital der Vorperiode}} \times 100$$

---

[1] Vgl. ausführlich Loistl: Ergebnisse einer Untersuchung über kurz- und mittelfristige Liquiditätsanalysen mit Hilfe von Bilanzkennziffern, in: Jahrbuch für Betriebswirte, 11. Jahrgang, Taylorix Fachverlag, Stuttgart, S. 233 ff.

Fremdkapitalwachstum

$$\text{Fremdkapitalwachstum} = \frac{\text{Änderung des Fremdkapitals}}{\text{Fremdkapital der Vorperiode}} \times 100$$

Anlagevermögenswachstum

$$\text{Anlagevermögenswachstum} = \frac{\text{Änderung des Anlagevermögens}}{\text{Anlagevermögen der Vorperiode}} \times 100$$

Umlaufvermögenswachstum

$$\text{Umlaufvermögenswachstum} = \frac{\text{Änderung des Umlaufvermögens}}{\text{Umlaufvermögen der Vorperiode}} \times 100$$

Leitsatz für die Beurteilung der Wachstumsindizes:
Wachstumsindizes geben sowohl die Änderungsrichtung als auch den Änderungsumfang einer Position gegenüber dem Vorjahr an. Je mehr Indizes eine Änderung in die gleiche Richtung anzeigen, umso sicherer wird das Beurteilungsergebnis.

Cashflow-Gesamtkapitalrendite

$$\text{Cashflow-Gesamtkapitalrendite} = \frac{\text{Cashflow}}{\text{durchschnittliches Gesamtkapital}} \times 100$$

Cashflow-Eigenkapitalrendite

$$\text{Cashflow-Eigenkapitalrendite} = \frac{\text{Cashflow}}{\text{durchschnittliches Eigenkapital}} \times 100$$

Eigenkapitalquote

$$\text{Eigenkapitalquote} = \frac{\text{Eigenkapital}}{\text{Gesamtkapital}} \times 100$$

Leitsätze für die Beurteilung der Wachstumsquoten:
Die Cashflow-Kapitalrenditen geben an, welcher Cashflow mit 100,– Gesamtkapital bzw. Eigenkapital erwirtschaftet wurde. Je größer die Cashflow-Kapitalrenditen, umso höher sind die Wachstumsmöglichkeiten zu veranschlagen.
Die Eigenkapitalquote, eine Kennzahl zur Kapitalstruktur (vgl. S. 130), ist auch für die Analyse der künftigen Entwicklung von Bedeutung; denn eine hohe Eigenkapitalquote garantiert ein risikoloseres Wachstum.

4.6.2 Personalproduktivität

Sie wird an zwei Kennzahlen gemessen, die zum einen auf dem Umsatz, zum anderen auf der Gesamtleistung aufbauen.

Pro-Kopf-Umsatz

$$\text{Pro-Kopf-Umsatz} = \frac{\text{Umsatz}}{\text{Anzahl Mitarbeiter}}$$

Pro-Kopf-Leistung

$$\text{Pro-Kopf-Leistung} = \frac{\text{Gesamtleistung}}{\text{Anzahl Mitarbeiter}}$$

Leitsätze für die Beurteilung:
Die Personalproduktivität ist in vielen Branchen von besonderem Interesse, weil die Mitarbeiter, das so genannte »Humankapital«, das eigentliche Erfolgspotenzial eines Unternehmens darstellen. Bei Industriebetrieben wird die Pro-Kopf-Leistung häufig an der Zahl der in der Produktion Beschäftigten gemessen.

4.6.3 Wachstumselastizität

Umsatzwachstumselastizität
Die Umsatzwachstumselastizität gibt an, um das Wievielfache sich das Umsatzwachstum im Verhältnis zum Branchenwachstum geändert hat. Die Kennzahl ist ein Maß dafür, wie stark das betreffende Unternehmen an dem in der Branche möglichen Wachstum teilgenommen hat. Ist die Wachstumselastizität größer (kleiner) als 1, dann liegt das Unternehmenswachstum über (unter) dem Branchendurchschnitt. Bei einer Wachstumselastizität von 1 ist das Unternehmenswachstum gleich dem Branchenwachstum.

$$\text{Umsatzwachstumselastizität} = \frac{\text{Umsatzwachstum des Unternehmens}}{\text{Umsatzwachstum der Branche}}$$

Kapitalwachstumselastizität
Wird das Wachstum des Gesamtkapitals eines Unternehmens mit dem der Branche ins Verhältnis gesetzt, ergibt sich die Kennzahl der Kapitalwachstumselastizität. Sie gibt – wie die Umsatzwachstumselastizität – an, wie stark das Unternehmen an der branchenüblichen Wachstumsquote teilgenommen hat.

$$\text{Kapitalwachstumselastizität} = \frac{\text{Wachstum des Gesamtkapitals des Unternehmens}}{\text{Wachstum des Gesamtkapitals der Branche}}$$

Aufgabe 7.19 *Kennzahlen zum Wachstum S. 145*

4.7 Kennzahlensysteme

Wird ein Unternehmen als ein System aufgefasst, das aus einzelnen Teilbereichen besteht, die miteinander in Beziehung stehen, muss es Kennzahlen geben, die voneinander abhängen und die diese Beziehungen zum Ausdruck bringen. Das bekannteste Beispiel ist die auf S. 147 dargestellte Kennzahlenpyramide für die Kennzahl ROI, d. h. Return on investment (Ertrag aus investiertem Kapital). Aus den jeweils weiter unten stehenden Kennzahlen errechnen sich diejenigen, die sich eine Stufe höher befinden.

Aus der Abbildung ist zu erkennen, dass sich der ROI aus dem Produkt von Umsatzrentabilität x Kapitalumschlag berechnet. Die Umsatzrentabilität (Kennzahl zur Ertragskraft, vgl. S. 147) ist ihrerseits der Quotient aus Gewinn : Umsatz, und der Kapitalumschlag (Kennzahl zur Kapitalstruktur, vgl. S. 132) errechnet sich als Quotient aus Umsatz : durchschnittlich investiertes Kapital. Der Gewinn lässt sich aus der Differenz zwischen Umsatz abzüglich Gesamtaufwendungen errechnen, und das durchschnittlich investierte Kapital ist die Summe der Vermögenswerte, und zwar (Anfangsbestand + Endbestand) : 2.

Kennzahlen zum Wachstum im Überblick	
Kennzahl	Berechnung
Umsatzwachstum	$\dfrac{\text{Umsatzänderung}}{\text{Umsatz der Vorperiode}} \times 100$
Betriebsergebniswachstum	$\dfrac{\text{Betriebsergebnisänderung}}{\text{Betriebsergebnis der Vorperiode}} \times 100$
Cashflow-Wachstum	$\dfrac{\text{Cashflow-Änderung}}{\text{Cashflow der Vorperiode}} \times 100$
Gesamtkapitalwachstum	$\dfrac{\text{Änderung des Gesamtkapitals}}{\text{Gesamtkapital der Vorperiode}} \times 100$
Eigenkapitalwachstum	$\dfrac{\text{Änderung des Eigenkapitals}}{\text{Eigenkapital der Vorperiode}} \times 100$
Fremdkapitalwachstum	$\dfrac{\text{Änderung des Fremdkapitals}}{\text{Fremdkapital der Vorperiode}} \times 100$
Anlagevermögenswachstum	$\dfrac{\text{Änderung des Anlagevermögens}}{\text{Anlagevermögen der Vorperiode}} \times 100$
Umlaufvermögenswachstum	$\dfrac{\text{Änderung des Umlaufvermögens}}{\text{Umlaufvermögen der Vorperiode}} \times 100$
Cashflow-Gesamtkapitalrendite	$\dfrac{\text{Cashflow}}{\text{durchschnittliches Gesamtkapital}} \times 100$
Cashflow-Eigenkapitalrendite	$\dfrac{\text{Cashflow}}{\text{durchschnittliches Eigenkapital}} \times 100$
Eigenkapitalquote	$\dfrac{\text{Eigenkapital}}{\text{Gesamtkapital}} \times 100$
Pro-Kopf-Umsatz	$\dfrac{\text{Umsatz}}{\text{Anzahl Mitarbeiter}}$
Pro-Kopf-Leistung	$\dfrac{\text{Gesamtleistung}}{\text{Anzahl Mitarbeiter}}$
Umsatzwachstumselastizität	$\dfrac{\text{Umsatzwachstum des Unternehmens}}{\text{Umsatzwachstum der Branche}}$
Kapitalwachstumselastizität	$\dfrac{\text{Wachstum des Gesamtkapitals des Unternehmens}}{\text{Wachstum des Gesamtkapitals der Branche}}$

Der ROI kann verbessert werden durch Erhöhung der Umsatzrentabilität oder durch Steigerung des Kapitalumschlags.

Kontrollfragen

1. Mit welchen Kennzahlen kann die Ertragskraft eines Unternehmens festgestellt werden?
2. Welche Rückschlüsse lassen sich aus den Kennzahlen für die Aufwandsintensitäten (z. B. Personalintensität) ziehen?
3. Was versteht man unter Rentabilität?
4. Welche Kennzahlen geben Aufschluss über das Unternehmenswachstum?
5. Welche Aussagen können aus den Cashflow-Kapitalrenditen gezogen werden?

6. Welche Ursachen kann eine Wachstumselastizität von unter 1 haben?
7. Was besagt die Kennzahl Return on Investment. Aus welchen Teilen setzt sie sich zusammen?

Aufgabe 7.20 *Return on Investment S. 415*

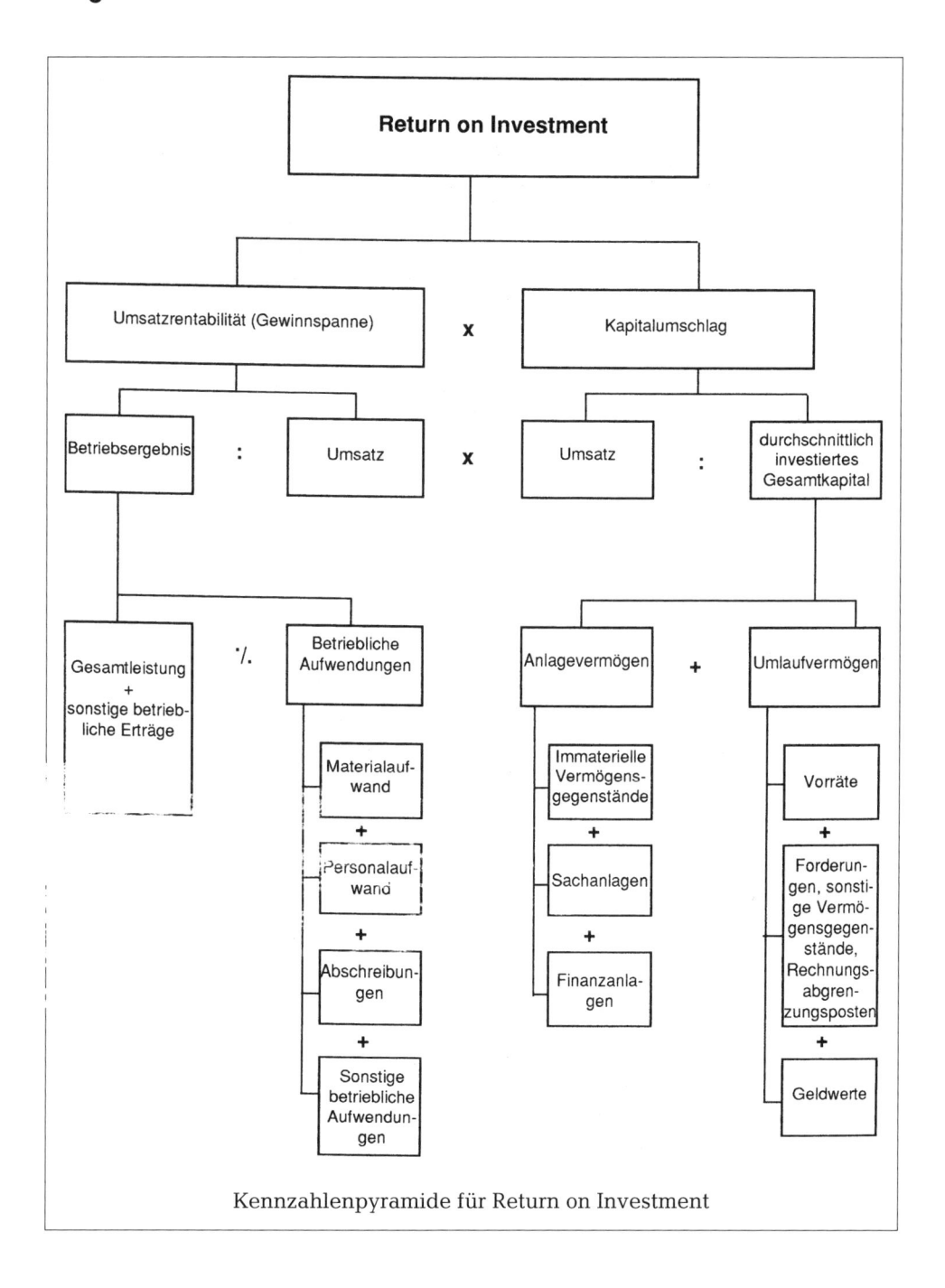

```
                          Return on Investment
                                  |
              ┌───────────────────┴───────────────────┐
     Umsatzrentabilität (Gewinnspanne)    x    Kapitalumschlag
              |                                       |
      ┌───────┴───────┐                       ┌───────┴───────────┐
  Betriebsergebnis : Umsatz    x        Umsatz  :  durchschnittlich
                                                    investiertes
                                                    Gesamtkapital
```

- Betriebsergebnis = Gesamtleistung + sonstige betriebliche Erträge ./. Betriebliche Aufwendungen
- Betriebliche Aufwendungen = Materialaufwand + Personalaufwand + Abschreibungen + Sonstige betriebliche Aufwendungen
- durchschnittlich investiertes Gesamtkapital = Anlagevermögen + Umlaufvermögen
- Anlagevermögen = Immaterielle Vermögensgegenstände + Sachanlagen + Finanzanlagen
- Umlaufvermögen = Vorräte + Forderungen, sonstige Vermögensgegenstände, Rechnungsabgrenzungsposten + Geldwerte

Kennzahlenpyramide für Return on Investment

5 Checklisten über die Wahlrechte beim Jahresabschluss nach HGB

Für die Bilanzanalyse ist die Kenntnis **der bilanzpolitischen Möglichkeiten,** die der Jahresabschluss nach HGB gewährt, wichtig. Die folgenden Zusammenstellungen werden auf die Darstellung bilanzpolitischer Mittel im engeren Sinne beschränkt, d. h. auf solche, die auf am Bilanzstichtag gegebenen Sachverhalten beruhen und sich nicht durch noch erfolgende Sachverhaltsgestaltungen ergeben. Auf bilanzpolitische Aktivitäten vor dem Bilanzstichtag, z. B. Einschränkung von Vorratsbezügen zur Verbesserung der Liquidität oder Kauf und Sofortabschreibung geringwertiger Wirtschaftsgüter zur Senkung des zu versteuernden Gewinns, wird also nicht eingegangen.

Aus der jeweiligen Paragraphenangabe ist ersichtlich, ob es sich um Wahlrechte handelt, die für alle Kaufleute (aus den §§ 238 bis 263 HGB) oder nur für Kapitalgesellschaften & Co. (aus den §§ 264 ff. HGB) gelten. Einzelkaufleute und Personenhandelsgesellschaften haben, bedingt durch das Fehlen von Gliederungsvorschriften und die erleichterte Bildung stiller Reserven, einen größeren bilanzpolitischen Spielraum als Kapitalgesellschaften.

5.1 Ausweis- bzw. Gliederungswahlrechte

Die Wahlrechte beziehen sich sowohl auf die Gliederung des Jahresabschlusses als auch auf die Zuordnung zu einzelnen Abschlussteilen.

Gesetzesgrundlage	Ausweis- bzw. Gliederungswahlrechte	Bemerkungen
	I. Wahlrechte für die Bilanzgliederung	
§ 251 HGB	*Haftungsverhältnisse* Angabe in einem Betrag möglich.	Bei Kapitalgesellschaften gesonderte Angabe der jeweiligen Haftungsverhältnisse (§ 268 Abs. 7 HGB) unter der Bilanz oder im Anhang.
§ 265 Abs. 5 HGB	*Erweiterung der Bilanzgliederung* Eine weitere Untergliederung der Posten ist zulässig.	Dies gilt auch für die GuV-Rechnung.
§ 265 Abs. 7 HGB	*Postenzusammenfassung* Zusammenfassung der mit arabischen Zahlen versehenen Posten ist möglich, wenn ihr Betrag unerheblich ist und dadurch die Klarheit der Darstellung vergrößert wird.	Dies gilt auch für die GuV-Rechnung.
§ 265 Abs. 8 HGB	*Posten ohne Betrag* Ein Posten, der keinen Betrag ausweist, braucht dann nicht aufgeführt zu werden, wenn er auch im vorhergehenden Geschäftsjahr keinen Betrag enthielt.	Dies gilt auch für die GuV-Rechnung.
§§ 266 Abs. 1, 274a Nr. 1 HGB	*Größenabhängige Erleichterung bei Bilanzaufstellung* Kleine Kapitalgesellschaften dürfen – eine verkürzte Bilanz aufstellen, – auf Anlagengitter verzichten.	Die verkürzte Bilanz muss die mit Buchstaben und römischen Zahlen bezeichneten Posten aufnehmen.

Gesetzes-grundlage	Ausweis- bzw. Gliederungswahlrechte	Bemerkungen
§ 268 Abs. 1 HGB	*Bilanz bei vollständiger oder teilweiser Verwendung des Jahresergebnisses* Die Bilanz darf auch unter Berücksichtigung der vollständigen oder teilweisen Verwendung des Jahresergebnisses aufgestellt werden.	Bei teilweiser Verwendung ist der Posten »Bilanzgewinn/Bilanzverlust« auszuweisen.
§ 272 Abs. 1 HGB	*Ausweis ausstehender Einlagen* – Entweder Ausweis unter entsprechender Bezeichnung in Aktiva vor Anlagevermögen oder – offener Abzug der noch nicht eingeforderten Beträge vom gezeichneten Kapital sowie gesonderter Ausweis der eingeforderten, aber nicht eingezahlten Beträge unter den Forderungen bei entsprechender Bezeichnung.	Bei offenem Abzug ist die Differenz aus gezeichnetem Kapital und nicht eingeforderten ausstehenden Einlagen als »Eingefordertes Kapital« zu bezeichnen.
§ 281 Abs. 1 HGB	*Berücksichtigung steuerrechtlicher Vorschriften* Die nach Steuerrecht (§ 254 HGB) zulässigen Abschreibungen dürfen auch in der Weise vorgenommen werden, dass der Unterschiedsbetrag zwischen handels- und steuerrechtlichen Abschreibungen in den Sonderposten mit Rücklageanteil eingestellt wird.	Angabe der Vorschriften, nach denen die Wertberichtigung gebildet worden ist, in Bilanz oder Anhang.
	II. Wahlrechte für die GuV-Gliederung	
§ 265 Abs. 5, 7, 8 HGB	*Grundsätze für die Gliederung* – Erweiterung der Gliederung – Postenzusammenfassung – Posten ohne Betrag	Vgl. Ausführungen in vorstehender Übersicht über Wahlrechte für die Bilanzgliederung.
§ 275 Abs. 1 HGB	*Aufstellung der GuV-Rechnung* Die GuV-Rechnung ist nach dem Gesamtkostenverfahren oder dem Umsatzkostenverfahren aufzustellen.	Für beide Verfahren ist die Staffelform verbindlich.
§ 276 HGB	*Größenabhängige Erleichterungen bei Aufstellung der GuV-Rechnung* Kleine und mittelgroße Kapitalgesellschaften dürfen die Posten § 275 Abs. 2 Nr. 1 bis 5 oder Abs. 3 Nr. 1 bis 3 und 6 HGB zu einem Posten zusammenfassen.	Ausweis dieses Postens unter der Bezeichnung »Rohergebnis«.
	III. Wahlrechte für Angaben im Anhang	
§§ 274a, 276, 288 HGB	*Angaben kleiner Kapitalgesellschaften* Kleine Kapitalgesellschaften brauchen die Angaben nach § 268 Abs. 4 Satz 2, Abs. 5 Satz 3 und Abs. 6, § 269 Satz 1, § 277 Abs. 4 Satz 2 und 3, § 284 Abs. 2 Nr. 4, § 285 Nr. 2 bis 8 Buchst. a, Nr. 9 Buchst. a und b und Nr. 12 HGB nicht zu machen.	Größenabhängige Erleichterung
§ 288 Satz 2 HGB	*Angaben mittelgroßer Kapitalgesellschaften* Mittelgroße Kapitalgesellschaften brauchen die Angaben nach § 285 Nr. 4 HGB nicht zu machen.	Größenabhängige Erleichterung
§ 326 HGB	*Inhalt des Anhangs bei Offenlegung kleiner Kapitalgesellschaften* Der Anhang kleiner Kapitalgesellschaften braucht bei Offenlegung die die GuV-Rechnung betreffenden Angaben nicht zu enthalten.	Gilt nur für die Offenlegung.

Gesetzes-grundlage	Ausweis- bzw. Gliederungswahlrechte	Bemerkungen
§ 327 Nr. 2 HGB	*Inhalt des Anhangs bei Offenlegung mittelgroßer Kapitalgesellschaften* Mittelgroße Kapitalgesellschaften dürfen den Anhang für die Offenlegung ohne die Angaben nach § 285 Nr. 2, 5 und 8 Buchst. a, Nr. 12 HGB einreichen.	Gilt nur für die Offenlegung.
	IV. Wahlrechte hinsichtlich der Zuordnung zu einzelnen Teilen des Abschlusses	
§ 265 Abs. 3 HGB	*Ausweis von Vermögensgegenständen oder Schulden, die unter mehrere Bilanzposten fallen* – Vermerk bei den einschlägigen Posten in Bilanz oder – Angabe im Anhang	Gilt nur, wenn dies zur Aufstellung eines klaren und übersichtlichen Jahresabschlusses notwendig ist.
§ 268 Abs. 1 HGB	*Gewinn- oder Verlustvortrag bei teilweiser Verwendung des Jahresergebnisses* Bei Aufstellung der Bilanz unter teilweiser Verwendung des Jahresergebnisses ist ein vorhandener Gewinn- oder Verlustvortrag in den Posten »Bilanzgewinn/Bilanzverlust« einzubeziehen und – in Bilanz oder – Anhang gesondert anzugeben.	Der Posten »Bilanzgewinn/Bilanzverlust« tritt an Stelle der Posten »Jahresüberschuss/Jahresfehlbetrag« und »Gewinnvortrag/Verlustvortrag«.
§ 268 Abs. 2 Satz 1 und 2 HGB	*Entwicklung des Anlagevermögens* Die Entwicklung der einzelnen Posten des Anlagevermögens und der Aufwendungen für die Ingangsetzung und Erweiterung des Geschäftsbetriebs ist – in der Bilanz oder – im Anhang darzustellen.	Nur für große und mittelgroße Kapitalgesellschaften verbindlich (§ 274a Nr. 1 HGB).
§ 268 Abs. 2 Satz 3 HGB	*Abschreibungen des Geschäftsjahres* Die Abschreibungen des Geschäftsjahres sind – in der Bilanz oder – im Anhang in einer der Bilanz entsprechenden Aufgliederung anzugeben.	Nur für große und mittelgroße Kapitalgesellschaften verbindlich (§ 274a Nr. 1 HGB).
§ 268 Abs. 6 HGB	*Disagio* Der Betrag eines Disagios ist – in der Bilanz gesondert auszuweisen oder – im Anhang anzugeben.	Nur für große und mittelgroße Kapitalgesellschaften verbindlich (§ 274a Nr. 4 HGB).
§ 268 Abs. 7 HGB	*Haftungsverhältnisse* Haftungsverhältnisse nach § 251 HGB sind – unter der Bilanz oder – im Anhang anzugeben.	Gewährte Pfandrechte und sonstige Sicherheiten sind mit anzugeben.
§ 273 HGB	*Sonderposten mit Rücklageanteil* Angabe der steuerlichen Vorschriften für die Bildung des Sonderpostens mit Rücklageanteil in – Bilanz oder – Anhang.	Auflösung des Sonderpostens nach Maßgabe des Steuerrechts.

Gesetzesgrundlage	Ausweis- bzw. Gliederungswahlrechte	Bemerkungen
§ 274 Abs. 1 HGB	*Rückstellungen für latente Steuern* Gesonderte Angabe in – Bilanz oder – Anhang.	Auflösung der Rückstellung, sobald die Belastung eintritt oder mit ihr nicht mehr zu rechnen ist.
§ 277 Abs. 3 HGB	*Außerplanmäßige Abschreibungen auf das Anlagevermögen (§ 253 Abs. 2 Satz 3 HGB)* Gesonderter Ausweis – in GuV-Rechnung oder – Angabe im Anhang.	Gleiches gilt für Abschreibungen nach § 253 Abs. 3 HGB (Abschreibungen auf das Umlaufvermögen zur Verhinderung von Wertansatzänderungen infolge künftiger Wertschwankungen).
§ 281 Abs. 1 HGB	*Berücksichtigung steuerrechtlicher Vorschriften* Wird der Unterschiedsbetrag zwischen steuer- und handelsrechtlich zulässiger Bewertung in den Sonderposten mit Rücklageanteil eingestellt, so sind die Vorschriften in – Bilanz oder – Anhang anzugeben, nach denen die Wertberichtigung gebildet wurde.	Bestimmungen über die Auflösung der Wertberechtigung sind zu beachten.
§ 281 Abs. 2 HGB	*Erträge aus bzw. Einstellungen in Sonderposten mit Rücklageanteil* In den Posten »Sonstige betriebliche Erträge« bzw. »Sonstige betriebliche Aufwendungen« – der GuV-Rechnung gesondert auszuweisen oder – im Anhang anzugeben.	Damit wird eine Erfassung dieser Aufwendungen und Erträge unter den außerordentlichen Posten ausgeschlossen.
§ 285 Nr. 2 HGB	*Angaben zu Verbindlichkeiten* Der Gesamtbetrag der Verbindlichkeiten, die a) eine Restlaufzeit von mehr als 5 Jahren haben, b) durch Pfandrechte oder ähnliche Rechte gesichert sind, ist für jeden Posten der Verbindlichkeiten – im Anhang anzugeben, sofern nicht bereits – aus der Bilanz ersichtlich.	Für große und mittelgroße Kapitalgesellschaften verbindlich.
§ 287 HGB	*Angaben über den Anteilsbesitz nach § 285 Nr. 11 HGB* Die Angaben können statt – im Anhang – auch in einer besonderen Aufstellung gemacht werden.	Auf die besondere Aufstellung, die Teil des Anhangs ist, und den Ort ihrer Hinterlegung ist im Anhang hinzuweisen.
§ 327 Nr. 1 HGB	*Bilanzkürzung mittelgroßer Kapitalgesellschaften bei Offenlegung* Bei Offenlegung dürfen mittelgroße Kapitalgesellschaften ihre Bilanz wie kleine Kapitalgesellschaften verkürzen, müssen dann aber in – Bilanz oder – Anhang die in § 327 Nr. 1 HGB genannten Posten zusätzlich gesondert angeben.	Größenabhängige Erleichterung.

5.2 Bilanzierungswahlrechte

Diese Wahlrechte beziehen sich auf die Möglichkeit des Bilanzansatzes. Zu unterscheiden sind Aktivierungs- und Passivierungswahlrechte.

Gesetzes-grundlage	Bilanzierungswahlrechte	Bemerkungen
	I. Aktivierungswahlrechte	
§ 250 Abs. 1 Nr. 1 HGB	*Als Aufwand berücksichtigte Zölle und Verbrauchsteuern* Diese dürfen als Rechnungsabgrenzungsposten ausgewiesen werden.	Dies gilt nur, soweit sie auf am Abschlussstichtag auszuweisende Vermögensgegenstände des Vorratsvermögens entfallen.
§ 250 Abs. 1 Nr. 2 HGB	*Als Aufwand berücksichtigte Umsatzsteuer* Sie darf als Rechnungsabgrenzungsposten ausgewiesen werden.	Dies gilt nur für – am Abschlussstichtag auszuweisende oder – von den Vorräten offen abgesetzte Anzahlungen.
§ 250 Abs. 3 HGB	*Disagio* Ein Disagio ist als Rechnungsabgrenzungsposten aktivierbar. Tilgung durch planmäßige Abschreibungen.	Für mittelgroße und große Kapitalgesellschaften gesonderter Ausweis in Bilanz oder Anhang (§§ 268 Abs. 6, 274a HGB).
§ 255 Abs. 4 HGB	*Derivativer Geschäfts- oder Firmenwert* Der sich bei Übernahme eines Unternehmens ergebende Geschäfts- oder Firmenwert darf aktiviert werden.	Tilgung durch Abschreibungen – zu mindestens einem Viertel oder – ihre planmäßige Verteilung auf die voraussichtliche Dauer der Nutzung.
§ 269 HGB	*Aufwendungen für die Ingangsetzung und Erweiterung des Geschäftsbetriebs* Als Bilanzierungshilfe aktivierbar, Ausweis vor dem Anlagevermögen, Erläuterung im Anhang durch große und mittelgroße Kapitalgesellschaften (§ 274a HGB).	Ausschüttungssperre ist zu beachten.
§ 274 Abs. 2 HGB	*Rechnungsabgrenzungsposten für latente Steuern* Als Bilanzierungshilfe aktivierbar. Gesonderter Ausweis unter entsprechender Bezeichnung und Erläuterung im Anhang.	Ausschüttungssperre ist zu beachten. Saldierung aktiver Abgrenzungen mit passiven vorgeschrieben.
	II. Passivierungswahlrechte	
§ 247 Abs. 3 u. § 281 HGB	*Bildung von Passivposten aufgrund steuerrechtlicher Vorschriften* In der Handelsbilanz möglich, Ausweis als Sonderposten mit Rücklageanteil.	Für Kapitalgesellschaften ist der Grundsatz der umgekehrten Maßgeblichkeit zu beachten (vgl. § 273 HGB).
§ 249 Abs. 1 Satz 3 HGB	*Rückstellungen für unterlassene Aufwendungen für Instandhaltung* Ihre Bildung ist möglich, wenn die Aufwendungen im folgenden Geschäftsjahr nach einem Zeitraum von drei Monaten nachgeholt werden.	Bei Nachholung innerhalb der ersten drei Monate des folgenden Geschäftsjahres aber passivierungspflichtig.

Gesetzes-grundlage	Bilanzierungswahlrechte	Bemerkungen
§ 249 Abs. 2 HGB	*Aufwandsrückstellungen* Bildung bestimmter Aufwandsrückstellungen möglich.	Voraussetzungen: – genau umschriebene Aufwendungen, – dem oder einem früheren Geschäftsjahr zuordnungsbar, – am Abschlussstichtag wahrscheinlich oder sicher, – hinsichtlich Höhe oder Zeitpunkt des Eintritts unbestimmt.
Artikel 28 EGHGB	*Bildung von Pensionsrückstellungen* 1. Weiterhin Passivierungswahlrecht nur für – unmittelbare Pensionsverpflichtungen aus der Zeit vor dem 1.1.1987 (Altzusagen) und ihre spätere Erhöhung, – mittelbare und – ähnliche Verpflichtungen. 2. Bei Kapitalgesellschaften, die nach Nr. 1 nicht passivieren, Angabepflicht der nicht ausgewiesenen Rückstellungen für – laufende Pensionen, – Pensionsanwartschaften und – ähnliche Verpflichtungen in einem Betrag im Anhang und im Konzernanhang.	Gemäß § 249 Abs. 1 HGB besteht jedoch für Neuzusagen (Rechtsanspruch nach dem 31.12.1986 erworben) eine Passivierungspflicht.

5.3 Bewertungswahlrechte

Durch Bewertungswahlrechte kann der Ansatz bestimmter Bilanzposten der Höhe nach beeinflusst werden. Hierbei kann man

- fakultative Aktivierunggrenzen,
- fakultative Abschreibungen und
- Wahlrechte hinsichtlich des Bewertungsverfahrens

unterscheiden.

Gesetzes-grundlage	Bewertungswahlrechte	Bemerkungen
§ 255 Abs. 2 HGB	**I. Fakultative Aktivierungsgrenzen** *Bilanzierung bis zur Höhe der gesamten Herstellungskosten* Außer der obligatorischen Bewertung mit Einzelkosten für Material, Fertigung sowie Sonderkosten der Fertigung dürfen auch aktiviert werden: – Anteile notwendiger Materialgemeinkosten, – anteilige notwendige Fertigungsgemeinkosten, – fertigungsbedingter Wertverzehr des Anlagevermögens, – Kosten der allgemeinen Verwaltung,	Die Aufwendungen müssen auf den Fertigungszeitraum entfallen. Bilanzierungsfähig als Herstellungskosten auch Fremdkapitalzinsen zur Finanzierung der Herstellung eines Vermögensgegenstandes. Kapitalgesellschaften müssen die Einbeziehung von Zinsen im Anhang angeben (§ 284 Abs. 2 Nr. 5 HGB).

Gesetzes-grundlage	Bewertungswahlrechte	Bemerkungen
	– Aufwendungen für betriebliche Sozialeinrichtungen, – Aufwendungen für freiwillige Sozialleistungen und betriebliche Altersversorgung.	
	II. Fakultative Abschreibungen	
§ 253 Abs. 2 Satz 3 HGB	*Außerplanmäßige Abschreibungen beim Anlagevermögen auf den niedrigeren beizulegenden Wert* Fakultativ bei voraussichtlich vorübergehender Wertminderung (bei voraussichtlich dauernder Wertminderung dagegen obligatorisch).	Bei Kapitalgesellschaften ist das Wahlrecht auf Finanzanlagen begrenzt (§ 279 Abs. 1 HGB).
§ 253 Abs. 3 Satz 3 HGB	*Abschreibungen beim Umlaufvermögen auf den niedrigeren infolge Wertschwankungen zulässigen Wert* Abschreibungen beim Umlaufvermögen zur Verhinderung von Wertansatzänderungen aufgrund von Wertschwankungen in nächster Zukunft möglich.	Gilt auch für Kapitalgesellschaften.
§ 253 Abs. 4 HGB	*Abschreibungen auf den niedrigeren nach vernünftiger kaufmännischer Beurteilung zulässigen Wert* Möglich beim – Anlagevermögen und – Umlaufvermögen.	Nicht für Kapitalgesellschaften anwendbar (§ 279 Abs. 1 HGB).
§ 253 Abs. 5 HGB	*Beibehaltungswahlrecht für niedrigeren Wertansatz* Ein niedrigerer Wertansatz nach § 253 Abs. 2 Satz 3, Abs. 3 oder 4 HGB darf beibehalten werden, auch wenn die Gründe dafür nicht mehr bestehen. Gilt auch für steuerrechtliche Abschreibungen (§ 254 Satz 2 HGB).	Von Kapitalgesellschaften nicht anzuwenden; für sie gilt das Wertaufholungsgebot des § 280 HGB.
§ 254 HGB	*Steuerrechtliche Abschreibungen* Abschreibungen auf den niedrigeren steuerlich zulässigen Wert möglich.	Für Kapitalgesellschaften jedoch nach § 279 Abs. 2 HGB nur insoweit möglich, als das Steuerrecht ihre Anerkennung von der Vornahme in der Handelsbilanz abhängig macht (Fälle der umgekehrten Maßgeblichkeit).
§ 255 Abs. 4 HGB	*Abschreibungen auf den derivativen Geschäfts- oder Firmenwert* Abschreibungen sind – zu mindestens einem Viertel in jedem folgenden Geschäftsjahr vorzunehmen – oder können planmäßig auf die Geschäftsjahre der voraussichtlichen Nutzung verteilt werden.	Gültig auch für Kapitalgesellschaften. Die planmäßige Verteilung der Abschreibungen im Steuerrecht zwingend (betriebsgewöhnliche Nutzungsdauer nach § 7 Abs. 1 EStG 15 Jahre).
	III. Wahlrechte hinsichtlich des Bewertungsverfahrens	
§ 240 Abs. 3 HGB	*Festbewertung* Möglich bei regelmäßigem Ersatz von Vermögensgegenständen des Sachanlagevermögens sowie von Roh-, Hilfs- und Betriebsstoffen. Voraussetzungen: – Für das Unternehmen von nachrangiger Bedeutung,	Körperliche Inventur alle drei Jahre nötig.

Gesetzes-grundlage	Bewertungswahlrechte	Bemerkungen
	– geringe Schwankungen des Bestands in 　– Größe, 　– Wert und 　– Zusammensetzung.	
§ 240 Abs. 4 HGB	*Gruppenbewertung* Möglich bei – gleichartigen Vermögensgegenständen des Vorratsvermögens sowie – anderen gleichartigen oder – annähernd gleichwertigen beweglichen Vermögensgegenständen. Anzusetzen ist der gewogene Durchschnittswert der jeweils zu einer Gruppe zusammengefassten Vermögensgegenstände.	Große und mittelgroße Kapitalgesellschaften haben im Anhang die Angabe nach § 284 Abs. 2 Nr. 4 HGB zu machen, wenn die Bewertung mittels dieses Verfahrens einen erheblichen Unterschied zum Börsen- oder Marktpreis am Abschlussstichtag aufweist (§ 288 HGB).
§ 256 HGB	*Verbrauchsfolgeverfahren* Soweit es den GoB entspricht, kann für den Wertansatz gleichartiger Vorratsgüter eine bestimmte Verbrauchsfolge unterstellt werden, z. B. Lifo-, Fifo- und ähnliche Verfahren.	Große und mittelgroße Kapitalgesellschaften haben im Anhang die Angabe nach § 284 Abs. 2 Nr. 4 HGB zu machen, wenn die Bewertung mittels dieses Verfahrens einen erheblichen Unterschied zum Börsen- oder Marktpreis am Abschlussstichtag aufweist (§ 288 HGB).

5.4 Wahlrechte im Zusammenhang mit der Einführung des Euro[1]

Gesetzes-grundlage	Wahlrechte im Zusammenhang mit der Einführung des Euro	Bemerkungen
Art. 42 Abs. 1 EGHGB	*Wahlrecht zur Bilanzierung in Euro oder DM* – Vom 01.01.1999 bis 31.12.2001 besteht ein Wahlrecht für Bilanzierung in Euro oder DM. – Dies gilt auch bei abweichendem Wirtschaftsjahr. – Ab 01.01.2002 zwingend Aufstellung in Euro.	Wird der Jahresabschluss in der Übergangszeit in Euro aufgestellt, so sind die DM-Vorjahreszahlen ebenfalls in Euro umzurechnen (Art. 42 Abs. 2 EGHGB).
Art. 44 EGHGB	*Bilanzierungshilfe für Währungsumstellungsaufwendungen* – Aufwendungen für die Währungsumstellung auf den Euro dürfen als Bilanzierungshilfe aktiviert werden, soweit es sich um selbstgeschaffene immaterielle Vermögensgegenstände des Anlagevermögens handelt. – Ausweis unter der Bezeichnung »Aufwendungen für die Währungsumstellung auf den Euro« vor dem Anlagevermögen. – Tilgung durch Abschreibungen in jedem folgenden Geschäftsjahr zu mindestens einem Viertel. – Der Posten ist im Anhang zu erläutern. – Es besteht in seiner Höhe eine Ausschüttungssperre.	Diese Bilanzierungshilfe ist kein Wirtschaftsgut im steuerlichen Sinne; sie darf in der Steuerbilanz nicht angesetzt werden.

---

1 Zu Auswirkungen der Euro-Umstellung auf Buchführung und Bilanzierung vgl. ausführlich Band 1.

Gesetzes-grundlage	Wahlrechte im Zusammenhang mit der Einführung des Euro	Bemerkungen
Art. 43 EGHGB	*Euroumrechnungsrücklage* – Für Forderungen, Ausleihungen und Verbindlichkeiten, die auf Währungseinheiten der an der WWU teilnehmenden Mitgliedstaaten oder auf ECU lauten, besteht ein Wahlrecht, wonach die Gewinne, die sich aus der Umrechnung in Euro ergeben, als sofort erfolgswirksam behandelt oder aber in einen gesonderten Passivposten eingestellt werden dürfen. – Der Passivposten ist unter der Bezeichnung »Sonderposten aus der Währungsumstellung auf den Euro« nach dem Eigenkapital auszuweisen. – Aufgrund des Grundsatzes der Einzelbewertung (§ 252 Abs. 1 Nr. 3 HGB) ist das Wahlrecht nicht einheitlich für alle betroffenen Positionen auszuüben, sondern für jede Position getrennt. – Der Posten ist insoweit aufzulösen, als die Ausleihungen, Forderungen und Verbindlichkeiten, für die er gebildet worden ist, aus dem Vermögen des Unternehmens ausscheiden. Dies ist insbesondere auch der Fall, wenn die geschuldete Leistung an den Gläubiger bewirkt wird und Erfüllung eintritt.	Um zu vermeiden, dass es zu beeinträchtigenden Liquiditätsabflüssen kommt, gilt diese Bestimmung auch steuerrechtlich (§ 6d EStG).

6 Anhang: Branchendaten zur Kennzahlenanalyse

6.1 Methodische Anmerkungen

Die in den folgenden Tabellen aufgeführten Kennzahlen basieren auf **empirischen Branchenuntersuchungen der Deutschen Bundesbank**, die diese jährlich neu veröffentlicht. Da es sich um empirische Daten handelt, deren Erfassung und Auswertung Zeit benötigt, sind die neuesten Daten meist erst nach etwa 2 Jahren erhältlich.

Die Monatsberichte der Deutschen Bundesbank **bis 1999** bezogen sich lediglich auf Jahresabschlüsse **westdeutscher Unternehmen**, die den Zweiganstalten der Landeszentralbanken im Zusammenhang mit dem Rediskontgeschäft eingereicht wurden. Daraus folgte, dass nur diejenigen Wirtschaftsbereiche ausreichend repräsentiert waren, in denen der Handelswechsel als Finanzierungsinstrument Bedeutung hatte. Auch innerhalb der Wirtschaftsbereiche ergaben sich daraus Einschränkungen hinsichtlich der Repräsentationsfähigkeit der eingereichten Jahresabschlüsse. Insbesondere waren größere Unternehmen, vor allem in der Rechtsform der Aktiengesellschaft, in dem verfügbaren Bilanzmaterial stärker vertreten, als es ihrer Bedeutung im gesamten Unternehmensbereich entsprach. Das Bilanzmaterial insbesondere von kleinen und mittelgroßen Unternehmen hatte deshalb in den letzten Jahren deutlich abgenommen.

Da der Wechselrediskontkredit zum Beginn der Stufe 3 der Europäischen Währungsunion im Instrumentarium der Europäischen Zentralbank nicht mehr vorgesehen war, entfiel die Grundlage für die Einreichung von Jahresabschlüssen bei der Deutschen Bundesbank.

Erstmals im **Monatsbericht Dezember 2001** hat die Deutsche Bundesbank deshalb **nach Rechtsformen hochgerechnete Ergebnisse** der Unternehmensbilanzstatistik für die Jahre 1994 bis 1999 (ohne 1995) vorgestellt. Zudem wurde der **Gebietsstand auf Gesamtdeutschland ausgeweitet**, also endlich auch ostdeutsche Unternehmen in die Statistik mit einbezogen. Im **Monatsbericht April 2002** wurden die Daten um die einzelnen Wirtschaftsbereiche des Verarbeitenden Gewerbes für den Zeitraum 1994 bis 1999 (ohne 1995) erweitert und nur die Gesamtentwicklung für das Geschäftsjahr 2000 kommentiert.

Im Rahmen der oben angeführten Umstrukturierung der Statistik wurde auf die Darstellung der Wirtschaftsbereiche »Papiergewerbe« und »Metallerzeugung und -bearbeitung« verzichtet. Nähere Angaben hierzu hat die Deutsche Bundesbank nicht gemacht. Ebenso entfiel eine Berechnung des Cashflow für die einzelnen Wirtschaftsbranchen.

Um auf quantitative Aussagen zu den wichtigen Kennzahlen »Cashflow-Umsatzrate« und »Dynamischer Verschuldungsgrad« nicht verzichten zu müssen, wurde auf die Veröffentlichung der Daten für Westdeutschland im Zeitraum 1994 bis 1998 zurückgegriffen.

6.2 Branchenkennzahlen

Auf S. 158 ff. werden folgende Branchenkennzahlen dargestellt:

Kennzahlen zum **Vermögensaufbau**: – Sachanlagenintensität – Vorratsintensität	Kennzahlen zur **Finanzlage**: – Anlagendeckungsgrad I und II – Liquidität 2. und 3. Grades – Cashflow-Umsatzrate – dynamischer Verschuldungsgrad
Kennzahlen zur **Kapitalstruktur**: – Eigenkapitalquote – Rückstellungsquote – Pensionsrückstellungsquote – Fremdkapitalquote – langfristige Finanzierungsquote – kurzfristige Finanzierungsquote – Gesamtkapitalumschlag	Kennzahlen zur **Ertragskraft**: – Materialintensität – Personalintensität – Abschreibungsintensität – Gesamtkapitalrentabilität – Umsatzrentabilität

Sachanlagenintensität deutscher Unternehmen in %					
	1994	1996	1997	1998	1999
Alle Wirtschaftsbereiche	28,3	27,3	23,7	26,5	25,9
Verarbeitendes Gewerbe	26,2	25,4	24,5	24,0	23,4
– Ernährungsgewerbe	39,0	38,3	36,9	35,6	35,8
– Textilgewerbe	28,1	27,6	27,0	26,0	26,9
– Bekleidungsgewerbe	15,3	15,9	14,5	14,8	14,8
– Holzgewerbe (ohne Herstellung von Möbeln)	39,0	39,7	38,8	38,6	38,3
– Verlags- und Druckgewerbe	32,5	30,9	30,8	31,0	29,3
– Chemische Industrie	22,5	21,9	20,2	20,2	19,5
– Herstellung von Gummi- und Kunststoffwaren	34,9	34,6	33,5	32,1	30,3
– Glasgewerbe, Keramik, Verarbeitung von Steinen und Erden	36,9	39,6	39,5	37,7	36,8
– Herstellung von Metallerzeugnissen	30,9	29,5	31,2	30,3	30,3
– Maschinenbau	18,7	17,4	17,0	17,2	16,6
– Elektrotechnik	14,9	15,0	14,3	14,2	12,4
– Medizin-, Mess-, Steuer- und Regelungstechnik, Optik	22,0	20,8	20,8	23,1	21,4
– Herstellung von Kraftwagen und Kraftwagenteilen	26,2	22,7	23,6	22,5	23,5
Energie- und Wasserversorgung	51,6	49,4	48,9	47,1	45,7
Baugewerbe	16,8	17,5	17,7	17,8	17,2
Großhandel und Handelsvermittlung	17,2	16,8	16,5	16,3	16,1
Einzelhandel (incl. Kfz-Handel, Tankstellen)	26,0	24,5	24,2	23,4	23,6
Verkehr (ohne Eisenbahnen)	57,0	55,6	54,4	55,2	54,3

Interpretation der Sachanlagenintensität
Die Entwicklung der Sachanlagenintensität ist im Betrachtungszeitraum bis auf 1998 rückläufig. Der Durchschnitt bei allen Unternehmen lag 1999 bei 25,9 %. Ursächlich für die tendenzielle Abschwächung können sein: ein Rückgang der allgemeinen Investitionstätigkeit, geringere Rationalisierungsinvestitionen und ein verstärktes Outsourcing oder eine Verringerung der Fertigungstiefe.

Nach Angaben der Deutschen Bundesbank sind die Sachanlagen als Folge der Investitionsschwäche 1999 nur um insgesamt 8,5 % gewachsen, obwohl die Bilanzsumme aller Wirtschaftsbereiche um 18,5 % zunahm.

Besonders deutlich ging die Sachanlagenintensität von 1994 bis 1999 in der Energie- und Wasserversorgung zurück (von 51,6 % auf 45,7 %). Die Deutsche Bundesbank führt dies auf verringerte Sachinvestitionen bei den öffentlichen Strom- und Gasversorgern sowie bei der Wasserwirtschaft zurück, nicht zuletzt wegen des erreichten hohen Versorgungsstandards in Deutschland und der Zunahme des Wettbewerbs als Folge der Deregulierung des Strommarkts. Der Kapitalstock läge dem Buchwert nach in diesem Bereich 1999 um 6,5 % unter dem Stand von 1994.

Weitere deutliche Rückgänge im Betrachtungszeitraum wiesen die Branchen Ernährungsgewerbe, Verlags- und Druckgewerbe, Chemische Industrie, Herstellung von Gummi- und Kunststoffwaren, Maschinenbau, Elektrotechnik, Herstellung von Kraftwagen und Kraftwagenteilen, Einzelhandel und Verkehr aus.

Den höchsten Wert der Sachanlagenintensität erreichte 1999, wie in den Vorjahren, der Verkehr mit 54,3 (i. V. 55,2) %, in der ebenso wie in der Energie- und Wasserversorgung große Unternehmenseinheiten dominierten. Nur im Baugewerbe war entgegen dem allgemeinen Trend im gesamten Betrachtungszeitraum, mit Ausnahme 1999, ein permanenter Anstieg der Sachanlagenintensität festzustellen.

Vorratsintensität deutscher Unternehmen in %					
	1994	1996	1997	1998	1999
Alle Wirtschaftsbereiche	24,1	23,9	23,7	23,5	23,1
Verarbeitendes Gewerbe	21,5	21,1	20,8	20,6	19,8
– Ernährungsgewerbe	18,6	17,3	17,5	16,9	16,5
– Textilgewerbe	29,7	29,3	30,4	30,0	28,8
– Bekleidungsgewerbe	40,1	38,9	40,5	40,7	37,0
– Holzgewerbe (ohne Herstellung von Möbeln)	28,7	28,7	29,4	29,8	30,0
– Verlags- und Druckgewerbe	13,1	12,8	14,2	13,8	12,6
– Chemische Industrie	12,8	13,1	13,5	13,3	12,3
– Herstellung von Gummi- und Kunststoffwaren	19,8	21,1	19,9	18,9	18,9
– Glasgewerbe, Keramik, Verarbeitung von Steinen und Erden	16,8	17,3	18,6	19,6	19,1
– Herstellung von Metallerzeugnissen	26,4	28,3	27,3	27,5	26,9
– Maschinenbau	29,6	31,9	30,6	29,2	26,4
– Elektrotechnik	22,9	23,0	21,6	20,4	18,2
– Medizin-, Mess-, Steuer- und Regelungstechnik, Optik	29,9	29,1	27,2	26,0	25,6
– Herstellung von Kraftwagen und Kraftwagenteilen	15,2	12,9	12,8	12,9	13,1
Energie- und Wasserversorgung	3,4	2,6	2,4	2,3	2,3
Baugewerbe	44,4	42,6	42,5	43,0	46,0
Großhandel und Handelsvermittlung	26,6	27,2	27,8	27,1	26,0
Einzelhandel (incl. Kfz-Handel, Tankstellen)	42,1	43,2	44,2	44,8	44,1
Verkehr (ohne Eisenbahnen)	3,0	2,0	1,8	1,7	2,4

Interpretation der Vorratsintensität

Der Anteil der Vorräte am Gesamtvermögen aller Unternehmen war im Betrachtungszeitraum permanent leicht rückläufig. Die Kennzahl erreichte 1999 im Durchschnitt

– 23,1 (i. V. 23,5) % und bewegte sich zwischen
– 2,3 (i. V. 2,3) % in der Energie- und Wasserversorgung und
– 46 (i. V. 43) % im Baugewerbe.

Der Rückgang der Vorratsintensität kann auf eine konjunkturbedingte verringerte Lagerhaltung und damit rückläufige Zinskosten schließen lassen.

Besondere Rückgänge der Quote sind 1994 bis 1999 in den Branchen Ernährungsgewerbe, Bekleidungsgewerbe, Maschinenbau, Elektrotechnik, Medizin-, Mess-, Steuer- und Regelungstechnik, Optik, Herstellung von Kraftwagen und Kraftwagenteilen, Energie- und Wasserversorgung und Verkehr feststellbar.

Leichte Zuwächse gab es im gleichen Zeitraum in den Branchen Holzgewerbe, Glasgewerbe, Keramik, Verarbeitung von Steinen und Erden, Baugewerbe und Einzelhandel.

Hohe Vorratsquoten wiesen 1999 neben dem Baugewerbe, der Einzelhandel mit 44,1 (i. V. 44,8) % und das Bekleidungsgewerbe mit 37 (i. V. 40,7) % aus.

Besonders niedrig war die Quote 1999 neben der Energie- und Wasserversorgung auch im Verkehr mit 2,4 (i. V. 1,7) %, da in diesen Branchen eine hohe Vorratshaltung wie in anderen Bereichen nicht notwendig ist.

Eigenkapitalquote deutscher Unternehmen in %					
	1994	1996	1997	1998	1999
Alle Wirtschaftsbereiche	16,6	16,9	17,4	17,6	17,5
Verarbeitendes Gewerbe	21,9	22,3	23,1	23,4	23,7
– Ernährungsgewerbe	17,5	19,2	20,1	19,1	19,0
– Textilgewerbe	18,9	20,1	21,1	22,0	23,1
– Bekleidungsgewerbe	14,6	15,1	16,8	18,5	18,5
– Holzgewerbe (ohne Herstellung von Möbeln)	9,7	9,7	8,7	7,0	5,0
– Verlags- und Druckgewerbe	10,8	12,9	13,7	12,4	13,8
– Chemische Industrie	38,9	36,9	36,1	34,9	33,3
– Herstellung von Gummi- und Kunststoffwaren	18,7	18,3	20,3	19,8	19,7
– Glasgewerbe, Keramik, Verarbeitung von Steinen und Erden	21,3	21,3	20,9	21,0	22,1
– Herstellung von Metallerzeugnissen	13,8	15,8	14,6	15,1	14,7
– Maschinenbau	20,5	19,2	20,7	23,3	25,8
– Elektrotechnik	23,7	23,7	25,0	24,7	25,1
– Medizin-, Mess-, Steuer- und Regelungstechnik, Optik	17,6	18,5	21,5	23,1	22,2
– Herstellung von Kraftwagen und Kraftwagenteilen	25,8	24,0	24,3	26,7	27,2
Energie- und Wasserversorgung	27,5	27,5	27,0	27,3	26,2
Baugewerbe	4,4	4,2	2,9	2,6	1,8
Großhandel und Handelsvermittlung	14,2	14,1	14,9	15,4	15,5
Einzelhandel (incl. Kfz-Handel, Tankstellen)	2,9	2,0	2,0	2,2	2,3
Verkehr (ohne Eisenbahnen)	12,4	13,5	15,2	15,9	16,0

Interpretation der Eigenkapitalquote

Die im internationalen Vergleich niedrige Eigenkapitalquote deutscher Unternehmen ist gemäß der Deutschen Bundesbank auf das hohe bilanzielle Gewicht der Rückstellungen nach deutschem Handelsrecht zurückzuführen, aber auch darauf, dass die Zuordnung von Vermögensgegenständen zur Privatsphäre der Unternehmer bei Personengesellschaften und Einzelkaufleuten aus haftungsrechtlichen sowie steuerlichen Gründen Vorteile hat. Sie rechnet damit, dass sich Kapitalgesellschaften in Zukunft durch vermehrte Thesaurierung, die durch die Absenkung des für Ausschüttung und Einbehaltung einheitlichen Körperschaftsteuersatzes auf 25 % gefördert wird, zusätzliches Eigenkapital beschaffen werden.

Die durchschnittliche Eigenkapitalquote ist seit 1994 von 16,6 % auf 17,5 % im Jahre 1999 gestiegen. Insgesamt hätten die Unternehmen ihren Vermögensaufbau durch die Aufstockung der Eigenmittel finanziert. Die Bandbreite lag 1999 zwischen 1,8 (i. V. 2,6) % im Baugewerbe und 33,3 (i. V. 34,9) % in der Chemischen Industrie.

Das Verarbeitende Gewerbe erzielte 1999 eine leichte Zunahme der Eigenkapitalquote auf 23,7 (i. V. 23,4) %. Dies war vor allem auf die Branchen Textil, Verlags- und Druckgewerbe, Glasgewerbe, Keramik, Verarbeitung von Steinen und Erden, Maschinenbau, Elektrotechnik sowie Herstellung von Kraftwagen und Kraftwagenteilen zurückzuführen.

Die Chemische Industrie weist seit Jahren die höchste Eigenkapitalquote aus. Im Berichtszeitraum ist diese allerdings von 38,9 % auf 33,3 % gesunken.

Besonders niedrige Eigenkapitalquoten hatten 1999 neben dem Baugewerbe auch der Einzelhandel (2,3 %) und das Holzgewerbe (5 %). Im Baugewerbe ist die Quote seit 1994 um fast zwei Drittel rückläufig. Die Deutsche Bundesbank führt die »Erosion« der haftenden Mittel im Baugewerbe auf die anhaltende Strukturkrise zurück.

Rückstellungsquote deutscher Unternehmen in %					
	1994	1996	1997	1998	1999
Alle Wirtschaftsbereiche	20,1	20,3	20,2	19,7	19,6
Verarbeitendes Gewerbe	25,5	25,8	25,5	24,5	24,1
– Ernährungsgewerbe	14,1	14,4	14,7	14,4	14,5
– Textilgewerbe	14,5	15,1	14,3	14,0	13,5
– Bekleidungsgewerbe	10,2	9,5	9,2	7,4	11,1
– Holzgewerbe (ohne Herstellung von Möbeln)	8,0	8,0	7,7	7,0	6,7
– Verlags- und Druckgewerbe	20,7	22,3	23,7	22,1	21,6
– Chemische Industrie	31,4	29,7	28,6	27,4	27,0
– Herstellung von Gummi- und Kunststoffwaren	17,6	16,2	16,1	15,1	14,8
– Glasgewerbe, Keramik, Verarbeitung von Steinen und Erden	20,8	19,4	18,8	17,4	17,6
– Herstellung von Metallerzeugnissen	18,4	15,9	14,5	14,7	14,7
– Maschinenbau	23,0	23,0	23,3	23,5	22,1
– Elektrotechnik	32,9	32,4	31,0	30,2	29,3
– Medizin-, Mess-, Steuer- und Regelungstechnik, Optik	24,3	25,3	25,4	23,1	23,9
– Herstellung von Kraftwagen und Kraftwagenteilen	43,6	45,3	45,2	42,1	41,8
Energie- und Wasserversorgung	33,4	33,9	32,1	31,6	31,9
Baugewerbe	9,8	9,7	9,8	9,4	9,4
Großhandel und Handelsvermittlung	9,3	9,1	9,2	8,9	9,1
Einzelhandel (incl. Kfz-Handel, Tankstellen)	7,3	8,0	8,1	8,0	7,8
Verkehr (ohne Eisenbahnen)	15,1	16,3	17,0	18,9	18,4

Interpretation der Rückstellungsquote

Die Daten der Deutschen Bundesbank bestätigen das relativ hohe bilanzielle Gewicht der Rückstellungen. Rund 20 % betrug der Anteil an der Bilanzsumme aller Unternehmen im Durchschnitt der Jahre 1994 bis 1999. Die Rückstellungen sind zu einem großen Teil als langfristig verfügbares Kapital anzusehen, das keinem Zinsänderungsrisiko sowie Kreditkündigungsrisiko unterliegt und in dieser Hinsicht Eigenmittelcharakter aufweist. Dies gilt vor allem für die Pensionsrückstellungen.

Die Deutsche Bundesbank stellt ein starkes Gefälle bei den Rückstellungsquoten fest, wenn nach Rechtsformen differenziert wird. Die Rückstellungsquote erreichte 1999 bei den Kapitalgesellschaften 24,5 %, bei den Personengesellschaften 12,5 % und bei den Einzelunternehmen nur 4 %. Ausschlaggebend dafür sei das unterschiedliche Gewicht der Pensionsrückstellungen.

Die Steuer- und sonstigen Rückstellungen haben in den letzten Jahren etwas an Bedeutung verloren. Sie gingen im Betrachtungszeitraum gemessen an der Bilanzsumme von 12,4 % auf 11,3 % zurück. Die geringere Dotierung dieser Rückstellungen führt die Bundesbank auf restriktivere steuerrechtliche Regelungen und auf eine geringere Neigung zur Bildung stiller Reserven bei börsennotierten Gesellschaften hin. Dies sei eine Folge größerer bilanzieller Transparenz bei dem Streben nach Shareholder Value.

1999 erreichte die Rückstellungsquote insgesamt 19,6 (i. V. 19,7) %.

Hohe Rückstellungsquoten findet man 1999, wie in den Jahren zuvor, in den Bereichen Herstellung von Kraftwagen und Kraftwagenteilen (41,8 %), Energie- und Wasserversorgung (31,9 %), Elektrotechnik (29,3 %) und Chemische Industrie (27 %).

Niedrige Quoten für 1999, wie in den Vorjahren, weisen das Holzgewerbe (6,7 %), der Einzelhandel (7,8 %) und der Großhandel (9,1 %) sowie das Baugewerbe (9,4 %) aus.

Pensionsrückstellungsquote deutscher Unternehmen in %					
	1994	1996	1997	1998	1999
Alle Wirtschaftsbereiche	7,7	8,1	8,1	8,1	8,3
Verarbeitendes Gewerbe	12,2	12,5	12,4	12,3	12,3
- Ernährungsgewerbe	5,3	5,5	5,6	5,6	5,5
- Textilgewerbe	6,0	7,1	6,3	6,0	7,7
- Bekleidungsgewerbe	2,9	3,2	3,1	3,7	3,7
- Holzgewerbe (ohne Herstellung von Möbeln)	2,0	2,0	2,1	1,8	1,7
- Verlags- und Druckgewerbe	11,6	12,6	13,5	12,4	12,0
- Chemische Industrie	18,4	18,1	17,3	17,5	17,0
- Herstellung von Gummi- und Kunststoffwaren	7,7	6,4	6,7	6,6	6,6
- Glasgewerbe, Keramik, Verarbeitung von Steinen und Erden	8,4	7,3	6,4	6,5	7,4
- Herstellung von Metallerzeugnissen	9,2	7,4	6,3	6,4	6,7
- Maschinenbau	10,2	10,0	10,0	10,5	10,3
- Elektrotechnik	14,8	15,0	14,9	14,8	14,6
- Medizin-, Mess-, Steuer- und Regelungstechnik, Optik	13,8	14,2	14,2	12,5	12,8
- Herstellung von Kraftwagen und Kraftwagenteilen	18,7	21,2	21,2	20,5	20,9
Energie- und Wasserversorgung	8,0	7,7	7,0	7,2	8,1
Baugewerbe	1,8	2,0	2,1	2,2	2,2
Großhandel und Handelsvermittlung	3,2	3,2	3,3	3,4	3,5
Einzelhandel (incl. Kfz-Handel, Tankstellen)	2,7	3,0	3,1	3,0	3,0
Verkehr (ohne Eisenbahnen)	5,9	6,9	7,2	7,5	7,6

Interpretation der Pensionsrückstellungsquote

Die Pensionsrückstellungsquote aller Unternehmen liegt seit Mitte der neunziger Jahre nahezu unverändert bei etwas über 8 %. Hierin sieht die Deutsche Bundesbank eine Bestätigung für den Eigenmittelcharakter, den diese Aufwendungen für die Unternehmen haben, die erst langfristig zu Ausgaben führen und kurzfristig vor allem keinen Zinsänderungsrisiken unterliegen. Die Deutsche Bundesbank führt aus, dass die Pensionsrückstellungsquote besonders hoch sei bei Kapitalgesellschaften (1999: 11 %), wohingegen die Quote 1999 bei Einzelunternehmen nur bei 0,5 % liege.

Im Betrachtungszeitraum 1994 bis 1999 haben sich in den einzelnen Branchen keine wesentlichen Verschiebungen bei den Pensionsrückstellungsquoten ergeben. Die Quoten reichten 1999 von 1,7 (i. V. 1,8) % im Holzgewerbe bis zu 20,9 (i. V. 20,5) % im Bereich Herstellung von Kraftwagen und Kraftwagenteilen.

Nennenswerte Steigerungen der Pensionsrückstellungsquoten 1994 bis 1999 findet man in den Branchen

- Textilgewerbe (von 6 % auf 7,7 %),
- Herstellung von Kraftwagen und Kraftwagenteilen (von 18,7 % auf 20,9 %) und
- Verkehr (von 5,9 % auf 7,6 %).

Deutliche Rückgänge meldeten 1994 bis 1999:

- Chemische Industrie (von 18,4 % auf 17 %),
- Herstellung von Gummi- und Kunststoffwaren (von 7,7 % auf 6,6 %),
- Glasgewerbe, Keramik, Verarbeitung von Steinen und Erden (von 8,4 % auf 7,4 %) und
- Herstellung von Metallerzeugnissen (von 9,2 % auf 6,7 %).

Fremdkapitalquote deutscher Unternehmen in %					
	1994	1996	1997	1998	1999
Alle Wirtschaftsbereiche	83,4	83,1	82,6	82,4	82,5
Verarbeitendes Gewerbe	78,1	77,7	76,9	76,6	76,3
– Ernährungsgewerbe	82,5	80,8	79,9	80,9	81,0
– Textilgewerbe	81,1	79,9	78,9	78,0	76,9
– Bekleidungsgewerbe	85,4	84,9	83,2	81,5	81,5
– Holzgewerbe (ohne Herstellung von Möbeln)	90,3	90,3	91,3	93,0	95,0
– Verlags- und Druckgewerbe	89,2	87,1	86,3	87,6	86,2
– Chemische Industrie	61,1	63,1	63,9	65,1	66,7
– Herstellung von Gummi- und Kunststoffwaren	81,3	81,7	79,7	80,2	80,3
– Glasgewerbe, Keramik, Verarbeitung von Steinen und Erden	78,7	78,7	79,1	79,0	77,9
– Herstellung von Metallerzeugnissen	86,2	84,2	85,4	84,9	85,3
– Maschinenbau	79,5	80,8	79,3	76,7	74,2
– Elektrotechnik	76,3	76,3	75,0	75,3	74,9
– Medizin-, Mess-, Steuer- und Regelungstechnik, Optik	82,4	81,5	78,5	76,9	77,8
– Herstellung von Kraftwagen und Kraftwagenteilen	74,2	76,0	75,3	73,3	72,8
Energie- und Wasserversorgung	72,5	72,5	73,0	72,7	73,8
Baugewerbe	95,6	95,8	97,1	97,4	98,2
Großhandel und Handelsvermittlung	85,8	85,9	85,1	84,6	84,5
Einzelhandel (incl. Kfz-Handel, Tankstellen)	97,1	98,0	98,0	97,8	97,7
Verkehr (ohne Eisenbahnen)	87,6	86,5	84,8	84,1	84,0

Interpretation der Fremdkapitalquote

Die Fremdkapitalquote deutscher Unternehmen ist entsprechend der niedrigen Eigenkapitalquote besonders hoch. Sie erreichte 1999 im Durchschnitt aller Unternehmen 82,5 (i. V. 82,4) %.

Die niedrigste Fremdkapitalquote findet man in der Chemischen Industrie mit 66,7 (i. V. 65,1) %. Den höchsten Wert wies das Baugewerbe mit 98,2 (i.V. 97,4) % aus.

Hohe Verschuldungsraten 1999 gibt es auch in den Branchen

– Einzelhandel (97,7 %),
– Holzgewerbe (95 %),
– Verlags- und Druckgewerbe (86,2 %),
– Herstellung von Metallerzeugnissen (85,3 %),
– Großhandel und Handelsvermittlung (84,5 %) und
– Verkehr (84 %).

Ursachen für hohe Verschuldungsraten könnten eine schlechte Ertragslage in Verbindung mit einem fremdfinanzierten zu raschem Wachstum sein.

Deutliche Zuwächse gab es 1994 bis 1999 in den Bereichen Holzgewerbe (von 90,3 % auf 95 %), Chemische Industrie (von 61,1 % auf 66,7 %) und Baugewerbe (von 95,6 % auf 98,2 %).

Deutliche Rückgänge verzeichneten im Berichtszeitraum vor allem die Bereiche Bekleidung (von 85,4 % auf 81,5 %), Maschinenbau (von 79,5 % auf 74,2 %) und Medizin-, Mess-, Steuer- und Regelungstechnik, Optik (von 82,4 % auf 77,8 %).

Langfristige Finanzierungsquote deutscher Unternehmen in %					
	1994	1996	1997	1998	1999
Alle Wirtschaftsbereiche	24,9	25,2	24,9	25,4	25,7
Verarbeitendes Gewerbe	26,4	26,3	25,5	25,7	25,7
– Ernährungsgewerbe	28,8	28,2	27,1	28,8	28,7
– Textilgewerbe	26,9	28,9	27,4	28,0	30,8
– Bekleidungsgewerbe	24,8	24,6	22,9	22,2	22,2
– Holzgewerbe (ohne Herstellung von Möbeln)	34,3	36,0	37,1	38,6	38,3
– Verlags- und Druckgewerbe	36,1	33,9	34,4	33,1	32,3
– Chemische Industrie	25,2	24,7	23,6	24,0	22,7
– Herstellung von Gummi- und Kunststoffwaren	29,3	28,6	27,4	29,2	28,7
– Glasgewerbe, Keramik, Verarbeitung von Steinen und Erden	29,0	28,6	28,5	28,3	28,7
– Herstellung von Metallerzeugnissen	30,7	28,9	31,1	30,7	31,7
– Maschinenbau	22,2	21,8	20,7	21,5	22,7
– Elektrotechnik	22,5	23,0	22,1	22,5	23,2
– Medizin-, Mess-, Steuer- und Regelungstechnik, Optik	32,3	31,4	29,4	27,9	29,9
– Herstellung von Kraftwagen und Kraftwagenteilen	23,4	25,4	25,6	24,8	25,4
Energie- und Wasserversorgung	26,3	25,3	25,5	26,5	27,4
Baugewerbe	15,3	16,4	18,0	18,3	18,2
Großhandel und Handelsvermittlung	19,0	18,9	18,7	19,1	20,1
Einzelhandel (incl. Kfz-Handel, Tankstellen)	31,2	32,7	32,1	31,6	31,8
Verkehr (ohne Eisenbahnen)	37,4	37,7	35,4	35,9	37,5

Interpretation der langfristigen Finanzierungsquote

Die langfristige Finanzierungsquote hat sich bei allen Unternehmen 1999 nur leicht auf 25,7 (i. V. 25,4) % erhöht. Von 1994 bis 1999 blieb sie annähernd unverändert. Dies entsprach der Zinsentwicklung im Betrachtungszeitraum, wonach sich die Unternehmen in Erwartung weiterer Zinssenkungen nicht verstärkt langfristig finanzierten.

Im Verarbeitenden Gewerbe blieb die Quote im Betrachtungszeitraum annähernd unverändert bei rund 26 %.

Größere Zuwächse gab es 1999 im Vergleich zum Vorjahr in den Bereichen Textil, Herstellung von Metallerzeugnissen, Maschinenbau, Medizin-, Mess-, Steuer- und Regelungstechnik, Optik, Energie- und Wasserversorgung, Großhandel und Handelsvermittlung und Verkehr.

Nennenswerte Zuwächse waren noch in den Branchen Elektrotechnik und Herstellung von Kraftwagen- und Kraftwagenteilen feststellbar; größere Rückgänge nur in der Chemischen Industrie.

Besonders niedrige langfristige Finanzierungsquoten findet man 1999 in den Branchen

– Baugewerbe (18,2 %),
– Großhandel und Handelsvermittlung (20,1 %) und
– Maschinenbau (22,7 %).

Hohe langfristige Finanzierungsquoten weisen 1999 vor allem folgende Bereiche auf:

– Holzgewerbe (38,3 %),
– Verkehr (37,5 %),
– Verlags- und Druckgewerbe (32,3 %),
– Einzelhandel (31,8 %) und
– Herstellung von Metallerzeugnissen (31,7 %).

Kurzfristige Finanzierungsquote deutscher Unternehmen in %					
	1994	1996	1997	1998	1999
Alle Wirtschaftsbereiche	58,0	57,5	57,2	56,5	56,3
Verarbeitendes Gewerbe	51,5	51,1	51,2	50,7	50,4
– Ernährungsgewerbe	53,5	52,4	52,6	51,9	51,9
– Textilgewerbe	53,4	49,8	51,5	50,0	46,2
– Bekleidungsgewerbe	61,3	60,3	60,3	59,3	59,3
– Holzgewerbe (ohne Herstellung von Möbeln)	56,0	54,3	54,5	54,4	55,0
– Verlags- und Druckgewerbe	52,2	52,2	50,9	53,1	52,7
– Chemische Industrie	35,9	38,3	40,2	40,8	43,7
– Herstellung von Gummi- und Kunststoffwaren	52,0	52,9	52,1	50,9	50,8
– Glasgewerbe, Keramik, Verarbeitung von Steinen und Erden	49,6	50,1	50,5	50,7	50,0
– Herstellung von Metallerzeugnissen	55,5	55,2	54,2	54,6	54,6
– Maschinenbau	57,2	58,9	58,6	55,4	51,5
– Elektrotechnik	53,7	53,3	52,8	52,8	51,4
– Medizin-, Mess-, Steuer- und Regelungstechnik, Optik	50,1	50,1	48,9	49,0	47,9
– Herstellung von Kraftwagen und Kraftwagenteilen	50,6	50,5	49,9	48,3	47,2
Energie- und Wasserversorgung	45,4	44,9	45,3	43,9	44,0
Baugewerbe	80,2	79,2	79,0	78,9	79,9
Großhandel und Handelsvermittlung	66,7	66,8	66,3	65,3	64,2
Einzelhandel (incl. Kfz-Handel, Tankstellen)	65,7	65,0	65,7	65,9	65,6
Verkehr (ohne Eisenbahnen)	49,8	48,2	48,6	47,4	45,9

Interpretation der kurzfristigen Finanzierungsquote
Obige Tabelle weist ein relativ hohes Niveau des kurzfristigen Fremdkapitals an der Bilanzsumme aller deutschen Unternehmen im Jahr 1999 in Höhe von 56,3 (i. V. 56,5) % aus.
Diese Zahl schwankte branchenbezogen zwischen

- 43,7 (i. V. 40,8) % in der Chemischen Industrie und
- 79,9 (i. V. 78,9) % im Baugewerbe.

Neben dem Baugewerbe hatten 1999 weitere Branchen besonders hohe und über dem Durchschnitt liegende kurzfristige Fremdkapitalquoten:

- Einzelhandel mit 65,6 %,
- Großhandel und Handelsvermittlung mit 64,2 % sowie
- Bekleidungsgewerbe mit 59,3 %.

Generell gab es im Betrachtungszeitraum keine bedeutenden Strukturverschiebungen innerhalb der Branchen.
Signifikante Rückgänge im gesamten Betrachtungszeitraum verzeichneten die Betriebe

- des Textilgewerbes (von 53,4 % auf 46,2 %),
- des Maschinenbaus (von 57,2 % auf 51,5 %), nachdem 1998 noch 55,4 % erreicht wurden sowie die Betriebe
- des Verkehrs (von 49,8 % auf 45,9 %) und
- Herstellung von Kraftwagen und Kraftwagenteilen (von 50,6 % auf 47,2 %).

Demgegenüber stieg die kurzfristige Finanzierungsquote in der Chemischen Industrie von 1994 bis 1999 deutlich von 35,9 % auf 43,7 %.

Gesamtkapitalumschlag deutscher Unternehmen in %					
	1994	1996	1997	1998	1999
Alle Wirtschaftsbereiche	162,0	163,5	167,3	162,0	155,2
Verarbeitendes Gewerbe	151,8	151,8	156,1	151,7	146,1
– Ernährungsgewerbe	197,1	193,0	194,6	183,8	186,1
– Textilgewerbe	159,8	161,9	167,9	166,0	155,8
– Bekleidungsgewerbe	219,7	214,3	211,5	211,1	211,1
– Holzgewerbe (ohne Herstellung von Möbeln)	165,7	160,0	168,2	170,2	158,3
– Verlags- und Druckgewerbe	170,7	173,4	174,0	164,1	155,1
– Chemische Industrie	110,0	101,3	110,1	102,7	95,4
– Herstellung von Gummi- u. Kunststoffwaren	167,3	176,2	174,3	166,0	151,6
– Glasgewerbe, Keramik, Verarbeitung von Steinen und Erden	140,7	126,9	132,6	121,0	125,0
– Herstellung von Metallerzeugnissen	148,6	154,7	163,1	161,5	151,3
– Maschinenbau	126,4	132,4	134,4	135,5	127,2
– Elektrotechnik	113,7	124,8	125,1	128,1	124,0
– Medizin-, Mess-, Steuer- und Regelungstechnik, Optik	145,2	141,0	133,0	121,2	116,2
– Herstellung von Kraftwagen und Kraftwagenteilen	176,7	169,0	176,5	180,0	183,8
Energie- und Wasserversorgung	66,9	64,9	66,5	63,9	57,8
Baugewerbe	123,4	119,2	125,3	119,7	106,8
Großhandel und Handelsvermittlung	262,2	265,7	266,8	256,1	244,5
Einzelhandel (incl. Kfz-Handel, Tankstellen)	240,5	249,1	250,8	240,9	245,8
Verkehr (ohne Eisenbahnen)	128,8	133,6	129,5	126,5	126,5

Interpretation des Gesamtkapitalumschlags

Der Gesamtkapitalumschlag ist sehr branchen- und konjunkturabhängig. Im Betrachtungszeitraum lag der Durchschnittswert aller deutscher Unternehmen bei 162 %. 1999 ging der Wert auf 155,2 (i. V. 162) % zurück.

Im Verarbeitenden Gewerbe lag der Mittelwert 1994 bis 1999 bei 151,5 %. 1999 ging der Wert auf 146,1 (i. V. 151,7) %.

Besonders starken konjunkturellen Schwankungen unterliegt der Wert in der Chemischen Industrie. 1999 wurden 95,4 (i. V. 102,7) % erreicht.

Historisch sehr niedrige Umschlagsquoten wiesen 1999 die Energie- und Wasserversorgung (57,8 %) und das Baugewerbe (106,8 %) aus. In Verbindung mit der niedrigen Eigenkapitalquote erweist sich die Baubranche somit als wenig ertragreich. Bei Energie- und Wasserversorgung wird die niedrige Umschlagsquote durch eine überdurchschnittliche Eigenkapitalquote gemildert.

Der stets hohe Kapitalumschlag des Einzelhandels (1999: 245,8 %) und des Großhandels und Handelsvermittlung (1999: 244,5 %) erklärt sich daraus, dass diese Branchen über historisch niedrige Kapitalquoten verfügen und somit mit wenig Kapital viel Umsatz erwirtschaften müssen.

Merkliche Zuwächse gab es 1999 nur in den Branchen

- Ernährungsgewerbe 186,1 (i. V. 183,8) %,
- Glasgewerbe, Keramik, Verarbeitung von Steinen und Erden 125 (i. V. 121) %,
- Herstellung von Kraftwagen und Kraftwagenteilen 183,8 (i. V. 180) % und
- Einzelhandel 245,8 (i. V. 240,9) % zu verzeichnen.

Die meisten anderen Branchen wiesen teilweise erhebliche Rückgänge aus.

Anlagendeckungsgrad I deutscher Unternehmen in %					
	1994	1996	1997	1998	1999
Alle Wirtschaftsbereiche	58,7	61,9	64,8	66,6	67,6
Verarbeitendes Gewerbe	83,7	87,8	94,1	97,7	101,3
- Ernährungsgewerbe	44,9	50,2	54,4	53,5	53,2
- Textilgewerbe	67,1	75,8	78,1	84,6	85,7
- Bekleidungsgewerbe	95,2	95,0	115,8	125,0	125,0
- Holzgewerbe (ohne Herstellung von Möbeln)	24,8	24,4	22,5	18,2	13,0
- Verlags- und Druckgewerbe	33,2	41,8	44,5	40,0	46,9
- Chemische Industrie	172,8	168,3	178,5	172,9	171,3
- Herstellung von Gummi- und Kunststoffwaren	53,5	53,0	60,6	61,8	64,9
- Glasgewerbe, Keramik, Verarbeitung von Steinen und Erden	57,6	53,8	52,8	55,8	60,0
- Herstellung von Metallerzeugnissen	44,7	53,4	46,8	50,0	48,6
- Maschinenbau	109,6	110,9	121,5	135,3	156,0
- Elektrotechnik	159,4	158,4	174,7	173,9	202,2
- Medizin-, Mess-, Steuer- und Regelungstechnik, Optik	80,0	89,0	103,2	100,0	104,0
- Herstellung von Kraftwagen und Kraftwagenteilen	98,5	105,5	102,9	118,4	115,6
Energie- und Wasserversorgung	51,1	55,7	55,2	58,0	57,4
Baugewerbe	26,4	24,0	16,3	14,6	10,4
Großhandel und Handelsvermittlung	82,8	84,3	90,4	94,0	96,6
Einzelhandel (incl. Kfz-Handel, Tankstellen)	11,1	8,2	8,4	9,6	9,8
Verkehr (ohne Eisenbahnen)	21,8	24,3	27,9	28,8	29,5

Interpretation des Anlagendeckungsgrads I

Der Anlagendeckungsgrad I, von der Deutschen Bundesbank auf Basis Sachanlagen errechnet, ist im Betrachtungszeitraum 1994 bis 1999 im Durchschnitt aller Unternehmen in Deutschland von 58,7 % auf 67,6 % stetig angestiegen. Im Verarbeitenden Gewerbe fiel dieser Zuwachs mit 83,7 % auf 101,3 % noch deutlicher aus. Seit 1999 wird im Verarbeitenden Gewerbe erstmals eine Überdeckung des Sachanlagevermögens durch die Eigenmittel erreicht.

Die Werte reichten 1999 von

- 9,8 (i.V. 9,6) % im Einzelhandel bis zu
- 202,2 (i.V. 173,9) % in der Elektrotechnik.

Im Betrachtungszeitraum 1994 bis 1999 wiesen folgende Branchen sehr starke Zuwächse aus:

- Bekleidungsgewerbe von 95,2 % auf 125 %,
- Maschinenbau von 109,6 % auf 156 %,
- Elektrotechnik von 159,4 % auf 202,2 % und
- Medizin-, Mess-, Steuer- und Regelungstechnik, Optik von 80 % auf 104 %.

Im gleichen Zeitraum gingen die Quoten in den Branchen

- Holzgewerbe von 24,8 % auf 13 %,
- Baugewerbe von 26,4 % auf 10,4 % und
- Einzelhandel von 11,1 % auf 9,8 % teilweise deutlich zurück.

In der Chemischen Industrie hat die Kennzahl im Betrachtungszeitraum auf sehr hohem Niveau stark geschwankt. Der Durchschnittswert lag von 1994 bis 1999 bei 172,8 %.

Anlagendeckungsgrad II deutscher Unternehmen in %					
	1994	1996	1997	1998	1999
Alle Wirtschaftsbereiche	146,9	153,9	157,4	162,4	166,9
Verarbeitendes Gewerbe	184,4	191,4	198,1	200,0	211,0
– Ernährungsgewerbe	118,7	123,9	128,1	134,2	133,3
– Textilgewerbe	162,9	180,3	179,9	192,3	200,0
– Bekleidungsgewerbe	257,1	250,0	273,7	275,0	275,0
– Holzgewerbe (ohne Herstellung von Möbeln)	112,8	115,1	118,0	118,2	113,0
– Verlags- und Druckgewerbe	144,4	151,4	155,9	146,7	157,1
– Chemische Industrie	284,8	280,8	295,1	291,7	288,1
– Herstellung von Gummi- und Kunststoffwaren	137,4	135,8	142,5	152,9	159,5
– Glasgewerbe, Keramik, Verarbeitung von Steinen und Erden	136,2	126,1	124,8	130,8	138,0
– Herstellung von Metallerzeugnissen	144,1	151,1	146,5	151,5	151,4
– Maschinenbau	228,4	236,3	242,7	260,0	292,9
– Elektrotechnik	309,2	311,8	329,2	332,6	388,9
– Medizin-, Mess-, Steuer- und Regelungstechnik, Optik	226,7	240,2	244,7	220,8	244,0
– Herstellung von Kraftwagen und Kraftwagenteilen	188,1	217,3	211,4	228,6	223,9
Energie- und Wasserversorgung	102,1	107,0	107,2	114,2	117,4
Baugewerbe	117,2	117,7	118,0	117,7	116,0
Großhandel und Handelsvermittlung	193,5	197,0	203,6	211,3	221,7
Einzelhandel (incl. Kfz-Handel, Tankstellen)	131,3	141,6	141,0	144,5	133,6
Verkehr (ohne Eisenbahnen)	87,4	91,6	92,0	93,9	98,6

Interpretation des Anlagendeckungsgrads II

Für die Deutsche Bundesbank kommt die Verbesserung der finanziellen Verhältnisse der deutschen Unternehmen auch darin zum Ausdruck, dass 1999 der Anlagendeckungsgrad II aller Unternehmen im Durchschnitt, auf Basis des gesamten Anlagevermögens errechnet, mit 166,9 % den höchsten Stand seit 1994 erreichte.

Diese Kennzahl lag von 1994 bis 1999 bei allen Branchen mit Ausnahme Verkehr bei über 100 %. Die Summe aus Eigenkapital und langfristigem Fremdkapital ist in den meisten Unternehmen größer als das Anlagevermögen. Somit wurden nicht nur das Anlagevermögen sondern zusätzlich auch Teile des Umlaufvermögens langfristig gedeckt. Der Anlagendeckungsgrad II reichte 1999 von
– 98,6 (i. V. 93,9) % im Verkehr bis zu
– 388,9 (i. V. 332,6) % in der Elektrotechnik.

Neben der Elektrotechnik verfügten die Branchen Textilgewerbe, Bekleidungsgewerbe, Chemische Industrie, Maschinenbau, Medizin-, Mess-, Steuer- und Regelungstechnik, Optik, Herstellung von Kraftwagen und Kraftwagenteilen sowie Großhandel und Handelsvermittlung über hohe Deckungsgrade.

Unterdurchschnittlich niedrige Quoten werden neben dem Verkehr in den Branchen Ernährungsgewerbe, Holzgewerbe, Verlags- und Druckgewerbe, Herstellung von Gummi- und Kunststoffwaren, Glasgewerbe, Keramik, Verarbeitung von Steinen und Erden, Herstellung von Metallerzeugnissen, Energie- und Wasserversorgung, Baugewerbe und Einzelhandel ausgewiesen.

Liquidität zweiten Grades deutscher Unternehmen in %					
	1994	1996	1997	1998	1999
Alle Wirtschaftsbereiche	74,8	75,3	76,0	75,2	75,8
Verarbeitendes Gewerbe	90,8	90,3	92,5	91,1	92,9
– Ernährungsgewerbe	66,4	70,0	71,4	75,4	75,2
– Textilgewerbe	74,1	81,0	78,6	81,0	85,7
– Bekleidungsgewerbe	71,6	70,6	71,8	66,7	78,6
– Holzgewerbe (ohne Herstellung von Möbeln)	56,7	55,9	55,7	50,0	53,3
– Verlags- und Druckgewerbe	96,9	100,3	103,2	100,0	100,0
– Chemische Industrie	127,6	99,7	99,7	87,8	92,6
– Herstellung von Gummi- und Kunststoffwaren	79,7	80,9	85,3	77,8	80,8
– Glasgewerbe, Keramik, Verarbeitung von Steinen und Erden	87,6	72,0	76,4	72,7	74,1
– Herstellung von Metallerzeugnissen	71,5	70,9	73,1	71,3	72,1
– Maschinenbau	87,2	83,7	86,8	94,7	105,0
– Elektrotechnik	96,4	98,7	96,2	94,2	103,8
– Medizin-, Mess-, Steuer- und Regelungstechnik, Optik	94,1	96,1	101,8	97,5	102,3
– Herstellung von Kraftwagen und Kraftwagenteilen	143,8	146,9	148,4	144,8	143,4
Energie- und Wasserversorgung	123,0	125,5	112,5	112,7	110,9
Baugewerbe	47,0	48,5	47,9	46,2	42,1
Großhandel und Handelsvermittlung	79,7	78,8	78,5	79,2	81,0
Einzelhandel (incl. Kfz-Handel, Tankstellen)	43,3	44,4	43,5	43,0	43,3
Verkehr (ohne Eisenbahnen)	79,7	86,7	88,1	88,4	89,6

Interpretation der Liquidität zweiten Grades
Die Deutsche Bundesbank vergleicht hierzu das Finanzumlaufvermögen mit den kurzfristigen Verbindlichkeiten. Diese Kennzahl erreichte 1999 im Durchschnitt aller deutschen Unternehmen 75,8 (i. V. 75,2) %, im Verarbeitenden Gewerbe sogar 92,9 (i. V. 91,1) %.
Die Bandbreite reichte bei allen Unternehmen von

– 42,1 (i. V. 46,2) % im Baugewerbe bis
– 143,4 (i. V. 144,8) % bei der Herstellung von Kraftwagen und Kraftwagenteilen.

Die Entwicklung der Liquidität zweiten Grades verlief uneinheitlich. Im Betrachtungszeitraum gab es Branchen mit relativ stabilen Quoten, wie z. B. Bekleidungsgewerbe, Holzgewerbe, Verlags- und Druckgewerbe, Herstellung von Gummi- und Kunststoffwaren, Herstellung von Metallerzeugnissen, Herstellung von Kraftwagen- und Kraftwagenteilen, Baugewerbe, Großhandel und Handelsvermittlung und Einzelhandel.
Deutliche Steigerungen der Liquidität zweiten Grades von 1994 bis 1999 wiesen insbesondere folgende Branchen aus:

– Ernährungsgewerbe (von 66,4 % auf 75,2 %),
– Textilgewerbe (von 74,1 % auf 85,7 %),
– Maschinenbau (von 87,2 % auf 105 %) und
– Verkehr (von 79,7 % auf 89,6 %).

Erhebliche Rückgänge verzeichneten vor allem die Branchen

– Chemische Industrie (von 127,6 % auf 92,6 %),
– Glasgewerbe, Keramik, Verarbeitung von Steinen und Erden (von 87,6 % auf 74,1 %) und
– Energie- und Wasserversorgung (von 123 % auf 110,9 %).

Liquidität dritten Grades deutscher Unternehmen in %					
	1994	1996	1997	1998	1999
Alle Wirtschaftsbereiche	127,6	128,2	128,5	127,5	127,3
Verarbeitendes Gewerbe	147,0	146,1	147,0	144,7	144,2
- Ernährungsgewerbe	107,9	109,6	111,6	114,5	113,5
- Textilgewerbe	140,2	151,0	148,5	152,4	157,1
- Bekleidungsgewerbe	145,9	142,6	146,5	140,0	150,0
- Holzgewerbe (ohne Herstellung von Möbeln)	114,0	115,2	115,7	110,7	113,3
- Verlags- und Druckgewerbe	127,3	130,4	138,1	131,7	129,2
- Chemische Industrie	183,2	148,7	140,8	130,6	129,1
- Herstellung von Gummi- und Kunststoffwaren	126,7	129,8	131,9	122,2	125,0
- Glasgewerbe, Keramik, Verarbeitung von Steinen und Erden	132,7	117,6	124,4	121,8	122,2
- Herstellung von Metallerzeugnissen	128,5	131,5	132,3	130,7	129,7
- Maschinenbau	153,7	153,3	154,5	163,6	171,6
- Elektrotechnik	160,8	162,8	154,8	148,8	153,4
- Medizin-, Mess-, Steuer- und Regelungstechnik, Optik	169,6	170,8	174,1	165,0	172,1
- Herstellung von Kraftwagen und Kraftwagenteilen	202,8	196,1	197,9	193,1	193,4
Energie- und Wasserversorgung	134,0	139,3	124,6	124,8	122,3
Baugewerbe	108,6	108,1	107,6	106,1	105,4
Großhandel und Handelsvermittlung	123,5	123,5	124,5	124,6	125,4
Einzelhandel (incl. Kfz-Handel, Tankstellen)	112,2	116,2	116,3	116,5	115,8
Verkehr (ohne Eisenbahnen)	87,2	91,9	92,7	93,0	96,3

Interpretation der Liquidität dritten Grades

Die Kennzahl Liquidität dritten Grades beinhaltet im Vergleich zur Kennzahl zweiten Grades im Zähler zusätzlich die Vorräte. Je höher der Quotient über 100 % liegt, umso sicherer ist es, dass die kurzfristige Zahlungsfähigkeit zur Bedienung kurzfristiger Verbindlichkeiten des Unternehmens ausreicht.

Im Betrachtungszeitraum 1994 bis 1999 erreichten alle Branchen bis auf den Verkehr Werte von über 100 %.

1999 betrug die Kennzahl im Durchschnitt 127,3 %. Im Verarbeitenden Gewerbe sogar über 144 %.

Die Werte reichten von

- 96,3 (i. V. 93) % im Verkehr bis
- 193,4 (i. V. 193,1) % bei der Herstellung von Kraftwagen und Kraftwagenteilen.

Die Entwicklung der Kennzahl verlief 1994 bis 1999 in den einzelnen Branchen unterschiedlich. Nahezu unverändert blieb der Wert in den Branchen Ernährungsgewerbe, Bekleidungsgewerbe, Holzgewerbe, Herstellung von Metallerzeugnissen, Baugewerbe und Großhandel und Handelsvermittlung sowie Einzelhandel.

Deutliche Zunahmen der Kennzahl verzeichneten im gleichen Zeitraum die Branchen Textilgewerbe, Maschinenbau und Verkehr.

In der Chemischen Industrie brach der Wert seit 1994 (183,2 %) bis 1998 (130,6 %) regelrecht ein, um 1999 nochmals auf 129,1 % zu sinken.

Im gleichen Zeitraum war auch die Quote in der Energie- und Wasserversorgung deutlich rückläufig (von 134 % auf 122,3 %).

Cashflow-Umsatzrate westdeutscher Unternehmen in % (vgl. S. 157)					
	1994	1995	1996	1997	1998
Alle Unternehmen	6,1	5,7	5,4	6,0	6,4
Verarbeitendes Gewerbe	7,4	7,2	6,4	7,4	7,6
- Ernährungsgewerbe	7,3	6,6	6,2	6,5	6,8
- Textilgewerbe	6,1	5,0	4,9	5,5	7,4
- Bekleidungsgewerbe	4,0	4,2	3,6	4,6	4,7
- Holzgewerbe (ohne Herstellung von Möbeln)	6,7	7,0	6,2	5,8	6,1
- Papiergewerbe	7,4	7,7	8,3	9,5	11,5
- Verlags- und Druckgewerbe	9,2	9,7	8,9	10,1	9,1
- Chemische Industrie	12,1	12,5	10,2	7,6	13,2
- Herstellung von Gummi- und Kunststoffwaren	8,0	7,0	7,7	8,2	8,3
- Glasgewerbe, Keramik, Verarbeitung von Steinen und Erden	14,8	12,3	8,4	9,9	11,6
- Metallerzeugung und -bearbeitung	4,7	4,9	5,5	4,9	6,8
- Herstellung von Metallerzeugnissen	7,3	7,3	5,8	5,5	8,8
- Maschinenbau	4,9	5,3	5,0	8,5	8,0
- Elektrotechnik	7,4	6,8	5,2	8,3	5,0
- Medizin-, Mess-, Steuer- und Regelungstechnik, Optik	7,0	7,1	7,6	9,7	7,8
- Herstellung von Kraftwagen und Kraftwagenteilen	8,1	8,2	6,2	10,7	5,6
Energie- und Wasserversorgung	.	10,9	14,8	13,7	16,9
Baugewerbe	5,1	4,8	4,8	3,9	4,6
Großhandel und Handelsvermittlung	3,1	2,9	2,5	3,0	2,9
Einzelhandel (incl. Kfz-Handel, Tankstellen)	3,7	3,5	3,6	3,6	3,7
Verkehr (ohne Eisenbahnen)	.	9,7	10,3	12,2	15,0

Interpretation der Cashflow-Umsatzverdienstrate

Die Kennzahl Cashflow-Umsatzrate als Indikator für die Selbstfinanzierungskraft aus dem Umsatz hat sich im Durchschnitt aller westdeutschen Unternehmen im Betrachtungszeitraum 1994 bis 1998 nur unwesentlich verändert und erreichte 1998 mehr als 6 %.

Die Bandbreite reichte 1998 von 2,9 (i. V. 3) % in Großhandel und Handelsvermittlung bis zu 16,9 (i. V. 13,7) % in der Energie- und Wasserversorgung.

Nahezu unverändert blieb die Kennzahl 1994 bis 1998 in den Branchen Ernährungsgewerbe, Bekleidungsgewerbe, Holzgewerbe, Verlags- und Druckgewerbe, Herstellung von Gummi- und Kunststoffwaren, Baugewerbe, Großhandel und Handelsvermittlung sowie Einzelhandel.

Besonders deutliche Zunahmen im selben Zeitraum (für die Branchen Energie- und Wasserversorgung und Verkehr liegen für 1994 keine vergleichbaren Werte vor) verzeichneten die Branchen

- Papiergewerbe (von 7,4 % auf 11,5 %),
- Energie- und Wasserversorgung (1995 bis 1998: von 10,9 % auf 16,9 %) und
- Verkehr (1995 bis 1998: von 9,7 % auf 15 %).

Wesentliche Rückgänge der Quote gab es im gleichen Zeitraum in den Branchen

- Glasgewerbe, Keramik, Verarbeitung von Steinen und Erden (von 14,8 % auf 11,6 %),
- Elektrotechnik (von 7,4 % auf 5 %) und
- Herstellung von Kraftwagen und Kraftwagenteilen (von 8,1 % auf 5,6 %).

Dynamischer Verschuldungsgrad westdeutscher Unternehmen in Jahren (vgl. S. 157)					
	1994	1995	1996	1997	1998
Alle Unternehmen	7,8	8,1	8,5	7,5	7,3
Verarbeitendes Gewerbe	6,6	6,5	7,4	6,1	6,1
– Ernährungsgewerbe	5,6	5,8	6,2	5,8	6,0
– Textilgewerbe	7,5	9,5	9,1	7,8	5,7
– Bekleidungsgewerbe	9,0	8,4	9,8	7,7	7,6
– Holzgewerbe (ohne Herstellung von Möbeln)	7,0	6,8	8,3	8,6	8,4
– Papiergewerbe	7,1	5,9	5,7	4,7	4,0
– Verlags- und Druckgewerbe	5,2	4,7	4,9	4,3	5,0
– Chemische Industrie	4,3	4,3	5,9	7,1	4,6
– Herstellung von Gummi- und Kunststoffwaren	5,5	5,9	5,3	4,9	5,3
– Glasgewerbe, Keramik, Verarbeitung von Steinen und Erden	3,8	4,1	6,8	5,4	5,0
– Metallerzeugung und -bearbeitung	11,5	9,1	8,4	9,0	6,2
– Herstellung von Metallerzeugnissen	6,8	6,8	8,4	8,6	5,5
– Maschinenbau	12,7	10,8	11,2	6,5	6,4
– Elektrotechnik	8,5	9,1	11,5	7,0	11,4
– Medizin-, Mess-, Steuer- und Regelungstechnik, Optik	.	7,4	6,9	5,6	7,4
– Herstellung von Kraftwagen und Kraftwagenteilen	4,5	4,6	6,1	3,4	6,2
Energie- und Wasserversorgung	.	8,8	7,0	7,7	6,6
Baugewerbe	14,1	14,9	15,6	18,5	15,9
Großhandel und Handelsvermittlung	9,9	10,4	11,9	10,0	10,8
Einzelhandel (incl. Kfz-Handel, Tankstellen)	9,9	10,6	10,2	10,0	10,3
Verkehr (ohne Eisenbahnen)	.	5,8	5,7	4,9	4,2

Interpretation des dynamischen Verschuldungsgrads

Die Fähigkeit der Unternehmen, die Schulden aus eigener Kraft durch den Cashflow zu tilgen, wird anhand des dynamischen Verschuldungsgrades gemessen. Umso niedriger der Wert ist umso schneller kann die Tilgung erfolgen.

Im Durchschnitt betrug 1998 die Kennzahl bei westdeutschen Unternehmen 7,3 (i. V. 7,5) Jahre. Seit 1996 ist der Wert rückläufig.

Die Bandbreite 1998 reichte von 4,2 (i. V. 4,9) Jahre im Verkehr bis zu 15,9 (i. V. 18,5) Jahre im Baugewerbe.

Die Entwicklung von 1994 bis 1998 verlief sehr heterogen.

Weitgehend konstant blieb der Wert in den Branchen Ernährungsgewerbe, Verlags- und Druckgewerbe, Herstellung von Gummi- und Kunststoffwaren und Einzelhandel.

Die Fähigkeit, Schulden aus eigenen Mitteln tilgen zu können, wurde im Berichtszeitraum in folgenden Branchen wesentlich verbessert:

– Papiergewerbe (von 7,1 auf 4 Jahre),
– Metallerzeugung und -bearbeitung (von 11,5 auf 6,2 Jahre) und
– Maschinenbau (von 12,7 auf 6,4 Jahre).

Deutliche Verschlechterungen bei der Schuldentilgungsfähigkeit gab es im gleichen Zeitraum in den Branchen

– Holzgewerbe (von 7 auf 8,4 Jahre),
– Glasgewerbe, Keramik, Verarbeitung von Steinen und Erden (von 3,8 auf 5 Jahre),
– Elektrotechnik (von 8,5 auf 11,4 Jahre) und
– Herstellung von Kraftwagen und Kraftwagenteilen (von 4,5 auf 6,2 Jahre).

Materialintensität deutscher Unternehmen in %					
	1994	1996	1997	1998	1999
Alle Wirtschaftsbereiche	61,3	62,3	62,5	62,4	62,6
Verarbeitendes Gewerbe	52,0	53,5	53,9	54,1	54,5
– Ernährungsgewerbe	61,7	62,1	63,2	62,5	62,6
– Textilgewerbe	55,0	56,0	56,9	57,1	55,0
– Bekleidungsgewerbe	60,1	61,1	62,5	63,2	63,2
– Holzgewerbe (ohne Herstellung von Möbeln)	52,1	53,0	54,2	55,7	55,2
– Verlags- und Druckgewerbe	38,3	40,4	40,0	41,0	40,8
– Chemische Industrie	48,0	49,5	48,6	48,4	48,0
– Herstellung von Gummi- und Kunststoffwaren	48,7	50,0	51,0	51,4	51,1
– Glasgewerbe, Keramik, Verarbeitung von Steinen und Erden	44,4	44,7	45,4	45,6	45,6
– Herstellung von Metallerzeugnissen	46,1	46,7	45,6	46,2	45,7
– Maschinenbau	48,2	50,7	50,4	51,3	51,1
– Elektrotechnik	54,5	56,4	57,9	57,8	59,4
– Medizin-, Mess-, Steuer- und Regelungstechnik, Optik	43,8	44,0	44,2	45,3	44,9
– Herstellung von Kraftwagen und Kraftwagenteilen	60,3	64,6	65,4	67,1	68,3
Energie- und Wasserversorgung	63,9	61,4	62,8	61,9	59,4
Baugewerbe	49,1	49,8	50,1	50,4	51,5
Großhandel und Handelsvermittlung	79,9	80,6	80,7	80,6	80,5
Einzelhandel (incl. Kfz-Handel, Tankstellen)	70,8	71,1	71,5	69,7	72,4
Verkehr (ohne Eisenbahnen)	39,1	42,5	41,4	40,3	42,1

Interpretation der Materialintensität

Der Anteil der Materialaufwendungen an der Gesamtleistung ist im Betrachtungszeitraum im Durchschnitt aller Unternehmen um über 1 % gestiegen und erreichte 1999 einen Wert von 62,6 (i.V. 62,4) %. Damit sind die Materialaufwendungen der größte Kostenblock. Der leichte Zuwachs 1999 insgesamt ist auf eine Steigerung der Materialaufwendungen vor allem bei den Kapitalgesellschaften zurückzuführen. Bei den Einzelunternehmen tendierte der Materialaufwand dagegen nach unten.

Die Werte reichten 1999 von 40,8 (i.V. 41) % im Verlags- und Druckgewerbe bis zu 80,5 (i.V. 80,6) % bei Großhandel und Handelsvermittlung.

Die Deutsche Bundesbank stellt fest, dass 1999 der Materialaufwand zwar im Gleichschritt mit der Gesamtleistung gestiegen sei. Dies treffe aber nicht für einzelne Wirtschaftsbereiche zu. So sei im Verarbeitenden Gewerbe insgesamt mit 54,5 (i.V. 54,1) % aber auch im Baugewerbe mit 51,5 (i.V. 50,4) %, im Einzelhandel mit 72,4 (i.V. 69,7) % und im Verkehr mit 42,1 (i.V. 40,3) % der Trend zu einer höheren Vorleistungsquote fortgesetzt worden.

Im Versorgungssektor mit 59,4 (i.V. 61,9) % sei 1999 eine gegenläufige Entwicklung zu beobachten, was mit den Preisrückgängen bei Rohstoffen (und darunter vor allem Mineralölprodukten) zusammenhängen könnte, die in diesem Bereich beim Materialaufwand besonders ins Gewicht fallen.

Es fällt auf, dass im Berichtszeitraum in erster Linie die Bereiche

– Herstellung von Kraftwagen und Kraftwagenteilen (von 60,3 % auf 68,3 %) und
– Elektrotechnik (von 54,5 % auf 59,4 %)

erheblich materialintensiver produziert haben.

Personalintensität deutscher Unternehmen in %					
	1994	1996	1997	1998	1999
Alle Wirtschaftsbereiche	19,5	19,0	18,4	18,4	18,4
Verarbeitendes Gewerbe	24,7	22,5	22,6	22,4	22,5
– Ernährungsgewerbe	14,2	14,3	13,8	14,1	14,4
– Textilgewerbe	26,4	25,9	24,6	23,8	26,3
– Bekleidungsgewerbe	20,1	20,0	18,6	17,5	17,5
– Holzgewerbe (ohne Herstellung von Möbeln)	25,7	25,9	24,8	24,7	25,0
– Verlags- und Druckgewerbe	31,8	30,6	30,4	29,7	29,6
– Chemische Industrie	25,0	23,7	22,0	23,1	22,0
– Herstellung von Gummi- und Kunststoffwaren	28,4	27,4	26,2	26,0	25,8
– Glasgewerbe, Keramik, Verarbeitung von Steinen und Erden	26,2	26,7	26,9	26,6	26,3
– Herstellung von Metallerzeugnissen	31,8	31,8	31,8	31,3	32,0
– Maschinenbau	32,9	31,3	30,0	29,1	30,3
– Elektrotechnik	31,8	28,8	27,1	25,9	25,7
– Medizin-, Mess-, Steuer- und Regelungstechnik, Optik	35,4	34,9	34,0	33,6	34,1
– Herstellung von Kraftwagen und Kraftwagenteilen	24,3	21,8	20,4	19,2	18,3
Energie- und Wasserversorgung	14,3	14,2	13,4	14,2	14,5
Baugewerbe	33,6	33,6	33,2	33,0	32,3
Großhandel und Handelsvermittlung	8,4	8,4	8,4	8,7	8,6
Einzelhandel (incl. Kfz-Handel, Tankstellen)	13,1	13,1	12,8	12,6	12,2
Verkehr (ohne Eisenbahnen)	29,1	29,0	29,1	28,9	28,2

Interpretation der Personalintensität

Der Anteil der Personalaufwendungen an der Gesamtleistung erreichte 1999 im Durchschnitt 18,4 (i. V. 18,4) %. In den Jahren 1994 bis 1997 sei – laut Bundesbank – die Personalintensität als Folge eines verstärkten Rationalisierungsdrucks insgesamt von 19,5 % auf 18,4 % zurückgegangen.

Die Bandbreite reichte 1999 von 8,6 (i. V. 8,7) % bei Großhandel und Handelsvermittlung bis zu 34,1 (i. V. 33,6) % im arbeitsintensiven Bereich Medizin-, Mess-, Steuer- und Regelungstechnik, Optik.

Insgesamt hat sich der Stellenabbau 1999 deutlich abgeschwächt. Dies gilt vor allem für das Baugewerbe, in dem die Quote nur auf 32,3 (i. V. 33) % zurückgegangen ist. Im Verarbeitenden Gewerbe ist der Beschäftigungsrückgang der Jahre 1995 bis 1997 im Jahresdurchschnitt 1998 nahezu gestoppt worden. Diese Quote ist deswegen von 1994 bis 1997 von 24,7 % auf 22,6 % rückläufig und danach nur weiter leicht auf 22,4 % gesunken. 1999 ist ein geringfügiger Anstieg auf 22,5 % zu verzeichnen.

Besonders personalintensiv waren 1999 die Branchen Medizin-, Mess-, Steuer- und Regelungstechnik, Optik, Bau, Herstellung von Metallerzeugnissen und Maschinenbau.

Geringe Quoten gab es 1999 neben Großhandel und Handelsvermittlung bei

– Einzelhandel (12,2 %),
– Ernährungsgewerbe (14,4 %),
– Energie- und Wasserversorgung (14,5 %),
– Bekleidungsgewerbe (17,5 %) und
– Herstellung von Kraftwagen und Kraftwagenteilen (18,3 %) auf. In dieser Branche sei die Quote seit 1994 wegen permanenter Personaleinsparungen laufend rückläufig gewesen.

Abschreibungsintensität deutscher Unternehmen in %					
	1994	1996	1997	1998	1999
Alle Wirtschaftsbereiche	4,8	4,0	3,8	3,9	3,9
Verarbeitendes Gewerbe	5,1	4,4	4,3	4,4	4,5
– Ernährungsgewerbe	4,7	4,7	4,3	4,4	4,5
– Textilgewerbe	5,3	4,9	4,3	4,8	6,3
– Bekleidungsgewerbe	2,0	1,9	1,8	1,8	1,8
– Holzgewerbe (ohne Herstellung von Möbeln)	5,4	5,4	5,2	5,2	5,2
– Verlags- und Druckgewerbe	5,8	5,3	5,4	5,4	5,4
– Chemische Industrie	6,8	5,4	5,5	5,7	6,0
– Herstellung von Gummi- und Kunststoffwaren	5,9	5,4	5,3	5,1	4,8
– Glasgewerbe, Keramik, Verarbeitung von Steinen und Erden	7,4	7,6	7,5	7,1	7,0
– Herstellung von Metallerzeugnissen	5,3	5,1	4,9	5,1	5,2
– Maschinenbau	4,3	3,7	3,5	3,7	3,6
– Elektrotechnik	4,9	4,1	3,8	4,6	3,8
– Medizin-, Mess-, Steuer- und Regelungstechnik, Optik	4,6	4,3	4,1	3,9	4,3
– Herstellung von Kraftwagen und Kraftwagenteilen	6,1	4,2	4,6	4,7	5,2
Energie- und Wasserversorgung	10,6	10,2	9,3	10,0	10,7
Baugewerbe	4,5	4,6	4,5	4,3	4,3
Großhandel und Handelsvermittlung	1,9	1,7	1,7	1,7	1,7
Einzelhandel (incl. Kfz-Handel, Tankstellen)	2,3	2,3	2,0	2,0	2,0
Verkehr (ohne Eisenbahnen)	10,7	10,1	9,7	9,9	9,1

Interpretation der Abschreibungsintensität

Der Anteil der Abschreibungen an der Gesamtleistung blieb 1999 im Durchschnitt aller Wirtschaftsbereiche bei unverändert 3,9 % zum Vorjahr.

Die Quoten der Abschreibungsintensität reichten von

– 1,7 (i.V. 1,7) % bei Großhandel und Handelsvermittlung bis
– 10,7 (i.V. 10) % in der Energie- und Wasserversorgung.

Die Deutsche Bundesbank führt den Anstieg der Aufwendungen für Abschreibungen 1998 im Vergleich zum Rückgang der Quote im Zeitraum 1994 bis 1997 darauf zurück, dass die Ausrüstungsinvestitionen 1997 und 1998 in nominaler Rechnung ausgesprochen dynamisch, um insgesamt rund ein Fünftel, gewachsen seien. Aufgrund der häufig angewandten degressiven Abschreibungsmethode bei beweglichen Anlagegütern habe dies die Aufwendungen für Abschreibungen bei unveränderten steuerrechtlichen Rahmenbedingungen mit nach oben gezogen. Die sonstigen Abschreibungen auf Forderungsverluste, Wertminderungen bei Wertpapieren und Beteiligungen seien 1998 noch stärker gestiegen. Dies sei auf Sonderentwicklungen in einzelnen Wirtschaftszweigen des Verarbeitenden Gewerbes zurückzuführen.

Deutliche Zuwächse 1999 wies neben der Energie- und Wasserversorgung die Branche

– Textilgewerbe mit 6,3 (i.V. 4,8) % auf.

Deutlich geringere Abschreibungsintensitäten hatten 1999 nur die Branchen

– Elektrotechnik mit 3,8 (i.V. 4,6) %,
– Herstellung von Gummi- und Kunststoffwaren mit 4,8 (5,1) % und
– Verkehr mit 9,1 (i.V. 9,9) %.

Gesamtkapitalrentabilität vor Steuern deutscher Unternehmen in %					
	1994	1996	1997	1998	1999
Alle Wirtschaftsbereiche	6,9	6,4	7,5	7,9	7,3
Verarbeitendes Gewerbe	7,0	6,6	8,2	8,7	7,8
– Ernährungsgewerbe	9,0	8,0	8,2	8,4	7,7
– Textilgewerbe	6,4	6,3	8,4	8,0	3,8
– Bekleidungsgewerbe	12,4	11,1	11,5	11,1	11,1
– Holzgewerbe (ohne Herstellung von Möbeln)	10,0	6,7	8,0	7,0	6,7
– Verlags- und Druckgewerbe	11,9	11,1	12,9	12,4	11,4
– Chemische Industrie	7,4	7,3	9,5	11,2	8,5
– Herstellung von Gummi- und Kunststoffwaren	8,8	9,8	10,3	10,4	9,8
– Glasgewerbe, Keramik, Verarbeitung von Steinen und Erden	13,2	9,1	9,3	9,4	8,8
– Herstellung von Metallerzeugnissen	9,0	8,7	11,4	10,6	9,2
– Maschinenbau	5,9	5,8	7,8	8,3	7,9
– Elektrotechnik	4,2	5,6	6,7	4,3	6,4
– Medizin-, Mess-, Steuer- und Regelungstechnik, Optik	6,7	7,3	7,5	6,7	4,3
– Herstellung von Kraftwagen und Kraftwagenteilen	4,7	3,5	5,1	7,1	5,8
Energie- und Wasserversorgung	4,6	6,2	7,1	7,5	7,6
Baugewerbe	5,5	4,2	4,3	3,9	3,3
Großhandel und Handelsvermittlung	8,4	6,9	7,3	7,2	8,6
Einzelhandel (incl. Kfz-Handel, Tankstellen)	9,7	8,7	9,3	8,6	8,4
Verkehr (ohne Eisenbahnen)	4,9	4,2	4,6	7,2	6,0

Interpretation der Gesamtkapitalrentabilität vor Steuern
Der Anteil des Jahresergebnisses vor Steuern und der Zinsaufwendungen an der Bilanzsumme ging 1999 auf 7,3 (i. V. 7,9) % zurück.

Die Quote reichte 1999 von

– 3,3 (i. V. 3,9) % im Baugewerbe bis zu
– 11,4 (i. V. 12,4) % im Verlags- und Druckgewerbe.

Die Deutsche Bundesbank macht für den Rückgang der Quote 1999 vor allem den Gewinneinbruch bei den Kapitalgesellschaften um 8,5 % und die Ostasienkrise verantwortlich. Die Zinsaufwendungen seien 1999 demgegenüber nur leicht um 1,8 % auf 85,5 Mrd. DM gestiegen.

Zuwächse gab es 1999 im Vergleich zum Vorjahr lediglich in den Branchen

– Elektrotechnik (6,4 % zu 4,3 %),
– Energie- und Wasserversorgung (7,6 % zu 7,5 %) und
– Großhandel und Handelsvermittlung (8,6 % zu 7,2 %).

Besonders rückläufig waren die Quoten 1999 in den Branchen

– Textilgewerbe mit 3,8 (i. V. 8) %,
– Chemische Industrie mit 8,5 (i. V. 11,2) %,
– Herstellung von Metallerzeugnissen mit 9,2 (i. V. 10,6) %,
– Medizin-, Mess-, Steuer- und Regelungstechnik, Optik mit 4,3 (i. V. 6,7) %,
– Herstellung von Kraftwagen und Kraftwagenteilen mit 5,8 (i. V. 7,1) %,
– Baugewerbe mit 3,3 (i. V. 3,9) % und
– Verkehr mit 6 (i. V. 7,2) %.

Umsatzrentabilität vor Steuern deutscher Unternehmen in %					
	1994	1996	1997	1998	1999
Alle Wirtschaftsbereiche	2,6	2,5	3,1	3,5	3,3
Verarbeitendes Gewerbe	3,0	3,0	4,0	4,4	4,1
– Ernährungsgewerbe	2,9	2,7	2,9	3,2	2,8
– Textilgewerbe	1,8	2,1	3,3	3,6	1,2
– Bekleidungsgewerbe	4,0	3,7	4,0	3,5	3,5
– Holzgewerbe (ohne Herstellung von Möbeln)	3,4	1,7	2,5	2,1	2,1
– Verlags- und Druckgewerbe	4,8	4,6	5,9	5,9	5,8
– Chemische Industrie	5,5	5,9	7,3	9,2	7,3
– Herstellung von Gummi- und Kunststoffwaren	3,4	4,0	4,4	4,5	4,9
– Glasgewerbe, Keramik, Verarbeitung von Steinen und Erden	7,5	5,1	5,1	6,1	5,3
– Herstellung von Metallerzeugnissen	3,9	3,9	5,2	4,8	4,4
– Maschinenbau	3,0	3,0	4,5	4,9	5,0
– Elektrotechnik	1,8	3,1	3,9	1,9	3,6
– Medizin-, Mess-, Steuer- und Regelungstechnik, Optik	2,6	3,4	4,0	4,0	2,2
– Herstellung von Kraftwagen und Kraftwagenteilen	1,8	1,4	2,3	3,3	2,6
Energie- und Wasserversorgung	4,6	7,6	8,8	10,1	11,2
Baugewerbe	2,6	1,6	1,6	2,1	1,1
Großhandel und Handelsvermittlung	2,0	1,5	1,7	1,7	1,9
Einzelhandel (incl. Kfz-Handel, Tankstellen)	2,1	1,8	2,1	2,0	1,9
Verkehr (ohne Eisenbahnen)	0,8	0,7	1,2	3,5	2,7

Interpretation der Umsatzrentabilität vor Steuern
Der Anteil des Jahresergebnisses vor Steuern am Umsatz ist im Durchschnitt aller Unternehmen 1999 auf 3,3 (i. V. 3,5) % zurückgegangen.

Die Deutsche Bundesbank führt die »Ertragsdelle« 1999 vor allem auf die Ostasienkrise zurück.

Die Umsatzrendite vor Steuern sei aussagekräftiger als die Nachsteuerrendite, da das Jahresergebnis nach Steuern dadurch verzerrt würde, dass der ertragsteuerliche Aufwand neben der Gewerbeertragsteuer nur die Gewinnsteuern der Kapitalgesellschaften enthielte. Die Jahresergebnisse der Personengesellschaften würden dagegen in der Privatsphäre der Unternehmen versteuert. Somit erscheine die entsprechende Steuerbelastung nicht in der Erfolgsrechnung der Unternehmen.

Die Bandbreite der Umsatzrendite vor Steuern reichte 1999 von

– 11,2 (i. V. 10,1) % bei den Versorgungsunternehmen bis
– 1,1 (i. V. 2,1) % im Baugewerbe.

Das durchweg hohe Ertragsniveau der Versorgungsunternehmen führt die Deutsche Bundesbank auf geringere Materialaufwendungen im Betrachtungszeitraum zurück. Rückläufige Preise für fossile Energieträger und erhöhter Wettbewerbsdruck als Folge der Deregulierung des Strommarkts seien hierfür wesentlich verantwortlich. Hinzugekommen seien Entlastungen bei Personalausgaben, Abschreibungen und Zinsen. Die Bundesbank rechnet aufgrund des erhöhten Wettbewerbsdrucks für diese Branche in Zukunft mit deutlich verringerten Ertragsmargen.

Auch seien die Versorgungsunternehmen gezwungen, bei hohen Eigenkapitalquoten eine höhere Umsatzrendite erzielen zu müssen als etwa eine Firma in der Bauwirtschaft mit relativ arbeitsintensiver Produktion, um eine vergleichbare Eigen- bzw. Gesamtkapitalrendite zu erreichen.

Das Verarbeitende Gewerbe hat im Betrachtungszeitraum die Umsatzrendite von 3 % auf 4,1 % gesteigert. Hierfür seien vor allem Kosteneinsparungen beim Personal und die »Verschlankung« der Produktion verantwortlich gewesen.
Starke konjunkturelle Einbrüche gab es im Verarbeitenden Gewerbe 1999 in den Bereichen

- Textilgewerbe mit 1,2 (i. V. 3,6) %,
- Chemische Industrie mit 7,3 (i. V. 9,2) % sowie
- Medizin-, Mess-, Steuer- und Regelungstechnik, Optik mit 2,2 (i. V. 4) %.

Die schlechteste Ertragsentwicklung offenbarte 1999 das Baugewerbe. Nach dem Abklingen des Vereinigungsbooms spiegelt sich laut Bundesbank darin die andauernde Strukturanpassung wider, die auf der Anbieterseite, insbesondere in Ostdeutschland, zu einem drastischen Kapazitätsabbau geführt hätte.

8. HAUPTTEIL: KOSTEN- UND LEISTUNGSRECHNUNG

Bearbeitet von: Prof. Dr. Hans-Peter Kicherer

Vorbemerkung

Ziel dieses Beitrags ist es, einen Überblick über den gegenwärtigen Stand der Lehre von der Kosten- und Leistungsrechnung zu vermitteln. Dabei wurde Wert darauf gelegt, gerade auch die Schwachpunkte der einzelnen Abrechnungstechniken zu zeigen, weil erst dadurch die Möglichkeit gegeben wird, die Aussagekraft der gewonnenen Informationen richtig einzuschätzen.

Bei Literaturhinweisen wird als Kurzzitat auf den Namen des Autors hingewiesen. Die Hinweise beziehen sich auf die im Literaturverzeichnis auf S. 527 f. aufgeführten Werke.

1 Grundlagen

1.1 Kosten- und Leistungsrechnung als Teil des betrieblichen Rechnungswesens

Unternehmen sind soziale Systeme, deren Zweck (Aufgabe) es ist, durch die Produktion von Sachgütern und/oder Dienstleistungen bestimmte Probleme ihrer Umwelt zu lösen. Damit verfolgen sie zugleich das Ziel, Einkommen für ihre Mitglieder (Anteilseigner und Mitarbeiter) zu erwirtschaften. Um ihren Zweck zu erfüllen und ihr Ziel erreichen zu können, sind die Unternehmen gezwungen, menschliche Arbeit, Werkstoffe, Energie und Anlagen einzusetzen und in gezielter Form Informationen zu sammeln, zu verarbeiten und in zweck- und zielgerichteter Art und Weise innerhalb und außerhalb des Unternehmens zu verbreiten. Deshalb braucht jedes Unternehmen ein auf seine Bedürfnisse zugeschnittenes, funktionsfähiges Informationssystem. Ein ungemein wichtiger Teil dieses Informationssystems ist das betriebliche Rechnungswesen. Seine Aufgabe besteht ganz allgemein formuliert darin, die in einem Unternehmen ablaufenden Prozesse und die damit verbundenen Geld- und Güterströme, Wertverzehre, Wertzuwächse und Bestandsbildungen (Anlagen, Werkstoffe, Geldmittel, Forderungen, Verbindlichkeiten und Eigenkapital) nach Wert und Menge zu erfassen und zu dokumentieren.

Aus dieser Aufgabenstellung heraus wird das betriebliche Rechnungswesen traditionell in die Teilsysteme Finanz- oder Geschäftsbuchführung, Kosten- und Leistungsrechnung, Statistik und Planungsrechnung gegliedert. Dabei kommt der **Kosten- und Leistungsrechnung** (als Gegenstück zur Finanzbuchführung auch Betriebsbuchführung genannt) die Aufgabe zu, die betrieblichen Wertverzehre (Kosten) und Wertzuwächse (Leistungen) zu erfassen und auszuwerten.

1.2 Zentrale Begriffe der Kosten- und Leistungsrechnung

1.2.1 Übersicht

In jeder Art von Betrieb oder Unternehmen findet ein als **Produktion** bezeichneter Prozess statt, durch den die wirtschaftliche Identität von Gütern so verändert wird, dass neue Wirtschaftsgüter entstehen. Von Produktion wird aber nicht nur dann gesprochen, wenn eine Veränderung der physischen Existenz und Gestalt von Gütern stattfindet, sondern bereits dann, wenn sich deren **wirtschaftliche Identität** verändert. Eine solche Veränderung der wirtschaftlichen Identität von Gütern findet z. B. nicht nur bei der Herstellung von Schokolade statt, sondern auch dann, wenn sie von einem Händler übernommen, feilgeboten und schließlich vom Endverbraucher gekauft wird (Schäfer).

Wird der Wert der eingesetzten Güter mit jenem der neugeschaffenen Güter verglichen, so zeigt sich, ob der betreffende Produktionsprozess wirtschaftlich ein Erfolg oder ein Misserfolg war. Auf der Basis dieses für die Betriebswirtschaftslehre typischen Sachverhaltes lassen sich die zentralen Begriffe (Grundbegriffe) der Kosten- und Leistungsrechnung in folgende Gruppen zusammenfassen:

– Die erste Gruppe umfasst die Begriffe **Ausgaben, Aufwand und Kosten:** sie sollen es ermöglichen, die »Einsatzseite« der Produktionsprozesse zu erfassen und zu beschreiben.
– Zur zweiten Gruppe gehören die Begriffe **Einnahmen, Erlös (Umsatz), Ertrag und Leistung,** die der Erfassung des Produktionsergebnisses dienen.
– Die dritte Gruppe wird von den Begriffen **Ergebnis, Gewinn und Verlust** gebildet; durch sie soll der wirtschaftliche Erfolg der Produktionsprozesse zum Ausdruck gebracht werden.

Die angesprochenen Begriffe weisen einige, für die Kosten- und Leistungsrechnung besonders wichtige Merkmale auf. Als erstes dieser Merkmale ist festzuhalten, dass alle angeführten Begriffe für Größen stehen, die in Geldeinheiten gemessen werden und sich deshalb auch einfach als **Wertgrößen** bezeichnen lassen.

Werden die Begriffe Ausgaben und Einnahmen ausgeklammert, so zeigt sich als weiteres gemeinsames Merkmal der zur ersten und zur zweiten Gruppe gehörenden Begriffe, dass sie grundsätzlich eine Mengenkomponente und eine Preis- oder Wertkomponente aufweisen. So werden z. B. für die Herstellung eines beliebigen Werkstücks bestimmte Mengen an Arbeitszeit, Rohstoffen und Energie (Strom) benötigt. Zur Bestimmung der Kosten (bzw. Aufwendungen), welche aus diesen Verbräuchen resultieren, müssen die jeweils verbrauchten Mengen **(Mengenkomponente)** mit den entsprechenden Preisen je Mengeneinheit **(Preiskomponente)** multipliziert werden. Das gilt analog für die Bestimmung von Umsätzen (Erlösen), Erträgen und Leistungen.

Auf die in der Literatur (vgl. z. B. Haberstock, Hummel/Männel und Freidank, anders dagegen Schwarz und Kilger) getroffene Unterscheidung zwischen Einnahmen und **Einzahlungen** einerseits und Ausgaben und **Auszahlungen** andererseits wird hier verzichtet, weil sich diese Unterscheidung sachlich nicht rechtfertigen lässt, und sich deshalb in der Praxis kaum durchsetzen konnte.

1.2.2 Abgrenzung der Begriffe Ausgabe, Aufwand und Kosten

Unter einer **Ausgabe** wird hier jeder Abgang flüssiger Mittel verstanden; also jede negative Veränderung auf Kasse- und Bankkonten, und zwar völlig unabhängig vom Grund der Zahlung. Die Entstehung einer Verbindlichkeit wird hingegen, anders als in der h. L., nicht als Ausgabe betrachtet. Offene Verbindlichkeiten sind noch keine effektiven Ausgaben, sie lassen sich aber als zukünftige oder potenzielle Ausgaben charakterisieren.

Mit dem Begriff **Aufwand** wird der bewertete Verbrauch bzw. die bewertete Inanspruchnahme von Sachgütern, Dienstleistungen und Rechten bezeichnet (incl. der an die öffentlichen Hände zu leistenden Abgaben). Aufwand bedeutet also, dass ein Wertverzehr stattgefunden hat; der dabei verfolgte Zweck ist völlig gleichgültig.

Der Aufwand bildet die Negativkomponente der Gewinn- und Verlustrechnung (Aufwands- und Ertragsrechnung). Die Bewertung der Güterverbräuche hat nach den Regeln des Handels- bzw. Steuerrechts zu erfolgen; nämlich zu Anschaffungs- oder Herstellungskosten (Nominalprinzip). Aufwand lässt sich immer auf eine Ausgabe zurückführen. Aufwendungen gelten deshalb auch als periodisierte Ausgaben. Das bedeutet nicht, dass die zu bestimmten Aufwendungen gehörenden Ausgaben auch immer in demjenigen Zeitabschnitt anfallen, in welchem die Aufwendungen (Wertverzehre) entstanden sind. Werden z. B. noch nicht bezahlte Rohstoffe verbraucht, so liegt die Ausgabe zeitlich hinter der Entstehung des Aufwands. Genau umgekehrt ist die Reihenfolge, wenn bereits bezahltes Material verbraucht wird. Auch der aus der Nutzung von Maschinen resultierende Aufwand (bilanzielle Abschreibungen) fällt überwiegend später an als die entsprechende Ausgabe. D. h., die Maschine muss bezahlt werden, bevor wesentliche Teile des durch sie repräsentierten Nutzungspotenzials verbraucht werden können.

In den meisten Fällen hat das einen bestimmten Aufwand verursachende Unternehmen diesen Aufwand und die entsprechende Ausgabe selbst zu tragen. Das muss aber nicht immer so sein. So stellt z. B. die betriebliche Verwertung staatlich subventionierter Güter ohne Zweifel Aufwand dar, obwohl die entsprechenden Ausgaben ganz oder teilweise von der öffentlichen Hand getragen werden.

Kosten sind im Gegensatz zum Aufwand nur solche Wertverzehre, die zur Erfüllung des Betriebszwecks (Unternehmenszweck) dienen sollten. Worin der Zweck eines Unternehmens besteht, muss von den zuständigen Entscheidungsträgern (Eigentümer, Geschäftsleitung) festgelegt werden. Er konkretisiert sich in den Problemlösungen (Sachgütern und Diensten), die das Unternehmen seiner Umwelt anbietet. Zweck eines Unternehmens kann es z. B. sein, Elektrogeräte oder Musikinstrumente herzustellen und zu verkaufen, mit Kunstgegenständen zu handeln oder Bankgeschäfte zu übernehmen.

Ein zweiter wichtiger Unterschied zwischen Kosten und Aufwand liegt in der Bewertung (Preiskomponente) der Güterverbräuche (Mengenkomponente). Für den Aufwand gilt, wie schon festgestellt wurde, das Nominalprinzip. Die Preiskomponente des Kostenbegriffs ist dagegen nach h. L. vom Zweck der Rechnung abhängig. Deshalb wird dort je nach Sachlage sowohl eine Bewertung zu Anschaffungspreisen als auch zu Wiederbeschaffungswerten zum Ersatzzeitpunkt für zulässig erachtet.

Hier wird hingegen die Meinung vertreten, dass in der Kosten- und Leistungsrechnung konsequent mit aktuellen Wiederbeschaffungswerten gearbeitet werden muss. Als aktuelle Wiederbeschaffungswerte werden dabei Wertgrößen verstanden, die sich auf ein zumindest annähernd einheitliches Geldwertniveau beziehen. Sie können (müssen aber nicht) mit den Anschaffungswerten übereinstimmen. Wird in der Kostenrechnung statt mit einer einheitlichen Bewertungsbasis mit unterschiedlichen Basen (verschiedenen Geldwerten) gearbeitet, so werden ungleichnamige Mengen addiert, was fast zwangsläufig dazu führt, dass in den so ermittelten Ergebnissen Scheingewinne oder Scheinverluste enthalten sind. Diese Auffassung wird unten im Zusammenhang mit der Behandlung des Prinzips der Wertkongruenz näher begründet werden (s. bes. S. 250 ff.).

Aus den bisherigen Überlegungen folgt, dass die Kategorien Kosten und Aufwand einen gemeinsamen Kern haben. Zugleich weisen sie aber erhebliche Unterschiede auf und werden deshalb, wie auch die nachstehende Grafik zeigt, in unterschiedliche Teilkategorien ausgegliedert. Sie werden anschließend erläutert.

Gesamter Aufwand			
Das Gesamt-ergebnis betreffender Aufwand	Neutraler Aufwand	Zweckaufwand	
		Als Kosten verrechneter Zweck-aufwand (Typ A)	Nicht als Kosten verrechneter Zweckauf-wand (Typ B)
		Grundkosten zugleich Zweckauf-wand	Kalkulatorische Kosten oder Zusatz-kosten (kein Aufwand, keine Ausgaben)
		Gesamte Kosten	

1.2.2.1 Die Teilkategorien des Kostenbegriffs

Wie die Abbildung zeigt, wird beim Kostenbegriff zwischen Grundkosten und kalkulatorischen Kosten unterschieden. Es muss also folgende Gleichung gelten:

Gesamtkosten = Grundkosten + kalkulatorische Kosten

Bei den Grundkosten handelt es sich um betriebsbedingte Wertverzehre, die früher oder später mit einer Ausgabe verbunden sind; sie sind immer zugleich Zweckaufwand. Typische Beispiele für die Grundkosten sind alle bei der Erfüllung des Betriebszwecks anfallenden Löhne sowie die in Form von Materialverbräuchen anfallenden Wertverzehre. Weiter sind hier betriebsnotwendige Dienstleistungen wie etwa Steuer- oder Rechtsberatungen zu nennen.

Kalkulatorische Kosten lassen sich nicht auf Ausgaben zurückführen. Sie können damit auch kein Aufwand sein. Die wichtigsten Formen der kalkulatorischen Kosten sind:
– der kalkulatorische Unternehmerlohn,
– die kalkulatorischen Zinsen,
– die kalkulatorischen Abschreibungen,
– die kalkulatorischen Wagnisse und
– die kalkulatorische Miete.

Näher erläutert werden können diese Kategorien erst bei der Behandlung der Kostenartenrechnung. Dort wird auch begründet, warum auf die kalkulatorischen Kosten in der Kosten- und Leistungsrechnung nicht verzichtet werden kann. Schließlich wird unten auch auf die Unterschiede eingegangen, die zwischen der hier vertretenen Auffassung und der in weiten Teilen der Literatur gebräuchlichen Interpretation der Begriffe kalkulatorische Kosten und Zusatzkosten bestehen.

1.2.2.2 Die Teilkategorien des Aufwandsbegriffs

Im Einzelnen ist zu diesen Teilkategorien Folgendes zu sagen:

Der Zweckaufwand

Zum **Zweckaufwand** gehören alle Aufwendungen, die der Erfüllung des Betriebszwecks dienen. Dabei muss unterschieden werden zwischen dem als Kosten verrechneten Zweckaufwand **(Typ A)** und dem Zweckaufwand, der nicht als Kosten verrechnet werden kann **(Typ B)**.

Wird, wie oben postuliert, davon ausgegangen, dass in der Kostenrechnung mit aktuellen Wiederbeschaffungswerten zu arbeiten ist, so können bestimmte Produktionsfaktoren wie z. B. menschliche Arbeit und i. d. R. auch das Fertigungsmaterial nicht nur in der Aufwandsrechnung, sondern auch in der Kostenrechnung mit den effektiven (periodenbezogenen), durchschnittlichen Anschaffungspreisen bewertet werden, weil hier Anschaffungswert und aktueller Wiederbeschaffungswert zumindest weitgehend übereinstimmen. Die Regeln für die Bewertung des Faktorverbrauchs führen hier für beide Rechnungen (Aufwandsrechnung und Kostenrechnung) zum gleichen Ergebnis. Der Zweckaufwand vom **Typ A** lässt sich somit einfach in die Kostenrechnung übernehmen. Er ist mit den Grundkosten identisch.

Ganz anders ist die Situation beim Zweckaufwand vom **Typ B**. Obwohl es dabei um betriebsbedingte Wertverzehre geht, ist eine Verrechnung als Kosten nicht möglich, weil sich hier die Bewertungsregeln der Aufwandsrechnung (Anschaffungswertprinzip) grundsätzlich nicht mit den Bewertungsregeln der Kostenrechnung (Bewertung zum aktuellen Wiederbeschaffungswert) in Einklang bringen lassen. D. h., die beiden Bewertungsregeln führen (zumindest auf längere Sicht) zu unterschiedlichen Ergebnissen. Das wird im übernächsten Abschnitt anhand eines auf die regulären Abschreibungen bezogenen Beispiels illustriert werden.

In der Aufwandsrechnung (Jahresabschluss), sind die einschlägigen (bilanziellen) Abschreibungen auf der Basis der Anschaffungswerte zu bestimmen. Es steht außer Frage, dass es sich dabei um Zweckaufwand handelt. Trotzdem sind die bilanziellen Abschreibungen für Zwecke der Kostenrechnung unbrauchbar. Der Grund dafür ist, dass die im Sinne der Aufwandsrechnung ermittelten Abschreibungen zwar im Jahr der Anschaffung einer Maschine später aber nur noch rein zufällig demjenigen Wert entsprechen können, der den verbrauchten Nutzungseinheiten in der betreffenden Abrechnungsperiode beizumessen ist.

Beispiel:
Angenommen eine Maschine, die im Jahr 01 für 40 000,– gekauft wurde, habe ein geschätztes Nutzungspotenzial von 8 000 Betriebsstunden. Der Verbrauch einer Nutzungseinheit (einer Betriebsstunde) kostet also im Jahr 01 5,–. Der Arbeiter, der die Maschine bedient, soll 01 einen Stundenlohn von 20,– haben. Beide Werte beziehen sich auf einen einheitlichen Geldwert, sie lassen sich problemlos addieren. Die entsprechenden Teilkosten je Stunde betragen also 25,–.
Im Jahr 04 soll unsere Maschine einen (aktuellen) Wiederbeschaffungs(neu)wert von 42 000,– besitzen. Der Verbrauch einer Nutzungseinheit kostet jetzt also 5,25. Der Stundenlohn des Arbeiters soll 04 20,30 betragen. Damit liegen die einschlägigen Teilkosten je Maschinenstunde im Jahr 04 bei 25,55 (bei gleichem Geldwert). Würde nun eine Maschinenstunde 04 zu 26,– »verkauft«, so ergäbe sich (ohne Berücksichtigung weiterer Kosten) ein Gewinn von 0,45 je Einheit. Würden die kalkulatorischen Abschreibungen für 04 auf Basis des Anschaffungswertes von 01 mit 5,– angesetzt, so ergäbe sich bei einem Lohnsatz von 20,30 (in 04) und dem »Ver-

kaufspreis« von 26,– (in 04) formal ein Gewinn von 0,70 je Einheit. In diesem Betrag wäre aber ein Scheingewinn von 0,25 enthalten, weil die Kosten je Nutzungseinheit inzwischen von 5,– auf 5,25 gestiegen sind.

In der Literatur wird die hier betonte Unterscheidung zwischen dem als Kosten verrechneten Zweckaufwand und dem nicht als Kosten verrechneten Zweckaufwand vielfach (noch) nicht vorgenommen. Das hat u. a. zur Folge, dass z. B. die bilanziellen Abschreibungen als neutraler Aufwand verrechnet werden müssen, obwohl sie sachlich eindeutig dem Zweckaufwand zuzuordnen sind.

Das Gesamtergebnis betreffender Aufwand
Es handelt sich hier um Aufwendungen, die zwar das bilanzielle Gesamtergebnis schmälern, nicht aber den steuerpflichtigen Gewinn. Wichtigstes Beispiel hierfür ist die Körperschaftsteuer.

Der neutrale Aufwand
Als neutraler Aufwand werden Wertverzehre bezeichnet, die nicht dem Betriebszweck entsprechen oder aus anderen Gründen nicht als Zweckaufwand verrechnet werden können. Es werden unterschieden:
– Betriebsfremder Aufwand,
– periodenfremder Aufwand,
– außerordentlicher Aufwand und
– rechentechnisch bedingter neutraler Aufwand.

Betriebsfremder Aufwand ergibt sich aus Wertverzehren, die mit dem Zweck des Unternehmens in keinem Zusammenhang stehen. Zu denken ist dabei etwa an Verluste aus Wertpapiergeschäften in Produktions- oder Handelsbetrieben, an Reparaturen von nicht betrieblich genutzten Gebäuden oder auch an anonyme Spenden für caritative Zwecke. Hier wird bewusst von anonymen Spenden gesprochen, weil Spenden, die durch die Art der Übergabe bewusst mit viel Publizität verbunden werden, aus betriebswirtschaftlicher Sicht eher den Kosten für Werbung als dem neutralen Aufwand zuzuordnen sind. Das gilt z. B., wenn ein gespendetes Sanitätsfahrzeug mit viel »Brimborium« dem Roten Kreuz übergeben wird. Auch Zuschüsse zur Kantine oder Mietzuschüsse für Mitarbeiter sind, entgegen der h. L. eindeutig neutraler Aufwand. Darauf wird zurückzukommen sein.

Periodenfremde Aufwendungen resultieren eigentlich aus dem Betriebszweck. Die betreffenden Wertverzehre konnten aber wegen irgendwelcher Fehler nicht in derjenigen Periode abgerechnet werden, der sie wirtschaftlich zugehören. Ein typisches Beispiel dafür sind Nachzahlungen von Kostensteuern, also etwa der Gewerbeertragsteuer aufgrund einer Betriebsprüfung. Auch aus unzureichend dotierten Rückstellungen können periodenfremde Aufwendungen resultieren.

Auch **außerordentliche Aufwendungen** sind im Prinzip betrieblicher Natur; sie können aber wegen der Unregelmäßigkeit ihres Auftretens und wegen der im Einzelfall oft enormen Wertverluste nicht als Zweckaufwand verrechnet werden, weil dadurch die Ergebnisse der Kostenrechnung so verzerrt würden, dass sie für dispositive Zwecke nur noch bedingt brauchbar wären. Beispiele für diese Art von Wertverzehren sind Katastrophenschäden (Feuer, Wasser etc.), Buchverluste aus dem Verkauf von Gegenständen des Anlagevermögens sowie Aufwendungen aus Garantieverpflichtungen.

Rechentechnisch bedingte neutrale Aufwendungen ergeben sich, wenn nicht zwischen Zweckaufwand vom Typ A und vom Typ B unterschieden wird. Wie die folgende (vereinfachte) Abbildung zeigt, werden in diesem Fall die Grundkosten und der gesamte Zweckaufwand als Synonyme behandelt. Das bedeutet, dass z. B. die bilanziellen Abschreibungen und die tatsächlich bezahlten Zinsen nicht mehr als Zweckaufwand behandelt werden können, wie es dem Charakter dieser Aufwendungen entsprechen würde, sondern völlig »systemwidrig« als neutraler Aufwand eingeordnet werden müssen. Das gilt, weil die kalkulatorischen Zinsen und die kalkulatorischen Abschreibungen, wie der Name sagt, Teil der kalkulatorischen Kosten sind, die zusammen mit den Grundkosten die Gesamtkosten ausmachen. Werden die bilanziellen Abschreibungen und die tatsächlich bezahlten Zinsen hier als Zweckaufwand eingeordnet, so müssen sie jetzt zugleich Grundkosten sein. Damit würden Zinsen und Abschreibungen zwei Mal in die Rechnung eingehen; einmal als Grundkosten und zum andern als kalkulatorische Kosten. Das wäre offensichtlich unsinnig.

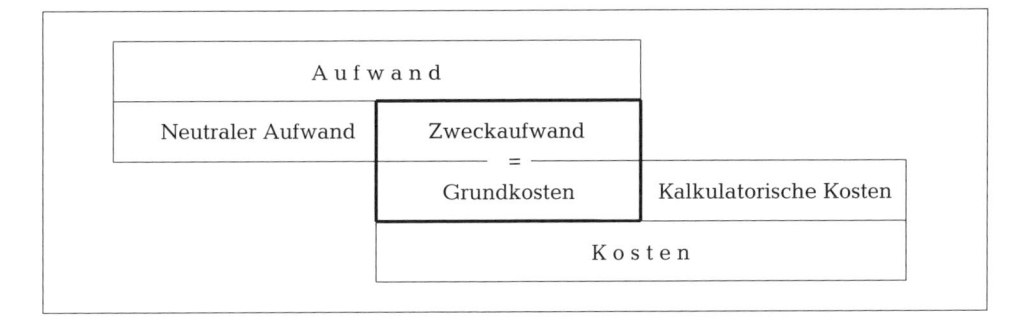

	Aufwand	
Neutraler Aufwand	Zweckaufwand	
	=	
	Grundkosten	Kalkulatorische Kosten
	Kosten	

1.2.3 Abgrenzung der Begriffe Einnahme, Erlös (Umsatz), Ertrag und Leistung

1.2.3.1 Einnahmen, Erlöse (Umsätze)

Analog zur Ausgabe wird hier als **Einnahme** jeder Zugang an flüssigen Mitteln bezeichnet, also jede positive Veränderung auf Bank- oder Kassekonten, und zwar völlig unabhängig vom Zahlungsgrund. Forderungen sind noch keine Einnahmen, sie lassen sich aber als potenzielle, zukünftige Einnahmen umschreiben. Dabei ist jedoch zu beachten, dass nicht alle Forderungen auch wirklich zu Einnahmen werden, weil immer mit Forderungsausfällen gerechnet werden muss.

Umsätze oder Umsatzerlöse i. S. von 275 HGB sind die von einem Unternehmen für seine betriebstypischen Lieferungen und Leistungen in Rechnung gestellten, um die Mehrwertsteuer sowie um Skonti, Boni und andere Gutschriften verminderten Beträge. Erlöse aus Nebenbetrieben (z. B. einer Kantine) oder aus dem Verkauf von Anlagegegenständen usw. gehören nicht zu den Umsatzerlösen i. S. des § 275 HGB. In den Umsatzerlösen enthalten sind dagegen Erlöse aus in Rechnung gestellten Verpackungen, Frachten, Porti u. ä.

Nicht zu den Umsatzerlösen eines Unternehmens gehören selbstverständlich Einnahmen aus Kapitalerhöhungen, aus der Aufnahme von Darlehen sowie aus Rückflüssen selbst gewährter Darlehen. Außerdem ist zu beachten, dass sich zwischen der Erzielung von Umsatzerlösen und dem Zugang der daraus resultierenden Einnahmen, analog zu den Ausgaben vielfach Phasenverschiebungen ergeben; d. h., in der Periode »n« fließen Einnahmen aus Umsätzen der Periode »n - 1« und in der Periode »n + 1« stammt ein Teil der Einnahmen aus Umsätzen der Periode »n«.

1.2.3.2 Inhalt und Beziehungen der Kategorien Ertrag und Leistung im Überblick

Unter **Ertrag** wird in der Kosten- und Leistungsrechnung der in einer Periode erwirtschaftete Bruttowertzuwachs verstanden. Die gleichzeitig entstandenen Wertverzehre bleiben in dieser Bruttorechnung unberücksichtigt. Dabei ist es wie beim Aufwand unerheblich, ob der Wertzuwachs im Zusammenhang mit dem Betriebszweck steht oder nicht. Zu den Erträgen gehören also sowohl die Erlöse aus dem Verkauf von Wirtschaftsgütern (Sachgüter und Dienste), die dem Betriebszweck entsprechen als auch Erlöse, bei denen das nicht der Fall ist. Entsprechende Beispiele wurden oben bereits genannt.

Mit der Kategorie **Leistung** im Sinne der Terminologie der Kosten- und Leistungsrechnung werden dagegen nur solche Bruttowertzuwächse erfasst, welche der Erfüllung des Betriebszwecks dienen. Die kalkulatorischen Leistungen können hier vernachlässigt werden.

Was oben über das Verhältnis zwischen den Kategorien Aufwand und Kosten gesagt wurde, gilt für die Kategorien Ertrag und Leistung analog. Auch sie haben, wie die nachstehende Abbildung zeigt, einerseits einen gemeinsamen Kern, gliedern sich aber andererseits in unterschiedliche Teilkategorien aus, die anschließend näher erläutert werden.

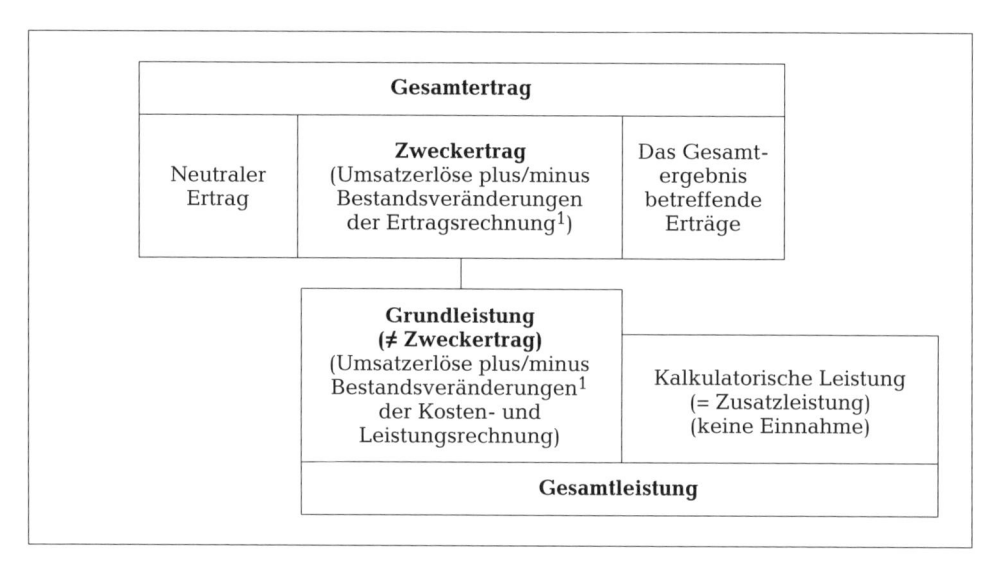

Gesamtertrag			
Neutraler Ertrag	Zweckertrag (Umsatzerlöse plus/minus Bestandsveränderungen der Ertragsrechnung[1])	Das Gesamtergebnis betreffende Erträge	
	Grundleistung (≠ Zweckertrag) (Umsatzerlöse plus/minus Bestandsveränderungen[1] der Kosten- und Leistungsrechnung)	Kalkulatorische Leistung (= Zusatzleistung) (keine Einnahme)	
	Gesamtleistung		

1.2.3.3 Die Teilkategorien des Ertragsbegriffs

Wie sich bereits aus der schon angesprochenen Abbildung ergibt, ist hier zu unterscheiden zwischen

- Zweckertrag,
- neutralen Erträgen und
- das Gesamtergebnis betreffende Erträge.

---

[1] Für die Bestandsveränderungen werden sich in der Ertragsrechnung i. d. R. andere Werte ergeben als für die Kosten- und Leistungsrechnung (s. u.).

Die Zweckerträge

Die wichtigsten Komponenten der Zweckerträge sind die Erlöse aus dem Verkauf von Wirtschaftsgütern (Sachgüter und Dienste), die dem Betriebszweck entsprechen, die ja eben deshalb Zweckerträge heißen. Außerdem gehören zu den Zweckerträgen die aus der Erfüllung des Betriebszwecks resultierenden Bestandsveränderungen an Halb- und Fertigerzeugnissen, und zwar einschließlich der dem Betriebszweck entsprechenden aktivierten Eigenerträge, die üblicherweise aber als Eigenleistungen bezeichnet werden.

Dabei geht es um Problemlösungen, die ein Unternehmen für den eigenen Bedarf und im Sinne des Betriebszwecks erstellt hat. Es handelt sich also eindeutig um Zweckerträge. Einschlägige Beispiele sind selbsterstellte Anlagen sowie in Eigenarbeit ausgeführte und zu aktivierende Großreparaturen. Damit lässt sich der Zweckertrag in Form einer Gleichung wie folgt definieren:

Zweckertrag = Umsatzerlöse +/– Bestandsveränderungen an Halb- und Fertigerzeugnissen und an anderen aktivierten Eigenerträgen, soweit sie dem Betriebszweck entsprechen (Kilger).

Die auf Bestandsveränderungen beruhenden Zweckerträge sind im Rahmen der Aufwands- und Ertragsrechnung zu den Herstellungskosten im Sinne der handels- bzw. steuerrechtlichen Vorschriften anzusetzen. Zu diesen Herstellungskosten gehören grundsätzlich alle bei der Produktion einer bestimmten Leistung anfallenden Kosten sowie anteilige Verwaltungskosten. Die Vertriebsgemeinkosten bleiben dagegen außer Acht. Maßgebend für die Bewertung ist wiederum das Anschaffungswertprinzip. Es wäre also besser, hier von Herstellungsaufwand statt von Herstellungskosten zu sprechen.

Sind Zweckerträge und Zweckumsätze einer Periode gleich hoch, wurden also genau die in der betreffenden Periode produzierten Problemlösungen auch verkauft, so kann es Bestandsveränderungen nur in Form aktivierter Eigenerträge geben. Wurde mehr produziert als verkauft, so ergibt sich eine positive Bestandsveränderung; die Zweckerträge sind dann um die Bestandsveränderungen höher als die Zweckumsätze. Wurde mehr verkauft als produziert, so entstehen negative Bestandsveränderungen; die Zweckerträge sind geringer als die Zweckumsätze.

Die neutralen Erträge

Sie können, analog zum neutralen Aufwand auftreten als

– betriebsfremder Ertrag,
– periodenfremder Ertrag,
– außerordentlicher Ertrag und als
– rechentechnisch bedingter neutraler Ertrag.

Betriebsfremde Erträge resultieren aus Aktivitäten, die nicht zur Erfüllung des Betriebszwecks notwendig sind. Für eine Brauerei oder eine Maschinenfabrik gilt das z. B. für Erträge aus einer Bankbeteiligung, aus Wertpapiergeschäften oder aus der Vermietung von Wohnungen. Die Zinseinnahmen einer Bank wären dagegen Zweckerträge. Auch Subventionen zur Deckung der Betriebskosten bestimmter Unternehmen (z. B. der Deutschen Bahn AG) sind betriebsfremde Erträge.

Periodenfremde Erträge sind betriebliche Erträge, die aus irgendwelchen Gründen nicht derjenigen Periode zugeordnet worden sind, zu der sie wirtschaftlich gehören (z. B. auf Grund einer Betriebsprüfung vom Fiskus zurückgezahlte Kostensteuern).

Als **außerordentliche Erträge** gelten z. B. Gewinne aus dem Verkauf von ausrangierten Anlagegegenständen.

Rechentechnisch bedingte neutrale Erträge haben denselben sachlichen Hintergrund wie die entsprechenden Aufwendungen. Es handelt sich dabei um abrechnungstechnisch bedingte, fiktive Erträge, die dann entstehen, wenn auf die Unterscheidung von Zweckaufwand vom Typ A (als Kosten verrechneter Zweckaufwand) und vom Typ B (nicht als Kosten verrechneter Zweckaufwand) verzichtet wird. Damit wird es in der Ertragsrechnung (Buchhaltung) notwendig, die kalkulatorischen Kosten durch eine Habenbuchung als verrechnete kalkulatorische Kosten zu neutralisieren. Einen realen Wertzuwachs gibt es dabei nicht.

Das Gesamtergebnis betreffende Erträge
Sie ergeben sich aus Zahlungen, die eigentlich das Gesamtergebnis einer anderen Periode betreffen. Sie führen zu einer Erhöhung des Gesamtergebnisses derjenigen Periode, in welcher sie dem Unternehmen zugeflossen sind. Wichtigstes Beispiel hierfür ist die Rückzahlung zuviel bezahlter Körperschaftssteuer.

1.2.3.4 Kategorien des Leistungsbegriffs in der Kosten- und Leistungsrechnung

Vorab sei hier nochmals festgestellt, dass mit dem Begriff Leistung in der Kostenrechnung immer (in Geldeinheiten zu messende) Wertgrößen erfasst werden. Dabei ist zunächst zu unterscheiden zwischen den so genannten Grundleistungen einerseits und den Zusatzleistungen oder kalkulatorischen Leistungen andererseits.

Als Grundleistungen werden einmal alle in Geldeinheiten bemessenen Problemlösungen (Hauptleistungen) bezeichnet, die von einem Unternehmen zur Erfüllung des Betriebszwecks hervorgebracht wurden. Leistungen i. d. S. sind also sowohl bereits verkaufte als auch auf Lager produzierte Halb- und Fertigerzeugnisse sowie dem Betriebszweck entsprechende aktivierte Eigenleistungen. Dabei sind die verkauften Erzeugnisse zum erzielten Erlös zu bewerten, die anderen Leistungen dagegen zu den **Herstellungskosten, wie sie sich aus der Kosten- und Leistungsrechnung ergeben**. Die Bewertung hat also nicht auf der Basis von Anschaffungswerten zu erfolgen, sondern zu aktuellen Wiederbeschaffungswerten.

Als Grundleistung wird schließlich auch der Bruttowertzuwachs bezeichnet, der sich als Summe der in einer Periode erbrachten Grundleistungen ergibt. Für die Bestimmung dieser Gesamtgrundleistung gilt formal die oben für den Zweckertrag angegebene Gleichung. Von der Sache her ergibt sich allerdings ein wichtiger Unterschied. Er besteht darin, dass die Bestandsveränderungen zur Bestimmung des Zweckertrags nach Anschaffungswertprinzip zu bestimmen sind; zur Ermittlung der Grundleistung dagegen auf Basis aktueller Wiederbeschaffungspreise. Deshalb wurden oben Grundleistung und Zweckertrag als zwei »ungleiche« Größen dargestellt. Beide Größen als Synonyme zu betrachten, wie das in der Literatur häufig geschieht, muss als unzulässig abgelehnt werden.

Von **Zusatzleistungen** oder **kalkulatorischen** Leistungen wird gesprochen, wenn Problemlösungen und damit auch der durch sie repräsentierte Wert verschenkt werden, sodass also weder ein Ertrag noch ein Bruttowertzuwachs entstehen kann. Ein anschauliches Beispiel dafür sind die so genannten Ärztemuster.

Grundleistung und Zusatzleistung bilden zusammen die Gesamtleistung.

Abschließend ist hier jetzt noch näher auf die oben schon mehrfach angesprochenen Eigenleistungen sowie auf die so genannten Nebenleistungen einzugehen. Letztere wurden bisher nicht erwähnt.

Wie bereits die angeführten Beispiele zeigen, handelt es sich bei den **Eigenleistungen** um Problemlösungen, die zur Erfüllung des Betriebszwecks für den Einsatz im eigenen Unternehmen produziert werden. Es wird deshalb auch von innerbetrieblichen Leistungen oder Wiedereinsatzleistungen gesprochen. Dabei ist zu unterscheiden zwischen zu aktivierenden und nicht aktivierbaren innerbetrieblichen Leistungen.

- Zu den zu aktivierenden Eigenleistungen gehören, wie bereits festgestellt wurde, z. B. selbsterstellte Maschinen und Anlagen sowie Großreparaturen. Aufgrund des durch sie repräsentierten Bruttowertzuwachses sind zu aktivierende Eigenleistungen von der Sache her den Hauptleistungen gleichzusetzen.
- Nicht aktivierbare Eigenleistungen sind z. B. interne Transportleistungen, die Erzeugung von Energie sowie kleinere, in eigener Regie durchgeführte Reparaturen.

Die nicht aktivierbaren Eigenleistungen können keinen selbstständigen Bruttowertzuwachs repräsentieren; der Wert dieser Leistungen macht vielmehr einen Teil des Wertes der Grundleistungen aus.

Unter dem Begriff **Nebenleistungen** werden zwei unterschiedliche Sachverhalte zusammengefasst.

- Zum einen handelt es sich dabei um Problemlösungen, die ein Unternehmen für seine Kunden quasi als Ergänzung der Hauptleistungen zu erbringen hat. Zu denken ist hier z. B. an Verpackungs- und Transportleistungen.
- Zum anderen werden Produkte als Nebenleistungen bezeichnet, deren Entstehung in einem technischen oder wirtschaftlichen Zusammenhang mit der Erstellung der Hauptleistung stehen. Diese Nebenleistungen werden neben den Hauptleistungen am Markt angeboten. Typische Beispiele dafür sind Nebenprodukte, wie sie bei der Kuppelproduktion anfallen.
- Nebenleistungen, die einen Erlös und damit einen Bruttowertzuwachs erbringen, müssen den Grundleistungen zugeordnet werden. Nebenleistungen, die umsonst erbracht werden (z. B. kostenlose Verpackung oder Zufuhr), sind den Zusatzleistungen zuzuordnen.

1.2.4 Erfolgsgrößen

Mit Hilfe der bisher erläuterten Begriffe lassen sich nun verschiedene periodenbezogene Erfolgsgrößen definieren. Diese Erfolgsgrößen unterscheiden sich teils hinsichtlich ihrer Breite (Spektrum der einbezogenen Wertverzehre und Bruttowertzuwächse), teils hinsichtlich der Bewertung der Güterverbräuche, weil in der Aufwands- und Ertragsrechnung bestimmte Güterverzehre anders bewertet werden als in der Kosten- und Leistungsrechnung. Das gilt z. B. für Abschreibungen und Zinsen (vgl. S. 248 ff. und 255 ff.).

In der Aufwands- und Ertragsrechnung lassen sich folgende Erfolgsgrößen unterscheiden:

Betriebsergebnis	= Zweckertrag ·/· Zweckaufwand
Neutrales Ergebnis	= neutraler Ertrag ·/· neutraler Aufwand
Gesamtergebnis	= Betriebsergebnis + neutrales Ergebnis
Periodenergebnis	= Gesamtergebnis +/·/· das Gesamtergebnis betreffende Aufwendungen und Erträge

Die wichtigste Erfolgsgröße im Rahmen der Kosten- und Leistungsrechnung ist das Leistungsergebnis. Es ist wie folgt definiert:

Leistungsergebnis = (Hauptleistungen + Nebenleistungen) ·/· (Grundkosten + kalkulatorische Kosten)

Die kalkulatorischen Leistungen spielen hier keine Rolle, weil sie nicht zu einem Bruttowertzuwachs führen.

Für alle angeführten Gleichungen gilt: Ein positives Ergebnis bedeutet Gewinn, ein negatives dagegen Verlust. Dabei ist aber zu beachten, dass in der Kosten- und Leistungsrechnung (anders als in der Aufwands- und Ertragsrechnung) neben den Grundkosten (Zweckaufwand) auch noch die kalkulatorischen Kosten in die Rechnung eingehen.

1.3 Begriffliche Ergänzungen

In der Terminologie der Kosten- und Leistungsrechnung gibt es noch eine Reihe besonders wichtiger Begriffe, die im Folgenden erläutert werden sollen, nämlich
- Durchschnittskosten,
- Grenzkosten,
- Einzelkosten,
- Gemeinkosten.

1.3.1 Durchschnittskosten

Die Durchschnittskosten sind die Kosten je Produkteinheit (durchschnittliche Stückkosten). Sie ergeben sich, wenn die Gesamtkosten eines Produktionsprozesses durch die hergestellte Menge dividiert werden. Damit gilt:

$$\text{Durchschnittskosten (k)} = \frac{\text{Gesamtkosten (K)}}{\text{hergestellte Menge (m)}}$$

1.3.2 Grenzkosten

Als Grenzkosten wird derjenige Zuwachs der Gesamtkosten bezeichnet, der durch die Erhöhung der Ausbringungsmenge um eine Einheit notwendig wird. Sie lassen sich damit als Differenzkosten je Einheit folgendermaßen bestimmen (als Literatur vgl. z. B. Schäfer):

$$\text{Grenzkosten (K')} = \text{Kostenzuwachs, der bei einem Produktionsprozess entsteht,}$$
$$\text{wenn die Ausbringungsmenge um eine Einheit erhöht wird.}$$

1.3.3 Einzelkosten

Als Einzelkosten sollen hier nur solche Wertverzehre bezeichnet werden, die sich einem bestimmten Kostenträger auf wirtschaftliche Art und Weise **verursachungsgerecht** und damit **direkt zurechnen lassen.** Eine direkte Zurechnung muss entweder ohne Schlüsselung oder mit logisch völlig unangreifbaren Schlüsseln erfolgen (als Literatur vgl. Schwarz).

Die **wichtigsten Einzelkosten** sind Fertigungslöhne und Fertigungsmaterial. Beide sind dadurch gekennzeichnet, dass sie bei der Herstellung der zum Verkauf bestimmten Leistungen sowie für zu aktivierende innerbetriebliche Leistungen anfallen und diesen Kostenträgern verursachungsgerecht und direkt zugerechnet werden können.

In der Literatur (vgl. z. B. Hummel/Männel) wird von Einzelkosten aber bereits auch dann gesprochen, wenn sich Kosten einem anderen Bezugsobjekt (nicht Kostenträger) direkt zurechnen lassen. Bezugsobjekte können dabei neben den Kostenträgern insbesondere auch Kostenstellen sein, sodass zumindest zwischen Kostenträgereinzelkosten und Kostenstelleneinzelkosten unterschieden werden müsste. Um naheliegende Missverständnisse zu vermeiden, werden Kostenstelleneinzelkosten hier künftig **direkte Stellenkosten** genannt.

1.3.4 Gemeinkosten

Gemeinkosten sind alle Kosten, deren direkte Zurechnung auf die Kostenträger unmöglich (echte Gemeinkosten) oder unwirtschaftlich ist (unechte Gemeinkosten). Echte Gemeinkosten können z. B. sein die Gehälter derjenigen Mitarbeiter eines Unternehmens, die nicht unmittelbar an den zu verkaufenden Produkten arbeiten. Unechte Gemeinkosten können z. B. sein Hilfsstoffe (ins Erzeugnis eingehendes Kleinmaterial, im Maschinenbau etwa Splinte, Unterlagscheiben, Schrauben) und Betriebsstoffe (nicht ins Erzeugnis eingehende Stoffe, z. B. Öl, Kühlmittel, Strom).

Je nachdem, in welchen Bereichen Gemeinkosten anfallen, wird unterschieden zwischen Fertigungsgemeinkosten (in der Produktion anfallende Gemeinkosten), Materialgemeinkosten (Gemeinkosten der Beschaffung und der Materialläger) sowie Verwaltungs- und Vertriebsgemeinkosten.

Kosten, die den Kostenstellen nicht direkt, sondern nur mit Hilfe von Schlüsselgrößen zugeordnet werden können (z. B. der in den Kostenstellen anfallende Verbrauch von Dampf oder Pressluft), werden hier konsequenterweise nicht als Kostenstellengemeinkosten, sondern als **indirekte Stellenkosten** bezeichnet. Zu beachten ist, dass indirekte Stellenkosten nur Kostenträgergemeinkosten sein können. Die oben angesprochenen Gehälter sind zwar Kostenträgergemeinkosten, in vielen Fällen aber zugleich direkte Stellenkosten. Das gilt auch für Löhne, die keine Fertigungslöhne sind (also die so genannten Hilfslöhne oder Gemeinkostenlöhne).

1.4 Zur Gliederung der Kosten- und Leistungsrechnung

Um einen Überblick über Aufbau, Formen und Gestaltungsmöglichkeiten der Kosten- und Leistungsrechnung zu gewinnen, bietet sich in Anlehnung an die Literatur (vgl. insbesondere Schwarz) eine Gliederung nach folgenden Merkmalen an:
– nach Objekten,
– nach dem Zeitbezug,
– nach dem Grad der Kostennormierung,
– nach dem Volumen der auf die Kostenträger zugerechneten Kosten und
– nach der Zeitfolge und der Häufigkeit der betreffenden Rechnungen.

1.4.1 Gliederung nach Objekten: Kostenarten-, Kostenstellen- und Kostenträgerrechnung

Die Gliederung nach Objekten knüpft am logisch-zeitlichen Aufbau der Kosten- und Leistungsrechnung an, der sich in drei Fragen wie folgt zusammenfassen lässt:
– Welche Kosten sind entstanden (Kostenartenrechnung)?
– Wo sind die Kosten entstanden (Kostenstellenrechnung)?
– Wofür sind die Kosten entstanden (Kostenträgerrechnung)?

Als **Kostenarten** werden die unterschiedlichen Formen des betrieblichen Güterverzehrs bezeichnet (z. B. Löhne und Gehälter oder Material- und Energieverbrauch). Im Prinzip sind Kostenarten also nichts anderes als relativ homogene Teileinheiten einer sehr heterogenen, durch die Definition des Begriffs Kosten abgegrenzten Grundgesamtheit. Der Begriff **Kostenartenrechnung** steht für die erste Stufe der Kosten- und Leistungsrechnung, nämlich für die nach Kostenarten gegliederte, also geordnete Erfassung des betrieblichen Werteverzehrs einer Abrechnungsperiode.

Als **Kostenstellen** werden diejenigen organisatorisch abgegrenzten Funktionsbereiche eines Unternehmens bezeichnet, in denen Kosten anfallen. Da solche Funktionsbereiche in jedem Unternehmen in Form von Abteilungen, Unterabteilungen etc. bereits bestehen, ist es aus Gründen der Übersichtlichkeit und Wirtschaftlichkeit sinnvoll, sich bei der Kostenstellenbildung an der Aufbauorganisation zu orientieren. Kostenstellen können also z. B. folgende betriebliche Teilbereiche sein: Geschäftsleitung, Buchführung, Verkauf, Einkauf, Fertiglager, Formerei, Gießerei und Gussputzerei. Für Zwecke der Kostenrechnung kann es allerdings notwendig sein, die organisatorische Gliederung noch weiter zu differenzieren. Dabei ist es die Aufgabe der Kostenstellenrechnung, jeder Kostenstelle möglichst genau, zumindest aber plausibel, diejenigen Kosten zuzurechnen, die in ihr entstanden sind.

Kostenträger heißen die von einem Unternehmen hervorgebrachten, dem Betriebszweck entsprechenden Güter und Dienstleistungen. Sie haben letztlich die Kosten des Unternehmens zu »tragen«. Analog zu der Gliederung der betrieblichen Leistungen werden bei den Kostenträgern Hauptkostenträger, Hilfskostenträger und Nebenkostenträger unterschieden. Dabei entsprechen die Hauptkostenträger prinzipiell den Hauptleistungen, die Hilfskostenträger den nicht aktivierbaren innerbetrieblichen Leistungen und die Nebenkostenträger den Nebenleistungen.

Die Beantwortung der Frage, welche Kosten für bestimmte Kostenträger oder für bestimmte Kostenträgergruppen angefallen sind, ist Aufgabe der **Kostenträgerrechnung**. Dabei ist zu unterscheiden zwischen der Kostenträgerstückrechnung (Kalkulation) und der Kostenträgerzeitrechnung.

Zweck der **Kostenträgerstückrechnung** ist es, die auf eine Einzelleistung oder auf eine Summe gleicher Einzelleistungen zurechenbaren Kosten zu bestimmen.

Bei der Interpretation von Kostenträgerstückrechnungen ist, insbesondere wenn es sich um Vollkostenrechnungen handelt, zu beachten, dass eine verursachungsgerechte Zuordnung aller Kosten auf die einzelnen Kostenträger gar nicht möglich ist. Die Zuordnungen sollten aber zumindest plausibel sein.

Durch die **Kostenträgerzeitrechnung** soll hingegen das Leistungsergebnis für einzelne Abrechnungsperioden ermittelt werden, und zwar nicht nur insgesamt, sondern auch und gerade für einzelne Kostenträger und Kostenträgergruppen. Besonders geeignet ist die Kostenträgerzeitrechnung für kurzfristige (monatliche, vierteljährliche) Erfolgsrechnungen.

1.4.2 Gliederung nach dem Zeitbezug: Vor-, Nach-, Zwischen- und Synchronkalkulation

Vorkalkulationen (oder Angebotskalkulationen) sind Rechnungen, die der Leistungserstellung vorausgehen. Ihr Zweck ist es, die voraussichtlichen Kosten einer in Aussicht genommenen Produktion zu bestimmen. Besonders wichtig ist die Vorkalkulation immer dann, wenn auf Grund einer Anfrage oder einer Ausschreibung ein Angebot abgegeben werden soll.

Bei der **Nachkalkulation** handelt es sich um eine nachträglich (d. h. nach Beendigung einer bestimmten Produktion) durchzuführende Rechnung. Sie soll die einem Kostenträger oder einer Kostenträgergruppe plausibel zuzurechnenden Kosten ermitteln und damit die Möglichkeit eines Soll-Ist-Vergleichs auf der Grundlage der Vorkalkulation eröffnen.

Zwischenkalkulationen sind bei Großprojekten mit langer Produktionsdauer (z. B. Schiffsbau, Bau von Schwermaschinen, große Bauaufträge) notwendig, und zwar einerseits für Bilanzierungszwecke und andererseits, um dadurch neue Erkenntnisse für die weiteren Dispositionen zu gewinnen und eventuelle Überschreitungen des Voranschlags möglichst gering zu halten. Die Zwischenkalkulationen sollten durchgeführt werden, wenn bestimmte, im Voraus festzulegende Teilleistungen abgeschlossen sind.

Die **Synchronkalkulation** ist von der Sache her eine Nachkalkulation, die sich dadurch auszeichnet, dass sie unmittelbar nach der Beendigung einzelner Arbeitsgänge, also parallel zum Produktionsfortschritt, durchgeführt werden kann. Voraussetzung dafür sind entsprechend ausgebaute Systeme der Betriebsdatenerfassung und Datenverarbeitung.

1.4.3 Gliederung nach dem Grad der Kostennormierung: Ist-, Normal- und Plankostenrechnung

In einer reinen Istkostenrechnung müsste ausschließlich mit den effektiv angefallenen Kosten (Istpreise x Istmenge) gearbeitet werden. Das ist auf Grund der für jede Kostenrechnung unabdingbaren zeitlichen Abgrenzung bestimmer Kostenarten (z. B. Versicherungsprämien und kalkulatorische Zinsen) aber nicht sinnvoll, sodass es eine reine Istkostenrechnung gar nicht geben kann. Eine den Erfordernissen der zeitlichen Abgrenzung angepasste (bereinigte) Istkostenrechnung ist aber für Zwecke der Nachkalkulation unentbehrlich.

Unter **Normalkostenrechnung** werden diverse Formen der Kosten- und Leistungsrechnung zusammengefasst, die sich durch unterschiedliche Grade der Kostennormierung unterscheiden. In der einfachsten Form der Normalkostenrechnung werden die als »normal« bezeichneten Kosten als Durchschnittswerte (so genannte statistische Mittelwerte) der Istkosten vergangener Perioden definiert, wobei von einer als »normal« betrachteten Beschäftigung ausgegangen werden sollte (zum Problem der Beschäftigungsmessung vgl. S. 223 ff.). Diese Vorgehensweise ist schon deshalb als problematisch anzusehen, weil sie unterstellt, dass die in der Vergangenheit maßgeblichen Kostenbestimmungsgrößen auch für die Zukunft bestimmend sein werden. In einer weiterentwickelten Form der Normalkostenrechnung wird deshalb versucht, bei der Festsetzung der Normalkosten aktuelle bzw. zukünftige Kostenbestimmungsfaktoren (z. B. Lohn- oder Verfahrensänderungen) bereits zu berücksichtigen, also mit aktualisierten Mittelwerten zu arbeiten. Durch den Vergleich von Normalkosten (Vorkalkulation) und bereinigten Istkosten (Nachkalkulation) ermöglicht die Normalkostenrechnung die Ermittlung von Über- und Unterdeckungen und damit auch eine Abweichungsanalyse.

Der höchste Grad der Kostennormierung wird in der **Plankostenrechnung** erreicht. Die Kostenvorgaben in Form der Plankosten beruhen hier nicht mehr primär auf Vergangenheitswerten, sondern auf Mengengrößen (Planmengen), die mit Hilfe technischer Berechnungen und Verbrauchsstudien ermittelt und mit geplanten Preisen (Planpreisen) bewertet werden. Außerdem wird bei der Festlegung der Plankosten von einer als planmäßig definierten Beschäftigung ausgegangen. Durch die Anpassung der (flexibel gehaltenen) Plankosten an Beschäftigungsschwankungen ermöglicht die (flexible) Form der Plankostenrechnung einen Soll-Ist-Vergleich, bei welchem die Istgrößen an vorab definierten, technisch bestimmen Normen gemessen werden. Näheres zur Plankostenrechnung vgl. Abschnitt 8.

Die in den letzten Jahren neu aufgekommene Prozesskostenrechnung (s. Abschn. 9) ist kein eigenständiges Kostenrechnungssystem im Sinne der hier zur Debatte stehenden Gliederung. Das Gilt auch für die so genannte Zielkostenrechnung (Abschn. 10).

1.4.4 Gliederung nach dem Volumen der auf die Kostenträger zugerechneten Kosten: Voll- und Teilkostenrechnung

Von einer **Vollkostenrechnung** wird dann gesprochen, wenn grundsätzlich alle anfallenden Kosten auf die einzelnen Kostenträger zugerechnet werden.

Für den Bereich der Teilkostenrechnung sind insbesondere zwei Formen zu unterscheiden: Bei der (reinen) **Teilkostenrechnung** oder **Deckungsbeitragsrechnung** wird den Kostenträgern nur ein bestimmter Teil der insgesamt angefallenenen Kosten (eben die Teilkosten) zugerechnet. Die restlichen Kosten werden erst bei der Ermittlung des Leistungsergebnisses berücksichtigt. Die Differenz zwischen Nettoerlös und Teilkosten wird als **Deckungsbeitrag** bezeichnet. Als Nettoerlös gelten diejenigen Erlöse, die dem Unternehmen nach Abzug der Erlösschmälerungen (z. B. Skonto, Fracht, Verpackung) noch effektiv verbleiben. Auch Vertreterprovisionen werden hier am zweckmäßigsten als Erlösschmälerungen behandelt.

In der h. L. werden, je nach der Definition der Teilkkosten, zwei Varianten der Teilkostenrechnung unterschieden: nämlich die Einzelkostenrechnung und die Grenzkostenrechnung. Wie schon der Name sagt, sind es die Einzelkosten, die im Rahmen der Einzelkostenrechnung als Teilkosten behandelt werden. Hier gilt deshalb die Grundgleichung

Deckungsbeitrag = Nettoerlös – Einzelkosten

Die Einzelkostenrechnung spielt in Deutschland nur eine untergeordnete Rolle, sie wird hier deshalb nicht weiter behandelt.

Für die Grenzkostenrechnung gilt die Grundgleichung:

Deckungsbeitrag = Nettoerlös – Grenzkosten

Die Gleichung zeigt, dass jetzt den Grenzkosten die Rolle der Teilkosten zugewiesen wird.

Die Grenzkostenrechnung hat in Theorie (vgl. z. B. Kilger und Haberstock – Bd. II) und Praxis großen Anklang gefunden, obwohl dieses Konzept mit eindeutigen Widersprüchen behaftet ist. Um diese Widersprüche zu beseitigen, ist es notwendig, statt mit Grenzkosten mit **Produktkosten** zu arbeiten. Zugleich wird die Grenzkostenrechnung durch eine Produktkostenrechnung ersetzt. Diese Vorgehensweise wird im Abschnitt 3.3 ausführlich begründet werden.

Um Missverständnisse zu vermeiden, sei hier noch ausdrücklich festgehalten, dass sich die Unterscheidung von Vollkostenrechnung und Teilkostenrechnung unmittelbar nur auf die Kostenträgerrechnung bezieht, denn auch für Teilkostenrechnungen kann auf die vollständige Erfassung aller Kosten in der **Kostenarten- und der Kostenstellenrechnung** nicht verzichtet werden. Beide Rechnungen müssen aber bereits im Sinne der Teilkostenrechnung gestaltet werden (s. Abschn. 4.7.2).

Wie im Abschnitt 5.4 gezeigt werden wird, ist es durchaus möglich, Teilkostenrechnung und Vollkostenrechnung miteinander zu kombinieren (Parallelkalkulation).

1.4.5 Gliederung nach der Zeitfolge und der Häufigkeit der Rechnungen

Die Kostenarten-, Kostenstellen- und die Kostenträgerzeitrechnung werden meist in regelmäßigen Abständen (monatlich, vierteljährlich, jährlich) durchgeführt. Zeitfolge und Häufigkeit der Kalkulation sind dagegen insbesondere vom Produktionsprogramm und der Fertigungsorganisation (Einzelfertigung, Fließfertigung) abhängig. Bei Einzelfertigung muss etwa auf Grund von Anfragen und nach der Abwicklung eines Auftrages kalkuliert werden. Wird per Fließfertigung für den anonymen Markt produziert, so ist eine Kalkulation insbesondere bei Einführung neuer Produkte erforderlich. Ansonsten müssen die Kosten der Produktion fortlaufend überwacht werden, um über die Rentabilität des Sortiments orientiert zu sein.

1.5 Aufgaben und Prinzipien der Kosten- und Leistungsrechnung

In relativ allgemein gehaltener Form kann die Aufgabe der Kosten- und Leistungsrechnung wie folgt umschrieben werden: Sie hat die anfallenden Kosten vollständig und periodengerecht zu erfassen und sie den Kostenstellen und Kostenträgern in einer Weise zuzuordnen, die es ermöglicht, nicht nur das Leistungsergebnis pro Periode, sondern auch das Ergebnis je Kostenträger bzw. je Kostenträgergruppe zu ermitteln (s. Abschn. 5 ff.). Zur Lösung dieser Aufgaben genügt es nicht, den Aufgabeninhalt zu kennen, es muss vielmehr auch bekannt sein, welche Regeln (Prinzipien) bei der Lösung einzuhalten sind.

1.5.1 Aufgaben der Kosten- und Leistungsrechnung

Aus der oben beschriebenen Gesamtaufgabe der Kosten- und Leistungsrechnung lassen sich in Anlehnung an Schwarz fünf konkrete Teilaufgabengebiete ableiten:
– Kontrolle der Wirtschaftlichkeit der betrieblichen Abläufe,
– Hilfeleistung bei der Preisstellung,
– Preiskontrolle und Programmplanung,
– Ermittlung des Leistungsergebnisses je Abrechnungsperiode,
– Hilfestellung für andere Bereiche des Rechnungswesens.

1.5.1.1 Kontrolle der Wirtschaftlichkeit der betrieblichen Abläufe

Eines der wichtigsten Ziele jeden Unternehmens muss es sein, die zu verkaufenden Leistungen mit möglichst geringen Kosten zu produzieren, also die verfügbaren Mittel möglichst effektiv einzusetzen **(Minimumprinzip).** Damit dieses Ziel zumindest näherungsweise erreicht werden kann, ist es notwendig, die Ursachen der Kostenentstehung und die Kostenentwicklung insgesamt sowie je Kostenart und Kostenstelle ständig zu beobachten, um durch geeignete Maßnahmen eingreifen zu können, wenn die Dinge aus dem Ruder laufen. Damit werden die **Kostenstellenrechnung** und die ihr vorgelagerte **Kostenartenrechnung** zu wichtigen Instrumenten der betrieblichen Wirtschaftlichkeitskontrolle.

1.5.1.2 Hilfeleistung bei der Preisstellung

Auf den ersten Blick scheint diese Aufgabe für Unternehmen in einer marktwirtschaftlichen Ordnung nur eine sehr untergeordnete Bedeutung zu haben, weil davon ausgegangen wird, dass sich der Preis am Markt bildet, also nicht kalkuliert werden kann. Diese Annahme entspricht aber nicht immer der Realität, weil viele Unternehmen nicht in vollkommenen Märkten (welche homogene Güter, atomistische Konkurrenz und das Fehlen jeglicher sachlicher oder persönlicher Präferenzen voraussetzen), sondern in unvollkommenen Märkten operieren. Damit haben sie die Möglichkeit, ihre Produkte durch Maßnahmen der Produktdifferenzierung und Präferenzenbildung von vergleichbaren Erzeugnissen abzuheben und sich damit einen Spielraum für eine aktive Preispolitik zu verschaffen. Eine aktive Preispolitik setzt aber die Kenntnis der eigenen Kostensituation und damit eine Kosten- und Leistungsrechnung voraus, welche auf die Bedürfnisse des jeweiligen Unternehmens zugeschnitten ist.

Besonders deutlich wird die Notwendigkeit der Hilfestellung der Kostenrechnung für die Preisbildung im Falle völlig neuer Produkte, für die es noch gar keinen Marktpreis geben kann. Ähnlich liegen die Dinge bei vielen Formen der Einzelfertigung, also z. B. beim Großmaschinenbau oder auch bei Großprojekten der Bauindustrie. Hier müssen dem »Markt« bzw. dem potenziellen Abnehmer Preisvorschläge in Form von Angeboten unterbreitet werden, damit Wettbewerb überhaupt stattfinden kann.

Insgesamt ist festzustellen, dass der reale marktwirtschaftliche Wettbewerb überwiegend mit heterogenen Gütern auf unvollkommenen Märkten ausgetragen wird. Um die sich dadurch ergebenden Preisspielräume im eigenen Interesse nutzen zu können, ist für die Unternehmen eine Orientierung ihrer Preispolitik an der Kalkulation zweckmäßig, wenn nicht sogar notwendig.

1.5.1.3 Preiskontrolle und Programmplanung

Diese beiden Aufgaben sind eng miteinander verbunden. Sinn der Preiskontrolle ist es, ein Urteil über die Profitabilität von Leistungen bei gegebenen Kosten und Preisen abgeben zu können. Fällt das Ergebnis dieser Prüfung bei bestimmten Leistungen auf längere Sicht gesehen negativ aus, so kann das zu einer Änderung der Angebotspalette bzw. des Produktionsprogramms zwingen. Dabei ist auch zu bedenken, dass für einzelne Leistungen der Fremdbezug kostengünstiger sein kann als die Eigenproduktion.

1.5.1.4 Bestimmung des Leistungsergebnisses je Abrechnungsperiode

Diese Aufgabe zu erfüllen, ist Sinn und Zweck der Kostenträgerzeitrechnung. Sie hat, wie bereits festgestellt, als kurzfristige Erfolgsrechnung das Leistungsergebnis eines Unternehmens gerade auch für unterjährige Zeiträume (z. B. Vierteljahre oder Monate) zu ermitteln und dabei auch die Erfolgsbeiträge der einzelnen Produkte oder Produktgruppen gesondert auszuweisen.

1.5.1.5 Hilfestellung für andere Bereiche des Rechnungswesens

An erster Stelle ist hier auf die Bedeutung hinzuweisen, die der Kostenrechnung bei der Bewertung von Halb- und Fertigerzeugnissen sowie anderer zu aktivierender Eigenleistungen für die Bilanzierung nach Handels- und Steuerrecht zukommt. Außerdem kann die Kosten- und Leistungsrechnung auch für Finanzplanung und Investitionsrechnung wertvolle Dienste leisten, und zwar insbesondere als Grundlage für die Ermittlung der mit der Leistungserstellung verbundenen Ausgaben.

1.5.2 Die Prinzipien der Kosten- und Leistungsrechnung

Für die Kostenrechnung gibt es kein Regelwerk, das mit den gesetzlichen Vorschriften zur Buchführung (incl. GoB) vergleichbar wäre. Die Leitsätze für die Preisermittlung auf Grund von Selbstkosten können diese Aufgabe wegen ihrer besonderen Zielsetzung nicht erfüllen. Auch in der Wissenschaft finden sich, bestenfalls Ansätze für ein Konzept der Prinzipien (Grundsätze) der Kosten- und Leistungsrechnung.

Die Notwendigkeit solcher Grundsätze ergibt sich schon daraus, dass die Informationen, die von einem so komplexen System, wie es Kosten- und Leistungsrechnung darstellt, geliefert werden, nur dann sinnvoll interpretiert werden können, wenn man weiß, nach welchen Regeln diese Informationen gewonnen worden sind. Auch die Zustände in der Praxis lassen das verlangte Regelwerk als unbedingt erforderlich erscheinen. Dort macht offenbar jedes Unternehmen, das, was man selbst für richtig oder zweckmäßig hält bzw. was die verfügbare Software erlaubt.

Hier wird davon ausgegangen, dass die folgenden Prinzipien für die Kosten- und Leistungsrechnung relevant sind:

- das Prinzip der Wirtschaftlichkeit,
- die Prinzipien der Objektivität und der Vollständigkeit,
- die Prinzipien der Relevanz, der Transparenz und der Flexibilität,
- das Prinzip der Periodengerechtigkeit für Mengen und Werte,
- das Verursachungsprinzip und das Prinzip der Plausibilität,
- das Durchschnittsprinzip,
- die Prinzipien der relativen Genauigkeit, der relativen Richtigkeit und der Widerspruchsfreiheit,
- das Prinzip der Ausschaltung außergewöhnlicher Ereignisse und
- die Prinzipien der Aktualität und der Adäquanz.

Wie sich weiter unten noch zeigen wird, können die angeführten Prinzipien nicht immer scharf gegeneinander abgegrenzt werden. Außerdem lassen sie sich nicht nur auf die Kosten- und Leistungsrechnung anwenden, sondern grundsätzlich auch auf andere Bezugsobjekte, so z. B. auch auf die Aufwands- und Ertragsrechnung.

1.5.2.1 Das Prinzip der Wirtschaftlichkeit

Als eines der zentralen Prinzipien betriebswirtschaftlichen Handelns muss das Prinzip der Wirtschaftlichkeit unbedingt auch für die Kosten- und Leistungsrechnung gelten. Seine besondere Bedeutung liegt dabei in dem Umstand, dass es für den Grad der Realisierbarkeit anderer Prinzipien die Funktion einer einschränkenden Nebenbedingung hat.

Maßgebend für seine Anwendung auf die Kosten- und Leistungsrechnung muss i. d. R. die Interpretation des Wirtschaftlichkeitsprinzips als Minimumprinzip sein. Das bedeutet, dass der mit der Rechnung anzustrebende Informationsgrad von den zuständigen Entscheidungsträgern in operationaler Form zu bestimmen ist. Das so gesetzte Ziel muss dann mit möglichst geringem Aufwand erreicht werden.

1.5.2.2 Die Prinzipien der Objektivität und der Vollständigkeit

Das **Prinzip der Objektivität** verlangt, dass betriebliche Wertverzehre, die auf gleiche Ursachen zurückzuführen sind, in der Kostenrechnung auch gleich behandelt werden. Deshalb müssen z. B. betriebsspezifische Besonderheiten oder juristische Gesichtspunkte außen vor bleiben.

Beispiel:
Im Gegensatz zur juristischen Betrachtung macht es aus betriebswirtschaftlicher Sicht keinen Unterschied, ob jemand als geschäftsführender Gesellschafter einer Personengesellschaft (z. B. einer OHG) oder einer GmbH tätig ist. In beiden Fällen geht es um den Einsatz von menschlicher Arbeit (dispositiver Faktor) für betriebliche Zwecke.
Ein Äquivalent für diese Arbeit in Form eines Gehalts (Zweckaufwand) für den Geschäftsführer darf aus juristischen Gründen nur in der Erfolgsrechnung der GmbH erscheinen. In der Buchhaltung der OHG erscheinen dagegen nur Privatentnahmen. Aus betriebswirtschaftlicher Sicht handelt es sich hier aber um gleichartige Wertverzehre, die deshalb auch gleich zu behandeln sind. Um das zu erreichen, ist in der Kostenrechnung der OHG für die geschäftsführenden Gesellschafter ein fiktives Gehalt anzusetzen; nämlich der kalkulatorische Unternehmerlohn (vgl. S. 261).

Das **Prinzip der Vollständigkeit** verlangt, dass sowohl alle in einer Abrechnungsperiode hervorgebrachten Leistungen als auch alle dabei objektiv anfallenden Wertverzehre in der Kostenrechnung (vollständig) erfasst werden. Die Kostenrechnung einer von den Gesellschaftern geführten OHG wäre also ohne den oben angesprochenen kalkulatorischen Unternehmerlohn unvollständig und damit falsch. Letztendlich ist das Prinzip der Vollständigkeit bereits im Prinzip der Periodengerechtigkeit enthalten (s. u.).

1.5.2.3 Die Prinzipien der Relevanz, der Flexibilität und der Transparenz

Das **Prinzip der Relevanz** erfordert, dass die Kosten- und Leistungsrechnung in der Lage sein sollte, die zur Lösung eines einschlägigen Problems relevanten Informationen zu liefern. Das bedeutet, dass die Kostenrechnung flexibel **(Prinzip der Flexibilität)** genug sein sollte, um auch außergewöhnliche Ansprüche erfüllen zu können. Es liegt auf der Hand, dass die Prinzipien der Relevanz und der Flexibilität damit leicht in eine Konkurrenzsituation zum Wirtschaftlichkeitsprinzip geraten, also nicht immer konsequent eingehalten werden können.

Analog zu den GoB soll mit der **Forderung nach Transparenz** sichergestellt werden, dass die Kosten- und Leistungsrechnung so organisiert wird, dass sich ein fachkundiger Dritter nach einer angemessenen Einarbeitungszeit in dem System zurecht findet und ein zutreffendes Urteil über dessen Qualität abgeben kann. Um dem Prinzip der Transparenz gerecht zu werden, bedarf es insbesondere eines Kostenarten- und eines Kostenstellenplanes (s. u.). Die Pläne müssen systematisch aufgebaut und auf dem aktuellen Stand sein.

1.5.2.4 Das Prinzip der Periodengerechtigkeit

Dieses Prinzip verlangt, dass alle Kosten und Leistungen in derjenigen Abrechnungsperiode in die Kosten- und Leistungsrechnung eingehen müssen, welcher sie wirtschaftlich zuzuordnen sind. Es umfasst insoweit das Prinzip der Vollständigkeit (s. o.). Besonders zu beachten ist, dass das Prinzip der Periodengerechtigkeit sowohl für die Mengenkomponente als auch für die Preiskomponente der Wertverzehre und der Wertzuwächse einer Periode gilt. Es lässt sich also in die Prinzipien der Mengenkongruenz und Wertkongruenz aufgliedern.

Das Prinzip der Mengenkongruenz

Es verlangt, dass in jeder Periode auf der Kosten- und auf der Leistungsseite der Ergebnisrechnung mit kongruenten Mengen gearbeitet wird. Vollständig eingehalten wäre das Prinzip der Mengenkongruenz dann, wenn in jeder Periode die auf der Kostenseite angesetzten Verbräuche an Produktionsfaktoren nach Art und Menge genau dem entsprechen würde, was in die Herstellung der ausgebrachten Mengen an Leistungen quasi »hineingeopfert« werden musste. Das gilt für den leistungsbedingten Verbrauch von Materialien ebenso wie für den Verbrauch von Arbeitszeit oder den aus der Nutzung von Anlagegütern resultierenden Potenzialverbrauch.

In der Praxis wird sich eine völlig kongruente Zuordnung von Einsatzmengen und Ausbringungsmengen allerdings schon deshalb nicht erreichen lassen, weil die Potenzialverbräuche an Anlagegütern nicht wirklich gemessen, sondern nur geschätzt werden können. Außerdem ließe sich die konsequente Einhaltung des Prinzips der Mengenkongruenz kaum mit dem Prinzip der Wirtschaftlichkeit vereinbaren.

Das Prinzip der Wertkongruenz

Für den Wertansatz (Preiskomponente) bei der Bestimmung von Kosten und Leistungen verlangt das Prinzip der Wertkongruenz, dass durchgehend mit kongruenten Preisen gearbeitet wird, d. h. mit Preisen, die sich auf ein einheitliches Niveau des Geldwerts beziehen. Nur wenn diese Bedingung erfüllt ist, sind Kosten und Leistungen wirklich gleichnamige »Mengen«, die sich unbedenklich addieren und zur Erfolgsermittlung vergleichen lassen.

Theoretisch lässt sich diese Gleichnamigkeit dadurch herstellen, dass sowohl die Kostengüter als auch die erbrachten Leistungen in der Kosten- und Leistungsrechnung zum Tageswert am Umsatzstichtag angesetzt werden. Allein für die Kostengüter könnte die Wertkongruenz theoretisch auch zu einem anderen Stichtag erreicht werden. Der Vergleich zwischen Kosten- und Ertragsgütern dagegen ist unter völliger Wahrung der Wertkongruenz nur zum Umsatzstichtag möglich, »weil nur in diesem Zeitpunkt zwei Werte des gleichen Preisniveaus einander gegenüberstehen« (F. Schmidt).

Damit steht auch fest, dass insbesondere bei der Bestimmung der kalkulatorischen Abschreibungen eine Bewertung auf Basis des Wiederbeschaffungspreises zum Ersatzzeitpunkt (zukünftiger Wiederbeschaffungswert) nicht in Betracht kommen kann. Andere Vorgehensweisen müssen, wie oben (S. 183 f.) schon gezeigt, je nach Konstellation zu Scheingewinnen oder zu Scheinverlusten führen. Darunter sind rein nominelle Veränderungen des Nettovermögens eines Unternehmens zu verstehen, die sich nicht auf einen realen Vermögenszuwachs oder Vermögensverlust zurückführen lassen (Kilger). Scheinverluste ergeben sich z. B., wenn in Zeiten der Inflation der Wert der Kostengüter auf Basis zukünftiger Wiederbeschaffungswerte bestimmt wird, der Wert der verkauften Leistungen dagegen anhand der aktuellen Verkaufspreise.

Das Problem der Substanzerhaltung

Zu dieser Frage, die im Zusammenhang mit den Bewertungsproblemen in der Kostenrechnung immer wieder aufgeworfen wird, ist folgendes zu sagen: Über die Kosten- und Leistungsrechnung kann eine Substanzerhaltung nur auf dem mit der Bewertung zum Umsatzstichtag erzielbaren Niveau erreicht werden. Was darüber hinausgeht, ist eine Frage der Bilanz- und der Ausschüttungspolitik.

Damit ergibt sich folgendes Zwischenergebnis: Um ein periodengerechtes Leistungsergebnis ermitteln zu können, muss die Bewertung von Einsatzfaktoren und Leistungen auf Basis des Tageswertes zum Umsatzstichtag erfolgen. Diese theoretisch richtige Maxime kann aber praktisch nicht realisiert werden. Die Kosten- und Leistungsrechnung müsste dazu in Atome (F. Schmidtz) zerlegt werden.

Um aus diesem Dilemma herauszukommen, muss auf der Kostenseite mit einer Näherungslösung gearbeitet werden, und zwar in der Weise, dass die Bewertung nicht auf den Umsatztag, sondern auf die jeweilige Abrechnungsperiode ausgerichtet wird. Damit kann bei der Bewertung von Kostengütern sowohl mit tatsächlich bezahlten Preisen (etwa bei Löhnen) als auch mit periodenbezogenen Durchschnittspreisen (z. B. bei Werkstoffen und Anlagen) gearbeitet werden.

Diese Vorgehensweise soll als Bewertung zu aktuellen (im Gegensatz zu künftigen) Wiederbeschaffungswerten bezeichnet werden. Damit lässt sich die Entwicklung des Geldwertes in einer Abrechnungsperiode allerdings nur näherungsweise erfassen. Entsprechende Fehler müssen in Kauf genommen werden, weil es keine bessere und zugleich praktikable Lösung des Problems gibt.

1.5.2.5 Das Verursachungsprinzip und das Prinzip der Plausibilität

In seiner strengsten Form verlangt das **Verursachungsprinzip**, dass alle in einer Periode angefallenen Kosten verursachungsgerecht genau denjenigen Leistungen zuzurechnen sind, durch welche sie tatsächlich verursacht wurden. Diese Forderung lässt sich aber nicht erfüllen, weil es in jedem Unternehmen Kosten gibt, deren Entstehung sich nicht direkt auf die Herstellung eines bestimmten Produkts zurückführen lässt. Das gilt z. B. für das Gehalt eines Geschäftsführers und für die Miete, die für Büroräume anfällt. Auch die Unterscheidung von Einzelkosten und Gemeinkosten zeigt, dass es keine reelle Chance zur konsequenten Einhaltung des Verursachungsprinzips gibt, weil sich zumindest die echten Gemeinkosten niemals verursachungsgerecht auf die Kostenträger zuordnen lassen.

Für seine **praktische Anwendung** muss das Verursachungsprinzip deshalb enger gefasst werden. Es besagt dann, dass jedem Kostenträger diejenigen Kosten zuzurechnen sind, die unmittelbar zur Herstellung des betreffenden Kostenträgers notwendig sind (Deyhle) und die sich mit vertretbarem Aufwand einem Kostenträger zurechnen lassen.

Für den Fall, dass gewisse Kosten bestimmten Kostenträgern und/oder Kostenstellen zugeordnet werden sollen, obwohl das in verursachungsgerechter Form nicht möglich ist, so muss an die Stelle des Verursachungsprinzips das **Prinzip der Plausibilität** treten. Es verlangt, dass einschlägige Kostenzuordnungen mit sachbezogenen, am Verursachungsprinzip orientierten Argumenten begründbar sein müssen. Willkürliche Zuordnungen sind unzulässig, von besonderen, durch das Prinzip der Wirtschaftlichkeit geforderten Ausnahmen abgesehen. Völlig falsch ist es deshalb, wenn in Literatur und Praxis schlicht und einfach von der Verteilung bestimmter Kosten gesprochen wird.

1.5.2.6 Das Durchschnittsprinzip

Dieses Prinzip erlaubt es, in der Kosten- und Leistungsrechnung mit statistischen Mittelwerten zu arbeiten, bei deren Ermittlung dann aber auch die Regeln der Statistik beachtet werden müssen. Das bedeutet z. B., dass extreme Einzelwerte auszuklammern sind, weil sie den Durchschnittswert (Mittelwert) so stark beeinflussen könnten, dass er für das Gesamtgefüge nicht mehr »typisch« wäre. Außerdem ist zu beachten, dass Gegenstand einer statistischen Auswertung nur Einheiten sein können, die im Sinne des Erhebungszwecks gleichartig (homogen) sind.

Eine typische Anwendung des Durchschnittsprinzips ist die Ermittlung von Durchschnittskosten (s. Abschn. 1.3.1).

Beispiel:
Angenommen der Arbeitsgang X beim Produkt Y verursache für 100 Einheiten Lohnkosten von 800,–, so gilt es als zulässig, pro Einheit von 8,– Lohnkosten auszugehen.

1.5.2.7 Die Prinzipien der relativen Genauigkeit und der relativen Richtigkeit

Die Kosten- und Leistungsrechnung ist bei der Erfüllung ihrer Aufgaben in erheblichem Maße auf Schätzungen angewiesen. Ihre Ergebnisse können deshalb nie wirklich genau sein. Zur Begründung muss hier ein Hinweis auf die kalkulatorischen Abschreibungen genügen. Eine weitere Einschränkung der Genauigkeit der Rechnung ergibt sich aus dem Prinzip der Wirtschaftlichkeit.

Diese Mängel bei der Datenerhebung können natürlich auch dadurch nicht beseitigt werden, dass bei der Datenverarbeitung auf mehrere Stellen hinter dem Komma gerechnet wird. Diese rein rechnerische Genauigkeit könnte leicht einen völlig unzutreffenden Eindruck von der »sachlichen« Genauigkeit der Rechnung hervorrufen. Die Rechnungen können insoweit auch immer nur eine relative Richtigkeit beanspruchen. Außer Frage steht dabei selbstverständlich, dass die Rechnungen rechnerisch richtig sein müssen.

Völlig falsch wäre es nun, wenn aus den dargelegten Problemen der Schluss gezogen würde, es könne bei der Ermittlung von Kosten auch dann großzügig verfahren werden, wenn sich diese Kosten mit vertretbarem Aufwand genau bestimmen (messen) lassen. Das gilt z. B. für Fertigungslöhne und Fertigungsmaterial.

1.5.2.8 Das Prinzip der Ausschaltung außergewöhnlicher Ereignisse

Bei der Erläuterung der außergewöhnlichen Aufwendungen (vgl. S. 184) wurde festgestellt, dass es sich dabei um betriebliche Aufwendungen handelt, die auf außerordentliche Ereignisse zurückzuführen sind und deshalb nicht einfach in die Kosten- und Leistungsrechnung übernommen werden können. Dieser Vorgehensweise liegt für die Kostenrechnung das Prinzip der Ausschaltung außergewöhnlicher Ereignisse zu Grunde. Die Frage, wie diese Wertverzehre trotzdem ein angemessenes Äquivalent in der Kostenrechnung finden können, wird weiter unten diskutiert werden.

1.5.2.9 Die Prinzipien der Aktualität und der Adäquanz

Eine Information ist umso aktueller, je kürzer der Zeitraum ist, der zwischen ihrem Bekanntwerden und den Ereignissen liegt, auf welche sich die Information bezieht. Nun müssen sicher nicht alle von der Kosten- und Leistungsrechnung zu liefernden Informationen »brandaktuell« sein, es ist aber wünschenswert, dass im Bedarfsfall (z. B. bei kurzfristig zu treffenden Entscheidungen über einen Preisnachlass) möglichst aktuelle Informationen abrufbar sind.

Mit dem Prinzip der Adäquanz (Hummel/Männel) wird gefordert, dass die von der Kostenrechnung gelieferten Informationen so aufbereitet und dargestellt werden, dass sie vom Empfänger auch verstanden und als Entscheidungsgrundlage genutzt werden können. Sinnvoll ist diese Forderung wohl nur dann, wenn beim Informationsempfänger ein entsprechender Sachverstand vorausgesetzt werden kann. Hier ergeben sich zwangsläufig (zumindest teilweise) Überschneidungen mit dem Prinzip der Transparenz.

1.5.2.10 Ergänzungen

In der Literatur wird gelegentlich empfohlen (z. B. Haberstock Bd. I), Kosten, die sich den Kostenträgern nicht verursachungsgerecht zuordnen lassen, nach dem »Tragfähigkeitsprinzip« (oder »Deckungsprinzip«), d. h. proportional zu den erzielten Umsätzen oder Deckungsbeiträgen zu verteilen (s. Abschn. 7). Es liegt auf der Hand, dass sich mit dieser Vorgehensweise die im Abschnitt 1.5.1 beschriebenen Aufgaben der Kosten- und Leistungsrechnung nicht erfüllen lassen. Außerdem könnte eine solche Vorgehensweise dazu führen, dass Kostenträger mit hohen Deckungsbeiträgen als »besonders belastbar« gelten und deshalb mit Kosten belastet werden, die mit ihrer Herstellung nichts zu tun haben.

Aus den genannten Gründen wird hier die Ansicht vertreten, dass es in der Kostenrechnung kein Tragfähigkeitsprinzip geben kann; zumal ein solches Prinzip in massivem Widerspruch zum Plausibilitätsprinzip stünde.

Die von Schweitzer/Küpper genannten Prinzipien der Proportionalität und der Leistungsentsprechung sind nicht von praktischer Bedeutung. Sie werden hier deshalb nicht diskutiert.

Kontrollfragen
1. Wie sind die Begriffe Kosten, Ausgaben und Aufwand zu definieren?
2. Wie ist die Kostenrechnung ins gesamte Rechnungswesen einzuordnen? Welche Zwecke verfolgt sie?
3. Was sind Durchschnittskosten, was Grenzkosten?
4. Was sind Einzelkosten? Welche Kostenarten zählen zu ihnen?
5. Was versteht man unter Gemeinkosten? Nennen Sie Beispiele.
6. Erklären Sie die Begriffe Kostenarten, Kostenstellen und Kostenträger.
7. Aus welchen Gründen führt man eine Kostenstellenrechnung?
8. Welche Formen der Kostenrechnung werden nach dem Zeitbezug unterschieden?
9. Welche Unterschiede bestehen zwischen Ist-, Normal- und Plankostenrechnung?
10. Welche Aufgaben hat die Kosten- und Leistungsrechnung für die Unternehmensführung?
11. Nach welchen Prinzipien ist die Kosten- und Leistungsrechnung ausgerichtet?
12. Warum dürfen außergewöhnliche Ereignisse nicht in die Kosten- und Leistungsrechnung übernommen werden?
13. Was versteht man unter den Prinzipien der Mengen- und Wertkongruenz?
14. Ist Substanzerhaltung eine Frage der Kostenrechnung?

2 Verfahren der Kostenträgerrechnung auf Vollkostenbasis bei einfach strukturierten Produktionsverhältnissen

Die hinter der Kosten- und Leistungsrechnung stehende Sachlogik gestattet es eigentlich nicht, bestimmte Verfahren der Kostenträgerrechnung (Kalkulation) vor den Fragen der Kostenarten- und der Kostenstellenrechnung zu besprechen. Unter didaktischen Gesichtspunkten ist es dagegen durchaus sinnvoll, möglichst frühzeitig einfachere

Rechenbeispiele einzuführen. Bei den sich dazu besonders anbietenden Verfahren der Kostenträgerrechnung (auf Vollkostenbasis) lassen sich zwei Gruppen unterscheiden:

Die erste Gruppe umfasst die als Formen der Divisionskalkulation einzustufenden Kalkulationsverfahren. Diese sind auf **Einproduktbetriebe** oder auf Betriebe abgestellt, deren Produktprogramm aus artverwandten (technisch verwandten) Leistungen besteht **(Sortenfertigung, Kuppelproduktion),** nämlich

- die einfache (ein- und zweistufige) Divisionskalkulation,
- die differenzierende (vielstufige) Divisionskalkulation,
- die Äquivalenzziffernrechnung und
- die (so genannte) Kalkulation von Kuppelprodukten.

Zur zweiten Gruppe gehören Kalkulationsverfahren für **kleine Mehrproduktbetriebe** (Handwerksbetriebe, die in der Regel nur über ein oder zwei Werkstatträume verfügen), nämlich

- die einfache Zuschlagskalkulation und
- die einfache Stundensatzrechnung.

Jede dieser Rechnungen kann selbstverständlich sowohl als Vor- als auch als Nachkalkulation durchgeführt werden.

2.1 Divisionskalkulation

2.1.1 Einfache Divisionskalkulation

Für die einfache Divisionskalkulation in einstufiger Form (als Literatur vgl. hierzu z. B. Vormbaum und Haberstock) wird davon ausgegangen, dass sich die (durchschnittlichen) Kosten je Leistungseinheit mit Hilfe einer einzigen Division ermitteln lassen, und zwar nach der Formel:

$$\text{Kosten je Mengen-/Leistungseinheit (k)} = \frac{\text{Gesamtkosten (K) der Periode}}{\text{Produktionsmenge (m) der Periode}}$$

Anwendbar ist dieses Verfahren schon aus formalen Gründen nur dann, wenn die folgenden Voraussetzungen erfüllt sind:

(1) Die das Kalkulationsobjekt bildenden betrieblichen Leistungen müssen völlig gleichartig sein.
(2) Es darf weder bei den Halbfabrikaten noch bei den Fertigfabrikaten irgendwelche Lagerbestände geben.

Aus der zweiten Bedingung folgt, dass produzierte Menge und abgesetzte Menge innerhalb einer Abrechnungsperiode jeweils gleich groß sein müssen.

Es ist zweifelhaft, ob es in der Realität Betriebe gibt, in denen die genannten Bedingungen tatsächlich erfüllt sind. In einem **Elektrizitätswerk** gibt es zwar keine Probleme mit eventuellen Lagerbeständen, weil Strom nicht gelagert werden kann; trotzdem ist es zumindest fraglich, ob Elektrizitätswerke, die Strom verschiedener Spannung erzeugen, noch als Einproduktbetriebe bezeichnet werden können.

Wird nur die Förderung des Wassers in die Betrachtung einbezogen (die Verteilung bleibt also außer Acht), so mag ein **Wasserwerk** insoweit als Einproduktbetrieb gelten. Gibt es dabei Unterschiede zwischen der geförderten und der verkauften Wassermenge, so lässt sich das mit Hilfe einer zweistufigen Rechnung lösen. Dabei werden die Kosten der Förderung und der Verwaltung der geförderten und die Kosten des Vertriebs der verkauften Wassermenge zugeordnet. Unter diesen, sicherlich nicht sehr realistischen Bedingungen lässt sich eine zweistufige Divisionskalkulation an folgendem Beispiel demonstrieren.

> **Beispiel:**
> In einem Wasserwerk sind in einer bestimmten Periode 100 000 cbm Wasser gefördert und aufbereitet worden. Verkauft wurden 95 000 cbm. Betragen die Kosten für Förderung, Aufbereitung und Verwaltung 300 000,– und die Kosten des Vertriebs 47 500,–, so ergeben sich die Kosten pro cbm wie folgt:
>
> $$\text{Kosten pro cbm} = \frac{300\,000{,}-}{100\,000} + \frac{47\,500{,}-}{95\,000} = 3{,}50\ \text{€/cbm}$$

Die **Bildung von Kostenstellen** ist für Zwecke der Kalkulation bei der einstufigen Division nicht erforderlich. Bei mehrstufigen Rechnungen muss die Zahl der Stufen aber mit der Zahl der Kostenstellen bzw. der Kostenstellenbereiche übereinstimmen. Eine andere Frage ist es, inwieweit für Zwecke der Kostenkontrolle eine Kostenstellengliederung nötig sein könnte, die über das für die Kalkulation erforderliche Maß hinausgeht. Das gilt analog für die Gestaltung der Kostenartengliederung (vgl. S. 220 ff.). Allein für die einstufige Divisionskalkulation bedarf es einer solchen Gliederung nicht.

Aufgabe 8.01 *Einfache Divisionskalkulation S. 416*

2.1.2 Differenzierende (vielstufige) Divisionskalkulation

Dieses Kalkulationsverfahren ist ausgerichtet auf mehrstufige Produktionsprozesse zur **Herstellung einheitlicher Massengüter.** Wie bei der einfachen Divisionskalkulation gilt also auch hier die Bedingung, dass die betrieblichen Leistungen, welche das Kalkulationsobjekt bilden, völlig gleichartig sein müssen. Die Bildung von Lagerbeständen an Halb- und Fertigerzeugnissen ist dagegen (im Gegensatz zur einfachen Divisionskalkulation) ohne Einschränkung zulässig. Die Struktur solcher Produktionsverhältnisse und die Lösung der dabei auftretenden Kalkulationsprobleme sollen anhand eines Beispiels gezeigt und erläutert werden (als Literatur vgl. hierzu Kosiol).

> **Beispiel:**
> In einem Zementwerk wurden in einer Abrechnungsperiode 8 850 t Rohzement hergestellt. Es sollen folgende Größen ermittelt werden:
> – die Gesamtkosten je Tonne Rohzement,
> – die auf den einzelnen Produktionsstufen anfallenden Kosten je Ausbringungseinheit.
>
> Die für die Durchführung der Kalkulation notwendigen Informationen sind in der folgenden Tabelle zusammengestellt.

Kostenträgerrechnung bei einfach strukturierter Produktion

Produktionsstufe	Ausbringungs-menge	Stufenkosten	Übernahme aus Vor-stufen und Zusätze (Einsatzmenge)	Anfangs-bestände
	t	€	t	€
1. Rohstoff-Förderung	18 600 (Rohmaterial)	36 270,–	—	4 200,–
2. Aufbereitung	17 200 (Rohmehl)	43 000,–	18 600 (Rohmaterial)	320,–
3. Brennen	8 020 (Klinker)	118 696,–	12 000 (Rohmehl)	9 672,–
4. Mahlen	8 850 (Rohzement)	45 400,–	8 400 (Klinker) 450 (Gips)	120,–

Die zur Lösung der Aufgabe notwendigen Schritte werden in der folgenden Tabelle dargestellt und anschließend erläutert. Dabei werden zunächst nur die Spalten 1 bis 7 des Lösungstableaus ins Auge gefasst.

Produktionsstufe	Ausbringungs-menge	Stufen-kosten	Stufenkosten je Einheit	Übernahme aus Vorstufen und Zusätze (Einsatzmenge)	
	M_A	K	k	M_E	K'
	t	€	€/t	t	€
	1	2	3 = (2 : 1)	4	5 = (4 x 7*)
1. Rohstoff-Förd. (Rohmaterial)	18 600	36 270,–	1,950	—	—
2. Aufbereitung (Rohmehl)	17 200	43 000,–	2,500	18 600 (Rohmaterial)	36 270,–
3. Brennen (Klinker)	8 020	118 696,–	14,800	12 000 (Rohmehl)	55 308,–
4. Mahlen (Rohzement)	8 850	45 400,–	5,129	8 400 (Klinker) 450 (Gips)	182 246,40 (ohne Gips)

* Spalte 7 der Vorstufe

Produktionsstufe	Kumulierte Stufenkosten		Lagerzugänge/-abgänge		Anfangs-bestände	End-bestände
	gesamt	je Einheit	Menge	Wert		
	K"	k'	L_m	L_w	B_A	B_E
	€	€/t	t	€	€	€
	6 = (2 + 5)	7 = (6 : 1)	8	9 = (8 x 7)	10	11 = (9 + 10)
1. Rohstoff-Förderung (Rohmaterial)	36 270,–	1,950	—	—	4 200,–	4 200,–
2. Aufbereitung (Rohmehl)	79 270,–	4,609	5 200	23 966,80	320,–	24 286,80
3. Brennen (Klinker)	174 004,–	21,696	– 380	– 8 244,48	9 672,–	1 427,52
4. Mahlen (Rohzement)	227 646,40	25,722	8 850	227 639,70*	120,–	227 759,70

* Gegenüber Spalte 6 ergibt sich eine Rundungsdifferenz von 6,70.

Die Problemlösung selbst beginnt damit, dass in einem ersten Schritt die Ausbringungsmengen (M_A) in die **Spalte 1** und die jeweiligen Stufenkosten (K) in die **Spalte 2** der Lösungstabelle übernommen werden. Als Stufenkosten werden dabei nur die in der betreffenden Produktionsstufe unmittelbar anfallenden Kosten (ohne Kosten eventueller Vorstufen) bezeichnet. Sollen die anteiligen Kosten der Vorstufen mit einbezogen werden, so wird von den Gesamtkosten einer Stufe oder von »kumulierten Stufenkosten« (Spalte 6) gesprochen.

Für die Bestimmung der in **Spalte 3** ausgewiesenen Stufenkosten je Mengeneinheit (k) sind die Kosten der jeweiligen Stufe durch die entsprechende Ausbringungsmenge (M_A) zu dividieren.

In der **Spalte 4** sind die laut Aufgabe von einer Stufe an die nächste zur Weiterverarbeitung weitergegebenen Einsatzmengen M_E (einschließlich weiterer Zugaben) auszuweisen. Dabei braucht die auf einer Stufe erzeugte Menge nicht mit der in der nächsten Stufe weiter verarbeiteten Menge identisch zu sein. So wurden z. B. in der zweiten Stufe zwar 17 200 t Rohmehl erzeugt (Spalte 1); davon sind aber nur 12 000 t an die dritte Stufe weitergegeben worden (Spalte 4).

Zur Bestimmung der Kosten K′ **(Spalte 5)**, die sich aus den Einsatzmengen der Vorstufen ergeben, sind die Verbrauchsmengen der einzelnen Stufen mit den kumulierten Stufenkosten je Mengeneinheit (k′) der Vorstufe (Spalte 7) zu bewerten. Das setzt voraus, dass die einschlägigen, in Spalte 6 auszuweisenden kumulierten Stufenkosten K« bereits bekannt sind. Die **Spalten 4 bis 7** müssen also von Stufe zu Stufe **(zeilenweise)** bearbeitet werden:

– In der ersten Produktionsstufe kann es logischerweise noch keine kumulierten (Stufen-)Kosten geben, sodass hier die Werte aus den Spalten 2 und 3 in die Spalten 6 bzw. 7 übernommen werden können.
– In der zweiten Produktionsstufe (Aufbereitung) wurden 17 200 t (Spalte 1) Rohmehl ausgebracht. Dafür war der Einsatz von 18 600 t (Spalte 4) Rohmaterial notwendig, deren Förderung pro Tonne Kosten von 1,950 (Spalte 7), insgesamt also von 36 270,–

(Spalte 5) verursacht hat. Die Kosten der Aufbereitung selbst belaufen sich auf 43 000,– (Spalte 2). Die gesamten Kosten (kumulierten Stufenkosten) für die in der zweiten Stufe ausgebrachten 17 200 t Rohmehl belaufen sich also, wie in Spalte 6 ausgewiesen, auf 79 270,– (36 270,– + 43 000,–). Pro Tonne (kumulierte Stufenkosten je Einheit) sind das 4,609 (Spalte 7).
- Für die Stufe 3 (Brennen) gilt das Gesagte analog. Die aus der Vorstufe übernommenen 12 000 t Rohmehl kosten pro Tonne 4,609, insgesamt also 55 308,– (Spalte 5). Dazu kommen die Kosten des Brennens von 118 696,– (Spalte 2), sodass sich kumulierte Stufenkosten von insgesamt 174 004,– (Spalte 6) und von 21,696 je Einheit (Spalte 7) ergeben.
- In der letzten Stufe wurden laut Aufgabe 8 850 t Rohzement hergestellt. Dazu war der Einsatz von 8 400 t Klinker notwendig. Von der Vorstufe konnten davon nur 8 020 t übernommen werden. Für den Rest von 380 t wird im Beispiel angenommen, dass er vom Lager genommen werden konnte und (wie die neu produzierte Menge von 8 020 t) mit 21,696 je Tonne verrechnet werden kann. Damit ergeben sich für die 8 400 t vermahlenen Klinker (Spalte 4) Kosten in Höhe von 182 246,40 (Spalte 5). Dazu kommen die Kosten des Mahlens und der Beigabe von 450 t Gips, welche laut Aufgabe 45 400,– ausmachen.
Für die ausgebrachten 8 850 t Rohzement ergeben sich also Gesamtkosten von 227 646,40 (Spalte 6); pro Tonne Rohzement sind das 25,722 (Spalte 7).

In den **Spalten 8 und 9** sind die aus dem dargestellten Produktionsprozess resultierenden Lagerbewegungen nach Menge (Spalte 8) und Wert (Spalte 9) dargestellt, in den **Spalten 10 und 11** die Werte der Anfangs- und Endbestände:
- Bei der Rohstoff-Förderung (Stufe 1) wurde die gesamte Förderung an die Stufe 2 weitergegeben, sodass es hier keine Lagerbewegungen geben kann; Anfangs- und Endbestände müssen also identisch sein.
- In der zweiten Stufe wurden 17 200 t Rohmehl produziert, aber nur 12 000 t an die nächste Stufe weitergegeben; es muss sich also eine Bestandsmehrung von 5 200 t ergeben, was bei 4,609 Kosten pro Tonne (Spalte 7), mit 23 966,80 zu Buche schlägt. Dementsprechend hat sich der Endbestand (Spalte 11) erhöht.
- In der dritten Stufe sind, wie bereits festgestellt, 380 t Klinker weniger erzeugt worden, als in der vierten Stufe (Mahlen) eingesetzt werden mussten. Somit ist der Bestand an Klinker um 380 t (Spalte 8) gesunken, was einem Wert von 8 244,48 und einem Endbestand (Spalte 11) von 1 427,52 entspricht.
- In der Endstufe wurden im Beispiel 8 850 t Rohzement erzeugt, die voll als Lagerzugang (Wert 227 639,70 = 8 850 t x 25,722) erfasst worden sind. Es wurde also davon ausgegangen, dass zum Zeitpunkt der Rechnung noch keine Abgänge an Rohzement an weitere Verarbeitungsstufen oder an Kunden stattgefunden haben.

In einem weiteren, hier nicht dargestellten Schritt könnte noch ermittelt werden, wie hoch die Kosten für eine Mengeneinheit der Endleistung auf den einzelnen Produktionsstufen sind.

> **Hinweis:** Nachdem reine Einproduktbetriebe, wie oben schon festgestellt, in der Wirklichkeit wahrscheinlich gar nicht vorkommen, stellt sich die Frage nach dem Sinn der Beschreibung von Kalkulationstechniken, die speziell auf solche Betriebe zugeschnitten sind. Hier ist zu beachten dass diese Techniken u. U. für Teilkalkulationen, die sich also nur auf ganz bestimmte Abläufe beziehen, sinnvoll eingesetzt werden können.

Aufgabe 8.02 *Differenzierende Divisionskalkulation S. 416*

2.2 Äquivalenzziffernrechnung

Die Äquivalenzziffernrechnung ist eine **Sonderform der Divisionskalkulation.** Sie gilt dann als anwendbar, wenn die Leistungen eines Unternehmens zwar nicht völlig gleichartig (homogen) sind, sich aber hinsichtlich der eingesetzten Rohstoffe und des Fertigungsverfahrens so sehr ähneln, dass sie als verschiedene Sorten ein und desselben Produkts angesehen werden (**Sortenfertigung**). Eine solche Sortenfertigung liegt z. B. in den meisten Brauereien vor. Von Sortenfertigung wird auch gesprochen, wenn in einem Betrieb etwa Garne, Drähte oder Bleche hergestellt werden, die sich nur in einem oder wenigen Merkmalen (wie z. B. Stärke und Farbe) unterscheiden.

2.2.1 Äquivalenzziffern als Umrechnungsfaktoren

Damit bei der Sortenfertigung trotz der fehlenden Homogenität der Leistungen im Sinne der Divisionskalkulation prinzipiell mit einem einheitlichen Kostensatz gearbeitet werden kann, wird versucht, die verschiedenen Leistungen mit Hilfe von Äquivalenzziffern abrechnungstechnisch vergleichbar und addierbar zu machen. Um das zu erreichen, müssen die Äquivalenzziffern den Charakter von Umrechnungsfaktoren haben, die angeben, in welchem Verhältnis die Kosten je Mengeneinheit bei den einzelnen Sorten zueinander stehen. Wird z. B. einer Sorte A die Äquivalenzziffer 1 und einer Sorte B die Äquivalenzziffer 1,8 zugewiesen, so wird damit behauptet, dass die Erstellung einer Mengeneinheit der Sorte B im Durchschnitt das 1,8-fache einer Mengeneinheit der Sorte A kostet.

2.2.2 Problem der Bestimmung von Äquivalenzziffern

Inwieweit die Äquivalenzziffern die tatsächlichen Kostenverhältnisse wiedergeben können, hängt entscheidend von der Art und Weise ihrer Bestimmung ab. Als Anhaltspunkte für die Bestimmung von Äquivalenzziffern werden in der Literatur (vgl. z. B. Hummel/Männel und Kilger) insbesondere

- technisch-physikalische Größen (wie z. B. Produktabmessungen, Gewichte und Fertigungszeiten) genannt, aber auch
- monetäre Größen (wie Einkaufs- oder Verkaufspreise) werden ernsthaft in Erwägung gezogen.

Letztere sind für den gedachten Zweck aber schon deshalb ungeeignet, weil es sich dabei um betriebsfremde Größen handelt. So haben z. B. die Verkaufspreise der Endprodukte offensichtlich keinen Einfluss auf deren Gestehungskosten.

Aber auch der Einsatz technisch-physikalischer Größen zur Bildung von Äquivalenzziffern muss als einigermaßen problematisch bezeichnet werden, weil sich nicht feststellen lässt, inwieweit sie die tatsächlichen Kostenrelationen abbilden können. Dazu müssten die tatsächlichen Relationen bereits bekannt sein. Etwas hart formuliert bedeutet das, dass die Äquivalenzziffernrechnung eigentlich Kostenrelationen als bekannt voraussetzt, die mit ihrer Hilfe erst bestimmt werden sollen.

2.2.3 Vorgehensweise

Die Verwendung technisch-physikalischer Größen als Äquivalenzziffern führt in der Regel zu schwer durchschaubaren Konstellationen. Deshalb ist es üblich, die Verhältniszahlen, welche sich unmittelbar aus der gewählten Maßgröße ergeben, nur als vorläufig zu betrachten. Diese vorläufige Reihe könnte bei vier Sorten z. B. folgendermaßen aussehen: »3,84 : 6,40 : 11,20 : 14,40«.

Zur Bestimmung der endgültigen Äquivalenzziffern wird zunächst die Sorte mit dem größten Produktionsvolumen als Basissorte definiert. In unserem Fall soll das die Sorte 2 sein. Sie erhält die Äquivalenzziffer 1, d. h., sie wird durch sich selbst geteilt. Um sicherzustellen, dass die für richtig gehaltenen Relationen der vorläufigen Äquivalenzziffern nicht verändert werden, müssen zur Bestimmung der anderen (endgültigen) Äquivalenzziffern alle verbliebenen vorläufigen Werte gleichfalls durch den Wert der Basissorte (hier 6,40) dividiert werden. Damit ergibt sich folgende Reihe: »0,60 : 1,00 : 1,75 : 2,25«. Der weitere Gang der Rechnung wird anhand des folgenden Beispiels erklärt.

Beispiel:
In einer Drahtzieherei wurden von einem Draht bestimmter Qualität folgende Abmessungen und Mengen hergestellt:

1) Stärke 1 1,50 mm 10 000 t
2) Stärke 2 1,30 mm 18 000 t
3) Starke 3 1,00 mm   8 000 t
4) Stärke 4 0,70 mm 16 000 t

Die Gesamtkosten der Produktion beliefen sich auf 17 760 000,–.

Es soll festgestellt werden, welche Kosten auf die verschiedenen Sorten (Stärken) insgesamt und pro Tonne entfallen, wenn angenommen wird, dass die oben angeführten Äquivalenzziffern geeignet sind, die tatsächlichen Kostenverhältnisse abzubilden.

Die Zahlen in der Tabelle ergeben sich wie folgt: Die Produktmengen sowie die vorläufigen und die endgültigen Äquivalenzziffern sind gegeben, sie brauchen also nur in die Spalten 2, 3 und 4 eingetragen zu werden. Die eigentliche Rechnung beginnt damit, dass die jeweiligen Produktionsmengen mit den entsprechenden Äquivalenzziffern multipliziert werden. Die Ergebnisse dieser Multiplikationen werden Recheneinheiten genannt (Spalte 5), sie sind gleichnamig und auch addierbar. Im nächsten Schritt sind die durchschnittlichen Kosten je Recheneinheit zu ermitteln. Dazu müssen die Gesamtkosten in Höhe von 17 760 000,– durch die Summe der Recheneinheiten dividiert werden. Für das Beispiel gilt also:

$$\text{(durchschnittliche) Kosten je Recheneinheit} = \frac{\text{Gesamtkosten}}{\text{Recheneinheiten}} = \frac{17\,760\,000,-}{74\,000} = 240,-$$

Lösungstabelle zur Äquivalenzziffernrechnung						
Sorte	Produktions-menge	Vorläufige Äquivalenz-ziffer	Äquivalenz-ziffer	Rechen-einheit	Sorten-kosten €	Kosten je Mengenein-heit €/t
1	2	3	4	5	6	7
1	10 000	3,84	0,60	6 000	1 440 000,–	144,–
2	18 000	6,40	1,00	18 000	4 320 000,–	240,–
3	8 000	11,20	1,75	14 000	3 360 000,–	420,–
4	16 000	14,40	2,25	36 000	8 640 000,–	540,–
Summen				74 000	17 760 000,–	

Durch die Multiplikation der Kosten je Recheneinheit mit den Recheneinheiten pro Sorte lassen sich dann die Sortenkosten (Spalte 6) bestimmen. Werden die Sortenkosten durch die jeweils produzierten Mengen dividiert, so erhält man die Kosten je Mengeneinheit im Beispiel also je Tonne Draht und Sorte (Spalte 7).

Auf Grund der oben beschriebenen Eigenschaften der Äquivalenzziffern lassen sich die Kosten je Mengeneinheit auch einfach durch Multiplikation der einschlägigen Äquivalenzziffer mit den Kosten je Recheneinheit gewinnen.

Aufgabe 8.03 *Äquivalenzziffernrechnung S. 416*

2.3 Die (so genannte) Kalkulation von Kuppelprodukten

2.3.1 Begriff Kuppelproduktion

Von Kuppelproduktion oder Komplementärproduktion wird gesprochen, wenn in einem Produktionsprozess aus technischen Gründen zwangsläufig mehrere verschiedene Produkte gleichzeitig anfallen, und zwar häufig in starren Mengenverhältnissen. Typische Beispiele für Kuppelproduktionen sind Kokereien (aus Steinkohle werden dort gleichzeitig Koks, Gas, Teer und verschiedene Nebenprodukte gewonnen), Raffinerien (aus Rohöl werden u. a. simultan Schweröl, Leichtöl sowie Benzine hergestellt) und Hochöfen, die zusammen mit dem Roheisen auch noch Gichtgas (im oberen Teil des Hochofens entstehendes, für Heizzwecke zu nutzendes Gas) und Schlacke erzeugen. Auch Zerlegungsprozesse können Kuppelproduktionen sein. Das gilt etwa für Schlachtereien, wo gleichzeitig verschiedene Fleischteile, Häute und Därme produziert werden.

Die im Rahmen einer Kuppelproduktion entstehenden Produkte werden in Haupt- und Nebenprodukte unterschieden. Die Erzeugung von **Hauptprodukten** macht den Zweck des Unternehmens aus, **Nebenprodukte** müssen dagegen notgedrungen in Kauf genommen werden.

2.3.2 Abgrenzung zwischen Kosten der Kuppelproduktion und Folgekosten

Die **Kosten** des Prozesses **der Kuppelproduktion** fallen gleichzeitig und gemeinsam für alle resultierenden Produkte an und lassen sich deshalb schon rein theoretisch auch nur diesem »Produktpaket«, nicht aber den einzelnen Produkten verursachungsgerecht zuordnen. Das gilt aber nicht unbedingt für **Folgekosten**, die im Anschluss an den Basisprozess bei der Weiterbehandlung und dem Vertrieb der Einzelprodukte entstehen. Soweit sich diese Folgekosten direkt, also als Einzelkosten auf die verschiedenen Erzeugnisse zurechnen lassen, muss diese Möglichkeit auch genutzt werden.

2.3.3 Vorgehensweise

Obwohl es also »ex definitione« unmöglich ist, die bei Kuppelproduktion entstehenden Kosten den einzelnen Erzeugnissen verursachungsgerecht zuzurechnen, werden in der Literatur (vgl. z. B. Vormbaum, Hummel/Männel, Kilger und Schwarz) »Verfahren der Kalkulation von Kuppelprodukten« angeboten. Tatsächlich handelt es sich dabei aber nicht um Kalkulationen im Sinne der auf S. 197 ff. dargelegten Prinzipien der Kosten- und Leistungsrechnung, sondern immer nur um willkürliche **Zuteilungsrechnungen,** die aber für die Bestandsbewertung und zur Preisbildung bei öffentlichen Versorgungsbetrieben (z. B. Gaswerke) trotz aller Mängel unverzichtbar sind. Dabei wird unterschieden zwischen

- Restwertrechnung (Subtraktionsverfahren) und
- Verteilungsrechnung (Schlüsselungsverfahren).

2.3.3.1 Restwertrechnung

Bei der Restwertrechnung wird davon ausgegangen, dass sich zumindest für den größeren Teil der Nebenprodukte noch ein Erlös erzielen lässt, der höher ist als die einschlägigen Folgekosten. Es ergibt sich also ein Überschuss, mit dem ein Teil der Kosten des Basisprozesses abgedeckt werden kann. Die dann noch verbleibenden Kosten werden als Restwert bezeichnet.

Dieser Restwert entspricht aber keineswegs den Kosten, die für das bzw. die Hauptprodukte angefallen sind, sondern denjenigen Kosten, die durch eben diese Produkte gedeckt werden müssen. Es kann natürlich auch der Fall eintreten, dass die Beseitigung der Nebenprodukte keinen Überschuss bringt, sondern ein Defizit (negativer Restwert) entsteht, das dann über die Hauptprodukte abgedeckt werden muss.

Das Restwertverfahren ist besonders auf solche Fälle ausgerichtet, bei denen nur **ein einziges Erzeugnis als Hauptprodukt** betrachtet wird. Typisches Beispiel dafür sind Hochöfen, wo das Roheisen eindeutig das Hauptprodukt ist. Gibt es mehrere Hauptprodukte, so sind Restwert- und Verteilungsrechnung in der Regel zu kombinieren.

2.3.3.2 Verteilungsrechnung

Die Verteilungsrechnung kann als Äquivalenzziffernrechnung oder einfach als Prozentrechnung durchgeführt werden. Als Verteilungsschlüssel werden für den Bereich der Kuppelproduktion in der Literatur (vgl. z. B. Schwarz) zusätzlich zu den bei der Äquivalenzziffernrechnung genannten Größen noch die **Verwendungserträge** genannt. Zu deren Bestimmung sind zunächst die auf eine Einheit der Hauptprodukte entfallenden Erlöse um die einschlägigen Folgekosten zu kürzen. Aus der Bewertung der Produktionsmengen mit diesen korrigierten Erlösen je Mengeneinheit ergibt sich dann der Verwendungsertrag. Einzelheiten sind aus dem nachstehenden Rechenbeispiel ersichtlich.

Zu beachten ist, dass es zwischen der Verwendung von Äquivalenzziffern in den Bereichen der »Sortenfertigung« und der Kuppelproduktion einen ganz wesentlichen Unterschied gibt. Er besteht darin, dass es bei der Sortenfertigung zumindest theoretisch möglich ist, Äquivalenzziffern zu finden, die den tatsächlichen Kostenrelationen je Mengeneinheit und Sorte entsprechen. Bei der Kuppelproduktion ist das hingegen aus der Natur der Sache heraus von vornherein unmöglich.

> **Beispiel:**
> In einem Unternehmen der chemischen Industrie entstehen in einem Prozess gleichzeitig die Spaltprodukte A, B, C, D und E. Die zwei zuletzt genannten Erzeugnisse werden als Nebenprodukte betrachtet. Über die letzte Abrechnungsperiode liegen die folgenden Informationen vor:

Produkt	Erzeugte Menge t	erzielter Durchschnittspreis €/t	Folgekosten €/t
A	35 000	9,85	4,70
B	70 000	10,04	2,25
C	60 000	6,76	1,94
D	19 000	1,20	–,30
E	22 000	1,50	–,65

Die erzeugten Mengen stimmen mit den verkauften Mengen überein. Die Gesamtkosten der Kuppelproduktion betragen 884 527,–. An Folgekosten, die sich den Produkten D und E nur gemeinsam zurechnen lassen, sind 5 500,– angefallen.
Es ist zunächst eine Restwertrechnung zu erstellen. Die verbleibenden Kosten sollen zum einen nach den Verwendungserträgen und zum anderen nach den Umsätzen auf die Hauptprodukte verteilt werden.

Der Aufgabenstellung entsprechend ist die Lösung in drei Schritte zu gliedern, nämlich
(1) die Bestimmung des Restwertes,
(2) die Bestimmung der Verwendungserträge,
(3) die Verteilung der einschlägigen Kosten auf die Hauptprodukte nach Maßgabe
   a) der Verwendungserträge und
   b) der Umsätze.

(1) Bestimmung des Restwertes:

Gesamtkosten der Kuppelproduktion		884 527,–
Erlös der Nebenprodukte: Produkt D	22 800,–	
Produkt E	33 000,–	
Bruttoerlös aus Nebenprodukten	55 800,–	
·/· Spezielle Folgekosten: Produkt D	5 700,–	
Produkt E	14 300,–	
·/· Gemeinsame Folgekosten von Produkt E und D	5 500,–	
Nettoerlös (Überschuss) aus dem Verkauf von Nebenprodukten		30 300,–
Von den Hauptprodukten zu tragende Kosten (Restwert)		854 227,–

(2) Bestimmung der Verwendungserträge der Hauptprodukte:

	Produkt A	Produkt B	Produkt C
Durchschnittspreis je Einheit	9,85	10,04	6,76
·/· Durchschnittliche Folgekosten	4,70	2,25	1,94
Korrigierter Erlös je Einheit	5,15	7,79	4,82
Produzierte Mengen (t)	35 000	70 000	60 000
Verwendungserträge	180 250,–	545 300,–	289 200,–

(3a) Verteilungsrechnung auf Basis der Verwendungserträge als Äquivalenzziffern:

Sorte	Produktions-menge t	Vorläufige Äquivalenzziffer	Äquivalenzziffer	Rechen-einheit	Kosten je Produktart ohne Folgekosten € (gerundet)	Kosten je Produkteinheit ohne Folgekosten €/t	Gesamtk. je Produkteinheit incl. Folgekosten €/t
1	2	3	4	5	6	7	8
A	35 000	180 250	0,3306	11 571	87 166	2,49	7,19
B	70 000	545 300	1,00	70 000	527 324	7,53	9,78
C	60 000	289 200	0,5304	31 824	239 737	4,00	5,94
Summen				113 395	854 227		

Die Kosten je Recheneinheit betragen 7,5332 (Kosten 854 227 : Recheneinheiten 113 395).

Die Bestimmung der Äquivalenzziffern auf vier Stellen hinter dem Komma (Spalte 4) sagt gerade bei der Kuppelproduktion nichts über die ökonomische Genauigkeit der Rechnung aus; die rechnerische Genauigkeit dient nur dazu, größere Rundungsdifferenzen zu vermeiden.

Die Verwendungserträge tauchen in der Rechnung als vorläufige Äquivalenzziffern auf und bilden damit die Grundlage für die Kostenverteilung. Die notwendigen Rechenschritte, um zu den in den Spalten 4 bis 7 ausgewiesenen Werten zu kommen, wurden im vorigen Abschnitt beschrieben. Die in die Verteilungsrechnung einbezogenen Kosten von 854 227,– ergeben sich aus der Restwertrechnung.

Die von den einzelnen Hauptprodukten zu tragenden Gesamtkosten je Einheit (Spalte 8) liegen unter den durchschnittlichen Erlösen je Einheit.

Nicht berücksichtigt ist im Beispiel der Fall, dass auch für die Hauptprodukte Folgekosten auftreten können, die sich den Produkten nicht als Einzelkosten, sondern nur indirekt zuordnen lassen. Bei solchen Konstellationen ist es zweckmäßig, die **indirekten Folgekosten** mit dem Restwert zu einer Summe zusammenzufassen und diese Summe den Verteilungsrechnungen zugrunde zu legen. Damit werden die indirekten Folgekosten in gleicher Weise wie der Restwert auf die Hauptprodukte verteilt.

(3b) Verteilungsrechnung als einfache Prozentrechnung auf Basis der Umsätze:

Produkt	Erzeugte Menge t	Erzielter Umsatz €	Erzielter Umsatz %	Zu tragende Kosten je Produkt insgesamt (ohne Folgekosten) € (gerundet)	Zu tragende Kosten je Mengeneinheit €
1	2	3	4	5	6
A	35 000	344 750	23,7	202 452	5,78
B	70 000	702 800	48,4	413 446	5,91
C	60 000	405 600	27,9	238 329	3,97
Summe	165 000	1 453 150	100,0	854 227	—

Die auf der Basis von Umsätzen durchgeführte zweite Verteilungsrechnung führt beim Produkt A zu dem Ergebnis, dass die von einer Einheit insgesamt zu tragenden Kosten mit 10,48 (Kosten der Kuppelproduktion 5,78 + Folgekosten 4,70) höher sind als die Erlöse je Einheit, die nur 9,85 ausmachen. Bei den beiden anderen Hauptprodukten ergeben sich dagegen positive Ergebnisse.

Alle Ergebnisse weichen aber von jenen der ersten Verteilungsrechnung ab. Daraus folgt, dass der Wertansatz der Bestände über die Wahl der Verteilungsschlüssel grundsätzlich manipulierbar ist. Verschieben sich die Preisrelationen zwischen den Produkten, so führt das bei den gezeigten Verteilungsrechnungen automatisch auch zu einer Verschiebung der Kostenverteilung. Damit wird deutlich wie fragwürdig es ist, wenn versucht wird, solche Rechnungen für Zwecke der Preisbildung oder der Preiskontrolle einzusetzen.

Aufgabe 8.04 *Kuppelproduktion S. 417*

2.4 Einfache Formen der Zuschlagskalkulation und der Stundensatzrechnung

Die **bisher beschriebenen Verfahren** der Kostenträgerrechnung sind immer dann **nicht anwendbar,** wenn die Leistungen eines Betriebes aus absolut ungleichnamigen, also nicht addierbaren Mengen bestehen, weshalb der Einsatz von Äquivalenzziffern nicht in Frage kommt. In diesen Fällen kann, sofern es sich dabei um kleine Betriebe handelt, für Zwecke der Kostenträgerrechnung mit der einfachen Zuschlagskalkulation oder mit einer einfachen Stundensatzrechnung gearbeitet werden. Als »klein« in diesem Sinne können Betriebe mit heterogener Leistungspalette gelten, die nur über einen oder zwei Werkstatträume verfügen bzw. durch ein bestimmtes, nur einmal vorhandenes Betriebsmittel charakterisiert sind und nur eine geringe Zahl von Mitarbeitern haben. Die Obergrenze dürfte hier etwa bei 20 Mitarbeitern liegen. Genau lässt sich diese Grenze nicht bestimmen.

2.4.1 Einfache (summarische) Zuschlagskalkulation

2.4.1.1 Begriff Zuschlagskalkulation

Von einer Zuschlagskalkulation wird gesprochen, wenn die als Einzelkosten definierten Kosten den Kostenträgern direkt zugerechnet werden, die Gemeinkosten dagegen in Form prozentualer Zuschläge in die Kalkulation eingehen. Für diese Zuschlagssätze gilt ganz allgemein folgende Formel:

$$\text{Gemeinkostenzuschlagssatz} = \frac{\text{Gemeinkosten pro Periode} \times 100}{\text{Bezugsbasis}}$$

Charakteristisch für die einfache Zuschlagskalkulation ist, dass hier (im Gegensatz zur erweiterten Zuschlagskalkulation, bei der mit verschiedenen Gemeinkostenzuschlägen gearbeitet wird, vgl. S. 297 ff.) die gesamten Gemeinkosten eines Betriebes über einen **einzigen (globalen) Gemeinkostenzuschlagssatz** erfasst und auf die Kostenträger weiterverrechnet werden. Mit diesem einen Zuschlagssatz werden also z. B. die Raumkosten (einschließlich Strom und Heizung) für Werkstatt, Lager und Büro ebenso erfasst wie Kosten für Werbung, Büromaterial und Versicherungen sowie für Gehälter und Löhne, soweit sie nicht zu den Einzelkosten gehören.

2.4.1.2 Bezugsbasis

Als Bezugsbasis für Zwecke der einfachen Zuschlagskalkulation kommen grundsätzlich nur **Einzelkosten**, also Fertigungsmaterial und/oder Fertigungslöhne in Betracht. Wichtig ist dabei, dass die jeweilige Bezugsgröße und die zu messenden Gemeinkosten wirtschaftlich ein und demselben Zeitraum zuzurechnen sind. Das bedeutet z. B., dass Vorschusszahlungen für Löhne und Gehälter nicht in der Periode, in der sie ausbezahlt wurden, als Kosten zu erfassen sind, sondern in der Periode, in der sie wieder einbehalten werden.

Darüber, welche Einzelkosten als Basisgröße am besten geeignet sind, lässt sich keine allgemeingültige Aussage machen, weil es die ideale Bezugsgröße, die sich genau proportional zur Summe der Gemeinkosten entwickelt, nicht gibt. In den meisten Fällen dürfte es am zweckmäßigsten sein, die **Fertigungslöhne als Basisgröße** zu verwenden. Dafür spricht, dass sich bei dieser Vorgehensweise über den Faktor Zeit immerhin eine plausibel erscheinende Beziehung zwischen Fertigungslöhnen und Gemeinkosten herstellen lässt, weil Fertigungslöhne und Gemeinkosten im Zeitablauf zumindest teilweise synchron anfallen. Werden Verzerrungen durch unterschiedliche Lohnsätze als relativ kleines Übel betrachtet und deshalb außer Acht gelassen, so kann ein Gemeinkostenzuschlagssatz von z. B. 220 % in der Weise interpretiert werden, dass im Durchschnitt für die Arbeitszeit, die mit 1,– Fertigungslohn vergütet wird, noch 2,20 an Gemeinkosten anfallen.

2.4.1.3 Ist-, Soll- oder Normalzuschläge

Zuschlagssätze, die sich auf eine bereits abgeschlossene (vergangene) Periode beziehen, werden als **Istzuschläge** bezeichnet. Es liegt auf der Hand, dass diese Istzuschläge nur für Nachkalkulationen verfügbar sind. Für Vorkalkulationen wird mit **Soll- oder Normalzuschlägen** gearbeitet; sie beruhen auf Schätzungen über die Entwicklung der Normalkosten bis zu einem vorab festgelegten Zeithorizont.

2.4.1.4 Vorgehensweise

Einzelheiten des Aufbaus einer einfachen Zuschlagskalkulation werden am nachfolgenden Beispiel erläutert.

Beispiel:
Ein Schlossermeister rechnet in der Vorkalkulation mit einem globalen Soll-Gemeinkostenzuschlag von 150 % auf die Fertigungslöhne sowie mit einem kalkulatorischen Gewinnzuschlag auf Basis der Gesamtkosten von 15 % (vgl. weiter S. 216).

	Vorkalkulation
a) Fertigungsmaterial	1 200,00
b) Fertigungslöhne	910,00
c) Gemeinkosten in % von b) – Soll 150,0 %	1 365,00
d) Gesamtkosten e) Kalk. Gewinn (15 % v. d.)	3 475,00 521,25
f) Verkaufspreis (ohne Umsatzsteuer) – Kalkulatorischer Verkaufspreis	3 996,25

Für die Lieferung eines Gartenzauns hat der Meister auf der Grundlage des voraussichtlichen Verbrauchs an Fertigungsmaterial und Arbeitszeit sowie der voraussichtlichen Preise je Mengeneinheit die auf S. 215 dargestellte Vorkalkulation ausgearbeitet.

Zusätzlich zu den ausgewiesenen Positionen könnte noch die **Umsatzsteuer** explizit in die Kalkulation aufgenommen werden. Notwendig ist das dann, wenn es auf die dem Kunden entstehende finanzielle Belastung ankommt, wie das beim Verkauf an Letztverbraucher der Fall ist. Im Verkehr zwischen Unternehmen ist die Umsatzsteuer ein durchlaufender Posten und deshalb für die Kalkulation ohne Bedeutung.

Von **kalkulatorischem Gewinn und kalkulatorischem Verkaufspreis** wird gesprochen, weil ja nicht feststeht, ob sich die in die Vorkalkulation eingegangenen Vorstellungen auch realisieren lassen. Schließlich zeigt sich bei genauerem Hinsehen, dass es, außer vielleicht bei Einproduktbetrieben, einen Gewinn je Leistungseinheit (je Auftrag oder Kostenträger) schon wegen der echten Gemeinkosten gar nicht geben kann (vgl. S. 324 ff.), sondern nur einen Periodengewinn. In der Kalkulation dürfte deshalb statt von Gewinn eigentlich nur von einem Erlösüberschuss (oder Erlösabmangel) gesprochen werden. Schließlich ist in der Nachkalkulation statt des kalkulatorischen Verkaufspreises natürlich der **effektiv erzielte Erlös** einzusetzen.

Im Verlauf eines Telefongesprächs sichert der Meister dem Kunden einen Festpreis von 4 670,– (einschließlich 16 % Umsatzsteuer) zu. Nach Abschluss der Arbeiten ergibt sich, dass für Fertigungsmaterial tatsächlich 1 205,– und für Fertigungslöhne 1 020,– aufgewendet werden mussten. Insgesamt sind in dem Quartal, in welchem der Auftrag abgewickelt wurde, Fertigungslöhne in Höhe von 80 256,– und Gemeinkosten in Höhe von 125 601,– angefallen. Nach der Formel von S. 214 ergibt sich damit für das Quartal ein Ist-Gemeinkostenzuschlag von 156,5 %. Durch eine Nachkalkulation soll ermittelt werden, wie hoch der mit dem Auftrag erzielte Erlösüberschuss tatsächlich ist.

	Vor-kalkulation	Nach-kalkulation
a) Fertigungsmaterial	1 200,00	1 205,00
b) Fertigungslöhne	910,00	1 020,00
c) Gemeinkosten von b)		
– Soll 150,0 %	1 365,00	
– Ist 156,5 %		1 596,30
d) Gesamtkosten	3 475,00	3 821,30
e) »Gewinn«		
– Kalkulatorischer Gewinn (15,0 % von d)	521,25	
– Tatsächlicher Erlösüberschuss (5,35 % von d)		204,56
f) Verkaufspreis (ohne Umsatzsteuer)		
– Kalkulatorischer Verkaufspreis	3 996,25	
– Ist-Erlös		4 025,86

Damit Nachkalkulation und Vorkalkulation vergleichbar sind, müssen beide nach genau demselben Schema durchgeführt werden. Laut Nachkalkulation sind die tatsächlich angefallenen Gesamtkosten mit 3 821,30 um 346,30 (davon entfallen 231,30 auf die Gemeinkosten) höher, als sie in der Vorkalkulation angesetzt worden waren. Der erzielte Erlös beträgt nach Abzug von 16 % Umsatzsteuer noch 4025,86 (Festpreis = 116 %), was einem »Gewinn« von 204,56 (5,35 % der Gesamtkosten) entspricht.

Problematisch bleibt bei der Rechnung, dass die auf der Basis der Fertigungslöhne dem Auftrag zugerechneten Gemeinkosten bei gleicher Arbeitszeit vom Lohnsatz der ausführenden Arbeitskräfte beeinflusst werden. Angenommen, die Herstellung des Zaunes hätte (bei gleicher Arbeitszeit) nur 930,– an Fertigungslöhnen verursacht, wenn die dafür ursprünglich vorgesehene Arbeitsgruppe hätte eingesetzt werden können, so wären die dem Auftrag zugerechneten Gemeinkosten dadurch nur um 90,45 und nicht um 231,30 gestiegen. Tatsächlich handelt es sich bei der durch höhere Lohnsätze verursachten Erhöhung der Gemeinkostenbelastung des Auftrags gar nicht um reale Kostensteigerungen, sondern um einen **in der Kalkulationsmethode begründeten Fehler,** der zeigt, dass die durch unterschiedliche Lohnsätze hervorgerufenen Verzerrungen der verrechneten Gemeinkosten eben doch nicht einfach außer Acht gelassen werden dürfen.

2.4.2 Einfache Stundensatzkalkulation

2.4.2.1 Begriff Stundensatzkalkulation

Das Bestreben, Fehler der oben beschriebenen Art bei Zuordnung der Gemeinkosten auf die Kostenträger zu vermeiden, führt fast zwangsläufig zu der Idee, sowohl die Gemeinkosten als auch die Fertigungslöhne allein auf **Zeitbasis** auf die Kostenträger zu verrechnen. Als geeignete Zeitbasis bieten sich dabei insbesondere die am Produkt **geleisteten Arbeitsstunden** (Fertigungsstunden) an. Ist die Produktion stark mechanisiert (automatisiert), so können die Maschinenlaufzeiten im Vergleich zu den Fertigungsstunden der bessere Maßstab für die Kostenentstehung und damit auch für Kostenzurechnung auf die Kostenträger sein. Unabhängig davon, auf welcher Basis im Einzelfall gearbeitet wird, ist es natürlich immer möglich, statt mit Stundensätzen mit Kosten pro Minute zu rechnen, wenn das im speziellen Fall für zweckmäßig gehalten wird.

2.4.2.2 Ermittlung der Verrechnungssätze

Auf den ersten Blick könnte nun daran gedacht werden, den gesuchten Verrechnungssatz für eine bestimmte Periode (hier auf der Basis der Fertigungsstunden) einfach dadurch zu ermitteln, dass man die in der Periode angefallenen Fertigungslöhne und Gemeinkosten addiert und die sich ergebende Summe durch die Summe der Fertigungsstunden dividiert. Das Ergebnis wäre ein **durchschnittlicher Verrechnungssatz**, der nur dann akzeptiert werden kann, wenn sich die Lohnsätze der Mitarbeiter nur geringfügig unterscheiden.

Gibt es dagegen in Abhängigkeit von der Qualifikation (Helfer, Facharbeiter, Meister) der Mitarbeiter erhebliche Lohnunterschiede, so könnte eine Kalkulation, welche diese Unterschiede außer Acht ließe, leicht zu falschen und somit unbrauchbaren Ergebnissen führen. Um das zu vermeiden, dürfen in einem ersten Schritt zunächst nur die jeweiligen Gemeinkosten durch die entsprechende Zeitbasis dividiert werden, sodass sich ein **Verrechnungssatz** ergibt, **der allein die Gemeinkosten betrifft.**

Für die Verrechnung der Arbeitslöhne sowie der Arbeitgeberbeiträge zur Sozialversicherung sollten, um insoweit möglichst genau rechnen zu können, besondere, nach der Lohnhöhe **differenzierte Personalkostensätze** bestimmt werden. Die Einbeziehung der Arbeitgeberbeiträge zur Sozialversicherung empfiehlt sich, weil diese unmittelbar von der Lohnhöhe abhängig sind. Die Arbeitgeberbeiträge dürfen dann natürlich nicht auch noch im Gemeinkostensatz berücksichtigt werden.

2.4.2.3 Vorgehensweise

Die Durchführung einer einfachen Stundensatzkalkulation und der Vergleich zur einfachen Zuschlagskalkulation soll am Beispiel von S. 215 gezeigt werden.

Beispiel:
Es wird angenommen, der Schlossermeister aus dem vorigen Beispiel kalkuliere statt mit einem globalen Gemeinkostenzuschlag nunmehr mit einem auf die Fertigungsstunde bezogenen Verrechnungssatz für die Gemeinkosten von 25,39 sowie mit folgenden Personalkostensätzen:

	Lohngruppe 1	Lohngruppe 2
Arbeitslohn pro Stunde	17,00	20,00
Arbeitgeberbeitrag zur Sozialversicherung 10 %	1,70	2,00
Personalkostensatz je Fertigungsstunde	18,70	22,00

Unter Berücksichtigung des Gemeinkostensatzes von 25,39 ergeben sich damit Gesamtstundensätze von 44,09 für die Lohngruppe 1 und von 47,39 für die Lohngruppe 2.

In seiner Vorkalkulation geht der Meister davon aus, dass für den Auftrag 30 Arbeitsstunden der Lohngruppe 1 und 20 Stunden der Lohngruppe 2 anfallen. Damit ergibt sich für den Gartenzaun folgende Vorkalkulation:

	Vorkalkulation
a) Fertigungsmaterial	1 200,00
b) 30 Fertigungsstunden Lohngruppe 1 zu 44,09	1 322,70
20 Fertigungsstunden Lohngruppe 2 zu 47,39	947,80
c) Gesamtkosten (Plan)	3 470,50
d) Kalkulatorischer Gewinn 15 % von c)	520,57
e) Kalkulatorischer Verkaufspreis (ohne Umsatzsteuer)	3 991,07

Die Abweichung gegenüber dem Ergebnis auf S. 215 ist auf Rundungsdifferenzen bei den Stundensätzen zurückzuführen. Die in der Rechnung enthaltenen Fertigungslöhne belaufen sich wie bei der einfachen Zuschlagskalkulation auf 910,– (20 Stunden zu 20,– zuzüglich 30 Stunden zu 17,–).

Für die **Nachkalkulation** wurde wie im vorigen Beispiel angenommen, dass tatsächlich 1 020,– an Fertigungslöhnen angefallen sind. Dieser Mehraufwand von 110,– ist darauf zurückzuführen, dass für die Herstellung des Gartenzauns, anders als in der Vorkalkulation unterstellt, nur Arbeiter der Lohngruppe 2 (Lohnsatz 20,–) eingesetzt wurden. Außerdem sind 51 statt 50 Arbeitsstunden angefallen.

Schließlich gilt in der Nachkalkulation für die Gemeinkosten ein Ist-Verrechnungssatz je Fertigungsstunde von 26,45, und zwar aus folgenden Gründen: Wie im vorigen Beispiel sind in der Periode, in welcher der Zaun hergestellt wurde, Fertigungslöhne in Höhe von 80 256,– angefallen. Planmäßig hätten dann 150 % Gemeinkosten (also 120 384,–) auflaufen dürfen. Wird dieser Betrag um die darin enthaltenen Arbeitgeberbeiträge zur Sozialversicherung von 8 025,60 (10 % der Fertigungslöhne) gekürzt, so verbleiben 112 358,40. Bei einem Gemeinkostenverrechnungssatz (Soll) von 25,39 pro Stunde entspricht das rund 4 425 Fertigungsstunden. Werden die tatsächlich angefallenen Gemeinkosten von 125 601,– gleichfalls um die Sozialbeiträge gekürzt, so verbleiben 117 575,40. Wurden tatsächlich 4 445 Fertigungsstunden geleistet, so ergibt sich der oben genannte Ist-Gemeinkostenverrechnungssatz von 26,45. Bei einem Lohnsatz von 22,– betragen die pro Fertigungsstunde zu verrechnenden Kosten (Fertigungskosten) damit insgesamt 48,45. Auf der Basis des oben eingeführten Festpreises von 4 670,– (incl. 16 % Umsatzsteuer) zeigt die Nachkalkulation dann folgendes Bild:

	Nachkalkulation
a) Fertigungsmaterial	1 205,00
b) 51 Fertigungsstunden zu 48,45	2 470,95
c) Gesamtkosten (Ist)	3 675,95
d) Erlös (ohne Umsatzsteuer)	4 025,86
e) Erlösüberschuss (Gewinn)	349,91

Gegenüber der **einfachen Zuschlagskalkulation** ergibt sich bei den Istkosten eine Differenz von 145,35, der Erlösüberschuss ist entsprechend höher. Der Unterschied ist (von den bereits in der Vorkalkulation festgestellten Rundungsdifferenzen abgesehen) darauf zurückzuführen, dass in der einfachen Zuschlagskalkulation die erhöhten Lohnkosten automatisch eine sachlich nicht gerechtfertigte, sondern nur durch die Kalkulationstechnik bedingte, proportionale Erhöhung der verrechneten Gemeinkosten zur Folge haben. In der **Stundensatzrechnung** wird dieser Fehler vermieden. Hier führen nur die Gemeinkosten für die zusätzliche Arbeitsstunde sowie die Veränderungen beim Sozialaufwand zu einer Erhöhung der Istkosten.

Kontrollfragen
1. *Was ist das Wesen der Divisionskalkulation?*
2. *Worauf ist die differenzierende Divisionskalkulation ausgerichtet?*
3. *Erklären Sie die Äquivalenzziffernrechnung.*
4. *Worin liegen die Probleme bei der Kalkulation von Kuppelprodukten?*
5. *Was versteht man unter einer einfachen Zuschlagskalkulation?*
6. *Was ist der Zweck der einfachen Stundensatzkalkulation?*

Aufgabe 8.05 *Einfache Zuschlagskalkulation S. 417*

3 Kostenartenrechnung

3.1 Wesen und Aufgabe

Wie schon auf S. 192 festgestellt wurde, ist die Kostenartenrechnung die Grundlage der gesamten Kostenrechnung überhaupt. Ihre spezifische Aufgabe besteht darin, die anfallenden Kosten, nach Kostenarten gegliedert,

- eindeutig,
- überschneidungsfrei,
- periodengerecht und
- vollständig

zu erfassen (als Literatur vgl. z. B. Hummel/Männel), und zwar so, dass alle Kostenarten möglichst problemlos auf Kostenstellen und, soweit das erwünscht bzw. sinnvoll ist, auf die Kostenträger weiterverrechnet werden können.

3.2 Kostenartenbildung und Kostenartengliederung

3.2.1 Aufgliederung nach dem Merkmal Faktororientierung

Zur Bildung von Kostenarten muss die heterogene Grundgesamtheit Kosten nach dem Merkmal der Faktororientierung (als Literatur vgl. z. B. Hummel/Männel und Kilger), also **nach der Art der eingesetzten Produktionsfaktoren,** stufenweise in kleinere, in sich homogenere Teileinheiten **aufgegliedert** werden (nämlich in Kostenartengruppen und Kostenarten).

> **Beispiele:**
> - Aus dem Verbrauch **menschlicher Arbeitskraft** ergeben sich Kostenartengruppen wie Löhne und Sozialkosten (ohne Soziallöhne). Die Löhne lassen sich z. B. weiter untergliedern in Fertigungs-, Hilfs-, Urlaubs-, Krankheits-, Feiertagslöhne u. ä. Bei den Sozialkosten können solche gesetzlicher, tariflicher und freiwilliger Natur unterschieden werden.
> - Im Bereich des **Materialverbrauchs** lassen sich bei einem Pkw-Hersteller z. B. die Kostenartengruppen Rohstoffe, bezogene Teile sowie Brenn- und Schmierstoffe unterscheiden. Die Kostenartengruppe Rohstoffe kann wieder in die Kostenarten Stähle, Buntmetalle, Kunststoffe u. a. untergliedert werden. Bei den bezogenen Teilen wäre etwa an Kleinmotoren, Reifen, Sitze u. a. zu denken. Zur Kostenartengruppe Brenn- und Schmierstoffe gehören Kostenarten wie Kohle, Heiz- und Schmieröle.

Durch eine immer tiefer gehende Aufgliederung der Grundgesamtheit Kosten lässt sich theoretisch eine beliebige Anzahl von Kostenarten bilden. In der Praxis wird ihre Zahl allerdings durch Wirtschaftlichkeitsüberlegungen begrenzt.

3.2.2 Die Gliederung in Einzel- und Gemeinkosten

Diese Unterscheidung wurde oben (Abschn. 1.3) bereits behandelt, sodass sich hier weitere Ausführungen erübrigen.

3.2.3 Unterscheidung primärer und sekundärer Kostenarten

In der Kostenartenrechnung dürfen zunächst nur die so genannten **primären (oder reinen) Kostenarten** erfasst werden. Darunter sind solche betriebsbedingten Verzehre an Gütern und Diensten zu verstehen, die dem Unternehmen von außen zugeführt werden oder diesen gleichzusetzen sind. Dazu gehören z. B. die Kosten für Personal, für Roh-, Hilfs- und Betriebsstoffe sowie die kalkulatorischen Kosten.

Um sicherzustellen, dass im ersten Schritt wirklich nur primäre Kostenarten in die Kostenartenrechnung eingehen, muss sorgfältig darauf geachtet werden, dass die Kostenarten allein nach dem Merkmal der Faktororientierung gebildet werden. Kostenstellen- oder kostenträgerorientierte Merkmale dürfen nicht herangezogen werden, weil sie zur Bildung **sekundärer (gemischter) Kostenarten** führen würden. Sekundäre Kostenarten ergeben sich aus dem (Wieder-)Einsatz nicht aktivierter innerbetrieblicher Leistungen und setzen sich somit aus mehreren primären oder auch aus mehreren primären und sekundären Kostenarten zusammen. Typische Beispiele für sekundäre Kostenarten sind z. B. die Kosten des selbsterzeugten Stroms, die Kosten des Fuhrparks und die Kosten selbst durchgeführter Reparaturen.

Primäre und sekundäre Kostenarten müssen in der Kostenrechnung strikt auseinander gehalten werden. Eine Vermischung der beiden Typen von Kostenarten würde die Rechnung unbrauchbar machen. (Vgl. hierzu die Ausführungen zum Betriebsabrechnungsbogen im Abschnitt 4.7).

3.2.4 Kostenartenplan

Als Ergebnis der Kostenartengliederung ergibt sich der Kostenartenplan eines Unternehmens. Er stellt im Prinzip nichts anderes dar als eine geordnete **Aufzählung** der in einem Unternehmen gebildeten **primären und sekundären Kostenarten.**

Durch die im Plan aufgeführten Kostenarten müssen alle im Unternehmen anfallenden betriebsbedingten Wertverzehre **überschneidungsfrei erfassbar** sein. Um diesem Ziel möglichst nahe zu kommen, sollte jede Kostenart mit einer eindeutigen, unverwechselbaren (sprechenden) Bezeichnung und mit einer Nummer (der Kostenartennummer) gekennzeichnet werden. Wegen der Vielfalt des Faktoreinsatzes ist es aber schon in relativ kleinen Betrieben oft nicht möglich, für alle Kostenarten völlig eindeutige Bezeichnungen zu finden. Deshalb ist es in der Praxis üblich, den Kostenartenplan durch **Kontierungshandbücher** zu ergänzen. In ihnen wird versucht, die Zuordnung der verschiedenen Wertverzehre anhand von Beispielen möglichst anschaulich zu erklären.

Darüber, wie ein Kostenartenplan im Einzelfall gestaltet und gegliedert sein sollte, lassen sich keine allgemeingültigen Aussagen machen, weil die Verhältnisse von Fall zu Fall zu verschieden sind. Von Bedeutung sind hier z. B. die Branche, die Größe des Unternehmens oder auch der Grad der Spezialisierung. Hinzu kommen unternehmensspezifische Informationswünsche, welche für die **Tiefengliederung** eines Kostenartenplans von erheblicher Bedeutung sein können. Hier ist aber zu beachten, dass eventuelle Informationsvorteile einer tiefen Kostenartengliederung durch Mehrarbeit und eine höhere Fehlerquote bei der Kontierung rasch überkompensiert werden können.

Aus den dargelegten Gründen folgt, dass es weder für Industrie und Handel noch für andere Wirtschaftssektoren einheitliche Kostenartenpläne geben kann, dass es aber für alle Beteiligten vorteilhaft ist, wenn die einem bestimmten Wirtschaftssektor angehörenden Unternehmen ihre Kostenartenpläne an einem **einheitlichen Rahmenplan** ausrichten können. Für den Bereich der Industrie liefert der Gemeinschaftskontenrahmen der Industrie (GKR) aus dem Jahre 1951 mit seiner Kontenklasse 4 (Konten der Kostenarten) einen systematischen und übersichtlichen Rahmenplan für die Kostenartengliederung. Dagegen sind die Aufwandskonten in den Klassen 6 und 7 des Industriekontenrahmens (IKR) aus dem Jahre 1986 allein an den Anforderungen von Buchhaltung und Jahresabschluss ausgerichtet. Um dort die Kosten abgrenzen und erfassen zu können, bedarf es besonderer Kennzeichnungen, deren Darstellung den Rahmen dieses Buches sprengen würde. Aus diesem Grund wurde das nachstehende

Beispiel eines Kostenartenplanes an der Klasse 4 des GKR (und nicht am IKR) ausgerichtet (Erläuterungen zum Kostenartenplan vgl. S. 236 ff.).

Beispiel eines Kostenartenplanes (nach GKR)

40 Fertigungsmaterial
(Einsatzmaterial, Rohstoffe)
4001 Einsatzmaterial A
4002 Einsatzmaterial B
4025 Einsatzmaterial Z
4030 Bezogene Teile
4050 Handelswaren
4070 Fremde Lohnarbeit

41 Hilfs- und Betriebsstoffe
(Gemeinkostenmaterial)
4100 Fremdbezogene Energie
 (Strom, Gas, Dampf)
4110 Brenn- und Treibstoffe
4120 Schmiermittel und Kühlmittel
4130 Kleinwerkzeuge und Kleingeräte
4140 Büro- und Zeichenmaterial

42 Löhne und Gehälter
4201 Fertigungslöhne für absatzbestimmte Leistungen
4202 Fertigungslöhne für innerbetriebliche Leistungen
4203 Fertigungslöhne für Einrichter
4209 Zuschläge für Überstunden und Nacharbeit auf Fertigungslöhne
4210 Hilfslöhne für betrieblich bedingte Wartezeiten
4211 Hilfslöhne für Nachtarbeit
4212 Verschiedene Hilfslöhne (Instandhaltung, Transport, Lager u. a.)
4230 Zuschläge für Überstunden und Nacharbeit auf Hilfslöhne
4250 Feiertagslöhne ⎫
4251 Urlaubslöhne ⎬ Soziallöhne
4252 Krankheitslöhne ⎭
4260 Gehälter

43 Sozialkosten (ohne Soziallöhne)
4301 Gesetzliche Sozialkosten für Arbeiter
4302 Gesetzliche Sozialkosten für Angestellte
4310 Tarifliche Sozialkosten für Arbeiter
4311 Tarifliche Sozialkosten für Angestellte
4330 Weihnachtsgeld
4340 Sonstige Sozialkosten

(4390 Aussonderungen)
(4391 Zuschüsse für Kantine)
(4392 Zuschüsse für Bücherei u. ä.)
(4398 Pensionen und Renten)

44 Fremdreparaturen und technische
Fremdleistungen
4401 Fremdreparaturen an Gebäuden u. ä.
4402 Fremdreparaturen an Maschinen und Anlagen
4409 Fremdreparaturen an Fahrzeugen
4430 Fremde Forschungs- und Entwicklungsarbeiten
4431 Fremde Konstruktionsarbeiten

45 Steuern, Gebühren, Beiträge und
Versicherungen
4501 Gewerbesteuer
4503 Grundsteuer
4504 Kfz- Steuer
4509 Sonstige Kostensteuern
4520 Gebühren
4530 Beiträge
 (IHK, Arbeitgeberverband u. a.)
4550 Feuerversicherung
4551 Betriebshaftpflichtversicherung
4552 Betriebsunterbrechungsversicherung
4553 Kfz-Versicherung
4559 Sonstige Versicherungen

46 Verschiedene Kosten
4601 Mieten und Pachten
4610 Kosten der Nachrichtenbeförderung durch Dritte
 (Porti, Telefon u. a.)
4620 Eingangsfrachten, Rollgelder u. a.
4630 Reisekosten
4640 Repräsentationskosten
4650 Kosten der Werbung
4660 Rechts- und Beratungskosten
4670 Gremien (Aufsichtsrat, Beirat u.ä.)
4690 Sonstige Kosten (z. B. Zeitschriften)

47 Kalkulatorische Kosten
4710 Kalkulatorische Abschreibungen
4720 Kalkulatorische Zinsen
4730 Kalkulatorische Wagnisse
4740 Kalkulatorischer Unternehmerlohn
4750 Kalkulatorische Miete

Beispiel eines Kostenartenplanes (nach GKR)	

48 Sonderkosten
  4810 Sonderkosten der Fertigung
  4811 Sonderwerkzeuge
  4850 Sonderkosten des Vertriebs
  4851 Provisionen
  4852 Ausgangsfrachten
  4853 Versandverpackung
	49 Zusammengesetzte Kosten
	  4910 Kosten der Stromerzeugung
	  4950 Kosten des Fuhrparks
	  4960 Reparaturwerkstatt
	  4970 Werksfeuerwehr

3.3 Zur Unterscheidung von fixen und variablen Kosten (Beziehungen zwischen Kosten und Beschäftigung)

3.3.1 Einführung

Die Unterscheidung von fixen und variablen Kosten (in Abhängigkeit von der Beschäftigung) spielt in Theorie und Praxis eine wichtige Rolle. Über die Interpretation dieser Begriffe gehen die Meinungen aber weit auseinander. Deutlich wird das aber erst bei genauerem Hinsehen. Um die daraus resultierenden Probleme auf den Punkt bringen und eine Lösung vorschlagen zu können, bedarf es eines Blicks in die betriebswirtschaftliche Produktions- und Kostentheorie.

3.3.2 Produktions- und Kostenfunktionen als Kern der Produktions- und Kostentheorie

Mit einer Produktionsfunktion werden die funktionalen Beziehungen zwischen einer bestimmten Ausbringungsmenge und den erforderlichen Faktoreinsatzmengen dargestellt; sie zeigt also, welche **Einsatzmengen an Produktionsfaktoren** nötig sind, um eine bestimmte Ausbringungsmenge (x) des gewünschten Gutes zu erzeugen. Werden die einzusetzenden Produktionsfaktoren mit r_1 bis r_n bezeichnet, so gilt:

$x = f(r_1, r_2, ..., r_n)$

Werden die Einsatzfaktoren mit den jeweiligen Preisen je Einheit bewertet, so ergeben sich die Kosten (K) des jeweiligen Produktionsprozesses, sodass folgende Gleichungen gelten:

$x = f(K_1, K_2, ..., K_n)$ oder $x = f(K)$

Als Umkehrfunktion ergibt sich jetzt die klassische Kostenfunktion. Nämlich

$K = f(x)$

Die Kostenfunktion zeigt, welche (technisch) funktionale Beziehung zwischen der Ausbringungsmenge (x) und den Gesamtkosten (K) eines Produktionsprozesses besteht.

3.3.3 Potenzielle Kostenverläufe

Theoretisch können Produktions- und damit auch Kostenfunktionen die unterschiedlichsten Formen annehmen. Wie die nachstehende Abbildung zeigt, werden deshalb in der Betriebswirtschaftlehre eine Reihe von idealtypischen Kostenverläufen unterschieden, die sich grundsätzlich sowohl auf ganze Betriebe als auch auf einzelne Kostenarten beziehen lassen. Dabei werden zunächst einmal zwei Kostengruppen unterschieden, nämlich mengenabhängige (variable) Kosten zum einen und so genannte mengenunabhängige (fixe) Kosten zum andern.

Statt von mengenabhängigen oder mengenunabhängigen Kosten wird auch von beschäftigungsabhängigen (beschäftigungsvariablen) und beschäftigungsunabhängigen (beschäftigungsfixen) Kosten gesprochen. Dabei wird unterstellt, dass die Beschäftigung eines Unternehmens oder einer Anlage anhand der Ausbringungsmenge eindeutig gemessen werden kann.

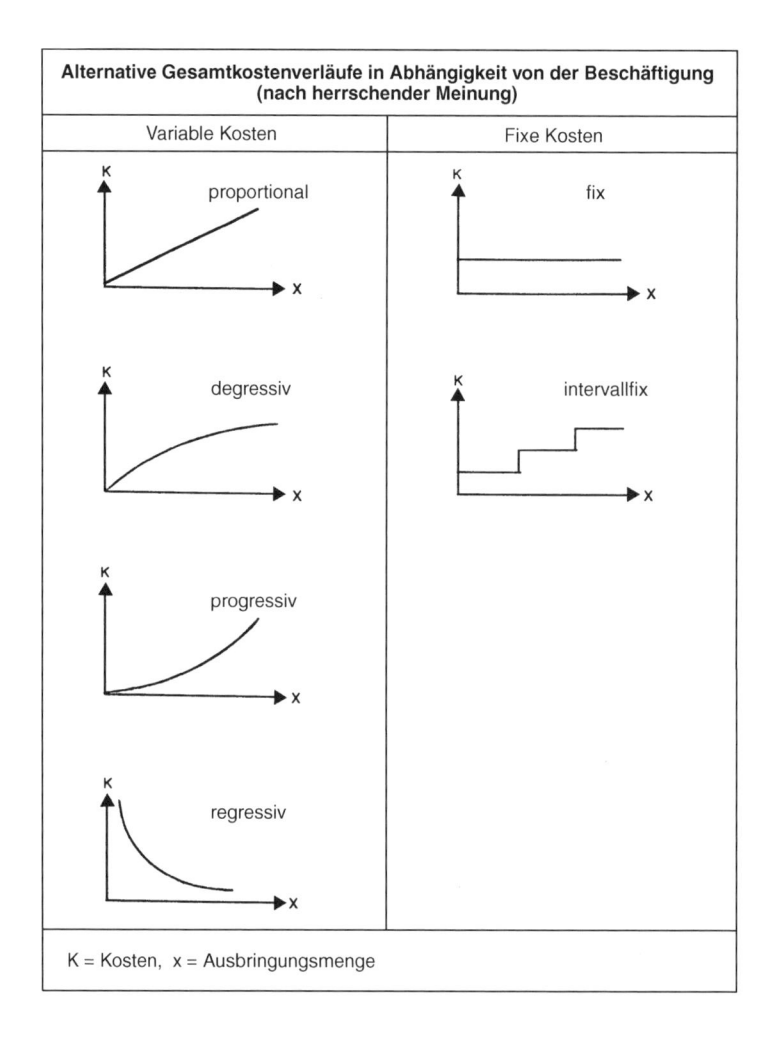

Alternative Gesamtkostenverläufe in Abhängigkeit von der Beschäftigung (nach herrschender Meinung)	
Variable Kosten	Fixe Kosten
proportional	fix
degressiv	intervallfix
progressiv	
regressiv	
K = Kosten, x = Ausbringungsmenge	

Bei unterschiedlichen Produkten ist das aber zumindest nicht ohne weiteres möglich, weil sich ungleichnamige Mengen nicht addieren lassen. Darauf wird zurückzukommen sein (s. S. 228).

Wird, wie das vielfach geschieht, im Zusammenhang mit den Kostenfunktionen statt von »Beschäftigung« vom »Beschäftigungsgrad« gesprochen, so ist damit eine relative Größe gemeint, für die folgende Definition gilt:

$$\text{Beschäftigungsgrad} = \frac{\text{Istausbringung (Istbeschäftigung)} \times 100}{\text{Planausbringung (Planbeschäftigung)}}$$

Das Merkmal, durch das sich die in obiger Abbildung dargestellten Kosten bzw. Kostenverläufe wesentlich unterscheiden, ist der so genannte Reagibilitätsgrad. Er gibt an, in welchem Verhältnis die jeweilige prozentuale (relative) Kostenänderung zur Änderung der prozentualen (relativen) Beschäftigung (Ausbringungsmenge) steht.

Es gilt also:

$$\text{Reagibilitätsgrad} = \frac{\text{relative (prozentuale) Kostenänderung}}{\text{relative (prozentuale) Beschäftigungsänderung}}$$

Proportionale Kosten liegen also vor, wenn sich Kosten und Beschäftigung um denselben Prozentsatz (z. B. je 10 %) verändern. Der Reagibilitätsgrad ist damit gleich 1. Bezogen auf eine einzelne Kostenart kann z. B. bei den Fertigungslöhnen und beim Fertigungsmaterial von einem proportionalen Verlauf ausgegangen werden.

Ein **progressiver (überproportionaler) Kostenverlauf** ergibt sich, wenn die relative Kostenänderung (z. B. 10 %) größer ist als die relative Beschäftigungsänderung (z. B. 8 %). Der Reagibilitätsgrad ist hier also größer als 1. Als Beispiel hierfür werden meist durch Überstundenzuschläge erhöhte Lohnkosten genannt. Dieses Beispiel ist zwar anschaulich, aber nicht korrekt, weil die Mehrkosten nicht auf die Beschäftigungsveränderung, sondern auf die partielle Preiserhöhung beim Faktor Arbeit zurückzuführen sind.

Liegt die relative Kostenänderung (z. B. 6 %) unter der relativen Beschäftigungsänderung (z. B. 8 %), so ergibt sich ein **degressiver (unterproportionaler) Kostenverlauf**. Der Reagibilitätsgrad ist damit kleiner als 1. Dieser Fall kann z. B. bei einer neu aufgenommenen Produktion für eine gewisse Zeit auftreten.

Bei **regressivem Kostenverlauf** führt jede relative Beschäftigungsänderung zu einer relativen Kostenänderung mit umgekehrtem Vorzeichen. Liegt die Beschäftigungsänderung z. B. bei +10 % und die Kostenänderung bei −8 %, so nimmt der Reagibilitätsgrad den Wert −0,8 an. Denkbar wäre dieser Fall vielleicht bei den Heizkosten eines Kinos (je mehr Besucher, desto geringer die Heizkosten).

Fixe Kosten im Sinne der herrschenden Lehre (h. L.) reagieren auf Beschäftigungsveränderungen nicht, sodass die relative Kostenänderung und der Reagibilitätsgrad gleich null sind (es werden konstante Preise vorausgesetzt). Als typisches Beispiel hierfür gelten die Gehälter von Angestellten.

Als **intervallfix** gelten Kosten, die innerhalb bestimmter Beschäftigungsintervalle beschäftigungsunabhängig sind, die aber beim Überschreiten bestimmter Beschäftigungsgrenzen sprunghaft ansteigen.

Wie bereits festgestellt wurde, können Produktions- und Kostenfunktionen zumindest theoretisch ganz unterschiedliche Formen annehmen. Dementsprechend wurden in den Wirtschaftswissenschaften eine ganze Reihe unterschiedlicher produktions- bzw. kostentheoretischer Modelle entwickelt. Zwei dieser Modelle, nämlich die Produktionsfunktionen vom Typ A und vom Typ B sowie die daraus resultierenden Kostenfunktionen sind hier von Interesse und werden deshalb anschließend etwas näher diskutiert.

3.3.4 Produktions- und Kostenfunktionen vom Typ A

Den Produktionsfunktionen vom Typ A (dem so genannten Ertragsgesetz) liegt die Annahme zu Grunde, dass mit substitutionalen Produktionsfaktoren gearbeitet werde. D. h., es wird davon ausgegangen, dass zumindest ein Teil der zur Herstellung einer bestimmten Ausbringungsmenge nötigen Produktionsfaktoren wechselseitig austauschbar (substituierbar) seien.

Speziell für Produktionsfunktionen vom Typ A gilt ferner, dass durch den zunehmenden Einsatz eines Produktionsfaktors bei Konstanz aller anderen Faktoren Erträge (E) erzielbar seien, die zunächst progressiv, dann degressiv ansteigen und schließlich absolut fallen. Es ergibt sich also das in der nachstehenden Grafik dargestellte Bild. Dort werden die Erträge (E) allerdings nicht in Mengeneinheiten, sondern in Werteinheiten (bei konstantem Preis je Mengeneinheit) gemessen, sodass sich an der Gestalt der Kurve nichts ändert.

Wird zu dieser, in Wertgrößen ausgedrückten Produktionsfunktion die Umkehrfunktion gebildet, so ergibt sich die aus der Abbildung gleichfalls ersichtliche s-förmige Kostenfunktion (K).

Wie die Abbildung ferner zeigt, hat die dargestellte Funktion (E) ihren Ursprung nicht im Nullpunkt des Achsenkreuzes; ihr Ursprung ist vielmehr um die Strecke 0B (auf der x-Achse) nach rechts versetzt. Dabei entspricht die Strecke 0B dem Wert derjenigen Produktionsfaktoren, deren Einsatzmenge(n) definitionsgemäß konstant gehalten worden sind.

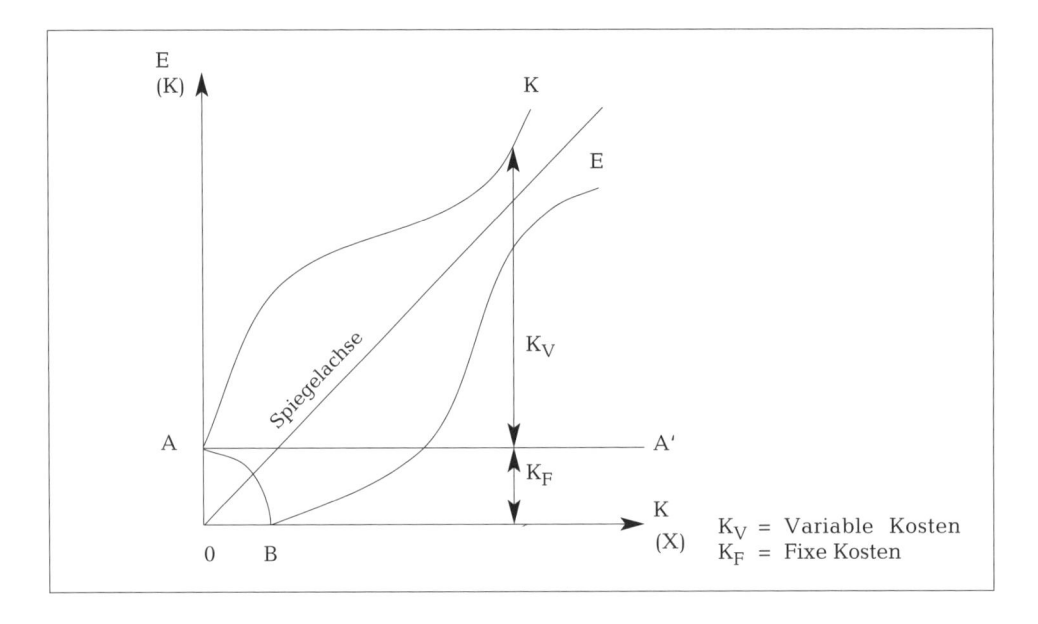

Dementsprechend hat die aus der Produktionsfunktion vom Typ A als Umkehrfunktion (Spiegelbild) abgeleitete Kostenfunktion ihren Ursprung im Punkt A der y-Achse. Aus der Herleitung der Kostenfunktion aus der Produktionsfunktion folgt, dass die Strecke 0A der Strecke 0B entspricht, also wiederum den Wert der konstanten Faktoren und damit die **fixen Kosten im Sinne der Kostentheorie** repräsentiert.

Damit sollte auch klargestellt sein, **dass für den Fixkostenbegriff von konstanten Mengeneinsätzen ausgegangen wird; Preisänderungen bei den fixen (konstanten) Einsatzfaktoren beeinträchtigen deren Fixkostencharakter nicht.** Auf diesen oft übersehenen Umstand wird zurückzukommen sein. Schließlich ist noch festzuhalten, dass die Produktionsfunktion vom Typ A keine Zeitdimension hat. Es wird vielmehr von einer Momentanproduktion, d. h. davon ausgegangen, dass die Produktion unendlich schnell erfolgt (Heinen).

3.3.5 Produktions- und Kostenfunktionen vom Typ B

3.3.5.1 Ableitung der mengenabhängigen Kosten

Die Produktionsfunktion vom Typ B unterscheidet sich ganz wesentlich vom Typ A. Ausgangspunkt sind jetzt nicht mehr substitutionale, sondern limitationale Produktionsfaktoren. Sie sind dadurch gekennzeichnet, dass für eine definierte Ausbringungsmenge von jeder Faktorart eine ganz bestimmte Einsatzmenge benötigt wird. Die Produktionsfaktoren müssen also immer in einem genau bestimmten (limitierten) und nicht variierbaren Verhältnis miteinander kombiniert werden. Damit ist der eigentlich selbstverständliche Sachverhalt gemeint, dass etwa zur Herstellung eines nach Art und Größe definierten Anzugs, u. a. bestimmte Mengen an Oberstoff, Futterstoff und Garn benötigt werden. Dabei kann ein fehlendes Quantum eines Produktionsfaktors nicht durch zusätzliche Mengen eines anderen Faktors ersetzt werden, wie das beim Ertragsgesetz unterstellt wird. Außerdem wird bei der Produktionsfunktion vom Typ B (im Gegensatz zum Typ A) nicht von einem ungeteilten Gesamtbetrieb, sondern von kleineren Teileinheiten (Maschinen, Arbeitsplätze) ausgegangen. Damit lassen sich auch entsprechend differenzierte Produktionsfunktionen bestimmen. Auf diese Weise kann dem Umstand Rechnung getragen werden, dass die meisten der »variablen« Einsatzmengen nicht unmittelbar, sondern nur mittelbar von der Ausbringungsmenge abhängig sind, und zwar über »zwischengeschaltete« Betriebsmittel bzw. Arbeitsplätze.

Von den technischen Eigenschaften dieser Aggregate sowie von der jeweiligen Nutzungsintensität (= Leistungsgrad oder Intensitätsgrad = Ausbringungsmenge je Zeiteinheit) wird der Mengenverbrauch wichtiger Produktionsfaktoren maßgeblich beeinflusst. Das gilt z. B. für den Verbrauch an Energie und Arbeitszeit. Dagegen ist der Verbrauch an Roh- und Hilfsstoffen diesen Einflüssen kaum oder gar nicht ausgesetzt. Diese Verbräuche werden c. p. vielmehr unmittelbar von der Ausbringungsmenge bestimmt.

Nun kann bei den heutigen Produktionsverhältnissen davon ausgegangen werden, dass die meisten, ein bestimmtes Techniknivea repräsentierenden Anlagen bei gegebenem Werkzeug und gegebenem Material mit einem Leistungsgrad betrieben werden müssen, der nur innerhalb enger Grenzen variiert werden darf, wenn technisch einwandfrei und zugleich wirtschaftlich produziert werden soll. Deshalb kann für die Kostenrechnung im Sinne des Durchschnittsprinzips grundsätzlich davon ausgegangen werden, dass eventuelle oszillative Schwankungen um einen als normal angesehenen Leistungsgrad vernachlässigt werden können (Gutenberg).

Unter der jetzt geltenden Bedingung, dass (bei gegebener Technik) der Leistungsgrad eines Produktionsprozesses zumindest in etwa konstant bleiben wird, gilt, dass auch der Einsatz der variablen Einsatzfaktoren je Ausbringungseinheit konstant bleiben muss. Wird nun diejenige Menge eines Produktionsfaktors i, welche zur Herstellung einer Produkteinheit benötigt wird, mit v_i bezeichnet, so lässt sich die Einsatzmenge r des Faktors i, welche zur Herstellung der Ausbringungsmenge x des betreffenden Produkts insgesamt erforderlich ist, wie folgt bestimmen:

$$r_i = (v_i \times x)$$

Diese in der Produktionstheorie als Faktoreinsatzfunktion bezeichnete Gleichung zeigt die Abhängigkeit der Einsatzmenge eines Produktionsfaktors von der gewünschten Ausbringungsmenge, und zwar bei konstantem Leistungsgrad.

Werden die in den Faktoreinsatzfunktionen erfassten Mengenverbräuche mit dem Preis je Mengeneinheit (q_i) multipliziert, so ergibt sich die für den betreffenden Einsatzfaktor geltende (Teil-)Kostenfunktion. Es gilt also:

$K_{V_i} = (v_i \times x \times q_i)$

Müssen, wie das meist der Fall ist, für einen Produktionsprozess gleichzeitig mehrere (variable) Produktionsfaktoren (i = 1, 2, ..., n) eingesetzt werden, so ergibt sich die für den Prozess gültige Gesamtkostenfunktion aus der Gesamtheit der aus den Faktoreinsatzfunktionen resultierenden Teilkostenfunktionen. Darstellbar sind diese Gesamtkostenfunktionen nur in Form von Gleichungssystemen.

Wichtig ist hier noch die Feststellung, dass auch Produktionsfunktionen vom Typ B letztlich keine Zeitdimension haben. Durch die hier nicht zu diskutierenden Annahmen, die hinter den Funktionen stecken, wird die Zeitdimension quasi neutralisiert (Heinen). Unabhängig davon lässt sich jedoch, wie gleich zu zeigen sein wird, mit Produktionsfunktionen vom Typ B in begrenztem Maße deutlich machen, dass sich Produktionsvorgänge in Zeitabschnitten vollziehen.

Rechenbeispiel zu den beschäftigungsabhängigen bzw. mengenabhängigen Kosten
Zur Herstellung von 400 m eines bestimmten Kunststoffschlauchs sollen bei konstanter Intensität folgende von der Ausbringungsmenge abhängigen Faktoreinsatzmengen benötigt werden:

Produktions-Faktoren	Bedarf je Produktionseinheit (v)	Preis je Mengeneinheit d. Prod.-Fakt. (q)	Produktionsmenge (x)	Variable (proport.) Kosten (K_V)
Granulat	0,6 kg	1,– €	400 m	240,– €
Arbeitszeit	1,2 Std.	15,– €	400 m	7 200,– €
Masch.-Std.	1,2 St.	21,20 €	400 m	10 176,– €
Sonstige	0,5 Einh.	3,52 €	400 m	704,– €
Variable (proportionale) Kosten:			Gesamt	18 320,– €
			je Einheit	45,80 €

Zu beachten ist, dass zur Bestimmung der Kosten je Maschinenstunde mehrere Einsatzfaktoren, wie z. B. Energie, Schmiermittel und kalkulatorische Abschreibungen zu einer Teilkostenfunktion zusammengefasst wurden. In der Praxis sind solche Zusammenfassungen schon aus Gründen der Wirtschaftlichkeit unvermeidlich. Um der Lehre von den Produktions- und den Kostenfunktionen vom Typ A voll gerecht zu werden, müsste hier mit speziellen Funktionen für jede Faktorart gearbeitet werden. Diese Differenzierung würde hier aber keine neuen Erkenntnisse bringen. Unter den angenommenen Bedingungen sind in dem Beispiel die Gesamtkosten (K_G) mit den variablen (K_V) bzw. mit den proportionalen Kosten (K_P) identisch. Es gilt also:

$K_G = K_V = 45{,}80 \; € \times x$

Für 320 m Schlauch dürften also 14 656,– Kosten entstehen.

3.3.5.2 Ergänzungen

Aus den bisherigen Überlegungen folgt, dass sich eine Kostenfunktion in der eben dargestellten Form einer einfachen Gleichung nur für den Fall eines einstufigen Einproduktbetriebes bzw. für mehrstufige Einproduktbetriebe mit kontinuierlicher Fertigung (keine Zwischenläger) aufstellen lässt.

Für Mehrproduktbetriebe gibt es, wie schon festgestellt wurde, keinen einheitlichen, die ganze Produktion umfassenden Beschäftigungsmaßstab, weil das Produktionsergebnis aus unterschiedlichen Produkten, also aus ungleichnamigen Mengen besteht, die sich nicht addieren lassen. Für mehrstufige Einproduktbetriebe, die mit Zwischenlägern arbeiten, gilt das analog. Die Funktion der beschäftigungsvariablen Gesamtkosten solcher Betriebe lässt sich, theoretisch in Form komplizierter Gleichungssysteme darstellen. Praktisch dürfte das auch heute noch nur in Ausnahmefällen möglich sein.

Schließlich ist noch einmal hervorzuheben, dass alle Kostenfunktionen auf Produktionsfunktionen beruhen, deren Mengengrößen sich auf die am Markt abzusetzenden Leistungen eines Unternehmens beziehen, die also für die Beschäftigung des Unternehmens bestimmend sind. Deshalb ist es auch in Bezug auf diese Kostenfunktionen nur dann zulässig von beschäftigungsabhängigen Kosten zu sprechen, wenn es sich um Kosten handelt, die in einem technisch-funktionalen Zusammenhang mit der **Herstellung** der am Markt zu verkaufenden, die Beschäftigung des Unternehmens bestimmenden Leistungen stehen.

Die in Theorie und Praxis weithin übliche Gepflogenheit, z. B. auch in Verwaltung und Vertrieb von beschäftigungsabhängigen (und beschäftigungsunabhängigen) Kosten zu sprechen, ist mit der produktionstheoretisch fundierten Theorie der mengenvariablen Kosten nicht vereinbar. Für Arbeitsleistungen in Verwaltung, Einkauf und Vertrieb, also z. B. für die Erstellung von Angeboten und Rechnungen sowie dem Schreiben von Briefen und Bestellungen lassen sich zwar durchaus Faktoreinsatzfunktionen aufstellen, die sich dann aber immer nur auf die Zahl der betreffenden speziellen Arbeitsleistungen beziehen, nicht aber auf die hier allein relevanten betrieblichen Produktionsleistungen. Zwischen den Kosten für Arbeitsleistungen der geschilderten Art und den Produktionskosten einer fixierten Ausbringungsmenge eines bestimmten Produkts gibt es keine unmittelbare Beziehung (Heinen).

3.3.5.3 Zum Problem der als beschäftigungsfix bezeichneten Kosten

Von Heinen werden zwei große Kostengruppen unterschieden. Nämlich Kosten, die auf der Basis von Faktoreinsatzfunktionen in einer technisch-funktionalen Beziehung zur Ausbringungsmenge (Beschäftigung) stehen zum einen, und Kosten, die sich nicht »aus der expliziten Form der Produktionsfunktion vom Typ B« begründen lassen zum andern.

Die zur ersten Gruppe gehörenden Kosten sind identisch mit den **beschäftigungsvariablen Kosten**. Die Kosten der zweiten Gruppe bilden die so genannten **Fixkosten**. Für sie gilt, dass zwischen ihrer Entstehung und der betrieblichen Leistungserstellung kein direkter, sondern nur ein indirekter Zusammenhang besteht. Unter dem betriebswirtschaftlichen Kostenbegriff lassen sich diese Wertverzehre nur subsumieren, wenn dazu die beschriebene indirekte Beziehung zwischen der betrieblichen Leistungserstellung und Kostenentstehung als hinreichend akzeptiert wird. Anders ausgedrückt heißt das: Diese Wertverzehre müssen in Kauf genommen und als Kosten akzeptiert werden, weil sie unabdingbar notwendig sind, um die betriebliche Leistungserstellung überhaupt zu ermöglichen.

Aus diesen Überlegungen heraus, ist es naheliegend, die Fixkosten auch als Bereitschafts- oder Kapazitätskosten zu bezeichnen, die bei konstanten Kapazitäten bzw. bei Konstanz aller übrigen Kosteneinflussgrößen auf Änderung der am Produktionsvolumen gemessenen Beschäftigung nicht reagieren. Im Sinne der h. L. müssen sie sich aber dann ändern, wenn durch Entscheidungen der Geschäftsleitung die Kapazitäten (insbesondere **Betriebsmittel** und **Arbeitskräfte**) verändert werden, oder wenn sich die Preise für diese Kapazitäten ändern (Haberstock). An dieser Umschreibung des Begriffs »Fixkosten« sind zwei Punkte von besonderem Interesse:

Da ist zunächst der Hinweis, dass Fixkosten nicht unveränderlich (also fix) sind, und sich eben nicht nur bei Kapazitätsänderungen sondern auch schon dann ändern, wenn sich bei konstanter Mengenkomponente der Preis eines einschlägigen Produktionsfaktors ändert. Darauf wurde oben bereits hingewiesen.

Der zweite wichtige Punkt ist die in der Umschreibung implizit enthaltene Behauptung, dass alle Personalkosten, also Gehälter, Fertigungslöhne und Hilfslöhne, als Kapazitätskosten und damit als Fixkosten zu betrachten seien. Zumindest auf den ersten Blick lässt sich diese Einschätzung damit begründen, dass nach h. L. fixe Kosten deshalb entstehen, weil die Unternehmen mit dem Aufbau ihrer Produkionskapazitäten Bindungen physikalischer und juristischer Art eingehen, die sich nicht von heute auf morgen wieder lösen lassen.

Physikalische Bindungen ergeben sich aus dem Umstand, dass die zur Produktion nötigen Betriebsmittel nicht in beliebiger Größe gekauft und nach ihrer Installation auch nicht beliebig verkleinert oder vergrößert werden können.

Juristische Bindungen ergeben sich aus der Notwendigkeit, zum Aufbau von Kapazitäten z. B. Arbeits- und Mietverträge abzuschließen.

Diese, beim Aufbau von Kapazitäten unvermeidlichen Bindungen führen dazu, dass diejenigen Kosten (z. B. Löhne, Gehälter, Mieten, Versicherungsbeiträge), welche aus den einmal geschaffenen Kapazitäten resultieren, sich kurzfristig nicht ohne weiteres wieder abbauen lassen. Das bedeutet, dass zumindest Teile dieser Kosten für eine gewisse Zeit auch dann weiter in Kauf genommen werden müssen, wenn sich die beim Aufbau der Kapazitäten gehegten Erwartungen nicht erfüllen, sodass Kapazitäten wegen fehlender Aufträge vorübergehend ganz oder teilweise ungenutzt bleiben.

Diese der Begründung der so genannten Fixkosten dienende Argumentation steht allerdings in einem gewissen Widerspruch zu dem Umstand, dass in dem zu Grunde liegenden Kostenmodell die Zeitdimension quasi »neutralisiert« ist (s. o.). Außerdem steht die Argumentation in Widerspruch zur Lehre und Begründung der beschäftigungsvariablen Kosten, wie sich am Beispiel der Fertigungslöhne zeigen lässt. Um ein beliebiges Produkt in einer gewünschten Menge herstellen zu können, bedarf es immer des Einsatzes einer bestimmten Menge des Produktionsfaktors Arbeit. Dabei besteht eine technisch-funktionale Beziehung zwischen der gewünschten Ausbringungsmenge und der erforderlichen Einsatzmenge des Produktionsfaktors Arbeit. Diese Beziehung lässt sich in Form einer Faktoreinsatzfunktion und damit auch als (Teil-)Kostenfunktion darstellen, wie oben an einem Beispiel demonstriert worden ist. Fertigungslöhne sind also keine beschäftigungsunabhängigen, sondern unmittelbar beschäftigungsabhängige Kosten. Das gilt sinngemäß auch für die kalkulatorischen Abschreibungen, also für die durch den Gebrauch der Betriebsmittel entstehenden Kosten.

Die Ursache für die aufgezeigten Widersprüche ist relativ leicht auszumachen. Sie liegt einfach darin, dass bei der Definition der Fixkosten die Unabhängigkeit von der Beschäftigung als Identifikationsmerkmal herangezogen wird; bei der Bestimmung der Ursachen für das Entstehen fixer Kosten wird dagegen darauf abgestellt, dass sich wesentliche Teile der so genannten Fixkosten kurzfristig nicht beeinflussen lassen. Mit anderen Worten: Es werden zwei verschiedene Dimensionen des Kostenbegriffs durcheinander geworfen. Auf die daraus resultierenden Konsequenzen wird im Abschnitt (3.3.7) eingegangen werden. Zuvor sind noch andere, den Fixkostenbegriff betreffende Probleme zu diskutieren.

Da ist zunächst festzuhalten, dass die Behauptung, fixe Kosten seien von der Beschäftigung unabhängige Kosten, häufig durch die Feststellung ergänzt wird, auf längere Sicht seien alle Kosten beschäftigungsvariabel. Gesagt wird also **beschäftigungsvariabel**, gemeint ist aber, dass auf längere Sicht alle Kosten **beeinflussbar** sind.

Außerdem ist zu beachten, dass Kosten und Beschäftigung sich vielfach gegenseitig beeinflussen. D. h., dass nicht nur die Beschäftigung die Kosten beeinflusst, dass vielmehr bestimmte Kosten durchaus auch die Beschäftigung beeinflussen können. Das muss z. B. für die Kosten einer erfolgreichen Werbung gelten.

Schließlich darf nicht übersehen werden, dass diejenigen Kosten, die nur in einer indirekten Beziehung zur Beschäftigung stehen, keineswegs immer **nur** auf längere Sicht beeinflussbar sind. Die Kosten für Werbung, Telefon und Reisen sind z. B. meist auf relativ kurze Sicht beeinflussbar; Kosten für Mieten, Versicherungen und Gehälter dagegen (je nach Vertragsgestaltung) erst auf mittlere oder längere Sicht. Außerdem ist zu beachten, dass die aktuellen Kosten eines Unternehmens keineswegs nur aus der aktuellen Beschäftigung resultieren, sondern auch und gerade davon bestimmt werden, wie die zukünftige Beschäftigung in der Vergangenheit eingeschätzt wurde bzw. in der Gegenwart eingeschätzt wird.

Insgesamt ergibt sich aus den angestellten Überlegungen erneut der Schluss, dass Kosten im Verwaltungs- und Vertriebsbereich niemals variable Kosten im Sinne der Kostentheorie sein können, weil sie nur in einer indirekten Beziehung zu den vom Unternehmen hergestellten und am Markt abzusetzenden Leistungen stehen.

3.3.6 Ergebnis

Als Fazit der Diskussion ist festzuhalten, dass es keine beschäftigungsunabhängigen Kosten gibt. Vielmehr hängt das gesamte Kostenvolumen eines Unternehmens (c. p.) vom tatsächlichen bzw. von dem realistischerweise für erreichbar gehaltenen Leistungsvolumen des Unternehmens ab.

Kein Problem gibt es dagegen, wenn im Sinne von Heinen unterschieden wird zwischen Kosten, die in einer direkten Beziehung zur betrieblichen Leistungserstellung stehen, und solchen, bei denen diese Beziehung nur indirekter Natur ist. Diejenigen Kosten, die in einer direkten Beziehung zur betrieblichen Leistungserstellung stehen, sind damit letztlich auch direkt vom Leistungsvolumen abhängig. Besteht nur eine indirekte Beziehung zur Leistungserstellung, wie das z. B. bei Verwaltung und Vertrieb der Fall ist, so kann auch nur eine indirekte Abhängigkeit vom Leistungsvolumen bestehen.

Schließlich scheint im Zusammenhang mit den beschäftigungsfixen und beschäftigungsvariablen Kosten noch die Feststellung wichtig zu sein, dass bestimmte Wertverzehre quasi in unterschiedlichem Gewande auftreten können. Typisches Beispiel dafür sind die Löhne für Mitarbeiter, die direkt am Produkt arbeiten sollen. Diese Leute beziehen Fertigungslöhne, wenn sie wie vorgesehen eingesetzt werden können. Ist das nicht möglich, so muss unabhängig davon, ob auf Sicht an eine Entlassung gedacht ist, zumindest vorübergehend irgendeine Form von Gemeinkostenlohn bezahlt werden. Löhne gehören also, von dem Ausnahmefall abgesehen, dass die Möglichkeit einer sofortigen Entlassung besteht, zu denjenigen Kosten, die sich nicht sofort beeinflussen lassen. Mit der Frage der Abhängigkeit vom Leistungsvolumen hat das aber nichts zu tun.

Weitgehend lösen lassen sich die aufgezeigten terminologischen und sachlichen Probleme mit Hilfe der von Deyhle entwickelten mehrdimensionalen Kostenbetrachtung. Was es damit auf sich hat, wird im nächsten Abschnitt dargelegt.

3.3.7 Ansätze zu einer mehrdimensionalen Kostenbetrachtung

3.3.7.1 Überblick

In der h. L. von der Kosten- und Leistungsrechnung wird der Kostenbegriff quasi eindimensional gesehen. Jede Kostenart lässt sich aber nur mit einer mehrdimensionalen Betrachtung vollständig erfassen und beschreiben. Dabei sind folgende Dimensionen zu unterscheiden:

- die Dimension »Zurechenbarkeit (Erfassbarkeit)«,
- die Dimension »Tempo der Beeinflussbarkeit (Anpassungsgeschwindigkeit)«,
- die Dimension »Art der Kostenverursachung« und
- die Dimension »Ausgabenwirksamkeit«

Die hier als Dimensionen der Kostenarten angeführten Gesichtspunkte, werden in der Literatur meist schlicht als Gliederungsmerkmale bezeichnet. Damit wird völlig verwischt, dass alle diese Merkmale gleichzeitig für jede Kostenart gelten. Um diesen Sachverhalt hervorzuheben, wird hier eben nicht von Gliederungsmerkmalen, sondern von Dimensionen gesprochen.

Grafisch lassen sich, wie die folgende Abbildung zeigt, drei dieser vier Dimensionen in dem von Deyhle entwickelten, Kostenwürfel darstellen. Nicht erfasst wurde die Dimension Ausgabenwirksamkeit, weil ihr im Rahmen der Kostenrechnung die relativ geringste Bedeutung zukommt.

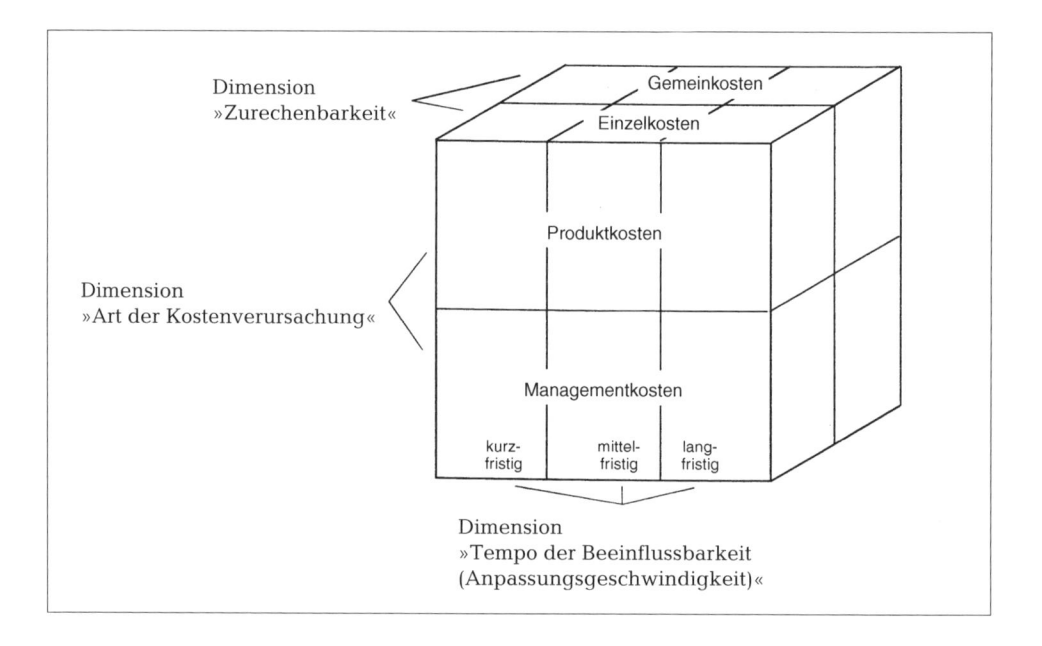

Wie der Kostenwürfel zeigt, wurden die Begriffe variable Kosten und Fixkosten durch die Begriffe Produktkosten und Managementkosten ersetzt. Zu den **Produktkosten** gehören alle direkt beschäftigungsabhängigen Kosten; **Managementkosten** sind dagegen immer Kosten, die nur in einer indirekten Beziehung zur Beschäftigung stehen. Darauf wird zurückzukommen sein.

3.3.7.2 Die Dimension »Zurechenbarkeit«

Diese Dimension führt zu der bereits diskutierten Unterscheidung zwischen Einzelkosten und Gemeinkosten bzw. zwischen direkten und indirekten Stellenkosten. Es geht hier also um die Frage, inwieweit einzelne Kostenarten bestimmten Kostenträgern oder Kostenstellen verursachungsgerecht und direkt zugerechnet werden können.

3.3.7.3 Die Dimension »Tempo der Beeinflussbarkeit«

Die Kosten eines Unternehmens werden letztlich immer von den Entscheidungen der zuständigen Manager bestimmt. Dabei ist, wie oben schon zum Ausdruck kam, aber zu beachten, dass gerade Entscheidungen, durch welche die Kosten eines Unternehmens beeinflusst werden sollen, vielfach nicht sofort greifen, sondern einer gewissen Reaktionszeit bedürfen, um wirksam zu werden. So können z. B. zwischen dem Tag, an dem eine bestimmte Investitionsentscheidung getroffen wurde, und deren Auswirkungen im Kostenbereich Monate vergehen. Das gilt auch im umgekehrten Fall, also wenn bestimmte Anlagen stillgelegt werden sollen. Auch aus rechtlichen Gründen können bestimmte Kosten nur unter Beachtung bestimmter (Kündigungs-) Fristen abgebaut werden. Das gilt z. B. für Löhne, Gehälter und Mieten. Aufgrund dieser Reaktionszeiten muss damit gerechnet werden, dass auch Kapazitäten, die bereits stillgelegt sind, noch Aufwendungen verursachen.

Das gilt analog, wenn Kapazitäten etwa wegen eines als vorübergehend betrachteten Nachfragerückgangs nur teilweise ausgelastet werden können oder stillliegen. Trotz dieser Belastungen wird man versuchen, diese Kapazitäten zu erhalten, bis sich herausgestellt hat, ob sich die Hoffnungen erfüllen, oder ob sie getrogen haben.

In Unternehmen mit stark saisonal schwankender Nachfrage gehören zeitweise nicht ausgelastete Kapazitäten zum regulären Geschäft.

Natürlich gibt es aber auch Kosten, die sich weitgehend synchron mit der völligen oder teilweisen Stilllegung einer Anlage abbauen lassen. Dazu gehören z. B. die Verbräuche an Roh- und Hilfsstoffen.

Andererseits ist hier jedoch ausdrücklich darauf hinzuweisen, dass die Frage der Beeinflussbarkeit der Kosten völlig unabhängig davon zu sehen ist, ob die betreffenden Kostenarten in einer direkten oder nur in einer indirekten Beziehung zur Beschäftigung stehen.

3.3.7.4 Die Dimension »Art der Kostenverursachung«

Grundlage dieser Gliederung ist die bereits mehrfach hervorgehobene Feststellung, dass die Beziehungen zwischen den in einem Unternehmen anfallenden Kosten und der betrieblichen Leistungserstellung teils direkter, teils indirekter Natur sind. Für diejenigen Kosten, die durch eine direkte Beziehung zur Leistungserstellung charakterisiert sind, wurde hier der Begriff Produktkosten eingeführt. Die zweite Kostengruppe wird als Managementkosten bezeichnet. Auf beide Kategorien wird im Abschnitt 3.3.7.6 näher einzugehen sein.

3.3.7.5 Die Dimension »Ausgabenwirksamkeit«

Diese Dimension ist primär von liquiditätspolitischer Relevanz. Um die Bedeutung bestimmter Kosten für die Liquidität eines Unternehmens einschätzen zu können, ist zu unterscheiden zwischen kurzfristig ausgabewirksamen Kosten und Kosten, die entweder überhaupt nicht, aber zumindest nicht kurzfristig ausgabewirksam sind. Was dabei als kurzfristig anzusehen ist, muss von den zuständigen Entscheidungsträgern festgelegt werden. Gewöhnlich wird hier ein Zeitraum von drei Monaten als kurzfristig betrachtet. Die Frist kann sich aber auch auf sechs Monate verlängern. Zu den auf kurze Sicht ausgabewirksamen Kosten gehören z. B. Löhne, Gehälter und die entsprechenden Sozialkosten. Auch aus der Notwendigkeit, neue Rohstoffe zu beschaffen, ergeben sich kurzfristig ausgabewirksame Kosten. Kosten, die erst auf längere Sicht zu Ausgaben führen, sind z. B. Rückstellungen für Bergschäden.

Gar nicht ausgabewirksam sind alle kalkulatorischen Kosten. Nicht mehr ausgabewirksam ist der Verbrauch längst bezahlter Materialien, die nicht ersetzt werden müssen.

3.3.7.6 Erläuterung der Begriffe Produktkosten und Managementkosten

Produktkosten

Die Umschreibung der Produktkosten als diejenigen Kosten, die in einem unmittelbaren Zusammenhang zur betrieblichen Leistungserstellung stehen, bedeutet, dass sie technisch notwendig sind, um ein am Markt zu verkaufendes Produkt herzustellen (Deyhle).

Grundlage für die Bestimmung der Produktkosten ist ihr Mengen- und Zeitgerüst. Es besteht aus den zur Herstellung eines Produkts unmittelbar notwendigen Mengen an Einsatzgütern aller Art sowie den erforderlichen Arbeits- und Prozesszeiten.

In der Theorie wird dieses Mengen- und Zeitgerüst mit Hilfe der Faktoreinsatzfunktionen dargestellt. In der Praxis wird es z. B. in Form von Stücklisten, Rezepturen, Ausbeutungsraten, technischen Zeichnungen sowie in Arbeitsplänen und Zeitvorgaben dokumentiert.

Für diese Einsatzmengen gilt, dass sie sich, von Ausnahmen abgesehen, bei konstanter Intensität direkt proportional zur Ausbringungsmenge verändern. Werden die Verbrauchsmengen der einzelnen Produktionsfaktoren mit konstanten Preisen je Einheit bewertet, so ergeben sich proportional verlaufende Kostenkurven. Damit entsprechen die Produktkosten genau dem in der h. L. auf der Produktionsfunktion vom Typ B beruhenden Kostenmodell.

Beispiel:
Die Produktkosten einer Möbelfabrik ergeben sich aus dem bewerteten Mengen- und Zeitgerüst. Dieses besteht aus den je nach Art, Form und Größe der herzustellenden Möbelstücke unterschiedlichen Verbräuchen an Roh- und Hilfsstoffen (Hölzer, Stoffe, Lasuren usw.), an Arbeits- und Prozesszeiten der eingesetzten Menschen und Maschinen. Zu den Produktkosten gehören dabei direkt aus der Fertigung resultierende Löhne und Gehälter, kalkulatorische Abschreibungen sowie die entsprechenden Verbräuche an Energie und anderen Betriebsstoffen. Kurz gesagt alle Kosten, die in das Produkt »hineingeopfert« werden müssen. **Nicht** hierher gehören z. B. Löhne und Gehälter aus Lager und Verwaltung sowie dort anfallende Stromkosten.

Bezogen auf ein ganzes Unternehmen lassen sich die Produktkosten als diejenigen Kosten bezeichnen, die bei gegebenem Fertigungsrepertoire unmittelbar vom aktuellen Fertigungsprogramm abhängig sind, also von der Art und Menge der herzustellenden Erzeugnisse. Dabei ist es völlig unerheblich, wie schnell sich die betreffenden Kostenarten etwa im Falle einer Verschlechterung der Auftragslage abbauen (beeinflussen) lassen. Fertigungslöhne sind also immer Produktkosten, ganz egal welche gesetzlichen, tariflichen oder vertraglich vereinbarten Kündigungsfristen bestehen.

Sonderfall Rüstkosten

Zu den Produktkosten gehören auch die Rüstkosten. Sie sind als Ausnahme von der Regel zwar nicht unmittelbar, letztlich aber doch von der aktuellen Ausbringungsmenge des entsprechenden Produkts abhängig. Sie sind Produktkosten, weil das Produkt ohne »zu rüsten« nicht entstehen kann. Wie hoch die für eine bestimmte Menge eines bestimmten Produkts anfallenden Rüstkosten sind, hängt c. p. aber nicht nur von der produzierten Menge ab, sondern auch davon, in welchen Seriengrößen (Losgrößen) gefertigt wird. Rüstkosten sind damit zugleich auch beschäftigungsabhängige Kosten.

Managementkosten

Managementkosten sind, wie schon festgestellt wurde, diejenigen Kosten, die – neben den Produktkosten – nur in einer indirekten Beziehung zur betrieblichen Leistungserstellung stehen und damit auch nicht unmittelbar zur Entstehung der zum Verkauf bestimmten betrieblichen Leistungen beitragen können. Hierher gehören alle Kosten, die von den zuständigen Entscheidungsträgern für nötig gehalten bzw. in Kauf genommen werden, um das Unternehmen möglichst profitabel führen (steuern) zu können und um seine Leistungsfähigkeit, seine Marktgeltung und sein Ansehen zu sichern bzw. zu erhöhen. Damit gehören zu den Managementkosten alle für Leitung, Verwaltung und Vertrieb anfallenden Kosten (Personalkosten, Kosten für Büromaterial usw.). Die unmittelbar umsatz- oder auftragsabhängigen Vertriebskosten, wie z. B. Provisionen und Ausgangsfrachten werden zwar zweckmäßigerweise als Erlösschmälerungen bzw. als Sonderkosten behandelt, das ändert aber nichts daran, dass es sich dabei um Managementkosten handelt.

Probleme bei der **Abgrenzung von Managementkosten und Produktkosten** kann es insbesondere deshalb geben, weil, wie sich aus dem oben dargestellten Kostenwürfel ergibt, sowohl Produktkosten als Managementkosten jeweils entweder Einzelkosten oder Gemeinkosten sein können.

> **Beispiele:**
> Die Gehälter von Konstrukteuren sind Managementkosten und Gemeinkosten, wenn diese am Fertigungsrepertoire des Unternehmens arbeiten. Arbeiten sie dagegen an einem ganz bestimmten Auftrag (z. B. im Großmaschinenbau), so sind ihre Gehälter im Rahmen dieser Auftragsarbeit gleichfalls Managementkosten, aber zugleich Einzelkosten des betreffenden Auftrags.
> Auch die Kosten für Forschung und Entwicklung, soweit diese für das eigene Unternehmen betrieben wird, sind Managementkosten und zugleich Gemeinkosten, wenn sie sich nicht einem bestimmten Auftrag direkt zuordnen lassen.
> Unmittelbar für die Produktion eingesetzte Hilfs- und Betriebsstoffe sind zwar Produktkosten, sie gehören aber definitionsgemäß zu den Gemeinkosten.

Leerkosten sind im Zweifel Managementkosten. Zu denken wäre dabei etwa an Instandhaltungskosten, die auch dann anfallen, wenn eine Anlage vorübergehend nicht genutzt werden kann, aber »gepflegt« werden muss.

3.3.7.7 Ergänzende Abgrenzungen zwischen Produktkosten und Managementkosten

Hier sei darauf hinzuweisen, dass natürlich auch die Managementkosten eine Mengenkomponente haben. Infolgedessen hängt die Höhe der jeweils anfallenden Kosten von den jeweils verbrauchten Mengen und den einschlägigen Preisen je Einheit ab.

Insoweit handelt es sich auch bei den Managementkosten um mengenabhängige Kosten. Der entscheidende Unterschied zu den Produktkosten besteht darin, dass die den Managementkosten zugrunde liegenden Verbrauchsmengen eben nicht in einer direkten Beziehung zur betrieblichen Ausbringungsmenge stehen.

Einzuräumen ist, dass sich Managementkosten vielfach zu bestimmten »Hilfsleistungen« in Beziehung setzen lassen. So werden z. B. Kostenarten aus dem Einkauf öfters zum Einkaufsvolumen und Kostenarten des Vertriebs zum Umsatz in Beziehung gesetzt. Das bedeutet aber nicht, dass die entsprechenden Kosten von diesen Bezugsgrößen unmittelbar abhängig sind. Solche Relationen (z. B. Gehaltskosten je 1 000 € Einkaufsumsatz oder Werbekosten in Prozent vom Verkaufsumsatz) sind vielmehr Kennzahlen, die ausdrücken, welchen Wirkungsgrad die Planungs- und Steuerungsfunktion des Managements besitzt (Deyhle). Sinkt der Wirkungsgrad dauerhaft ab, so ist zu prüfen, wie Abhilfe geschaffen werden kann. Das Gesagte gilt sinngemäß auch dann, wenn etwa die durchschnittlichen Kosten für ein Angebot, für die Erstellung einer Rechnung oder für eine Buchung ermittelt werden.

Dagegen ist es falsch, in dem geschilderten Kontext von beschäftigungsabhängigen Kosten zu sprechen, und zwar aus folgenden Gründen: Die Zahl der erstellten Angebote, Rechnungen usw. mag als ein hinreichender Maßstab für die Auslastung der entsprechenden Abteilungen angesehen werden können; die Beschäftigung des Unternehmens kann so nicht gemessen werden, denn dabei kommt es fast ausschließlich auf die am Markt zu verkaufenden Leistungen des Unternehmens an. Zwischen dem Volumen der angesprochenen Hilfsleistungen und der Beschäftigung eines Unternehmens gibt es in aller Regel keine direkte, sondern nur eine indirekte Beziehung. Deshalb sind die einschlägigen Kosten Managementkosten. Um Missverständnisse zu vermeiden, sei aber darauf hingewiesen, dass die durch das Schreiben eines Briefes entstehenden Kosten natürlich dann Produktkosten sind, wenn es sich bei dem Brief um die am Markt bereits abgesetzte Leistung eines Schreibbüros handelt.

Kontrollfragen
1. Beschreiben Sie Wesen und Aufgabe der Kostenartenrechnung.
2. Was ist der Unterschied zwischen primären und sekundären Kostenarten? Warum ist diese Unterscheidung wichtig?
3. Nach welchen Kriterien ist ein Kostenartenplan aufgebaut?
4. Inwiefern ist jede Kostenart mehrdimensional?
5. Zu welcher Kostenunterscheidung führt die Dimension Zurechenbarkeit?
6. Was verstehen Sie unter den Kostendimensionen »Ausgabenwirksamkeit« und »Tempo der Beeinflussbarkeit«?
7. Gibt es Kosten, die von der Beschäftigung in einem Unternehmen unabhängig sind?
8. Was ist der Unterschied zwischen Produkt- und Managementkosten? Nennen Sie Beispiele.

Aufgabe 8.06 *Kostenkategorien S. 417*

3.4 Grundzüge der Erfassung, Bewertung und Verrechnung ausgewählter Kostenarten und Kostenartengruppen

Die folgenden Ausführungen dienen zur Erläuterung des Kostenartenplanes von S. 222 f. Auf diesen Plan wird deshalb fortlaufend Bezug genommen.

3.4.1 Materialverbrauch (Stoffverbrauch)

Es wird hier ganz bewusst nicht von Materialkosten, sondern von Materialverbrauch gesprochen, weil der Begriff Materialkosten in der Kostenträgerrechnung bereits belegt ist. Die **Materialkosten** sind dort definiert als die Summe der Kosten aus Fertigungsmaterial und Materialgemeinkosten. In die Materialgemeinkosten gehen dabei auch Wertverzehre ein, die nicht unter den Begriff Materialverbrauch fallen (vgl. S. 266).

Materialverbrauch findet in Form des Verbrauchs an Fertigungsmaterial (Einzelkostenmaterial) sowie an Hilfs- und Betriebsstoffen (Gemeinkostenmaterial) statt. Es geht hier also um die Erfassung der zu den Gruppen 40 und 41 des Kostenartenplanes gehörenden Wertverzehre, und zwar so, dass sie sich möglichst problemlos auf die Kostenträger bzw. die Kostenstellen zurechnen lassen.

3.4.1.1 Erfassung des Materialverbrauchs

Allein für die Erfassung der **Gesamtverbräuche einer Periode** würde es (soweit es sich um lagerfähige Güter handelt) genügen, die Verbräuche nach dem Inventurverfahren oder nach dem retrograden Verfahren zu bestimmen (vgl. als Literatur z. B. Kilger, Grochla und Hummel/Männel).

Beim **Inventurverfahren** gilt die Formel:

Materialverbrauchsmenge = Anfangsbestand + Zugänge ·/· Endbestand

Die Zugänge sind dabei durch Lieferscheine u. ä. zu ermitteln; die Anfangs- bzw. Endbestände durch körperliche Bestandsaufnahme (Inventur) am Anfang bzw. Ende der jeweiligen Periode. Wird **unterjährig** (monatlich, vierteljährlich) abgerechnet, so sind die sehr **aufwendigen Inventuren** ein gravierender Nachteil dieses Verfahrens. Außerdem erscheinen Lagerverluste hier fälschlicherweise als reguläre Verbräuche.

Beim **retrograden Verfahren** wird versucht, die Materialverbräuche anhand des durchschnittlichen Normalverbrauchs je Einheit (Erfahrungswerte der Vergangenheit) nach folgender Formel zu ermitteln:

$$\text{Verbrauchsmenge} = \text{produzierte Menge} \times \text{Sollverbrauchsmenge je produzierte Einheit}$$

Völlig offen bleibt dabei, inwieweit die so ermittelten Werte mit den tatsächlichen Verbräuchen (Istwerten) übereinstimmen. Außerdem ist dieses Verfahren besonders für Betriebsstoffe (die ja nicht ins Produkt eingehen) sicher **nur bedingt anwendbar.**

Das **zweckmäßigste Verfahren** bei der Erfassung der Materialverbräuche ist die **Skontration** (Fortschreibung, vgl. auch S. 239). Dabei werden die Zugänge anhand der Eingangsbelege (Lieferscheine) und die Verbräuche mit Hilfe besonderer Entnahmebelege erfasst. In Betracht kommen hier insbesondere Materialentnahmescheine, die sich etwa für Fertigungsmaterial, Hilfs- und Betriebsstoffe durch Farbe oder Größe unterscheiden können. Bei Serienfertigung können auch Stücklisten als Entnahmebelege dienen.

Ein Muster eines für manuelle Bearbeitung gedachten Materialentnahmescheines (vgl. S. 239) zeigt die für einen solchen Beleg nötigen Angaben, insbesondere Art und Menge des entnommenen Materials, Verwendungszweck (Auftrag, Produkt) und entnehmende Kostenstelle. In zahlreichen Betrieben werden heute natürlich Belege verwendet, die maschinell bearbeitet werden können. Als Demonstrationsobjekte sind diese aber wegen der weitgehenden Verschlüsselung aller Daten wenig geeignet.

Die Skontration ist zwar ein relativ aufwendiges Verfahren, es ermöglicht aber eine **plausible Zuordnung** der Verbräuche auf Kostenträger und Kostenstellen. Dabei gelten die vom Lager entnommenen, ins Produkt eingehenden Hilfsstoffe (z. B. Schrauben, Nägel, Leim, Knöpfe) sowie der nicht ins Produkt eingehende Verbrauch an Betriebsstoffen (Schmier- und Kühlmittel, Büromaterial) in der Regel mit dem Zeitpunkt der Entnahme als verbraucht. Rücklieferungen werden der Kostenstelle bzw. dem Kostenträger wieder gutgeschrieben. Dadurch kann es bei unterjährigen Abrechnungen zu Verstößen gegen das Prinzip der Periodengerechtigkeit kommen, die prinzipiell im Sinne der Wirtschaftlichkeit des Verfahrens in Kauf zu nehmen sind. Droht die Gefahr, dass das Rechenergebnis auf diese Weise erheblich verfälscht wird, sind durch ergänzende Bestandsmeldungen der Kostenstellen (sie können auf Schätzungen beruhen) Korrekturen vorzunehmen. Die Skontration hat weiter den Vorteil, dass die gesetzlich vorgeschriebenen Bestandsaufnahmen im Wege der **permanenten Inventur** zu jedem beliebigen Zeitpunkt durchgeführt werden können.

Für **Betriebsstoffe** wie Strom, Dampf und Wasser (Letzteres kann auch Fertigungsmaterial sein, z. B. bei Brauereien) sind die Gesamtverbräuche durch entsprechende Messgeräte leicht feststellbar. Schwieriger ist die Zurechnung auf Kostenstellen und Kostenplätze (z. B. ganz bestimmte Anlagen). Der Einbau von Zwischenzählern wäre zwar ideal, erweist sich aber oft als unwirtschaftlich, sodass man auf **fundierte Schätzungen** angewiesen ist. So kann etwa der Stromverbrauch anhand der installierten Leistung geschätzt werden. Dieses Beispiel zeigt, dass sich bestimmte Probleme der Kostenrechnung nur unter Mitwirkung von Technikern lösen lassen.

Unter dem Gesichtspunkt der Wirtschaftlichkeit, die hier Vorrang vor einer Scheingenauigkeit haben muss, ist gerade bei den Betriebsstoffen zu beachten, dass es durchaus sinnvoll sein kann, die Verbräuche an Strom, Gas, Dampf allein auf die **Hauptverbraucher** zuzuordnen. Der Versuch, in diesem Bereich Kostenanteile von weniger als 2 % des Gesamtwerts bestimmten Kostenstellen zuzuordnen, ist meist schon deshalb sinnlos, weil der Genauigkeitsgrad der Rechnung ganz sicher unter 98 % liegt.

3.4.1.2 Bewertung des Materialverbrauchs

Bewertungsmaßstab
Um die Materialverbräuche bewerten zu können, ist zunächst zu klären, aus welchen Bestandteilen die entsprechenden Preise bestehen müssen. Der wichtigste dieser Bestandteile ist der (Netto-)Einkaufspreis (Listenpreis abzüglich eventueller Rabatte). Außerdem sind Beschaffungsnebenkosten wie Fracht, Transportversicherung, Zölle, Verpackung u. ä. zu berücksichtigen. Die Summe aus Einkaufspreis und Beschaffungsnebenkosten wird als **Einstandspreis** oder Bezugspreis bezeichnet.

Mit den **Beschaffungsnebenkosten** gibt es dabei immer dann Zuordnungsprobleme, wenn mehrere Materialien mit einer Sendung geliefert werden, sodass die Nebenkosten auf die verschiedenen Posten verteilt werden müssen. Als hierfür geeignete **Verteilungsschlüssel** kommen insbesondere Gewicht, Volumen und Wert in Betracht. Aber auch hier geht im Zweifel Wirtschaftlichkeit vor Genauigkeit. Als Notlösung, die aber die Ausnahme bleiben muss, kommt die Verrechnung von Teilen der Beschaffungsnebenkosten in den Materialgemeinkosten in Betracht.

Außer Ansatz bleiben dagegen die den Materialgemeinkosten zuzurechnenden **innerbetrieblichen Beschaffungskosten** (Einkauf, Lager, Materialprüfung u. a.) sowie Skonti und Umsatzsteuer (Vorsteuer). Die Vorsteuer kann als durchlaufender Posten kein Kostenbestandteil sein. **Lieferantenskonti** sind kein Kalkulationsproblem, sondern ein Finanzierungsproblem und deshalb als neutrale Erträge zu behandeln (als

Stück		Artikel			Auftrags-Nr.	
Werkstoff		Zeichnungs-Nr.	ausgestellt am		Termin	
Ausgabe						
am	Stück, kg, m, qm		an	Einzel-preis	Gesamt-preis	Lager-kartei / Nach-kalkulat.
Materialentnahmeschein			Empfänger/Kostenstelle		Ausgegeben von	

Literatur vgl. Mellerowicz). Außerdem steht beim Eingang der Ware vielfach noch gar nicht fest, ob unter Abzug von Skonto bezahlt wird.

Bewertungsverfahren

Unter Berücksichtigung der Prinzipien der Wertkongruenz und der Wirtschaftlichkeit ist hierzu folgendes festzustellen:

Bei Waren, die laufend bezogen werden, sollten die Preise nach dem Verfahren der **permanenten Durchschnittsbildung** (als Literatur vgl. z. B. Kilger) ermittelt werden. Wie dabei vorzugehen ist, zeigt das Folgende, nach der Methode der Skontration aufgebaute Materialkonto.

Beispiel:

Materialkonto in Staffelform (Skontration)			
	Menge kg	Einzelpreis	Gesamtpreis
1) Anfangsbestand	526	3,2400	1 704,24
2) Abgang	340	3,2400	1 101,60
3) Bestand	186	3,2400	602,64
4) Zugang	700	3,3000	2 310,00
5) Bestand	886	3,2874	2 912,64
6) Zugang	200	3,3000	660,00
7) Bestand	1 086	3,2897	3 572,64
8) Abgang	898	3,2897	2 954,15
9) Endbestand	188	3,2898	618,49

Der Preis je kg wird nach einem Zugang retrograd ermittelt, d. h., der neue Gesamtwert ist durch die entsprechende Gesamtmenge zu teilen. Um Rundungsdifferenzen im Beispiel gering zu halten, wurde auf vier Stellen genau gerechnet. Für die Praxis genügen meist drei Stellen.

Um zu vermeiden, dass die Kostenrechnung stark von überholten Preisen beeinflusst wird und sich damit vom aktuellen Wiederbeschaffungswert weitgehend löst, empfiehlt es sich, mit **gleitenden Durchschnitten** (z. B. Vierteljahresdurchschnitten) zu arbeiten.

Angenommen, das obige Beispiel enthalte die Werte des ersten Quartals, so bedeutet das, dass der Anfangsbestand des zweiten Quartals (gleich Endbestand des ersten Quartals) für Zwecke der Kostenrechnung nicht mit dem Durchschnittspreis von 3,2898 je kg zu bewerten ist, sondern zum Preis des letzten Zugangs im ersten Quartal, also mit 3,30 je kg. Auf der Basis dieses Wertes sind dann die Durchschnitte im zweiten Quartal zu bilden.

Werden gleitende Vierteljahresdurchschnitte etwa bei sehr stark schwankenden Preisen oder hoher Inflation für unzureichend gehalten, so kann auch mit kürzeren Zeiträumen gearbeitet werden. Der Einwand, die gleitende Durchschnittsbildung sei zu umständlich, ist im Zeitalter der EDV nicht mehr stichhaltig.

Güter, die nur selten benötigt und nur in geringen Mengen gelagert werden, können grundsätzlich zum jeweiligen **Einstandspreis** bewertet werden; es sei denn, dass sich bei längerer Lagerzeit der Preis inzwischen nennenswert verändert hat. Die entsprechenden Grenzen (z. B. mehr als 5 %) sind vom jeweiligen Unternehmen zu bestimmen.

Bewertungsverfahren mit angenommenen Verbrauchsfolgen (wie z. B. **Lifo** und **Fifo**, vgl. dazu Band 1) beruhen primär auf steuerpolitischen Überlegungen und sind deshalb für **Zwecke der Kostenrechnung nicht akzeptabel**. Das wird nicht nur in der Praxis, sondern auch in der Theorie (vgl. etwa Kilger) nicht immer beachtet. Der Platz dieser Verbrauchsfolgeverfahren ist nicht die Kostenrechnung, sondern die Finanzbuchhaltung.

Ist- und Planpreise

Die bisherigen Überlegungen haben sich allein auf die Ermittlung von **Istpreisen** bezogen. Bei Vorkalkulationen sind aber die im Falle einer späteren Produktion geltenden Preise natürlich noch nicht bekannt. Deshalb müssen neben den Istpreisen auch noch **Planpreise** ermittelt werden, die aus Gründen der Wirtschaftlichkeit möglichst für eine Periode (ein Jahr) konstant gehalten werden sollten.

Bei der Ermittlung von Planpreisen kann es sich nur um sorgfältige, auf Erfahrungen aus der Vergangenheit beruhende Schätzungen handeln. Dabei dürfen keinesfalls statistische Reihen aus der Vergangenheit einfach in die Zukunft hinein verlängert werden; vielmehr ist zu berücksichtigen, dass in der Zukunft andere Faktoren die Preisentwicklung beeinflussen können, als das in der Vergangenheit der Fall war. Außerdem ist durch Nachkalkulationen von Zeit zu Zeit festzustellen, ob die Planpreise tatsächlich weiterhin gehalten werden können oder ob Änderungen doch unvermeidbar sind.

Aufwendige Verfahren, wie sie in der Literatur (vgl. z. B. Kilger) zur laufenden Erfassung der Differenzen zwischen Ist- und Planpreisen angeboten werden, sind unter dem Gesichtspunkt der Wirtschaftlichkeit eher skeptisch zu beurteilen.

3.4.1.3 Zuordnung zu Produkt- oder Managementkosten

Fertigungsmaterial und Hilfsstoffe gehören eindeutig zu den Produktkosten. Das gilt auch für Betriebsstoffe, die unmittelbar zur Produktion der zu verkaufenden Leistungen notwendig sind. Betriebsstoffe, die der Verwaltung dienen (z. B. Büromaterial) sind hingegen Managementkosten. Das gilt auch für die Materialgemeinkosten.

3.4.2 Personalkosten

Hier geht es um die Erfassung und Verrechnung von Löhnen, Gehältern und Sozialkosten, also um diejenigen Kostenarten, welche im Kostenartenplan den Kostengruppen 42 und 43 zugeordnet werden. Dabei sind für die Kostenrechnung nur die **Bruttolöhne** und **Bruttogehälter** von Interesse. Die vom Arbeitnehmer zu tragenden Abzüge für Steuer und Sozialversicherung berühren die Kostenrechnung nicht.

3.4.2.1 Löhne und Gehälter

Erfassung der Löhne und Gehälter

Die Erfassung bzw. Ermittlung von Löhnen und Gehältern ist Aufgabe der **Lohn- und Gehaltsbuchhaltung.** Dabei sollten Fertigungslöhne und Hilfslöhne möglichst getrennt erfasst werden.

Dadurch und durch eine **Gliederung der Lohn- und Gehaltsabrechnung nach Kostenstellen** wird es möglich, die Löhne und die Masse der Gehälter den betreffenden Kostenstellen direkt zuzurechnen und zugleich Doppelarbeit zu vermeiden. Schwierigkeiten gibt es hier allerdings dann, wenn z. B. ein Meister für mehrere Kostenstellen zuständig ist. Lösen lässt sich dieses Problem dadurch, dass mit dem betreffenden Mitarbeiter geklärt wird, wie viel Prozent des Gehaltes den einschlägigen Kostenstellen zuzurechnen sind. Dabei sollten die Kriterien für die Gehaltsfindung analog angewendet werden.

Mit der Übernahme der Gehaltssumme je Kostenstelle aus der Lohn- und Gehaltsbuchhaltung in die Kostenrechnung kann auch weitgehend vermieden werden, dass Mitarbeiter der Kostenrechnung die Höhe bestimmter Einzelgehälter erfahren. Das gilt natürlich dann nicht, wenn Kostenstellen nur mit einem Gehaltsempfänger besetzt sind.

Zuordnung zu Kostenträgern und Kostenstellen

Hier geht es zunächst um die Unterscheidung von **Einzelkostenlöhnen** (Fertigungslöhnen, Fertigungsgehälter) und **Gemeinkostenlöhnen** (Hilfslöhnen), die im Kostenartenplan weiter untergliedert sind. Diese Trennung ist besonders wichtig, weil die Einzelkostenlöhne den Kostenstellen und Kostenträgern unmittelbar und verursachungsgerecht zuzurechnen sind, während bei den Gemeinkostenlöhnen die verursachungsgerechte Zuordnung auf die Kostenträger definitionsgemäß nicht in Betracht kommt.

Löhne für Überstunden sind je nach Art der Arbeit analog zur Bezahlung der Regelarbeitszeit den Fertigungslöhnen oder den Hilfslöhnen zuzuordnen. In gleicher Weise sind **Zuschläge für Überstunden, Nacht- oder Feiertagsarbeit** zu behandeln. Sie sollten aber im Interesse einer aussagefähigen Kostenträgerrechnung getrennt erfasst werden. Die **Soziallöhne** (Feiertags-, Urlaubs- und Krankheitslöhne) sowie das **Weihnachtsgeld** werden zweckmäßigerweise zusammen mit den Sozialkosten in die Kostenrechnung eingebracht (s. S. 244 f.).

Bei den Löhnen ist schließlich noch zwischen Zeitlohn und Akkordlohn zu unterscheiden. **Zeitlohn** bedeutet, dass die effektiv geleisteten Arbeitsstunden bezahlt werden, wobei ein für angemessen erachtetes Arbeitsergebnis zugrunde gelegt wird. Je nachdem, wo bzw. wofür ein Zeitlöhner eingesetzt wird, kann sein Arbeitslohn Fertigungslohn oder Hilfslohn sein. Arbeitet der Zeitlöhner direkt am zu verkaufenden Produkt oder an zu aktivierenden Eigenleistungen, die dem Betriebszweck entsprechen, so ist sein Lohn Fertigungslohn. Zeitlohn, der für andere Arbeiten sowie für außerplanmäßige Wartezeiten bezahlt wird, ist Hilfslohn (Gemeinkostenlohn). Planmäßige Wartezeiten im Sinne der vom REFA-Verband aufgestellten Regeln sind dagegen als Fertigungslöhne abzurechnen.

Die Fertigungsgehälter sind analog zu den Zeitlöhnen zu behandeln. Allerdings gibt es hier eine Reihe von **Sonderproblemen:** Die Frage, ob ein Mitarbeiter, der unmittelbar am Produkt arbeiten soll, Lohnempfänger oder Gehaltsempfänger ist, darf, das ist unbestreitbar, für die Kostenrechnung keine Rolle spielen. Es muss also sichergestellt werden, dass, bezogen auf die Kostenträger, auch anteilige Fertigungsgehälter als Einzelkosten behandelt werden können. Dazu müssen die Fertigungsgehälter zunächst in »Stundenlöhne« (Stundensätze) umgerechnet werden. Das heißt, dass das Jahresgehalt (ohne Weihnachtsgeld u. ä.) durch die dem Gehalt zugrunde liegende Jahresarbeitszeit dividiert werden muss. Damit können die Bezieher von Fertigungsgehältern in der Kostenrechnung jetzt wie Zeitlöhner behandelt werden. Zur Durchführung der hier entstehenden Zusatzarbeit dürfte die Lohnbuchhaltung auf Grund der dort zur Verfügung stehenden Informationen besser gerüstet sein als die Kostenrechnung. Ergänzend ist noch darauf hinzuweisen, dass sich bei den Fertigungsgehältern (wegen der unterschiedlichen Zahl an Arbeitstagen pro Monat) zwangsläufig Differenzen zwischen Lohnabrechnung und Kostenrechnung ergeben müssen, wenn in der Kostenrechnung mit unterjährigen Perioden gearbeitet wird.

Beim **Akkordlohn** wird die für den jeweiligen Arbeitsauftrag geltende Vorgabezeit bezahlt. Akkordlohn ist meist Fertigungslohn. Er kann aber auch Hilfslohn sein, z. B. wenn Reinigungsarbeiten von eigenen Mitarbeitern im Akkord ausgeführt werden.

Die Festsetzung der Vorgabezeit beim Akkordlohn muss nach bestimmten Regeln erfolgen, wie sie z. B. vom REFA-Verband entwickelt worden sind. Insbesondere müssen die Vorgabezeiten so angelegt sein, dass sich die Arbeit de facto in kürzerer Zeit als vorgegeben erledigen lässt, sodass der Mitarbeiter seinen Gesamtlohn durch entsprechende Leistung wirklich beeinflussen kann.

Für nicht im Akkord bezahlbare Arbeitszeiten sowie für außerplanmäßige Wartezeiten erhalten Akkordlöhner in der Regel einen an ihrem effektiven Akkordverdienst orientierten Stundenlohn, der je nach Tätigkeit Fertigungslohn oder Hilfslohn sein kann.

Die Bedingungen, unter welchen eher mit Zeitlohn oder eher mit Akkordlohn gearbeitet werden sollte, sowie die Vor- und Nachteile der beiden Lohnformen werden in der Literatur ausführlich diskutiert (vgl. z. B. Kilger sowie Wöhe). Hier würde das zu weit führen, zumal dabei auch auf die Möglichkeiten einzugehen wäre, die moderne Systeme der Betriebsdatenerfassung in diesem Bereich bieten.

Stück	Artikel				Auftrags-Nr.		
Werkstoff		Zeichnungs-Nr.		ausgestellt am	Termin		
Datum	Name des Arbeiters		Kontroll-Nr.	Meister	Lohnbüro		
Arbeits-gang-Nr.	Kosten-stelle	Arbeitsgang	Stückzeit in Min.	Einrichtezeit in Min.	Werkzeug	gut	A=Arbeits- M=Materi.-	Revision
							Ausschuss	
Fertigungslohnschein	Abschlag in Min.	Unterschrift	Rest	Lohns.	Betrag €	Lohnbüro	Nachkalk.

Für die Erfassung und die Zuordnung der Löhne auf Kostenstellen und insbesondere auf Kostenträger muss auch im Zeitalter der EDV vielfach noch mit besonderen Belegen, den **Lohnscheinen,** gearbeitet werden. Sie müssen alle für Lohnbuchhaltung und Kostenrechnung bzw. für die maschinelle Verarbeitung relevanten Informationen enthalten, insbesondere Kostenstelle, Kostenträger, durchgeführte Arbeit, Name und Nummer des Mitarbeiters, eventuell Vorgabezeit, Lohnsatz.

Damit kann zunächst festgestellt werden, dass die zeitliche Abgrenzung sowie die **Zurechnung der Löhne und Gehälter auf Kostenstellen** bzw. auf Kostenstellen und Kostenträger (für Einzelkostenlöhne) bei entsprechender Sorgfalt keine prinzipiellen Schwierigkeiten bereitet. Das gilt auch für die Lohnsätze und Gehälter, die durch Tarifverträge und Betriebsvereinbarungen oder Einzelverträge bestimmt werden.

Auch die **Bewertung zum aktuellen Wiederbeschaffungswert** ist prinzipiell gewährleistet; nicht zu vermeidende Abweichungen können speziell während der Übergangszeit zwischen zwei Tarifabschlüssen auftreten. Das gilt analog für die Bestimmung von Plansätzen für Zwecke der Vorkalkulation.

Zuordnung zu Produkt- oder Managementkosten

Fertigungslöhne (auch wenn sie als Fertigungsgehälter bezahlt werden) sind, da sie für die Erstellung der zum Verkauf bestimmten Leistungen anfallen, Produktkosten.

Gemeinkostenlöhne und andere Gehälter sind dann Produktkosten, wenn sie in einer unmittelbaren Beziehung zur Entstehung einer Hauptleistung stehen. Das ist z. B. der Fall bei Verschleißreparaturen und Instandhaltungsarbeiten an Maschinen.

Hilfslöhne für Lager- und Transportarbeiten sind dagegen (von Ausnahmen abgesehen) ebenso Managementkosten wie die **Gehälter in Verwaltung, Arbeitsvorbereitung und Vertrieb.**

Managementkosten sind auch **Krankheits-, Urlaubs- und Feiertagslöhne.**

3.4.2.2 Sozialkosten

Die als Sozialkosten bezeichneten Wertverzehre sind im Kostenartenplan in der Gruppe 43 zusammengefasst. Die hier zuerst zu klärende Frage ist, welche Teile des Sozialaufwands eines Unternehmens sich überhaupt unter dem betriebswirtschaftlichen Kostenbegriff subsumieren lassen.

Abgrenzung

Soziale Aufwendungen, die kraft Gesetz oder Tarifvertrag erbracht werden müssen (z. B. Krankheits-, Feiertags- und Urlaubslöhne), gehören zu den Sozialkosten, denn ohne die Erfüllung dieser Verpflichtungen lässt sich auch der Betriebszweck nicht erfüllen.

Nach Auffassung des Verfassers können dagegen Zuschüsse zum **Kantinenessen,** Subventionen für **Werkswohnungen** und **Sportanlagen,** aber auch **Fahrtkostenzuschüsse** keine Kosten sein, weil der Betriebszweck auch ohne diese Aufwendungen erfüllt werden kann. Diese Wertverzehre sind statt dessen als neutraler Aufwand zu behandeln und haben damit im Kostenartenplan eigentlich keinen Platz. Wenn sie dort trotzdem als »Aussonderungen« auftauchen, so deshalb, weil es für die Geschäftsleitung eines Unternehmens durchaus von Interesse sein dürfte, gerade diese Informationen zusammen mit den Informationen über die Kostenentwicklung zu bekommen. Handels- und steuerrechtliche Überlegungen sind in diesem Zusammenhang völlig irrelevant.

Auch **Renten- und Pensionszahlungen** können, unabhängig davon, ob entsprechende Rückstellungen gebildet wurden, nicht als Kosten verrechnet werden, weil das dem

Prinzip der Periodengerechtigkeit widersprechen würde. Die Perioden, auf die sich diese Zahlungen eventuell als Lohnbestandteil zurechnen lassen könnten, sind ja längst vorbei.

Zuordnung zu Produkt- und Managementkosten

Sozialkosten können grundsätzlich sowohl Managementkosten als auch Produktkosten sein. Die Einordnung als Produktkosten erscheint aber nur dann vertretbar, wenn die entsprechenden Wertverzehre (analog zum Fertigungslohn) unmittelbar mit der Arbeit am Produkt verbunden sind. Diese Bedingung wird von denjenigen Arbeitgeberbeiträgen zur Sozialversicherung (zumindest in hohem Maße) erfüllt, welche auf die als Produktkosten einzustufenden Löhne bezahlt werden müssen.

Kalkulatorische Verrechnungssätze

Schwierigkeiten für die Betriebsabrechnung ergeben sich bei den Sozialkosten (einschließlich Soziallöhne) aus dem Umstand, dass die **Höhe der Soziallöhne** erheblichen **jahreszeitlichen und zufälligen Schwankungen** unterworfen ist. Das zeigt sich besonders bei den Urlaubs- und Feiertagslöhnen. Um hier im Sinne des Durchschnittsprinzips zu einer vertretbaren Lösung zu kommen, sollte hier mit normalisierten (kalkulatorischen) Verrechnungssätzen (Durchschnittssätzen) gearbeitet werden. Diese Sätze sind zumindest jährlich zu überprüfen und außerdem immer dann zu ändern, wenn sich die gesetzlichen oder tarifvertraglichen Bestimmungen geändert haben.

Die **Technik der Bestimmung solcher Durchschnittssätze** wird anschließend anhand von Beispielen gezeigt. Dabei sind, wie sich aus den bisherigen Überlegungen ergibt, wiederum Produktkosten und Managementkosten voneinander zu trennen. Außerdem ist zwischen lohnbezogenen, gehaltsbezogenen sowie lohn- und gehaltsbezogenen Kosten zu unterscheiden. Zur Bestimmung der (kalkulatorischen) Verrechnungssätze sind die einschlägigen Kosten (Soziallöhne und andere Sozialkosten) zu schätzen (zu planen) und zu den gleichfalls zu schätzenden Bezugsgrößen (Jahressumme von Bruttolöhnen bzw. -gehältern) in Beziehung zu setzen. Fertigungsgehälter sind hierbei wegen der oben angesprochenen Besonderheiten den Löhnen zuzuordnen. Die damit verbundenen Ungenauigkeiten müssen in Kauf genommen werden, da eine weitere Aufgliederung zu aufwendig wäre.

Beispiele zur Bestimmung von Verrechnungssätzen:

A) Lohnbezogene Sozialkosten und Soziallöhne pro Jahr	€	%
Basis: Bruttolohnsumme (einschließlich Fertigungsgehälter)	2 500 000,–	100,0
Arbeitgeberbeiträge zur Sozialversicherung	475 000,–	19,0
Soziallöhne (Urlaub, Krankheit, Feiertage)	525 000,–	21,0
Weihnachtsgeld	207 500,–	8,3
Sonstige	42 500,–	1,7
Summe	1 250 000,–	50,0

Für Soziallöhne und andere Sozialkosten, welche die zu den Produktkosten gehörenden Fertigungslöhne und Hilfslöhne betreffen, ist der Verrechnungssatz von 50 % nochmals aufzuspalten, weil die Arbeitgeberbeiträge zur Sozialversicherung (mit 19 %) gleichfalls zu den **Produktkosten** gehören, wogegen die restlichen 31 % **Managementkosten** darstellen.

B) Gehaltsbezogene Sozialkosten pro Jahr	€	%
Basis: Summe der Bruttogehälter (ohne Fertigungsgehälter)	1 400 000,–	100,0
Arbeitgeberbeiträge zur Sozialversicherung	154 000,–	11,0
Weihnachtsgeld	130 200,–	9,3
Sonstige	37 800,–	2,7
Summe	322 000,–	23,0

Gehaltsbezogene Sozialkosten (ohne Fertigungsgehälter) sind in vollem Umfang **Managementkosten**.

C) Lohn- und gehaltsbezogene Sozialkosten pro Jahr	€	%
Basis: Lohn- und Gehaltssumme	3 900 000,–	100,0
Ärztlicher Dienst, Sanitätsraum	273 000,–	7,0
Jubiläen u. ä.	226 200,–	5,8
Summe	499 200,–	12,8

Bei den Sozialkosten dieser letzten Gruppe handelt es sich wiederum ausschließlich um **Managementkosten**.

Damit ergeben sich zusammengefasst folgende, nach Produkt- und Managementkosten differenzierte Verrechnungssätze für Soziallöhne und andere Sozialkosten:

Verrechnungssätze für Soziallöhne und andere Sozialkosten	Produktkosten	Managementkosten
auf Löhne und Fertigungsgehälter als Produktkosten	19,0 %	31,0 % 12,8 % = 43,8 %
auf Löhne als Managementkosten	—	50,0 % 12,8 % = 62,8 %
auf Gehälter (ohne Fertigungsgehälter)	—	23,0 % 12,8 % = 35,8 %

3.4.3 Fremdreparaturen und technische Fremdleistungen

3.4.3.1 Erfassung und Zurechnung der Fremdreparaturen

Die Erfassung der Fremdreparaturen (im Kostenartenplan Gegenstand der Kostenartengruppe 44) erfolgt am einfachsten dadurch, dass die Eingangsrechnungen sofort mit der zu belastenden Kostenstelle kontiert werden. Das heißt aber nicht, dass der Gesamtbetrag jeder Rechnung auch der (Teil-)Periode zugerechnet werden kann, in welcher die Rechnung anfällt. Aperiodisch hohe Reparaturkosten sollten vielmehr **zeitlich abgegrenzt** und auf mehrere Abrechnungsperioden verteilt werden, um erhebliche Schwankungen in den Kostensätzen zu vermeiden und dem Prinzip der Periodengerechtigkeit in angemessener Weise Rechnung zu tragen. Wann und wie diese Aufteilung zu geschehen hat, muss von den zuständigen, mit den Umständen des Einzelfalls vertrauten Entscheidungsträgern entschieden werden. Steuerrechtliche Überlegungen sind dabei aus der Sicht der Kostenrechnung uninteressant. Trotzdem kann es natürlich sinnvoll sein, sich bei aktivierungspflichtigen (werterhöhenden) Reparaturen am Steuerrecht zu orientieren.

Andere technische Fremdleistungen sind analog zu den Fremdreparaturen zu behandeln. Allerdings spielen Probleme der zeitlichen Abgrenzung (Aktivierung) dabei in der Regel eine größere Rolle als bei den Fremdreparaturen. Außerdem kann es hier bei der Frage der Zurechnung auf die Kostenträger Abgrenzungsprobleme mit den Sonderkosten der Fertigung geben (vgl. S. 263 f.).

3.4.3.2 Zuordnung zu Produkt- oder Managementkosten

Verschleißbedingte Reparaturkosten für Betriebsmittel sind **Produktkosten**, wenn diese Betriebsmittel der Erstellung zum Verkauf bestimmter Leistungen dienen; der Verschleiß geht quasi in die Produkte ein. Reparaturen an Betriebsmitteln, die nicht direkt der Produktion dienen (wie z. B. Schreibmaschinen, Heizungsanlage), führen ebenso zu **Managementkosten** wie Reparaturen, die auf Bedienungsfehler zurückzuführen sind.

3.4.4 Steuern, Versicherungen, Gebühren und Beiträge

In der Kostengruppe 45 des Kostenartenplanes ist eine Reihe recht unterschiedlicher Kostenarten zusammengefasst, die hier nur in groben Zügen erläutert werden können (als Literatur vgl. insbesondere Gau).

3.4.4.1 Steuern

Von den Steuern, die ein Unternehmen zu zahlen hat, dürfen nur diejenigen in die Kostenartenrechnung eingehen, die sich unter dem Kostenbegriff subsumieren lassen und deshalb als **Kostensteuern** bezeichnet werden. Nachdem die Vermögenssteuer und die Gewerbekapitalsteuer abgeschafft wurden, sind hier insbesondere zu nennen:

- die Gewerbeertragssteuer,
- die Grundsteuer auf betriebsnotwendiges Vermögen (vgl. S. 256) sowie
- die Kfz-Steuer.

Für die Zuordnung der **Gewerbeertragsteuer** gibt es kein sachlich begründbares Kriterium. Es liegt deshalb nahe, auch diese Steuer der Einfachheit halber nach dem betriebsnotwendigen Kapital zu verteilen. Werden dadurch kapitalintensive Kostenstellen zu sehr belastet, so können auch noch Löhne und Gehälter in den Schlüssel einbezogen werden.

Die **Kfz-Steuer** wird über die Kostenstelle Fuhrpark dem jeweiligen Fahrzeug angelastet. Die eigentlichen (großen) Ertragsteuern, also die **Körperschaftsteuer** und die **Einkommensteuer,** werden nicht als Kosten, sondern als Aufwendungen eingestuft, die aus dem Ergebnis zu decken sind.

Die **Umsatzsteuer** gehört als durchlaufender Posten nicht zu den Kostensteuern.

3.4.4.2 Versicherungsprämien

Sofern hier keine eindeutige Zuordnung auf bestimmte Kostenstellen möglich ist, empfiehlt es sich, die Prämien für alle Sachversicherungen, durch die sich das Unternehmen gegen Vermögensschäden versichert, zusammenzufassen. Zu nennen sind hier insbesondere Feuerversicherungen, Einbruch- und Diebstahl- sowie Wasser- und Sturmschadenversicherungen. Dabei bietet sich wieder das betriebsnotwendige Kapitalvermögen als Verteilungsschlüssel an.

Spezielle Versicherungen, wie etwa die Kfz-Versicherungen, sind den betreffenden Kostenstellen zuzuordnen.

3.4.4.3 Gebühren und Beiträge

Gebühren und Beiträge werden von Behörden des Staates, von Kommunen sowie von den Kammern und Verbänden für ihre Dienste eingefordert. Gebühren und Beiträge, die mit Grundstücken und Gebäuden in Zusammenhang stehen (z. B. reguläre Müllabfuhr, Straßenreinigung) sind auch dort zu belasten. Gebühren für besonderen Müll (wie er z. B. bei der Produktion anfällt) haben die verursachenden Kostenstellen zu tragen. Kammer- und Verbandsbeiträge gehen zu Lasten der Verwaltung. Gebühren für Ursprungszeugnisse hat der Vertrieb zu übernehmen.

3.4.4.4 Zuordnung zu Produkt- oder Managementkosten und zeitliche Abgrenzung

Die hier behandelten Kostenarten sind im Industriebetrieb in der Regel **Managementkosten;** in einem Fuhrunternehmen wären Kfz-Versicherung und Kfz-Steuern allerdings den **Produktkosten** zuzurechnen.

Bei den hier diskutierten Kosten müssen vielfach **zeitliche Abgrenzungen** vorgenommen werden, weil Zahlungen häufig nicht nur den Zeitraum betreffen, in welchem sie geleistet werden. Versicherungsbeiträge etwa werden nicht selten für sechs oder zwölf Monate, Verbandsbeiträge jährlich, Steuern vierteljährlich bezahlt. Außerdem ist zu beachten, dass z. B. die Kostensteuern (aber auch viele Versicherungen) von der Entwicklung des Unternehmens abhängig sind, sodass es unzulässig ist, nur auf der Basis von Zahlen früherer Perioden zu operieren.

3.4.5 Verschiedene Kosten

Diese wiederum sehr heterogene Kostenartengruppe ist unter der Nummer 46 in den Kostenartenplan eingeordnet.

Die Erfassung von **Mieten und Pachten** und die Zuordnung dieser Kosten auf die Kostenstelle dürfte anhand der vorhandenen Verträge kein Problem sein. Es kann sich hier aber als nötig erweisen, die tatsächlich zu bezahlenden Beträge aus der Kostenrechnung herauszunehmen und statt dessen mit kalkulatorischen Werten zu arbeiten. Das sollte immer dann getan werden, wenn die vereinbarten Mieten nicht mehr marktgerecht sind und damit dem Prinzip der Bewertung zum aktuellen Wiederbeschaffungspreis nicht entsprechen.

Die Erfassung und Zuordnung der Kosten für **Telefon, Fernschreiben, Telefax u. a.** ist bei den verfügbaren technischen Hilfsmitteln (Einzelzähler) in der Regel kein Problem. Schwieriger wird es beim **Porto,** weil nicht jede Kostenstelle ihre eigene Portokasse haben kann. Gegebenenfalls muss geschätzt werden. Ein Mittelweg zwischen genauer Erfassung und Schätzung könnte darin liegen, dass die von einer Kostenstelle aufgegebenen Sendungen gezählt werden, um sie dann mit einem Durchschnittsportosatz zu bewerten. Sonderaktionen (z. B. Versand neuer Preislisten und Kataloge) sind auf jeden Fall extra zu erfassen.

Unter der Gruppe 4620 sind nur diejenigen **Frachten und Rollgelder** zu erfassen, welche nicht bei der Bewertung des Materialverbrauchs berücksichtigt werden können.

Bei den **Reisekosten** und **Repräsentationskosten** gibt es auf Grund strikter steuerrechtlicher Vorschriften weder ein Erfassungs- noch ein Zuordnungsproblem.

Kosten der **Werbung** sind anhand der eingehenden Rechnungen gleichfalls leicht zu erfassen. Zu belasten ist die zuständige Abteilung des Vertriebs. Auch bei der Werbung kann es notwendig sein, aperiodische (außergewöhnlich hohe) Kosten zeitlich abzugrenzen und auf mehrere Perioden zu verteilen.

Die **Kosten für Gremien** sind in der Regel der Verwaltung zuzuordnen. **Rechts- und Beratungskosten** sowie die **sonstigen Kosten** lassen sich anhand der Rechnungen erfassen und den Kostenstellen zuordnen.

Alle im Kostenartenplan unter 46 einzuordnenden Kosten sind in der Regel **Managementkosten**.

3.4.6 Kalkulatorische Kosten

Wie oben festgestellt wurde, sind kalkulatorische Kosten Wertverzehre, die sich nicht auf Ausgaben zurückführen lassen, für die es also auch keinen Aufwand gibt. Die Verrechnung kalkulatorischer Kosten ist notwendig, weil die Kostenrechnung sonst weder vollständig noch objektiv sein könnte.

3.4.6.1 Kalkulatorische Abschreibungen

Abgrenzung zu den buchhalterischen Abschreibungen
Mit der Kostenart kalkulatorische Abschreibungen sollen in der Kostenrechnung diejenigen Wertverzehre erfasst werden, die sich aus der regulären Nutzung (Abnutzung) von Anlagegütern (Potenzialfaktoren) wie etwa Maschinen, Fahrzeugen und Gebäuden ergeben. Bei Grundstücken findet ein nutzungsbedingter Wertverzehr nur dann statt, wenn Rohstoffe (Kohle, Erze, Steine u. a.) abgebaut werden.

Zwischen den buchhalterischen Abschreibungen, die in Band 1 ausführlich beschrieben wurden, und den kalkulatorischen Abschreibungen gibt es ganz erhebliche Unterschiede:

– Zweck der buchhalterischen Abschreibung ist es, die Anschaffungs- oder Herstellungskosten des betreffenden Potenzialfaktors als Aufwand auf die geplante Nutzungsdauer zu verteilen. Dementsprechend hat der Gesetzgeber die Anschaffungs- bzw. Herstellungskosten als Basiswert für die buchhalterischen Abschreibungen vorgeschrieben. Eine über den Basiswert hinausgehende buchhalterische Abschreibung gibt es nach deutschem Recht nicht.
– Die der Berechnung der buchhalterischen Abschreibungen zugrunde zu legende Nutzungsdauer ist vor allem durch das Steuerrecht (weniger durch das Handelsrecht) weitestgehend normiert. Damit werden die buchhalterischen Abschreibungen von dem in einer Periode tatsächlich in Anspruch genommenen Nutzungspotenzial nur bedingt beeinflusst.
– Mit den buchhalterischen Abschreibungen werden auch Wertverluste erfasst, die von der Nutzung unabhängig sind. In Betracht kommen hier z. B. Wertminderungen

durch technischen Fortschritt und Nachfrageverschiebungen, Verluste aus Fehlinvestitionen und Katastrophenfällen sowie aus dem Ablauf von Nutzungsrechten. In der Kostenrechnung sind solche Risiken in der Kostenart »kalkulatorische Wagnisse« zu erfassen (anderer Ansicht sind z. B. Haberstock und Kilger).
– Zwar sind die zur Ermittlung der buchhalterischen Abschreibungen anzuwendenden Abschreibungsmethoden im Handels- und Steuerrecht geregelt; diese Regelungen erlauben es aber den Unternehmen durchaus, spezifische bilanz- und steuerpolitische Ziele zu verfolgen. Auf Fragen der Kostenrechnung wird dabei keine Rücksicht genommen.

Aus dem Gesagten folgt, dass die buchhalterischen Abschreibungen für Zwecke der Kostenrechnung ungeeignet sind. Das gilt umso mehr, als die steuerlich zugelassenen Abschreibungssätze vom Staat von Zeit zu Zeit aus wirtschaftspolitischen Gründen geändert werden. Auf die tatsächliche Abnutzung von Anlagegütern hat das aber ganz sicher keinerlei Auswirkungen.

Um den Zielen der kalkulatorischen Abschreibungen entsprechend den tatsächlichen Wertverzehr, der durch die reguläre Nutzung von Anlagegegenständen entsteht, zumindest annähernd richtig und unter Beachtung des Prinzips der Periodengerechtigkeit zu erfassen, ist also zu klären, wie hierfür Nutzungsdauer, Abschreibungsbemessungsgrundlage und Abschreibungsmethode zu bestimmen sind.

Bestimmung der kalkulatorischen Nutzungsdauer
Wie in der Bezeichnung Potenzialfaktoren zum Ausdruck kommt, verkörpern abnutzbare Anlagegüter (Maschinen, Gebäude, Fahrzeuge u. a.) eine Menge von Nutzungseinheiten, die nur sukzessive verbraucht werden können. Zur Bestimmung der für Zwecke der Kostenrechnung relevanten Nutzungsdauer solcher Anlagen sind also Informationen notwendig
– über die Höhe der Nutzungspotenziale der betreffenden Betriebsmittel sowie
– über den Verbrauch an Nutzungseinheiten in einer Abrechnungsperiode.

Um das Nutzungspotenzial von Anlagegütern zweifelsfrei messen zu können, bedürfte es entsprechender Maßgrößen und Messtechniken, die es aber nicht gibt. An die Stelle von Messungen müssen deshalb **Schätzungen mit Hilfe einer geeigneten Ersatz-Maßgröße** treten (als Literatur vgl. Heinen). Eine zur Erfassung des gesamten Nutzungspotenzials (Totalkapazität) größerer Maschinen gut geeignete Ersatz-Maßgröße sind die Betriebsstunden. Bei kleinen, relativ billigen Anlagen kann das Potenzial aus Gründen der Wirtschaftlichkeit aber auch in Jahren gemessen werden. Dabei muss dann aber von einer weitgehend gleichmäßigen Nutzung ausgegangen werden können. Auch das Potenzial von Gebäuden lässt sich in Nutzungsjahren ausdrücken. Bei Fahrzeugen kann mit der Maßeinheit Kilometer gearbeitet werden.

Zu beachten ist, dass es zur Bestimmung der kalkulatorischen Abschreibungen nicht darum geht, das jeweils **technisch verfügbare Potenzial** zu ermitteln, sondern das Potenzial, das sich voraussichtlich **wirtschaftlich nutzen** lassen wird. Die Schätzung der Potenziale ist (immer unter der Voraussetzung einer regulären Nutzung und Instandhaltung) von erfahrenen Fachleuten vorzunehmen und sollte zumindest alle drei Jahre (jährlich wäre besser) im Lichte des dann vorhandenen Wissensstandes überprüft werden. Eine Überprüfung ist ferner auch dann nötig, wenn in dem betreffenden Bereich eine technische Neuerung auf den Markt kommt, weil dadurch das nutzbare Potenzial der eigenen Anlage verkürzt werden kann. Wird eine Anlage unter außergewöhnlichen Bedingungen (z. B. in feuchten oder staubigen Räumen) eingesetzt, so ist das bei der Schätzung der Nutzungsdauer zu berücksichtigen (als Literatur vgl. Andreas/Reichle).

Was oben über die Schätzung der Nutzungspotenziale gesagt wurde, gilt für die **Planung des Verbrauchs an Nutzungseinheiten** in den einzelnen Abrechnungsperioden analog. Die Risiken, die mit der Schätzung von Nutzungspotenzialen verbunden sind, lassen sich zwar über die Verrechnung von Wagniskosten in der Kostenrechnung berücksichtigen, zu vermeiden sind sie dagegen nicht.

Bestimmung der kalkulatorischen Abschreibungsbemessungsgrundlage

Darüber, welches die richtige Bezugsbasis für die Ermittlung der kalkulatorischen Abschreibungen ist (nämlich **zukünftige oder aktuelle Wiederbeschaffungswerte**), gehen die Meinungen auseinander. Von der Mehrzahl der Autoren (vgl. z. B. Wöhe, Haberstock, Hummel/Männel) wird die Meinung vertreten, die kalkulatorischen Abschreibungen müssten zur Sicherung der Substanz des Unternehmens (Prinzip der Substanzerhaltung) auf der Basis des Preises bestimmt werden, der für eine vergleichbare Anlage zum Ersatzzeitpunkt bezahlt werden müsste. Das wäre also der Tagespreis zum Ersatzzeitpunkt bzw. der **zukünftige Wiederbeschaffungswert.** Diese Auffassung ist aus folgenden Gründen **nicht haltbar:**

Zum einen ist es völlig unmöglich, solche Preise auf Jahre hinaus im Voraus auch nur einigermaßen zutreffend zu bestimmen. Aber selbst, wenn diese zukünftigen Preise bekannt wären, müsste es bei der Bewertung zu aktuellen Wiederbeschaffungspreisen bleiben, und zwar aus folgenden Gründen: Die Idee, die kalkulatorischen Abschreibungen auf der Basis zukünftiger Wiederbeschaffungswerte zu berechnen, beruht auf der Vorstellung, dass es auch in Zeiten eines instabilen Geldwertes möglich sein müsse, über die kalkulatorischen Abschreibungen denjenigen Betrag einzuspielen, den die Ersatzanlage zum Ersatzzeitpunkt kostet (die Frage des technischen Fortschritts kann hier zunächst außer Acht gelassen werden). Der entscheidende Fehler dieses Ansatzes liegt darin, dass dabei ein erfreulicher Nebeneffekt der kalkulatorischen Abschreibungen, nämlich ihr Finanzierungseffekt, fälschlicherweise zu ihrem Hauptzweck hochstilisiert wird. Tatsächlich besteht der Hauptzweck der kalkulatorischen Abschreibungen aber darin, diejenigen Wertverzehre **periodengerecht** zu bestimmen, die durch die Abnutzung von Betriebsmitteln beim Einsatz im Sinne des Betriebszwecks entstehen. Ein Inflationsausgleich oder gar die Finanzierung des technischen Fortschritts kann von den kalkulatorischen Abschreibungen nicht geleistet werden. Das ist auch nicht Sache der Kostenrechnung, sondern ein Problem der Finanzierung und damit auch der Rücklagenpolitik (Gewinnthesaurierung).

Wie oben gezeigt wurde, gelten für die Bewertung in der Kostenrechnung die Prinzipien der Periodengerechtigkeit und der Wertkongruenz. Sie lassen sich, wenn keine besonderen Umstände (z. B. eine galoppierende Inflation) vorliegen, mit hinreichender Genauigkeit und vertretbarem Aufwand dadurch umsetzen, dass die Bewertung auf der Grundlage der durchschnittlichen Tagespreise der Rechnungsperiode (aktueller Wiederbeschaffungswert) vorgenommen wird. Von diesem aktuellen Wiederbeschaffungswert ist bei der kalkulatorischen Abschreibung auszugehen (gleicher Auffassung sind in der Literatur Kilger, Gau und Andreas/Reichle). Die Berechnung der kalkulatorischen Abschreibungen auf Basis der Tagespreise zum Wiederbeschaffungszeitpunkt (zukünftiger Wiederbeschaffungswert) würde, wie Kilger schreibt, bedeuten, dass dadurch ein weit in der Zukunft liegendes Preisniveau die Kosten in Zeiträumen beeinflussen würde, in welchen die erzielbaren Erlöse diesem Preisniveau noch nicht entsprechen.

Die Bestimmung des aktuellen Wiederbeschaffungswertes ist im Jahr der Anschaffung kein Problem. Hier können in den allermeisten Fällen aktueller Wiederbeschaffungswert und Anschaffungswert als identisch betrachtet werden. Für die Jahre danach kann der aktuelle Wiederbeschaffungswert anhand der Preisindizes bestimmt werden, die das Statistische Bundesamt regelmäßig (in der Fachserie 17, Reihe 2, Preise und Preisindizes für gewerbliche Produkte) veröffentlicht. Der Einfluss des technischen Fortschritts ist bei diesen Indizes bereits eliminiert. Das ist wichtig, weil es natürlich falsch wäre, wenn die kalkulatorischen Abschreibungen einer Anlage auf dem technischen Stand des Jahres 01 anhand des Anschaffungspreises des im Jahr 03 angebotenen, technisch nennenswert verbesserten Nachfolgemodells errechnet würden.

Ein Problem gibt es im Zusammenhang mit den Indizes allerdings: Sie sind zwangsläufig immer erst nach Ablauf einer Periode verfügbar, während sie von der Kostenrechnung bereits zu Beginn jeder Periode gebraucht werden. Die beste Lösung dieses Problems wird es in der Regel sein, dass mit den für das Vorjahr geltenden Indizes gearbeitet wird. Scheint das wegen einer zu rasanten Entwicklung der Preise nicht ratsam, so muss der für das laufende Jahr zu erwartende Index geschätzt werden. Das Fehlerrisiko dürfte dabei kaum kleiner sein als bei der ersten Möglichkeit.

Bestimmung der kalkulatorischen Abschreibungsmethode

Die kalkulatorische Abschreibung ist prinzipiell **nutzungsabhängig.** Der abzuschreibende Betrag wird also vom aktuellen Wiederbeschaffungswert und dem Verbrauch an Nutzungseinheiten der jeweiligen Abrechnungsperiode bestimmt.

Eine **lineare Abschreibung** setzt zumindest eine annähernd gleichmäßige Nutzung des betreffenden Betriebsmittels voraus und ist damit nur ein **Spezialfall** der nutzungsabhängigen Abschreibung.

Degressive Abschreibungen (die ein Mittel der staatlichen Wirtschaftspolitik darstellen) haben **in der Kostenrechnung keinen Platz.** Hier müsste, unabhängig von Schwankungen der Abschreibungsbasis und von Veränderungen des Nutzungspotenzials, mit sinkenden Abschreibungsbeträgen gearbeitet werden. Dafür gibt es keine im Bereich der Kostenrechnung liegende Begründung. Das Argument, mit Hilfe der degressiven Abschreibung könnten die Restwerte dem Verlauf des Liquidationserlöses angenähert werden, ist nicht stichhaltig. Betriebsmittel werden schließlich gekauft, um dem Betriebszweck zu dienen, nicht aber um nach kurzer Zeit weiterverkauft zu werden (als Literatur vgl. Haberstock).

Der mit der nutzungsabhängigen Abschreibung eigentlich gemeinte Fall, nämlich die laufende Anpassung an die tatsächlich gefahrenen Betriebsstunden, ist zwangsläufig immer nur für die **Nachkalkulation** möglich. Für die **Vorkalkulation** ist die kalkulatorische Abschreibung zu schätzen.

Behandlung von Nettoliquidationserlösen/-verlusten

Ein Nettoliquidationserlös entsteht, wenn der Verkaufspreis einer ausgemusterten Anlage höher ist als die Kosten der Demontage und des Abtransports. Sind die Kosten höher als der Erlös, so entsteht ein Nettoliquidationsverlust. Hierbei handelt es sich um Wagnisgewinne bzw. Wagnisverluste, die bei der Bestimmung der **kalkulatorischen Anlagenwagnisse** zu berücksichtigen sind, nicht dagegen bei der Bestimmung der kalkulatorischen Abschreibungen.

Anlagenbuchführung

Beim Vorhandensein vieler Anlagen wird man im Interesse der Ordnungsmäßigkeit nicht um eine Anlagenbuchhaltung oder Anlagenkartei (vgl. hierzu Band 1) herumkommen. Sie sollte so aufgebaut werden, dass auf der Grundlage der dort erfassten Daten neben der buchhalterischen Abschreibung auch die kalkulatorische Abschreibung ermittelt werden kann. Die entsprechenden Daten werden heute i. d. R. nicht mehr auf Karteikarten, sondern mit Hilfe elektronischer Medien erfasst. Inhaltlich ändert sich dadurch grundsätzlich nichts.

Maschinen-Kostenkarte — Seite 1

Bezeichnung (Nr.) der Maschine			Kostenstellen-Nr.	
Liefertag	Baujahr		in Betrieb seit	
Kennzeichen der Maschine	Instandsetzungen und Änderungen je Jahr			
	Jahr	Art	Auftrag-Nr.	Kosten	Aktiviert

Maschinen-Kostenkarte — Seite 2

Anschaffungskosten
Aktuelle Wiederbeschaffungswerte

Jahr	Abschreibungen						Kostenstellen	Laufzeit im Jahr	Masch.-Stundensatz
	Buchmäßige			Kalkulatorische					
	Satz	Betrag	Buch-wert	Satz	Betrag	Buch-wert	Nr.	Std.	€
	%	€	€	%	€	€			

Zusammenfassendes Beispiel zur Berechnung kalkulatorischer Abschreibungen

Ein Unternehmen hat am 2. 9. 01 ein neues Bearbeitungszentrum in Betrieb genommen. Der Anschaffungspreis betrug insgesamt 300 000,–. Das Gesamtpotenzial der Anlage wird ursprünglich auf 10 000 Betriebsstunden geschätzt. Im ersten Jahr wird mit 600, in den weiteren Jahren mit jeweils 1 600 Betriebsstunden gerechnet. Für die Bestimmung des jeweiligen Restpotenzials (Sp. 1) werden die Ist-Stunden auf volle 50 Stunden auf oder abgerundet. Hier mit rechnerisch genauen Zahlen zu arbeiten, würde sachlich eine Genauigkeit der Werte vortäuschen (Scheingenauigkeit), die nicht gegeben ist, weil der Ausgangswert auf einer zwar notwendigen, aber trotzdem problematischen Schätzung beruht.

Wertgrößen werden (mit Ausnahme der Abschreibungen pro Stunde) auf volle 10,– aufgerundet.

Im Jahr 03 werden nur 1 500 Stunden gefahren. Zu Beginn des Jahres 05 wird die Schätzung des Potenzials auf 9 000 Betriebsstunden korrigiert. Im Sommer 06 wird beschlossen, die Anlage Anfang 07 stillzulegen. Im Produktionsplan für Januar 07 ist die Anlage noch mit 130 Betriebsstunden eingeplant; sie wird aber tatsächlich noch 150 Stunden genutzt und dann stillgelegt. Der Nettoliqidationserlös beträgt 1 030,–. Die anzuwendenden Indizes sind in Spalte 3 angegeben.

- Es sollen die in den Jahren der Nutzung der Maschine verrechneten kalkulatorischen Abschreibungen bestimmt werden.
- Eventuell eintretende Wagnisgewinne oder Wagnisverluste sollen erfasst werden.

Zeile	Jahr		Verfügbares Potenzial[1]		Index	Aktueller WBNW[2]	Kalk. Abschreibung						Kalk. Restwert	Kalk. Wagnisse[4]
			in Std.	in %	in %	€	€/Std.	Plan-Std.	Plan-Abschr. €	%[3]	Ist-Std.	Verr. Abschr. €	€	€
Sp.			1	2	3	4	5	6	7	8	9	10	11	12
1	0 1	A E	10 000 9 400	100,0 94,0	112,0	300 000	30,000	600	18 000	6 %	592	17 760	282 000	
2	0 2	A E	9 400 7 800	94,0 78,0	114,2	305 900	30,590	1 600	48 950	16 %	1 610	49 250	238 610	
3	0 3	A E	7 800 6 300	78,0 63,0	108,8	291 430	29,143	1 600	46 630	16 %	1 500	43 720	183 600	
4	0 4	A E	6 300 4 700	63,0 47,0	111,0	297 330	29,733	1 600	47 580	16 %	1 591	47 310	139 750	
5	0 5	A E	3 700 2 100	41,1 23,3	112,5	301 340	33,482	1 600	53 580	17,8 %	1 619	54 210	70 320	– 17 750
6	0 6	A E	2 100 500	23,3 5,5	114,0	305 360	33,929	1 600	54 290	17,8 %	1 607	54 530	16 970	
7	0 7	A E	500 350	5,5 3,9	114,8	307 500	34,167	130	4 450	1,4 %	150	5 130	11 960	– 11 960
									Nettoliquidationserlös				+	1 030
									Summe kalk. Wagnisse				–	28 680

1 Das verfügbare Potenzial (in Stunden gemessen) ist immer geschätzt und wird deshalb auf volle 50 Std. gerundet. Wertgrößen werden auf volle 10 € aufgerundet. Das gilt nicht für den Wert der Abschreibungen pro Stunde (Sp. 5).
2 WBNW steht für Wiederbeschaffungsneuwert.
3 Immer gemessen am Gesamtpotenzial.
4 Wagnisgewinne +; Wagnisverluste –.
A = Anfang der Periode,
E = Ende der Periode.

Für das Jahr der Anschaffung (**01**) kann davon ausgegangen werden, dass der aktuelle Wiederbeschaffungsneuwert dem Anschaffungswert von 300 000,– entspricht. Bei einem Gesamtpotenzial von 10 000 Betriebsstunden ergibt sich für 01 ein Abschreibungssatz von 30,– je Betriebsstunde (Preiskomponente der kalkulatorischen Abschreibungen). Planmäßig, also bei 600 Betriebsstunden (Sp. 6) wären somit 18 000,– abzuschreiben. Da tatsächlich nur 592 Stunden (Sp. 9) gefahren wurden, konnten aber nur 17 760,– auf die dabei hergestellten Leistungen verrechnet werden.

Für die Bestimmung des Restpotenzials wird, aus den oben dargelegten Gründen, mit 18 000,– gerechnet. Der kalkulatorische Restwert von 282 000,– ergibt sich aus der Multiplikation des Restpotenzials von 9 400 Stunden mit dem Abschreibungssatz je Stunde.

Für 02 wird mit einem Index von 114,2 gerechnet. Daraus ergibt sich ein aktueller Wiederbeschaffungs(neu)wert von 305 900,–, nämlich

$$\frac{\text{Ges. Anschaffungsausgabe} \times \text{Index des Rechnungsjahres}}{\text{Index des Anschaffungsjahres}} = \frac{300\,000,- \times 114{,}2}{112} = \text{rd. } 305\,900,-$$

Der Abschreibungssatz je Betriebsstunde liegt jetzt bei 30,59 (305 900,– € : 10 000 Potenzialstunden). Für die Ermittlung der weiteren Werte gilt das oben zu 01 Gesagte. Damit bedürfen auch die Werte für die Perioden 03 und 04 keiner weiteren Erläuterung. Zu beachten ist dabei aber, dass die kalkulatorischen Restwerte nicht dadurch bestimmt werden können, dass vom Restwert der Periode n die Abschreibungen der Periode n + 1 abgezogen werden. Das gilt, weil sich die Abschreibungssätze jeweils auf ein anderes Preisniveau beziehen.

Die zu Beginn des Jahres **05** als notwendig erkannte Korrektur des Gesamtpotenzials führt dazu, dass Anfang 05 nur noch 3 700 Stunden als verfügbar gelten und nicht 4 700 Stunden wie ursprünglich angenommen. Auf die Korrektur der Schätzung des Potenzials ist es auch in erster Linie zurückzuführen, dass der Abschreibungssatz je Betriebsstunde von 04 auf 05 von 29,733 auf 33,482 gestiegen ist. Die planmäßige kalkulatorische Abschreibung für 1 600 Betriebsstunden liegt damit bei 53 580,–; der kalkulatorische Restwert sinkt auf 70 320,–.

Die ursprünglich zu hohe Schätzung des Gesamtpotenzials hat dazu geführt, dass die für die Jahre 01 bis 04 verrechneten kalkulatorischen Abschreibungen zu niedrig waren. Diesen Abmangel auf die Restnutzungsdauer verteilen zu wollen, ist unzulässig, weil damit die folgenden Perioden mit Kosten belastet würden, die dort gar nicht angefallen sind. Es würde also der sinnlose Versuch unternommen, einen Fehler durch einen zweiten Fehler zu kompensieren. Richtigerweise sind die zu wenig verrechneten Beträge als Wagnisverluste einzuordnen. Für die Bestimmung der Höhe dieser Verluste gibt es wegen der vielen Unwägbarkeiten bei der Bestimmung von Wagniskosten und wegen der Veränderungen im Preisniveau keine eindeutig richtige Lösung. Zweckmäßig und vertretbar erscheint die Berechnung nach folgender Formel:

$$\left(\frac{\text{Aktueller Wiederbeschaffungswert}}{\text{Altes Gesamtpotenzial}} \cdot / \cdot \frac{\text{Aktueller Wiederbeschaffungswert}}{\text{Neues Gesamtpotenzial}} \right) \times \text{verbrauchtes Potenzial}$$

$$= \left(\frac{301\,340,-}{10\,000\,\text{Std.}} \cdot / \cdot \frac{301\,340,-}{9\,000\,\text{Std.}} \right) \times 5\,300\,\text{Std.} = \text{rund } \cdot / \cdot\; 17\,750,-\;(\text{Wagnisverlust})$$

Das »Minus« signalisiert einen Wagnisverlust. Im umgekehrten Fall würde sich also ein Wagnisgewinn ergeben (positives Vorzeichen).

Für das Jahr 07 waren noch 130 Betriebsstunden eingeplant, gefahren wurden 150 Stunden. Bei der Stilllegung der Anlage ist also noch ein Potenzial von 350 vorhanden. Bei einem Stundensatz von 34,167 entspricht das einem Wagnisverlust von 11 960,–. Dem steht mit dem Nettoliquidationserlös ein Wagnisgewinn von 1 030,– gegenüber (ein negativer Nettoliquidationserlös wäre als Wagnisverlust zu behandeln).

Im Beispiel wurde die Berechnung kalkulatorischer Abschreibungen konsequent auf Basis der aktuellen Wiederbeschaffungsneuwerte durchgeführt, also völlig unabhängig davon, ob sich dieser Basiswert nach oben oder unten verändert hat. Zahlen der Buchhaltung sind dabei völlig uninteressant. Das gilt auch für die Abschreibungsdauer. Buchhalterisch kann in der Bundesrepublik nur der Anschaffungswert abgeschrieben werden. Kalkulatorisch sind prinzipiell so lange Abschreibungen zu verrechnen, solange ein Betriebsmittel regelmäßig zur Erstellung der betrieblichen Leistungen eingesetzt wird. Das heißt aber nicht, dass dabei immer nach dem oben beschriebenen Verfahren gearbeitet werden muss. Aus **Wirtschaftlichkeitsgründen** kann es, insbesondere bei relativ billigen Geräten, notwendig und akzeptabel sein, einen einmal bestimmten Verrechnungssatz durch einfache Schätzung von Zeit zu Zeit fortzuschreiben. Auch ist einzuräumen, dass sich das geschilderte Verfahren nur mit Hilfe der EDV realisieren lassen wird. Manuell dürfte der Aufwand in der Regel zu groß sein.

Zu beachten ist weiter, dass im Beispiel in den Nutzungsjahren 02, 03 und 04 jeweils 16 % des Gesamtpotenzials, also linear abgeschrieben wurde. Wegen der in ihrer Höhe schwankenden Abschreibungsbasis (aktueller Wiederbeschaffungswert) kann sich der Begriff **linear** hier nur noch auf das abgeschriebene Potenzial beziehen, die absolute Abschreibungsrate muss sich dagegen bei einer veränderten Preiskomponente zwangsläufig auch verändern.

Zuordnung zu Produkt- oder Managementkosten

Kalkulatorische Abschreibungen im Bereich der Fertigung sind (mengenabhängige) **Produktkosten**. Kalkulatorische Abschreibungen in Verwaltung, Vertrieb u. a. sind **Managementkosten**.

3.4.6.2 Kalkulatorische Zinsen

Zweck der Berücksichtigung

Kapital ist ein knappes Gut (Wirtschaftsgut), das nur gegen Entgelt in Form von Zinsen zur Verfügung gestellt wird (ausgenommen z. B. die Vergabe von zinslosen Krediten durch die öffentliche Hand als Mittel der Wirtschaftsförderung). Folglich wird in einem Unternehmen nur dann Kapital investiert, wenn zumindest auf längere Sicht eine Verzinsung erwartet werden kann, die nicht wesentlich schlechter ist als bei anderen Verwendungsmöglichkeiten des Kapitals.

Sinn und Zweck der kalkulatorischen Zinsen ist es, die **Kosten des Kapitaleinsatzes** (also die Zinsen) in die Kostenrechnung einzubringen. Ohne die Berücksichtigung derjenigen Zinsen, die für **das dem Betriebszweck dienende Kapital** (das betriebsnotwendige Kapital) anzusetzen sind, wäre die Kostenrechnung unvollständig.

Darüber hinaus soll die Berücksichtigung kalkulatorischer Zinsen nach herrschender Lehre dafür sorgen, dass **Finanzierungseinflüsse** aus der Rechnung herausgehalten werden. Die von Unternehmen zu Unternehmen unterschiedliche Relation von Eigen- zu Fremdkapital sowie die je nach Unternehmensgröße, wirtschaftlicher Lage und Verhandlungsgeschick unterschiedliche Höhe der pro 100,– Fremdkapital zu zahlenden Fremdkapitalzinsen soll in der Kostenrechnung also keinen Niederschlag finden. Eine Diskussion der mit dieser Zielsetzung verbundenen Problematik würde den Rahmen dieses Werkes aber sprengen.

Zinsen auf nicht betrieblich eingesetztes Kapital lassen sich nicht unter dem betriebswirtschaftlichen Kostenbegriff subsumieren; sie sind also keine Kosten, sondern neutraler Aufwand.

Bestimmung des betriebsnotwendigen Kapitals
Zur Bestimmung des betriebsnotwendigen Kapitals eines Unternehmens muss geklärt werden, welche Teile des in dem Unternehmen gebundenen Gesamtkapitals in **betriebsnotwendigen** bzw. nicht betriebsnotwendigen **(betriebsfremden) Vermögensgegenständen** investiert sind. Allein anhand der Bilanz lässt sich das nicht feststellen, sodass also das Inventar bzw. die Anlagenkartei herangezogen werden müssen.

Hier stellt sich nun die Frage: Was sind betriebsfremde Vermögensteile? **Eindeutig betriebsfremd** sind z. B.
- Grundstücke und Gebäude, die an Personen verpachtet oder vermietet sind, die nicht zum Unternehmen gehören,
- endgültg stillgelegte, aber noch nicht demontierte Anlagen,
- Wertpapiere und Beteiligungen, die in keinerlei Beziehung zum Betriebszweck des Unternehmens stehen.

Problematisch ist die Zuordnung von Wohnungen, die an Mitarbeiter vermietet sind, von Kantinen und ähnlichen Sozialeinrichtungen (z. B. Sportanlagen) sowie von im Bau befindlichen Anlagen und von Wertpapieren, die sich nicht einfach als betriebsfremd bezeichnen lassen (z. B. Beteiligung an einer Einkaufsgenossenschaft). Dieses Abgrenzungsproblem lässt sich mit Hilfe eines Umkehrschlusses im Grundsatz ganz einfach lösen: Wenn Zuschüsse zu den an Mitarbeiter vermieteten Wohnungen, zu Sportanlagen und zu Kantinen Kosten wären, so müssten entsprechende Überschüsse, die keinesfalls nur theoretisch denkbar sind, der Kategorie Leistung zugeordnet werden. Das ist aber offensichtlich unmöglich, egal ob es sich bei dem betrachteten Unternehmen z. B. um einen Autohändler, einen Industriebetrieb oder um eine Bank handelt.

Problematisch ist allerdings die Behandlung im Bau befindlicher Anlagen, die zwar zur Erfüllung des Betriebszwecks eingesetzt werden sollen, aber im aktuellen Zustand noch keinen einschlägigen Beitrag liefern können. Hier scheint es im Sinne des Prinzips der Vollständigkeit trotzdem richtig zu sein, entsprechende kalkulatorische Zinsen anzusetzen.

Für Wertpapiere und andere Finanzanlagen dürfen konsequenterweise keine kalkulatorischen Zinsen verrechnet werden, weil sie (unabhängig vom Betriebszweck) selbstständig Erträge (eine Verzinsung) liefern sollen.

Abzugskapital
Ist das betriebsnotwendige Kapital ermittelt, so ist es nach Auffassung fast aller Autoren um das so genannte Abzugskapital zu kürzen (so z. B. Haberstock, Hummel/Männel und Wöhe, nicht jedoch Lücke). Unter Abzugskapital wird Kapital verstanden, das dem Unternehmen **zinslos** zur Verfügung gestellt wurde.

Als Beispiele werden insbesondere Anzahlungen von Kunden sowie Lieferantenverbindlichkeiten genannt, Letztere deshalb, weil die Verzinsung hier im Skonto liege. Dieses Argument erledigt sich allerdings sofort, wenn Skonti auf einen Jahreszins umgerechnet werden. Wird bei einem Zahlungsziel von 30 Tagen eine Skontofrist von 6 Tagen eingeräumt, so ergibt sich bei 3 % Skonto eine Verzinsung von 45 % pro Jahr. Das ist kein angemessener Zinsfuß für das betriebsnotwendige Kapital

Im Übrigen widerspricht sich die herrschende Lehre selbst, wenn sie die Berücksichtigung von Abzugskapital verlangt. Denn damit werden Finanzierungseinflüsse (zinsloses Fremdkapital ist die beste Finanzierungsmöglichkeit überhaupt) in die Kostenrechnung hineingetragen, die herauszuhalten doch klar formuliertes Ziel war. Daraus folgt, dass es **unzulässig ist, mit Abzugskapital zu arbeiten.**

Festlegung des kalkulatorischen Zinsfußes

Ein heikles Problem ist die Festlegung des kalkulatorischen Zinsfußes. Als praktikable Lösung bietet sich der Rückgriff auf den **langfristigen Kapitalmarktzins** an. Orientierungshilfen können außerdem Veröffentlichungen von Fachverbänden bieten. So hält z. B. der VDMA Verband Deutscher Maschinen- und Anlagenbau e. V. einen Zinssatz um 7,5 % als Durchschnittswert für angemessen. Bei Aufträgen der öffentlichen Hand, die nach den LSP abzuwickeln sind, gilt zur Zeit ein Zinsfuß von 6 %.

Nicht haltbar ist die Auffassung, bei der Bestimmung des kalkulatorischen Zinsfußes müsse ein betrieblicher **Risikozuschlag** berücksichtigt werden.

Bezugsbasis der kalkulatorischen Zinsen

Umstritten ist auch die Frage, ob die Berechnung der kalkulatorischen Zinsen auf Basis der Anschaffungs- oder der aktuellen Wiederbeschaffungswerte erfolgen soll (als Literatur vgl. z. B. Kilger, Andreas/Reichle oder Gau). Für den **Anschaffungswert** spricht, dass er dem definitiv investierten Kapital entspricht.

Wird andererseits davon ausgegangen, dass aus den oben dargelegten Gründen Kosten auf der Basis **aktueller Wiederbeschaffungswerte** anzusetzen sind, so gibt es keinen Grund, hier plötzlich eine Ausnahme zu machen. Hinzu kommt, dass beim Verkauf eines Unternehmens (oder einer Beteiligung) stille Reserven, die bei der Bewertung auf Basis der Anschaffungspreise entstehen, aufgelöst werden. Dem Kapitalgeber entgehen durch sein Engagement im Unternehmen also diejenigen Zinsen, die er bei einer anderweitigen Kapitalanlage für den aktuellen Wert, nämlich dem Verkaufspreis des Unternehmens (bzw. der Beteiligung), erzielen könnte. Wie hoch die ursprünglichen Investitionen waren, ist dabei völlig uninteressant. Aus diesen Gründen wird hier auch für die Bestimmung der kalkulatorischen Zinsen vom aktuellen Wiederbeschaffungswert ausgegangen.

Berechnung kalkulatorischer Zinsen

Da die kalkulatorischen Zinsen im Rahmen der Kostenrechnung auf Kostenstellen und Kostenträger zugerechnet werden müssen, ist es notwendig, sie entsprechend differenziert zu berechnen und zu erfassen (d. h. gesondert nach abnutzbaren und nicht abnutzbaren Gegenständen des Anlagevermögens sowie Gegenständen des Umlaufvermögens). Beim **abnutzbaren** Anlagevermögen wird unterschieden zwischen

– Restwertverzinsung und
– Durchschnittsverzinsung.

Bei der **Restwertverzinsung** sind die kalkulatorischen Zinsen auf Basis der kalkulatorischen Restwerte zu bestimmen. Da dieser Restwert im Laufe der Abrechnungsperiode abnimmt, müsste als Berechnungsbasis ein Durchschnittswert gewählt werden, in den zumindest der kalkulatorische Restwert zu Beginn und am Ende der Periode einbezogen werden müsste.

Zur Bestimmung des kalkulatorischen Restwertes ist das jeweilige Restpotenzial mit dem aktuellen (durchschnittlichen) Wiederbeschaffungswert je Einheit zu multiplizieren, wie das oben an einem Beispiel bereits beschrieben wurde. Da die aus dem aktuellen Wiederbeschaffungswerten resultierenden Restwerte, im Gegensatz zu der Rechnung auf Basis von Anschaffungswerten oder zukünftigen Wiederbeschaffungswerten, in der Regel nicht konstant bleiben, bleiben auch die kalkulatorischen Zinsen bei unverändertem Zinsfuß nicht konstant.

Beispiel:
In dem für die kalkulatorische Abschreibung geschilderten Beispiel (vgl. S. 253) ergibt sich zu Beginn des Jahres 03 (entspricht Ende 02) ein Restwert von 238 610,– und zum Jahresende 03 ein Restwert von 183 600,–. Zu verzinsen wären also (gerundet) 211 110,–.

Die Restwertverzinsung hat den Vorteil, dass sie von der effektiven Kapitalbindung je Periode ausgeht und damit dem Prinzip der Periodengerechtigkeit am besten entspricht. Die Rechnung führt aber (unter sonst gleichen Bedingungen) dazu, dass die Zinsbelastung einer Maschine und damit deren Betriebskosten mit zunehmendem Alter der Anlage scheinbar abnehmen. Bei einem Wirtschaftlichkeitsvergleich zum Zwecke einer Investitionsentscheidung kann das wegen der hohen Zinsbelastung einer neuen Anlage leicht zu Fehlentscheidungen führen, weil die Produktionskosten der neuen Anlage höher zu liegen scheinen als beim alten Zustand.

Eine akzeptable Lösung des Problems bietet die so genannte **Durchschnittsverzinsung**. Um dieses Verfahren erklären zu können, muss zunächst der Anschaffungswert als unveränderliche Abschreibungsbasis betrachtet werden. Außerdem gelten die Bedingungen, dass linear abgeschrieben wird und die abgeschriebenen Potenziale dem tatsächlichen Verbrauch entsprechen. Unter diesen Voraussetzungen ist, wie die folgende Abbildung zeigt, das während der gesamten Nutzungsdauer durchschnittlich gebundene Kapital mit dem halben Anschaffungswert identisch. Da die Zinsberechnung auf Basis des Anschaffungswertes aber dem Prinzip der periodengerechten Bewertung widersprechen würde, muss statt des Anschaffungswertes der für die jeweilige Periode geltende aktuelle Wiederbeschaffungswert in die Rechnung eingeführt werden. In jeder Periode ist jetzt also der jeweilige halbe aktuelle Wiederbeschaffungswert zu verzinsen (zu Einzelheiten vgl. Kicherer). Fehler, die sich ergeben können, weil eine Anlage nicht gleichmäßig genutzt wird, also eigentlich nicht linear abgeschrieben werden darf, müssen aus Gründen der Wirtschaftlichkeit i. d. R. in Kauf genommen werden.

Der Versuch, in dieser Rechnung auch noch den Nettoliquidationserlös zu berücksichtigen (als Literatur vgl. Kilger), ist zwar theoretisch interessant, aber nicht praktikabel.

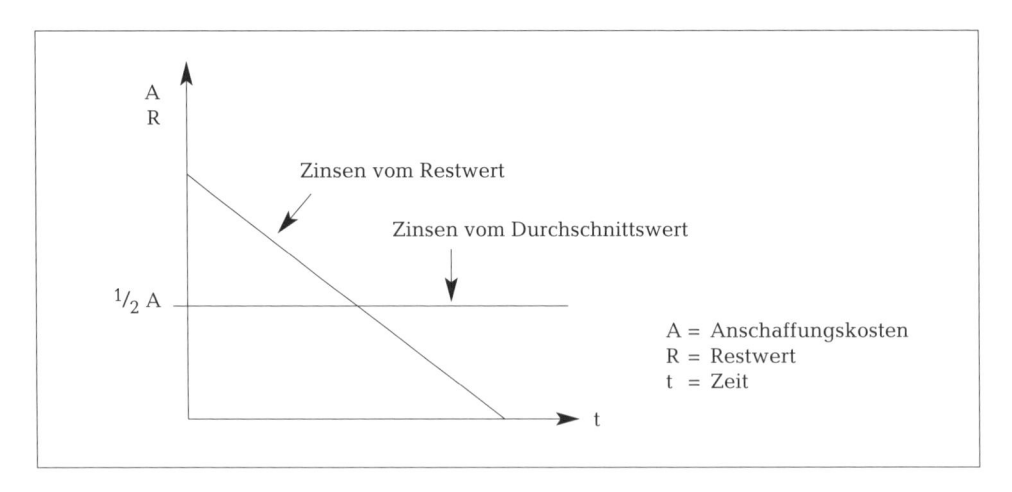

Damit ergibt sich für die kalkulatorischen Jahreszinsen auf abnutzbare Gegenstände des Anlagevermögens (vereinfacht) folgende Formel:

$$\text{Kalkulatorische Zinsen auf abnutzbares Anlagevermögen} = \frac{\text{aktueller Wiederbeschaffungswert} \times \text{Zinssatz}}{2 \times 100}$$

Beispiel:
Für den oben dargestellten Fall ergeben sich damit bei einem Zinsfuß von 7,5 % und einem aktuellen Wiederbeschaffungswert von 301 340,– für das Jahr 05 Zinsen in Höhe von 11 300,–.

Für nicht abnutzbare Güter des Anlagevermögens (z. B. Grundstücke) ist der Zins vom durchschnittlichen Wiederbeschaffungswert der Periode zu berechnen. Als Basis für die Durchschnittsbildung sind Anfangs- und Endbestand in der Regel ausreichend.

Es sollte allerdings beachtet werden, dass der Wert eines Grundstücks nur insoweit verzinst werden darf, als es für die gewählte Nutzung betriebswirtschaftlich sinnvoll (betriebsnotwendig) angesehen werden kann. Das wäre z. B. nicht der Fall, wenn ein Schrotthändler sein Lager in der Innenstadt von Stuttgart errichten würde. Anders wäre die Sache zu beurteilen, wenn etwa ein Juwelier oder ein Kürschner dort sein Geschäft betreibt.

Auch für einzubeziehende Gegenstände des Umlaufvermögens sind die kalkulatorischen Zinsen vom durchschnittlichen Wiederbeschaffungswert der Periode zu berechnen. Da die Bestände im Umlaufvermögen (im Gegensatz zu den Grundstücken) eher erheblichen Schwankungen unterworfen sein können, empfiehlt es sich, für die Durchschnittsberechnung beim Umlaufvermögen mit den Jahresanfangsbeständen und zwölf Monatsendbeständen zu arbeiten.

Eine kalkulatorische Verzinsung liquider Mittel kommt nur in Frage, soweit sie dem laufenden Geschäftsbetrieb dienen. Verzinslich angelegte Reserven sind, wie oben festgestellt wurde, auszusondern.

Zuordnung zu Produkt- oder Managementkosten
Kalkulatorische Zinsen sind Managementkosten.

3.4.6.3 Kalkulatorische Wagnisse

Abgrenzung zwischen allgemeinem Unternehmerrisiko und betrieblichen Einzelwagnissen

Wer sich an einem Unternehmen durch die Bereitstellung von Eigenkapital beteiligt, läuft Gefahr, seinen Einsatz ganz oder teilweise zu verlieren, wenn das Unternehmen Verluste erwirtschaftet und deshalb letztlich aus dem Wirtschaftsprozess ausscheiden muss. Die Gründe hierfür können z. B. in einer falschen Einschätzung der Konjunkturentwicklung, der technischen Entwicklung oder in politischen Veränderungen liegen. Dieses so genannte **allgemeine Unternehmerrisiko** ist weder messbar noch im voraus kalkulierbar und hat deshalb mit den Kosten nichts zu tun. Es ist vielmehr als Äquivalent zu der Gewinnchance des Unternehmers aufzufassen.

Dagegen handelt es sich bei den **betrieblich bedingten Einzelwagnissen** (Einzelrisiken) um zufällig und unregelmäßig anfallende Wertverluste, die unabdingbar mit der Leistungserstellung verbunden sind (vgl. als Literatur z. B. Gau, Mellerowicz und Kilger). Zu diesen Einzelwagnissen gehören insbesondere

- Anlagenwagnisse,
- Beständewagnisse,
- Entwicklungswagnisse,
- Fertigungswagnisse,
- Gewährleistungswagnisse,
- Vertriebswagnisse.

Zu den **Anlagenwagnissen** zählen zum einen Wertverluste, die durch Beschädigung oder Zerstörung von Anlagen eintreten können, z. B. als Folge von Katastrophenfällen (Feuer, Wasser u. ä.) oder von unsachgemäßer Bedienung. Zu den Anlagenwagnissen gehören aber auch durch technisches Veraltern entstehende Wertverzehre sowie Gewinne und Verluste, die sich durch Fehler bei der kalkulatorischen Abschreibung ergeben.

Beständewagnisse sind Verluste an gelagerten Werkstoffen sowie an fertigen und unfertigen Erzeugnissen, die z. B. durch technisches Veraltern, Änderung der Mode, Überschreiten des Verfalldatums (z. B. bei Lebensmitteln), Schwund, Diebstahl oder Beschädigung eintreten können.

Entwicklungswagnisse sind Verluste aus fehlgeschlagenen Forschungs- und Entwicklungsprojekten.

Bei den **Fertigungswagnissen** geht es insbesondere um Kosten, die wegen außergewöhnlicher Ausschussquoten entstehen. Ein solcher Fall wäre z. B. gegeben, wenn durch einen Fehler bei der Maschineneinstellung die ganze Tagesproduktion eines bestimmten Produkts im Abfall landen muss (als »normal« zu betrachtende Ausschussquoten werden dagegen mit in die Herstellkosten einkalkuliert). Auch Nacharbeiten oder kostenlose Ersatzlieferungen, die auf Fehler in der Produktion zurückzuführen sind, können hier berücksichtigt werden. Die Abgrenzung zu den Gewährleistungswagnissen ist dabei fließend.

Das **Gewährleistungswagnis** betrifft Wertverzehre, die aus Garantieverpflichtungen gegenüber den Kunden resultieren, z. B. kostenlose Nachbesserungen, Zahlungen für Schadenersatz, Preisnachlässe oder kostenlose Ersatzlieferungen.

Vertriebswagnisse erfassen Verluste durch Ausfälle oder Währungsverluste bei den Debitoren.

Bestimmung der Wagnisprämien

Da die Höhe der effektiv anfallenden Wagniskosten erheblichen, zufallsbedingten Schwankungen unterworfen ist, können sie in der Kostenrechnung nicht in der jeweils angefallenen Höhe verrechnet werden (Prinzip der Ausschaltung außergewöhnlicher Ereignisse). Das würde die Aussagekraft der Kostenrechnung zerstören und sie damit unbrauchbar machen. In der Kostenrechnung ist deshalb mit **normalisierten Kostensätzen** zu arbeiten.

- Sofern Einzelwagnisse durch Fremdversicherungen abgedeckt sind, ist das kein Problem; in diesem Fall gehen die Versicherungsprämien in die Kostenrechnung ein.
- Besteht keine Fremdversicherung, so müssen die Wagniskosten über intern ermittelte Wagnisprämien in die Kostenrechnung eingebracht werden.

Zur **Bestimmung dieser Wagnisprämien** sind die jährlich eingetretenen Wagnisverluste getrennt nach Wagnisarten festzuhalten und zu einer geeigneten Bezugsgröße in Beziehung zu setzen.

Als **Bezugsgröße für Entwicklungswagnisse, Fertigungswagnisse und Gewährleistungswagnisse** bietet sich z. B. die Summe der Herstellkosten aller zum Verkauf bestimmten Leistungen an, die in der betreffenden Periode produziert wurden. Es gilt also folgende Formel:

$$\text{Wagnisrate für Fertigung, Entwicklung und Gewährleistung} = \frac{\text{Summe der jährlich eingetretenen Wagnisverluste} \times 100}{\text{Summe der entsprechenden Herstellkosten}}$$

Aus den jährlich ermittelten Wagnisraten ist ein **langfristiger Durchschnitt** (4 bis 6 Jahre) zu ermitteln. Dieser Durchschnittswert bildet dann die (relative) Wagnisprämie, die in der **Kostenträgerrechnung** anzuwenden ist. Analog dazu ist bei den anderen Einzelwagnissen zu verfahren.

Als **Bezugsbasis für die Beständewagnisse** kommen die durchschnittlichen Bestände an Roh-, Hilfs- und Betriebsstoffen sowie an fertigen und unfertigen Erzeugnissen in Betracht. Die Verrechnung erfolgt dann als Material- bzw. Vertriebsgemeinkosten über die Kostenstellenrechnung.

Die **Vertriebswagnisse** lassen sich an den Umsätzen messen und als Vertriebsgemeinkosten verrechnen.

Für die **Anlagenwagnisse** können die aktuellen Wiederbeschaffungswerte als Bezugsgröße dienen. Die Verrechnung erfolgt dann über die Fertigungsgemeinkosten. Eine Berechnung der Anlagenwagnisse auf Basis der Anschaffungswerte kommt im Rahmen der für die Kostenrechnung relevanten Bewertungsgrundsätze nicht in Betracht.

Unwägbarkeiten bei der Bestimmung der Wagnisprämien in der Praxis

Die in die Kostenrechnung einbezogenen kalkulatorischen Wagnisse sollen auf längere Sicht (ca. 5 Jahre) die als neutralen Aufwand zu erfassenden **tatsächlich eingetretenen Wagnisverluste ausgleichen.** Im Idealfall würden also beide Null auf Null aufgehen, ein Ziel, das sich wohl nur zufällig erreichen lässt.

Das zeigt, dass die theoretisch unbedingt notwendige Verrechnung kalkulatorischer Wagnisse in der Praxis große Schwierigkeiten bereitet und mit vielen Unwägbarkeiten verbunden ist, zumal die Entwicklung der Wagniskosten in der Vergangenheit für die Zukunft nicht repräsentativ zu sein braucht. So ist es verständlich, dass man in der Praxis aus Gründen der Wirtschaftlichkeit oft mit wenig fundierten globalen Schätzungen arbeitet oder auf die Verrechnung kalkulatorischer Wagnisse ganz verzichtet und statt dessen versucht, durch Gewinnrücklagen und Liquiditätsreserven gegen Risiken jeglicher Art Vorsorge zu treffen.

Zuordnung zu Produkt- oder Managementkosten

Es liegt in der Natur der Sache, dass kalkulatorische Wagniskosten nur **Managementkosten** sein können.

3.4.6.4 Kalkulatorischer Unternehmerlohn

Zweck

Die Mitglieder der Geschäftsleitung eines in der Rechtsform einer **juristischen Person** (AG, GmbH) geführten Unternehmens beziehen nach deutschem Recht für ihre betriebsnotwendige Tätigkeit ein Gehalt, das sowohl in die Aufwands- als auch in die Kostenrechnung eingeht. Das gilt völlig unabhängig davon, ob diese Personen zugleich die Eigentümer der Unternehmung sind oder nicht. Bei **Unternehmen ohne eigene Rechtspersönlichkeit** (Einzelunternehmen, OHG, KG, BGB-Gesellschaft) sind geschäftsführende Eigentümer und Gesellschafter nur zu Privatentnahmen berechtigt. Ein Gehalt als reguläre Vergütung ihrer Arbeit können sie wegen der fehlenden

Rechtspersönlichkeit ihres Unternehmens nicht beziehen. In der Aufwandsrechnung sind deshalb insoweit wirtschaftlich gleiche Sachverhalte je nach Rechtsform ungleich zu behandeln.

Würde dieses Verfahren in die Kostenrechnung übernommen, wäre das ein Verstoß gegen das Prinzip der Objektivität. Außerdem wäre die Kostenrechnung dann unvollständig. Deshalb muss in der Kostenrechnung von Einzelunternehmen und Personengesellschaften mit einem **fiktiven Gehalt,** dem kalkulatorischen Unternehmerlohn für die geschäftsführenden Gesellschafter, gearbeitet werden (vgl. als Literatur insbesondere Gau und Haberstock).

Der kalkulatorische Unternehmerlohn ist also eine Art von **Korrekturposten** für die Kostenrechnung. Ausbezahlt wird nichts. Mit den Privatentnahmen hat der kalkulatorische Unternehmerlohn weder dem Grunde noch der Höhe nach etwas zu tun. Es handelt sich also um zwei ganz verschiedene Sachverhalte.

Bestimmung des kalkulatorischen Unternehmerlohns

Schwierigkeiten bereitet die Antwort auf die Frage, wie hoch der kalkulatorische Unternehmerlohn im konkreten Fall angesetzt werden soll. Der bekannteste Ansatz ist wohl immer noch die **Seifenformel,** die im Jahre 1940 für die Seifenindustrie entwickelt wurde. Hiernach gilt:

$$\text{Jährlicher Unternehmerlohn} = 18 \sqrt{\text{Jahresumsatz}}$$

Nach der Seifenformel wird der Unternehmerlohn also ganz schematisch an den Umsatz gekoppelt. Faktoren wie Erfahrung, Ausbildung und Verantwortung bleiben außen vor. Außerdem führt die Formel in den unteren Umsatzbereichen zu völlig indiskutablen Ergebnissen. Bei 1 Mio. Umsatz ergibt sich ein Unternehmerlohn von 18 000,– pro Jahr bei 250 000,– Umsatz bleiben noch 9 000,– als »Jahresgehalt«. Die Seifenformel gehört also schlicht ins betriebswirtschaftliche Kuriositätenkabinett; zumal es eigentlich auf der Hand liegt, dass sich der kalkulatorische Unternehmerlohn ebensowenig einfach aus einer Formel ableiten lässt wie das Gehalt eines beliebigen Mitarbeiters.

Folglich kann es hier auch nicht darum gehen, eine exakte Rechenmethode für die Ermittlung des Unternehmerlohns anzugeben, sondern nur darum, **Orientierungspunkte** zu zeigen. Dazu bieten sich zunächst einmal die Gehälter von angestellten Führungskräften in vergleichbaren Positionen an. Entsprechende Informationen liefert die Fachpresse. Ein weiterer Anhaltspunkt kann das Gehalt des am höchsten bezahlten Angestellten im Unternehmen sein. Unter Berücksichtigung von Sozialleistungen, wie sie auch von Führungskräften bezogen werden, könnte das Gehalt des Angestellten mit einem Faktor in der Größenordnung von 2,5 multipliziert werden, um zum kalkulatorischen Unternehmerlohn zu kommen. Darüber, wie zu verfahren ist, wenn mehrere Gesellschafter-Geschäftsführer zu berücksichtigen sind, gehen die Meinungen in der Literatur auseinander (vgl. dazu etwa Gau).

Zuordnung zu Produkt- oder Managementkosten

Der kalkulatorische Unternehmerlohn gehört zur Gruppe der **Managementkosten.** Aufwand oder Ausgaben fallen dabei ebensowenig an wie bei den anderen kalkulatorischen Kosten.

3.4.6.5 Kalkulatorische Miete

Eine kalkulatorische Miete ist zu verrechnen, wenn **Privaträume** eines Unternehmers **für betriebliche Zwecke genutzt** werden. Für die betriebliche Nutzung dieser Räume würde sonst (analog zum kalkulatorischen Unternehmerlohn) kein Äquivalent in der

Kostenrechnung auftauchen. Im Sinne des Prinzips der periodengerechten Bewertung ist dabei ein dem Marktpreis entsprechender Mietzins anzusetzen.

Gelegentlich werden unter dem Begriff kalkulatorische Miete auch **alle Raumkosten** überhaupt subsumiert. Das gilt besonders dann, wenn Schwankungen der Raumkosten aus der Kostenrechnung herausgehalten werden sollen und deshalb (wie bei den Wagniskosten) mit normalisierten (ein Jahr gleichbleibenden) **Verrechnungssätzen** gearbeitet wird. Die tatsächlich anfallenden Raumkosten dürfen dann in der Kostenrechnung nur noch als Vergleichsgröße auftauchen.

Die kalkulatorische Miete ist als **Managementkosten** zu klassifizieren.

3.4.6.6 Kalkulatorische Kosten und Finanzbuchführung

Entgegen der von Schmalenbach vertretenen Auffassung ist festzustellen, dass kalkulatorische Kosten als **aufwandslose** Kosten in der pagatorisch ausgerichteten Finanzbuchführung eigentlich keinen Platz haben. Dafür sprechen auch Wirtschaftlichkeitsüberlegungen. Werden sie aber in der Finanzbuchführung erfasst, so muss eine entsprechende sachliche Abgrenzung erfolgen (vgl. hierzu Band 1).

Aufgabe 8.07 *Kalkulatorische Kosten S. 418*

Aufgabe 8.08 *Bestimmung kalkulatorischer Abschreibungen und kalkulatorischer Wagnisse S. 418*

3.4.7 Sonderkosten

3.4.7.1 Begriffliches

In der Literatur (vgl. z. B. Haberstock, Hummel/Männel und Olfert) wird meist nicht von Sonderkosten, sondern von Sondereinzelkosten gesprochen. Diese **Sondereinzelkosten** werden definiert als Kosten, die zwar nicht pro Mengeneinheit, aber pro Auftrag erfassbar sind. Als Beispiele werden u. a. genannt:

- Kosten für Modelle,
- Kosten für Sonderwerkzeuge,
- Außenverpackung (entspricht der Versandverpackung, z. B. Kartonagen zum Versand von Kosmetika; Dosen und Tuben sowie die sie umgebenden bedruckten Schachteln sind als Innenverpackung den Produkteinzelkosten zuzurechnen),
- Ausgangsfrachten,
- Provisionen.

Für **Modelle und Sonderwerkzeuge** stimmt die oben gelieferte Definition nur dann, wenn diese ausschließlich für einen ganz bestimmten Auftrag eingesetzt werden. Sind mehrere Aufträge im Spiel, so lassen sich die Modellkosten bzw. die Kosten der Sonderwerkzeuge den verschiedenen Aufträgen nur noch als Gemeinkosten, nicht aber als Einzelkosten zurechnen.

Ähnlich ist die Sachlage bei **Außenverpackung und Ausgangsfrachten.** Von (Auftrags-) Einzelkosten zu sprechen ist hier nur dann zulässig, wenn jeweils nur Teile eines einzigen Auftrags verpackt oder verschickt werden. Werden Teile mehrerer Aufträge in einer Sendung zusammengefasst, so gibt es auch hier keine »Auftragseinzelkosten« mehr.

Provisionen dagegen lassen sich sowohl pro Mengeneinheit (der jeweiligen Leistungseinheit) als auch den einzelnen Aufträgen als Einzelkosten zurechnen.

Um die **Widersprüche,** die, wie gezeigt wurde, in der herrschenden Lehre **zwischen Definition und Beispielen** bestehen, zu vermeiden, empfiehlt es sich, nicht von Sondereinzelkosten, sondern einfach von **Sonderkosten** zu sprechen. Diese Sonderkosten sind im Kostenartenplan in der Gruppe 48 erfasst.

3.4.7.2 Charakteristische Merkmale der Sonderkosten

Wenn die Bezeichnung Sonderkosten einen Sinn haben soll, so müssen Sonderkosten gegenüber den anderen Kosten markante Besonderheiten aufweisen.

- Bei Sonderwerkzeugen, Modellen, Frachten und Außenverpackung ist die Besonderheit vielfach darin zu sehen, dass es sich dabei um Leistungen handelt, die ein Unternehmen für seine Kunden zusätzlich zur Hauptleistung (dem eigentlichen Gegenstand des Auftrags) erbringen.
- Dem vergleichbar ist der Fall, dass ein Unternehmen für die Herstellung bestimmter Teile (unabhängig von besonderen Kundenaufträgen) teure Sonderwerkzeuge einsetzen muss, die nur nach und nach amortisiert werden können.
- Eine andere Besonderheit liegt darin, dass ein Dritter ein Recht auf einen vorab definierten Anteil am Erlös besitzt (wie das z. B. bei Provisionen und umsatzabhängigen Lizenzgebühren der Fall ist) oder aber dass ein Dritter das Recht hat, eine am Erlös zu messende Abgabe zu erheben (z. B. Zölle, Salz- und Tabaksteuer).

Je nachdem, wo Sonderkosten anfallen, wird zwischen **Sonderkosten des Vertriebs** und der **Fertigung** unterschieden. Zu den ersteren gehören Außenverpackung, Ausgangsfrachten, Provisionen, Verbrauchsteuern, Zölle u. ä.; zu den letzteren zählen Modelle, Sonderwerkzeuge, Lizenzgebühren, kundenbezogene Entwicklungskosten u. ä.

3.4.7.3 Abrechnungstechnische Behandlung

Wegen der oben beschriebenen Besonderheiten können die Sonderkosten nicht als Gemeinkosten abgerechnet werden. Sie sind vielmehr abrechnungstechnisch entweder wie **Einzelkosten** oder als **Erlösschmälerungen** (das gilt speziell für die Sonderkosten des Vertriebs) zu behandeln, also den Kostenträgern ohne den Umweg über die Kostenstellenrechnung zuzurechnen.

3.4.7.4 Zuordnung zu Produkt- oder Managementkosten

Sonderkosten der Fertigung sind Produktkosten. Die **Sonderkosten des Vertriebs** gehören auch dann, wenn sie als Erlösschmälerungen zu behandeln sind, zu den Managementkosten.

3.4.8 Zusammengesetzte Kostenarten

Diese in der Gruppe 49 des Kostenartenplanes erfassten **sekundären Wertverzehre** wurden bereits zu Beginn des Kapitels erläutert (vgl. ferner S. 220 f.).

Kontrollfragen
1. Welche Möglichkeiten gibt es für die Erfassung des Materialverbrauchs?
2. Wie ist der Materialverbrauch für Zwecke der Kostenrechnung zu bewerten?
3. Sind das Lifo- und das Fifo-Verfahren für die Bewertung des Materialverbrauchs in der Kostenrechnung anwendbar?

4. *Warum ist die Trennung in Einzel- und Gemeinkostenlöhne wichtig?*
5. *Warum kommen für Sozialkosten vielfach Verrechnungssätze zur Anwendung?*
6. *Was versteht man unter verbrauchsbedingter Abschreibung betriebsnotwendiger Anlagen?*
7. *Wird man die kalkulatorische Abschreibung von den Anschaffungs-, von den zukünftigen oder den aktuellen Wiederbeschaffungswerten vornehmen?*
8. *Von welchem Kapital wird man die kalkulatorischen Zinsen berechnen?*
9. *Was versteht man unter dem Begriff Abzugskapital?*
10. *Welche Vermögensteile zählen nicht zum betriebsnotwendigen Kapital?*
11. *Welche Arten von betrieblichen Wagnissen kennen Sie?*
12. *Was versteht man unter Sonderkosten?*

4 Kostenstellenrechnung

4.1 Zweck

In der Kostenstellenrechnung sollen die in der Kostenartenrechnung erfassten Wertverzehre den **Orten ihrer Entstehung** (also den Kostenstellen) zugerechnet werden. Damit liefert die Kostenstellenrechnung die Grundlage für

- die Weiterverrechnung der Gemeinkosten in der Kostenträgerrechnung (eine funktionierende Kostenstellenrechnung ist notwendig, damit die Kostenträgerrechnung ihre Aufgaben insbesonders im Bereich der Preisbildung und der Preiskontrolle erfüllen kann),
- die Kontrolle der Wirtschaftlichkeit der einzelnen Betriebsteile.

Voraussetzung dafür, dass die Kostenstellenrechnung ihre Aufgabe erfüllen kann, ist eine den betriebsindividuellen Verhältnissen angemessene **Aufgliederung des Unternehmens in Kostenstellen.** Außerdem müssen die Beziehungen zwischen einzelnen Kostenstellen sowie zwischen Kostenstellen und Kostenträgern klar sein. Zur Lösung dieser Probleme gibt es keine auf alle Betriebe in gleicher Weise anwendbaren Patentrezepte, weshalb sich die folgende Darstellung auf mehr grundsätzliche Fragen konzentriert.

4.2 Kostenstellenbildung und Kostenstellengliederung

Aus der Umschreibung der Kostenstellen als organisatorisch abgegrenzte Bereiche ergibt sich, dass die Kostenstellenbildung und Kostenstellengliederung eines Unternehmens an dessen **Organisationsstruktur** auszurichten ist. Folglich müssen auch dieselben Gliederungskriterien gelten, d. h. die Kostenstellengliederung hat sich grundsätzlich an Hauptsachfunktionen und Objekten zu orientieren (als Literatur vgl. z. B. Heinen, Schäfer oder Grochla). Hauptsachfunktionen (**ökonomische Grundfunktionen**) sind Beschaffung, Produktion, Absatz und Finanzierung sowie Vertrieb. **Objekte,** an welchen sich die Kostenstellengliederung gleichfalls ausrichten kann, sind z. B. Produkte und Produktgruppen, Kunden- oder Lieferantengruppen oder auch geografisch abgegrenzte Absatzgebiete.

In Anlehnung an die oben genannten ökonomischen Grundfunktionen werden üblicherweise folgende Kostenstellenbereiche (oder einfach Kostenbereiche) unterschieden: Materialbereich, Fertigungsbereich, Verwaltungsbereich und Vertriebsbereich. Sie sollten aus abrechnungstechnischen Gründen durch einen allgemeinen Bereich und einen Aussonderungsbereich ergänzt werden. Diese Kostenstellenbereiche werden im nächsten Abschnitt näher beschrieben. Grundsätzlich lassen sich Kostenbereiche aber auch im Wege einer Objektgliederung einrichten. In diesem Fall könnten also etwa bestimmte Produktgruppen oder Werke einen Kostenstellenbereich bilden. Generell gilt, dass Kostenstellenbereiche aus einer oder mehreren Kostenstellen bestehen können.

Aus abrechnungstechnischen Gründen kann es, wie oben festgestellt wurde, nötig sein, Kostenstellen in kleinere Einheiten aufzugliedern, die in der Theorie dann als Kostenplätze oder Teilkostenstellen bezeichnet werden. In der Praxis haben sich diese Begriffe allerdings nur sehr bedingt durchgesetzt.

Im Rahmen der Untergliederungen von Kostenbereichen und Kostenstellen können die Gliederungsmerkmale Funktionen und Objekte nahezu beliebig kombiniert werden. So ist es z. B. möglich, die dem Vertriebsbereich zuzuordnende Kostenstelle Verkauf nach Produktgruppen oder nach geografischen Gesichtspunkten in Teilkostenstellen (Kostenplätze) auszugliedern. So könnte eine geografische Untergliederung der Kostenstelle Verkauf etwa zu folgender Ausgliederung führen: Inland, Westeuropa, Osteuropa, USA usw. Andererseits kann eine Kostenstelle Vertrieb Produktgruppe A in die Teilkostenstellen Verkauf und Marketing ausgegliedert werden. Daran könnte sich dann wieder eine weitere Untergliederung nach geografischen Gesichtspunkten anschließen (s. dazu auch Abschnitt 4.2.2.2).

4.2.1 Kostenbereiche

4.2.1.1 Materialbereich

Der Materialbereich umfasst Kostenstellen wie Angebotseinholung, Einkauf, Warenannahme, Warenprüfung und Materiallager. Dabei kann der Einkauf z. B. nach Objekten gegliedert sein. Das Materiallager könnte in ein Rohstofflager und in ein Lager für Hilfs- und Betriebsstoffe aufgeteilt werden.

Die aus dem Materialbereich stammenden Gemeinkosten werden als **Materialgemeinkosten** bezeichnet.

4.2.1.2 Fertigungsbereich

Hierher gehören zunächst diejenigen Kostenstellen, in welchen die Hauptkostenträger eines Unternehmens, also insbesondere die zum Verkauf bestimmten Leistungen hergestellt werden (je nach Branche unterteilt z. B. in Dreherei, Fräserei, Schleiferei, Schlosserei, Montage oder Zuschneiderei, Schneiderei u. ä.). Zum Fertigungsbereich gehören aber auch solche Kostenstellen, die der Produktion direkt zuarbeiten, wie z. B. Konstruktion, Arbeitsvorbereitung oder Fertigungssteuerung. Besonders, wenn die Organisation in einem Betrieb nach Produktgruppen gegliedert ist (Divisionalisierung), können Kostenstellen mit grundsätzlich gleicher Funktion (z. B. Montage) mehrfach auftreten. Andererseits kann die Konstruktion wieder nach Teilegruppen (z. B. Motor, Getriebe, Lenkung) gegliedert sein.

Die im Fertigungsbereich anfallenden Gemeinkosten heißen **Fertigungsgemeinkosten**.

4.2.1.3 Vertriebsbereich

Hierher gehören alle dem Absatz der betrieblichen Leistungen dienenden Kostenstellen, die wieder in verschiedenste Kombinationsformen nach funktions- und objektorientierten Merkmalen gegliedert sein können. Der eigentliche Verkauf kann z. B. nach Produktgruppen oder nach Inlands- und Auslandsverkäufen gegliedert sein. Das gilt mehr oder weniger analog für andere Vertriebskostenstellen (also z. B. für Werbung, Versand und Fertigläger).

Die aus den Aktivitäten des Vertriebs resultierenden Gemeinkosten werden unter dem Begriff **Vertriebsgemeinkosten** subsumiert.

4.2.1.4 Verwaltungsbereich

Charakteristisch für diesen Bereich sind die Kostenstellen Geschäftsleitung, Personal, Finanz- und Rechnungswesen sowie Stabsstellen, wie etwa die Rechtsabteilung und die Organisationsabteilung. Auch eine die Bereiche Verwaltung, Vertrieb und Einkauf betreffende zentrale EDV-Abteilung wird meist hier angesiedelt.

Die im Verwaltungsbereich auftretenden Gemeinkosten werden als **Verwaltungsgemeinkosten** bezeichnet.

4.2.1.5 Allgemeiner Bereich

Kostenstellen, die gegenüber allen anderen Kostenbereichen eine Art von Dienstleistungsfunktion zu erbringen haben, werden im allgemeinen Bereich zusammengefasst. Typische Beispiele hierfür sind die Kostenstellen Grundstücke und Gebäude, Heizung, Stromversorgung, Fuhrpark und Betriebsfeuerwehr.

4.2.1.6 Aussonderungsbereich

Für diesen Bereich typische »Kostenstellen« sind Kantine und Werkswohnungen. Streng genommen ist die Bezeichnung »Kostenstelle« hier fehl am Platz, weil es um die Erfassung von Aufwendungen geht, die sich nicht unter dem betriebswirtschaftlichen Kostenbegriff subsumieren lassen. Terminologisch korrekt müsste also von **Aufwandstellen** gesprochen werden. Da sich der Begriff Kostenstelle aber seit langem durchgesetzt hat, scheint es zweckmäßig und vertretbar zu sein, diesen Fehler in Kauf zu nehmen.

Für Kantine und Werkswohnung fallen neben Aufwendungen auch **Erlöse** in Form von Essensgeldern und Mietzahlungen der Mitarbeiter an. Der Saldo ist dann der Zuschuss, den die Firma zu diesen Einrichtungen gibt. Dieser Zuschuss ist zur Erstellung der betrieblichen Leistung nicht notwendig. Es handelt sich deshalb (entgegen der herrschenden Meinung) nicht um Kosten, sondern (unabhängig von der handels- und steuerrechtlichen Behandlung) um neutrale Aufwendungen.

Ist ein Unternehmen **Teil eines Unternehmensverbundes,** so sind auch die daraus resultierenden Kosten in einer Kostenstelle des Aussonderungsbereichs zu erfassen. Das kann bereits für eine **GmbH & Co KG** zutreffen. Wird dort die Buchhaltung der GmbH von der KG erledigt, so darf der entsprechende Aufwand nicht in die Kostenrechnung der KG eingehen. Andererseits ist der Geschäftsführer der GmbH zugleich Geschäftsführer der KG. Folglich muss ein angemessener Teil seines Gehalts (die Regeln für die Bestimmung des kalkulatorischen Unternehmerlohns gelten hier analog) in der Kostenrechnung der KG erscheinen.

4.2.2 Prinzipien der Kostenstellengliederung

Unabhängig davon, mit welchen Kriterien bei der Kostenstellenbildung und der Kostenstellengliederung gearbeitet wird, sind gewisse Prinzipien zu beachten, die sich nur teilweise mit den Anforderungen der Aufbauorganisation decken.

4.2.2.1 Abgrenzung des Verantwortungsbereichs

An erster Stelle ist hier das Prinzip zu nennen, dass jede Kostenstelle einen klar abgegrenzten, selbstständigen Verantwortungsbereich bilden muss. Dabei ist es vorteilhaft, wenn sich dieser Verantwortungsbereich auch räumlich eindeutig abgrenzen lässt. Das ist z. B. nicht der Fall, wenn ein Verkäufer sein Büro und sein Sekretariat mit einem Mitarbeiter der Buchhaltung teilen muss.

Für den durch eine Kostenstelle dargestellten Verantwortungsbereich muss es konsequenterweise auch einen Verantwortlichen (eine Leitungsinstanz) in der Person eines Kostenstellenleiters (Vorarbeiter, Meister, Abteilungsleiter) geben. Dabei darf jede Kostenstelle nur einen direkten Vorgesetzten haben, der aber gleichzeitig noch für eine oder mehrere andere Kostenstellen verantwortlich sein kann.

4.2.2.2 Zum Problem der Weiterverrechnung der Kostenarten

Als zweites Prinzip ist hier festzuhalten, dass sich die Kosten jeder Kostenstelle an einer oder mehreren Bezugsgrößen messen lassen sollten, und zwar so, dass möglichst eine verursachungsgerechte, zumindest aber eine plausible Weiterverrechnung der Kosten auf die Kostenträger oder auf andere Kostenstellen möglich ist. Leider lässt sich dieses Prinzip nur bedingt einhalten. So ist z. B. eine verursachungsgerechte Verrechnung der Kosten von Verwaltung und Vertrieb auf die Kostenträger in aller Regel unmöglich. Auch eine plausible Zuordnung ist meist nur sehr bedingt möglich.

Eine verursachungsgerechte Weiterverrechnung findet z. B. auch dann nicht statt, wenn über formal einheitliche Bezugsgrößen (etwa Kosten je Zeiteinheit) gleichartige Aufgaben abrechnungstechnisch zu einer Kostenstelle zusammengefasst werden, obwohl man es mit unterschiedlichen Kostenstrukturen zu tun hat. Es macht also, um ein Beispiel zu nennen, keinen Sinn, die Handschweißerei und die Maschinenschweißerei zu einer Kostenstelle mit einem Stundensatz von 54,– zusammenzufassen, wenn sich der Satz in der Handschweißerei auf 43,– und in der Maschinenschweißerei auf 75,– beläuft. Sind beide Schweißereien räumlich und unter der Verantwortung eines Meisters zusammengefasst, so empfiehlt es sich, die Kostenstelle in drei Kostenplätze (Leitung, Handschweißerei und Maschinenschweißerei) aufzuteilen. Kostenplätze sind also, wie sich aus dem Beispiel ergibt, **Teilkostenstellen,** deren Bildung aus abrechnungstechnischen Gründen geboten ist (vgl. S. 266).

Um für Kostenbereiche, die aus **mehreren Kostenstellen** bestehen, auch die im Bereich insgesamt angefallenen Kosten ausweisen zu können, empfiehlt es sich, so genannte **Bereichsstellen** einzurichten. Die Notwendigkeit dazu kann sich auch aus abrechnungstechnischen Gründen ergeben, wenn in einem Kostenbereich zwar mehrere organisatorisch selbstständige Kostenstellen bestehen, für die aber zum Zweck der Kostenträgerrechnung nur ein gemeinsamer Verrechnungssatz gebildet wird. Das gilt z. B. recht häufig für die in den Bereichen Material, Verwaltung und Vertrieb anfallenden Kosten.

4.3 Beziehungen zwischen den Kostenstellen untereinander und zu den Kostenträgern

In Abhängigkeit von der Art der Abrechnung werden in Theorie und Praxis **herkömmlicherweise** insbesondere Haupt- und Hilfskostenstellen unterschieden.

Hauptkostenstellen heißen dabei solche Kostenstellen, deren Kosten mit Hilfe eines spezifischer Verrechnungssätze unmittelbar auf die Kostenträger weiterverrechnet werden. Sie werden deshalb auch als abrechnungstechnisch selbstständige Kostenstellen bezeichnet.

In einer Maschinenfabrik könnten z. B. die Kostenstellen Sägerei, Fräserei und Montage Hauptkostenstellen sein. In einer Fabrik für Herrenoberbekleidung wäre hier z. B. an die Kostenstellen Zuschneiderei und Näherei zu denken.

Als **Hilfskostenstellen** gelten solche Kostenstellen, deren Kosten vollständig auf andere Kostenstellen (Haupt- oder Hilfskostenstellen) weiterverrechnet werden. Sie werden deshalb als abrechnungstechnisch unselbstständig bezeichnet. Dabei werden üblicherweise allgemeine und spezielle Hilfskostenstellen unterschieden.

- Allgemeine Hilfskostenstellen sind darauf ausgerichtet, für alle anderen Kostenstellen Leistungen zu erbringen, wie das z. B. bei der Kostenstelle Heizung der Fall ist.
- Spezielle Hilfskostenstellen erbringen ihre Dienste ganz überwiegend für einen bestimmten Kostenstellenbereich, dem sie auch abrechnungstechnisch und organisatorisch zugeordnet sind. So sind z. B. die Kostenstellen Konstruktion und Arbeitsvorbereitung meist spezielle Hilfsstellen im Kostenbereich Fertigung.

Schließlich müssen hier noch die so genannten **Nebenkostenstellen** und die **Aussonderungsstellen** erwähnt werden.

- Nebenkostenstellen sind auf die Erstellung von Nebenleistungen ausgerichtet. Zu den Nebenkostenstellen könnte z. B. eine Kistenmacherei in einem Unternehmen des Großmaschinenbaus gehören. Abrechnungstechnisch und funktional sind Nebenkostenstellen den Hauptkostenstellen gleichzusetzen.
- Aussonderungsstellen haben einen ganz speziellen Charakter. Sie dienen dazu, Wertverzehre aus der Kostenrechnung eines Unternehmens herauszunehmen, die nicht als Kosten des Unternehmens verrechnet werden dürfen. Das sind, wie oben begründet wurde, z. B. Aufwendungen für Kantinen und Mietwohnungen. Wird, um ein weiteres Beispiel zu nennen, in einer GmbH & Co. KG die Buchhaltung der GmbH von der KG geführt, so gehören die entsprechenden Aufwendungen nicht zu den Kosten der KG; sie sind also auszusondern (s. o.).

Außer den bisher genannten Typen von Kostenstellen werden in der Literatur noch **Endkostenstellen** und **Vorkostenstellen** unterschieden. Von einer Endkostenstelle wird dabei gesprochen, wenn die dort angefallenen Kosten ohne den Umweg über weitere Kostenstellen direkt auf die Kostenträger weiterverrechnet werden. Sie sind quasi die Endstation der eigentlichen Kostenstellenrechnung. Die Endkostenstellen sind damit letztlich identisch mit den Hauptkostenstellen.

Die Frage, ob es nicht sinnvoll wäre, die Begriffspaare Hauptkostenstellen und Hilfskostenstellen einerseits und Endkostenstellen und Vorkostenstellen andererseits mit verschiedenen Inhalten zu belegen, kann hier nicht diskutiert werden. Gute Argumente, die für eine solche Differenzierung sprechen, gibt es durchaus.

4.4 Kostenstellenplan

Der Kostenstellenplan ist eine systematische Zusammenstellung, der in einem Unternehmen gebildeten Kostenstellen und Kostenstellenbereiche. Dabei ist zu beachten, dass der Plan nicht stärker detailliert sein sollte, als das auf Grund der unterschiedlichen Kostenstrukturen für kalkulatorische Zwecke notwendig ist. Jede zusätzliche Kostenstelle verursacht zusätzliche Kosten.

Für die Numerierung der Kostenstellen und Kostenbereiche hat sich, wie beim Kostenartenplan, das Zehnersystem bewährt. Die Nummern sollten mit einer Kennziffer beginnen, die zeigt, dass es sich um eine Kostenstellennummer handelt. In Anlehnung an den GKR wird im folgenden Beispiel die 5 als Kennziffer gewählt.

Kostenstellenplan	

51 Allgemeiner Bereich
   510 Bereichsstelle
   511 Grundstücke und Gebäude
   512 Stromerzeugung
   513 Heizung
   514 Fuhrpark
   515 Sozialeinrichtungen
52 Fertigungsbereich
   5200 Bereichsstelle
   .
   5211 Konstruktion
   5212 Betriebsleitung
   .
   5221 Meisterbüro I
   5222
   5223 Fertigungsstellen
   5224
   .
   5231 Meisterbüro II
   5232
   5233 Fertigungsstellen
   5234
   .
   5241 Meisterbüro III
   5242
   5243
   .
	53 Materialbereich
	   530 Bereichsstelle
	   531 Einkaufsleitung
	   532 Einkauf 1
	   533 Einkauf 2
	   536 Wareneingangsprüfung
	   537
	   538 Materialläger
	   539
	54 Verwaltungsbereich
	   540 Bereichsstelle
	   542 Geschäftsleitung
	   543 Buchhaltung
	   544 Betriebsabrechnung
	   545 EDV
	55 Vertriebsbereich
	   550 Bereichsstelle
	   551 Verkaufsleitung
	   5511 Verkauf Inland
	   5512 Marketing/Werbung (Inland)
	   5513 Verkauf Ausland
	   5514 Marketing/Werbung (Ausland)
	   5531 Fertigläger
	   5561 Versand
	57 Aussonderungsbereich
	   570 Bereichsstelle
	   571 Werkswohnungen
	   572 Kantine

4.5 Formen der Kostenstellenrechnung

Die zentrale Aufgabe der Kostenstellenrechnung, nämlich die Verrechnung der Kostenarten auf die Kostenstellen, kann **abrechnungstechnisch**

– über Konten (buchhalterisch) oder
– in tabellarischer (statistischer) Form mit Hilfe des so genannten Betriebsabrechnungsbogens (BAB)

gelöst werden. Die meisten Unternehmen arbeiten heute mit der tabellarischen Methode, weil die buchhalterische Methode mit einem erheblich höheren Aufwand verbunden ist. Aus diesem Grunde wird hier auch nur die tabellarische Form der Kostenstellenrechnung vorgestellt. Dazu ist vorab zu sagen, dass der BAB keineswegs nur aus einem einzigen Bogen zu bestehen braucht, er kann vielmehr analog zur Buchhaltung in Loseblattform erstellt werden. Besonders ein mit Hilfe der EDV erstellter BAB wird in den allermeisten Fällen aus mehreren Blättern bestehen.

4.6 Kostenstellenrechnung in tabellarischer Form (Betriebsabrechnungsbogen)

4.6.1 Formaler Aufbau des Betriebsabrechnungsbogens (BAB)

Der BAB ist, wie die untenstehende Abbildung zeigt, von seiner Grundstruktur her eine Matrix, die in der Horizontalen von den Kostenstellen und in der Vertikalen von den Kostenarten geprägt wird. Hinsichtlich der Vorgehensweise bei der Erstellung eines BAB lassen sich vier Schritte unterscheiden:
- Zurechnung der primären Gemeinkosten auf die Kostenstellen,
- Durchführung der innerbetrieblichen Leistungsverrechnung,
- Bildung von Kalkulationssätzen,
- Soll-Ist-Vergleich (Ermittlung von Abweichungen in Form von Über- und Unterdeckungen).

Formale Struktur eines Betriebsabrechnungsbogens (BAB)		
Kostenarten	Kostenstellen	
	Hilfekostenstellen (Vorkostenstellen)	Hauptkostenstellen (Endkostenstellen)
Abschnitt 1	Zurechnung der primären Gemeinkosten auf die Kostenstellen	
	Summe der primären Gemeinkosten	
Abschnitt 2	Innerbetriebliche Leistungsverrechnung (Zurechnung der sekundären Kostenarten)	
Abschnitt 3	Ermittlung von Kalkulationssätzen	
Abschnitt 4	Kostenvergleich (Ermittlung von Abweichungen zwischen Soll und Ist)	

4.6.2 Verrechnung der primären Gemeinkosten auf die Kostenstellen

Wie vorstehend dargestellt, geht es bei der Erstellung eines BAB zunächst darum, den Kostenstellen die primären (Kostenträger-) Gemeinkosten zuzuordnen.

Hinweis: Sollen mit Hilfe des BAB **Kalkulationssätze in Form von Stundensätzen** ermittelt werden (und zwar unter Berücksichtigung der Fertigungslöhne, die ja keine Gemeinkosten, sondern Einzelkosten darstellen), so sind insoweit natürlich auch die Fertigungslöhne bereits auf dieser Abrechnungsstufe in den BAB einzubringen. Als Teil eines solchen Stundensatzes lassen sich die Fertigungslöhne allerdings kaum noch als Einzelkosten bezeichnen. Die damit auftretenden begrifflichen Probleme sind im Vergleich zu anderen Alternativen aber das kleinere Übel und sollten deshalb in Kauf genommen werden.

Bei der Zuordnung der Kosten auf die Kostenstellen lassen sich zwei Verfahrensweisen unterscheiden, nämlich

– direkte Zuordnung auf der Grundlage **besonderer Aufzeichnungen** (direkte Stellenkosten),
– indirekte Zuordnung mit Hilfe von **Schlüsselgrößen** (indirekte Stellenkosten).

Welches dieser Verfahren für bestimmte ausgewählte Kostenartengruppen in Betracht kommt, ergibt sich aus der nachstehenden Tabelle. Zu Erfassung, Bewertung und Verrechnung der Kostenarten vgl. ausführlich S. 236 ff.

Zuordnung primärer Kostenarten auf die Kostenstellen	
Primäre Kostenarten	Zuordnungsverfahren
Löhne und Gehälter	direkt: nach den Aufzeichnungen der Lohn- und Gehaltsabrechnung
Sozialkosten	indirekt: Zuschlag zu Lohn und Gehalt
Materialien	direkt: nach Entnahmebelegen
Fremdreparaturen	direkt: nach Abrechnung
Kalkulatorische Abschreibung	indirekt: nach geschätzter Nutzungsdauer und je Kostenstelle auf Basis aktueller Wiederbeschaffungswerte
Kalkulatorische Zinsen	indirekt: auf Basis aktueller Wiederbeschaffungswerte
Kalkulatorische Wagnisse	indirekt: verschiedene Basen je nach Art des Risikos
Reisekosten und Bewirtung	direkt: soweit entsprechende Belege vorliegen

Bei den **kalkulatorischen Abschreibungen** und den **kalkulatorischen Zinsen** könnte der Eindruck entstehen, es handele sich hier nicht um indirekte, sondern direkte Stellenkosten, weil die betreffenden Anlagen ja in der jeweiligen Kostenstelle installiert sind. Darauf kommt es hier aber nicht an. Entscheidend ist vielmehr, dass sich diese Wertverzehre nicht direkt, sondern nur mit Hilfe von Ersatzmaßstäben (Schlüsselgrößen) ermitteln lassen.

Damit ist zugleich das zentrale Problem der indirekten Kostenzuordnung angesprochen, nämlich die Frage nach der Einhaltung des Verursachungsprinzips. Während dem Verursachungsprinzip bei der direkten Zuordnung weitgehend Rechnung getragen werden kann, ist das bei der indirekten Zuordnung schon deshalb nur sehr bedingt möglich, weil das tatsächliche Volumen des Wertverzehrs je Kostenart und Kostenstelle meist gar nicht bekannt ist. Die Zuordnung darf aber nicht willkürlich erfolgen, sie muss vielmehr unbedingt plausibel sein. Ähnliche Probleme treten auch bei der innerbetrieblichen Leistungsverrechnung massiv in Erscheinung.

4.6.3 Innerbetriebliche Leistungsverrechnung

Hier geht es grundsätzlich darum, Kostenstellen, die innerbetriebliche Leistungen erbracht bzw. empfangen haben, entsprechend zu belasten bzw. zu entlasten. Als leistende Kostenstellen kommen dabei keineswegs nur Hilfskostenstellen in Betracht. Der größte Teil der innerbetrieblichen Leistungen, die von den Fertigungshauptstellen (**Hauptkostenstellen**) erbracht werden, wird aber zunächst aktiviert und braucht somit hier **nicht mehr beachtet** zu werden. Die folgenden Überlegungen konzentrieren sich deshalb auf die **internen Leistungen der Hilfskostenstellen**.

4.6.3.1 Grundtypen innerbetrieblicher Leistungsbeziehungen

Es lassen sich zwei Grundtypen interner Leistungsbeziehungen unterscheiden: Fließt der Strom der Leistungen nur in eine Richtung, erbringt also eine Kostenstelle Leistungen für eine oder mehrere andere Stellen, so wird von einer **einseitigen Leistungsbeziehung** gesprochen. Gibt es zwischen zwei oder mehr Kostenstellen einen wechselseitigen Leistungsaustausch, so wird von einer **zwei- oder mehrseitigen Leistungsbeziehung** gesprochen.

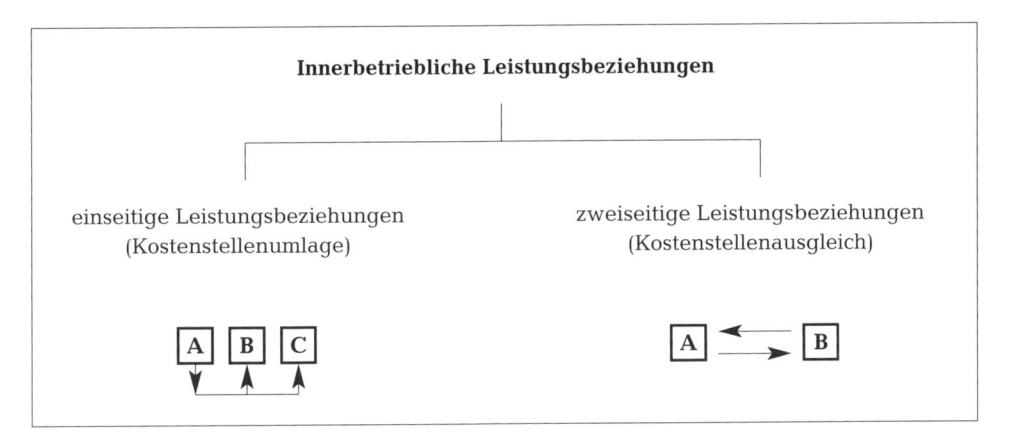

```
                Innerbetriebliche Leistungsbeziehungen
                             |
            ┌────────────────┴────────────────┐
  einseitige Leistungsbeziehungen      zweiseitige Leistungsbeziehungen
       (Kostenstellenumlage)              (Kostenstellenausgleich)

        [A] [B] [C]                          [A] ⇄ [B]
```

4.6.3.2 Abrechnung einseitiger Leistungsbeziehungen

Zur technischen Abwicklung einseitiger Leistungsbeziehungen wurden eine Reihe so genannter Umlageverfahren entwickelt. Die wichtigsten sind

- das Treppen- oder Stufenverfahren und
- das Anbauverfahren.

Beide Verfahren beruhen grundsätzlich auf der Voraussetzung einer einseitigen Leistungsbeziehung. In Theorie und Praxis ist aber unbestritten, dass sie, insbesondere aus Wirtschaftlichkeitsgründen, auch dann eingesetzt werden können, wenn zwar ein wechselseitiger Leistungsaustausch stattfindet, die Gewichte dabei aber sehr unterschiedlich verteilt sind. Der »kleine Strom« wird dann einfach vernachlässigt.

Grundvoraussetzung für die Abbildung innerbetrieblicher Leistungsbeziehungen in der Kostenstellenrechnung ist (analog zur Verrechnung der primären Gemeinkosten), dass sich die Relationen der Leistungsströme mit Hilfe besonderer Aufzeichnungen (also direkt) oder durch Schlüsselgrößen (also indirekt) überhaupt erfassen lassen.

Bei der Verrechnung anhand von Schlüsselgrößen gibt es hier also dieselben Probleme, wie bei den primären Gemeinkosten.

Sind die genannten Voraussetzungen erfüllt, so muss beim **Treppenverfahren** zuerst die Reihenfolge bestimmt werden, in welcher die leistenden Kostenstellen abgerechnet werden sollen. Zu beginnen ist dabei immer mit derjenigen Kostenstelle, die von keiner anderen Kostenstelle nennenswerte Leistungen bezieht. Als nächstes wird diejenige Kostenstelle abgerechnet, die von den verbleibenden Stellen keine oder nur minimale Leistungen erhält. Dieser Prozess wird solange fortgesetzt, bis alle leistenden Kostenstellen abgerechnet sind. Schematisch lässt sich dies in der unteren Tabelle darstellen. Die Pfeile zeigen den Gang der Umlage, der folgende Schlüsselgrößen zugrunde liegen:

	Schlüsselgrößen zum Treppen- bzw. Stufenverfahren				
	Heizung	EDV	Hauptkostenstellen		
			A	B	
Raumkosten	10,0 %	12,0 %	22,0 %	25,0 %	...
Heizung		8,0 %	15,0 %	28,0 %	
EDV			32,0 %	23,0 %	

	Interne Leistungsverrechnung nach dem Treppen- bzw. Stufenverfahren					
Kostenarten	Kostenstellen					
	Raumkosten	Heizung	EDV	Hauptkostenstellen		
				A	B	...
.	.	.	Primäre Gemeinkosten	.	.	
.	.	.	.	.	.	
.	.	.	.	.	.	
Summe I Umlage: Raumkosten	41 200 ↳	33 800 4 120	25 300 4 944	76 200 9 064	67 000 10 300	...
Summe II Umlage: Heizung		37 920 ↳	30 244 3 034	85 264 5 688	77 300 10 618	...
Summe III Umlage: EDV			33 278 ↳	90 952 10 649	87 918 7 654	...
Summe IV				101 601	95 572	...

Das **Anbauverfahren** unterscheidet sich vom Treppen- bzw. Stufenverfahren dadurch, dass die Hilfskostenstellen im Rahmen der internen Leistungsverrechnung nicht belastet, sondern nur entlastet werden. Alle dort angefallenen Kosten werden also direkt auf die Hauptkostenstellen weiter verrechnet (als Literatur vgl. z. B. Kilger). Deshalb führt das Anbauverfahren im Vergleich zum Stufenverfahren zwangsläufig zu fehlerhaften Kalkulationssätzen.

Zur Problematik der Verwendung von Schlüsselgrößen

Das zentrale Problem der innerbetrieblichen Leistungsverrechnung liegt in der Validität und Zuverlässigkeit der eingesetzten Schlüsselgrößen. Dieses Problem, das bereits bei der Verteilung der primären Gemeinkosten auf die Kostenstellen angesprochen worden ist, hat für die interne Leistungsverrechnung schon deshalb eine erhebliche Bedeutung, weil hier in besonderem Maße die Gefahr besteht, dass sich Fehler kumulieren.

Die Gefahr von Fehlern bei der innerbetrieblichen Leistungsverrechnung ist besonders groß, wenn mit **Wertschlüsseln** (z. B. den Fertigungslöhnen als Einzelkosten) gearbeitet wird. Sie bergen die Gefahr, dass sich durch Änderungen der Preiskomponente einer Schlüsselgröße auch die Verteilungsrelationen ändern, und zwar ohne sachlichen Grund. Bei **Mengenschlüsseln** besteht diese Gefahr nicht, sie sind also insoweit günstig zu beurteilen. Deshalb garantieren Mengenschlüssel aber immer noch keine verursachungsgerechte Kostenverteilung, was die folgenden Ausführungen über verschiedene Umlageschlüssel verdeutlichen.

Die **Verteilung der Kosten der eigenen Stromerzeugung** (aber auch von Fremdstrom) erfolgt in der Praxis für den Fertigungsbereich häufig anhand der installierten Leistung (Kilowatt), weil aus wirtschaftlichen Gründen in vielen Betrieben keine Messgeräte (Zwischenzähler) angebracht sind, die es gestatten würden, den Stromverbrauch der einzelnen Kostenstellen und Kostenplätze (Anlagen) direkt zu messen. Die installierte Leistung allein ist aber noch kein geeigneter Schlüssel für die Verteilung der Stromkosten, weil Maschinen und Geräte in der Regel nicht ständig mit einem Lastgrad von 100 % gefahren werden und vielfach auch noch verschiedene Laufzeiten haben. Eine wesentliche Verbesserung lässt sich hier dadurch erreichen, dass man die installierte Leistung mit dem Lastgrad und der Anzahl der Laufstunden gewichtet.

Ob es sinnvoll ist, etwa die Beschaffungs-, Verwaltungs- und Vertriebsstellen mit anteiligen Kosten für Lichtstrom zu belasten, hängt von der Größenordnung ab, vielfach wird das nicht sinnvoll sein.

Hinweis: Eine Umlage nach der Zahl der installierten Beleuchtungskörper und Steckdosen ist auf jeden Fall nicht sinnvoll. Das gilt analog, wenn die Kosten für Wasser ganz oder teilweise nach der Zahl der Zapfstellen verteilt werden. Im Sinne der Prinzipien der relativen Genauigkeit und der Wirtschaftlichkeit kann es hier durchaus sinnvoll sein, alle diese Kosten den Hauptverbrauchern zuzuordnen.

Als Umlageschlüssel für die **Raumkosten** bietet sich die von einer Kostenstelle beanspruchte Fläche an. Dabei sind aber qualitative Unterschiede zu beachten, die sich im Kostensatz pro Quadratmeter niederschlagen müssen. Das gilt analog für die Verteilung der Heizkosten nach Kubikmeter Rauminhalt.

Für die **Kosten des Fuhrparks** gilt folgendes: Für vergleichbare Gruppen von Fahrzeugen sollten Standardkostensätze pro Kilometer ermittelt werden, die sich dann mit den effektiv angefallenen Kosten vergleichen lassen. Soweit Fahrzeuge für verschiedene Kostenstellen eingesetzt sind, ist die Kilometerleistung je Kostenstelle in einem Fahrtenbuch festzuhalten. Dabei kann es notwendig sein, die Kosten einer Fahrt zwischen verschiedenen Kostenstellen aufzuteilen. Das würde z. B. dann gelten, wenn ein Lkw auf der Hinfahrt für den Vertrieb und zurück für die Beschaffung eingesetzt wird. Der Grad der Differenzierung ist auch hier nicht zuletzt eine Frage der Wirtschaftlichkeit (was kosten bessere Informationen, welche zusätzlichen Handlungsalternativen bieten sie?). Das gilt analog für die Anzahl der Fahrzeuggruppen, die der Rechnung zugrunde gelegt wird.

Wie die Verrechnung der Kosten des Fuhrparks gestaltet werden kann, zeigt das folgende Beispiel (als Literatur vgl. Gau). Dort wird der Einfachheit halber nur zwischen einem Kostensatz für Pkws und Lkws unterschieden, was bei einem differenzierten Fuhrpark sicher nicht ausreichend wäre.

Beispiel zur Abrechnung des Fuhrparks				
Kostenstellen	Kilometer laut Fahrtenbücher		Kostenverrechnung bei Standardsatz pro km	
	Pkw	Lkw	Pkw: 1,–	Lkw: 5,–
1	2	3	4	5
Allgemeiner Bereich	400	300	400,–	1 500,–
Fertigungsbereich – Maschinenabteilung – Montage – Werkzeugbau	 1 500 450 700	 700 500 600	 1 500,– 450,– 700,–	 3 500,– 2 500,– 3 000,–
Materialbereich	2 000	1 000	2 000,–	5 000,–
Verwaltungsbereich	4 750	200	4 750,–	1 000,–
Vertriebsbereich	22 000	12 000	22 000,–	60 000,–
Summe	31 800	15 300	31 800,–	76 500,–

Für die in der **Sozialkostenstelle anfallenden Kosten** für Betriebsrat, Werksarzt und andere soziale Dienste (natürlich ohne die im Aussonderungsbereich erfassten Aufwendungen) hat sich als Umlageschlüssel die Zahl der Beschäftigten durchgesetzt. Diese Verteilung ist sicher nicht verursachungsgerecht, aber einigermaßen plausibel, einfach und billig.

4.6.3.3 Abrechnung mehrseitiger Leistungsbeziehungen

Das **Gleichungsverfahren** ermöglicht es, unter Einsatz der Mathematik und der EDV das Problem der mehrseitigen Leistungsbeziehungen formal richtig zu lösen. Betriebswirtschaftlich akzeptable Ergebnisse kann es aber nur dann liefern, wenn geeignete Bezugsgrößen gefunden werden, die die Leistungen der Kostenstellen quantitativ erfassen können (vgl. als Literatur Heinen).

Damit wird wieder das Problem der Schlüsselgrößen angesprochen. Wichtig ist dieser Hinweis hier deshalb, weil auf der Basis des Gleichungsverfahrens auf dem Markt Softwarepakete angeboten werden, die das Problem der mehrseitigen Leistungsbeziehungen exakt zu lösen scheinen. Die Eleganz dieser Lösungen birgt aber die Gefahr, dass die formal schönen Ergebnisse betriebswirtschaftlich nicht mehr hinterfragt werden, obwohl sie sachlich mit erheblichen Fehlern belastet sein können.

Aus den bisherigen Überlegungen ergibt sich, dass das Gleichungsverfahren immer nur dann eingesetzt werden kann, wenn sich die Leistungsbeziehungen zwischen den betroffenen Kostenstellen mit Hilfe plausibler Bezugsgrößen in einem Gleichungssystem darstellen lassen. Dieses Gleichungssystem muss, um lösbar zu sein, ebensoviele Unbekannte und damit auch Gleichungen enthalten, wie Kostenstellen an dem Ausgleich beteiligt sind.

Die Technik des Gleichungsverfahrens wird anhand des folgenden Beispiels erläutert. Dabei wird von einem Leistungsaustausch zwischen nur drei Kostenstellen ausgegangen.

Zur Bestimmung der gesuchten Gleichungssysteme werden folgende Unbekannte definiert:

x = Kostensatz Raumkosten
y = Kostensatz Stromerzeugung
z = Kostensatz Reparaturstelle

Kostenstellenrechnung

Interne Leistungsverrechnung nach dem Gleichungsverfahren			
Leistende Kostenstellen	Empfangende Kostenstellen		
	Gebäude	Stromerzeugung	Reparaturstelle
	Gesamtleistung 8 000 qm	Gesamtleistung 200 000 kWh	Gesamtleistung 200 Stunden
Gebäude Stromerzeugung Reparaturen	43 qm 800 kWh —	60 qm 1 000 kWh 30 Stunden	78 qm 3 000 kWh 20 Stunden
Summe primäre Kosten	66 000,–	30 000,–	9 600,–

Anhand der Spalten vorstehender Tabelle lässt sich folgendes Gleichungssystem entwickeln:

(1) $8\,000x = 66\,000,- + 43x + 800y$
(2) $200\,000y = 30\,000,- + 60x + 1\,000y + 30z$
(3) $200z = 9\,600,- + 78x + 3\,000y + 20z$

Was diese Gleichungen bedeuten, soll anhand der Gleichung (2) erläutert werden: Auf der linken Seite steht die von der Kostenstelle Stromerzeugung produzierte Leistungsmenge von 200 000 kWh Strom. Wird diese Leistungsmenge mit dem noch unbekannten Kostensatz y multipliziert, so ergeben sich die Gesamtkosten der Stromerzeugung (und zwar einschließlich des Eigenverbrauchs von 1 000 kWh). Dieser Betrag muss gleich hoch sein wie die Summe aus den primären Gemeinkosten der Stromerzeugung, den Kosten des Eigenverbrauchs und der von den anderen Kostenstellen zu übernehmenden Belastungen. Diese Belastungen sowie die Kosten des Eigenverbrauchs ergeben sich aus den jeweils in Anspruch genommenen Leistungen multipliziert mit den entsprechenden noch unbekannten Kostensätzen. So werden z. B. die von der Stromerzeugung zu tragenden Raumkosten durch die Multiplikation der in Anspruch genommenen 60 qm mit dem Kostensatz x der Raumkostenstelle bestimmt. In gleicher Weise sind auch die beiden anderen Gleichungen entwickelt worden.

Um alle Unbekannten in gleicher Reihenfolge auf eine Seite zu bekommen, sind die Gleichungen wie folgt umzuformen:

(1) ·/· $66\,000 = ·/· 7\,957x + 800y$
(2) ·/· $30\,000 = 60x ·/· 199\,000y + 30z$
(3) ·/· $9\,600 = 78x + 3\,000y ·/· 180z$

Gleichung (3) wird durch 6 dividiert und zur Gleichung (2) addiert, sodass die Unbekannte z entfällt.

(2) ·/· $30\,000 = 60x ·/· 199\,000y + 30z$
(3) ·/· $1\,600 = 13x + 500y ·/· 30z$
(4) ·/· $31\,600 = 73x ·/· 198\,500y$

Um aus Gleichung (4) die Unbekannte x zu eliminieren, wird die Gleichung (1) durch 109 dividiert und dann zu Gleichung (4) hinzuaddiert.

(4) ·/· $31\,600,0 = 73x ·/· 198\,500,00y$
(1) ·/· $605,5 = ·/· 73x + 7,34y$
(5) ·/· $32\,205,5 = ·/· 198\,492,66y$
$0,1623 = y$

Wird y in die Gleichung (1) eingesetzt, so ergibt sich:

·/· 66 000 = ·/· 7 957x + 129,84
8,311 = x

Jetzt werden x und y in die Gleichung (3) eingesetzt:

·/· 1 600 = 108,04 + 81,15 ·/· 30z
59,639 = z

Es gelten also folgende Kostensätze:
- Raumkosten: 8,311 €/qm,
- Stromerzeugung: 0,1623 €/kWh,
- Reparaturen: 59,639 €/Std.

Aus diesen Kostensätzen ergeben sich für die drei in Betracht gezogenen Kostenstellen folgende Belastungen (gerundet):

Gebäude
- Raumkosten: 43 qm   à   8,311 €   =   357,− €
- Stromkosten: 800 kWh   à   0,1623 € =   130,− €

Stromerzeugung
- Raumkosten: 60 qm   à   8,311 €   =   499,− €
- Stromkosten: 1 000 kWh   à   0,1623 € =   162,− €
- Reparaturkosten: 30 Std.   à 59,639 €   = 1 789,− €

Reparaturstelle
- Raumkosten: 78 qm   à   8,311 €   =   648,− €
- Stromkosten: 3 000 kWh   à   0,1623 € =   487,− €
- Reparaturen: 20 Std.   à 59,639 €   = 1 193,− €

Bei der zunächst vorzunehmenden **Bestimmung der Gesamtkosten** der drei Kostenstellen ist der jeweilige **Eigenverbrauch außer Acht zu lassen,** weil im Endeffekt alle Kosten, die auf den angeführten Hilfskostenstellen angefallen sind, auf diejenigen Kostenstellen weiter verrechnet werden müssen, die die entsprechenden Leistungen beansprucht haben. Die Berücksichtigung des Eigenverbrauchs der Kostenstellen würde dazu führen, dass die Kosten des jeweiligen Eigenverbrauchs auf der betreffenden Hilfskostenstelle »hängen« blieben.

In der nachstehenden Tabelle ist die Belastung der drei Kostenstellen mit sekundären Kostenarten (ohne Eigenverbrauch) in den **Zeilen 2 und 3** dargestellt; die Gesamtkosten ergeben sich aus **Zeile 4.**

Die nach Abzug des Eigenverbrauchs noch zu verrechnenden Beträge (Zeile 10) lassen sich am Beispiel der Kostenstelle Stromerzeugung anhand der Zeilen 5 bis 9 folgendermaßen bestimmen: Geleistet wurden 200 000 kWh **(Zeile 5)**. Davon entfallen 1 000 kWh auf den Eigenverbrauch **(Zeile 6)**. 3 800 kWh **(Zeile 9)** wurden bereits verrechnet (an Kostenstelle Gebäude 800 kWh, an Reparaturstelle 3 000 kWh). Es verbleiben also noch rund 195 200 kWh zu einem Verrechnungssatz von 0,1623 = 31 681,− (eine Rundungsdifferenz von 10,− entsteht, weil der genaue Kostensatz 0,16225 beträgt).

Damit ist die Leistungsverrechnung zwischen den Hilfskostenstellen untereinander abgeschlossen. **Zeile 10** zeigt diejenigen Beträge, die den jeweiligen Hauptkostenstellen weiterzubelasten sind.

Als **Fazit** der Diskussion über die Techniken der internen Leistungsverrechnung ist festzuhalten, dass diese Techniken zwar formal zu einwandfreien Ergebnissen füh-

Wechselseitige Leistungsverrechnung				
	Kostenarten	Kostenstellen		
		Gebäude	Stromerzeugung	Reparaturstelle
1	Summe primäre Kosten	66 000,–	30 000,–	9 600,–
2	Sekundäre Kosten: – Raumkosten – Stromkosten – Reparaturkosten	— 130,– —	499,– — 1 789,–	648,– 487,– —
3	Summe sekundäre Kosten	130,–	2 288,–	1 135,–
4	Gesamtkosten (Zeilen 1 + 3)	66 130,–	32 288,–	10 735,–
5	Gesamtleistung	8 000 qm	200 000 kWh	200 Std.
6	Eigenverbrauch	43 qm	1 000 kWh	20 Std.
7	Zu verrechnende Leistung	7 957 qm	199 000 kWh	180 Std.
8	Kostensatz (Zeilen 4 : 7)	8,311 €/qm	0,1623 €/kWh	59,639 €/Std.
9	Bereits verrechnet	138 qm 1 147,–	3 800 kWh 617,–	30 Std. 1 789,–
10	Noch zu verrechnen (Zeilen 4 ·/· 9)	7 819 qm 64 984,–	195 200 kWh 31 681,–	150 Std. 8 946,–

ren, dass damit aber trotzdem keine verursachungsgerechte Kostenzuordnung möglich ist, wenn es nicht gelingt, Bezugsgrößen zu finden, welche die Leistungsströme richtig darstellen können.

4.6.4 Bildung von Kalkulationssätzen und Soll-Ist-Vergleich

Neben der Zurechnung der primären Gemeinkosten auf die Kostenstellen und der Durchführung der innerbetrieblichen Leistungsverrechnung ist es Aufgabe des BAB, Kalkulationssätze zu ermitteln und Soll-Ist-Vergleiche zu ermöglichen. Die Lösung bei den letztgenannten Aufgaben wird an den beiden Beispielen zum BAB gezeigt.

Kontrollfragen
1. Welche Grundprinzipien sind bei der Kostenstellengliederung zu beachten?
2. Was ist ein Kostenstellenplan, und wie sollte er gegliedert sein?
3. Was versteht man unter einem Betriebsabrechnungsbogen (BAB)? Wie ist seine Grundstruktur?
4. Welche Verfahren unterscheidet man bei der Zuordnung der primären Gemeinkosten auf die Kostenstellen?
5. Wann spricht man von der Verrechnung innerbetrieblicher Leistungen? Nennen Sie Beispiele dafür.

6. Warum muss man ein- und mehrseitige innerbetriebliche Leistungsbeziehungen unterscheiden?
7. Was versteht man unter dem Treppen- bzw. Stufenverfahren sowie dem Anbauverfahren?
8. Wie sind mehrseitige interne Leistungsbeziehungen technisch abzuwickeln?
9. Was versteht man unter Umlageschlüsseln, wofür benötigt man sie?
10. Welche Arten von Umlageschlüsseln kennen Sie?

4.7 Beispiele zum BAB

In der Betriebswirtschaftslehre gibt es eine Art Glaubensstreit zwischen den Anhängern der Vollkostenrechnung und der Teilkostenrechnung – speziell der Grenzkostenrechnung. Dieser Streit ist hier sinngemäß auf die Produktkostenrechnung zu übertragen. Die »Wahrheit« liegt auch hier in der Mitte. D. h.: Die Betriebsabrechnung muss in der Lage sein, sowohl Voll- als auch Teilkostenergebnisse zu liefern.

Um die Unterschiede der verschiedenen Konzepte zeigen zu können, wird als erstes Beispiel ein BAB auf Vollkostenbasis (Vollkosten-BAB) dargestellt. Als zweites Beispiel folgt dann ein BAB, der zunächst einmal auf eine Teilkostenrechnung (Deckungsbeitragsrechnung) abgestellt ist, der es aber gleichzeitig erlaubt, mit in einer kombinierten Voll- und Teilkostenrechnung zu arbeiten (s. Abschn. 5.5).

Für beide Beispiele ist folgendes zu beachten: Ein BAB ist in seiner Endstufe das Ergebnis eines sukzessiven Prozesses der Verdichtung von Daten. Dieser Verdichtungsprozess muss so organisiert sein, dass die verdichteten Daten bei Bedarf auch wieder aufgefächert werden können. Dieses Ziel lässt sich mit Hilfe von Sammelblättern für einzelne Kostenbereiche bzw. mit speziellen Blättern zur Ausgliederung von Kostenstellen in Kostenplätze erreichen. In diesem Sinne erscheinen in den BAB-Beispielen etwa für die Bereiche Material, Verwaltung und Vertrieb nur ganz wenige Kostenstellen (im Materialbereich nur eine). Beispiele für Vorschaltblätter und für die Ausgliederung von Kostenstellen in Kostenplätze werden insbesondere im Abschnitt 6 geliefert.

Es versteht sich von selbst, dass die oben angesprochenen Sammel- bzw. Ausgliederungsblätter in Form entsprechender Masken auch dann eingesetzt werden können, wenn die Betriebsabrechnung im Wege der elektronischen Datenverarbeitung abgewickelt wird. Unabhängig davon bietet die EDV natürlich enorme Potenziale für eine genau dokumentierte, stufenweise Verdichtung von Daten. Damit wird es möglich, die Zusammensetzung der in einem Kostenbereich ausgewiesenen Kostenarten sukzessive über Kostenstellen und Kostenplätze bis zu den »Urbelegen« zurück zu verfolgen. Dieses Prinzip der Verdichtung und die daraus resultierenden Probleme gilt sinngemäß auch für die Kostenartengliederung.

In den beiden Beispielen zum BAB wurden Zeilen und Spalten zur leichteren Identifikation der einzelnen Felder einfach durchnumeriert.

4.7.1 BAB auf Vollkostenbasis

4.7.1.1 Erläuterung der Kostenstellengliederung

Der eigentlichen Kostenstellengliederung sind im Beispiel vier Spalten vorgeschaltet worden, die dazu dienen, die Zahlen der Finanzbuchführung und der Betriebsabrechnung abzustimmen. In der Spalte »Aussonderung« wurden dabei die Aufwendungen für eine Kantine erfasst. Diese Aufwendungen stellen nach der hier vertretenen Auffassung keine Kosten dar, sondern neutralen Aufwand. In gleicher Weise wären, wie auf S. 243 dargestellt, auch Aufwendungen für Werkswohnungen, Sportanlagen u. ä. zu behandeln.

Die Gliederung im **allgemeinen Bereich** wurde auf die Kostenstellen Grundstücke und Gebäude, Fuhrpark und soziale Einrichtungen beschränkt.

Im **Fertigungsbereich** taucht nur eine Hilfsstelle auf. Beispiele für solche Fertigungshilfsstellen sind auf S. 269 aufgeführt.

Bei den für die Fertigungshauptstellen (5232, 5242, 5252, 5262) ermittelten Kalkulationssätzen handelt es sich um Durchschnittswerte, die zunächst nur für kostenstellenbezogene Kontrollen geeignet sind. Für Zwecke der Kalkulation sind diese Sätze nur dann verwendbar, wenn die in einer Kostenstelle zusammengefassten Betriebsmittel (Kostenplätze) eine weitgehend einheitliche Kostenstruktur haben. Das heißt, die Kosten pro Stunde Laufzeit müssen bei normaler Auslastung in etwa gleich sein, sodass auch das Verhältnis der Fertigungslöhne zu den jeweiligen Gemeinkosten der Fertigung (Fertigungsgemeinkosten) bei gleicher Lohnhöhe annähernd gleich sein muss. Für die folgenden Überlegungen wird von der Annahme ausgegangen, dass diese Voraussetzungen für das Beispiel als erfüllt gelten können.

Beispiel:
Ergibt sich innerhalb einer Kostenstelle für die dort installierten Maschinengruppen X und Y ein Zuschlagssatz von 250 % bzw. von 325 % bei einem Durchschnittssatz von 282 %, so ist dieser Durchschnittssatz für die Kalkulation untauglich, weil Arbeitsgänge auf den Maschinen der Gruppe X mit zu hohen und auf den Maschinen der Gruppe Y mit zu geringen Gemeinkosten belastet würden.

Die Kostenstellen **Material** und **allgemeine Verwaltung** stehen, wie sich auch aus dem Kostenstellenplan ergibt, jeweils für ganze Gruppen von Einzelkostenstellen. Die Kostenstelle EDV (die auch dem allgemeinen Bereich hätte zugeordnet werden können) wurde gesondert ausgewiesen, weil sie auch gesondert abgerechnet werden soll.

Die Zusammenfassung der Gemeinkosten der Kostenstellen des Verwaltungs-, aber auch des Materialbereichs zu einer Summe ist möglich und zulässig, weil diese Gemeinkosten für die Kalkulation auf die gleiche Zuschlagsbasis bezogen werden, nämlich auf die Kosten des Fertigungsmaterials im Materialbereich und auf die Herstellkosten im Verwaltungsbereich. Das muss aber nicht unbedingt so sein. So müsste z. B. grundsätzlich mit zwei verschiedenen Zuschlagssätzen für die Materialgemeinkosten gearbeitet werden, wenn es in einem Unternehmen zwei von der Funktion her verschiedene Läger gäbe (etwa ein Tanklager und ein Lager für feste Brennstoffe im Brennstoffhandel). Sind die Kostenunterschiede gering, so kann es im Einzelfall aus Wirtschaftlichkeitsgründen richtig sein, auf die Teilung zu verzichten.

Auch im **Vertriebsbereich** ist im BAB nur eine Bereichsstelle ausgewiesen. Eine Aufgliederung des Vertriebsbereichs und die Ermittlung von zwei verschiedenen Kalkulationssätzen könnte aber notwendig sein, wenn ein Unternehmen zwei verschiedene Produktgruppen auf unterschiedlichen Absatzwegen vertreibt und deshalb mit zwei getrennten Verkaufsabteilungen arbeitet.

4.7.1.2 Zurechnung der Kostenarten auf die Kostenstellen (Zeilen 1–19)

In den **Zeilen 1 bis 15** ist im BAB beispielhaft eine Reihe ausgewählter **primärer Kostenarten** aufgeführt. An erster Stelle stehen dabei die Fertigungslöhne, die zu den (Kostenträger-) Einzelkosten gehören. Sie sind an dieser Stelle in den BAB aufgenommen worden, weil davon ausgegangen wird, dass in der Finanzbuchführung keine Trennung von Fertigungslöhnen und Hilfslöhnen erfolgt ist, sodass im BAB eine entsprechende Abgrenzung vorgenommen werden muss.

Kosten- und Leistungsrechnung

Beispiel für e

Zeile	Kostenarten	Zahlen Finanz- buch- führung	Abgren- zung	Aus- sonde- rung Kantine	Zahlen Betriebs- abrech- nung (Kosten)	Allgemeiner Berei 511 Grundst. und Ge- bäude	514 Fuhr- park	S ric
	1	2	3	4	5	6	7	
1	Fertigungslohn	1 048,7	·/· 331,0	—	717,7	—	—	
2	Hilfslohn	—	331,0	·/· 10,4	320,6	20,5	22,3	
3	Gehälter	587,0	·/· 1,0	·/· 14,0	572,0	—	—	
4	Sozialkosten/Löhne	427,9	230,6	·/· 6,5	652,0	12,9	14,0	
5	Sozialkosten/Gehälter	86,8	64,3	·/· 3,6	147,5	—	—	
6	Fremdenergie	149,1	—	·/· 2,8	146,3	14,7	4,3	
7	Hilfs- und Betriebsstoffe	253,8	—	·/· 12,1	241,7	48,2	19,9	
8	Kleinwerkzeuge u. ä.	58,1	—	—	58,1	—	—	
9	Fremdreparaturen	144,8	·/· 7,7	·/· 0,3	136,8	11,8	6,7	
10	Steuern, Gebühren	139,8	·/· 33,0	·/· 1,2	105,6	17,4	5,9	
11	Beiträge, Versicherungen	132,3	·/· 20,0	·/· 1,5	110,8	26,1	7,8	
12	Verschiedene Kosten	110,3	—	·/· 1,8	108,5	2,8	1,7	
13	Kalk. Abschreibungen	—	560,7	·/· 5,3	555,4	46,0	14,9	
14	Kalk. Zinsen	—	404,5	·/· 3,2	401,3	78,5	8,7	
15	Kalk. Wagnisse	—	208,4	·/· 0,8	207,6	10,7	7,9	
16	Summe I (1–15)	3 138,6	1 406,8	·/· 63,5	4 481,9	289,6	114,1	
17	Summe II (2–15)	2 089,9	1 737,8	·/· 63,5	3 764,2	289,6	114,1	
18	Verr. Sonderk. Vertr.	—	·/· 60,3	—	·/· 60,3	—	—	
19	Summe III	2 089,9	1 677,5	·/· 63,5	3 703,9	289,6	114,1	
	Innerbetriebliche Leistungsverrechnung (Umlagen)							
20	EDV	—	—	0,9	0,9	1,9	—	
21	Grundstücke und Gebäude	—	—	·/· 10,6	·/· 10,6	·/· 291,5	6,5	
22	Summe IV	2 089,9	1 677,5	·/· 75,0	3 692,4	—	120,6	
23	Fuhrpark	—	—	·/· 0,3	·/· 0,3	—	←↓	L
24	Soziale Einrichtungen	—	—	·/· 0,4	·/· 0,4	—	—	
25	Summe V	2 089,9	1 677,5	·/· 75,7	3 691,7			
26	Fertig.-Hilfsstelle	—	—	—	—			
27	Summe VI	2 089,9	1 677,5	·/· 75,7	3 691,7	—	—	
	Abrechnung Kantine							
28	Kantine (Aufwand)			·/· 75,7				
29	Einnahmen (Kantine)			+ 43,5				
30	Kantine (Nettoaufwand)			·/· 32,2				
	Bezugsbasen							
31	Fertigungslöhne	—	—	—	717,7	—	—	
32	Fertigungsmaterial	—	—	—	2 846,4	—	—	
33	Herstellkosten	—	—	6 114,9	6 114,9	—	—	
34	Normal-Herstellkosten	—	—	6 054,0	6 054,0	—	—	
	Kalkulationssätze (Verrechnungssätze, Gemeinkostenzuschlagssätze							
35	Ist-Zuschlag (%)	—	—	0,52	—	—⟶	—	
36	Normal-Zuschlag (%)	—	—	0,55	—	—	—	
	Soll-Ist-Vergleich							
37	Verr. Gemeinkosten	—	—	33,3	3 549,4	—	—	
38	Abweichung (€)	—	—	1,1	·/· 142,4	—	—	
39	Abweichung %	—	—	3,60	(·/· 4,01)	—	—	

Kostenstellenrechnung

kosten-BAB (in T €)

			Kostenstellen							
		Fertigungsbereich				Material-bereich	Verwaltungsbereich			Vertriebs-bereich
	521	5232	5242	5252	5262	52	53	541	545	54	55
	Hilfs-stelle	Masch. Abt. I	Masch. Abt. II	Montage	Werk-zeugbau	Bereich Summe	Material	Allg. Verwal-tung	EDV	Bereich Summe	Vertrieb
	10	11	12	13	14	15	16	17	18	19	20
	—	—	245,9	260,2	153,7	57,9	717,7	—	—	—	—	—
,9	—	97,4	33,0	15,8	20,1	166,3	40,1	4,2	3,8	8,0	61,3
	142,4	17,0	17,3	17,8	17,7	212,2	57,8	93,2	25,6	118,8	183,2
,2	—	215,6	184,0	106,5	49,0	555,1	25,2	2,6	2,4	5,0	38,5
	36,7	4,4	4,5	4,6	4,6	54,8	14,9	24,0	6,5	30,5	47,3
,8	7,3	35,2	15,9	29,3	11,8	99,5	7,3	4,3	3,6	7,9	11,8
,9	7,2	28,0	21,5	20,3	14,8	91,8	5,1	4,0	5,8	9,8	66,1
	—	—	30,0	12,8	13,4	1,9	58,1	—	—	—	—	—
,1	3,4	70,6	15,6	17,9	6,2	113,7	1,9	—	1,0	1,0	1,1
,3	0,9	22,8	7,4	10,0	2,0	43,1	10,0	13,1	3,4	16,5	12,7
,7	1,3	26,1	8,2	6,6	4,4	46,6	7,0	9,3	3,4	12,7	9,8
,3	6,4	4,3	2,0	3,3	4,8	20,8	14,5	32,7	7,8	40,5	25,4
,1	4,6	258,6	109,5	76,1	27,4	476,2	5,2	2,8	6,3	9,1	3,8
,1	1,9	95,6	52,1	32,1	14,3	196,0	21,1	20,8	3,6	24,4	71,7
,6	12,0	19,0	15,5	12,0	11,5	70,0	16,5	—	7,5	7,5	95,0
,0	224,1	1 170,5	759,5	519,4	248,4	2 921,9	226,6	211,0	80,7	291,7	627,7
,0	224,1	924,6	499,3	365,7	190,5	2 204,2	226,6	211,0	80,7	291,7	627,7
	—	—	—	—	—	—	—	—	—	—	·/· 60,3
,0	224,1	924,6	499,3	365,7	190,5	2 204,2	226,6	211,0	80,7	291,7	567,4
,9	24,6	—	—	—	—	24,6	11,4	30,3	·/· 94,6	·/· 63,3	25,5
,9	17,4	31,1	24,6	45,5	12,1	130,7	41,2	13,9	13,9	27,8	71,6
,0	266,1	955,7	523,9	411,2	202,6	2 359,5	279,2	255,2	—	255,2	664,5
,1	—	11,8	5,0	—	3,4	4,4	24,6	28,1	24,0	—	24,0	43,2
,9	—	1,0	2,6	2,4	2,1	2,0	10,1	0,8	0,7	—	0,7	1,9
	—	278,9	963,3	526,3	416,7	209,0	2 394,2	308,1	279,9	—	279,9	709,6
	—	↳	29,7	36,7	26,3	34,7	·/· 151,5	—	—	—	—	151,5
	—	—	993,0	563,0	443,0	243,7	2 242,7	308,1	279,9	—	279,9	861,1
—	—	245,9	260,2	153,7	57,9	717,7	—	—	—	—	—
—	—	—	—	—	—	—	2 846,4	—	—	—	—
—	—	—	—	—	—	—	—	—	—	6 114,9	6 114,9
—	—	—	—	—	—	—	—	—	—	6 054,0	6 054,0
—	—	403,82	216,37	288,22	420,90	312,48	10,82	—	—	4,58	14,08
—	—	400,00	215,00	280,00	425,00	(309,25)	9,50	—	—	4,00	13,50
—	—	983,6	559,4	430,4	246,1	2 219,5	270,4	—	—	242,2	817,3
—	—	·/· 9,4	·/· 3,6	·/· 12,6	·/· 2,4	·/· 23,2	·/· 37,7	—	—	·/· 37,7	·/· 43,8
—	—	·/· 0,96	·/· 0,64	·/· 2,93	0,97	(·/· 1,05)	·/·13,94	—	—	·/· 15,57	·/· 5,36

Die **Zeilen 2 bis 15** enthalten ausschließlich **(Kostenträger-)Gemeinkosten**. Dabei wird von einer unterjährigen Abrechnung ausgegangen. Dadurch ergibt sich insbesondere bei den Sozialkosten ein großer Abgrenzungsbedarf zwischen Finanzbuchführung und Kostenrechnung. Für die Zuordnung der Kostenarten auf die Kostenstellen gelten die auf S. 271 ff. beschriebenen Regeln.

> **Hinweis:** Auf die Angabe künstlich vereinfachter Schlüssel (etwa Verteilung der Energiekosten auf die Kostenstellen im Verhältnis 2 : 4 : 8 : 15) wurde hier bewusst verzichtet. Solche Vorgaben, die für einfache Übungsaufgaben und Rechenbeispiele leider unverzichtbar sind, liefern ein völlig falsches Bild von den hier in der Praxis zu lösenden Problemen.

In der **Zeile 17** wird insgesamt sowie für die einzelnen Kostenstellen die Summe der im BAB erfassten primären Gemeinkosten ausgewiesen; die **Zeile 16** enthält zur Erleichterung der Abstimmung die entsprechenden Summen einschließlich der Fertigungslöhne.

Im Beispiel wird davon ausgegangen, dass bestimmte Sonderkosten des Vertriebs, wie etwa die Kosten der Außenverpackungen, zunächst wie Vertriebsgemeinkosten (z. B. in Form von Hilfslöhnen und von Hilfs- und Betriebsstoffen) auf den Vertriebskostenstellen erfasst werden. Die an die Kunden weiter verrechneten Sonderkosten des Vertriebs werden dann in der **Zeile 18** ausgewiesen und von den Vertriebsgemeinkosten abgezogen. Diejenigen Sonderkosten des Vertriebs, die den Kunden nicht belastet werden können, werden als Gemeinkosten behandelt. Sofern hier große Beträge anfallen, sollten diese in der Praxis zumindest festgestellt werden können; im Beispiel wurde auf diese Information verzichtet.

4.7.1.3 Innerbetriebliche Leistungsverrechnung (Zeilen 20–27)

Es wird davon ausgegangen, dass wegen des relativ hohen wechselseitigen Leistungsaustausches zwischen den Kostenstellen EDV und Grundstücke und Gebäude die interne Leistungsverrechnung mit Hilfe des **Gleichungsverfahrens** vorgenommen werden muss. Für die anderen in die innerbetriebliche Leistungsverrechnung einzubeziehenden Kostenstellen wird angenommen, dass die Leistungsströme ganz überwiegend in eine Richtung fließen, sodass im Sinne einer einseitigen Leistungsbeziehung mit dem **Stufenleiterverfahren** gearbeitet werden kann.

Erläuterung der Zeilen 20 bis 22:
Für die Leistungsverrechnung zwischen den Kostenstellen EDV sowie Grundstücke und Gebäude (mit Hilfe des Gleichungsverfahrens) wird von folgenden Informationen ausgegangen:

Die Kapazitäten der EDV sind in der fraglichen Periode wie folgt in Anspruch genommen worden:

- Grundstücke und Gebäude 2 %,
- Fertigungsbereich 26 %,
- Materialbereich 12 %,
- Verwaltung 32 %,
- Vertrieb 27 %,
- Kantine 1 %.

Der für Raumkosten (Kostenstelle 511) anzuwendende Verteilungsschlüssel ergibt sich aus der Tabelle auf S. 316. Dort wird auch ausführlich beschrieben, warum es sinnvoll ist, bei Raumkosten spezielle Recheneinheiten anzuwenden.

Mit den hiermit vorliegenden Informationen lassen sich analog zum Rechenbeispiel auf S. 276 ff. die Kostensätze für die EDV (x) und für Grundstücke und Gebäude (y) wie folgt bestimmen:

1. $100x = 80{,}7 + 270y$
2. $5\,642y = 289{,}6 + 2x$

Erläuterung der ersten Gleichung: Die Gesamtleistung der EDV wurde mit 100 % definiert. Die auf die EDV insgesamt entfallenden Kosten ergeben sich demnach aus der Multiplikation des für die EDV geltenden Kostensatzes x mit der Gesamtleistung der EDV. Dieser Wert entspricht den in Zeile 19, Spalte 18, im Vollkosten-BAB für die EDV ausgewiesenen primären Gemeinkosten von 80,7 T€ zuzüglich der von der EDV zu entfallenden 270 Recheneinheiten (lt. Raumkosten-Verteilungsschlüssel) mit dem Kostensatz y je Recheneinheit.

Erläuterung der zweiten Gleichung: Die gesamten Raumkosten ergeben sich zum einen aus der Multiplikation der 5 642 Recheneinheiten laut Raumkosten-Verteilungsschlüssel mit dem Kostensatz y (je Recheneinheit), zum anderen als Summe der in Zeile 19, Spalte 6, im BAB ausgewiesenen primären Gemeinkosten von 289,6 T€ und der auf die Kostenstelle Grundstücke und Gebäude entfallenden Kosten der EDV (2 %).

Die Auflösung des Gleichungssystems ergibt für 1 % der Kapazität der EDV-Anlage einen Kostensatz x von rund 946,50 und für eine Raumeinheit (Recheneinheit) einen Kostensatz y von rund 51,66. Werden diese Sätze auf die angegebenen Verteilungsschlüssel angewendet, so ergeben sich die in den **Zeilen 20 und 21** des BAB ausgewiesenen (gerundeten) Werte.

Erläuterung der Zeilen 23 bis 27:

Der mit Hilfe des Stufenleiterverfahrens abzuwickelnde zweite Teil der internen Leistungsverrechnung beginnt mit den Kosten des Fuhrparks. Anschließend sind die Kosten der sozialen Einrichtungen und der Fertigungshilfsstelle zu verteilen. Dabei ist zu beachten, dass Letztere im Beispiel nicht nur Leistungen für ihren Bereich, sondern auch für den Vertrieb erbracht hat.

Nach der Verrechnung der innerbetrieblichen Leistungen (sekundären Kostenarten) ergeben sich auf den einzelnen Kostenstellen die in **Zeile 27** ausgewiesenen Summen.

4.7.1.4 Abrechnung Kantine (Zeilen 28–30)

In den Zeilen 28 bis 30 wird der Gesamtaufwand für die Kantine von 75,7 T€ mit den dort erzielten Einnahmen von 43,5 T€ saldiert. Der verbleibende Rest von 32,2 T€ muss definitionsgemäß bei der Kostenrechnung außer Ansatz bleiben.

4.7.1.5 Bestimmung der Kalkulationssätze und Soll-Ist-Vergleich (Zeilen 31–39)

Die letzten Abschnitte des BAB dienen der Ermittlung von Kalkulationssätzen zur Weiterverrechnung der in den Kostenstellen gesammelten Gemeinkosten auf die Kostenträger und dem Soll-Ist-Vergleich. Für den BAB wird jetzt angenommen, dass die im Abscnitt 4.7.1.1 genannten Bedingungen (einheitliche Kostenstruktur der Betriebsmittel) erfüllt sind, sodass die ermittelten Kostensätze für Kalkulationszwecke tatsächlich geeignet sind.

Für die Bestimmung von Kalkulationssätzen gibt es, wie im Abschnitt 2.4 bereits gezeigt wurde, zwei Möglichkeiten. Es kann nämlich entweder mit Gemeinkostenzuschlagssätzen oder mit Stundensätzen gearbeitet werden. Auf die Bestimmung von Stundensätzen wird hier zunächst verzichtet. Die Technik der differenzierten Stundensatzrechnung wird im Abschnitt 6 ausführlich diskutiert. Hier wird zunächst nur mit Gemeinkostenzuschlagssätzen gearbeitet. Für deren Errechnung gilt ganz allgemein folgende Formel:

$$\text{Gemeinkostenzuschlagssatz} = \frac{\text{Gemeinkosten} \times 100}{\text{Bezugsbasis}}$$

Die in Zähler und Nenner eingehenden Größen müssen sich natürlich jeweils auf den selben Zeitraum beziehen.

Darüber, welche Gemeinkosten auf welche Basen bezogen werden sollen, haben sich bestimmte Regeln herausgebildet. Danach sollte die Verrechnung der Fertigungsgemeinkosten auf Basis der Fertigungslöhne und die Verrechnung der Materialgemeinkosten auf Basis des Wertes des verbrauchten Fertigungsmaterials erfolgen. Für die Verwaltungs- und Vertriebsgemeinkosten werden in der Regel die Herstellkosten als Bezugsbasis verwendet. Sie sind wie folgt definiert:

  Fertigungsmaterial
+ Materialgemeinkosten
+ Fertigungslöhne
+ Fertigungsgemeinkosten
= Herstellkosten

Hinweis: Die Herstellkosten dürfen nicht mit den Herstellungskosten im Sinne des Bilanzrechtes verwechselt werden. Letztere können auch anteilige Verwaltungskosten enthalten.

Die Frage, inwieweit diese Basen ihren Zweck erfüllen, nämlich zumindest eine plausible Verrechnung der Gemeinkosten auf die Kostenträger zu ermöglichen, wird weiter unten aufgegriffen werden.

Im Beispiel gelten für die Bestimmung der Zuschlagssätze folgende Werte:

Fertigungsbereich:

- Fertigungslöhne   717,7 T€ (Zeile 31, Spalte 15)
- Fertigungsgemeinkosten   2 242,7 T€ (Zeile 27, Spalte 15)

(Die entsprechenden Summen für die einzelnen Fertigungskostenstellen sind aus Zeile 27, Spalten 11 bis 14, ersichtlich.)

Materialbereich:

- Fertigungsmaterial   2 846,4 T€ (Zeile 32, Spalte 16)
- Materialgemeinkosten   308,1 T€ (Zeile 27, Spalte 16)

Verwaltungsbereich:

- Verwaltungsgemeinkosten   279,9 T€ (Zeile 27, Spalte 19)
- Herstellkosten   6 114,9 T€ (Zeile 33, Spalte 19)

(Die Summe der Herstellkosten ergibt sich aus obiger Definition.)

Vertriebsbereich:

- Vertriebsgemeinkosten   861,1 T€ (Zeile 27, Spalte 20)
- Herstellkosten   6 114,9 T€ (Zeile 33, Spalte 20)

Für die Ermittlung der Kalkulationssätze (Verrechnungssätze, Gemeinkostenzuschlagssätze) muss aus dem BAB jeweils ersichtlich sein, auf welcher Basis die Sätze für die einzelnen Gruppen von Gemeinkosten zu ermitteln sind. Im Beispiel finden sich diese Informationen in den **Zeilen 31 bis 34.**

Erläuterung der Zeilen 35 bis 39:

Die sich im Beispiel (für die betrachtete Periode) ergebenden **Ist-Kalkulationssätze** (Zuschlagssätze) sind in der **Zeile 35** aufgeführt. Für die Maschinenabteilung E sind z. B. Fertigungsgemeinkosten in Höhe von 563,0 T€ angefallen. Die entsprechenden Fertigungslöhne betragen 260,2 T€, sodass sich ein Kalkulationszuschlag von rund 216,37 % ergibt. Im BAB wurden die Zuschlagssätze zur rechnerischen Kontrolle auf zwei Stellen hinter dem Komma ermittelt (was aber über die ökonomische Genauigkeit der Sätze nichts aussagt).

In Zeile 35, Spalte 4, ist auch für den Nettoaufwand aus der Kantine ein Zuschlagssatz auf Basis der Herstellkosten ermittelt worden. Dieser Zuschlagssatz ist kein Kostensatz im üblichen Sinne; er ist vielmehr als Kennziffer zur Kontrolle der Aufwendungen für die Kantine zu betrachten. Da diese Aufwendungen nach der hier vertretenen Auffassung aus dem Gesamtergebnis zu decken sind, sollten sie bei der Bestimmung des kalkulatorischen Gewinnzuschlags (S. 216) berücksichtigt werden.

Zum Zweck eines Soll-Ist-Vergleichs wurden den Ist-Kalkulationssätzen die als normal betrachteten, für die Vorkalkulation maßgeblichen Sätze (**Zeile 36**) gegenübergestellt (**Normalzuschlagssätze**). Durch die Anwendung der Normalzuschlagssätze auf die bekannten Bezugsbasen lassen sich die (in der Vorkalkulation) verrechneten Gemeinkosten (**Zeile 37**) ermitteln. Für die Kostenstelle 5232 sind das z. B. 983,6 T€ (400 % aus 245,9).

Bei den Verwaltungs- und Vertriebsgemeinkosten ist allerdings zu beachten, dass als Bezugsbasis für die verrechneten Gemeinkosten die Normal-Herstellkosten anzusetzen sind. Diese betragen im Beispiel 6 054,0 T€ (Zeile 34, Spalten 19 und 20). Sie ergeben sich, wenn in der Formel für die Herstellkosten statt der Ist-Gemeinkosten (Material- und Fertigungsgemeinkosten) die entsprechenden Soll-Gemeinkosten angesetzt werden. Für Material sind das hier 270,4 T€ (Zeile 37, Spalte 16), für die Fertigung 2 219,5 T€ (Zeile 37, Spalte 15). Nur die Soll-Gemeinkosten (verrechnete Gemeinkosten) waren ja bei der Vorkalkulation bekannt.

> **Hinweis:** In der Literatur (vgl. z. B. Olfert) wird gelegentlich die Meinung vertreten, die Verwaltungs- und Vertriebsgemeinkosten seien nicht auf der Basis der Herstellkosten der Produktion, sondern auf Basis der Herstellkosten des Umsatzes zu ermitteln. Dazu besteht kein Anlass, weil insbesondere die Vertriebskosten (aber auch die Verwaltungskosten) eben nicht in erster Linie dem Umsatz der betreffenden Periode zuzurechnen sind. Der größte Teil der Vertriebskosten sind ja Kosten der »Umsatzanbahnung« und nicht der »Umsatzabwicklung«. Hier trennen zu wollen, ist ein hoffnungsloses Unterfangen.

Durch die Gegenüberstellung der Ist-Gemeinkosten (Zeile 27) und der verrechneten Gemeinkosten (Zeile 37) lässt sich die absolute Differenz zwischen Soll und Ist bestimmen (**Zeile 38**). Von einer negativen Abweichung (**Kostenunterdeckung**) wird dabei dann gesprochen, wenn mehr Kosten angefallen sind, als es dem Normalfall entsprochen hätte, denn damit wird das Leistungsergebnis negativ beeinflusst. Im umgekehrten, für das Unternehmen positiven Fall, wird die Abweichung als positiv deklariert (**Kostenüberdeckung**).

In der Zeile 39 sind die Abweichungen als relative Größen dargestellt. Bezugsbasis sind dabei die verrechneten Gemeinkosten.

4.7.1.6 Kritik am BAB für die Vollkostenrechnung

Die traditionelle Kostenstellenrechnung auf Vollkostenbasis weist eine Reihe erheblicher Mängel auf; ihre Ergebnisse sind deshalb sowohl für Zwecke der Kostenkontrolle als auch der Kostenträgerrechnung nur bedingt brauchbar (vgl. als Literatur insbesondere Schwarz).

Keine Kostenspaltung

Der wichtigste Mangel der sog. Vollkostenrechnung besteht darin, dass nicht unterschieden wird zwischen Produktkosten und Managementkosten bzw. (im Sinne der h. L.) zwischen variablen Kosten und Fixkosten, obwohl nur zwischen der Entstehung der Produktkosten und der Entstehung der betrieblichen Leistung ein unmittelbarer, technisch-funktionaler Zusammenhang besteht. Die Beziehungen zwischen der betrieblichen Leistungserstellung und den Managementkosten sind dagegen nur indirekter (mittelbarer) Natur.

Zusammen mit den vielfältigen Formen der Verwendung von Schlüsselgrößen (auch Kalkulationssätze auf Vollkostenbasis sind im Prinzip Schlüsselgrößen) führt das bei der Zuordnung der Kosten (insbesondere der Managementkosten) auf Kostenstellen und Kostenträger zu völlig undurchschaubaren Kalkulationsergebnissen, und zwar auch auf der Basis einer als normal definierten Auslastung. Hinzu kommt, dass sich ein Teil der Managementkosten kurzfristig nicht beeinflussen lässt. Das kann zumindest dann zu kritischen Situationen führen, wenn versucht wird, dieses »Manko« durch höhere Kalkulationssätze und entsprechend höhere Angebotspreise auszugleichen. Dadurch kann es leicht zu einem weiteren Rückgang der Nachfrage und letztlich zu einer Verdrängung vom Markt kommen.

> **Beispiel:**
> In einer Werkstatt werden nur identische Teile hergestellt. Der Meister bezieht ein Gehalt von 10 000,–.
> Bei einer Fertigung von 8 000 Teilen werden nach traditioneller Vollkostenrechnung einem einzelnen Teil von diesem Gehalt 1,25 zugerechnet, bei einer Fertigung von 5 000 Teilen jedoch 2,–. Durch die geringere Auslastung würden sich nach dieser Rechnung also höhere Stückkosten ergeben.

Um solche Fehler zu vermeiden und richtige preispolitische Entscheidungen treffen zu können, müssen Produktkosten und Managementkosten in der Kostenstellen- und in der Kostenträgerrechnung getrennt erfasst und ausgewiesen werden.

Verringerung der Anzahl von Schlüsselungen

Kostenstellen- und Kostenträgerrechnung müssen möglichst transparent aufgebaut sein. Dazu genügt die Trennung der Kosten in Produktkosten und Managementkosten allein nicht. Es ist vielmehr zusätzlich nötig, die Anzahl der Schlüsselungen in beiden Rechnungen möglichst gering zu halten. Denn gerade die Schlüsselungen verhindern, dass möglichst viele der verrechneten Kostenelemente in der Kostenträgerrechnung separat ausgewiesen werden können. Das wäre aber notwendig, um der Rechnung die geforderte Transparenz zu verleihen.

Da Schlüsselungen bei der Verrechnung der primären Kostenarten auf die Kostenstellen und in Gestalt der Kalkulationssätze auch bei der Verrechnung der Gemeinkosten auf die Kostenträger **unvermeidlich** sind, kommt es darauf an, die Zahl der Schlüsselungen im Bereich der innerbetrieblichen Leistungsverrechnung möglichst gering zu halten.

Geringe Qualität der auf Wertgrößen beruhenden Zuschlagssätze

Die **Fertigungsgemeinkostenzuschläge** lassen sich zwar auf die hinter den Löhnen stehende Arbeitszeit zurückführen und sind deshalb für die Produktgemeinkosten einigermaßen plausibel. Problematisch ist allerdings, dass dabei eine Erhöhung der Fertigungslöhne (ohne Veränderung der Zahl der Arbeitsstunden) in der Kostenträgerrechnung automatisch dazu führen muss, dass dem betreffenden Kostenträger (Auftrag) auch mehr Gemeinkosten zugerechnet werden, und zwar inclusive eines höheren Anteils an Managementkosten.

Äußerst problematisch sind die **Zuschläge für Materialgemeinkosten** auf der Basis des Wertes des verbrauchten Fertigungsmaterials, weil die Höhe der verrechneten Gemeinkosten hier primär am Wert festgemacht wird. Was die Lagerung bestimmter Materialposten tatsächlich kostet, hängt aber wesentlich von der Grundfläche bzw. vom Volumen des benötigten Lagerplatzes sowie von der Lagerdauer (Umschlagshäufigkeit) ab. Dazu kommen die Kosten der Einlagerung und Entnahme. Auch die im Einkauf für eine Bestellung entstehenden Kosten sind zumindest bei Routinebestellungen von deren Wert weitgehend unabhängig.

In dem traditionellen Zuschlag für Materialgemeinkosten bleiben diese Gesichtspunkte völlig außer Acht. Eine Verbesserung der Rechnung lässt sich bei den Lagerkosten durch den Einsatz spezieller EDV-Programme erreichen. Sie ermöglichen es, mit Hilfe von »Lagerkostensätzen« (z. B. Kosten der Lagerfläche pro Tag und Einheit) die Kosten, die durch die Lagerung bestimmter Materialien entstanden sind, zumindest näherungweise zu bestimmen. Der Einsatz solcher Programme ist aber nicht zuletzt auch eine Frage der Wirtschaftlichkeit.

Völlig willkürlich ist es, wenn, wie allgemein üblich, versucht wird, die **Gemeinkosten für Verwaltung und Vertrieb** auf der Basis der Herstellkosten auf die Kostenträger weiterzuverrechnen. Zwischen der Höhe der anfallenden Verwaltungs- und Vertriebsgemeinkosten und den Herstellkosten der produzierten Leistungen gibt es ganz sicher keinen ursächlichen Zusammenhang. Denn dann müssten die Verwaltungs- und Vertriebskosten quasi automatisch steigen oder fallen, wenn sich z. B. die Preise der Fertigungsstoffe geändert haben.

4.7.2 Beispiel 2: Kombinierter BAB

4.7.2.1 Struktur

Auch dieser BAB weist natürlich wieder die bekannte Matrixstruktur auf. In der Senkrechten ist der BAB jetzt in fünf Abteilungen gegliedert. Dabei werden in der Abteilung A die den Produktkosten zuzurechnenden Gemeinkosten und in der Abteilung B die Managementkosten ausgewiesen. In der Abteilung C werden die in den verschiedenen Kostenstellen insgesamt angefallenen Gemeinkosten (Produktkosten plus Managementkosten) ermittelt, die Abteilung D dient der Darstellung der zur Ermittlung der Kalkulationssätze relevanten Basen, während in der Abteilung E die ermittelten Kalkulationssätze ausgewiesen werden. Dabei wird wiederum zwischen Produktkosten und Managementkosten unterschieden. Außerdem gelten natürlich auch für diese Kalkulationssätze die bekannten Einschränkungen.

Durch die Gliederung in Produktkosten und Managementkosten wird dem Umstand Rechnung getragen, dass zur Realisierung des Teilkostenkonzepts der BAB so strukturiert werden muss, dass die entsprechenden Kostenkategorien getrennt erfasst und dargestellt werden können. Im Sinne der hier vertretenen Auffassung wird diese Bedingung durch die konsequente Trennung von Produktkosten und Managementkosten erfüllt.

Beispiel für e

Zeile	Kostenstellen / Kostenarten	Zahlen der Buchhltg.	Abgrenzungen	Zahlen der Betriebsabrechnung	Allgem. Bereich	Ftg Hilfs
1	Spalte	1	2	3	4	5
2						
3	**Abt. A: Produktkosten**					
4	Hilfslöhne	6 500	—	6 500	—	
5	Sozialkosten auf Löhne	14 060	900	14 960	—	
6	Hilfs- und Betriebsstoffe	9 300	—	9 300	—	
7	Kalk. Abschreibungen	—	33 100	33 100	—	
8	Summe Produktkosten	29 860	34 000	63 860	—	
9						
10	**Abt. B: Managementkosten**					
11	Hilfslöhne	61 900	−2 900 / −400	58 600	5 200	6 4
12	Gehälter	68 120		68 120	—	3 (
13	Sozialkosten auf Löhne	57 525	−1 595 / +2 300	58 230	2 860	3 !
14	Sozialkosten auf Gehälter	18 906	+1 530	20 436	—	!
15	Hilfs- und Betriebsstoffe	15 660	−2 300	13 360	800	1 (
16	Kalk. Abschreibungen	—	26 820	26 820	1 360	2 (
17	Verschiedene Kosten	12 810	−950	11 860	1 850	1 (
18	Managementkosten (Summe I)	234 921	22 505	257 426	12 070	18 ⋅
19	Umlage Ftg.-Hilfsstelle I	—	—	—	—	
20	Umlage Ftg.-Hilfsstelle II	—	—	—	—	
21	Managementkosten (Summe II)	234 921	22 505	257 426	12 070	
22						
23	**Abt. C: Gesamte Gemeinkosten**					
24	Produktkosten	29 860	34 000	63 860	—	
25	Managementkosten	234 921	22 505	257 426	12 070	
26	Summe Gemeinkosten	264 781	56 505	321 286	12 070	
27						
28	Einnahmen Kantine	6 210	—	—	—	
29	Abmangel Kantine	−3 415	—	—	—	
30	Zuschuss zur Kantine	3 415	—	—	—	
31						
32	**Abt. D: Verrechnungsbasen**					
33	Fertigungslöhne	—	—	68 300	—	
34	Fertigungsmaterial	—	—	505 503	—	
35	Verrechnete Herstellkosten	—	—	807 939	—	
36	Betriebsstunden (Ist)	—	—	3 332	2 556[1]	
37	Betriebsstunden (Soll)	—	—	3 332	2 550[1]	
38						
39	**Abt. E: Kostensätze (€/Std.)**					
40	a) Produktkosten					
41	Istsätze – Gemeinkosten	—	—	—	—	
42	Istsätze – Fertigungslohn	—	—	—	—	
43	Sollsätze – Gemeinkosten	—	—	—	—	
44	Sollsätze – Fertigungslohn	—	—	—	—	
45						
46	b) Managementkosten					
47	Deckungsbedarf (Ist)	—	—	—	4,72	
48	Deckungsbedarf (Soll)	—	—	—	4,85	
49	[1]Ohne Hilfsstellen					

...binierten BAB (in T€)

...gungsbereich							
tg.- fst. II	Ftg.-St. A	Ftg.-St. B	Ftg.-St. C	Mat.- Bereich	Verwaltung	Vertrieb	Kantine
6	7	8	9	10	11	12	13
—	2 400	2 600	1 500	—	—	—	—
—	5 120	5 600	4 240	—	—	—	—
—	2 800	3 100	3 400	—	—	—	—
—	12 800	9 200	11 100	—	—	—	—
—	23 120	20 500	20 240	—	—	—	—
5 100	8 200	10 500	7 800	5 200	2 200	5 100	2 900
3 200	8 900	10 300	7 400	6 720	11 800	16 800	—
2 805	13 470	15 575	11 530	2 860	1 210	2 805	1 595
960	2 670	3 090	2 220	2 016	3 540	5 040	—
980	510	660	590	720	810	4 980	2 300
2 870	2 100	2 390	2 910	4 000	1 090	5 620	1 880
1 080	460	530	570	950	880	3 580	950
5 995	36 310	43 045	33 020	22 466	21 530	43 925	9 625
2 415	4 917	5 795	5 313	—	—	—	—
(19 410) →	5 888	7 143	6 379	—	—	—	—
—	47 115	55 983	44 712	22 466	21 530	43 925	9 625
—	23 120	20 500	20 240	—	—	—	—
—	47 115	55 983	44 712	22 466	21 530	43 925	9 625
—	70 235	76 483	64 952	22 466	21 530	43 925	9 625
—	—	—	—	—	—	—	6 210
—	—	—	—	—	—	—	- 3 415
—	—	—	—	—	—	—	3 415
—	23 200	25 400	19 700	—	—	—	—
—	—	—	—	505 503	—	—	—
—	—	—	—	—	807 939	807 939	—
356	802	980	774	—	—	—	2 556[1]
360	800	1 000	750	—	—	—	2 550[1]
—	28,83	20,92	26,15	—	—	—	—
—	28,93	25,92	25,45	—	—	—	—
—	28,50	21,15	26,30	—	—	—	—
—	29,00	25,75	25,50	—	—	—	—
—	58,75	57,13	57,77	4,44 %	2,66 %	5,44 %	1,34
—	59,00	56,90	57,95	4,50 %	2,75 %	5,50 %	1,25

Mit dieser Ausrichtung des BAB am Teilkostenkonzept wird zugleich die Möglichkeit zur Einführung einer **kombinierten Produkt- und Vollkostenrechnung** geschaffen.

Die Trennung von Managementkosten und Produktkosten führt zwangsläufig dazu, dass bestimmte Kostenarten zweimal im BAB auftauchen, weil sie zum einen Teil den Produktkosten und zum anderen Teil den Managementkosten zuzurechnen sind. Typische Beispiele dafür sind die Hilfslöhne (Zeilen 4 u. 11), die kalkulatorischen Abschreibungen (Zeilen 7 u. 16) und die Sozialkosten (Zeilen 5, 13 u. 14).

In der waagerechten Gliederung unterscheidet sich der BAB vom ersten Beispiel dadurch, dass mit einer geringeren Zahl von Kostenstellen gearbeitet und dass die Kantine nicht mehr nur als »Vorspalte«, sondern als separate Aussonderungsstelle ausgewiesen wird.

Die Zahl der Kostenarten und Kostenstellen wurde aus Platzgründen möglichst gering gehalten. Insoweit ist der BAB kein an der Praxis orientiertes Beispiel, sondern ein Beispiel, das darauf ausgerichtet ist, das Konzept eines kombinierten BAB darzustellen.

Durch die Spalte »Abgrenzungen« wird, wie schon im BAB-Beispiel 1 zunächst einmal die Verbindung zwischen den Zahlen der Buchhaltung und der Kostenrechnung hergestellt. Das betrifft insbesondere die Unterschiede, die zwischen den in der Buchhaltung angefallenen und den in der Kostenrechnung verarbeiteten Sozialkosten bestehen.

Außerdem wurden in der Vorspalte die Kosten der Kantine und solche Beträge ausgesondert, die zwar Aufwand, nicht aber zugleich Kosten der betreffenden Periode darstellen. Das gilt z. B. für Vorschusszahlungen im Bereich der Hilfslöhne (Zeile 11) sowie für Aufwendungen für Werbung, die in Zeile 17 als verschiedene Kosten erfasst worden sein können.

4.7.2.2 Zu den verrechneten Kostenarten

Beim jetzt erreichten Stand der Diskussion der Kostenartenrechnung sind insoweit nur noch wenige Erläuterungen nötig.

Die Sozialkosten wurden anhand planmäßiger, auf Löhne und Gehälter bezogener Verrechnungssätze bestimmt, wie das oben erläutert worden ist. Im Bereich der Gehälter wurde dabei mit 30 % und bei den Löhnen mit einem Satz von insgesamt 55 % gearbeitet. Soweit es sich bei den Löhnen um Produktkosten handelt, wurde davon ausgegangen, dass 20 % der einschlägigen Sozialkosten den Produktkosten und der Rest von 35 % den Managementkosten zuzurechnen sei. Dabei ist zu beachten, dass nicht nur die in Zeile 4 ausgewiesenen Hilfslöhne zu den Produktkosten gehören, sondern natürlich auch die Fertigungslöhne (Zeile 33).

In der Fertigungsstelle A sind insgesamt 25 600,– (2 400 + 23 200) an Löhnen angefallen, die den Produktkosten zuzurechnen sind. Damit ergeben sich Produktkosten in Form von Sozialkosten in Höhe von 5 120,– (Zeile 5, Spalte 7). Was hier zu den Fertigungslöhnen gesagt wurde, würde in gleicher Weise für Fertigungsgehälter gelten, die in dem BAB Beispiel nicht vorkommen.

Die in Zeile 13 ausgewiesenen Sozialkosten enthalten zum einen die als Managementkosten einzustufenden Sozialkosten (35 %) auf diejenigen Löhne, die zu den Produktkosten gehören, sowie die kompletten Sozialkosten (55 %) derjenigen Hilfslöhne, die den Managementkosten zuzurechnen sind. Die für die Fertigungsstelle A in der Zeile 13 ausgewiesenen Sozialkosten von 13 470,– ergeben sich also wie folgt: 35 % (= 4 510,–) aus den als Produktkosten eingestuften Löhnen (s. o.) von 25 600,– und 55 % (= 8 960,–) aus den in Zeile 11 ausgewiesenen Hilfslöhnen von 8 200,–. Für den Materialbereich betragen die Sozialkosten auf Hilfslöhne 2 860,– (55 % aus 5 200,–).

Von den in Zeile 12 ausgewiesenen Gehältern wurde angenommen, dass sie in keiner unmittelbaren Beziehung zur Produktion stehen, also zu den Managementkosten gehören. Auf diese Gehälter wurden durchgehend 30 % Sozialkosten als Managementkosten (Zeile 14) verrechnet.

Um Missverständnisse bezüglich der kalkulatorischen Abschreibungen zu vermeiden, sei nochmals ausdrücklich darauf hingewiesen, dass diese nur insoweit Produktkosten sein können, als es um die Erfassung derjenigen nutzungsbedingten Wertverzehre von Maschinen und Anlagen (incl. Werkzeuge) geht, die unmittelbar der Erstellung der zum Verkauf bestimmten Erzeugnisse dienen. Alle anderen kalkulatorischen Abschreibungen sind Managementkosten.

4.7.2.3 Abrechnung der Hilfskostenstellen (Umlagen)

In den Hilfskostenstellen fallen keine Produktkosten (Abt. A) an. Damit entfällt insoweit die Notwendigkeit einer Weiterverrechnung irgendwelcher Kosten.

Was die in den Hilfskostenstellen angefallenen Managementkosten betrifft, so soll der allgemeine Bereich zunächst ausgeklammert werden.

Für die Fertigungshilfsstellen gilt folgendes: In der Fertigungshilfsstelle I wurden 420 Betriebsstunden (Zeile 36, Spalte 5) geleistet. Dafür sind 18 440,– (Zeile 18, Spalte 5) an Kosten angefallen. Es ergibt sich also ein Kostensatz von rund 43,90 pro Betriebsstunde. Für die Beanspruchung der Fertigungshilfsstelle I sollen folgende Werte gelten: Fertigungshilfsstelle II 55 Stunden, Fertigungsstelle A 112 Stunden, Fertigungsstelle B 132 Stunden und Fertigungsstelle C 121 Stunden. Die im BAB in Zeile 19 ausgewiesenen Beträge ergeben sich aus der Multiplikation dieser Stunden mit dem Kostensatz von 43,90.

Auch die Umlage der Fertigungshilfsstelle II ist auf der Basis von Betriebsstunden erfolgt. Insgesamt sollen 356 Betriebsstunden (Zeile 36, Spalte 6) geleistet worden sein. Davon entfallen auf die Fertigungsstellen A, B und C 108 Stunden, 131 Stunden und 117 Stunden. Bei der Bestimmung des Stundensatzes für die Hilfsstelle II ist zu beachten, dass die von der Hilfsstelle I der Hilfsstelle II belasteten Kosten in die Rechnung mit einfließen müssen. Es ist also von Gesamtkosten von 19 410,– auszugehen. Die Kosten pro Stunde betragen also 54,52 (19 410 € : 356 Std.). Die in der Zeile 20 ausgewiesenen Kosten ergeben sich wiederum aus der Multiplikation des Stundensatzes mit der in den betreffenden Kostenstellen verfahrenen Stunden.

4.7.2.4 Zum allgemeinen Bereich und zur Kantine

Hinsichtlich des allgemeinen Bereichs wurde im Beispiel ein etwas ungewöhnlicher Weg beschritten. Die einschlägigen Kosten sind nämlich, entgegen den üblichen Gepflogenheiten, nicht auf die anderen Kostenstellen umgelegt worden. Sie wurden statt dessen zur Anzahl der in den Fertigungshauptstellen gefahrenen Stunden in Beziehung gesetzt. Mit Hilfe des so gewonnenen Stundensatzes lassen sich die Kosten des allgemeinen Bereichs nun ohne den Umweg über andere Kostenstellen direkt den Kostenträgern zurechnen.

Diese Vorgehensweise führt zwar sicher nicht zu einem verursachungsgerechten oder besonders plausiblen Ergebnis, sie hat jedoch den Vorteil, dass die Zahl der Umlagen geringer und die Rechnung damit durchsichtiger wird. Außerdem ist jetzt aus der Kalkulation die einschlägige Belastung der Kostenträger durch den allgemeinen Bereich ersichtlich. Deshalb ist grundsätzlich zu überlegen, ob es nicht sinnvoll wäre, möglichst viele Hilfskostenstellen auf diese Weise abzurechnen. Damit wären diese Hilfskostenstellen aber keine Vorkostenstellen mehr, sondern Endkostenstellen. Dieses terminologische Problem kann hier nicht weiter diskutiert werden.

Für die Kantine gilt das oben Gesagte analog. Hier wurde der in Zeile 29 ausgewiesene Abmangel wiederum zu den in den Fertigungshauptstellen gefahrenen Stunden in Beziehung gesetzt. Damit lassen sich auch diese Aufwendungen den Kostenträgern unmittelbar zurechnen. Im Sinne der hier vertretenen Auffassung, dass es sich bei Zuschüssen zur Kantine um neutralen Aufwand handelt, ist diese Vorgehensweise allerdings formal unzulässig.

4.7.2.5 Aggregation aller Gemeinkosten

Im Abschnitt C werden Produktkosten und Managementkosten aggregiert. Außerdem findet hier die schon besprochene Abrechnung der Kantine statt.

4.7.2.6 Verrechnungsbasen

Für die Verrechnung der in den Fertigungshauptstellen angefallenen Kosten soll jetzt, wie bei den Umlagen, mit Stundensätzen gearbeitet werden. Die in den Fertigungshauptstellen gefahrenen Stunden sind wiederum in Zeile 36 ausgewiesen worden. Die in der Zeile 33 ausgewiesenen Fertigungslöhne werden hier als Verrechnungsbasen nicht benötigt, sie sind aber zur Bestimmung von Kalkulationssätzen unentbehrlich. Deshalb erscheint es sinnvoll zu sein, sie hier auszuweisen. Natürlich wäre es auch möglich, einen Teil der Fertigungshauptstellen über Stundensätze und einen anderen Teil über Gemeinkostenzuschlagsätze abzurechnen.

Die verrechneten Herstellkosten von 807 939,– (Zeile 35) ergeben sich aus der Addition der Kosten für Fertigungslöhne, Fertigungsmaterial und der um die Kosten des allgemeinen Bereichs, der Kantine sowie von Verwaltung und Vertrieb korrigierten Gemeinkostensumme in Zeile 26 (Spalte 3). Von verrechneten Herstellkosten wird gesprochen, weil die einschlägigen Kosten des allgemeinen Bereichs fehlen. Es handelt sich hier also um eine terminologische Klarstellung.

4.7.2.7 Ermittlung von Stundensätzen

Hier ist streng zu unterscheiden zwischen den auf die Produktkosten (Zeilen 40 bis 44) und den auf die Managementkosten (Zeilen 46 bis 48) bezogenen Stundensätzen. Dabei wird im Bereich der Produktkosten zwischen Istsätzen und Sollsätzen unterschieden, und im Bereich der Managementkosten zwischen Deckungsbedarf (Ist) und Deckungsbedarf (Soll). Die Notwendigkeit, hier zwei Arten von Stundensätzen zu unterscheiden, nämlich einmal für die Produktkosten und zum andern für die Managementkosten, ergibt sich zwingend daraus, dass eine plausible Zurechnung der Managementkosten auf die Kostenträger ex definitione unmöglich ist.

Die Ist-Gemeinkostensätze (Zeile 41) im Bereich der Produktkosten ergeben sich dadurch, dass die in den Zeilen 8 ausgewiesenen Kosten durch die jeweilgen Betriebsstunden dividiert werden. Für die Fertigungshauptstelle A gilt also: 23 120,– € : 802 Std. = 28,83 € pro Stunde. Bei den Sollwerten (Zeile 43) handelt es sich um die für normal gehaltenen Kostensätze bei einer vorab als normal definierten Beschäftigung.

Sowohl bei den Sollwerten als auch bei den Istwerten handelt es sich um Durchschnittsgrößen, die primär für Zwecke der Wirtschaftlichkeitskontrolle geeignet sind. Kalkuliert werden sollte, wie bereits festgestellt wurde, mit diesen Werten nur dann, wenn alle in die Rechnung einbezogenen und produzierenden Maschinen (Arbeitsplätze) in etwa denselben (Gemein-)Kostensatz aufweisen, also eine in etwa einheitliche Kostenstruktur haben. Dieser Fall wurde hier als gegeben vorausgesetzt.

In den Zeilen 42 (Ist) und 44 (Soll) sind durchschnittliche Fertigungslöhne pro Stunde für die Fertigungsstellen A, B und C ausgewiesen. Auch hier geht es zunächst um eine Wirtschaftlichkeitskontrolle durch Soll-Ist-Vergleich. Kalkuliert werden kann mit den ausgewiesenen Sätzen wiederum nur dann, wenn an allen Maschinen (Arbeitsplätzen) mit weitestgehend einheitlichen Lohnsätzen gearbeitet wird. Das oben zu den Gemeinkostensätzen Gesagte gilt analog. Unbedingt zu beachten ist ferner, dass im Beispiel davon ausgegangen wurde, dass sich »produktive« Arbeitszeiten (Bedienungszeiten) und Maschinenlaufzeiten nicht unterscheiden, sondern gleich hoch sind (übereinstimmen). Diese Voraussetzung fällt weg, wenn z. B. von einer Arbeitskraft mehrere Maschinen bedient werden. In diesem Fall gelten für Arbeitszeiten und Maschinenzeiten verschiedene Größen. Ein kleines Beispiel soll zeigen, was gemeint ist: Angenommen von einem Arbeiter würden drei Maschinen bedient, so ist sein Lohn für Zwecke der Kostenrechnung durch drei zu teilen. Bedienen mehrere Arbeiter eine Maschine, so stellt sich das Problem in umgekehrter Form.

Schließlich ist hier noch festzuhalten, dass Produktkosten nur anfallen können, wenn tatsächlich produziert wird. Diejenigen Teile der »Produktkosten«, welche bei einem Rückgang der Auslastung nicht abgebaut werden können, werden automatisch zu Managementkosten.

Die als Deckungsbedarf (Soll oder Plan) bezeichneten Werte zeigen, welcher Betrag auf Normalkostenbasis und bei Normalbeschäftigung der betreffenden Kostenstelle neben den anteiligen Produktkosten pro Betriebsstunde durchschnittlich erwirtschaftet werden muss, damit auch die in der betreffenden Kostenstelle normalerweise anfallenden Managementkosten gedeckt werden können. Maßgröße für die Mengenkomponente des Deckungsbedarfs (Soll) ist dabei die in Stunden gemessene Inanspruchnahme der verfügbaren Kapazitäten.

Der Deckungsbedarf (Ist) zeigt, welche Beträge bei gegebener Beschäftigung auf Istkostenbasis je Betriebsstunde (durchschnittlich) notwendig gewesen wären, um die tatsächlich angefallenen Managementkosten zu decken. Als Differenz ergibt sich i. d. R. eine Überdeckung oder eine Unterdeckung.

Im Falle einer Unterdeckung, wie sie insbesondere dann auftreten wird, wenn die Zahl der gefahrenen Stunden wesentlich unter dem Sollwert liegt, wäre es nun aber völlig falsch, die Sätze für die Soll-Deckung künftig entsprechend anzuheben. Damit würde, wie oben bereits festgestellt wurde, mit sehr hoher Wahrscheinlichkeit eine Spirale nach unten in Gang gesetzt werden. Durch die erhöhten Sätze zur Deckung der Managementkosten müssten die Angebotspreise steigen, was zu einem Rückgang beim Auftragseingang und bei der Auslastung und damit zu einer weiteren Erhöhung der einschlägigen Kalkulationssätze führen müsste. Mit dieser Vorgehensweise würde man sich selbst aus dem Markt kalkulieren. Aus einer schlechten Beschäftigung resultierende Probleme lassen sich i. d. R. nicht durch Preiserhöhungen lösen, eher schon durch Preissenkungen. Weitere Stichpunkte zu diesem, hier nicht näher zu diskutierenden Problem sind: Rationalisierung, Produktverbesserung, Verbesserung von Werbung und Kundendienst.

Mit Hilfe der als Deckungsbedarf (Soll) bezeichneten Kalkulationssätze wird es möglich, die für Zwecke der Kalkulation (s. Abschnitt 5.5 und Abschnitt 6.3) benötigten Soll-Deckungsbeiträge zu bestimmen. Das sind, wie sich schon aus den Erläuterungen zum Deckungsbedarf (Ist) ergibt, diejenigen Deckungsbeiträge, die durch einen bestimmten Auftrag oder durch ein bestimmtes Produkt zur Deckung der planmäßigen Managementkosten eingespielt werden sollen. Anhand der Werte für den Deckungsbedarf (Ist) lässt sich ermitteln, welche Deckungsbeiträge in einer bestimmten Periode mit bestimmten Aufträgen oder Produkten tatsächlich hätten eingespielt werden müssen, um einen der Inanspruchnahme der Kapazitäten entsprechenden Anteil der effektiv angefallenen Managementkosten decken zu können.

Durch die Bezeichnungen Deckungsbedarf (Soll oder Plan) und Deckungsbedarf (Ist) kann der oben angesprochenen Gefahr entgegen gewirkt werden, dass man sich durch eine falsche Kostenverrechnung aus dem Markt kalkuliert. Durch die beiden Begriffe wird zumindest angedeutet, dass weder eine verursachungsgerechte noch eine plausible Zurechnung der Managementkosten auf die Kostenträger möglich ist. Es kann deshalb nur darum gehen, in plausibler Weise die Beiträge zu ermitteln, welche bestimmte Kostenträger zur Deckung der Managementkosten planmäßig liefern **sollten** und welcher Deckungsbedarf tatsächlich entstanden ist.

Wie bei der Behandlung der Deckungsbeitragsrechnung bzw. der kombinierten Produkt- und Vollkostenrechnung zu zeigen sein wird, werden dort durch die Art und Weise der Verrechnung der Managementkosten preispolitische Spielräume gewonnen, die sich nicht erschließen, wenn im Sinne der klassischen Vollkostenrechnung keine Trennung zwischen Produktkosten und Managementkosten (oder auch zwischen angeblich fixen und variablen Kosten) vorgenommen wird.

Wichtig ist in diesem Zusammenhang schließlich noch, dass der in der h. L. gängige Begriff Fixkosten fälschlicherweise den Eindruck erweckt (geradezu suggeriert), dass diese Kosten höchstens auf mittlere Sicht beeinflussbar seien. Der Begriff Managementkosten lässt dagegen völlig offen, inwieweit diese Kosten kurzfristig oder nur mittel- bzw. längerfristig beeinflusst werden können.

Auf die Ermittlung von Abweichungen, wie sie im ersten BAB-Beispiel dargestellt worden sind, ist hier aus Platzgründen verzichtet worden.

Aufgabe 8.09 *Betriebsabrechnungsbogen, einfaches Beispiel S. 418*

Aufgabe 8.10 *Betriebsabrechnungsbogen mit Kostenstellenausgleich S. 420*

4.8 Betriebsabrechnungsbogen mit EDV

In der Praxis wird ein BAB heute wohl nur noch in seltenen Fällen auf einem Blatt (was bei Großbetrieben ohnehin unmöglich ist) und ohne den Einsatz der EDV erstellt. Stattdessen wird für jede Kostenstelle ein besonderes Kostenstellenblatt angelegt. Mit Hilfe der EDV wird es leicht möglich, nicht nur die Ist-Werte einer Periode zu erfassen, sondern auch Soll-Werte für jede Kostenart und Kostenstelle in die Betriebsabrechnung einzuführen und darüber hinaus die einschlägigen Abweichungen in absoluter und relativer Höhe zu ermitteln. Bei unterjähriger Abrechnung kann außerdem mit kumulierten Werten gearbeitet werden.

> **Hinweis:** Mit Hilfe der EDV ist es relativ einfach möglich, den streng an betriebswirtschaftlichen Gesichtspunkten orientierten BAB zusätzlich so an handels- und steuerrechtliche Vorschriften anzupassen, dass die Herstellungskosten für fertige und unfertige Erzeugnisse nach Handels- und Steuerrecht bestimmt werden können.

Kontrollfragen
1. *Wie wird ein Gemeinkostenzuschlagssatz ermittelt?*
2. *Auf welche Basisgrößen werden die Zuschlagssätze in der klassischen Vollkostenkalkulation bezogen?*
3. *Wann spricht man von Kostenüber- und Kostenunterdeckungen?*
4. *Was ist an einem BAB auf Vollkostenbasis zu bemängeln?*

5. Welche Besonderheiten weist ein BAB für die kombinierte Produkt- und Vollkostenrechnung gegenüber einem Vollkosten-BAB auf?
6. Wie ist die formale Struktur eines BAB für die kombinierte Produkt- und Vollkostenrechnung?

5 Differenzierte Formen der Zuschlagskalkulation (Kostenträgerrechnung)

5.1 Überblick

In diesem Kapitel werden folgende Grundformen der Kostenträgerrechnung (Kalkulation) für Mehrproduktbetriebe behandelt:
– klassische Zuschlagskalkulation auf Vollkostenbasis,
– Kalkulation mit Stundensätzen auf Vollkostenbasis,
– Kalkulation auf Teilkostenbasis und
– kombinierte Produkt- und Vollkostenkalkulation auf Stundensatzbasis.

Dabei wird gezeigt, dass sich diese Grundformen der Kostenträgerrechnung jeweils so variieren lassen, dass sie sowohl für die Kalkulation einteiliger Produkte als auch für die Kalkulation von Einzelteilen sowie für die Gesamtkalkulation mehrteiliger Produkte eingesetzt werden können.

5.2 Differenzierte Zuschlagskalkulation auf Vollkostenbasis

5.2.1 Kalkulation von einteiligen Produkten

Für den Aufbau dieser Form der Kostenträgerrechnung hat sich im Bereich der Industrie ein Schema herausgebildet, das am logisch-zeitlichen Ablauf der Leistungserstellung orientiert und prinzipiell allgemein anerkannt ist. Dieses Kalkulationsschema wird im Folgenden anhand eines Zahlenbeispiels für eine Vorkalkulation dargestellt.

5.2.1.1 Vorkalkulation

Die im Beispiel verwendeten Gemeinkostenzuschlagssätze sind an den Vollkosten-BAB angelehnt (wobei davon ausgegangen wurde, dass die dort ausgewiesenen Zuschlagssätze direkt für die Kalkulation einsetzbar sind). Da es sich bei dem Beispiel um eine Vorkalkulation handelt, muss mit Normal-Zuschlagssätzen gearbeitet werden.

Begriffliches
Durch das Kalkulationsschema werden automatisch zahlreiche Begriffe definiert (so z. B. Materialkosten in Zeile 3, Fertigungskosten in Zeile 9, Herstellkosten in Zeile 10, Selbstkosten in Zeile 13, kalkulatorischer Barverkaufspreis in Zeile 17). Bezogen auf eine einzelne Kostenstelle setzen sich die Fertigungskosten aus den Fertigungslöhnen, den Fertigungsgemeinkosten und eventuellen Sonderkosten der Kostenstelle zusammen. Rüstkosten sind im Beispiel in den Fertigungskosten enthalten. Sie sind nicht extra ausgewiesen.

Von einem kalkulatorischen Gewinnzuschlag (statt einfach von einem Gewinnzuschlag) sowie von kalkulatorischen Netto- und Bruttoerlösen wird gesprochen, weil es sich um Größen handelt, von denen noch nicht feststeht, ob sie sich am Markt auch realisieren lassen.

Ermittlung der Vertreterprovision

Die Vertreterprovision soll von dem Erlös berechnet werden, der dem Unternehmen (ohne Berücksichtigung eines eventuellen Skontoabzugs) tatsächlich zufließt (das sind maximal die in der Vorkalkulation in der Zeile 21 ausgewiesenen 44 446,39).

		Grundschema der Zuschlagskalkulation auf Vollkostenbasis als Vorkalkulation		
1	Fertigungsmaterial		10 000,00	
2	Materialgemeinkosten: 9,5 % von Zeile 1		950,00	
3	Materialkosten (Zeilen 1 und 2)			10 950,00
4	Fertigungslöhne (Kostenstelle 5232): 68 Std. zu 20,–		1 360,00	
5	Fertigungsgemeinkosten (Kostenstelle 5232): 400 % von Zeile 4		5 440,00	
6	Fertigungslöhne (Kostenstelle 5242): 43,2 Std. zu 25,–		1 080,00	
7	Fertigungsgemeinkosten (Kostenstelle 5242): 215 % von Zeile 6		2 322,00	
8	Sonderkosten der Fertigung (Kostenstelle 5242)		900,00	
9	Fertigungskosten (Zeilen 4 bis 8)			11 102,00
10	Herstellkosten (Zeilen 3 und 9)			22 052,00
11	Verwaltungsgemeinkosten: 4,0 % von Zeile 10			882,08
12	Vertriebsgemeinkosten (Kostenstelle 5522): 15 % von Zeile 10			3 307,80
13	Selbstkosten (Zeilen 10 bis 12)			26 241,88
14	Kalkulatorischer Gewinnzuschlag: 20 % von Zeile 13			5 248,38
15	Kalkulatorischer Nettoerlös I (Basiswert): 70,85 % von Zeile 21			31 490,26
16	Vertreterprovision: 10 % vom tatsächlich erzielten Erlös (vor Skonto), maximal 10 % von Zeile 21[1]			4 444,64
17	Kalkulatorischer Nettoerlös II (kalkulatorischer Barverkaufspreis)			35 934,90
18	Durchschnittlicher Skonto 2 % von Zeile 19 (i. H.)			733,37
19	Kalkulatorischer Nettoerlös lll (kalkulatorischer Zielverkaufspreis)			36 668,27
20	Durchschnittlicher Rabatt 17,5 % von Zeile 21 (i. H.)			7 778,12
21	Kalkulatorischer Nettoerlös IV (Bezugsbasis für Zeile 15)			44 446,39
22	Sonderkosten Vertrieb (ohne Provision)			320,00
23	Kalkulatorischer Bruttoerlös I			44 766,39
24	Umsatzsteuer: 16 % von Zeile 23			7 162,62
25	Kalkulatorischer Bruttoerlös II			51 929,01

[1] Die Ermittlung der, an diesen Punkt der Rechnung ja noch unbekannten Provisionsbasis wird im Text beschrieben.

Um den kalkulatorischen Nettoerlös IV ermitteln zu können, muss folgende Rechnung aufgemacht werden:

Kalkulatorischer Nettoerlös IV (Zeile 21)	100,00 %
./. 17,5 % Rabatt von 100 % (Zeile 20)	17,50 %
	82,50 %
./. 2 % Skonto von 82,5 % (Zeile 18)	1,65 %
./. 10 % Vertreterprovision von 100 % (Zeile 16)	10,00 %
Kalkulatorischer Nettoerlös I (Zeile 15) in % der Zeile 21	70,85 %

$$\text{Kalkulatorischer Nettoerlös IV} = \frac{31\,490,26}{70,85} \times 100 = 44\,446,39$$

> **Hinweis:** Die Höhe der **tatsächlich zu bezahlenden Vertreterprovision** hängt davon ab, ob und in welcher Höhe ein Rabatt gewährt werden muss. Wird kein Rabatt gegeben, so stellt sich der als Rabatt einkalkulierte Betrag als zusätzlicher kalkulatorischer Gewinn dar. In diesem Fall ist als Provision der Maximalwert von 4 444,64 zu zahlen. Wird der einkalkulierte Rabatt von 17,5 % gewährt, so erhält der Vertreter nur 10 % von 36 668,27 (Zeile 19).

Zu beachten ist ferner, dass Rabatt und Skonto, ausgehend vom kalkulatorischen Nettoerlös II (Zeile 17), nicht wie die anderen Werte »vom« Hundert sondern »im« Hundert zu berechnen sind. Zur Ermittlung des Skontobetrages ist also der kalkulatorische Nettoerlös II durch 0,98 zu dividieren. Damit ergibt sich der als Bezugsbasis dienende kalkulatorische Nettoerlös III. Da die tatsächliche Inanspruchnahme von Rabatten und Skonti nicht bei allen Aufträgen und Kunden gleich ist, sollte man von Durchschnittswerten ausgehen.

> **Hinweis:** Bleiben die Relationen der in den Zeilen 16 bis 20 ausgewiesenen Posten gleich, so lässt sich die oben dargestellte Kalkulation in der Praxis erheblich vereinfachen, und zwar dadurch, dass der kalkulatorische Nettoerlös IV (**Zeile 21**) durch einen Zuschlag auf den Basiswert (**Zeile 15**) ermittelt wird. Im Beispiel müsste dieser Zuschlagssatz rund 41,2 % betragen.

5.2.1.2 Nachkalkulation

Die **Nachkalkulation** ist nach dem gleichen Schema wie die Vorkalkulation durchzuführen, wobei statt der Soll-Werte die entsprechenden **Ist-Werte** einzusetzen sind.

Problematik von Gemeinkostenzuschlagssätzen auf Basis von Wertgrößen

Es wird nun angenommen, dass für die im obigen Beispiel kalkulierten Teile eine Nachkalkulation erfolgt sei, in der sich im Vergleich zur Vorkalkulation folgende Änderungen ergeben haben (die Werte der Vorkalkulation stehen in Klammern):
– Wegen einer Preisänderung kostete das eingesetzte Fertigungsmaterial (Zeile 1) 10 100,– (10 000,–).
– Dem Arbeiter in der Kostenstelle 5232 mussten 20,50 (20,–) pro Stunde bezahlt werden (Zeile 4).
– In der Kostenstelle 5242 sind nur 42,8 (43,2) Fertigungsstunden angefallen (Zeile 6).

Die Mehr- oder Minderbelastungen, die in der Kalkulation durch die Änderung der Preiskomponente für das Fertigungsmaterial und für bestimmte Löhne eintreten, zeigen einen Teil der Problematik, die in den Gemeinkostenzuschlagssätzen auf der Basis von Wertgrößen steckt.

- Bei konstantem Zuschlagssatz würden den kalkulierten Teilen durch die Preisänderung im Materialbereich zusätzlich 9,50 (9,5 % von 100,–) für Materialgemeinkosten zugerechnet.
- Der um –,50 erhöhte Lohnsatz in der Kostenstelle 5232 würde zu einer Erhöhung der anteiligen Fertigungsgemeinkosten von 136,– (68 x –,50 x 400 %) führen. Diese Erhöhung wäre allerdings vermeidbar, wenn (wie in vielen Unternehmen üblich) mit einem Durchschnittssatz gearbeitet würde.
- Über die entsprechende Erhöhung der Herstellkosten würden auch höhere Verwaltungs- und Vertriebsgemeinkosten zugerechnet.

Einen sachlichen Grund für diese Mehrbelastungen gibt es nicht. Die Verringerung der anteiligen Gemeinkosten auf Grund einer Einsparung von 0,4 Fertigungsstunden in der Kostenstelle 5242 ist dagegen einleuchtend.

Retrograde Bestimmung des kalkulatorischen Gewinns
Wird auf der Basis der tatsächlich erzielten Nettoerlöse eine Nachkalkulation erstellt, so kann diese retrograd nach dem folgenden Berechnungsschema durchgeführt werden:

1.   Angebotspreis
2. ./. Rabatt

3. = Netto-Rechnungsbetrag
4. ./. Skonto (in % von Zeile 3)

5. = Barverkaufspreis
6. ./. Provision (in % von Zeile 3)

7. = Nettoerlös (Ist-Erlös)
8. ./. Selbstkosten

9. = Kalkulatorischer Gewinn

5.2.2 Kalkulation von Einzelteilen und mehrteiligen Produkten

Bei der **Kalkulation von Einzelteilen** ist bis zu den Herstellkosten (Zeilen 1 bis 10 des Schemas) in gleicher Weise vorzugehen wie bei der Kalkulation einteiliger Produkte.

Bei der **Kalkulation mehrteiliger Produkte** sind die Herstellkosten der vorgefertigten Teile und die Kosten bezogener Teile stufenweise unter Berücksichtigung etwaiger Montagekosten zu den Herstellkosten von Baugruppen und schließlich zu den Herstellkosten des Gesamprodukts zusammenzufassen. Die auf S. 301 abgebildete **Strukturstückliste** illustriert diesen Prozess.

Aus der Stückliste wird der Aufbau der Gesamtkalkulation wie folgt abgeleitet:

Gesamtkalkulation für den Güterwagen 134:

1. Herstellkosten für den Bodenwagen
2. Herstellkosten für den Wagenaufbau
3. Herstellkosten für das Bodenblech
4. Kosten der Faltschachtel und der Haftetiketten (einschließlich Materialgemeinkosten)

5. Summe Herstellkosten ohne Endmontage (weiter S. 301)

Beispiel einer Strukturstückliste

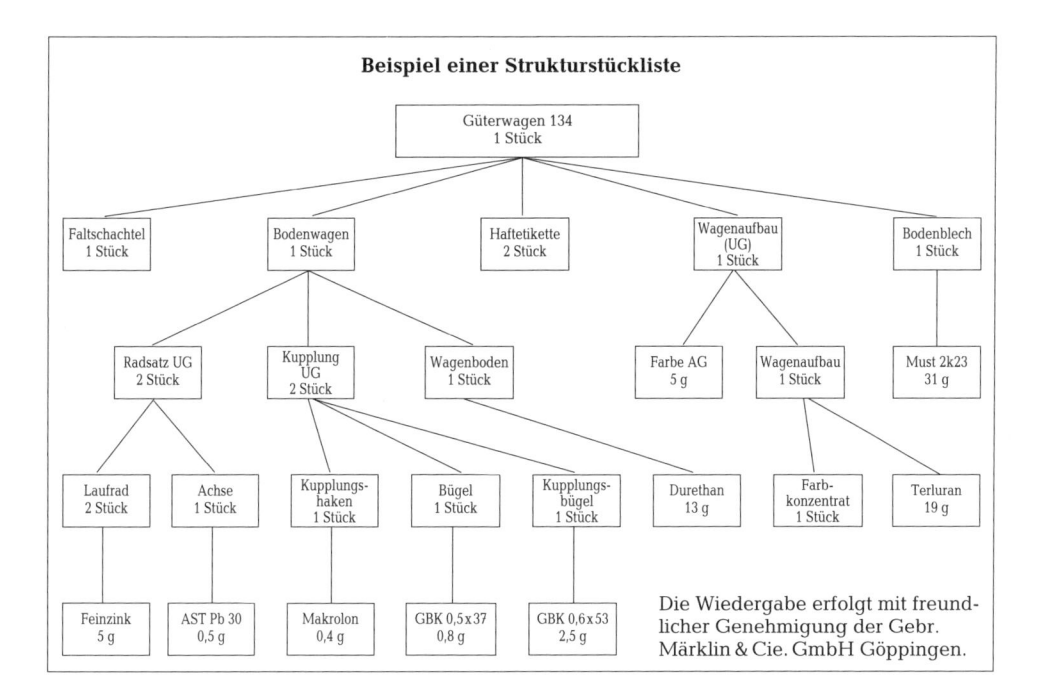

```
                          Güterwagen 134
                             1 Stück
    ┌──────────┬──────────────┼──────────────┬──────────┐
Faltschachtel Bodenwagen  Haftetikette  Wagenaufbau  Bodenblech
  1 Stück      1 Stück       2 Stück        (UG)        1 Stück
                                           1 Stück
        ┌────────┬──────────┐          ┌──────┬────────┐
   Radsatz UG  Kupplung  Wagenboden  Farbe AG  Wagenaufbau  Must 2k23
    2 Stück      UG       1 Stück      5 g      1 Stück       31 g
                2 Stück
   ┌──────┬───┐  ┌───────┬──────┬─────────┐  Durethan  Farb-      Terluran
 Laufrad Achse Kupplungs- Bügel Kupplungs-   13 g     konzentrat   19 g
 2 Stück 1 Stück haken    1 Stück bügel              1 Stück
                1 Stück           1 Stück
   │      │      │         │       │
 Feinzink AST Pb 30  Makrolon  GBK 0,5x37  GBK 0,6x53
  5 g     0,5 g     0,4 g      0,8 g       2,5 g
```

Die Wiedergabe erfolgt mit freundlicher Genehmigung der Gebr. Märklin & Cie. GmbH Göppingen.

6. Fertigungskosten Endmontage
   – Fertigungslöhne der Endmontage
   – Fertigungsgemeinkosten der Endmontage
7. Fertigungskosten Innenverpackung
   – Fertigungslöhne Innenverpackung
   – Fertigungsgemeinkosten Innenverpackung
8. Sonderkosten für Werkzeuge
9. Sonderkosten Entwicklung

10. Herstellkosten des Güterwagens 134

Der weitere Gang der Kalkulation entspricht dem Grundschema (und zwar ab Zeile 11). Das Ergebnis der Kalkulation kann zum Beispiel als Grundlage für die Festsetzung des Listenpreises dienen.

5.2.3 Problematik der differenzierten Zuschlagskalkulation auf Vollkostenbasis

Der entscheidende Mangel der Zuschlagskalkulation auf Vollkostenbasis liegt darin, dass kein Unterschied zwischen den überwiegend kurzfristig beeinflussbaren mengenabhängigen Produktkosten und den zum großen Teil nur auf längere Sicht beeinflussbaren Managementkosten gemacht wird. Es ist also nicht zu erkennen, welchen Beitrag ein Auftrag oder ein Produkt zur Deckung der nicht (oder nur auf längere Sicht) abbaubaren Managementkosten leistet.

Das hat zur Folge, dass die Vollkostenrechnung bereits für **Wirtschaftlichkeitskontrollen** nur bedingt aussagefähig ist, weil die vom Kostenstellenleiter beeinflussbaren (zu verantwortenden) Kosten nicht von jenen Kosten getrennt werden können, die sich seinem Einfluss entziehen. Nicht oder nur bedingt beeinflussen kann der Kostenstellenleiter in der Regel insbesondere diejenigen Kosten, die seiner Kostenstelle im Wege der Umlage zugerechnet werden.

Für **Zwecke der Preisfindung** ist die klassische Zuschlagskalkulation auf der Basis eines Vollkosten-BAB gleichfalls nur sehr bedingt geeignet, weil sie den Eindruck erweckt, als sei ein Auftrag nur dann anzunehmen, wenn der erzielbare Preis je Einheit über den kalkulierten Kosten je Einheit liegt. Geht die Beschäftigung zurück, so führt diese Rechnung zu höheren Kosten je Einheit, weil sich die nur bedingt abbaubaren Managementkosten nunmehr auf eine kleinere Ausbringungsmenge verteilen. Wird jetzt, um die anfallenden Kosten decken zu können, eine Preiserhöhung vorgenommen, so werden Umsatz und Beschäftigung wahrscheinlich noch weiter sinken. Es besteht also die Gefahr, dass sich das Unternehmen »aus dem Markt kalkuliert«. In aller Regel wissen die mit der Vollkostenrechnung arbeitenden Unternehmen allerdings um diese Gefahren und sind deshalb bestrebt, die gezeigten Fehler zu vermeiden.

5.3 Differenzierte Kalkulation mit Stundensätzen auf Vollkostenbasis

Diese Form der Vollkostenkalkulation führt prinzipiell (von rechentechnisch bedingten Differenzen abgesehen) zum gleichen Ergebnis wie die Vollkostenrechnung mit Hilfe von Gemeinkostenzuschlägen. Die Technik der differenzierten Stundensatzrechnung wird im Abschnitt 6 ausführlich beschrieben.

5.4 Kalkulation auf Teilkostenbasis

Analog zur traditionellen Grenzkostenrechnung, ist hier zu unterscheiden zwischen einer **einfachen (reinen) Produktkostenkostenrechnung** und einer **Produktkostenrechnung mit Soll-Deckungsbeiträgen**. Schwarz spricht von einer kombinierten Voll- und Teilkostenrechnung. Dabei wird jeweils von einem linearen Verlauf der Produktkosten ausgegangen.

Wie das oben vorgestellte Beispiel zeigt, wird bei der klassischen Zuschlagskalkulation versucht, durch die sukzessive Addition (additives Verfahren) der für einschlägig gehaltenen Kosten einen für wünschenswert gehaltenen Verkaufspreis zu ermitteln. Die Formen der Produktkostenrechnung sind in ihrer typischen Ausprägung hingegen dadurch gekennzeichnet, dass den als bekannt vorausgesetzten Nettoerlösen (Umsatzerlöse abzüglich Erlösschmälerungen) zunächst einmal die Produktkosten je Kostenträger oder je Kostenträgergruppe gegenübergestellt werden (subtraktives Verfahren). Die sich ergebende Differenz ist der Deckungsbeitrag. Die einfache Produktkostenrechnung ist damit abgeschlossen, weil davon ausgegangen wird, dass eine sinnvolle (plausible) Zurechnung der Managementkosten auf die Kostenträger nicht möglich ist. Für die Fixkosten der herkömmlichen Grenzkostenrechnung gilt das analog.

Damit ist die Aussagekraft derartiger Rechnungen auf die beiden folgenden Konstellationen beschränkt:

- Ist der Deckungsbeitrag negativ, so zeigt das, dass es nicht möglich ist, mit dem betreffenden Kostenträger auch nur die zu seiner Herstellung unmittelbar verbundenen Kosten zu decken. Es handelt sich also um einen »Verlustbringer«.
- Außerdem kann mit Hilfe der einfachen Produktkostenrechnung auch noch die kurzfristige Preisuntergrenze bestimmt werden. Sie entspricht demjenigen Preis, der

gerade noch die Produktkosten deckt, aber keinen Deckungsbeitrag mehr erbringt. Dieser Preis bildet auf kurze Sicht die (kalkulatorische) Preisuntergrenze. Unter dieser Grenze liegende Preise führen zu einem Substanzverlust des Unternehmens und können damit nur in Aussnahmesituationen akzeptiert werden. Eine solche Ausnahmesituation könnte z. B. gegeben sein, wenn es darum geht, eine hohe, aber zeitlich begrenzte Unterbeschäftigung zu überbrücken.

Auf die Dauer gesehen, muss jedes Unternehmen in der Lage sein, seine gesamten Kosten zu decken, wenn es überleben will.
 Aus den bisherigen Überlegungen ergibt sich, wie Schwarz zeigt, dass die einfache Produktkostenrechnung bzw. die einfache Grenzkostenrechnung schwerwiegende Nachteile aufweisen. So liefern die Rechnungen z. B. keinen Anreiz, die Frage zu prüfen, ob das Betriebsergebnis auf mittlere oder längere Sicht durch die Stilllegung der entsprechenden Anlage stärker verbessert werden könnte als durch eine bessere Auslastung. Die Teilkostenrechnungen bieten dafür sogar geringere Anreize als die klassischen Vollkostenrechnung, weil letztere viel häufiger »rote Zahlen« aufweist.
 Mit mehr oder weniger intuitiv festgelegten globalen Zuschlägen zur Deckung der Managementkosten lässt sich das Problem nicht lösen. Vielmehr muss auf rationale Art versucht werden, bei allen Produkten eine Vorstellung über die zur Vollkostendeckung erforderlichen Deckungsbeiträge zu erarbeiten. Da eine verursachungsgerechte Zuordnung der Managementkosten (bzw. der traditionellen Fixkosten) nicht möglich ist, darf aber auch in der Kalkulation nicht der Eindruck erweckt werden, als könne man davon ausgehen, dass durch einen bestimmten Kostenträger ganz bestimmte Teile der Managementkosten verursacht worden seien. Den Kostenträgern lassen sich aber in plausibler Weise diejenigen Beiträge zuordnen, die zur Deckung der Managementkosten in den beanspruchten Funktionsbereichen für **wünschenswert** gehalten werden. Diese Beträge werden deshalb hier als Soll-Deckungsbeiträge bezeichnet.
 Durch die Bezeichnung soll deutlich gemacht werden, dass eben nicht davon ausgegangen wird, dass durch die Soll-Deckungsbeiträge diejenigen Wertverzehre erfasst werden würden, welche durch die jeweiligen Kostenträger tatsächlich verursacht wurden. Hinter der geschilderten Vorgehensweise steht also eine ganz andere Philosophie als bei der klassischen Vollkostenrechnung. Zugleich erlaubt es diese Technik, das Teilkostenkonzept auch in additiv aufgebaute Rechnungen einzubringen.
 Ihrer speziellen Merkmale entsprechend, werden die Rechnungen der geschilderten Art hier als **Produktkostenrechnung(en) mit Soll-Deckungsbeiträgen** bezeichnet. In Anlehnung an Schwarz wird dabei unterschieden zwischen Kalkulationen

– für den Fall fehlenden preispolitischen Spielraums (subtraktiv) und
– für den Fall vorhandenen preispolitischen Spielraums (additiv).

Entsprechende Beispiele werden im nächsten Abschnitt geliefert.

5.5   Beispiele zur Produktkostenrechnung mit Soll-Deckungsbeiträgen

5.5.1   Vorbemerkung

Dem oben geschilderten Konzept der Rechnung entsprechend sind die einschlägigen Kalkulationen so aufzubauen, dass Produktkosten und Soll-Deckungsbeiträge (streng) voneinander getrennt ausgewiesen werden.

Die Bestimmung von Kostensätzen, wie sie anschließend verwendet werden, ergibt sich zum einen aus dem zweiten Beispiel zum BAB und zum anderen aus den im Abschnitt 6 dargestellten Rechenbeispielen.

5.5.2 Kalkulation bei fehlendem preispolitischem Spielraum

Vorkalkulation mit Produktkosten und Soll-Deckungsbeiträgen für den Fall fehlenden preispolitischen Spielraums (Kombinierte Voll- und Teilkostenkalkualtion, subtraktiv)				
A)	Erlöse:			
	1) Bruttoerlös			22 550,00
	2) Fracht und Verpackung			./. 1 205,00
	3) Nettoerlös I			21 345,00
	4) Skonto 2 % v. 3			./. 426,90
	5) Provision 10 % v. Deckungsbeitrag[1] (13)			./. 1 000,46
	6) Nettoerlöse II			19 917,64
	7) Summe Erlösschmälerungen (2 + 4 + 5)			2 632,36
B)	Produktkosten:			
	8) Fertigungsmaterial			4 620,00
	9) Masch.-Abt. I:			
	Masch.-Gruppe A	25 h	à 35,00	875,00
	Masch.-Gruppe B	35 h	à 52,00	1 820,00
	10) Masch.-Abt. II:	40 h	à 31,20	1 248,00
	11) Montage:	50 h	à 27,00	1 350,00
	12) Summe Produktkosten			9 913,00
	13) Basis-Deckungsbeitrag (6 – 12)			10 004,64
C)	Soll-Deckungsbeiträge zu den Managementkosten:			
	14) Materialbereich 9,6 % von 8			443,52
	15) Masch.-Abt. I:			
	Masch.-Gruppe A	22 h	à 6,49	142,78
	Masch.-Gruppe B	32 h	à 9,50	304,00
	Restkosten	54 h	à 26,50	1 431,00
	16) Masch.-Abt. II:	36 h	à 21,00	756,00
	17) Montage:	46 h	à 18,50	851,00
	18) Fertigungshilfsstelle:	150 h	à 5,00	750,00
	19) Allgemeiner Bereich:	150 h	à 2,75	412,50
	20) Verwaltung:	150 h	à 6,36	954,00
	21) Vertrieb:	150 h	à 15,90	2 385,00
	22) Summe der Soll-Deckungsbeiträge			8 429,80
	23) Soll-Beitrag zum Leistungsergebnis (13 ./. 22)			1 574,84

1 Die Provision ergibt sich aus: [(1 ./. 2 ./. 4 ./. 12) : 11,0]

Erläuterungen zu Teil A (Zeilen 1 bis 6):
Die Rechnung beginnt mit dem erzielbaren Bruttoerlös. Er ist zunächst um voraussichtliche Erlösschmälerungen (z. B. Skonto, Fracht und Verpackung) sowie um die Vertreterprovision zu kürzen, um zu dem verfügbaren Nettoerlös zu kommen.

Im Beispiel wird die **Provision** aber nicht (wie in der Praxis meist üblich) vom Umsatz, sondern vom Basis-Deckungsbeitrag errechnet, weil die Berechnung der Provision vom Umsatz leicht zu Interessenkonflikten zwischen Unternehmen und Vertreter führen kann. Das Unternehmen muss daran interessiert sein, möglichst hohe Deckungsbeiträge zu erzielen. Ein auf der Basis von Umsatzprovisionen arbeitender Vertreter hat dagegen das Interesse, einen hohen Umsatz zu erzielen. Produkte mit einem hohen Umsatz müssen aber nicht unbedingt auch hohe Deckungsbeiträge liefern. Wird die Provision dagegen auf den Deckungsbeitrag bezogen, so ist das Interesse beider Seiten gleich gerichtet.

Die Berechnung der Provision vom Deckungsbeitrag bereitet bei der hier notwendigen substraktiven Rechnung gewisse Schwierigkeiten, weil die Höhe des Nettoerlöses und damit des Deckungsbeitrags wiederum von der Höhe der Provision beeinflusst wird. Für die Berechnung der Provisionsbasis gilt folgende Formel:

$$\text{Provisionsbasis} = \frac{\text{Bruttoerlös} \cdot / \cdot \text{Skonto} \cdot / \cdot \text{Fracht, Verpackung} \cdot / \cdot \text{Produktkosten}}{1 + \text{Provisionssatz}}$$

$$= \frac{22\,550,- \cdot / \cdot 426,90 \cdot / \cdot 1\,205,- \cdot / \cdot 9\,913,-}{1,1} = \frac{11\,005,10}{1,1} = 10\,004,64$$

Ergibt sich bei der Nachkalkulation, unabhängig vom Skonto, ein anderer Deckungsbeitrag als in der Vorkalkulation (Plan), so berührt das den Provisionsanspruch des Vertreters nicht; zumal er diese Veränderungen nicht beeinflussen kann, also auch nicht zu verantworten hat. Auch bei der Provisionsberechnung auf Basis des erzielten Erlöses spielt es schließlich keine Rolle, ob die in der Nachkalkulation ermittelten Kosten mit jenen der Vorkalkulation übereinstimmen.

Erläuterungen zu Teil B (Zeilen 8 bis 13):
Hier werden die auf das Produkt entfallenden Produktkosten sukzessive aufgelistet. Außerdem wird in die Zeile 13 der Basis-Deckungsbeitrag angegeben. Er wurde ermittelt als die Differenz zwischen dem Nettoerlös (Pos. 6) und den Produktkosten (Pos. 12). Zugleich muss der Basis-Deckungsbeitrag der Summe aus den Positionen 22 und 23 entsprechen. Diese Feststellung ist für das Beispiel für den Fall eines gegebenen preispolitischen Spielraums wichtig.

Erläuterungen zu Teil C (Zeilen 14 bis 23):
Hier werden auf die Managementkosten bezogene Soll-Deckungsbeiträge in die Kalkulation eingeführt. Wie bereits betont, dürfen diese Soll-Deckungsbeiträge nicht so interpretiert werden, als würde der Versuch unternommen, einem Produkt die von ihm angeblich verursachten Managementkosten zuzurechnen. Durch die Soll-Deckungsbeiträge soll vielmehr signalisiert werden, welcher Beitrag von einem Auftrag oder Produkt über die Produktkosten hinaus für die einzelnen Kostenbereiche eingespielt werden sollte, um bei der zugrunde gelegten Beschäftigung letztlich **alle** in der fraglichen Periode anfallenden Kosten decken zu können.

Der Überschuss der Nettoerlöse über die Summe aus Produktkosten und Soll-Deckungsbeiträgen repräsentiert dann denjenigen Betrag, welchen der Auftrag unter den zugrunde liegenden Voraussetzungen zum Leistungsergebnis (Zeile 23) beitragen soll. Ein positiver Beitrag (wie im Beispiel) ist ein Gewinnbeitrag, ein negativer Wert würde einen Verlustbeitrag darstellen.

- Ein Verlustbeitrag bedeutet, dass der Auftrag nicht für alle beanspruchten Bereiche die für erforderlich gehaltenen Soll-Deckungsbeiträge liefern kann.
- Ein Gewinnbeitrag muss noch nicht bedeuten, dass ein positives Leistungsergebnis erzielt wird. Das gelingt nur dann, wenn die in einer Periode insgesamt eingespielten Deckungsbeiträge höher sind als die Summe aller Managementkosten.

Bestimmung der kurzfristigen Preisuntergrenze

Im Beispiel würde die kurzfristige Preisuntergrenze, ohne Berücksichtigung einer Provision aber unter Einbeziehung von 2 % Skonto, bei 11 344,90 liegen. Der Betrag ergibt sich aus der Addition der Kosten für Fracht und Verpackung sowie der Produktkosten, die insgesamt 11 118,– ausmachen. Dieser Betrag ist im Sinne einer Imhundertrechnung gleich 98 % zu setzen; 100 % sind dann also 11 344,90.

Da in diesem Fall kein Deckungsbeitrag erzielt wird, würde der Vertreter hier keine Provision erhalten. Um diesen Mangel zu beseitigen, müsste dem Vertreter eine bestimmte, jetzt wieder am Umsatz gemessene Provision zuerkannt werden. Wird diese mit 3 % angesetzt, so liegt die kurzfristige Preisuntergrenze vor Mehrwertsteuer bei 11 695,77. Zur Bestimmung dieses Betrages ist der Ausgangswert von 11 344,90 gleich 97 % zu setzen; 100 % sind also 11 695,77. Die Provision beträgt somit 350,87.

Hinweis: Der kurzfristigen Preisuntergrenze kommt unter normalen Verhältnissen aber wenig praktische Bedeutung zu, weil es dem Unternehmen (von Ausnahmen abgesehen) kaum möglich wäre, seine Preise später wieder auf ein tragbares Niveau anzuheben.

5.5.3 Kalkulation bei vorhandenem preispolitischen Spielraum

Ein diesem Fall entsprechendes Beispiel ist anschließend dargestellt. Die Zahlenwerte entsprechen (von Rundungsdifferenzen abgesehen) dem Beispiel für den Fall des fehlenden preispolitischen Spielraums. Der Aufbau beider Rechnungen ist aber grundverschieden. Der erzielbare Preis ist hier nicht bereits vorab bekannt; der für wünschenswert gehaltene Angebotspreis soll vielmehr durch die Rechnung bestimmt werden.

Demtentsprechend werden zunächst die Produktkosten (Teil A) und die auf die Managementkosten bezogenen Soll-Deckungsbeiträge (Teil B Pos. 6–13) ausgewiesen. Der Soll-Deckungsbeitrag zum Leistungsergebnis (Pos. 14) muss jetzt, analog zur klassischen Zuschlagskalkulation, in Form eines Zuschlags berechnet werden. Der Satz von 8,6 % entspricht dem Wert, der sich bei der subtraktiven Rechnung ergeben hat. Die Höhe des geplanten Gesamtdeckungsbeitrages (oder Basis-Deckungsbeitrages, Pos. 15) ergibt sich, wie anhand des Beispiels zum fehlenden preispolitischen Spielraum gezeigt wurde, aus der Addition der Positionen 13 und 14. Die Berechnung der Provision macht dann keine Schwierigkeiten mehr.

Im Teil C der Rechnung werden die Erlösschmälerungen (einschließlich Vertreterprovision) zusammengefasst. Bei der Bestimmung des Skontos (Pos. 19) ist im Hundert zu rechnen; d. h. im Beispiel ist die Summe aus den Zeilen 16 und 17 (= 20 921,01) gleich 98 % zu setzen, 100 % sind dann 21 347,97 und 2 % 426,96. Der Angebotspreis beträgt dann (gerundet) 22 550,–.

**Kalkulation mit Produktkosten und Soll-Deckungsbeiträgen
für den Fall preispolitischen Spielraums
(Kombinierte Voll- und Teilkostenrechnung – additiv)**

A)	**Produktkosten**				
	1) Fertigungsmaterial			4 620,00	
	2) Masch.-Abt. I:				
	Masch.-Gruppe A	25 h	à 35,00	875,00	
	Masch.-Gruppe B	35 h	à 52,00	1 820,00	
	3) Masch.-Abt. II:	40 h	à 31,20	1 248,00	
	4) Montage:	50 h	à 27,00	1 350,00	
	5) Summe Produktkosten			9 913,00	9 913,00
B)	**Soll-Deckungsbeiträge zu den Managementkosten:**				
	6) Materialbereich 9,6 % von 1			443,52	
	Masch.-Abt. I:				
	Masch.-Gruppe A	22 h	à 6,49	142,78	
	Masch.-Gruppe B	32 h	à 9,50	304,00	
	Restkosten	54 h	à 26,50	1 431,00	
	7) Masch.-Abt. II:	36 h	à 21,00	756,00	
	8) Montage:	46 h	à 18,50	851,00	
	9) Fertigungshilfsstelle:	150 h	à 5,00	750,00	
	10) Allgemeiner Bereich:	150 h	à 2,75	412,50	
	11) Verwaltung:	150 h	à 6,36	954,00	
	12) Vertrieb:	150 h	à 15,90	2 385,00	
	13) Summe der Soll-Deckungsbeiträge zu den Managementkosten			8 429,80	
	14) Soll-Beitrag zum Leistungsergebnis (8,6 % a. 5 + 13)			1 577,48	
	15) Gesamtsumme Soll-Deckungsbeiträge (13 +14)[1]			10 007,28	
	16) Summe Soll-Deckungsbeiträge + Produktkosten (5 + 15)			19 920,28	19 920,28
C)	**Erlösschmälerungen**				
	17) Provision 10 % vom Gesamtdeckungsbeitrag (15)			1 000,73	
	18) Fracht und Verpackung			1 205,00	
	19) Skonto 2 % von 21 347,97 (16 + 17 – i. H.)			426,96	
	20) Summe Erlösschmälerungen			2 632,69	
	21) Geplanter (vorläufiger) Angebotspreis (16 + 20)			22 552,97	22 552,97
	22) Angebotspreis (gerundet)			22 550,00	22 550,00

[1] Die Position 15 ist identisch mit dem Basis-Deckungsbeitrag, wie auf Seite 304 nachgewiesen wurde.

5.5.4 Bewertung der kombinierten Produkt- und Vollkostenrechnung

Die oben angestellten Überlegungen haben gezeigt, dass diese Rechnung alle Möglichkeiten bietet, welche der Produktkostenrechnung eigen sind und auch der herkömmlichen Grenzkostenrechnung zugeschrieben werden. Darüber hinaus liefert das Konzept

Informationen, die ansonsten nur der Vollkostenrechnung zugeschrieben werden. Sie erweckt aber im Gegensatz zur Vollkostenrechnung nicht den Eindruck, als enthalte die Rechnung ausschließlich Kosten, welche von dem betreffenden Kostenträger tatsächlich verursacht worden seien; die als Soll-Deckungsbeiträge bezeichneten Positionen zeigen vielmehr an, dass es sich dabei um für wünschenswert gehaltene Beiträge zur Deckung bestimmter Kosten handelt.

Kontrollfragen
1. Wie ist das Grundschema der Zuschlagskalkulation auf Vollkostenbasis aufgebaut?
2. Was versteht man unter retrograder Bestimmung des kalkulatorischen Gewinns?
3. Was ist eine Strukturstückliste? Welche Bedeutung hat sie?
4. Was ist das Wesen der Produktkostenkalkulation?
5. Was versteht man unter Soll-Deckungsbeiträgen?
6. Weshalb ist es notwendig, reine Teilkostenkalkulationen durch die Verrechnung von Soll-Deckungsbeiträgen zu ergänzen?

Aufgabe 8.11 Kalkuklation mit Produktkosten und Soll-Deckungsbeiträgen S. 421

6 Ermittlung und Einsatzmöglichkeiten von Maschinenstundensätzen (differenzierte Stundensatzrechnung)

6.1 Grundlagen

Wie schon gezeigt worden ist, lassen sich die Fertigungsgemeinkosten den Kostenträgern (rein technisch betrachtet) sowohl mit Hilfe von Gemeinkostenzuschlagssätzen, als auch anhand von Stundensätzen zuordnen. Von besonderer Bedeutung ist die Rechnung mit (differenzierten) Stundensätzen bei kapitalintensiven Produktionen, bei welchen die Arbeitskosten in den Hintergrund treten.

Wie gleichfalls bereits festgestellt wurde, setzt die Rechnung mit Gemeinkostenzuschlagssätzen eigentlich voraus, dass zwischen den die Rechnung einfließenden Gemeinkosten und der gewählten Bezugsbasis eine proportionale Beziehung besteht. Das ist bei der zu betrachtenden Verrechnung der Fertigungsgemeinkosten auf Basis der Fertigungslöhne (Einzelkostenlöhne) i. d. R. nicht der Fall. Bei stark mechanisierten Produktionsprozessen sind die Fertigungslöhne, schon wegen ihres relativ geringen Anteils an den Fertigungskosten, als Bezugsbasis zur Verrechnung der Fertigungsgemeinkosten völlig ungeeignet. Ganz deutlich wird das, wenn bedacht wird, dass hier Zuschlagssätze von mehreren Tausend Prozent entstehen können. Mit Hilfe einer Stundensatzrechnung lassen sich diese Probleme weitgehend lösen.

6.2 Technik

Grundsätzlich gilt für die Bestimmung von Maschinenstundensätzen folgende Formel:

$$\text{Maschinenstundensatz (€/Std.)} = \frac{\text{(relevante) Fertigungsgemeinkosten}}{\text{(relevante) Maschinenlaufzeit}}$$

Für beide Größen lassen sich natürlich Plangrößen (Standardsätze) und Istgrößen bestimmen. Ferner ist zu beachten, dass sich beide Größen immer auf ein und denselben Zeitraum beziehen müssen. Den Plangrößen wird meist ein Zeitraum von einem Jahr (Geschäftsjahr) zugrunde gelegt. Istgrößen müssen sich, um einen sinnvollen Soll-Ist-Vergleich zu ermöglichen, auf kürzere Zeiträume beziehen, also z. B. auf einen Monat.

Von »relevanten« Größen wurde oben gesprochen, weil nur solche Kosten in die Rechnung einbezogen werden dürfen, die unmittelbar auf den Einsatz der jeweiligen Anlage zurückzuführen sind. Dazu gehören insbesondere die Kosten für Strom und andere Betriebsstoffe, Werkzeugkosten, kalkulatorische Abschreibungen, kalkulatorische Zinsen und grundsätzlich auch die Fertigungslöhne.

Ist der Anteil der Fertigungslöhne an den Betriebskosten einer Anlage von völlig untergeordneter Bedeutung, wie das oben angenommen worden ist, so wird es schon aus Wirtschaftlichkeitsgründen zweckmäßig sein, sie in den Stundensatz zu integrieren, auch wenn das deren Charakter als Einzelkosten nicht gerecht wird.

Sind die Fertigungslöhne aus irgendeinem Grunde von besonderer Bedeutung, so kann es sinnvoll sein, sie in einem besonderen Verrechnungssatz zu erfassen. Das würde z. B. auch gelten, wenn zur Bedienung der Maschine wechselweise Arbeitskräfte eingesetzt werden, die nennenswert unterschiedliche Löhne beziehen.

Keine allgemeingültige Aussage ist hinsichtlich der Behandlung von Fertigungsmaterialien im Rahmen einer Stundensatzrechnung möglich. Die folgenden Beispiele sollen das zeigen: Werden mit einem Extruder aus einem Granulat Kunststoffteile hergestellt, so kann das Material in den Stundensatz einbezogen werden. Nicht möglich ist das hingegen dann, wenn z. B. Gussteile auf verschiedenen Anlagen sukzessive bearbeitet werden.

Unabdingbar notwendig ist eine Aufspaltung des Kostensatzes, wenn auf Teilkostenbasis gearbeitet werden soll sowie immer dann, wenn für Rüstzeiten und effektive Laufzeiten nennenswert unterschiedliche Kosten je Stunde anfallen. Was dabei als nennenswert zu betrachten ist, lässt sich nur im Einzelfall entscheiden. Abweichungen von mehr als 5 % oder mehr als 2,– € pro Stunde dürften i. d. R. als relevante Abweichungen zu betrachten sein.

Die Bestimmung eines Stundensatzes auf Teilkostenbasis wird im folgenden Abschnitt an zwei Beispielen demonstriert, sodass hier auf eine Diskussion verzichtet werden kann.

Zur Frage der Trennung von Rüststunden und effektiven Betriebsstunden ist folgendes zu bemerken: Sind beim »Rüsten« und beim »Fahren« einer Anlage normalerweise genau dieselben Leute am Werk, so dürfte es aus Wirtschaftlichkeitsgründen sinnvoll sein, mit einem einheitlichen Kostensatz zu arbeiten, obwohl beim »Rüsten« weniger Kosten für Abnutzung und Betriebsstoffe anfallen als beim »regulären« Betrieb. Anders liegen die Dinge, wenn zum »Rüsten« hoch bezahlte Spezialisten gebraucht werden, wogegen zum »regulären« Betrieb angelernte Kräfte eingesetzt werden können. In diesem Fall muss mit zwei verschiedenen Kostensätzen gearbeitet werden. Das gilt auch, wenn durch andere Kosten (z. B. kalkulatorische Abschreibungen) sehr erhebliche Unterschiede zwischen Rüstkosten und effektiven Betriebskosten verursacht werden.

Offen geblieben ist bislang die Frage, wie die nicht in die Stundensätze eingehenden Kosten, die so genannten Restgemeinkosten (Restkosten) einer Fertigungskostenstelle auf die Kostenträger weiterverrechnet werden können. Zu diesen Restkosten gehören z. B. die Kosten für den Meister und seine Hilfskräfte (Werkstattschreiber), das Meisterbüro, Raumkosten für Verkehrsflächen sowie die Kosten für Raumbeleuchtung und Heizung. Da es sich bei den Restkosten immer um Managementkosten handelt, werden sie unten mit Hilfe von Soll-Deckungsbeiträgen in die Rechnung eingebracht.

Die Verrechnung der Restkosten auf die Kostenträger kann wiederum mit Hilfe eines Zuschlagssatzes auf Basis der Fertigungslöhne oder aber im Wege einer Stundensatzrechnung erfolgen. Letzteres ist aus den o. a. Gründen vorzuziehen. Es gilt dann folgende Formel:

$$\text{Restgemeinkostensatz (€/Std.)} = \frac{\text{Gesamte Restkosten einer Fertigungsstelle}}{\text{Gesamtheit der in der Kostenstelle gefahrenen Stunden}}$$

Wichtig ist hier, dass die Restgemeinkosten zu den gesamten Maschinenstunden der Kostenstelle in Beziehung gesetzt werden müssen, weil sie ja nicht für eine einzelne Anlage, sondern für die gesamte Kostenstelle anfallen.

Aus den angestellten Überlegungen folgt, dass zur Ermittlung der gesamten Kosten, die für einen bestimmten Arbeitsgang anzusetzen sind, die aus Rüstzeiten und Laufzeiten resultierenden Kosten (incl. Restkosten) ermittelt und addiert werden müssen. Außerdem sind die angestrebten Soll-Deckungsbeiträge zu berücksichtigen.

Auf Einzelheiten der beschriebenen Rechnungen wird im Rahmen der anschließend zu diskutierenden Beispiele eingegangen werden.

6.3 Beispiele

6.3.1 Vorbemerkung

Aus Gründen der besseren Verständlichkeit wird hier ganz bewusst mit zwei Beispielen gearbeitet. Im ersten Beispiel geht es darum, die Technik der differenzierten Stundensatzrechnung möglichst anschaulich zu demonstrieren. Im zweiten Beispiel soll gezeigt werden, dass es zumindest problematisch ist, wenn in Beispielen zum BAB für die Fertigungshauptstellen **kommentarlos** nur vom einen einheitlichen Kalkulationssatz ausgegangen wird. Wie dieses Problem bewältigt werden kann, soll im zweiten Beispiel gezeigt werden.

6.3.2 Beispiel I

6.3.2.1 Aufgabenstellung

Aufgrund der nachstehenden Informationen sollen für eine Maschine folgende Plangrößen (Stundensätze) für das Jahr 17 ermittelt werden:
– der Gesamtkostensatz,
– der Produktkostensatz,
– der Soll-Deckungsbeitrag je Betriebsstunde und
– der Restgemeinkostensatz.

Rüstzeiten sollen mit dem Produktkostensatz (ohne Werkzeugkosten) abgerechnet werden.

6.3.2.2 Ausgangsdaten

a) Für die Ermittlung der voraussichtlichen jährlichen Laufzeit der Anlage wird von folgenden Annahmen ausgegangen:
– Theoretische Maschinenlaufzeit 52 Wochen zu je 40 Std.
– Erwartete Ausfallzeiten (z. B. wegen Reparaturen und Ferien) 16 %.

- Der resultierende Wert soll auf volle 100 Stunden abgerundet werden. Es wird davon ausgegangen, dass 10 % der Gesamtlaufzeit für Rüststunden eingesetzt werden müssen.
b) Die Maschine wurde im Jahre 14 angeschafft. Die Anschaffungskosten haben 759 000,– betragen. Der relevante Preisindex für einschlägige Maschinen hat sich wie folgt entwickelt:

Jahr	00	...	10	14	15	16
Preisindex	100	...	112	114	113	116

Der errechnete aktuelle Wiederbeschaffungswert (akt. WBW) soll auf volle 1 000,– aufgerundet werden.
c) Bei gleichmäßiger, voller Auslastung beträgt die Nutzungsdauer der Maschine voraussichtlich 10 Jahre.
d) Kalkulatorische Zinsen 6 %.
e) Risikofaktor: 0,02 vom aktuellen Wiederbeschaffungswert.
f) Für Instandhaltung fallen im Jahr 17 voraussichtlich 7 800,– an.
g) Raumbedarf: 16 m²; Verrechnungssatz je m² und Monat 40,–.
h) Installierte Leistung 30 kW; Ausnutzung im Mittel 50 %; Kosten je kWh 0,28 €.
i) Durchnittlicher Lohnsatz je Stunde 24,–.
Zuschlag für Lohnnebenkosten 60 %. Davon entfallen 20 % auf Produktkosten und 40 % auf Managementkosten. Es wird von einer Einmann-Bedienung ausgegangen.
k) Die Anschaffungskosten für ein neues Werkzeug betragen 520,–.
Das Werkzeug kann durchschnittlich 6-mal instandgesetzt werden. Pro Instandsetzung wird mit Kosten von 62,– gerechnet. Die durchschnittliche Standzeit eines Werkzeugs beträgt 9 Stunden.
Die Lastlaufzeit beträgt 90 % der Maschinenlaufzeit. Als Lastlaufzeit wird diejenige Laufzeit bezeichnet, in welcher die Maschine unter Last, d. h. unter Einsatz des Werkzeugs läuft. Lastlaufzeit und Leerlaufzeit ergeben zusammen die Gesamtlaufzeit.
l) Es werden Restkosten in Höhe von 153 200,– erwartet. Die voraussichtliche Gesamtlaufzeit (p. a.) der in der Kostenstelle installierten Maschinen wird bei 11 300 Stunden liegen.

6.3.2.3 Lösung

a) **Bestimmung der Laufzeit**

Ausgangsbasis	52 Wo. zu 40 Std. =	2 080,0 Std.
Ausfallzeit 16 %		332,8 Std.
Vorläufige Laufzeit		1 747,2 Std.
Planmäßige Gesamtlaufzeit (gerundeter Wert)		1 700,0 Std.

Es ist also planmäßig mit 170 Rüststunden zu rechnen.

Durch die Abrundung wird versucht, ein Sicherheitspolster zu schaffen, denn bei gegebenen Kosten wird der nominelle Stundensatz durch die Abrundung der Laufzeit erhöht.

b) **Bestimmung des aktuellen Wiederbeschaffungswertes** (WBW)
Der Wert soll anhand des Indexwertes des Jahres 16 bestimmt werden, weil der Wert für das Jahr 17 noch unbekannt ist. Eine andere Möglichkeit wäre es, den Indexwert für das Jahr 17 zu schätzen. Das wäre dann unumgänglich, wenn mit erheblichen Veränderungen (3 % und mehr) zu rechnen wäre: Es gilt folgende Rechnung:

$$\text{Vorl. akt. WBW} = \frac{\text{Anschaffungswert x Index Jahr 16}}{\text{Index Anschaffungsjahr}} = \frac{759\,000 \times 116}{114} = 772\,315,79.$$

Anzusetzender (aufgerundeter) aktueller Wiederbeschaffungswert 773 000,–.
Diese Aufrundung führt wiederum zu einer Erhöhung des letztlich resultierenden Stundensatzes.
Zu beachten ist, dass die als Vorsichtsmaßnahme gedachten Rundungen dazu führen können, dass man sich mit den erhöhten Kostensätzen aus dem Markt hinaus kalkuliert.

c) **Kalkulatorische Abschreibung:** Sie beträgt 77 300,–, nämlich 10 % vom aktuellen Wiederbeschaffungswert von 773 000,–. Bei stark schwankenden Einsatzzeiten in den verschiedenen Perioden muss auch die kalkulatorische Abschreibung an den tatsächlich gefahrenen Stunden ausgerichtet werden. Das setzt voraus, dass als Ausgangsbasis nicht mit einer in Jahren gemessenen voraussichtlichen Nutzungsdauer gearbeitet wird, sondern mit dem in Stunden gemessenen voraussichtlichen Gesamtpotenzial.

d) **Kalkulatorische Zinsen:** Es sind 6 % vom halben aktuellen Wiederbeschaffungswert, also 23 190,– anzusetzen.

e) Mit Hilfe des Risikofaktors sollen die **kalkulatorischen Wagnisse** mit 15 460,– (2 % vom akt. WBW) in die Rechnung eingebracht werden.

f) **Instandhaltung** der Maschine 7 800,–.

g) Die **Raumkosten** betragen jährlich 7 680,– (16 x 40 x 12).
Es kann zweckmäßig sein, hier nicht mit m², sondern mit besonderen Recheneinheiten zu arbeiten. Darauf wird im 2. Beispiel näher eingegangen werden. Außerdem ist zu beachten, dass bei der Ermittlung des Raumbedarfs einer Maschine neben der Grundfläche auch noch eine »Arbeitsfläche« für das Bedienungspersonal sowie vielfach notwendige Abstellflächen (für Rohmaterial und fertige Teile) zu berücksichtigen sind.

h) Die **Stromkosten** belaufen sich auf 4,20 kW je Betriebsstunde.
Da die installierte Leistung von 30 kW im Mittel nur zu 50 % genutzt werden kann, gilt hier folgende Gleichung: Stromkosten je Betriebsstunde (30 kW x 0,5 x 0,28).

i) An Personalkosten fallen je Betriebsstunde an:
Produktkosten: 24,– Fertigungslöhne plus 20 % Lohnnebenkosten = 28,80.
Managementkosten: 40 % der Fertigungslöhne = 9,60
(anteilige Personalnebenkosten).

k) Die Werkzeugkosten betragen je Betriebsstunde rund 12,75.
Dieser Betrag ergibt sich wie folgt:

Anschaffungsausgaben (= Anschaffungskosten)	520,–
Durchschnittliche Instandhaltungskosten (6-mal 62,–) =	372,–
Durchnittliche Gesamtausgaben je Werkzeug	892,–

Die Gesamtstandzeit des Werkzeugs beträgt durchschnittlich 63 Stunden. Nämlich je 9 Stunden für den ersten Einsatz und nach jeder der 6 Instandsetzungen. Würden die Gesamtkosten des Werkzeugs durch die Gesamtstandzeit dividiert, würden sich die Werkzeugkosten je Werkzeugstunde ergeben. Gesucht sind aber die Werkzeugkosten je Betriebsstunde (ohne Rüstzeiten). Dieser Wert lässt sich im Beispiel über die Lastlaufzeit ermitteln. Unter Last läuft die Maschine dann, wenn das Werkzeug im Einsatz ist. Die Gesamtstandzeit eines Werkzeugs muss somit einer gleich langen Lastlaufzeit der Maschine entsprechen. Die Gesamtstandzeit von 63 Stunden kann im Beispiel also mit einer Lastlaufzeit von 63 Stunden gleichgesetzt werden. Diese 63 Stunden Lastlaufzeit entsprechen 90 % der Maschinenlaufzeit von 70 Stunden (100 %). Werden die oben ausgewiesenen (durchschnittlichen) Gesamtausgaben durch die entsprechende Maschinenlaufzeit von 70 Stunden dividiert, so ergibt sich der Kostensatz von rund 12,74 je Betriebsstunde.

l) Die Restgemeinkosten betragen 13,56 je Betriebsstunde. Sie ergeben sich, aus der Division der gesamten Restkosten von 153 200,– durch die Zahl der für die betreffenden Periode in der Kostenstelle insgesamt geplanten 11 300 Maschinenstunden.

Aus den weiter oben (Aufgabenstellung) gelieferten Erläuterungen zur Unterscheidung von Produktkosten und Managementkosten folgt, dass die oben mit den Buchstaben d, e, g und l bezeichneten Positionen zu den Managementkosten gehören. Die Position i ist gespalten. Alle anderen Positionen sind den Produktkosten zuzuordnen.

Zusammenfassung		
Relevante Kosten	Produktkosten (€/Std.)	Soll-Deckungsbeiträge (€/Std.)
a) **Kalkulatorische Abschreibungen** 77 300,– € : 1 530 Std.[1]	50,52	- - -
b) **Kalkulatorische Zinsen** 23 190,– € : 1 530 Std.	- - -	15,16
c) **Kalkulatorische Wagnisse** 15 460,– € : 1 530 Std.	- - -	10,10
d) **Instandhaltung der Anlage** 7 800,– € : 1 530 Std.	5,10	- - -
e) **Raumkosten** 7 680,– € : 1 530 Std.		5,02
f) **Stromkosten**	4,20	- - -
g) **Personalkosten**	28,80	9,60
h) **Werkzeugkosten**	12,74	- - -

1 Gesamtlaufzeit – Rüststunden

(weiter S. 314)

Zusammenfassung (Fortsetzung)		
Relevante Kosten	Produkt- kosten (€/Std.)	Soll-Deckungs- beiträge (€/Std.)
Produktkostensatz Soll-Deckungbeitrag zu den »direkten« Managementkosten	101,36 – – –	– – – 39,88
Rüstkostensatz (Produktkostensatz minus Werkzeugkosten je Betriebsstunde)	88,62	– – –
Soll-Deckungsbeitrag zu den Restgemeinkosten (153 200,– € : 11 300 Std.)	– – –	13,56
Gesamtkostensatz: – ohne Restgemeinkosten – einschl. Restgemeinksoten	141,24 154,80	

6.3.2.4 Anwendungsbeispiel

Anhand der oben ermittelten Werte sollen die Kosten für einen Arbeitsgang ermittelt werden, für den Rüstzeiten von 1,5 Std. und eine Bearbeitungszeit von 20 Std. angefallen sind. Es ergeben sich folgende Werte:

Produktkosten:
Rüstkosten   1,5 Std. zu   88,62   =   132,93
Bearbeitung   20,0 Std. zu 101,36   =   2 027,20

Summe Produktkosten   2 160,13

Soll-Deckungsbeiträge:
Zu den direkten Managementkosten   20 Std. zu 39,88   =   797,60
Zu den Restgemeinkosten   20 Std. zu 13,56   =   271,20

Summe Soll-Deckungsbeiträge   1 068,80

Gesamtkosten   3 228,93

Wie im Zusammenhang mit der Teilkostenrechnung noch näher begründet werden wird, kann es bei schlechter Beschäftigung sinnvoll sein, einen Auftrag auch dann anzunehmen, wenn mit dem erzielbaren Preis nur ein Teil der geplanten Soll-Deckungsbeiträge zu den Managementkosten erwirtschaftet werden kann.

6.3.3 Beispiel II

6.3.3.1 Problemstellung

Mit diesem Beispiel sollen in erster Linie die Fehler gezeigt werden, welche in der Kalkulation entstehen können, wenn in einer Fertigungskostenstelle mit einem einheitlichen (durchschnittlichen) Kostensatz gerechnet wird, obwohl sich die installierten

Maschinen oder die betreffenden Handarbeitsplätze sowohl hinsichtlich der Kosten je Betriebsstunde als auch hinsichtlich ihrer Kostenstruktur nennenswert unterscheiden. Zugleich lassen sich damit die zum ersten Beispiel angestellten Überlegungen ergänzen.

Für das Beispiel wird davon ausgegangen, dass sich die in einer bestimmten Fertigungskostenstelle installierten Maschinen in drei Gruppen zusammenfassen lassen, ohne dass dadurch negative Auswirkungen im Bereich der Kalkulation befürchtet werden müssen.

Im Gegensatz zum ersten Beispiel, das sich auf eine einzige Maschine bezogen hat, sind jetzt für verschiedene Gruppen vergleichbarer Maschinen die planmäßigen Kostenverrechnungssätze zu bestimmen. Im Einzelnen sind das: Der Produktkostensatz, der Soll-Deckungsbeitrag je Betriebsstunde und der Gesamtkostensatz je Maschinengruppe. Außerdem ist der durchschnittliche Gesamtkostensatz für die gesamte Kostenstelle sowie der Restgemeinkostensatz zu ermitteln.

6.3.3.2 Ausgangsdaten

In der dargestellten Tabelle (Ausgangsdaten) wurden zunächst die technischen Plandaten für die Beispielrechnung aufgeführt.

	Ausgangsdaten				
		Maschinengruppe			Gesamt
		A	B	C	
1	Anzahl Maschinen	4	3	3	10
2	Anzahl Arbeitskräfte	2	3	3	8
3	Aktuelle Wiederbeschaffungswerte	512,4 T€	627,2 T€	758,4 T€	1 898,0 T€
4	Geplante Gesamtlaufzeit (Gesamtpotenzial)	36 600 Std./ 6 Jahre	36 000 Std./ 8 Jahre	36 870 Std./ 8 Jahre	—
5	Geplante Bruttolaufzeit pro Jahr	6 100 Std.	4 500 Std.	4 600 Std.	15 200 Std.
6	Geplante Rüstzeiten pro Jahr	550 Std.	270 Std.	280 Std.	1 100 Std.
7	Geplante Nettolaufzeiten pro Jahr	5 550 Std.	4 230 Std.	4 320 Std.	14 100 Std.
8	Installierte Leistung	24,0 kW	27,0 kW	25,5 kW	—
9	Durchschnittlich genutzter Leistungsgrad	15,60 kW = 65 %	17,55 kW = 65 %	14,79 kW = 58 %	—
10	Planmäßiger Verbrauch (gerundet)	95 200 kW	79 000 kW	68 000 kW	242 200 kW
11	Raumbedarf	125 qm = 175 Einheiten	110 qm = 154 Einheiten	100 qm = 140 Einheiten	335 qm = 469 Einheiten

Dazu gehören z. B. die Anzahl der installierten Maschinen, deren planmäßige Laufzeiten, die installierte Leistung und der Raumbedarf. Außerdem sind die aktuellen Wiederbeschaffungswerte angegeben. Kosteninformationen sind in dieser Tabelle nicht enthalten. Auch jetzt wird davon ausgegangen, dass die Maschinen nicht ständig mit voller Kraft gefahren werden. Deshalb ist zur Bestimmung des Energieverbrauchs wiederum zwischen der installierten und der genutzten Leistung (kW) zu unterscheiden.

Für die Ermittlung der Raumkosten wird hier nicht mit dem tatsächlich beanspruchten, in Quadratmetern gemessenen Raumbedarf gearbeitet, sondern mit speziellen Recheneinheiten, die im Sinne einer Äquivalenzziffernrechnung zu ermitteln sind. Diese Vorgehensweise hat folgenden Hintergrund: Wie oben schon festgestellt wurde, kann es für Unternehmen, die in eigenen Räumen arbeiten, sinnvoll sein, in der Kostenrechnung nicht die tatsächlichen Raumkosten anzusetzen, sondern mit einer kalkulatorischen Miete zu arbeiten. Um nun nicht je nach baulichem Zustand der verschiedenen Räume

Verteilungsschlüssel Raumkosten			
	qm	Faktor	Recheneinheiten
Kantine	206	1,0	206
Allgemeiner Bereich – Grundstücke und Gebäude – Fuhrpark – Soziale Einrichtungen	— 210 60	— 0,6 1,0	— 126 60
Summe allgemeiner Bereich	270	—	186
Fertigungsbereich – Hilfsstelle – Maschinenabteilung I – Maschinenabteilung II – Montage – Werkzeugbau	280 430 340 550 195	1,2 1,4 1,4 1,6 1,2	336 602 476 880 234
Summe Fertigungsbereich	1 795	—	2 528
Materialbereich – Lager – Verwaltung	980 210	0,6 1,0	588 210
Summe Materialbereich	1 190	—	798
Verwaltungsbereich – Verwaltung – EDV	270 150	1,0 1,8	270 270
Summe Verwaltungsbereich	420	—	540
Vertriebsbereich – Vertrieb I – Vertrieb II	1 100 1 228	0,7 0,5	770 614
Summe Vertriebsbereich	2 328	—	1 384
Gesamt	—	—	5 642

mit unterschiedlichen Kostensätzen kalkulieren zu müssen, werden die von den einzelnen Kostenstellen beanspruchten Flächen mit Hilfe von Äquivalenzziffern (Gewichtungsfaktoren) in qualitativ gleichwertige (Rechen-)Einheiten umgeformt (vgl. Gau). Damit kann jetzt für alle Flächen mit einem gleichbleibenden Kostenfaktor je Recheneinheit gearbeitet werden. Dieser Faktor sollte auf Räume mit der Äquivalenzziffer 1 bezogen sein und der ortsüblichen Miete für solche Räume entsprechen.

Zur Bestimmung der Äquivalenzziffern wird i. d. R. die Hilfe eines Bausachverständigen notwendig sein. Um die oben geschilderten Rechenvorgänge noch besser verständlich zu machen, wird in der Tabelle »Verteilungsschlüssel Raumkosten« ein relativ ausführliches Beispiel für die oben beschriebene Vorgehensweise geliefert. Wird von einem Kostensatz von 51,33 je Recheneinheit ausgegangen, so würde sich die kalkulatorische Miete für das in der Tabelle dargestellte Beispiel auf rd. 289 600,– belaufen.

6.3.3.3 Produktkosten

In der »Produktkosten je Maschinenstunde und Maschinengruppe« überschriebenen Tabelle sind in den Zeilen 1 bis 7 diejenigen Produktkosten dargestellt, welche in einer bestimmten Abrechnungsperiode planmäßig anfallen sollen, und zwar für jede der drei Maschinengruppen sowie für die gesamte Kostenstelle. Zu einigen dieser Werte ist eine Erläuterung zu liefern.

	Produktkosten je Maschinenstunde und Maschinengruppe (in T€)				
	Produktkosten	Maschinengruppe			Gesamt
		A	B	C	
1	Fertigungslöhne	63,8	88,6	93,5	245,9
2	Anteil. Sozialkosten (19 % d. Ftg.-Löhne)	12,1	16,8	17,8	46,7
3	Energie (0,145 €/kWh)	13,8	11,5	9,9	35,2
4	Hilfs- und Betriebsstoffe (ohne Strom)	7,0	10,0	11,0	28,0
5	Kleinwerkzeuge	11,9	11,3	6,8	30,0
6	Reparaturen	30,6	20,0	20,0	70,6
7	Kalkulatorische Abschreibungen	85,4	78,4	94,8	258,6
8	Summe Produktkosten	224,6	236,6	253,8	715,0
9	Planmäßige Bruttolaufzeit	6 100 Std.	4 500 Std.	4 600 Std.	15 200 Std.
10	Produktkostensatz (Ist) (Bruttobasis)	36,82 €/Std.	52,58 €/Std.	55,17 €/Std.	Ø 47,04 €/Std.
11	Sonderkosten Fertigung – Werkzeug I – Werkzeug II	— —	— —	20,28 €/Std. 17,16 €/Std.	— —

Bei den Fertigungslöhnen (Zeile 1) wurde für die Maschinengruppe A davon ausgegangen, dass eine Arbeitskraft jeweils zwei Maschinen bedient. Die Fertigungslöhne sind hier insgesamt also erheblich niedriger als bei den Maschinengruppen B und C, wo ein Bedienungsverhältnis von 1 : 1 vorausgesetzt worden ist. Die als Produktkosten einzustufenden Sozialkosten sollen, bezogen auf die Fertigungslöhne, 19 % ausmachen. Die Energiekosten (Zeile 3) ergeben sich, wenn die geplanten Energieverbräuche (Zeile 10 der Ausgangsdaten) mit dem angegebenen Satz von 0,145 €/kWh multipliziert werden. Die Zeilen 4–6 enthalten frei angenommene Werte für Hilfs- und Betriebsstoffe (ohne Strom), Kleinwerkzeuge sowie für Reparaturkosten. Diese Positionen bedürfen keiner Erläuterung.

Kalkulatorische Abschreibungen werden hier (im Gegensatz zur herrschenden Lehre) als mengenabhängige Produktkosten betrachtet. Die Werte sind anhand der Ausgangsdaten wie folgt zu bestimmen:

$$\text{Kalkulatorische (Plan) Abschreibung je Periode (Plan)} = \frac{\text{Aktueller WBW x Bruttolaufzeit pro Periode}}{\text{Geschätztes Gesamtpotenzial}}$$

Damit gilt für die Maschinengruppe A:

$$\text{Kalkulatorische Abschreibung (Plan)} = \frac{512\,400\ € \times 6\,100\ \text{Std.}}{36\,600\ \text{Std.}} = 85\,400,-\ €.$$

In Zeile 8 sind die aufsummierten Produktkosten angegeben. Werden diese Werte durch die planmäßigen Bruttolaufzeiten dividiert, so ergeben sich die entsprechenden Kostensätze pro Stunde. Für die Maschinengruppe C ist dieser Wert je nach Werkzeugeinsatz noch um die Werkzeugkosten aus Zeile 11 zu ergänzen. Aus der Tatsache, dass hier mit Bruttozeiten gerechnet wurde, folgt, dass effektive Laufzeiten und Rüstzeiten insoweit mit einem einheitlichen Satz abgerechnet werden sollen.

Werden die Kostensätze der drei Maschinengruppen mit dem Durchschnittssatz für die gesamte Kostenstelle (Zeile 10) miteinander verglichen, so zeigt sich dass hier erhebliche Unterschiede bestehen. So ist der für die Maschinengruppe A ermittelte Satz von 36,82 €/Std. um 10,22 €/Std. (21,7 %) niedriger als der Durchschnittssatz von 47,04 €/Std. Die Sätze für die Maschinengruppen B und C liegen um 5,54 bzw. 8,13 €/Std. über dem Durchschnittssatz. Für alle drei Maschinengruppen würden also Kalkulationen zum Durchschnittssatz zu erheblichen Fehlern führen. Die Leistungen der Maschinengruppe A würden viel zu billig angeboten werden, was auf die Dauer zu erheblichen Verlusten führen müsste.

6.3.3.4 Soll-Deckungsbeiträge

In der Tabelle »Managementkosten und Soll-Deckungsbeiträge je Maschinenstunde und Maschinengruppe« werden die den Maschinen eindeutig zurechenbaren Managementkosten erfasst, um die Soll-Deckungsbeiträge ermitteln zu können, die zur Deckung dieser Kosten erwirtschaftet werden müssen. Bei den betreffenden Kosten handelt es sich um die als Managementkosten einzustufenden Sozialkosten, die kalkulatorischen Zinsen, die kalkulatorischen Wagnisse und die Raumkosten.

Die als Managementkosten anzusetzenden Sozialkosten werden mit 36 % der Fertigungslöhne (245 900,–) veranschlagt. Insgesamt ergibt sich damit ein Betrag von rund 88 600,–. Die Verteilung auf die Kostenplätze ist aus der Tabelle ersichtlich.

Managementkosten und Soll-Deckungsbeiträge je Maschinenstunde und Maschinengruppe (in T€)					
	Managementkosten	Maschinengruppe			Gesamt
		A	B	C	
1	Anteil. Sozialkosten (36 % d. Ftg.-Löhne)	23,0	31,9	33,7	88,6
2	Kalkulatorische Zinsen (8,75 %)	22,4	27,4	33,2	83,0
3	Kalkulatorische Wagnisse (0,9 % der aktuellen Wiederbeschaffungswerte)	4,6	5,6	6,8	17,0
4	Raumkosten (51,33 pro Einheit Raumbedarf)	9,0	7,9	7,2	24,1
5	Summe	59,0	72,8	80,9	212,7
6	Bruttolaufzeit (Std.)	6 100	4 500	4 600	15 200
7	Soll-Deckungsbeiträge (Bruttobasis)	9,67	16,18	17,59	Ø 13,99

Zur Bestimmung der kalkulatorischen Zinsen ist der angegebene Zinsfuß von 8,75 % auf den **halben** aktuellen Wiederbeschaffungswert anzuwenden. Für die Maschinengruppe A betragen die kalkulatorischen Zinsen also 22 415,50 (gerundet 22 400,–).

Der Risikofaktor für die kalkulatorischen Wagnisse wurde, bezogen auf den aktuellen Wiederbeschaffungswert, auf 0,9 % festgelegt. Damit ergeben sich die in Zeile 2 aufgeführten, gerundeten Werte.

Zur Ermittlung der Raumkosten (Zeile 4) muss auf den in der Tabelle »Ausgangsdaten« (Zeile 11) angegebenem Raumbedarf zurückgegriffen werden. Die dort angegebenen (Rechen-)Einheiten sind mit dem angegebenen Kostensatz von 51,33 zu multiplizieren. Auf der Basis der Bruttostunden ergeben sich die in der Zeile 7 aufgeführten Soll-Deckungsbeiträge. Auch hier zeigt sich wieder, dass eine Kalkulation mit dem Durchschnittssatz der gesamten Kostenstelle zu sehr fragwürdigen Ergebnissen führen müsste.

6.3.3.5 Restgemeinkosten

Wird davon ausgegangen, dass in der Kostenstelle mit Restgemeinkosten von 77 800,– gerechnet werden muss, so ergibt sich ein Soll-Deckungsbeitrag für die Restgemeinkosten von 5,12 €/Std. (77 800,– € : 15 200 Std.), der auf alle Maschinen in gleicher Weise anzuwenden ist.

6.3.3.6 Gesamtkostensätze

Werden die anhand der Produktkosten und der Managementkosten ermittelten Stundensätze addiert, so ergeben sich für die Maschinengruppe A Gesamtkosten (incl. Restgemeinkosten) in Höhe von 51,61 €/Std. und für die Maschinengruppe C von 77,88 €/Std.

ohne Werkzeugkosten; einschließlich der Kosten für das Werkzeug II ergeben sich 95,04 €/Std. Der Durchschnittskostensatz für die gesamte Kostenstelle beträgt dagegen 66,15 €/Std. (ohne Werkzeugkosten der Maschinengruppe C).

Auf ein Kalkulationsbeispiel wird hier verzichtet, weil eine entsprechende Rechnung oben (Abschnitt 6.3) bereits geliefert wurde.

Aufgabe 8.12 *Einfache Stundensatzrechnung S. 421*

Aufgabe 8.13 *Bestimmung eines Maschinenstundensatzes S. 422*

7 Möglichkeiten und Grenzen der Deckungsbeitragsrechnung

7.1 Vorbemerkung

Wenn hier von Deckungsbeitragsrechnung die Rede ist, so ist die bereits eingeführte Form der Produktkostenrechnung gemeint. Im Sinne dieser Rechnung ergibt sich der (Basis-) Deckungsbeitrag, wie gleichfalls schon dargelegt wurde, aus folgender Rechnung:

  Erlöse
./. Erlösschmälerungen
= Nettoerlöse
./. Produktkosten
= Basis-Deckungsbeitrag

Zu den Erlösschmälerungen gehören, auch das wurde schon festgestellt, neben Positionen wie Fracht, Verpackung und Skonti auch Vertreterprovisionen. Bei Letzteren handelt es sich also nicht um variable Kosten im Sinne der h. L., weil sie nur in einem **indirekten** Zusammenhang mit der Ausbringungsmenge stehen.

Aus der Anleitung zur Bestimmung von Deckungsbeiträgen im Sinne der Produktkostenrechnung (respektive der Grenzkostenrechnung) folgt, dass ein Unternehmen in einer beliebigen Periode nur dann ein positives Leistungsergebnis (Periodengewinn) erzielen kann, wenn die eingespielten Deckungsbeiträge höher sind als die angefallenen Managementkosten. Liegen die erzielten Deckungsbeiträge unter der Summe der Managementkosten, so ergibt sich ein negatives Leistungsergebnis (Periodenverlust).

Um Missverständnisse zu vermeiden, sei hier ausdrücklich darauf hingewiesen, dass im Rahmen der herkömmlichen Grenzkostenrechnung nicht von Managementkosten, sondern natürlich von Fixkosten gesprochen wird. Diese Terminologie wurde hier aus den oben ausführlich dargelegten Gründen nicht übernommen. Managementkosten und Fixkosten sind keine Synonyma.

In der beschriebenen Form können Deckungsbeiträge sowohl im Sinne einer Kostenträgerstückrechnung als auch für Zwecke einer Kostenträgerzeitrechnung ermittelt werden. Die **Kostenträgerstückrechnung** bezieht sich, wie der Name schon sagt, auf einzelne Produkte, Serien oder Aufträge. Mit Hilfe die **Kostenträgerzeitrechnung** soll dagegen ermittelt werden, welche Deckungsbeiträge in einer definierten Periode mit bestimmten Kostenträgern oder Kostenträgergruppen erwirtschaftet worden sind.

Auch für andere Objekte, wie z. B. Kunden oder Kundengruppen, lassen sich mit Hilfe der Deckungsbeitragsrechnung die jeweils erzielten Beiträge zum Leistungsergebnis ermitteln.

Die folgenden Überlegungen beziehen sich primär auf kostenträgerbezogene (Kostenträger-)Zeitrechnungen. Produktkostenrechnungen (Deckungsbeitragsrechnungen) in Form von Kostenträgerstückrechnungen wurden oben bereits dargestellt.

Mit Hilfe der Produktkostenrechnung lassen sich eine Reihe von Entscheidungsproblemen sachgerecht lösen, die sich auf der Basis einer reinen Vollkostenrechnung nicht lösen lassen. Zu nennen sind hier insbesondere folgende Fragenkomplexe:

– Bestimmung der kurzfristigen Preisuntergrenze,
– Entscheidungen zur Programmbereinigung,
– Auftragsauswahl bei Unterbeschäftigung,
– Entscheidungen über Eigenherstellung oder Fremdbezug und
– Entscheidungen im Bereich der Maschinenbelegung.

Schließlich wird unten auch noch auf die Einsatzmöglichkeiten der Produktkostenrechnung für Zwecke der Gewinnplanung und Ergebniskontrolle eingegangen.

7.2 Entscheidungen über die kurzfristige Peisuntergrenze

Dieser Punkt wurde oben bereits behandelt, sodass sich hier weitere Überlegungen erübrigen.

7.3 Entscheidungen zur Programmbereinigung

In einem Unternehmen liegen als Ergebnis einer Abrechnungsperiode die in der folgenden Tabelle zusammengestellten Informationen vor. Es soll geprüft werden, ob durch eine Programmbereinigung eine Ergebnisverbesserung erzielt werden kann.

Produkt	Absatzmenge Stück	Erlöse	Vollkosten	Vollkostenergebnis	Deckungsbeitrag
A	1 000	16 000,–	15 000,–	1 000,–	7 000,–
B	500	18 500,–	17 200,–	1 300,–	8 000,–
C	800	10 000,–	11 600,–	– 1 600,–	4 800,–
Summe	2 300	44 500,–	43 800,–	700,–	19 800,–
spezielle Managementkosten für C: 4 400,– allgemeine Managementkosten: 14 700,–					

Auf Grund des Vollkostenergebnisses würde es unter Kostengesichtspunkten nahe liegen, das Produkt C aus dem Programm zu nehmen. Um zu zeigen, wie sich dadurch das Periodenergebnis verändern würde, wird die Ergebnisrechnung anschließend in der Form der Deckungsbeitragsrechnung dargestellt.

Deckungsbeitragsrechnung zum Problem Programmbereinigung					
Bezeichnung	Produkt A	Produkt B	Produkt C	Gesamt
Erlöse Produktkosten	16 000,– 9 000,–	18 500,– 10 500,–	10 000,– 5 200,–	44 500,– 24 700,–
Deckungsbeitrag I Spezielle Managementkosten	7 000,– —	8 000,– —	4 800,– 4 400,–	19 800,– 4 400,–
Deckungsbeitrag II Allgem. Managementkosten	7 000,–	8 000,–	400,–	15 400,– 14 700,–
Ergebnis				+ 700,–

Wird das Produkt C kurzfristig aus dem Programm genommen, so geht ein Deckungsbeitrag von 400,– verloren. Das Ergebnis vermindert sich also auf 300,–. Wahrscheinlich würde aber durch den Verzicht auf C ein noch schlechteres Ergebnis eintreten, weil entgegen der herrschenden Lehre in der Regel nicht alle Produktkosten sofort abbaubar sind (z. B. Fertigungslöhne).

Interessant wäre der Verzicht auf C, wenn die speziellen Managementkosten auf mittlere Sicht abgebaut werden könnten und die dadurch frei werdenden Kapazitäten für ein anderes Produkt mit höherem Deckungsbeitrag einsetzbar wären.

Wieder anders wäre die Situation zu beurteilen, wenn C nach Abzug der speziellen Managementkosten einen negativen Deckungsbeitrag liefern würde. In diesem Fall wäre es sinnvoll, die Herstellung von C möglichst synchron mit den Produktkosten und den speziellen Managementkosten abzubauen.

Hinweis: Ein als unzureichend betrachteter Deckungsbeitrag oder ein negatives Vollkostenergebnis darf natürlich nicht ohne weiteres zu einer entsprechenden Programmbereinigung führen. Es muss vielmehr immer geprüft werden, ob es nicht möglich ist, durch Maßnahmen in der Fertigung und der Beschaffung die Kosten zu senken; parallel dazu ist im Vertriebsbereich nach Möglichkeiten für eine Erhöhung der Nettoerlöse zu suchen. Die Entscheidung, eine Produktlinie aufzugeben, ist strategischer Natur. Die Kostenrechnung kann hier nur Hinweise geben und Hilfestellung leisten.

Aufgabe 8.14 *Deckungsbeitragsrechnung zur Programmbereinigung S. 424*

7.4 Auftragsauswahl in Engpasssituationen

Je nach Auftragszusammensetzung können in einem Unternehmen gleichzeitig mehrere und zugleich wechselnde Engpässe auftreten. Für diese Fälle lassen sich gewinnmaximale Produktionsprogramme theoretisch mit Hilfe der **linearen Programmierung** bestimmen. Hier kann nur der Fall eines speziellen Engpasses betrachtet werden. Ein spezieller Engpass begrenzt die in einer Periode erreichbare Ausbringungsmenge, obwohl in anderen Bereichen noch Kapazitäten frei sind. Der Engpass braucht dabei nicht unbedingt eine Produktionsstätte zu sein (z. B. der Brennofen bei der Porzellanherstellung), er kann etwa auch in der Beschaffung liegen. In einer Engpasssituation dieser Art kommt es darauf an, diejenigen Aufträge hereinzuholen, die den größten Deckungsbeitrag je Engpasseinheit erzielen. Dabei gilt:

$$\text{Deckungsbeitrag je Engpasseinheit} = \frac{\text{Deckungsbeitrag je Mengeneinheit}}{\text{Engpassbelastung je Mengeneinheit}}$$

Beispiel:
Für das Beispiel wird davon ausgegangen, dass die in der folgenden Tabelle angegebenen Mengen der Produkte A, B und C abgesetzt werden könnten. Da die Kapazität des Engpasses aber auf 6 600 Minuten beschränkt ist, muss entschieden werden, welche Mengen welcher Produkte hergestellt werden sollen.

Produkt	absetzbare Menge	Deckungsbeitrag pro Stück	Engpassbelastung (min.)
A	1 000	7,–	2
B	500	16,–	6
C	800	6,–	3

Zunächst ist der Deckungsbeitrag je Engpassminute zu ermitteln:

$$\text{Deckungsbeitrag je Engpassminute für A} = \frac{7,-}{2 \text{ min.}} = 3{,}50 \text{ €/min.}$$

Entsprechend errechnen sich Deckungsbeiträge je Engpassminute für B von 2,666 und für C von 2,–. Damit hat Produkt A Vorrang vor B und B vor C. Die Produktion aller Aufträge würde 7 400 Minuten in Anspruch nehmen. Die beschränkte Produktionskapazität von 6 600 Minuten ist demnach wie folgt zu verteilen:

Ergebnisrechnung bei speziellem Engpass			
Produkt	Menge	Engpassbelastung (min.)	Deckungsbeitrag
A	1 000	2 000	7 000,–
B	500	3 000	8 000,–
C	533	1 599	3 198,–
Summe	2 033	6 599	18 198,–

Der maximal erzielbare Deckungsbeitrag beläuft sich unter den angenommenen Bedingungen auf 18 198,–. Beim Produkt C kann die Nachfrage nicht vollständig befriedigt werden. Außerdem kann C seine speziellen Managementkosten von 4 400,– jetzt nicht mehr decken.

Aufgabe 8.15 *Deckungsbeitragsrechnung bei Engpass S. 425*

7.5 Entscheidungen über Eigenfertigung oder Fremdbezug

Bei konstanten Kapazitäten ist die Entscheidung über Eigenfertigung oder Fremdbezug eines Einzelteils durch einen Vergleich zwischen den Produktkosten bei Eigenfertigung und dem Bezugspreis zu treffen.

- Liegt der Bezugspreis unter den Produktkosten, wird bei knappen (anderweitig einsetzbaren) Kapazitäten auf jeden Fall gekauft.
- Im umgekehrten Fall könnte gekauft werden, wenn sich auch hier durch eine anderweitige Nutzung der frei gewordenen Kapazität eine Steigerung des insgesamt erzielbaren Deckungsbeitrags erreichen lässt.

Bei Unterbeschäftigung kann besonders der Wunsch, Fachkräfte im Unternehmen zu halten, dazu führen, dass selbst produziert wird, obwohl der Fremdbezug günstiger wäre.

Für die Maschinenbelegung gilt, dass derjenigen Anlage mit den geringeren Produktkosten der Vorzug zu geben ist (vgl. als Literatur hierzu ausführlich Haberstock). Entscheidungen auf Vollkostenbasis führen hier ebenso wie bei der Wahl zwischen Eigenfertigung und Fremdbezug nicht zu dem gewünschten Ergebnis.

Auf die Darstellung komplizierterer Fälle in den hier angesprochenen Bereichen muss verzichtet werden. Sie würde hier zu weit führen.

Aufgabe 8.16 *Auftragsauswahl bei Unterbeschäftigung S. 425*

7.6 Gewinnplanung und kurzfristige Erfolgsrechnung mit Produktkosten

7.6.1 Gewinnplanung

Um ein bestimmtes Gewinnziel planmäßig ansteuern zu können, genügt es nicht, mit Hilfe der Produktkostenrechnung mit Soll-Deckungsbeträgen die tatsächlich erzielten Deckungsbeiträge sowie diejenigen Soll-Deckungsbeiträge, auf die verzichtet wurde, systematisch zu erfassen, es muss vielmehr auch eine Vorstellung darüber entwickelt werden, **welche Produkte** (Produktgruppen) **in welchen Mengen** verkauft werden sollen bzw. verkauft werden können. Dabei wird sich in den meisten Fällen zeigen, dass Produkte der unteren und der mittleren Preisklasse mit einem kleinen Deckungsbeitrag je Mengeneinheit, aber hohen Verkaufszahlen insgesamt mehr Deckungsbeiträge einspielen als Produkte der höheren Preisklasse mit zwar hohem Deckungsbeitrag je Mengeneinheit, aber sehr begrenzter Stückzahl. Letztere besonders zu fördern, ist daher oft nicht sinnvoll.

In der nachstehenden Abbildung werden diese Zusammenhänge grafisch dargestellt (als Literatur vgl. Hantke). Die Produkte sind dabei nach der Summe des erwarteten Gesamtdeckungsbeitrags je Produkt geordnet. Dadurch lässt sich zeigen, dass die »großen Lieferanten« von Deckungsbeiträgen (hier die Produkte A und B) das Fundament des Erfolgs bilden, dass es aber letztlich die »kleinen Lieferanten« (hier die Produkte C und D) sind, die für den Gewinn sorgen. Im Beispiel wird erst durch das Produkt C die **Gewinnschwelle** überschritten. Die Gewinnschwelle wird erreicht, wenn die Summe der erzielten Deckungsbeiträge genauso hoch ist wie die Managementkosten (bzw. wenn Umsätze und Gesamtkosten gleich hoch sind). Sie kann z. B. gesenkt und der Gewinn entsprechend erhöht werden, wenn es gelingt, die Managementkosten zu vermindern.

Werden die in einzelnen Teilperioden (z. B. pro Monat) erwirtschafteten Deckungsbeiträge sukzessive kumuliert, so ergibt sich eine Deckungsbeitragskurve, wie sie in der übernächsten Abbildung dargestellt ist (als Literatur vgl. Hantke). Die Abbildung soll zeigen, dass der Jahresgewinn eines Unternehmens meist erst in den letzten Wochen erwirtschaftet wird. Die Gewinnschwelle wird im Beispiel Mitte November erreicht.

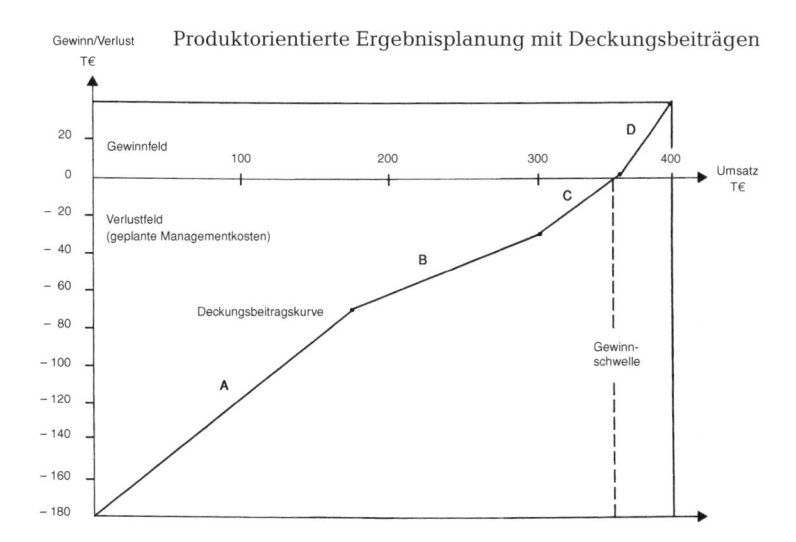

Produktorientierte Ergebnisplanung mit Deckungsbeiträgen

Die Abbildung zeigt aber auch, dass über die Akkumulation der Deckungsbeiträge eine Gewinnplanung aufgebaut werden kann, die sich durch den Vergleich mit den tatsächlich erreichten Werten leicht kontrollieren lässt. Abweichungen vom gewünschten Pfad können dabei schnell erkannt werden, sodass bei einer negativen Entwicklung rasch gegengesteuert werden kann.

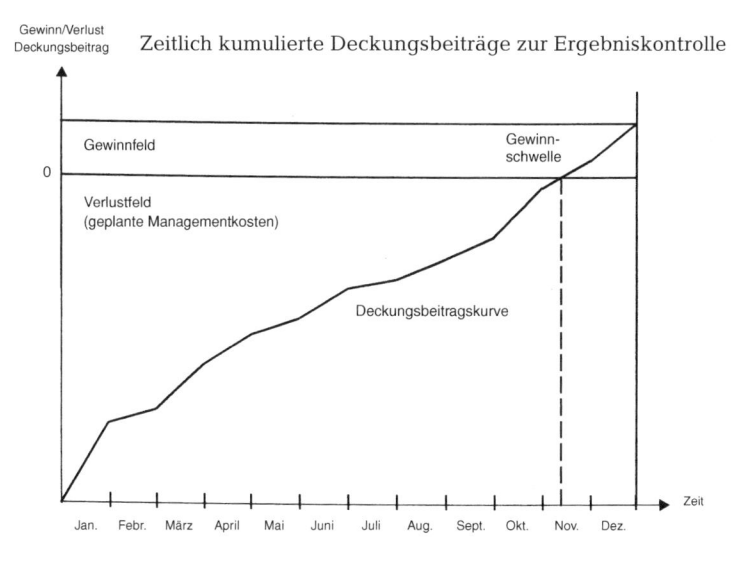

Zeitlich kumulierte Deckungsbeiträge zur Ergebniskontrolle

Beispiel für eine kurzfristige Erfolgsrechnung mit Soll-Deckungsbeiträgen

	Position	Stunden	Kalkula-tionssatz (Soll) €	Angefall. Kosten u. Erträge T€	Kosten-satz (Ist) €	Abweich. - Unterd. + Überd. T€	Verrechn. Kosten u. Erträge T€	Kostenträgergruppen A T€	B T€	C T€	D T€
1	Erlöse	—	—	660,1	—	—	660,1	146,3	178,2	140,8	194,8
2	Erlösschmälerungen	—	—	- 14,5	—	—	- 14,5	- 2,9	- 4,3	- 3,1	- 4,2
3	Bestandsveränderungen	—	—	- 32,3	—	—	- 32,3	- 15,8	+ 11,9	+ 3,2	- 31,6
4	Erträge (Zeilen 1 bis 3)	—	—	613,3	—	—	613,3	127,6	185,8	140,9	159,0
5	Verbrauch an Fertigungsmaterial	—	—	146,5	—	—	146,5	30,7	45,5	30,5	39,8
6	Fertigungslohn Fertigungsstelle I	960	20,—	19,2	20,—	—	19,2	5,3	4,1	—	9,8
7	Andere Produktkosten der Fertigungsstelle I	1 920	24,80	48,1	25,05	- 0,5	47,6	13,1	10,2	—	24,3
8	Produktkosten Fertigungsstelle II	1 200	48,90	58,8	49,—	- 0,1	58,7	14,3	16,2	13,4	14,8
9	Produktkosten Fertigungsstelle III	1 080	52,60	56,0	51,85	+ 0,8	56,8	12,8	15,9	15,2	12,9
10	Sonderkosten Fertigung Fertigungsstelle III	540	21,50	11,6	21,50	—	11,6	5,8	—	—	5,8
11	Summe Produktkosten (Zeilen 5 bis 10)	—	—	340,2	—	+ 0,2	340,4	82,0	91,9	59,1	107,4
12	Deckungsbeitrag I (Zeilen 4 ./. 11)	—	—	273,1	—	- 0,2	272,9	45,6	93,9	81,8	51,6
13	Spezielle Managementkosten	—	—	25,0	—	—	25,0	—	25,0	—	—
14	Deckungsbeitrag II (Zeilen 12 ./. 13)	—	—	248,1	—	- 0,2	247,9	45,6	68,9	81,8	51,6
	Soll-Deckungsbeiträge:										
15	zu den Materialgemeinkosten	1 920	3 %	4,1	2,8 %	+ 0,3	4,4	—	—	—	—
16	zu den Fertigungsgemeinkosten Fertigungsstelle I	1 920	26,70	51,6	26,90	- 0,4	51,2	—	—	—	—
17	zu den Fertigungsgemeinkosten Fertigungsstelle II	1 200	20,65	24,4	20,30	+ 0,4	24,8	—	—	—	—
18	zu den Fertigungsgemeinkosten Fertigungsstelle III	1 080	25,40	27,4	27,40	—	27,4	—	—	—	—
19	zu den Fertigungshilfsstellen	4 200	7,70	33,2	7,90	- 0,9	32,3	—	—	—	—
20	zu den allgemeinen Hilfsstellen	4 200	4,80	19,7	4,70	+ 0,5	20,2	—	—	—	—
21	zu den Kosten der Verwaltung	4 200	7,10	30,2	7,20	- 0,4	29,8	—	—	—	—
22	zu den Kosten des Vertriebs	4 200	8,50	35,3	8,40	+ 0,4	35,7	—	—	—	—
23	Summe Soll-Deckungsbeiträge (Zeilen 15 bis 22)	—	—	225,8	—	—	225,8	—	—	—	—
24	Leistungsergebnis (Zeilen 14 ./. 23)	—	—	22,3	—	- 0,2	22,1	—	—	—	—

7.6.2 Kurzfristige Erfolgsrechnung mit Soll-Deckungsbeiträgen

Im Beispiel ist eine kurzfristige Ergebnisrechnung auf Produktkostenbasis dargestellt, deren Erläuterung sich nach den bisherigen Überlegungen auf zwei Punkte beschränken kann.

- Bestandsveränderungen müssen im Rahmen der Produktkostenrechnung auch zu Produktkosten bewertet werden. Das führt im Vergleich zur Vollkostenbewertung bei Bestandsminderungen (-mehrungen) zu einem höheren (niedrigeren) Ergebnis.
- Auf die Zuordnung der Soll-Deckungsbeiträge auf die Kostenträger wurde hier verzichtet. Eine entsprechende Analyse wäre dann von Interesse, wenn sich auf den Kostenstellen erhebliche Unterdeckungen (negatives Vorzeichen) bei den Managementkosten ergeben hätten.

Kontrollfragen
1. Was versteht man unter dem Begriff Deckungsbeitrag?
2. Welche Form der Kostenrechnung wird zu Fragen der Programmbereinigung eingesetzt? Warum?
3. Welche Aufträge müssen in Engpasssituationen favorisiert werden?
4. Wann ist bei knappen Kapazitäten Eigenfertigung, wann Fremdbezug vorteilhafter?

8 Flexible Plankostenrechnung

8.1 Überblick

Dieses Kapitel ist in drei Abschnitte gegliedert. Als Erstes werden die Grundlagen der Plankostenrechnung (Charakteristika, Erscheinungsformen und Einsatzgebiete) umrissen. Anschließend werden Aufbau und Durchführung der flexiblen Plankostenrechnung beschrieben; im letzten Abschnitt wird ihre Funktionsweise anhand zweier Beispiele demonstriert.

8.2 Grundlagen der Plankostenrechnung

8.2.1 Definition

Unter dem Begriff Plankostenrechnung werden solche Verfahren der Kostenrechnung verstanden, bei denen die Kosten für bestimmte Planungszeiträume und damit für bestimmte Produktionsvolumina im Voraus festgelegt (geplant) werden, und zwar unter weitgehender Loslösung von den Istkosten der Vergangenheit. Die Bestimmung der Plankosten erfolgt vielmehr in erster Linie aufgrund von betriebswirtschaftlichen Überlegungen sowie technischen Messungen und Berechnungen.

Prinzipiell sollte jede Plankostenrechnung in ein umfassendes betriebliches Planungs- und Kontrollsystem eingebunden sein.

8.2.2 Formen der Plankostenrechnung

Üblicherweise werden hier unterschieden:

– starre Plankostenrechnung,
– flexible Plankostenrechnung auf Teilkostenbasis,
– flexible Plankostenrechnung auf Vollkostenbasis.

Diesen Formen soll hier aus denselben Gründen, die für die kombinierte Grenz- und Vollkostenrechnung angeführt wurden, eine **vierte Form** hinzugefügt werden, nämlich die flexible Plankostenrechnung mit Soll-Deckungsbeiträgen.

Bei der **starren Plankostenrechnung** werden die für einen bestimmten (als 100 % definierten) Beschäftigungsgrad geplanten Kosten den tatsächlich angefallenen Kosten (Istkosten) gegenübergestellt, und zwar völlig unabhängig davon, welcher Beschäftigungsgrad tatsächlich erreicht wurde. Die Rechnung ist also nur anwendbar, wenn die Beschäftigung nur in ganz geringen Margen schwankt. Ansonsten sind Plankosten und Istkosten nicht miteinander vergleichbar.

Die **flexiblen Formen der Plankostenrechnung** zeichnen sich dadurch aus, dass auf der Basis der Plankosten für jeden tatsächlich erreichten Beschäftigungsgrad besondere Kostenvorgaben (nämlich die Sollkosten) ermittelt und den jeweiligen Istkosten gegenübergestellt werden.

– Die flexible Plankostenrechnung auf **Teilkostenbasis** ist in aller Regel eine Grenzkostenrechnung im Gewand der Plankostenrechnung, die deshalb auch als Grenzplankostenrechnung bezeichnet wird. Im Sinne der hier gewählten Vorgehensweise und Terminologie müssen die Begriffe »Grenzkostenrechnung« und »Grenzplankostenrechnung« durch die Begriffe »Produktkostenrechnung« und »Plankostenrechnung auf Produktkostenbasis« ersetzt werden.
– Bei der flexiblen Plankostenrechnung auf **Vollkostenbasis** werden auf der Grundlage der Plankosten Kostensätze je Beschäftigungseinheit (z. B. je Maschinenstunde) gebildet, ohne dabei zwischen Produktkosten und Managementkosten zu unterscheiden.
– Wird diese Unterscheidung vorgenommen, was problemlos möglich ist, so ergibt sich die flexible Plankostenrechnung **mit Soll-Deckungsbeiträgen,** wie sie hier in den Grundzügen vorgestellt werden soll.

Auf die Versuche, zwischen Plankostenrechnung, Standardkostenrechnung und Budgetkostenrechnung zu unterscheiden, kann hier nicht eingegangen werden, zumal die Terminologie uneinheitlich ist.

8.2.3 Zum Einsatzgebiet der flexiblen Plankostenrechnung

In Literatur und Praxis wird meist versucht, die Prinzipien der flexiblen Plankostenrechnung auf **alle Bereiche eines Unternehmens** anzuwenden, also auch auf die Verwaltung und den Vertrieb. Das ist aus den oben dargelegten Gründen in aller Regel nicht sinnvoll.

In den Bereichen **Verwaltung und Vertrieb** treten nur Managementkosten auf, die sich mit Hilfe von Kostenbudgets und Effizienzkennziffern sinnvoller und billiger kontrollieren und steuern lassen als über die Technik der Plankostenrechnung. Solche **Effizienzkennziffern** drücken aus, welchen Wirkungsgrad die Planungs- und Steuerungsfunktion des Managements besitzt (als Literatur vgl. Deyhle). Dies wurde oben am Beispiel des Vertriebs gezeigt. Bessere Leistungsmaßstäbe als solche Effizienzkennziffern gibt es in diesen Bereichen leider nicht.

8.3 Aufbau und Durchführung der flexiblen Plankostenrechnung

8.3.1 Planungsphase

8.3.1.1 Festlegung des Planungszeitraums

Erste Voraussetzung für den Aufbau einer Plankostenrechnung ist die Bestimmung der Planungsperiode bzw. des Planungszeitraums. Es ist also festzulegen, für welchen Zeitraum jeweils geplant werden soll. Da die Plankostenrechnung in die betriebliche Gesamtplanung eingebunden werden muss, besteht hier meist kein Entscheidungsspielraum, sondern ein Anpassungszwang. In der Regel wird der Planungszeitraum so festgelegt werden, dass er mit dem Geschäftsjahr übereinstimmt.

Insbesondere für Zwecke der Wirtschaftlichkeitskontrolle in den Kostenstellen muss der Planungszeitraum in kleinere **Teilabrechnungsperioden** unterteilt werden. Wegen der unterschiedlichen Zahl der Arbeitstage sind dabei die Kalendermonate als Teilperioden relativ ungeeignet. Es bietet sich vielmehr an, eine bestimmte Zahl von Arbeitstagen zu einer Teilperiode zusammenzufassen.

> **Hinweis:** Mit Hilfe der EDV ist es möglich, in kurzen Abständen Teilabrechnungen vorzunehmen, die sich auf die wichtigsten Kostenarten beschränken. Gesamtabrechnungen finden dann nur in größeren Abständen statt (etwa vierteljährlich oder nach 60 Arbeitstagen).

Auch diese Teilabrechnungsperioden können selbstverständlich nicht für sich, sondern nur im Rahmen der Gesamtplanung festgelegt werden.

8.3.1.2 Aufstellung eines Kostenartenplanes und eines Kostenstellenplanes

Weitere Voraussetzung für die Anwendung der Plankostenrechnung ist das Vorhandensein eines Kostenarten- und eines Kostenstellenplans.

8.3.1.3 Gliederung der Kostenarten in Produkt- und Managementkosten sowie in Einzel- und Gemeinkosten

Dazu ist zu beachten, dass hier im Gegensatz zur herrschenden Lehre zwischen Produktkosten und Managementkosten unterschieden wird und nicht zwischen beschäftigungsfixen und beschäftigungsvariablen Kosten.

8.3.1.4 Bestimmung von Maßgrößen für Kostenverursachung und Beschäftigung

Für jede in die Plankostenrechnung einzubeziehende Abrechnungseinheit (Kostenstelle, Kostenplatz, Maschine) muss zumindest eine Maßgröße (Bezugsgröße) für die Messung der Kapazität und deren Auslastung (Beschäftigung) bestimmt werden.

Außerdem muss die Entstehung der Produktkosten mit Hilfe der Maßgröße möglichst plausibel gemessen werden können; die Maßgröße sollte sich also proportional zu den Produktkosten verhalten. Damit müssten Ausbringungsmengen eigentlich die idealen Maßgrößen sein. Da sich ungleichnamige Mengen aber nicht addieren lassen, sind Maschinen- und Arbeitsstunden (Fertigungsstunden) die praktikabelsten Maßgrößen.

Lässt sich die Entwicklung der Produktkosten mit einer einzigen Maßgröße nicht zutreffend abbilden, muss mit mehreren Maßgrößen gearbeitet werden. Das kann z. B. notwendig sein, wenn sich die Kostensätze für Ausführungszeiten und Rüstzeiten an einer Maschine erheblich unterscheiden. Rüstzeiten und Produktionszeiten bilden dann jeweils selbstständige Maßgrößen, die gesondert zu planen und zu erfassen sind.

8.3.1.5 Bestimmung der Planbeschäftigung

Anhand der gewählten Maßgröße ist für alle in die Rechnung einzubeziehenden Kostenstellen und Kostenplätze die Planbeschäftigung zu bestimmen. Sie bildet die Basis für die Bestimmung der Plankosten.

Darüber, auf welcher Grundlage die Planbeschäftigung am zweckmäßigsten bestimmt werden sollte, gehen die Meinungen auseinander (vgl. als Literatur z. B. Haberstock). Vom Verfasser wird die Auffassung vertreten, dass die Planbeschäftigung auf der Grundlage einer als »normal« betrachteten Beschäftigung festgelegt werden sollte. Bei Einschichtbetrieb können das z. B. 37 oder 40 Stunden pro Woche sein. Ob dabei Arbeitsstunden oder Maschinenstunden als Maßgröße zu verwenden sind, hängt von der Art der Fertigung ab, ist also immer nur für den jeweiligen Fall zu entscheiden.

Die Planbeschäftigung wird immer mit einem Beschäftigungsgrad (Auslastungsgrad) von 100 % gleichgesetzt. Es gilt also:

$$\text{Planbeschäftigungsgrad} = \frac{\text{Istbeschäftigung} \times 100}{\text{Planbeschäftigung}} = 100\,\%$$

Hinweis: Im Hinblick auf die oben geführte Diskussion über die Begriffe beschäftigungsabhängige und beschäftigungsunabhängige Kosten wäre es besser, von Auslastung und von Auslastungsgrad zu sprechen. Diese Diskussion kann hier aber nicht geführt werden.

8.3.1.6 Bestimmung der Planmengen

Für diejenigen Kostenarten, für die es eine Mengenkomponente gibt und die zugleich regelmäßig und in nennenswertem Umfang anfallen, sind auf Basis der Planbeschäftigung für jede Abrechnungseinheit (Kostenstelle) Plan-Verbrauchsmengen (Planmengen) zu bestimmen. Als Planmengen gelten dabei diejenigen Mengenverbräuche, die bei Planbeschäftigung und normaler Intensität als angemessen (wirtschaftlich vertretbar) gelten. Dabei sind auf Erfahrungswerten beruhende Abfall- und Ausschussquoten mit zu berücksichtigen.

Grundlage der Bestimmung der Planmengen können insbesondere sein: technische Studien und Berechnungen, Musteranfertigungen sowie Probeläufe. Außerdem spielen natürlich auch hier Erfahrungswerte aus der Vergangenheit eine erhebliche Rolle. Die Bestimmung der Planmengen fällt damit meist eher Technikern als Kaufleuten zu.

Hinweis: Inwieweit bei der Mengenplanung ins Detail zu gehen ist, ist eine Frage der Wirtschaftlichkeit. Eine komplette Mengenplanung dürfte weder möglich noch sinnvoll sein.

8.3.1.7 Bestimmung der Planpreise

Für alle Mengenverbräuche sind Planpreise (Preise je Mengeneinheit der Einsatzfaktoren) festzulegen. Diese Planpreise sollten dem Durchschnitt der für die Periode erwarteten Istpreise entsprechen und damit dem Prinzip der Wertkongruenz gerecht werden.

Maßgebend für die Bestimmung der Planpreise sind nicht die Einkaufspreise, sondern die Einstandspreise.

8.3.1.8 Bestimmung der Plankosten

Für die auf Mengenbasis geplanten Einsatzfaktoren ergeben sich die Plankosten aus der Multiplikation der Planmengen mit den Planpreisen je Mengeneinheit.

Außerdem sind natürlich auch Planwerte für jene Kostenarten zu bestimmen, die keine hier brauchbare Mengenkomponente haben (z. B. kalkulatorische Zinsen, Versicherungen und Steuern). Auch dabei muss das Prinzip der Wertkongruenz beachtet werden.

Um später mit differenzierten Verrechnungssätzen arbeiten zu können, muss aus der Planung auch ersichtlich sein, welche Teile der Plankosten einer Kostenstelle den Produktkosten bzw. den Managementkosten zuzurechnen sind. Als Maßgröße hierfür gilt der so genannte **Variator.** Er zeigt, in welchem Verhältnis die mengenproportionalen Plankosten (planmäßige Produktkosten) zu den gesamten Plankosten stehen. Somit gilt:

$$\text{Variator} = \frac{\text{Planmäßige Produktkosten} \times 10}{\text{gesamte Plankosten}}$$

Beispiel:
Ein Variator von z. B. 6,0 besagt, dass 60 % der Plankosten der betreffenden Kostenstelle aus Produktkosten bestehen.

Wie in der Praxis üblich, wird hier mit einem so genannten Zehner-Variator gearbeitet (möglich wäre auch ein Einer- oder Hunderter-Variator).

Für die Abrechnung von Teilperioden müssen natürlich auch die Plankosten (einschließlich der Mengenkomponente) entsprechend aufgegliedert werden.

8.3.1.9 Bestimmung von Kalkulationssätzen (Plankostensätzen)

Auf der Grundlage der Plankosten lassen sich zum Zwecke der Abweichungsanalyse sowie für die (Plan-)Kalkulation folgende Kostensätze (Kalkulationssätze) ermitteln:

$$\text{Gesamt-Plankostensatz} = \frac{\text{gesamte Plankosten}}{\text{Planstunden}}$$

$$\text{Produktkostensatz} = \frac{\text{Produktkosten (Plan)}}{\text{Planstunden}}$$

$$\text{Verrechnungssatz für Soll-Deckungsbeiträge} = \frac{\text{Managementkosten (Plan)}}{\text{Planstunden}}$$

Analog zu den oben dargestellten, auf Planwerte abzielenden Formeln lassen sich natürlich auch die entsprechenden Istwerte ermitteln.

Mit Hilfe dieser Kalkulationssätze lassen sich auch auf Plankostenbasis Kalkulationen aufbauen, die es gestatten, Produktkosten und Soll-Deckungsbeiträge getrennt auszuweisen. Die in der Literatur (vgl. z. B. Haberstock und Hummel/Männel) vorherrschende Auffassung, für Zwecke der Kalkulation bestünde bei der flexiblen Plankostenrechnung nur die Wahl zwischen einem Grenzkostensatz und einem (einheitlichen) Vollkostensatz, ist also nicht richtig. Das gilt natürlich auch, wenn nicht mit einem Grenzkostensatz, sondern mit einem Produktkostensatz gearbeitet wird.

8.3.2 Abrechnungsphase (Abweichungsanalyse)

Auf der Grundlage der Plankosten lässt sich nach Ablauf einer Abrechnungsperiode unter Berücksichtigung des tatsächlich erreichten Beschäftigungsgrades für jede in die Rechnung einbezogene Kostenstelle und für jede Kostenart ein **Soll-Ist-Vergleich** anstellen. Auftretende Abweichungen lassen sich nach ihren Ursachen in

– Verbrauchsabweichungen,
– Preisabweichungen und
– Beschäftigungsabweichungen

aufgliedern. Weitere Abweichungsformen (wie z. B. Intensitätsabweichungen) können hier nicht behandelt werden.

Der Abrechnungsprozess bei der flexiblen Plankostenrechnung wird hier zunächst formal beschrieben und anschließend anhand von Beispielen demonstriert.

8.3.2.1 Ermittlung von Istbeschäftigung und Istbeschäftigungsgrad

Wie oben festgestellt, besteht ein wesentlicher Vorteil der flexiblen Plankostenrechnung darin, dass sie den Istkosten eine Vorgabegröße gegenüberstellt, welche sich wie die Istkosten auf die tatsächlich erreichte Beschäftigung bezieht. Die Bestimmung dieser Vorgabegröße (nämlich der Sollkosten) setzt also voraus, dass die Istbeschäftigung bzw. der Istbeschäftigungsgrad je Kostenstelle ermittelt wird bzw. bekannt ist.

8.3.2.2 Bestimmung der Istkosten

Erste Voraussetzung für die Realisierung des Soll-Ist-Vergleichs ist die Erfassung derjenigen Kosten, die in der abzurechnenden Periode tatsächlich angefallen bzw. ihr zuzurechnen sind. Für Kostenarten, die eine Mengenkomponente besitzen, gilt dabei:

Istkosten = Istmengen x Istpreise je Einheit

Natürlich können auch bei denjenigen Kostenarten, die keine Mengenkomponente aufweisen, Unterschiede zwischen den geplanten und den tatsächlich zu verrechnenden (angefallenen) Kosten, also zwischen Plankosten und Istkosten, auftreten. So können z. B. die zu zahlenden Versicherungsprämien und die Kostensteuern höher oder niedriger ausfallen als geplant.

Analog zu den Plankostensätzen lassen sich auf Basis der Istkosten und der Iststunden entsprechende **Ist-Kostensätze** ermitteln. Für die Nachkalkulation sind dabei aber nur die Ist-Produktkosten pro Stunde von Interesse.

> **Hinweis:** Für die Soll-Deckungsbeiträge kann es, wie bereits festgestellt, keine Ist-Werte geben. Die pro Stunde tatsächlich angefallenen Managementkosten zeigen im Vergleich mit den Planwerten nur, inwieweit die angefallenen Management-

kosten auf die erstellten Leistungen weiter verrechnet und damit die geplanten Deckungsbeiträge auch wirklich eingespielt werden konnten. Unzulässig ist es dagegen, auf die Managementkosten bezogene Ist-Kostensätze im Sinne der klassischen Zuschlagskalkulation für die Nachkalkulationen zu verwenden, weil es zwischen der Entstehung der Managementkosten und der Entstehung der Kostenträger keinen direkten Zusammenhang gibt (vgl. S. 235 f.).

8.3.2.3 Ermittlung der Sollkosten

Sollkosten sind diejenigen Kosten, die bei einem bestimmten Beschäftigungsgrad in der Kostenplanung für notwendig gehalten werden, um das dem Beschäftigungsgrad entsprechende Leistungsvolumen zu erstellen. Sollkosten beruhen also auf **Planpreisen**.

Bei der Bestimmung der Sollkosten müssen die planmäßig anfallenden **Managementkosten** konstant gehalten werden, da zwischen der Entstehung dieser Kosten und der Höhe des Leistungsvolumens kein unmittelbarer Zusammenhang besteht. Die **Produktkosten** sind dagegen dem erreichten Leistungsvolumen anzupassen, d. h., bei einem Beschäftigungsgrad von 70 % dürfen auch nur 70 % der bei Planbeschäftigung für notwendig gehaltenen Produktkosten verrechnet werden.

8.3.2.4 Bestimmung der Abweichungen

Zwischen den geplanten und den tatsächlich angefallenen Kosten müssen zwangsläufig immer dann Differenzen auftreten,
– wenn die tatsächlich zu bezahlenden Einstandspreise nicht mit den geplanten Preisen übereinstimmen (Preisabweichungen),
– wenn Plan- bzw. Soll-Verbrauchsmengen und Ist-Verbrauchsmengen verschieden hoch sind (Verbrauchsabweichungen),
– wenn der tatsächliche Beschäftigungsgrad nicht mit dem Planwert übereinstimmt (Beschäftigungsabweichung).

Zur Ermittlung der **Preisabweichungen** ist den Istkosten der Wert gegenüberzustellen, der sich ergibt, wenn die betreffenden Wertverzehre mit den Planpreisen (Istmenge x Planpreis) bewertet werden. Diese Größe wird (logisch nicht ganz einwandfrei) als Istkosten zu Planpreisen bezeichnet. Es gilt also:

  Preisabweichung = Istkosten zu Planpreisen ·/· Istkosten

Verbrauchsabweichungen ergeben sich, wenn die für ein bestimmtes Leistungsvolumen geplanten Mengenverbräuche (Sollmengen) nicht mit den tatsächlich angefallenen Faktoreinsatzmengen (Istmengen) übereinstimmen. Da Unterschiede zwischen Planpreisen und Istpreisen bereits mit den Preisabweichungen erfasst werden, sind die Mengenabweichungen zu Planpreisen zu bewerten, sodass sich folgende Formel ergibt:

  Verbrauchsabweichung = Sollkosten ·/· Istkosten zu Planpreisen

Aus den Formeln für die Preis- und Verbrauchsabweichung folgt:

  Sollkosten ·/· (Preisabweichung + Verbrauchsabweichung)
  = Istkosten zu Istpreisen

Die **Beschäftigungsabweichung** misst die Differenz zwischen den geplanten Managementkosten und der Summe der eingespielten Soll-Deckungsbeiträge. Wie sich aus der Formel für den Verrechnungssatz für Soll-Deckungsbeiträge ergibt, wird der pro Beschäftigungsstunde zu verrechnende Soll-Deckungsbeitrag auf Basis der Planstunden ermittelt. Die geplanten Managementkosten können also nur dann genau eingespielt werden, wenn die Planbeschäftigung erreicht wird. Somit gilt:

Beschäftigungsabweichung
= verrechnete Soll-Deckungsbeiträge ·/· geplante Managementkosten

oder

Beschäftigungsabweichung = verrechnete Plankosten ·/· Sollkosten
Verrechnete Plankosten = Gesamt-Plankostensatz x Iststunden

8.4 Beispiele zur Plankostenrechnung

8.4.1 Beispiel zur Plankostenrechnung ohne Mengenangaben

In diesem Beispiel soll insbesondere die Struktur der flexiblen Plankostenrechnung illustriert werden (vgl. Abbildung S. 335).

Aufgabe:
Für eine Maschine zur Herstellung von Kunststoffteilen wird für eine Abrechnungsperiode von einer planmäßigen Laufzeit (Planbeschäftigung) von 200 Stunden ausgegangen. Die Plankosten werden mit 12 000,– ermittelt. Davon entfallen auf

– Produktkosten 8 000,–,
– Managementkosten 4 000,–.

Damit ergeben sich folgende Plan-Kalkulationssätze:

Produktkostensatz bzw. Grenzkostensatz (8 000,– : 200 Std.)	40,– / Std.
Soll-Deckungsbeitragssatz zu den Managementkosten (4 000,– : 200 Std.)	20,– / Std.
Gesamt-Plankostensatz	60,– / Std.

In einer bestimmten Periode war die Maschine nur 120 Stunden im Einsatz. Es ergibt sich also ein Beschäftigungsgrad von 60 %.
Die tatsächlich angefallenen Kosten (Istkosten) betragen 11 000,–, die Istkosten zu Planpreisen 10 000,–. Damit ergibt sich ein Gesamt-Istkostensatz von (11 000,– : 120 Std.) 91,66/Std.
Es soll geklärt werden, worauf die Differenz von 31,66 im Vergleich zum Plankostensatz zurückzuführen ist.

Lösung:
(1) Preisabweichung	=	Istkosten zu Planpreisen ·/· Istkosten ·/· 1 000 = 10 000 ·/· 11 000
(2) Verbrauchsabweichung	=	Sollkosten ·/· Istkosten zu Planpreisen ·/· 1 200 = 8 800 ·/· 10 000
(3) Beschäftigungsabweichung	=	verrechnete Plankosten ·/· Sollkosten ·/· 1 600 = 7 200 ·/· 8 800
(4) Verrechnete Plankosten	=	(Planstundensatz x Iststunden)

Strukturbildung zur Plankostenrechnung (Abweichungsanalyse)

```
Kosten (€)
12.000 ─                                          verrechnete Plankosten
                                                  Sollkosten
        Istkosten (11.000)
        Istkosten zu Planpreisen     (1) Preisabweichung
        (10.000)
                                     (2) Verbrauchsabweichung
        Sollkosten (8.800)
                                     (3) Beschäftigungsabweichung    Produktkosten
        verrechnete Plankosten                                       (8.000)
        (7.200)
                                                                     Plankosten (12.000)

4.000 ─
                                                                     Managementkosten
                                                                     (4.000)

                                     120                200          Beschäftigung (Std.)
                                     Ist-Beschäftigungs- Plan-Beschäftigungs-
                                     grad 60%           grad 100%
```

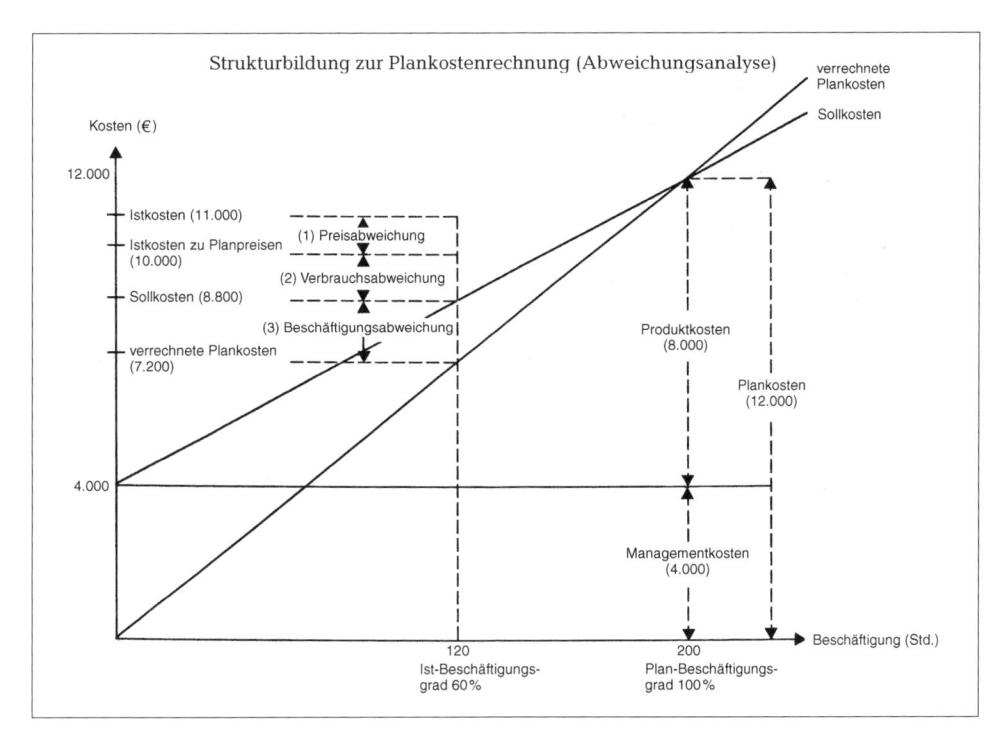

Wie in der Abbildung dargestellt und mit Formeln erläutert, sind folgende Abweichungen entstanden:

Preisabweichung	./. 1 000,–
Verbrauchsabweichung	./. 1 200,–
Beschäftigungsabweichung	./. 1 600,–

Aus diesen Gesamtabweichungen ergeben sich pro Iststunde (im Durchschnitt) nachstehende Werte:

Preisabweichung je Stunde (./. 1 000,– : 120 Std.)	./. 8,33/Std.
Verbrauchsabweichung je Stunde (./. 1 200,– : 120 Std.)	./. 10,–/Std.
Beschäftigungsabweichung je Stunde (./. 1 600,– : 120 Std.)	./. 13,33/Std.
Gesamtabweichung je Stunde	./. 31,66/Std.

Die Abweichungen sind wie folgt zu interpretieren.

Von der Gesamtabweichung sind 8,33 je Stunde darauf zurückzuführen, dass die zu bezahlenden Istpreise höher waren als die Planpreise. Weitere 10,– Mehrkosten je Stunde haben ihre Ursache in einem im Vergleich zum Plan erhöhten Verbrauch an Faktoreinsatzmengen. Ein weiterer Abmangel von 13,33 je Stunde liegt darin begründet, dass die geplanten Soll-Deckungsbeiträge von 20,– pro Stunde nur für 120 Stunden (statt für 200 Stunden) eingebracht werden konnten. Es fehlen also die Soll-Deckungsbeiträge für 80 Stunden.

8.4.2 Beispiel zur Plankostenrechnung mit Mengenangaben

In diesem Beispiel wird besonders deutlich, wie Preis- und Verbrauchsabweichungen zustande kommen.

Aufgabe:

In der Kostenstelle 45 eines Industriebetriebs wird aus den Rohstoffen X, Y und Z das Produkt »Pylagon« hergestellt. Die Anlage ist planmäßig pro Abrechnungsperiode 240 Stunden in Betrieb. Die Plankosten von 22 760,– ergeben sich wie folgt:

Produktkosten:	Rohstoff X	880 kg	zu	5,–
	Rohstoff Y	300 kg	zu	7,–
	Rohstoff Z	500 kg	zu	3,–
	Fertigungslöhne	240 Std.	zu	24,–
Managementkosten:	Gruppe I			6 000,–
	Gruppe II			3 000,–

Wegen der Stornierung eines Auftrags konnten in einer Abrechnungsperiode nur 220 Stunden gefahren werden. Dabei sind angefallen:

Produktkosten:	Rohstoff X	805 kg	zu	6,–
	Rohstoff Y	280 kg	zu	7,–
	Rohstoff Z	500 kg	zu	2,70
	Fertigungslöhne	220 Std.	zu	25,50
Managementkosten:	Gruppe I			6 200,–
	Gruppe II			4 100,–

Von der Erhöhung der Kosten der Gruppe I entfallen 80,– auf Preissteigerungen. Die Erhöhung der Kosten der Gruppe II ist darauf zurückzuführen, dass zeitweise zusätzlich eine Hilfskraft eingesetzt werden musste.

Es sollen für alle Kostenarten der Variator sowie die Sollkosten, die Istkosten (Istmenge x Istpreise), die Istkosten zu Planpreisen (Istmenge x Planpreise) sowie die Preisabweichung und die Verbrauchsabweichung festgestellt werden. Außerdem ist der für die gesamte Kostenstelle geltende Variator und die Beschäftigungsabweichung zu ermitteln. Schließlich sollen für alle Kosten und Abweichungen die Gesamtsummen bestimmt werden.

Lösung:

Die Lösung ist in der nachstehenden Tabelle dargestellt; sie wird anschließend erläutert.

Abrechnungsschema zur Plankostenrechnung (Beträge gerundet)									
Kostenart	Variator	Plankosten			Sollkosten	Istkosten (Istmenge x Istpreis)	Istkosten zu Planpreisen (Istmenge x Planpreis)	Preisabweichung	Verbrauchsabweichung
		Managementkosten	Produktkosten	Gesamt					
1	2	3	4	5	6	7	8	9	10
X	10,0	—	4 400	4 400	4 033	4 830	4 025	– 805	+ 8
Y	10,0	—	2 100	2 100	1 925	1 960	1 960	—	– 35
Z	10,0	—	1 500	1 500	1 375	1 350	1 500	+ 150	– 125
Fertigungslohn	10,0	—	5 760	5 760	5 280	5 610	5 280	– 330	—
Managementkosten Gruppe I	0,0	6 000	—	6 000	6 000	6 200	6 120	– 80	– 120
Managementkosten Gruppe II	0,0	3 000	—	3 000	3 000	4 100	4 100	—	– 1 100
Gesamt	6,05	9 000	13 760	22 760	21 613	24 050	22 985	– 1 065	– 1 372

> **I. Ermittlung des Gesamt-Plankostensatzes:**
> Gesamt-Plankostensatz = gesamte Plankosten : Planstunden = 22 760,– : 240 = 94,83 €/Std.

> **II. Emittlung des Beschäftigungsgrades:**
> Beschäftigungsgrad = (Iststunden x 100) : Planstunden = (220 x 100) : 240 = 91,66 %

Der Variator **(Spalte 2)** für die gesamten mengenabhängigen Plankosten (Produktkosten) errechnet sich wie folgt:

$$\text{Variator für die gesamten Plankosten} = \frac{\text{Produktkosten} \times 10}{\text{gesamte Plankosten}} = \frac{13\,760,- \times 10}{22\,760,-} = 6{,}05$$

Entsprechend lässt sich der Variator für die einzelnen Kostenarten ermitteln.

Die Plankosten für die (mengenvariablen) Produktkosten **(Spalte 4)** ergeben sich aus der Multiplikation der Planmengen mit den Planpreisen. Die Sollkosten **(Spalte 6)** betragen für die Produktkosten (dem Beschäftigungsgrad entsprechend) 91,66 % der Plankosten. Das sind bei der Kostenart Y z. B. (2 100,– x 91,66 %) = 1 925,–.

Die Managementkosten werden durch eine Änderung des Beschäftigungsgrades nicht automatisch beeinflusst. Hier sind Plankosten und Sollkosten deshalb identisch.

Die Istkosten **(Spalte 7)** ergeben sich für die Produktkosten aus der Multiplikation der Istmengen mit den Istpreisen. Zur Bestimmung der Istkosten zu Planpreisen **(Spalte 8)** sind die tatsächlich verbrauchten Mengen (Istmengen) mit den Planpreisen zu multiplizieren. Für die Fertigungslöhne gilt also: 220 Arbeitsstunden zum geplanten Stundenlohn von 24,– ergibt 5 280,–.

Preisabweichungen und Verbrauchsabweichungen lassen sich prinzipiell nach den oben dargestellten Formeln ermitteln. Ihre Entstehung lässt sich für das Beispiel aber näher erläutern:

– Preisabweichung **(Spalte 9):** Für den Rohstoff X mussten pro kg nicht wie geplant 5,–, sondern im Durchschnitt 6,–, also 1,– mehr bezahlt werden. Das macht bei 805 kg 805,– aus. Beim Rohstoff Y sind Plan- und Istpreis identisch; es kann also keine Preisabweichung geben. Bei den Fertigungslöhnen mussten pro Stunde 1,50 über Plan bezahlt werden. Daraus resultiert bei 220 Stunden eine Preisabweichung von insgesamt minus 330,–. Bei den Managementkosten der Gruppe I ist die Preisabweichung von ·/· 80,– in der Aufgabenstellung angegeben.
– Verbrauchsabweichung **(Spalte 10):** Bei einem Beschäftigungsgrad von 91,66 % hätten vom Rohstoff X rund 806,6 kg verbraucht werden dürfen. Bei einem Istverbrauch von 805 kg ergibt sich eine Einsparung von 1,6 kg. Bewertet zum Planpreis von 5,– ergibt sich eine Verbrauchsabweichung von gerundet 8,–. Bei Rohstoff Z sind Planverbrauch und Istverbrauch identisch. Es hätten aber aufgrund der Unterbeschäftigung nur rund 458,3 kg (also 41,7 kg weniger) verbraucht werden dürfen. Bei einem Kilopreis von 3,– macht das rund 125,– aus.

Zur Bestimmung der Beschäftigungsabweichung ist der Soll-Deckungsbeitragssatz zu bestimmen. Bei 9 000,– Managementkosten und 240 Planstunden sind das 37,50 pro Stunde. Da die Anlage statt 240 nur 220 Stunden lang betrieben werden konnte, fehlen Soll- Deckungsbeiträge von (20 x 37,50) = 750,–. Die Beschäftigungsabweichung beträgt also 750,–. Da die Istbeschäftigung unter der Planbeschäftigung liegt, ist diese Beschäftigungsabweichung negativ. Dasselbe Ergebnis lässt sich auch nach folgender Formel ermitteln:

Beschäftigungsabweichung = verrechnete Plankosten ./. Sollkosten
= (Gesamt-Plankostensatz x Ist-Stunden) ./. Sollkosten
= (94,83 x 220) ./. 21 613,– = ./. 750,–

Hinweise:
– Die oben aufgestellte Berechnung stimmt nur, wenn für die fehlenden 20 Stunden entweder keine Löhne bezahlt werden mussten oder aber die betreffenden Mitarbeiter anderweitig beschäftigt werden konnten. Ist das nicht der Fall, so ergeben sich **zusätzliche Managementkosten** in Höhe von (20 x 25,50) = 510,–. In der Literatur (vgl. z. B. Haberstock) wird dieses Problem in der Regel übergangen.
– In der herrschenden Lehre (die, anders als hier, in variable und fixe Kosten unterteilt) treten in der Plankostenrechnung Probleme mit den Fixkosten auf. Die Definition der Fixkosten (vgl. S. 229 f.) lässt zwar Preisabweichungen zu, Verbrauchsabweichungen aber nicht. Treten in der Praxis trotzdem Verbrauchsabweichungen bei den Fixkosten auf, so werden sie einfach den variablen Kosten zugerechnet.

Kontrollfragen
1. Was versteht man unter Plankostenrechnung?
2. Worin unterscheiden sich die flexiblen Formen der Plankostenrechnung von der starren Form?
3. Warum sollte die Plankostenrechnung nicht für die Bereiche Verwaltung und Vertrieb angewendet werden?
4. Was besagen Effizienzkennziffern? Wofür werden sie benötigt?
5. Was versteht man unter Planbeschäftigung und Planbeschäftigungsgrad?
6. Was zeigt der so genannte Variator an?
7. Wie lautet die Formel für den Verrechnungssatz für Soll-Deckungsbeiträge?
8. Wie sind Preis-, Verbrauchs- und Beschäftigungsabweichungen definiert?
9. Wann sind die Werte für Plankosten und Sollkosten identisch?

Aufgabe 8.17 *Plankostenrechnung, einfache Gesamtabrechnung S. 425*

Aufgabe 8.18 *Plankostenrechnung, Planstundensatz für Kostenstelle S. 425*

9 Prozesskostenrechnung

9.1 Entstehungsgründe

Insbesondere als Folge der technischen Entwicklung haben Bedeutung und Umfang der zur Steuerung der betrieblichen Prozesse notwendigen planenden und überwachenden Tätigkeiten in den letzten Jahren stark zugenommen. Dementsprechend hat sich das Aufgabenspektrum der mit diesen Tätigkeiten befassten indirekten Leistungsbereiche erheblich erweitert. Als indirekte Leistungsbereiche werden die der eigentlichen Leistungserstellung vorgeschalteten bzw. nachgeordneten Aktivitätsbereiche bezeichnet.

Typische Beispiele für die indirekten Leistungsbereiche eines Industriebetriebs sind Beschaffung, Läger, Produktionsplanung, Fertigungssteuerung sowie die Bereiche Verwaltung und Vertrieb.

Da in den genannten Bereichen im Sinne der traditionellen Lehre von der Kostenrechnung nur Gemeinkosten anfallen, wird statt von indirekten Leistungsbereichen auch von Gemeinkostenbereichen gesprochen.

Als Folge der geschilderten Entwicklung hat sich die Kostenstruktur vieler Betriebe massiv verändert. Der Anteil der Gemeinkosten an den Gesamtkosten und an der Wertschöpfung hat stark zugenommen; der Anteil der Einzelkosten ist entsprechend gesunken. Die unten dargestellte Grafik illustriert dies, obwohl sie sich nicht auf die aktuellen Verhältnisse bezieht. Inzwischen hat sich der gezeigte Trend aber weiter verstärkt.

Durch die Grafik wird auch die Kritik unterstrichen, welche oben an den Verfahrensweisen der traditionellen Kosten- und Leistungsrechnung geübt worden ist. Sie bezieht sich besonders auf die weit verbreitete Gepflogenheit, die Verrechnung der Gemeinkosten auf die Kostenträger mit Hilfe von meist nur unzureichend differenzierter Kalkulationssätze vorzunehmen, und zwar auf Basis der Fertigungslöhne bzw. des Fertigungsmaterials oder der Herstellkosten.

Zur Entwicklung von Einzel- und Gemeinkosten[1]

Aus dem Bestreben heraus, hier zu besseren Verfahrensweisen zu kommen, ist die Prozesskostenrechnung entstanden. Dabei handelt es sich aber keineswegs um ein neues Kostenrechnungssystem, sondern nur um eine Ergänzung der bekannten Systeme. Neu an der Rechnung ist der Versuch, die traditionelle Kostenstellenrechnung durch eine prozessorientierte Kostenerfassung und Kostenverrechnung zu ergänzen. Was darunter verstanden wird und welche Ziele mit dieser Vorgehensweise erreicht werden sollen, wird anschließend untersucht.

---

1 Quelle: Miller/Vollmann: The hidden factory, Harword Business Review 1985, S. 143.

9.2 Philosophie und Ziele

Ausgangspunkt der Prozesskostenrechnung ist folgende Frage: Durch welche Einflussfaktoren werden die in den Gemeinkostenbereichen anfallenden Kosten nach Art und Höhe hauptsächlich bestimmt? Die gesuchten Kosteneinflussgrößen werden als **Kostentreiber** (cost driver) bezeichnet. Als Beispiele für solche Kostentreiber werden z. B. genannt:

- die Anzahl der Aufträge,
- die Anzahl der zu erstellenden Angebote,
- die Anzahl der Wareneingänge oder auch die Anzahl der Warenprüfungen.

Die in den Gemeinkostenbereichen ablaufenden Aktivitäten werden als **Prozesse** bezeichnet. Durch die Erfassung und Beschreibung dieser Prozesse sollen die Gemeinkostenbereiche analysiert und die relevanten Kostentreiber ermittelt werden. Dabei gilt es als nützlich, wenn nicht gar als notwendig, dass man sich in Arbeitskreisen bereits vor der eigentlichen Analyse eine Vorstellung darüber verschafft, welche Prozesse und welche Kostentreiber für den zur Debatte stehenden Gemeinkostenbereich von zentraler Bedeutung sein könnten. Mit Hilfe der Kostentreiber soll dann eine **verursachungsgerechte** und **strategische** Produktkalkulation möglich sein.

9.3 Vorgehensweise

Bei der Durchführung der Prozesskostenrechnung lassen sich drei Hauptabrechnungsphasen unterscheiden, die hier als Grundphase, Verdichtungsphase und Kalkulationsphase bezeichnet werden. Zum besseren Verständnis werden zunächst die Grundphase und die Verdichtungsphase anhand eines einfachen Beispiels erläutert. Die so gewonnenen Erkenntnisse sollen dann im Abschnitt 9.4 mit Hilfe eines relativ ausführlichen Rechenbeispiels vertieft werden. Auf Basis dieses Beispiels lässt sich dann auch die Kalkulationsphase leicht verständlich darstellen.

9.3.1 Die Grundphase

In dieser Phase sind für alle Kostenstellen des jeweiligen Gemeinkostenbereichs die dort ablaufenden Teilprozesse im Wege einer Tätigkeitsanalyse zu identifizieren. Von Teilprozessen wird dabei gesprochen, weil diese Prozesse in der Verdichtungsphase zu wenigen Hauptprozessen (Prozessbündeln) zusammengefasst werden. Für die Durchführung der Tätigkeitsanalyse gelten Gespräche mit den Kostenstellenleitern wohl zurecht als besonders fruchtbar, weil diese Personen die Strukturen und die Abläufe in ihrer Kostenstelle natürlich am besten kennen müssten.

9.3.1.1 Lmi- und Lmn-Prozesse

Für die leistungsmengeninduzierten, den so genannten Lmi-Prozessen, wird davon ausgegangen, dass sie sich in Abhängigkeit von dem anfallenden Arbeitsvolumen mengenvariabel verhalten. Von den leistungsmengenneutralen, den Lmn-Prozessen wird angenommen, dass sie unabhängig vom Arbeitsvolumen (»mengenfix«) anfallen.

Für das unten dargestellte Beispiel sind für die Kostenstelle Verkauf vereinfachend folgende Lmi-Prozesse angenommen worden: Anfragen bearbeiten, Angebote erstellen, Aufträge bearbeiten und Rechnungen ausstellen.

Als Lmn-Prozess wurde die Abteilungsleitung eingeordnet.

Als nächster Schritt sind für die Lmi-Prozesse geeignete Kostentreiber zu suchen. Sie sollen nicht nur das anfallende Arbeitsvolumen messen, sondern auch in einer möglichst proportionalen Beziehung zu den anfallenden Kosten stehen. Für die Lmn-Prozesse kann es ex definitione keine Kostentreiber geben.

Zu beachten ist hier, dass die Bezeichnungen leistungsmengeninduziert und leistungsmengenneutral nichts mit der üblichen Unterscheidung von fixen und variablen Kosten zu tun hat. Als fix apostrophierte Kosten dürfen im Rahmen der Philosophie der Prozesskostenrechnung nämlich auch und gerade den leistungsmengeninduzierten Prozessen zugeordnet werden.

Kostenstelle Verkauf: Prozesse und Prozesskosten (Planwerte)								
Teil-prozesse	Maßgrößen (Kosten-treiber)	Prozess-menge	Mann-jahre (MJ)	Prozesskosten			Prozesskostensatz	
				lmi	Umlage lmn	gesamt	lmi	gesamt
1	2	3	4	5	6	7 = 5 + 6	8 = 5 : 4	9 = 7 : 3
Anfragen bearbeiten	Anzahl der Anfragen	2 100	1,5	165 000	16 500	181 500	78,57	86,43
Angebote erstellen	Anzahl der Angebote	1 600	3,0	330 000	33 000	363 000	206,25	226,88
Aufträge bearbeiten	Anzahl der Aufträge	1 300	4,0	440 000	44 000	484 000	338,46	372,31
Rechnungen ausstellen	Anzahl der Rechnungen	1 550	1,5	165 000	16 500	181 500	106,45	117,10
Abteilung leiten	- - - - -	- - -	1,0	- - -	110 000	110 000		
Summen			11,0	1 100 000	110 000	1 210 000		

Obige Tabelle wird anschließend erläutert.

9.3.1.2 Bestimmung von Maßgrößen

Als geeignet erscheinende Kostentreiber (Sp. 2) sollen im Beispiel gelten: die Zahl der bearbeiteten Anfragen, die Zahl der bearbeiteten Aufträge und die Zahl der erstellten Angebote und Rechnungen.

Statt von Kostentreibern wird hier auch von Maßgrößen gesprochen, weil die als Kostentreiber identifizierten Größen gleichzeitig als Maßgröße zur Bestimmung der Planprozessmengen gebraucht werden. Als Planprozessmenge eines bestimmten Teilprozesses wird dabei die in einer Planungsperiode (meist ein Jahr) voraussichtlich abzuwickelnde Anzahl von Vorgängen bzw. die Anzahl der zu betreuenden Objekte bezeichnet. Die Planprozessmengen können also nur in der Dimension des entsprechenden Kostentreibers gemessen werden. Folglich muss die Planprozessmenge des Teilprozesses »Anfragen bearbeiten«, der Zahl der Anfragen entsprechen, die in der Planperiode voraussichtlich bearbeitet werden müssen. Im Beispiel wurden die Prozessmenge für den Teilprozess Anfragen bearbeiten mit 2 100 Einheiten (Sp. 3) angenommen. Für den Teilprozess »Aufträge bearbeiten« wurde von 1 300 Einheiten ausgegangen. Dabei ist berücksichtigt worden, dass nicht alle Anfragen und Angebote zu Aufträgen führen, und dass für einige Aufträge mehrere Rechnungen auszustellen sind.

9.3.1.3 Kostenplanung

Hier geht es darum, die voraussichtlichen Kosten der identifizierten Prozesse für den Planungszeitraum zu bestimmen. Dafür sollte eigentlich mit einer analytischen Kostenplanung gearbeitet werden. Von den Vertretern der Prozesskostenrechnung wird es aber für zulässig erachtet, dass zumindest vorübergehend (was das auch immer sei) mit einfachen Kostenschätzungen gearbeitet wird.

Die Verteilung der Gesamtkosten einer Kostenstelle auf die einzelnen Teilprozesse kann nach Ansicht der Vertreter der Prozesskostenrechnung nach der Anzahl der eingesetzten Mitarbeiter erfolgen. Ausgegangen wird dabei von dem in Mannjahren (MJ) gemessenen Arbeitsaufwand. Ein Mitarbeiter steht also für ein Mannjahr. Damit kann die Arbeitszeit von Mitarbeitern, die an mehreren Teilprozessen beteiligt sind, anteilig zugeordnet werden. Im Beispiel ist von einer Kapazität von 11 Mannjahren und Gesamtkosten von 1 210 000,– ausgegangen worden. Die durchschnittlichen Kosten pro Mannjahr liegen also bei 110 000,–.

9.3.1.4 Kostenzuordnung

Im nächsten Schritt ist festzustellen, wie viele Mitarbeiter bzw. Mannjahre durch die verschiedenen Teilprozesse gebunden sind. Im Beispiel (Sp. 4) wurde dabei von einem Verhältnis von 1,5 : 3,0 : 4,0 : 1,5 : 1,0 ausgegangen.

In diesem Verhältnis werden nun die Gesamtkosten auf die Teilprozesse verteilt. Damit ergeben sich für die Lmi-Prozesse die in Spalte 5 ausgebrachten Kosten. In Spalte 6 (vorletzte Zeile) werden die 110 000,– ausgewiesen, die für den Lmn-Prozess »Abteilung leiten« angerechnet werden. Dieser Betrag wird im Verhältnis der den Lmi-Prozessen zugeordneten Kosten auf diese Prozesse verteilt. So entfallen z. B. auf den Prozess »Aufträge bearbeiten« 40 % der gesamten Lmi-Kosten; ihm werden also auch 40 % (= 44 000,–) der Lmn-Kosten von insgesamt 110 000,– zugerechnet. Alsdann werden die den (Lmi)-Prozessen insgesamt zugeordneten Kosten addiert (Spalte 7).

Auf Meinungsverschiedenheiten, die hinsichtlich der Verrechnungstechnik der Lmn-Kosten auf die Lmi-Prozesse bestehen (Mayer), kann hier nicht eingegangen werden.

9.3.1.5 Ermittlung von Prozesskostensätzen

Als letzter Arbeitsgang der Grundphase werden die Lmi-Kosten sowie die Gesamtkosten der einzelnen Teilprozesse durch die jeweilige Prozessmenge dividiert, um zu den in den Spalten 8 und 9 ausgewiesenen Prozesskostensätzen zu kommen, die insbesondere für Wirtschaftlichkeitskontrollen (Soll-Ist-Vergleiche) von Interesse sind.

Zu beachten ist hinsichtlich der Prozesskostensätze noch, dass sie im Beispiel in unterschiedlichen Dimensionen gemessen werden und deshalb nicht addierbar sind (ungleichnamige Mengen). Beim Teilprozess 1 ergeben sich z. B. 86,43 €/Anfrage und beim 3. Teilprozess 372,31 €/Auftrag.

9.3.2 Die Verdichtungsphase

In dieser Phase sind die verschiedenen Teilprozesse **kostenstellenübergreifend** zu wenigen Hauptprozessen zusammenzufasen. Erst diese, die Prozesse verschiedener Kostenstellen verbindende Zusammenfassung ermöglicht die Einführung von prozessorientierten Elementen in die Kalkulation. Von Mayer wird dieser Verdichtungsprozess mit der unten dargestellten Grafik anschaulich illustriert. Um für die Hauptprozesse wieder Prozesskostensätze bilden zu können, müssen Maßgrößen gefunden werden, durch welche sich alle zu einem Hauptprozess zusammengefassten Teilprozesse quantifizieren lassen, um so die Prozessmengen der Hauptprozesse bestimmmen zu können. Dieser Vorgang wird zusammen mit den anderen Elementen der Verdichtungsphase anschließend anhand des zweiten, stärker differenzierten Rechenbeispiels näher erläutert.

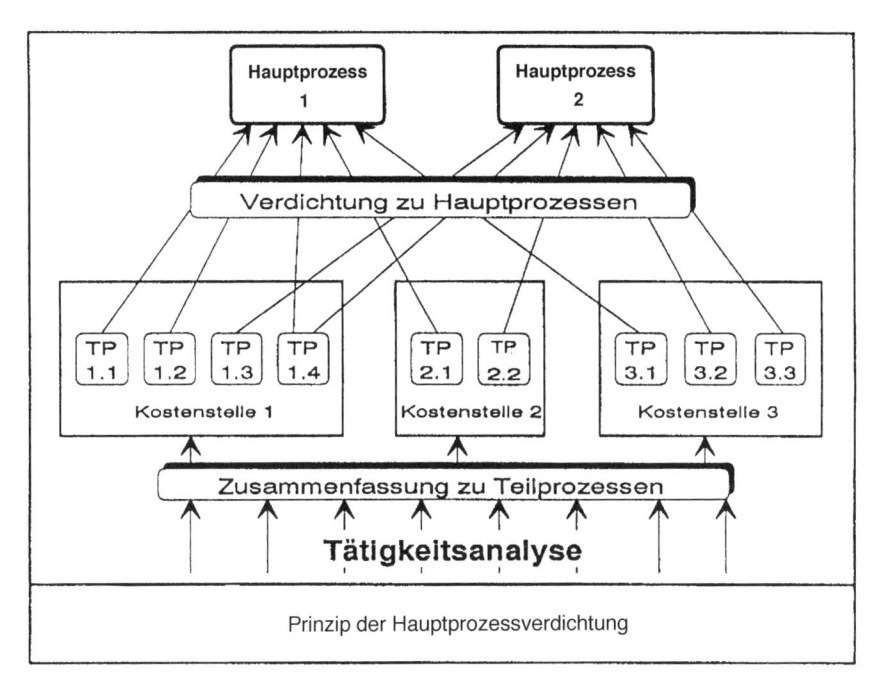

Quelle: Mayer, Prozesskostenrechnung und Prozessmanagement, München 1991, S. 86.

9.4 Differenziertes Rechenbeispiel

9.4.1 Einführung

Dieses Beispiel ist an eine Fallstudie von S. Niemand angelehnt, die in Heft 3/92 der Kostenrechnungspraxis erschienen ist. Dabei wird vom Beschaffungsbereich eines Industriebetriebes ausgegangen. Die Betrachtung beschränkt sich auf folgende Kostenstellen des Bereichs Beschaffung: Lager (Nr. KB 4), Datenstation (Nr. KB 5) und Eingangsprüfung (Nr. KB 6). Hier mit mehr als drei Kostenstellen zu arbeiten, würde keine zusätzlichen Erkenntnisse liefern und wäre in dem gegebenen Rahmen zu aufwendig.

9.4.2 Erläuterungen zu den Kostenstellen

Die Daten, welche über die ins Auge gefassten Kostenstellen bekannt sein müssen, um eine Prozesskostenrechnung »auf die Beine stellen« zu können, sind aus den nachstehenden Tabellen ersichtlich. Leider stand dem Verfasser kein praktisches Beispiel zur Verfügung, sodass mit willkürlich angenommenen Zahlen gearbeitet werden muss. Die Zahlen können deshalb nur zur Erläuterung der Rechnungen dienen; sie sind ansonsten nebensächlich. Da sich hinsichtlich der Rechentechnik gegenüber dem bereits diskutierten einfachen Beispiel keine Unterschiede ergeben, sollten hier einige ergänzende Hinweise genügen.

Bei dem im Lager aufgeführten Teilprozess Identprüfung (Identitätsprüfung) geht es nur um die Prüfung der Übereinstimmung der angenommenen Waren (nach Art und Menge) mit den Daten der Begleitpapiere. Eine Qualitätsprüfung, die sich z. B. auf die Abmessungen der gelieferten Teile und auf die Materialqualität beziehen müsste, soll erst in der Kostenstelle Eingangsprüfung stattfinden. Außerdem wird davon ausgegangen, dass je nach Warenart, zwei verschiedene Formen der Einlagerung angewendet werden.

Planung Teilprozesse Lager

XYZ GmbH 19...						Kostenstelle Nr.: KW 4	
Zahl der Beschäftigten in Mannjahren (MJ)			24,0			Bezeichg.: Lager	
Kosten der Kostenstelle (p. a.)			T€ 3 600,0			Verantwortlich: Herr A	

	Teil-prozesse	Maßgrößen		MJ	Prozesskosten (T€)			Kostensatz (€)	
		Zahl der ...	Menge		lmi	Umlage lmn	gesamt	lmi	gesamt
1	Waren-annahme	Waren-eingänge	75 000	6,0	900,0	60,0	960,0	12,00	12,80
2	Ident. Prüfung	Prüfungen	75 000	4,0	600,0	40,0	640,0	8,00	8,53
3	Einla-gern I	Einlage-rungen	70 000	7,5	1 125,0	75,0	1 200,0	16,07	17,14
4	Einla-gern II	Einlage-rungen	45 000	5,0	750,0	50,0	800,0	16,67	17,78
5	Summe I			22,5	3 375,0	225,0	3 600,0		
6	Abteilung leiten			1,5	----	225,0	225,0		
7	Summe II			24,0	3 375,0	225,0	3 600,0		

Planung Teilprozess Datenerfassung

XYZ GmbH 19...							Kostenstelle Nr.: KW 5 Bezeichg.: Datenstation	
Zahl der Beschäftigten in Mannjahren (MJ) Kosten der Kostenstelle (p. a.)				4,0 T€ 480,0			Verantwortlich: Frau B	
Teil-prozesse	Maßgrößen		MJ	Prozesskosten (T€)			Kostensatz (€)	
	Zahl der ...	Menge		lmi	Umlage lmn	gesamt	lmi	gesamt
1 Daten-erfassung	Waren-eingänge	75 000	3,5	420,0	60,0	480,0	5,60	6,40
2 Summe I			3,5	420,0	60,0	480,0	480,0	
3 Abteilung leiten			0,5	----	60,0	60,0	60,0	
4 Summe II			4,0	420,0	60,0	480,0	480,0	

Planung Teilprozess Eingangsprüfung

XYZ GmbH 19...							Kostenstelle Nr.: KW 6 Bezeichg.: Eingangsprüfg.	
Zahl der Beschäftigten in Mannjahren (MJ) Kosten der Kostenstelle (p. a.)				6,0 T€ 930,0			Verantwortlich: Herr C	
Teil-prozesse	Maßgrößen		MJ	Prozesskosten (T€)			Kostensatz (€)	
	Zahl der ...	Menge		lmi	Umlage lmn	gesamt	lmi	gesamt
1 Eing.-Prüfung	geprüften Wa-reneingänge	50 000	5,2	806,0	124,0	930,0	16,12	18,60
2 Summe I			5,2	806,0	124,0	930,0	930,0	
3 Abteilung leiten			0,8	----	124,0	124,0	124,0	
4 Summe II			6,0	806,0	124,0	930,0	930,0	

9.4.3 Erläuterungen zum Hauptprozess WARENANNAHME

Der Name des Hauptprozesses WARENANNAHME wird hier generell groß geschrieben, um ihn vom gleichnamigen Teilprozess in der Kostenstelle Lager zu unterscheiden.

Wie aus der dargestellten Tabelle hervorgeht, sind dem Hauptprozess WARENANNAHME folgende Teilprozesse zugeordnet: Aus dem Lager die Teilprozesse Warenannahme und Identprüfung sowie die Prozesse Datenerfassung und Eingangsprüfung aus den Kostenstellen Datenstation und Eingangsprüfung. Diese Teilprozesse sind in der Spalte »Herkunft« des den Hauptprozess WARENANNAHME erfassenden Tableaus in Form von Kurzzeichen angegeben. Die Mannjahre, welche in den verschiedenen Kostenstellen für den Prozess Abteilung leiten angesetzt worden sind, werden in der Tabelle zum Hauptprozess WARENANNAHME gesondert ausgewiesen. Im Lager wurden diese Kapazitäten (1,5 Mannjahre) im Verhältnis der Lmi-Kosten auf die Teilprozesse verteilt.

Planung Hauptprozess WARENANNAHME

XYZ GmbH 19...					Hauptprozess Nr.: B2 Bezeichg.: WARENANNAHME			
Kostentreiber: Menge		Wareneingänge 75 000			Verantwortlich: Herr L			
Teil- prozesse	Her- kunft	Mannjahre (MJ)			Prozesskosten (T€)			Kostensatz (€)
		lmi	Uml. lmn	gesamt	lmi	Uml. lmn	gesamt	lmi	gesamt
1 Waren- annahme	KW 4/1	16,0	0,40	6,40	900,0	60,0	960,0	12,00	12,80
2 Ident.- Prüfung	KW 4/2	4,0	0,27	4,27	600,0	40,0	640,0	8,00	8,53
3 Datener- fassung	KW 5/1	3,5	0,50	4,00	420,0	60,0	480,0	5,60	6,40
4 Eing.- Prüfung	KW 6/1	5,2	0,80	6,00	806,0	124,0	930,0	10,75	12,40
5 Summe	----	18,7	1,97	20,67	2 726,0	284,0	3 010,0	36,35	40,13

Als hauptsächlicher Kostentreiber für den Hauptprozess WARENANNAHME ist die vorausichtliche Zahl der Wareneingänge angenommen worden. Diese Zahl (im Beispiel sind das 75 000 Einheiten) ist jetzt für die Ermittlung der Prozesskostensätze maßgebend. Die Prozesskostensätze der zum Hauptprozess zusammengefassten Teilprozesse sind also dadurch zu ermitteln, dass die (planmäßigen) Prozesskosten dieser Teilprozesse durch die Zahl der erwarteten Wareneingänge dividiert wird. Für den Teilprozess Identprüfung ergibt sich damit ein Lmi-Kostensatz von 8,– je Wareneingang (600 000,– : 75 000). Der entsprechende Gesamtkostensatz für den Teilprozess Identprüfung beträgt 8,53 (640 000,– : 75 000). Durch die Addition der aus der Beispielrechnung ersichtlichen Kostensätze der Teilprozesse ergeben sich die Kostensätze für den Hauptprozess WARENANNAHME. Der Lmi-Kostensatz beträgt 36,35 der Gesamtkostensatz liegt bei 40,13. Die Addition der Kostensätze der Teilprozesse ist in diesem Fall rein formal zulässig, weil jetzt alle Teilbeträge in der Dimension €/Wareneingang stehen. Sehr problematisch und keinesfalls verursachungsgerecht ist es allerdings, wenn die ursprünglich auf ganz anderen Maßgrößen beruhenden Kosten der Teilprozesse Datenerfassung und Eingangsprüfung jetzt plötzlich auf die Zahl der Wareneingänge bezogen werden. Die entsprechenden Kostensätze sind hier also nichts anderes als äußerst problematische Durchschnittsgrößen.

9.5 Die Kalkulationsphase

Hier geht es darum, die Hauptprozesskostensätze in die Kostenträgerrechnung einzuführen. Das soll wiederum anhand eines Beispiels geschehen.

Für das Beispiel wird angenommen, dass von dem Unternehmen fertige Komponenten für ein in Serie hergestelltes Produkt von außen bezogen werden. Eine dieser Komponenten, soll die Bezeichnung X5/97 führen und pro Jahr 60-mal in einer Menge von jeweils 4 Einheiten angeliefert werden. Der Einstandspreis soll bei durchschnittlich 800,– liegen. Einschließlich 8 % Materialgemeinkosten wird diese Komponente in der traditionellen Zuschlagskalkulation mit 864,– angesetzt.

Für das folgende Beispiel einer auf der Prozesskostenrechnung basierenden Kalkulation wird einerseits von dem oben ermittelten Kostensatz von 40,13 je Wareneingang sowie davon ausgegangen, dass sich für weitere Hauptprozesse im Bereich der Beschaffung ein Kostensatz von 182,52 ergeben hat. Bei 60 Anlieferungen müssen alle relevanten Hauptprozesse 60-mal abgewickelt werden. Damit ergibt sich folgende Rechnung:

- Zu beziehende Liefermenge:
  60 x 4 Komponenten   = 240 Komponenten
- Kosten aus Hauptprozess B 2:
  60 x 40,13 €   = 2 407,80 € : 240 =   10,03 €/Einheit
- Kosten aus weiteren Hauptprozessen:
  60 x 182,52 €   = 10 951,20 € : 240 =   45,63 €/Einheit
- Einstandspreis   800,– €/Einheit
- **Gesamtkosten**   <u>**855,66 €/Einheit**</u>

Die auf der Prozesskostenrechnung basierende Kalkulation führt also dazu, dass Kosten in Höhe von 8,34 € pro Einheit weniger (864,– zu 855,66) verrechnet werden als mit dem traditionellen Materialgemeinkostenzuschlag.

Richtig und verursachungsgerecht ist ganz sicher keine der beiden Rechnungen. Die Rechnung mit den Prozesskostensätzen scheint aber wesentlich plausibler zu sein als die undifferenzierte Zuschlagskalkulation. Das gilt schon deshalb, weil in die Prozesskostensätze Mengengrößen in Form von Arbeitszeiten (Mannjahren) und den Kostentreibern eingehen. Die klassische Rechnung beruht dagegen nur auf einer einzigen Wertgröße, welche weder die in Anspruch genommenen Kapazitäten noch die zu bewältigenden Warenmengen berücksichtigt. Dazu kommt, dass die im Sinne der Zuschlagskalkulation zu verrechnenden Kosten ohne vernünftigen Grund zumindest tendenziell ansteigen, wenn sich der Einstandspreis des Materials erhöht. Warum aber auch die Prozesskostenrechnung auf gar keinen Fall zu verursachungsgerechten Ergebnissen führt, wird im Folgenden begründet werden.

9.6 Kritik

Für eine umfassende Kritik der Prozesskostenrechnung fehlt hier der Platz; es muss deshalb mit einigen wichtigen Argumenten sein Bewenden haben.

9.6.1 Überblick

Durch die mit der Prozesskostenrechnung verbundenen Tätigkeitsanalysen können sicherlich Rationalisierungspotenziale aufgedeckt und genutzt werden. Solche Gemeinkostenanalysen sind aber nicht an die Einführung einer Prozesskostenrechnung gebunden. Als ein besonderes Verdienst der »Prozesskostenrechner« ist anzuerkennen, dass sie nachdrücklich auf Mängel der traditionellen Kosten- und Leistungsrechnung aufmerksam gemacht und sich um Abhilfe bemüht haben. Unverständlich ist, wie sie sich zu der Behauptung versteigen konnten, die Prozesskostenrechnung ermögliche eine **verursachungsgerechte** Zuordnung von Gemeinkosten auf die Kostenträger. Das kann schon deshalb nicht richtig sein, weil (Kostenträger-)Gemeinkosten als Kosten definiert sind, die sich den Kostenträgern eben **nicht verursachungsgerecht** zuordnen lassen. Unabhängig davon sind die Techniken der Prozesskostenrechnung gar nicht auf eine verursachungsgerechte Kostenzuordnung ausgelegt, wie die folgenden Argumente zeigen.

9.6.2 Keine verursachungsgerechte Kostenzuordnung

Die Prozesskostenrechnung geht von einer proportionalen Beziehung zwischen den Kostentreibern und den die Kosten verursachenden Prozessmengen aus. Das ist schon deshalb falsch, weil z. B. die Prozesse »Auftragsbearbeitung« oder »Arbeitspläne ändern« nicht aus einheitlichen Elementen bestehen, sondern aus Elementen, die vielfach einen ganz unterschiedlichen Arbeitsaufwand erfordern.

Nun ist es natürlich möglich, etwa die Auftragsabwicklung nach bestimmten Kriterien (z. B. Inland und Ausland) in mehrere Prozesse zu zerlegen. Diese Differenzierung wird aber schon aus Gründen der Wirtschaftlichkeit nicht soweit getrieben werden können, dass von einer verursachungsgerechten Kostenzuordnung auf die Kostenträger gesprochen werden kann. Von einer verursachungsgerechten Kostenzuordnung zu sprechen ist, wie Schwarz richtig feststellt, nur dann erlaubt, wenn die Zurechnung »entweder ohne Schlüsselung oder mit logisch völlig unangreifbaren Schlüsseln« erfolgt.

Diesen Anforderungen werden die mehr oder weniger groben Durchschnittswerte, welche die Prozesskostenrechnung liefern kann, aber bei weitem nicht gerecht. Das gilt besonders dann, wenn zur Bestimmung der Kostensätze für Hauptprozesse zumindest teilweise mit Maßgrößen gearbeitet wird, die nicht mit jenen übereinstimmen, welche den Teilprozessen zu Grunde gelegt worden sind.

Schließlich ist auch die Behandlung von wesentlichen Teilen der so genannten Fixkosten als Lmi-Kosten mit dem Ziel einer verursachungsgerechten Kostenzuordnung auf die Kostenträger unvereinbar. Das ergibt sich schon daraus, dass sich zumindest der größte Teil der so genannten Fixkosten nach der in diesem Punkt unangreifbaren herrschenden Lehre (Heinen) eben nicht verursachungsgerecht in die Kostenträgerrechnung einbringen lässt. Genau aus diesem Grunde wurden ja die Systeme der Teilkostenrechnung entwickelt. Der bei Mayer zu findende Hinweis auf Deyhle, der mit so genannten Leistungskennzahlen (Standards of Performance) arbeitet, ist unzulässig, weil Deyhle nicht behauptet, auf diese Weise eine verursachungsgerechte Kostenzuordnung erreichen zu können. Schließlich handelt es sich bei den Kostensätzen der Prozesskostenrechnung um Plangrößen, die dem Istzustand nur in Ausnahmefällen entsprechen werden. Eine verursachungsgerechte Kostenzuordnung kann aber immer nur auf der Basis von Istgrößen erfolgen.

9.6.3 Zur Frage der strategischen Produktkalkulation

Die Behauptung, die Prozesskostenrechnung ermögliche eine strategische Produktkalkulation, beruht wiederum auf der Behauptung, die Rechnung ermögliche eine verursachungsgerechte Zuordnung der (indirekten) Gemeinkosten auf die Kostenträger. Wobei hier mit Kostenträger nicht nur die Erzeugnisse eines Unternehmens gemeint sind, sondern z. B. auch einzelne Aufträge oder Kundengruppen.

Wäre mit der Prozesskostenrechnung tatsächlich eine verursachungsgerechte Kostenzuordnung möglich, so wären die so erreichbaren Informationen für Entscheidungen über Programmbereinigungen sowie über strategisch interessante Absatzgebiete und Kundengruppen unentbehrlich. Da es die unterstellte verursachungsgerechte Kostenzuordnung de facto aber nicht gibt, dürften hier mit einer mehrstufigen Produktkostenrechnung bzw. der herkömmlichen mehrstufigen Grenzkostenrechnung bessere Ergebnisse zu erzielen sein. In diesem Zusammenhang sei darauf hingewiesen, dass sich die Prinzipien der Teilkostenrechnung natürlich auch auf die Prozesskostenrechnung anwenden lassen. Darauf kann hier aber nicht eingegangen werden.

9.6.4 Das Problem der Wirtschaftlichkeit

Schließlich stellt sich noch die Frage nach der Wirtschaftlichkeit der Prozesskostenrechnung. Würde die Rechnung zu verursachungsgerechten Ergebnissen führen, so wäre die Frage mit ja zu beantworten. So wie die Dinge tatsächlich liegen, sind Zweifel angebracht. Dies gilt umso mehr, als sich hinsichtlich der (Gemein-)Kosten aus den indirekten Bereichen auch mit den klassischen Kostenrechnungsverfahren recht ansehnliche Ergebnisse erzielen lassen, wenn diese traditionellen Verfahren intelligent eingesetzt werden. Ein einfaches Beispiel dieser Möglichkeiten ist oben bereits geliefert worden. Ein offenkundiger Nachteil solcher Rechnungen liegt allerdings darin, dass dabei mit Gemeinkostenzuschlagsätzen gearbeitet wird, die sich auf Wertgrößen beziehen, wogegen die Prozesskostenrechnung mit mengenbezogenen Verrechnungssätzen arbeitet. Dieser Nachteil ließe sich aber mit entsprechendem zusätzlichem Aufwand beheben. Die Frage ist nur, ob sich das lohnen würde.

Bleibt als Fazit, dass zur Frage der Wirtschaftlichkeit der Prozesskostenrechnung, die eben nicht zu verursachungsgerechten Ergebnissen führt, wohl nur im Einzelfall ein sachgerechtes Urteil abgegeben werden kann.

Kontrollfragen

1. *Welche Ziele verfolgt die Prozesskostenrechnung? Inwieweit kann sie diese erreichen?*
2. *Was wird unter Lmi-Prozessen und Lmn-Prozessen verstanden?*
3. *Was versteht man unter einem Kostentreiber? Welche Funktion wird diesen zugeordnet?*
4. *Nennen Sie Beispiele für Teilprozesse in den Bereichen Beschaffung und Vertrieb.*
5. *Was ist damit gemeint, wenn hinsichtlich der Hauptprozesse von der Herstellung von Prozessketten gesprochen wird?*
6. *Welches besondere Problem wirft die Bestimmung der Kostentreiber für die Hauptprozesse auf?*

10 Zielkostenrechnung

10.1 Darstellung

Die so genannte Zielkostenrechnung (vielfach wird von **Target Costing** gesprochen), auf die hier aus Platzgründen nur kurz eingegangen werden kann, wurde in den siebziger Jahren in Japan entwickelt. Es handelt sich dabei weniger um ein Kostenrechnungssystem, als vielmehr um eine spezielle Managementtechnik mit der auf der Grundlage eines definierten Gewinnziels insbesondere eine kundenorientierte Steuerung der Produktentwicklung erreicht werden soll.

Zentrale Größen des Verfahrens sind der Zielpreis, die Zielkosten, der Zielgewinn und die in einer Vorkalkulation ermittelten voraussichtlichen Selbstkosten.

Als Zielpreis wird derjenige Preis bezeichnet, welchen die Kunden für ein neues (oder ein verbessertes) Produkt voraussichtlich zu zahlen bereit sind. Dieser Preis soll durch umfassende Marktanalysen ermittelt werden. Als Zielgewinn wird derjenige Gewinn bezeichnet, welcher mit dem Produkt planmäßig erzielt werden soll. Aus dem um den Zielgewinn verminderten Zielpreis ergeben sich die Zielkosten, die dann mit den kalkulierten Selbstkosten (drifting costs) verglichen werden können. Sind die kalkulierten Selbstkosten höher als die Zielkosten, so sind Anpassungsmaßnahmen erforderlich. In der unten stehenden Abbildung wird diese Vorgehensweise in schematischer Form dargestellt.

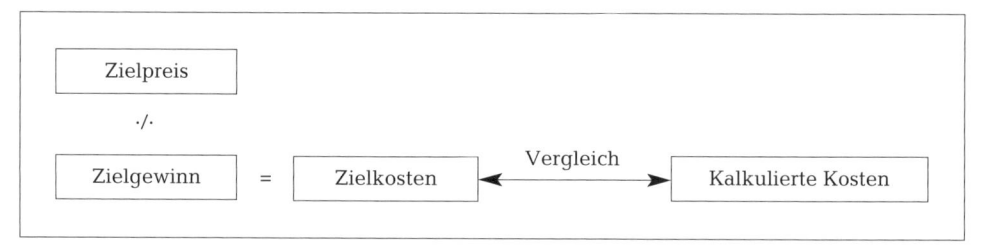

```
    Zielpreis
      ./.
                       Vergleich
    Zielgewinn  =  Zielkosten  ←——→  Kalkulierte Kosten
```

Quelle: Schneck, Lexikon der Betriebswirtschaft, 2 Aufl., S. 656

Um die angesprochenen Anpassungsmaßnahmen möglichst gezielt auf die Kundenwünscne und den Zielgewinn ausrichten zu können, wird es für nötig gehalten die als zu pauschal empfundenen Zielkosten in kleinere Einheiten auszugliedern (Zielkostenspaltung). Zu diesem Zweck wird mit Hilfe der Marktforschung versucht, Informationen darüber zu erhalten, welche Bedeutung (welches Gewicht) die potenziellen Nachfrager bestimmten Eigenschaften (Funktionen) des Produkts beimessen. Bezogen auf einen Pkw wäre hier z. B. an folgende Merkmale zu denken: Preiswürdigkeit, Zuverlässigkeit, Komfort, Kraftstoffverbrauch, Form, Insassensicherheit und Geltungsnutzen. Dabei werden die Merkmale, welche in die Betrachtung einbezogen worden sind, insgesamt einem Gesamtnutzen (Nutzungswert) von 100 % gleichgesetzt. Anhand der von der Marktforschung zu bestimmenden, kundenspezifischen Gewichtung der verschiedenen Merkmale, wird dann jedem Merkmal ein bestimmter Anteil (Prozentsatz) des definierten Gesamtnutzens als Teilnutzen zugeschrieben. Damit ergibt sich eine Rangreihe, die es erlaubt, jedem Merkmal einen bestimmten Teil der gesamten Zielkosten als Kostenobergrenze zuzuordnen und damit die Anpassungsmaßnahmen entsprechend auszurichten.

10.2 Kritik

Die Bewertung der Informationen, die mit Hilfe der Martkforschung für Zwecke der Zielkostenrechnung beschafft werden sollen, steht hier nicht zur Debatte, weil sie außerhalb des Erkenntnisobjektes der Kosten- und Leistungsrechnung liegt. Es sei aber darauf hingewiesen, dass die ganze Rechnung nur dann Sinn macht, wenn die von der Marktforschung zu liefernden Informationen auch wirklich zuverlässig sind.

Eine weitere Schwachstelle des Konzepts liegt in der Annahme, dass es mit Hilfe der Kosten- und Leistungsrechnung möglich sei, den mit einem bestimmten Produkt tatsächlich erzielten Gewinn zu bestimmen. Wie oben (S. 216) bereits festgestellt wurde, ist das aber, (wenn vom Sonderfall des Einproduktbetriebs abgesehen wird) schon wegen der echten Gemeinkosten gar nicht möglich. Es lässt sich also auch nicht feststellen, ob bzw. inwieweit der angestrebte Zielgewinn realisiert werden konnte. In einem anderen (positiveren) Licht könnte das Konzept des Target Costing erscheinen, wenn statt mit einem Zielgewinn mit einem Zieldeckungsbeitrag gearbeitet würde.

Schließlich ist noch darauf hinzuweisen, dass das Konzept der Zielkostenrechnung zu einer engen Zusammenarbeit zwischen Verkauf und Technik zwingt. Daraus können sich nicht nur Vorteile bei der Produktgestaltung, sondern auch Einsparungen bei den Herstellkosten ergeben.

9. HAUPTTEIL: FINANZWIRTSCHAFT UND PLANUNGSRECHNUNG

Bearbeitet von: Prof. Dr. Werner Rössle

1 Grundlagen der Finanzwirtschaft

1.1 Aufgabenstruktur der Finanzwirtschaft

Das Unternehmen ist eine Einrichtung, die zur Erstellung von Leistungen (Güter und/oder Dienstleistungen) für den Bedarf Dritter (Kunden) tätig ist. Diese Bedarfsdeckung erfolgt unter den Bedingungen der Marktwirtschaft, was bedeutet, dass das Unternehmen frei entscheiden kann, welche Leistungen es erbringen will. Allerdings steht das Unternehmen im Spannungsfeld der Märkte, wenn es sich die zur Leistungserstellung benötigten Nutzungen der knappen Produktionsfaktoren Betriebsmittel, Werkstoffe und Arbeit gegen Entgelt beschaffen muss und die durch Kombination der Faktornutzungen entstandenen Leistungen gegen Entgelt absetzen will.

Dieser Prozess zur Leistungserbringung wird als »leistungswirtschaftlicher Prozess« oder »Leistungsprozess« bezeichnet. Daraus ergibt sich, dass jedem Zugang an Produktionsfaktoren ein Abgang an Geld an die Vorstufe folgt und dass jede Abgabe von Leistungen von einem Geldeingang der Nachstufe begleitet ist. Dem Leistungsstrom läuft also der Zahlungsstrom entgegen.

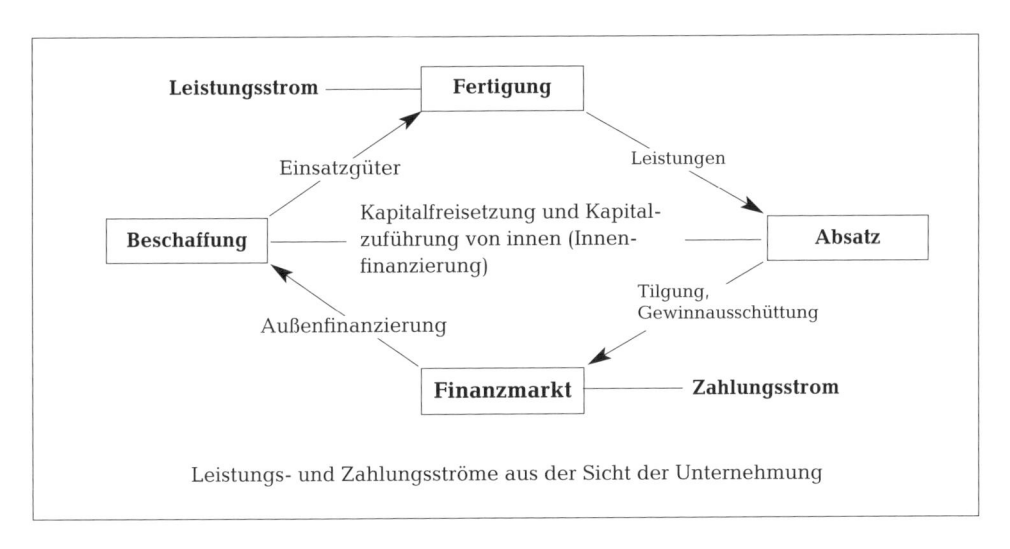

Leistungs- und Zahlungsströme aus der Sicht der Unternehmung

Gegenstand der betrieblichen Finanzwirtschaft sind alle **Zahlungsvorgänge** in einem Unternehmen, sowohl in der Form von Einzahlungs- wie auch von Auszahlungsströmen, die durch Kapitalbeschaffung, Kapitalverwendung (Investition) oder Kapitaltilgung hervorgerufen sind.

Der Leistungsprozess erfordert Zeit, um die notwendigen Produktionsfaktoren zu beschaffen, Leistungen zu erstellen und sie an den Absatzmärkten zu verwerten. Die Verfügungsmacht über die Produktionsfaktoren für die Zeit des Leistungsprozesses zu erlangen, obliegt dem Kapital. Die Beschaffung von Kapital – gleichgültig aus welchen Quellen es stammt – nennt man **Finanzierung.** Die Unternehmensführung als dispositiver Faktor hat nun die Aufgabe, den Unternehmenszielen entsprechend durch die Instrumente Planung, Organisation und Kontrolle eine Abstimmung herbeizuführen zwischen dem durch Finanzierung zu beschaffenden Kapital und dem durch den Leistungsprozess ausgelösten Kapitalbedarf. Man bezeichnet dies als **Kapitalbewirtschaftung.**

Ihre Durchführung erfordert von den Verantwortlichen im Betrieb (Inhaber, Gesellschafter, Geschäftsführer) laufend Planungs- und Entscheidungsvorgänge. Daneben sind Aufgaben zu erfüllen, die im Leben eines Unternehmens einmalig oder zumindest seltener sind wie Gründung, Erweiterung, Zusammenschluss, Fusion oder Auflösung. Solche **Sonderfälle der Finanzierung** bewirken bei der Kapitalstruktur des Unternehmens in aller Regel eine grundlegende Neuregelung, bei der Rechts-, Haftungs- und meist auch Steuerfragen eine maßgebliche Rolle spielen. Sie werden im Weiteren nur insoweit behandelt, als sie für alle Unternehmen maßgebend sind. Wegen der vielfältigen und laufend Änderungen unterworfenen Problematik wird auf Fragen des Steuerrechts hier nicht eingegangen.

Die aus der Kapitalbewirtschaftung resultierenden Geldvorgänge ergeben die zweite finanzwirtschaftliche Aufgabe: die **Geldbewirtschaftung.** Sie umfasst zwei Hauptprobleme:

– das organisatorische Problem der Abwicklung des betrieblichen Zahlungsverkehrs und
– das finanzdispositive Problem der Zahlungsfähigkeit, das eine jederzeitige Geldbereitstellung in Höhe der Zahlungsanforderungen verlangt (Liquidität).

Im Hinblick auf die bei der Zahlung verwendeten **Zahlungsmittel (Bargeld oder Buchgeld)** unterscheidet man bare, halbbare und unbare Zahlungen.

– Bare Zahlung: Die Zahlung erfolgt mit barem Geld, und der Empfänger erhält bares Geld.
– Halbbare Zahlung: Bareinzahlung des Zahlers und Gutschrift auf dem Konto des Empfängers **oder** Abbuchung vom Konto des Zahlers und Barauszahlung an den Empfänger.
– Unbare Zahlung: Die Zahlung erfolgt durch Abbuchung vom Konto des Zahlers und durch Gutschrift auf dem Konto des Empfängers.

Von besonderer Bedeutung sind die immer stärker in den Vordergrund tretenden Sachverhalte des »Elektronic banking«, das im Bereich der »unbaren Zahlung« bei vielen Unternehmen – unabhängig von der Größe – und auch bei Privatpersonen Eingang gefunden hat.

1.2   Finanzwirtschaftliche Grundbegriffe

Sämtliche Kapitalbeschaffungsmaßnahmen finden ihren Niederschlag in der Vermögens- und Kapitalsphäre des Unternehmens. Demzufolge sind die nachstehend aufgeführten Grundbegriffe abzuklären.

Kapital

Kapital ist der abstrakte Gegenwert des Vermögens, der über den Umfang und die Arten der Vermögensquellen Auskunft gibt. Nach der Herkunft des Kapitals (Kapitalquellen) unterscheidet man **Eigen- und Fremdkapital.** Eigen- und Fremdkapital bilden das Gesamtkapital des Unternehmens.

Das **Eigenkapital** ist das Beteiligungskapital der Eigentümer. Das in der Bilanz als Zusammenfassung der Kapitalkonten dargestellte Eigenkapital (= ausgewiesenes oder nominelles Eigenkapital) entspricht nicht immer dem tatsächlichen Wert des Eigenkapitals (= wirkliches oder reales Eigenkapital).

Bei Einzelunternehmen und Personengesellschaften (OHG, KG, GmbH & Co. KG) umfasst das **ausgewiesene Eigenkapital** die Mittel, die der oder die Unternehmer bzw. Gesellschafter selbst dem Unternehmen zugeführt haben. Nicht entnommene Gewinne vermehren, eingetretene Verluste vermindern das Eigenkapital. Das in der Bilanz ausgewiesene Eigenkapital entspricht dem Vermögen abzüglich dem Fremdkapital. Bei Kapitalgesellschaften (wie z. B. GmbH und AG) umfasst das ausgewiesene Eigenkapital das Nominalkapital (gezeichnetes Kapital), vermehrt um die Rücklagen und den Gewinnvortrag, vermindert um den Verlustvortrag.

Das **wirkliche (reale) Eigenkapital** setzt sich zusammen aus dem ausgewiesenen Eigenkapital zuzüglich der stillen Reserven. Diese entstehen durch Unterbewertung bzw. Nichtaktivierung von Vermögensgütern und/oder durch Überbewertung von Schulden.

Das **Fremdkapital** ist der Teil des Gesamtkapitals, der dem Unternehmen von Gläubigern als Kredit in Form von Schulden überlassen wird.

Vermögen

Vermögen stellt die konkrete Gestalt des Kapitals dar. Es handelt sich um alle Güter und Rechte, die einer natürlichen oder juristischen Person in einem bestimmten Zeitpunkt zur Verfügung stehen. Dementsprechend muss man zwischen zwei Vermögensbegriffen unterscheiden:

- **Vermögen im betriebswirtschaftlichen Sinne** ist die Gesamtheit aller Güter, die der Betrieb zur Zweckerfüllung benötigt. Dazu gehören die materiellen Wirtschaftsgüter (wie Gebäude, Maschinen und Stoffe) und die immateriellen Wirtschaftsgüter (wie Konzessionen und Patente). Aus Größe und Zusammensetzung des Vermögens lassen sich oft Art und konkrete Gestalt eines Betriebes erkennen.
- **Vermögen im rechtlichen Sinne** umfasst nur die Wirtschaftsgüter, die Eigentum des Unternehmens sind. Das in der Bilanz ausgewiesene Vermögen enthält neben Vermögen im rechtlichen Sinne auch Wirtschaftsgüter, die unter Eigentumsvorbehalt erworben wurden oder zur Sicherung z. B. an eine Bank übereignet sind. Andererseits kommt in der Bilanz nicht das ganze Vermögen zum Ausdruck, da Anlagen, die geliehen, gemietet oder gepachtet sind, in der Regel nicht aktiviert werden (z. B. Leasing). Zur Frage der Bilanzierungspflicht vgl. ausführlich Band 1.

Die **Gliederung des Vermögens** kann nach verschiedenen Gesichtspunkten erfolgen. Für betriebswirtschaftliche Erkenntnisse ist die Einteilung nach den Aufgaben in Anlage- und Umlaufvermögen aufschlussreich. Das Anlagevermögen hat die Aufgabe, langfristig der betrieblichen Leistungserstellung zu dienen und die technische Betriebsbereitschaft zu sichern. Das Umlaufvermögen umfasst die Vermögensteile, die kurzfristig im Betrieb verbleiben, aus betrieblicher Sicht also Verbrauchsgüter darstellen.

1.3 Finanzwirtschaftliche Zielsetzungen

Die **Deckung des Kapitalbedarfs** im Betrieb ist Hauptaufgabe und Hauptziel bei allen finanzwirtschaftlichen Aktivitäten. Der Ausgleich von Kapitalbedarf und Kapitaldeckung ist dann erreicht, wenn der Betrieb den fälligen Zahlungsverpflichtungen jederzeit ohne Vorbehalte und auf Dauer nachkommen kann (finanzielles Gleichgewicht).

Diese Bedingungen lassen sich nur in Abhängigkeit von den Erfordernissen des leistungswirtschaftlichen Bereichs erreichen.

Die Kapitalbedarfsdeckung (= eigentliche Aufgabe der Finanzierung) kann auf unterschiedliche Art und Weise erfolgen und wird im Rahmen der Finanzierungsmöglichkeiten näher untersucht (vgl. S. 368 ff.).

Die Ziele, die im finanziellen Bereich eines Unternehmens neben der Kapitalbedarfsdeckung zur Erreichung des finanziellen Gleichgewichts verfolgt werden, lassen sich in folgende Zielkategorien zusammenfassen:

- Rentabilität,
- Unabhängigkeit sowie
- jederzeitige Zahlungsfähigkeit (Liquidität).

1.3.1 Rentabilität

Im Gegensatz zum absoluten Gewinnstreben ist die Rentabilität als Erfolgsrelation der Gewinn pro Einheit des investierten Kapitals.

$$\text{Rentabilität} = \frac{\text{Gewinn} \times 100}{\text{investiertes Kapital}}$$

Das Rentabilitätsstreben ist nicht nur auf die Finanzwirtschaft zugeschnitten, sondern wird auch in anderen Unternehmensbereichen gefordert und stellt damit ein wesentliches Ziel im Rahmen der unternehmerischen Zielsetzungen dar. Rentabilitätsstreben im Finanzbereich bedeutet für die Praxis: Der Kapitalbedarf ist möglichst kostengünstig zu decken, d. h., die Kosten des Eigen- und des Fremdkapitals sollen so gering wie möglich sein.

Kosten des Eigenkapitals sind alle Zahlungen, die im Zusammenhang mit dem von dem Eigentümer bzw. den Gesellschaftern zur Verfügung gestellten Eigenkapital zu leisten sind. Es handelt sich hier vor allem um Gewinnentnahmen der Eigenkapitalgeber. Diese Kosten sind in der Kalkulation als kalkulatorische Eigenkapitalzinsen anzusetzen.

Kosten des Fremdkapitals sind der Kapitalzins sowie alle sonstigen Belastungen, die einmalig oder laufend bei einer Kreditgewährung anfallen, z. B. Disagio, Provisionen, Bereitstellungsgebühren u. a.

Der Erkenntniswert der Rentabilitätskennzahlen kann durch eine nähere Kennzeichnung der Einsatzgröße (Eigenkapital, Gesamtkapital, Umsatz) oder durch Verwendung von Kennzahlensystemen (z. B. Return on Investment) verbessert werden (vgl. hierzu S. 145).

1.3.2 Sicherheit

Das Sicherheitsstreben äußert sich in der Vermeidung möglicher Risiken, die mit Finanzierungsvorgängen verbunden sind. Hier ist zuerst das **Kapitalerhaltungsrisiko** zu nennen. Es hängt im Wesentlichen von der Erfolgssituation eines Betriebes ab. Im

Falle eines Verlustes ist das Kapital nicht mehr in seiner alten Höhe vorhanden, wobei das Problem der nominalen und der realen Kapitalerhaltung vor allem in Zeiten einer Geldentwertung von Bedeutung ist.

Ein weiterer Risikobereich ist der **Mitbestimmungsanspruch** der Kapitalgeber. Durch ihn sucht der Eigen- wie auch der Fremdkapitalgeber sein Risiko so gering wie möglich zu halten. In die Berechnung wird er folgende Überlegungen mit einbeziehen:

- Das zur Verfügung gestellte Kapital kann nicht oder nur teilweise zurückbezahlt werden **(Insolvenzrisiko)**.
- Es kann nicht zum vereinbarten Zeitpunkt zurückgezahlt werden **(Liquiditätsrisiko)**.
- Kreditsicherheiten gehen unter oder verlieren an Wert **(Sicherungsrisiko)**.
- Das allgemeine Zinsniveau steigt über den vereinbarten Kreditzins **(Zinsänderungsrisiko)**.
- Der Geldwert verschlechtert sich **(Inflationsrisiko)**.

Eine Risikovorsorge ist daher sowohl für den Kapitalgeber wie auch für den Kapitalnehmer von besonderer Wichtigkeit. Im Rahmen der betrieblichen Risikopolitik ist deshalb verstärkt an Risikoabwälzung, Risikostreuung und Risikovorbeugung zu denken. Voraussetzungen dafür können durch ein verbessertes Informationswesen für die Finanzplanung und durch eine nicht zu dünne Eigenkapitaldecke geschaffen werden.

1.3.3 Unabhängigkeit

Mit dem Ziel der Unabhängigkeit versucht der Kapitalnehmer den Einfluss des Kapitalgebers so wirksam wie möglich zu unterbinden. Daher sollte jegliche Kapitalbeschaffung nur unter der Bedingung durchgeführt werden, dass die Einengung der unternehmerischen Entscheidungsfreiheit auf ein Minimum reduziert wird.

In der Regel ist die geringste Einbuße mit der **Informationspflicht** verbunden, die Dritten gegenüber laufend oder einmalig zu erfolgen hat (z. B. bei stillen Gesellschaftern und Kommanditisten oder bei Kreditwürdigkeitsprüfungen). Die **Entscheidungsbeschränkung** (z. B. bei Verwendungsbeschränkungen des aufgenommenen Kredits, Ausschließlichkeitsklauseln bei Bankkrediten und Lieferantendarlehen), die die finanzwirtschaftliche und die leistungswirtschaftliche Souveränität betrifft, ist für das einzelne Unternehmen wesentlich einschneidender. Die Mitentscheidung reicht bis zur Teilnahme des Kapitalgebers an allen Entscheidungen und zur Besetzung von Schlüsselpositionen durch Personen seiner Wahl. Das zeigt sich deutlich bei der Aufnahme eines weiteren Gesellschafters, vor allem wenn damit eine Rechtsformänderung verbunden ist.

1.3.4 Liquidität

1.3.4.1 Bedeutung

Liquidität ist die Fähigkeit eines Unternehmens, die zu einem Zeitpunkt (z. B. ein bestimmter Tag) zwingend fälligen Zahlungsverpflichtungen (z. B. Lieferantenverbindlichkeiten, Löhne und Gehälter, Zinsen, Steuern) uneingeschränkt erfüllen zu können. Zwingend fällige Zahlungsverpflichtungen sind durch einen Termin bestimmt, der als letztmöglicher Zeitpunkt der Erfüllung gesetzt ist. Spätestens zu diesem Termin muss die Zahlungskraft des Unternehmens die betreffenden Auszahlungen ermöglichen. Dabei ist es für die Feststellung einer eventuellen Zahlungsunfähigkeit von entscheidender Bedeutung, ob die Auszahlungen aus wirtschaftlichen, gesetzlichen oder vertraglichen Gründen auf diesen Zeitpunkt fixiert sind. Wechselschulden z. B. zählen zu den zwingenden Ausgaben im engeren Sinne, während fällige Lieferantenverbindlichkeiten unter Umständen vor allem mit Einwilligung der Gläubiger verschiebbar sind.

Vor allem in wirtschaftlich schwierigen Zeiten ist es wichtig, der Liquidität erhöhte Aufmerksamkeit zu schenken. Die Ursachen finanzieller Zusammenbrüche (Insolvenzen) liegen meist weit weniger in der sinkenden Rentabilität, sondern in erster Linie in Finanzierungsfehlern, die schnell zur **Zahlungsunfähigkeit** führen können.

Schleppende Zahlungsfähigkeit **(Zahlungsstockung)** erzeugt bei Lieferanten und Kreditgebern sinkende Kreditwürdigkeit und hat meist härter werdende Zahlungskonditionen zur Folge. Außerdem sind oftmals auch Auswirkungen durch sich verschlechterndes Image auf den Absatzbereich festzustellen, wodurch wiederum die für Liquidität und Rentabilität notwendigen Umsatzerlöse leiden. Eigenkapitalmäßig sehr schwach ausgestattete Unternehmen haben bei einer derartigen Entwicklung selten eine Überlebenschance.

1.3.4.2 Arten

Die Liquidität (= Zahlungsfähigkeit) lässt sich in unterschiedlicher Art und Weise darstellen (vgl. nachstehende Abbildung).

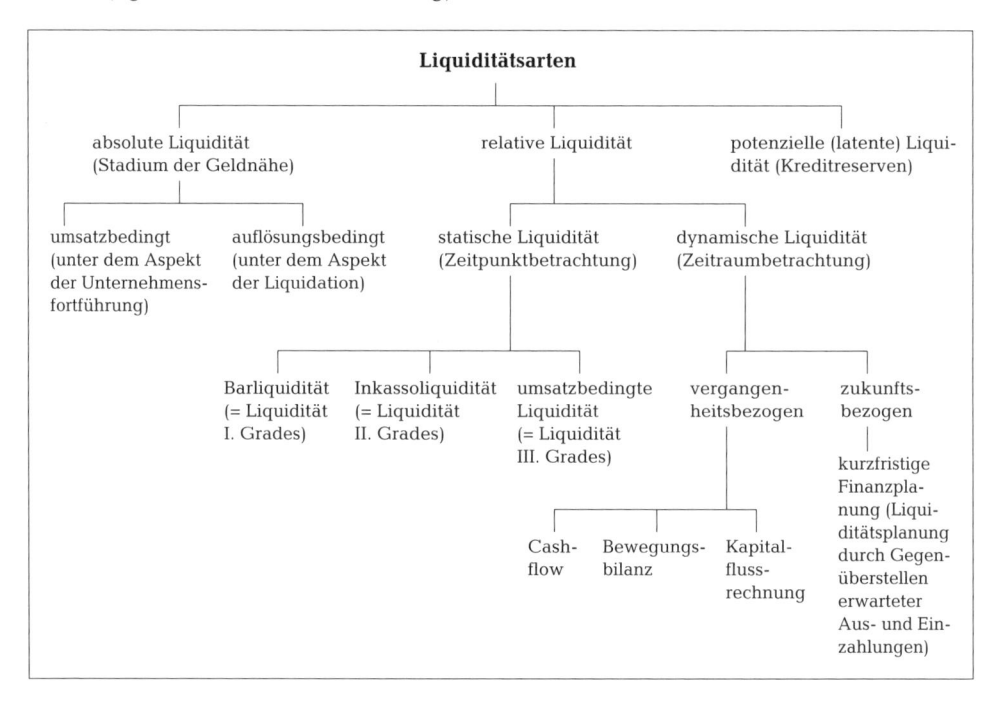

```
                              Liquiditätsarten
         ┌────────────────────────┼────────────────────────┐
   absolute Liquidität        relative Liquidität      potenzielle (latente) Liqui-
   (Stadium der Geldnähe)                              dität (Kreditreserven)
    ┌────────┴────────┐         ┌───────┴────────┐
 umsatzbedingt   auflösungsbedingt  statische Liquidität   dynamische Liquidität
 (unter dem Aspekt (unter dem Aspekt (Zeitpunktbetrachtung) (Zeitraumbetrachtung)
 der Unternehmens- der Liquidation)
 fortführung)
                    ┌──────────┬──────────┐            ┌──────────┬──────────┐
               Barliquidität Inkassoliquidität umsatzbedingte  vergangen-    zukunfts-
               (= Liquidität (= Liquidität    Liquidität      heitsbezogen   bezogen
               I. Grades)    II. Grades)     (= Liquidität
                                              III. Grades)
                                                                          kurzfristige
                                                                          Finanzpla-
                                                                          nung (Liqui-
                                                                          ditätsplanung
                                   Cash-   Bewegungs-  Kapital-           durch Gegen-
                                   flow    bilanz     fluss-              überstellen
                                                      rechnung            erwarteter
                                                                          Aus- und Ein-
                                                                          zahlungen)
```

Die **absolute Liquidität** (auch als graduelle Liquidität bezeichnet) beinhaltet die Nähe eines Wirtschaftsgutes zum Geld. Diese Art der Liqiuditätsmessung ist im Rahmen der Kreditwürdigkeitsprüfung einer Bank von Bedeutung, wenn die Nähe zum Geldstadium zum einen bei planmäßigem Betriebsgeschehen (Umsatzprozess), zum anderen unter Liquidationsgesichtspunkten festgestellt wird. Ein und dasselbe Wirtschaftsgut kann je nach Betrachtungsweise einen unterschiedlichen Wert aufweisen, oft fällt der Liquidationswert höher oder geringer aus. Die Werte differieren immer dann besonders stark, wenn, wie in manchen Branchen der Fall, ein Wirtschaftsgut nur einen engen Markt besitzt oder gar im Extremfall eine reine, individuell ausgerichtete Auftragsfertigung darstellt.

Der absolute Liquiditätsbegriff kann nichts über die tatsächliche Zahlungsfähigkeit des Unternehmens aussagen. Dazu fehlt es an der Gegenüberstellung von Vermögenswerten und Zahlungsverpflichtungen **(relative Liquidität)**.

Eine derartige Gegenüberstellung wird bei der Ermittlung der **statischen Liquidität** auf der Grundlage einer Zeitpunktbetrachtung (Jahresbilanz, Halbjahresbilanz, Monatsstatus) vorgenommen. Reichen die Zahlungsmittel aus, die sofort fälligen Verbindlichkeiten zu begleichen, ist das Unternehmen zu diesem Zeitpunkt liquide.

Die ständige Zahlungsbereitschaft ist jedoch kein Zeitpunkt-, sondern ein Zeitraumproblem. Deshalb muss die Liquidität über eine bestimmte Zeitspanne betrachtet werden **(dynamische Liquidität)**. Den Schluss auf die künftige, jederzeitige Zahlungsfähigkeit erlaubt nur die Finanzplanung (vgl. S. 364 ff.).

1.3.4.3 Liquiditätsgrade

In der Praxis werden mehrere Liquiditätsgrade unterschieden, die auch vielfach in die Kreditprüfungspraxis Eingang gefunden haben. Sie werden als Differenz oder als Quotient dargestellt.

Die **Barliquidität** (= Liquidität 1. Grades oder 1. Ordnung) wird wie folgt ermittelt:

Barliquidität = Zahlungsmittel ·/· kurzfristige Verbindlichkeiten

oder

$$\text{Barliquidität} = \frac{\text{Zahlungsmittel}}{\text{kurzfristige Verbindlichkeiten}} \times 100$$

Unter Zahlungsmitteln werden Kassenbestand, Bankguthaben, Schecks, diskontierbare Wechsel und schnell veräußerbare Wertpapiere des Umlaufvermögens zusammengefasst. Ein Prozentsatz unter 100 % ist üblich und ausreichend.

Die statische Liquidität kann aussagefähiger sein, wenn eine Gegenüberstellung der nach der Geldnähe geordneten Vermögensteile des Umlaufvermögens und der nach der Fälligkeit geordneten Verbindlichkeiten gemacht wird (Inkassoliquidität, Umsatzliquidität bzw. umsatzbedingte Liquidität). Für die **Inkassoliquidität** (= Liquidität 2. Grades) gilt:

Inkassoliquidität = Zahlungsmittel + kurzfristige Forderungen
 ·/· kurzfristige Verbindlichkeiten

oder

$$\text{Inkassoliquidität} = \frac{\text{Zahlungsmittel} + \text{kurzfristige Forderungen}}{\text{kurzfristige Verbindlichkeiten}} \times 100$$

Entsprechend wird die **Umsatzliquidität** (= Liquidität 3. Grades) ermittelt:

Umsatzliquidität = Umlaufvermögen ·/· kurzfristige Verbindlichkeiten

oder

$$\text{Umsatzliquidität} = \frac{\text{Umlaufvermögen}}{\text{kurzfristige Verbindlichkeiten}} \times 100$$

Von der Inkasso- und Umsatzliquidität wird gefordert, dass die Liquidität nur gesichert sei, wenn je nach Berechnungsart ein Wert gleich oder größer 100 % (Inkassoliquidität) und größer 200 % (Umsatzliquidität) bzw. ein positiver absoluter Zahlenwert ermittelt wird.

An der statistischen Liquiditätsrechnung kann nachstehende Kritik angebracht werden:

- Die Bilanz- bzw. Statuszahlen sagen nichts über die genaue Fälligkeit der kurzfristigen Forderungen und Verbindlichkeiten aus. Je unterschiedlicher die Fälligkeiten sind, desto mehr steigt das Risiko, dass trotz einer günstigen Kennzahl während der Betrachtungszeit Zahlungsstockungen auftreten können.
- Neben den in der Bilanz ausgewiesenen Verbindlichkeiten muss das Unternehmen mit weiteren wichtigen Ausgaben rechnen, wie z. B. Lohn- und Gehaltszahlungen, Zinsverpflichtungen, Leasinggebühren, Steuernach- bzw. -vorauszahlungen.
- Aus der Bilanz ist oft nicht zu erkennen, ob Vermögensteile zur Sicherheit übereignet, verpfändet oder abgetreten wurden. In diesen Fällen sind weitere Informationen notwendig.
- Die bilanzielle Bewertung bestimmter Vermögensteile (wie Roh-, Hilfs- und Betriebsstoffe, fertige und unfertige Erzeugnisse) entspricht nicht den später erlösten Verkaufspreisen.
- Die Stichtagsliquidität kann durch die Wahl des Stichtages beeinflusst werden. Dieser Sachverhalt macht sich besonders bei Saisonbetrieben bemerkbar.
- Aus der Bilanz sind die zur Verfügung stehenden Möglichkeiten zur Beschaffung oder Prolongation kurzfristiger Kredite (latente Liquidität) nicht ersichtlich.

1.3.4.4 Cashflow-Analyse, Bewegungsbilanz, Kapitalflussrechnung

Die Aufzählung der Mängel der statischen Liquiditätsrechnung zeigt, dass die Liquiditätsgrade zur Gewinnung von Aussagen über die zukünftigen Ströme liquider Mittel aus den Bestandsgrößen zum Bilanzstichtag für das Unternehmen nur von eingeschränktem Erkenntniswert sind. Man hat deshalb Methoden entwickelt, mit denen versucht wird, aus den Finanzmittelbewegungen der Vergangenheit auf die zu erwartenden Bewegungen in der Zukunft zu schließen. Da diese Betrachtungsweise auch auf Vergangenheitswerten der Bilanz beruht, unterliegt sie jedoch den gleichen Beschränkungen.

Die **Cashflow-Analyse** geht von den Daten der Jahresbilanz und der GuV-Rechnung aus. Mit dieser Kennzahl soll eine Aussage über den Mittelzufluss aus dem Umsatzprozess gemacht und ein besserer Einblick in die Liquiditätslage und die finanzielle Entwicklung des Unternehmens gewonnen werden. Diese Kennzahl errechnet sich aus dem Periodengewinn (= Jahresüberschuss), vermehrt um die Aufwendungen, denen keine Auszahlungen gegenüberstehen (z. B. Abschreibungen), und vermindert um die Erträge, aus denen keine Einzahlungen resultieren. Der Cashflow lässt sich daher auf folgende Grundformel reduzieren:

Jahresüberschuss
+ nicht auszahlungswirksame Aufwendungen
·/· nicht einzahlungswirksame Erträge
= Cashflow

In der Praxis wird der Cashflow oft in stark vereinfachter Form ermittelt:

Cashflow (in stark vereinfachter Form) = Gewinn + Abschreibungen + Zuführung zu den langfristigen Rückstellungen

Die Aussagekraft dieser Cashflow-Rechnungen besteht darin, die dem Unternehmen aus dem laufenden Umsatzprozess zugeflossenen Mittel aufzuzeigen. Die durch den Cashflow auf den Bilanzstichtag festgestellten finanziellen Mittel stehen zu diesem Zeitpunkt dem Unternehmen aber nicht mehr frei zur Verfügung, sondern sind zum Teil innerhalb der Abrechnungsperiode für Ersatz- und Erweiterungsinvestitionen, zur Schuldentilgung und für Gewinnentnahmen bereits wieder verwendet worden. Verallgemeinernd kann man feststellen, dass die Cashflow-Ziffern in der Regel nur zu groben Annäherungen an die durch den Umsatzprozess bewirkten Bewegungen der liquiden Mittel führen können. Mit dem finanziellen Strom aus dem Umsatz sind diese Größen in der Regel nur entfernt verwandt, vor allem, wenn die Aufwendungen und Erträge nicht exakt in zahlungs- und nichtzahlungswirksame Posten getrennt werden können. Damit hat die Cashflow-Ziffer für das Unternehmen nicht die Bedeutung, die ihr oft beigemessen wird.

Ein weiteres Instrument der Finanzanalyse ist die **Bewegungsbilanz.** Während die Bilanz die Bestände an Vermögen und Kapital an einem Stichtag zeigt, weist die Bewegungsbilanz die Veränderungen dieser Bestände in Form von Zu- und Abgängen während einer Abrechnungsperiode aus. Formal lässt sie sich durch Umgliederung aus einer reinen Beständedifferenzen-Bilanz (Bilanzwerte alt ·/· Bilanzwerte neu) ableiten. Aus der Bewegungsbilanz lassen sich die Veränderungen von einer Abrechnungsperiode zur anderen ablesen. Daraus ergibt sich folgender vereinfachter Aufbau:

Bewegungsbilanz	
Mittelverwendung	Mittelherkunft
Vermögensmehrung Kapitalminderung Verlust	Vermögensminderung Kapitalmehrung Gewinn

Eine Weiterentwicklung der Bewegungsrechnung sind **Kapitalflussrechnungen.** die die Veränderung eines abgegrenzten Bestandes aus Mitteln aus den Zu- und Abnahmen der übrigen Bestände erklären.

1.3.4.5 Beurteilung

Die oben beschriebenen Messungsmöglichkeiten der Liquidität (absolute Liquidität, Liquiditätsgrade, Cashflow-Analyse, Bewegungsbilanz und Kapitalflussrechnung) sind in der Unternehmenspraxis für die Überwachung der Liquidität nur eingeschränkt verwendbar. Das schließt nicht aus, dass bei Vorliegen der Jahresbilanz eine Analyse der Bestandswerte unter Berücksichtigung der eventuellen Aussageeinschränkungen vorgenommen wird, um sich damit ein Bild von der Liquiditätsstruktur zu machen und durch geeignete Maßnahmen eine möglicherweise ungünstige Aussage bis zu einer Kreditwürdigkeitsprüfung zu verbessern. Die Kreditinstitute sind auch heute noch bei ihren Kreditwürdigkeitsprüfungen sehr stark bilanzorientiert und treffen ihre Entscheidungen nie ohne eine entsprechende Liquiditätsanalyse.

Kontrollfragen
1. *Welche Ziele sollen durch die betriebliche Finanzwirtschaft verwirklicht werden?*
2. *Welche Zahlungsarten unterscheidet man?*
3. *Erläutern Sie die Begriffe Kapital und Vermögen.*

4. Was versteht man unter dem ausgewiesenen Eigenkapital?
5. Wodurch unterscheiden sich Eigen- und Fremdkapital?
6. Was versteht man unter Liquidität?
7. Wonach richtet sich der Liquidationswert eines Gutes?
8. Welche Arten der Liquidität gibt es?
9. Wie kann Liquidität gemessen werden?
10. Welche Nachteile beinhaltet die Messung der statischen Liquidität?
11. Was versteht man unter »latente Liquidität«?
12. Beschreiben Sie das Verhältnis von Liquidität und Rentabilität.

2 Die Finanzplanung als Instrument zur Steuerung und Sicherung der Unternehmensliquidität

Die Finanzplanung dient der Ordnung künftiger Zahlungsströme, indem die **erwarteten Einnahmen** (bzw. Einzahlungen) und **Ausgaben** (bzw. Auszahlungen) einander gegenübergestellt werden (zukunftsbezogene, dynamische Liquidität). Das Ziel besteht darin, für jeden künftigen Zeitpunkt zu errechnen, ob die Einnahmen die Ausgaben zeitgerecht decken, und festzustellen, welche Maßnahmen notwendig werden, um während der Planungsperiode einen Ausgleich herbeizuführen. Eine Finanzplanung muss daher lückenlos und zeitlich genau alle Daten der künftigen Zahlungsströme umfassen. Gemäß dem Planungshorizont und in Abhängigkeit von der Branche unterscheidet man grob folgende Fristen:

- die langfristige Finanzplanung (3 bis 5 Jahre),
- die mittelfristige Finanzplanung (1 bis 3 Jahre) und
- die kurzfristige Finanzplanung (2 bzw. 3 Monate bis ein Jahr).

Eine wirkungsvolle Finanzplanung umfasst unter Beachtung der Liquidität

- die Ermittlung des Kapitalbedarfs,
- die Aufstellung einer Finanzprognose,
- die Planung der Kapitalbeschaffung bei einem Defizit sowie
- den ertragbringenden Einsatz eines Überschusses.

2.1 Der Kapitalbedarf als Ausgangspunkt

2.1.1 Ursachen und Einflussgrößen

Jedes Unternehmen benötigt zur Durchführung seiner Aufgaben liquide Mittel in bestimmter Höhe für eine gewisse Zeitperiode. Die Ursachen des Kapitalbedarfs liegen im zeitlichen Auseinanderfallen der Einnahmen und Ausgaben (bzw. Ein- und Auszahlungen).

Die Höhe des Kapitalbedarfs, die von der Höhe der Einnahmen und Ausgaben sowie ihrem zeitlichen Anfall abhängt, wird nach Gutenberg von folgenden Faktoren beeinflusst:

- Anordnung, Ablauf und Geschwindigkeit des Leistungsprozesses,
- Beschäftigungsschwankungen,

- Preisniveau,
- Betriebsgröße,
- Änderungshäufigkeit des Fertigungsprogrammes.

2.1.2 Ermittlung des Kapitalbedarfs

Die Ermittlung des Kapitalbedarfs erfolgt auf Grund der unterschiedlichen Zeitgebundenheit für Anlagevermögen und Umlaufvermögen getrennt. Außerdem ist zwischen einem Kapitalbedarf im Gründungs- bzw. Erweiterungsstadium und bei laufendem Betriebsgeschehen zu unterscheiden.

2.1.2.1 Berechnung für das Anlagevermögen

Abgeleitet aus dem Investitionsvorhaben lassen sich die Anschaffungskosten, d. h. die Anschaffungspreise sowie alle Nebenkosten (z. B. Demontage der alten Anlage, Transport, Montage der neuen Anlage) für die benötigten Anlagegegenstände errechnen. Im Gründungsstadium wird die Festlegung einer auf die Absatzmöglichkeiten ausgerichteten bzw. von der Wirtschaftlichkeit her notwendigen Fertigungskapazität und Fertigungstiefe die entscheidende Schwierigkeit bereiten.

Werden bei der **Gründung** eines Unternehmens alle für die Produktion erforderlichen Anlagegegenstände in einer Periode angeschafft, ergibt sich der zu finanzierende Kapitalbedarf aus der Summe der Anschaffungskosten der Anlagegegenstände zuzüglich der Ausgaben für die Schaffung der Betriebsbereitschaft (d. h. Organisationskosten einschließlich Mitarbeiterbeschaffung und -ausbildung).

Die Berechnung des Kapitalbedarfs für das Anlagevermögen in einem **bereits bestehenden Unternehmen** richtet sich nach der Investitionsbereitschaft und nach den durch die Investitionen verursachten Ausgaben. In allen Fällen geht aber der den Kapitalbedarf verursachenden Entscheidung eine Investitionsentscheidung voraus. In ihr ist bereits eine Vorentscheidung über die Finanzierungsart durch die Berücksichtigung eventueller Finanzierungsengpässe und die durch die Finanzierung anfallenden Kapitalkosten enthalten. In diesen Fällen ist die Investitionsplanung mit der Finanzplanung zu integrieren.

2.1.2.2 Berechnung für das Umlaufvermögen

Die Ermittlung des Kapitalbedarfs für das Umlaufvermögen kommt der Ermittlung der durchschnittlichen Kapitalbindung gleich. Zum Kapitalbedarf für das Umlaufvermögen führen insbesondere

- Materialkosten (Roh-, Hilfs- und Betriebsstoffe),
- Löhne und
- Gemeinkosten.

Vom Einkauf bzw. Bezahlung der Roh-, Hilfs- und Betriebsstoffe über die Lagerung und Produktion bis zum Verkauf und Eingang des Kaufpreises vergeht Zeit, während der ständig neue Auszahlungen nötig sind, um die Produktion aufrecht zu erhalten. Entsprechend müssen bei der Ermittlung des Umlaufvermögens die durchschnittlichen täglichen Auszahlungen mit der Anzahl der Tage multipliziert werden, die das Unternehmen benötigt, bis die Auszahlungen für Roh-, Hilfs- und Betriebsstoffe, Löhne u. a. zu Einzahlungen geführt haben. Man spricht von der durchschnittlichen Umschlagsdauer des Umlaufvermögens. Die nachstehende Abbildung verdeutlicht diesen Sachverhalt.

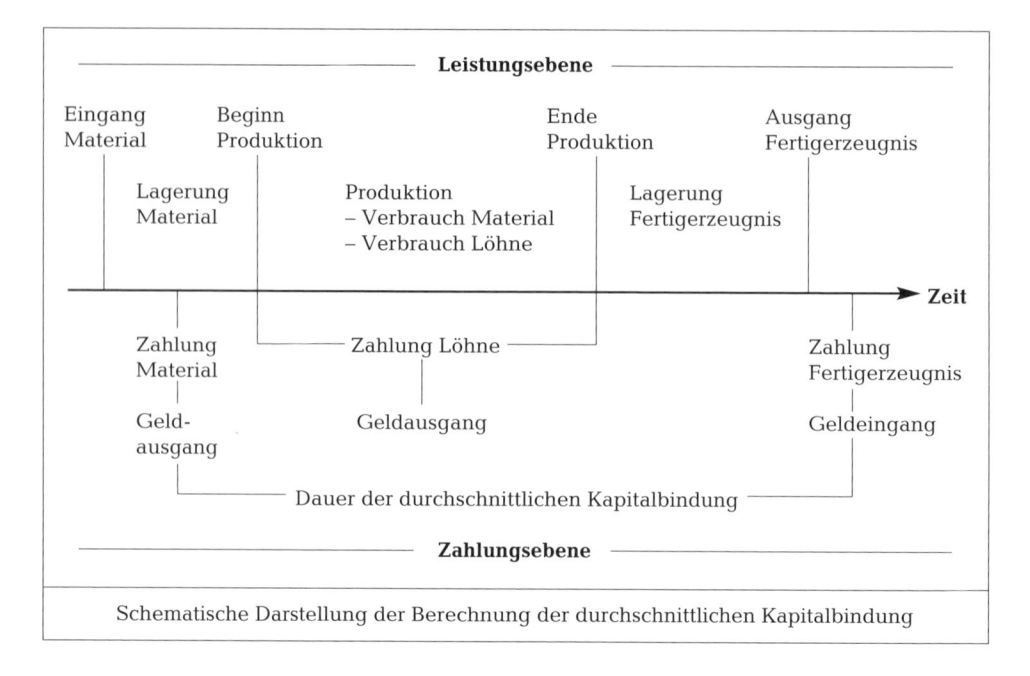

```
┌─────────────────────────────────────────────────────────────────────────────┐
│                          ─── Leistungsebene ───                             │
│  Eingang      Beginn                 Ende           Ausgang                 │
│  Material     Produktion             Produktion     Fertigerzeugnis         │
│     │            │                      │              │                    │
│   Lagerung    Produktion              Lagerung                              │
│   Material    – Verbrauch Material    Fertigerzeugnis                       │
│               – Verbrauch Löhne                                             │
│                                                              ──► Zeit       │
│   Zahlung     Zahlung Löhne           Zahlung                               │
│   Material                            Fertigerzeugnis                       │
│   Geld-       Geldausgang             Geldeingang                           │
│   ausgang                                                                   │
│         ── Dauer der durchschnittlichen Kapitalbindung ──                   │
│                          ─── Zahlungsebene ───                              │
├─────────────────────────────────────────────────────────────────────────────┤
│     Schematische Darstellung der Berechnung der durchschnittlichen Kapitalbindung │
└─────────────────────────────────────────────────────────────────────────────┘
```

Der **Kapitalbedarf des Umlaufvermögens** ergibt sich durch folgende vereinfachte Rechnung:

Kapitalbedarf = Ausgaben (Auszahlung) pro Tag x Dauer der Kapitalbindung

Diese Berechnungsweise beinhaltet jedoch einige Unterstellungen, die in der betrieblichen Praxis nicht immer anzutreffen sind:

– Unterstellt wird die genaue Kenntnis über die einzelnen Aus- und Einzahlungstermine. Je unterschiedlicher die Kunden- und die Auftragsstruktur sind, desto schwieriger wird es sein, vor allem die präzisen Einzahlungstermine zu ermitteln.
– Es wird eine normale Beschäftigung unterstellt. Bei Beschäftigungsschwankungen muss eine modifizierte Kapitalbedarfsrechnung erstellt werden.

Aufgabe 9.01 *Kapitalbedarfsrechnung S. 427*

2.2 Durchführung der Finanzplanung

Sie erfolgt unter dem Ziel des so genannten finanziellen Gleichgewichts, was jederzeitige Zahlungsfähigkeit unter Einbeziehung der Rentabilität bedeutet. Zur Realisierung sind die Finanzprognose und der Planausgleich erforderlich (vgl. Abbildung. auf S. 365).

2.2.1 Finanzprognose

Bei der Finanzprognose handelt es sich um Geldmittelvorschaurechnungen, in welche die voraussehbaren Einzahlungen, Auszahlungen und kurzfristigen Kapitalbeschaffungsquellen eingehen und als Soll-Werte einander gegenübergestellt werden. Zur Kontrolle der Planung werden die aktuellen Ist-Werte laufend eingefügt.

Finanzplan

Geldbewegungen in Form von erwarteten Geldein- und Geldausgängen	1. Monat				2. Monat	3. Monat
	1. Woche	2. Woche	3. Woche	4. Woche		
A) Laufendes Geschäft						
1. Geldeingänge						
Umsatzerlöse						
Sonstige Eingänge (z. B. Kundenanzahlungen)						
Summe 1						
2. Geldausgänge						
Löhne und Gehälter						
Fällige Verbindlichkeiten aus Lieferungen und Leistungen						
Zinsen						
Steuern						
Sonstige Ausgaben						
Summe 2						
3. Über-/Unterdeckung (Summe 1 ./. Summe 2)						
B) Finanzverkehr und Geldbewegungen außerhalb des laufenden Geschäfts						
1. Geldeingänge						
Erträge aus Beteiligungen						
Anlagenverkauf						
Summe 1						
2. Geldausgänge						
Kredittilgungen						
Akzepteinlösungen (Schuldwechsel)						
Investitionsausgaben						
Beteiligungen						
Gewinnausschüttungen						
Sonstiges						
Summe 2						
3. Über-/Unterdeckung (Summe 1 ./. Summe 2)						
C) Über-/Unterdeckung insgesamt (Ergebnis A.3 + Ergebnis B.3)						
D) Ausgleichspositionen						
Flüssige Mittel (Bestand)						
Akzepthergaben						
Kreditbelastung						
Summe						
E) Stand am Monatsende						
1. Flüssige Mittel						
2. Akzeptverbindlichkeiten						
3. In Anspruch genommene Bankkredite (Kreditvolumen)						

Die Brauchbarkeit der Finanzprognose als Ausgangspunkt für Planungsmaßnahmen hängt von der Genauigkeit der prognostizierten Ein- und Auszahlungsströme ab. Dabei sind folgende Punkte zu beachten:

- Mit zunehmendem Prognosezeitraum nimmt die Genauigkeit ab.
- Je genauer die Zahlungsgewohnheiten der Kunden bekannt sind, desto präziser kann eine Prognose erstellt werden.
- Bekannt werdende Zahlungsstockungen müssen in der Prognose berücksichtigt werden.

Die für die Prognose notwendigen Informationen umfassen unterschiedliche Zeiträume und beeinflussen die Planung entsprechend. Die Aussagekraft der **mittel- und langfristigen Finanzplanung** hängt von der Prognosemöglichkeit der auf diese Planung einwirkenden Faktoren ab. In vielen Unternehmen war man bis vor wenigen Jahren der Meinung, dass man eine mittel- bis langfristige Planung nicht durchführen müsse und auch nicht könne. Die Schnelligkeit des technologischen Wandels und die sich ständig ändernden Umweltsituationen haben die Notwendigkeit einer mittel- bis langfristigen Planung und deren Auswirkung auf die finanziellen Verhältnisse unterstrichen. Ganz besonders macht sich dieses Phänomen in der Gründungsphase bemerkbar, wenn die einzelnen Phasen einer Erweiterung im Investitionsplan prognostiziert und mit den finanziellen Möglichkeiten abgestimmt werden.

Die **kurzfristige Finanzplanung** wird für einen Zeitraum von maximal 12 Monaten erstellt. Kürzere Zeiträume sind vor allem in solchen Branchen üblich, die eine kurzfristigere Auftrags- und damit auch Zahlungsabwicklung aufweisen. Bei dieser im Gegensatz zur mittel- und langfristigen Planung wesentlich geringeren zeitlichen Tiefe können die Planansätze eine meist größere Genauigkeit aufweisen.

Aufgabe 9.02 *Liquiditätsplanung S. 427*

Aufgabe 9.03 *Finanzplanung durch Liquiditätsprognose S. 428*

Aufgabe 9.04 *Finanzplanung durch Liquiditätsprognose bei mittelständischen Unternehmen S. 428*

Aufgabe 9.05 *Finanzplanung bei Neugründung S. 429*

2.2.2 Planausgleich

Die Finanzprognose kann drei Ergebnisse aufzeigen:

(1) Die Ein- und Auszahlungsströme verlaufen so, dass unter Beachtung einer der Unsicherheit angepassten **Liquiditätsreserve** eine jederzeitige Zahlungsfähigkeit gegeben ist. In diesem Falle muss keine Disposition erfolgen. Es ist lediglich eine Kontrolle über die prognostizierten Ein- und Auszahlungen notwendig.
(2) Die Prognose ergibt eine Unterdeckung und damit einen **Geldbedarf**, der, würde keine Disposition erfolgen, eine zumindest kurzfristige Zahlungsunfähigkeit hervorruft.
(3) Die Prognose ergibt einen **Überschuss**, der eine Disposition aus Rentabilitätsgründen als notwendig erscheinen lässt.

2.2.2.1 Maßnahmen bei zu erwartendem Finanzbedarf

Zur Behebung des voraussichtlichen Finanzbedarfs gibt es generell folgende Möglichkeiten, wobei berücksichtigt werden muss, dass bei Veränderungen von Zahlungsströmen, die mit leistungswirtschaftlichen Strömen zusammenhängen, andere Finanzströme indirekt beeinflusst werden können:

- Einzahlungsmehrung durch Vorziehen von Einzahlungen späterer Perioden (z. B. Voraus- und Anzahlungen),
- Aufschieben von Auszahlungen auf spätere Perioden,
- Kürzung von Auszahlungen durch Verzicht auf geplante auszahlungserzwingende Maßnahmen (z. B. Investitionsaufschub).

2.2.2.2 Maßnahmen bei zu erwartendem Finanzüberschuss

Das Maß der Liquiditätsreserve als Ausfluss der finanzpolitischen Ziele ist mitentscheidend für Höhe und Zusammensetzung des durch die Finanzprognose ermittelten und rentabel anzulegenden Finanzüberschusses (z. B. Termingelder, Wertpapiere). Außerdem muss bei der Erstellung der Finanzprognose bereits sichergestellt sein, dass gewisse unternehmerische Maßnahmen eine entsprechende Einzahlungs- und Auszahlungssteuerung mit sich bringen. Dabei ist vor allem an die Auswirkung möglicher Skontoabzüge gedacht, da Lieferantenkredite unter Umständen weitaus kostspieliger sind als andere Verschuldungsmöglichkeiten. Die Unsicherheit der Erwartungen spielt hier eine wesentlich größere Rolle als bei der Deckung einer Finanzlücke.

2.2.3 Finanzkontrolle

Der Aufstellung der Finanzprognose und der Durchführung der Finanzplanung schließt sich logisch die Finanzkontrolle als Abwicklungsüberwachung an. Die Kontrolle dient aber nicht nur der Überprüfung abgelaufener Finanzvorgänge, sondern sie muss sich auch auf die laufenden Prozesse erstrecken, um die Voraussetzungen für notwendige, laufende Plankorrekturen schaffen zu können. Die Finanzkontrolle hat somit die Aufgabe, durch einen sinnvollen Vergleich des Ist-Zustandes mit dem sachkundig festgelegten Soll-Zustand eine Kontrolle des Vergangenen, des Planes und der zukunftsorientierten Überlegungen durchzuführen. Neben einer Abweichungs- ist auch eine Ursachenanalyse zu erstellen.

Kontrollfragen

1. Welches Ziel verfolgt die Finanzplanung?
2. Beschreiben Sie die Hauptaufgaben der Finanzplanung.
3. Wie entsteht Kapitalbedarf?
4. Welche Faktoren bestimmen den Kapitalbedarf für das Anlagevermögen?
5. Welche Faktoren bestimmen den Kapitalbedarf für das Umlaufvermögen?
6. Welcher Zusammenhang besteht zwischen Kapitalbedarf und Kapitalumschlag?
7. Was versteht man unter dem finanziellen Gleichgewicht?
8. Wodurch wird die Unsicherheit im Bereich der Finanzprognose begründet?
9. Nennen Sie Maßnahmen bei zu erwartendem Finanzüberschuss bzw. Finanzbedarf.
10. Welche Aufgaben muss die Finanzkontrolle erfüllen?

3 Alternativen der Kapitalbeschaffung

Zur Unterscheidung verschiedener Finanzierungsarten ist ein Einteilungskriterium die Kapitalquelle, ein zweites Kriterium die Kapitalart, die Frage also, ob dem Unternehmen Eigen- oder Fremdkapital zugeführt wird.

	Finanzierungsarten	
	Kapital- oder Finanzierungsquelle	
Kapital- oder Finanzierungsart	Außenfinanzierung (von außerhalb des Unternehmens)	Innenfinanzierung (aus dem Unternehmen selbst)
Eigenfinanzierung (Zufuhr von Eigenkapital)	Beteiligungsfinanzierung	Finanzierung durch – Cashflow und – Vermögens- und Kapitalumschichtungen
Fremdfinanzierung (Zufuhr von Fremdkapital)	Kreditfinanzierung	Finanzierung durch Rückstellungen

3.1 Kapitalquellen

Als Quelle für Finanzierungsvorgänge kommen bestimmte Personen und Institutionen in Betracht.

Privatbereich:

– Neue Gesellschafter als Voll- oder Teilhafter bzw. stille Gesellschafter,
– seitherige Gesellschafter durch Erhöhung ihrer Einlage,
– private Darlehensgeber.

Wirtschaftsbereich:

– **Geschäftsbanken** gewähren Kredite unterschiedlicher Laufzeit zur Finanzierung der Investitionen und des laufenden Kapitalbedarfs aus der Umsatztätigkeit.
– **Versicherungen** sind als Kapitalsammelstellen auch an Kapitalausleihungen interessiert.
– **Finanzmakler** vermitteln mittel- und langfristige Kredite sowie im Rahmen der Beteiligungsfinanzierung Eigenkapital als Beteiligungen.
– **Marktpartner** gewähren Kredite als Lieferant (Lieferantenkredit) bzw. als Abnehmer (Voraus- und Anzahlungen).

Arbeitnehmer:
In mittleren und kleineren Unternehmen (im Gegensatz zu Großunternehmen) stellen die Arbeitnehmer meist noch keine Finanzquelle dar, wenngleich das Fünfte Vermögensbildungsgesetz vielfältige Möglichkeiten hierzu eröffnet. Ausnahmen bilden die Fälle, in denen der oder die Betriebsinhaber aus unterschiedlichen Motiven heraus (z. B. Nachfolge, Haftung, Erweiterung) bestimmten Mitarbeitern eine Beteiligungsmöglichkeit anbieten.

Öffentliche Hand (Bund, Länder, Gemeinden):

- Die öffentliche Hand vergibt über staatseigene Banken (z. B. Kreditanstalt für Wiederaufbau, Landeskreditbanken) zinsgünstige Kredite in Form von Darlehen vor allem an die mittelständische Industrie, den mittelständischen Handel sowie an Handwerksunternehmen bei Vorliegen bestimmter Sachverhalte (Existenzgründung, Rationalisierungsvorhaben, Innovationen, Ansiedlung in strukturschwachen Gebieten, Schaffung bzw. Erhaltung von Arbeitsplätzen). Bei den die mittelständische gewerbliche Wirtschaft interessierenden Bundesprogrammen handelt es sich in erster Linie um so genannte **ERP-Kredite** (European Recovery Program = das von George C. Marshall initiierte Europäische Wiederaufbauprogramm). Heute dient das ERP-Sondervermögen der kontinuierlichen Förderung der deutschen Wirtschaft.
- Neben den aus der ERP-Hilfe entstandenen Maßnahmen werden auch **Bürgschaften und Garantien** übernommen (Bürgschaftsbanken, Exportgarantiegemeinschaften).
- Im **Steuerbereich** gewährt die öffentliche Hand Zahlungsaufschübe bei entsprechenden Anträgen an die zuständige Finanzbehörde.

3.2 Außenfinanzierung in Form von Beteiligungsfinanzierung

Die Einlage von Eigenkapital durch die Anteilseigner (Eigentümer bzw. Gesellschafter) hängt wesentlich von der jeweiligen Rechtsform des Unternehmens ab (vgl. hierzu auch Band 2). Im Gegensatz zum hochorganisierten Kapitalmarkt der großen Publikums-Aktiengesellschaften fehlt für personenbezogene Unternehmen eine in diesem Sinne organisierte Institution. Die sich über den nicht organisierten Kapitalmarkt (Finanzinstitute und Makler sowie Inserate in Fachzeitschriften und großen Tageszeitungen) vollziehende Beteiligungsfinanzierung ist eng begrenzt.

3.2.1 Beteiligungsfinanzierung bei nicht emissionsfähigen Unternehmen

Bei nicht emissionsfähigen Unternehmen kann die Eigenfinanzierung in Form von weiteren **Einlagen der bisherigen Teilhaber** erfolgen. Diese scheitert jedoch in der Praxis meist an der Tatsache, dass die Teilhaber neben ihrem Geschäftsvermögen in der Regel kein nennenswertes verfügbares Privatvermögen besitzen oder zur Verfügung stellen wollen.

Eine Ausweitung der Eigenmittel durch **Aufnahme neuer Anteilseigner** ist für nicht emissionsfähige Unternehmen aus verschiedenen Gründen begrenzt:

- Die Zahl der Gesellschafter kann in Anbetracht der oft geringen Größe von Personengesellschaften nicht beliebig erhöht werden.
- Nach dem Grundsatz der unternehmerischen Selbstständigkeit in Verbindung mit einem gewissen Maß an Unabhängigkeit und Dispositionsfreiheit räumt man in Familienfirmen »fremden« Kapitalgebern ungern größere Informations- und Mitspracherechte ein.
- Beteiligungen an nicht emissionsfähigen Unternehmen lassen sich meist nicht im gleichen Maße absichern, wie etwa bei Bankkrediten üblich. Höheres Kapitalanlagerisiko kann eigentlich nur durch hohe Gewinnerwartungen kompensiert werden.

Unter den nicht emissionsfähigen Gesellschaften hat deshalb die **KG** hinsichtlich der Eigenfinanzierung verhältnismäßig gute Möglichkeiten. Denn zum einen sind Kommanditisten an der Geschäftsführung nicht mitbeteiligt, sodass die Anzahl der Gesellschafter hoch sein kann (Publikums-KG), zum anderen ist die Haftung durch die Beschränkung auf die Einlage vergleichsweise gering.

Die Praxis zeigt, dass auch bei der **GmbH** der Kreis der Gesellschafter meist klein ist. Sie ist zwar eine Kapitalgesellschaft. Anteile an einer GmbH sind aber dem Börsenhandel entzogen, und ihre Abtretung ist an bestimmte erschwerende Bedingungen geknüpft. Für eine GmbH (wie übrigens auch für kleine, nicht börsenfähige Aktiengesellschaften) gilt deshalb das Problem der Beschaffung von Eigenkapital ebenso wie für ein Einzelunternehmen und eine OHG. Der so genannte Venture-Capital-Markt wird hier vielleicht Besserung bringen.

Zu den typischen Beschaffungsproblemen der Eigenfinanzierung kommt bei personenbezogenen Unternehmen oft noch hinzu, dass das Eigenkapital nicht immer den langfristigen Charakter hat, den man ihm in der Literatur zuschreibt. Nach § 132 HGB steht jedem Gesellschafter zum Ende eines Geschäftsjahres ein **Kündigungsrecht** mit einer Frist von 6 Monaten zu. Man spricht auch von »**kündbarem Eigenkapital**«. Für den Kapitalnehmer erscheint es deshalb zweckmäßig, sich durch eine Vereinbarung längerer Kündigungsfristen vorbeugend zu schützen. Wegen möglicherweise zu erwartender Liquiditätsschwierigkeiten wird im Vertrag gleichzeitig eine Klausel im Hinblick auf eine ratenweise Rückzahlung des Kapitalanteils sich als zweckmäßig erweisen.

Weitere Schwierigkeiten entstehen beim Ausscheiden von Gesellschaftern im Hinblick auf die Zurechnung »Stiller Reserven« zu ihrem (nominalen) Anteil. Um den wirklichen Wert der einzelnen Beteiligung zu ermitteln, muss meist der so genannte Verkehrswert (Gesamtwert) des Unternehmens festgestellt werden. Die zur Errechnung des Gesamtwertes von Unternehmen in Literatur und Praxis entwickelten Methoden sind allerdings äußerst problematisch.

3.2.2 Beteiligungsfinanzierung bei emissionsfähigen Unternehmen

Emissionsfähige Unternehmen zeichnen sich dadurch aus, dass sie die Börse als mittelbare Kapitalbeschaffungsquelle verwenden können. Unter börsenfähigen Gesellschaften versteht man nur **Aktiengesellschaften**, da beispielsweise auch relativ große GmbHs den Kapitalmarkt nur durch die Begebung von Gläubigerpapieren in Anspruch nehmen können. Aber auch von den Aktiengesellschaften bedient sich nur ein Teil der Börse zur Beschaffung von Eigenkapital.

Insbesondere die Tatsache, dass die Aktie als rechtlich genormter und standardisierter Anteil meist gleichmäßig ausgestattet ist, untereinander ausgetauscht und jederzeit verkauft werden kann, zeigt den enormen Vorteil einer Aktienfinanzierung: Für den Kapitalnehmer wird langfristiges Beteiligungskapital zur Verfügung gestellt; der Kapitalgeber kann seinen Anteil dennoch jederzeit verkaufen.

Eine **Kapitalbeschaffung durch Ausgabe von Aktien** kommt entweder bei der Gründung des Unternehmens oder später im Verlauf einer Kapitalerhöhung vor. Dabei kann unterschieden werden zwischen

– Inhaber- und Namensaktien,
– Stamm- und Vorzugsaktien,
– Nennwert- und Quotenaktien,
– Belegschafts- und Gratisaktien.

In Deutschland hat sich im Gegensatz zu anderen Ländern die **Inhaberaktie** weitgehend durchgesetzt. Sie ist durch einfache Eigentumsübertragung (Einigung und Übergabe) gekennzeichnet. **Namensaktien** werden z. B. dann ausgegeben, wenn die Aktien nicht voll eingezahlt sind. Ein Trend zur Namensaktie ist allerdings auch bei sog. Publikumsaktiengesellschaften (z. B. Mannesmann) erkennbar. Von **Vorzugsaktien**, die mit besonderen Vorrechten (z. B. höhere Dividende) ausgestattet sind, wird im Gegensatz zu den **Stammaktien** beispielsweise dann Gebrauch gemacht, wenn durch eine augenblickliche Schwäche des Kapitalmarkts Stammaktien nicht gefragt sind und man den Geldanlegern meist besondere finanzielle Vorteile zukommen lassen will. In Deutschland werden solche Vorzugsaktien in der Regel als Aktien ohne Stimmrecht ausgegeben. Seit 1965 sind Mehrstimmrechtsaktien allerdings nur dann noch zulässig, wenn gesamtwirtschaftliche Gründe und die Genehmigung des Bundeswirtschaftsministeriums vorliegen.

Quotenaktien (ohne festen Nennwert) sind in Deutschland seit Einführung des 3. Finanzmarktförderungsgesetzes 1998 zulässig; die Nennwertaktien müssen auf einen **Nennbetrag** von mindestens 1,– € lauten (§ 8 AktG).

Belegschaftsaktien dienen meist der Vermögensbildung der Arbeitnehmer. **Gratisaktien** werden bei der Kapitalerhöhung aus Gesellschaftsmitteln ausgegeben. Dabei werden offene Rücklagen in Grundkapital verwandelt. Das Vermögen der Aktionäre bleibt unverändert.

Bei einer **Kapitalbeschaffung auf dem Wege der Kapitalerhöhung** kann man nach dem Aktiengesetz zwischen einer Kapitalerhöhung gegen Einlagen (§§ 182 ff. AktG) und einer Kapitalerhöhung aus Gesellschaftsmitteln (§§ 207 ff. AktG) unterscheiden. Außerdem zählen das genehmigte Kapital (§§ 202 ff. AktG) und die bedingte Kapitalerhöhung (§§ 192 ff. AktG) zu den besonderen Formen einer Kapitalerhöhung.

3.2.2.1 Kapitalerhöhung gegen Einlagen (§§ 182 ff. AktG)

Bei der Kapitalerhöhung gegen Einlagen handelt es sich um eine Form der Eigenfinanzierung, bei der durch Ausgabe neuer Aktien der AG liquide Mittel zur Verfügung gestellt werden. Diese auch als **ordentliche Kapitalerhöhung** bezeichnete Form der Finanzierung bedarf nach § 182 AktG zunächst einmal einer qualifizierten Mehrheit in der Hauptversammlung, d. h. einer Mehrheit von $^3/_4$ des bei der Beschlussfassung vertretenen Grundkapitals (gezeichnetes Kapital). Gemäß § 186 AktG hat danach jeder Aktionär ein so genanntes Bezugsrecht auf die neuen Aktien, das allerdings unter gewissen Umständen ganz oder zum Teil ausgeschlossen werden kann. Davon zu unterscheiden ist die in Deutschland übliche Praxis der formellen (unechten) Ausschließung des Bezugsrechtes. Dabei wird durch einen Hauptversammlungsbeschluss das Bezugsrecht der Aktionäre zunächst ausgeschlossen, damit die Aktien durch eine Bank bzw. durch ein Bankenkonsortium übernommen und gezeichnet werden können (**Fremdemission** im Gegensatz zu der in der Praxis selteneren **Selbstemission**). Danach sind die Banken bzw. das Bankenkonsortium verpflichtet, die neuen Aktien den Aktionären zum Kauf anzubieten. Der Aktionär kann entweder sein Bezugsrecht ausüben oder es verkaufen.

Grundsätzlich gilt, dass dem Aktionär – wie auch immer er sich entscheidet – kein unmittelbarer finanzieller Schaden entstehen darf. Entscheidend sind die **Emissionsbedingungen**, die mit unterschiedlichem Gewicht die Entscheidung beeinflussen können. Folgende Punkte können relevant sein:
– die Situation auf dem Geld- und Kapitalmarkt,
– der Emissionszeitpunkt (z. B. Zeitpunkt der Zins- und Dividendenzahlungen, steigende Börsenkurse),
– die Konjunktursituation,
– die Lage der Branche und des Unternehmens,

– der Emissionskurs,
– das Bezugsverhältnis.

Bei der Frage Ausüben des Bezugsrechtes oder Verkauf der an der alten Aktie haftenden Rechte spielt der **Wert des Bezugsrechts** eine Rolle. Der rechnerische Wert des Bezugsrechtes, der mit dem Börsenkurs (Bezugsrechte werden an der Börse gehandelt) nicht übereinstimmen muss, stützt sich zunächst allgemein auf die Feststellung, dass der Bezugskurs für die neuen Aktien unter dem Börsenkurs der alten Aktien liegen muss. Die Untergrenze stellt – wegen des Verbots einer Unter-pari-Emission (§ 9 AktG) – der Nennwert einschließlich der zu erwartenden Emissionskosten dar. Daneben sind die jeweiligen Marktbedingungen für die Festlegung des Bezugskurses von entscheidender Bedeutung.

Außerdem wird der rechnerische Wert des Bezugsrechts von dem geplanten Bezugsverhältnis bestimmt. Wird beispielsweise das Grundkapital einer Aktiengesellschaft von 100 auf 150 Mio. € erhöht, können auf zwei alte Aktien eine junge Aktie bezogen werden, das Bezugsverhältnis ist damit 2 : 1.

Bei der rechnerischen Ermittlung des Bezugsrechtes soll der vermutliche Wert der Aktie nach der Kapitalerhöhung festgestellt werden:

$$\text{Bezugsrecht} = \frac{K_a - K_n}{(m : n) + 1}$$

Dabei bedeuten: K_a = Kurswert der alten Aktien, K_n = Ausgabekurs der jungen Aktien und m : n das Ausgabeverhältnis (alte zu neuen Aktien).

Nach dieser Bezugsrechtsberechnung erleidet der Aktionär, der sein Bezugsrecht ausübt, ebensowenig einen Vermögensverlust, wie wenn er es verkauft. Nach Ausübung des Bezugsrechtes kommt der Kursabschlag im Kurs der alten Aktie zum Ausdruck; der Kurs trägt den Vermerk »eB« (ex Bezugsrecht).

Aufgabe 9.06 *Rechenschritte bei einer Kapitalerhöhung S. 429*

Aufgabe 9.07 *Kapitalerhöhung gegen Einlagen S. 430*

Aufgabe 9.08 *Bilanz nach Kapitalerhöhung gegen Einlagen S. 430*

3.2.2.2 Kapitalerhöhung aus Gesellschaftsmitteln (§§ 207 ff. AktG)

Bei der Kapitalerhöhung aus Gesellschaftsmitteln handelt es sich um eine Umwandlung offener, umwandlungsfähiger Rücklagen in gezeichnetes Kapital. Dazu können die freien Rücklagen in voller Höhe und die Kapitalrücklage sowie die gesetzlichen Rücklagen nur soweit verwendet werden, als sie den zehnten oder den in der Satzung bestimmten höheren Teil des bisherigen gezeichneten Kapitals übersteigen. Sonderposten mit Rücklageanteil dürfen grundsätzlich nicht umgewandelt werden.

Die Aktionäre erhalten die als **Zusatz-, Gratis- oder Berichtigungsaktien** bezeichneten Aktien ohne Gegenleistung. Da ihr Anteil am Gesellschaftsvermögen der gleiche bleibt wie vorher, ändern sich durch diese Art der Kapitalerhöhung die Vermögensrechte der Aktionäre nicht. Dadurch aber, dass sich das Gesellschaftsvermögen nunmehr auf eine größere Anzahl von Aktien verteilt, sinkt der Börsenwert der einzelnen Aktie. Sie wird damit unter Umständen leichter verkäuflich. Bei einer Kapitalerhöhung aus Gesellschaftsmitteln handelt es sich im eigentlichen Sinne nicht um eine Form der Eigenfinanzierung, denn es fließen dem Unternehmen keine zusätzlichen liquiden Mittel zu.

3.2.2.3 Genehmigte Kapitalerhöhung (§§ 202 ff. AktG)

Beim genehmigten Kapital kann die Satzung den Vorstand für höchstens fünf Jahre ermächtigen, das Grundkapital zu erhöhen. Das kann durch die Hauptversammlung durch einen satzungsändernden Beschluss geschehen. Dazu bedarf es allerdings der qualifizierten Mehrheit der Hauptversammlung. Das dadurch »genehmigte« Kapital darf die Hälfte des gezeichneten Kapitals zum Zeitpunkt der Beschlussfassung nicht übersteigen; im Anhang sind darüber Angaben zu machen (§ 160 Abs. 1 AktG).

Der Sinn des genehmigten Kapitals liegt darin, dass bei günstigen Situationen am Kapitalmarkt das gezeichnete Kapital durch die Emission junger Aktien erhöht werden kann, ohne dass es – wie im Falle der ordentlichen Kapitalerhöhung – dazu erst der Einberufung einer Hauptversammlung bedarf.

3.2.2.4 Bedingte Kapitalerhöhung (§§ 192 ff. AktG)

Bedingtes Kapital liegt vor, wenn die Hauptversammlung mit qualifizierter Mehrheit beschließt, dass die Erhöhung des gezeichneten Kapitals nur in dem Umfange durchgeführt wird, in dem von Dritten unentziehbare Umtausch- oder Bezugsrechte geltend gemacht werden können. Die bedingte Kapitalerhöhung ist deshalb zweckgebunden. Sie wird vorgenommen

- zur Gewährung von Umtausch- oder Bezugsrechten an Gläubiger von Wandelschuldverschreibungen (in Form von Umtauschanleihen bzw. Optionsanleihen),
- zur Vorbereitung und Durchführung geplanter Fusionen oder
- zur Ausgabe von Belegschaftsaktien im Rahmen einer Erfolgsbeteiligung der Mitarbeiter.

Auch beim bedingten Kapital darf die Kapitalerhöhung die Hälfte des Grundkapitals nicht übersteigen. Das bedingte Kapital ist in der Bilanz zu vermerken (§ 152 Abs. 1 AktG).

3.2.3 Erleichterungen für nicht börsennotierte Aktiengesellschaften

In Deutschland gibt es über 500 000 GmbHs, aber nur ca. 2 000 Aktiengesellschaften. Der Grund liegt daran, dass nach der Reform des Aktiengesetzes 1965, die die großen börsennotierten Aktiengesellschaften mit einer Vielzahl von Aktionären zum Vorbild hatte, sich der Mittelstand aus der Rechtsform der AG zurückzog.

Seit der Reform des Aktienrechts ist die AG nun auch wieder für kleine und mittlere Betriebe attraktiv, insbesondere, da es ihnen die Eigenkapitalbeschaffung über den Kapitalmarkt durch den Gang an die Börse ermöglicht. Dabei ist mit der Rechtsform keine eigenständige Rechtsform geschaffen worden, vielmehr haben Regierung und Gesetzgeber das Aktiengesetz mittelstandsfreundlich geändert und für AGs mit überschaubarem Gesellschafterkreis Vereinfachungen eingeführt. Im Folgendem zeigt eine Gegenüberstellung die wesentlichen Unterschiede.

Erleichterungen für kleine nicht börsennotierte AGs		
	Alte Regelung	Neue Regelung
Gründung	Es waren mind. fünf Aktionäre.	Als Aktionär genügt eine Person.
Gründungsprüfungsbericht	Hinterlegung bei der örtlichen Handelskammer.	Einreichen beim Registergericht und beim Vorstand genügt.
Mitbestimmung der Arbeitnehmer im Aufsichtsrat	Für alle AGs mit Ausnahme der Familien-AGs bis zu 500 Mitarbeitern vorgeschrieben.	Erst ab 500 Mitarbeitern gesetzlich vorgeschrieben.
Gewinne	Über einen Teil der Gewinne entscheiden Vorstand und Aufsichtsrat.	Bei nicht börsennotierten AGs erhalten die Aktionäre mehr Einfluss.
Hauptversammlung	Die Tagesordnung muss öffentlich bekannt gemacht werden.	Eine Einladung per Einschreiben genügt, wenn die Aktionäre bekannt sind.
Beschlüsse der Aktionäre	Die Beschlüsse sind vom Notar zu beurkunden.	Beschlüsse mit einfacher Mehrheit unterschreibt der Aufsichtsratsvorsitzende.

Kontrollfragen

1. Welche Finanzierungsarten können unterschieden werden?
2. Was versteht man unter ERP-Krediten?
3. Wie kann Kapital im Wege der Beteiligungsfinanzierung dem kapitalsuchenden Unternehmen zugeführt werden?
4. Erläutern Sie die Unterschiede zwischen der Eigenfinanzierung einer OHG und einer KG hinsichtlich der Haftung der Gesellschafter.
5. Welche Faktoren erschweren die Eigenkapitalbeschaffung bei Personengesellschaften?
6. Welche Gründe können einen Einzelunternehmer veranlassen, selbstständig zu bleiben oder einen weiteren Gesellschafter aufzunehmen?
7. Welche Aktienformen kann man unterscheiden?
8. Wie wird der rechnerische Wert des Bezugsrechts neuer Aktien ermittelt?
9. In welcher Bandbreite liegt der Bezugskurs neuer Aktien?
10. Was ist unter »genehmigtem« und was unter »bedingtem« Kapital zu verstehen?
11. Vergleichen Sie die Alternativen der Kapitalerhöhung bei einer AG hinsichtlich der Liquiditätsauswirkung.

3.3 Außenfinanzierung in Form von Fremdfinanzierung

Fremdfinanzierung heißt Zufuhr von Fremdkapital, das nach einer bestimmten Frist wieder zurückbezahlt werden muss (Kredit). Sie bietet für Kapitalgeber und -nehmer Vor- und Nachteile, die sich im Zeitablauf verändern können. Üblicherweise wird die Fremdkapitalaufnahme in eine kurz-, mittel- und langfristige Form aufgeteilt.

Der Fremdkapitalgeber ist vor allem an der Zinszahlung aber auch an der Rückzahlung des Fremdkapitals interessiert. Daher wird er immer die Bonität des Fremdkapitalnehmers prüfen (Kreditwürdigkeits- oder Bonitätsprüfung).

3.3.1 Kreditwürdigkeitsprüfung

Kredit bedeutet die Überlassung von Geld, Gütern oder Dienstleistungen im Vertrauen auf eine spätere Gegenleistung. Die beim Kreditgeschäft Beteiligten sind Kreditgeber (Kreditor, Gläubiger) und Kreditnehmer (Debitor, Schuldner).

Kreditgeschäfte werden in der Regel durch einen Kreditvertrag fixiert. Sein Inhalt wird sich im Allgemeinen auf folgende Punkte erstrecken:

- Höhe des Kredits und/oder Beleihungsgrenze,
- Zinsen, eventuell Provisionen, Höhe der Auszahlung vom Nominalbetrag,
- Fristen der Bereitstellung, Rückzahlung und Kündigung des Kredits,
- Kreditsicherung.

Der **Kreditantrag** bildet die Grundlage für die Prüfung der Kreditfähigkeit und der Kreditwürdigkeit des Kreditnachfragers sowie für den beabsichtigten Kreditvertrag und für den Kreditsicherungsvertrag. Er wird deshalb im Allgemeinen folgende Angaben umfassen:

- die Person des Antragstellers,
- die Rechtsform des von ihm vertretenen Unternehmens,
- die Höhe des beantragten Kredits
  (Höchst- und Mindestbetrag),
- den vorgesehenen Verwendungszweck,
- die Dauer und voraussichtliche Laufzeit,
- die zur Verfügung stehenden Kreditsicherheiten,
- die Rückzahlungs- bzw. Tilgungsvorschläge,
- die Vermögensverhältnisse des Antragstellers,
- seine bisherigen Kontoverbindungen.

Die bankübliche Kreditprüfung beinhaltet die Feststellung der Kreditfähigkeit und der Kreditwürdigkeit eines potenziellen Kreditnehmers. **Kreditfähigkeit** bedeutet die rechtliche Fähigkeit, sich zu verschulden, und **Kreditwürdigkeit** die erwartete Bonität des Kreditnehmers, den Kredit vertragsgemäß bedienen zu können.

Die Kreditwürdigkeitsprüfung wird sich im Allgemeinen auf die Vermögens- und Kapitalstruktur, die Liquiditätssituation einschließlich Finanzplanung und vor allem auf die Erfolgsaussichten des Kreditnehmers erstrecken.

Eine Änderung der Kreditvergabepolitik der Banken gegenüber kleineren und mittleren Unternehmen wird allerdings durch die sog. **Baseler Beschlüsse** vermutet. Es wurde beschlossen, den Banken ein nachvollziehbares Risikomanagement vorzuschreiben. Nach dem Willen der Baseler Aufsicht sollen die Banken künftig nicht mehr für jeden Kredit den gleichen Anteil an Eigenkapital zur Absicherung vorhalten. Je besser die Bonität des Kunden, desto geringer der als Sicherheit zu hinterlegende Eigenkapitalanteil der Bank, desto zinsgünstiger der Kredit.

Dieser Sachverhalt wird dazu führen, dass auch kleinere und mittlere Unternehmen sich in verstärktem Maße quantitativ, aber auch qualitativ analysieren lassen, d. h. sich einem »Rating« unterziehen und z. B. in acht Klassifikationsmerkmale (von AAA bis D) eingeteilt werden können. Für diese Aufgabe bieten mehrere Agenturen ihre Dienste für den Mittelstand an.

3.3.2 Kurz- und mittelfristige Fremdfinanzierung

Die kurzfristige Fremdfinanzierung umfasst einen Zeitraum bis zu sechs Monaten. Nach diesem Zeitpunkt sind durchaus Prolongationen möglich, der kurzfristige Charakter des Kredits ändert sich dadurch nicht. Als Kreditgeber können leistungswirtschaftliche Partner (Lieferanten und Kunden) oder Banken auftreten.

3.3.2.1 Lieferantenkredit

Der Lieferantenkredit tritt in unterschiedlichen Varianten auf:

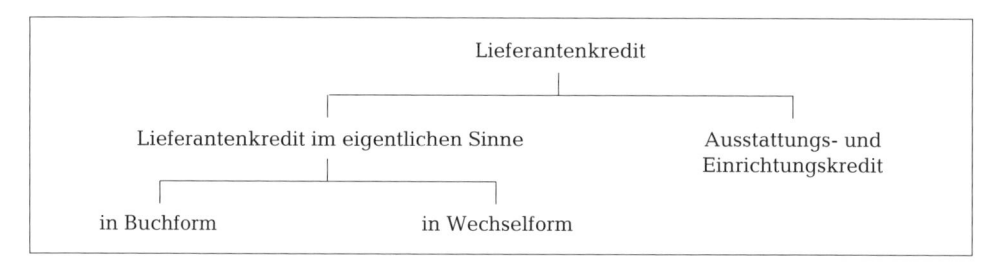

```
                          Lieferantenkredit
                                 |
            ┌────────────────────┴────────────────────┐
   Lieferantenkredit im eigentlichen Sinne     Ausstattungs- und
            |                                  Einrichtungskredit
   ┌────────┴────────┐
in Buchform     in Wechselform
```

Der **Lieferantenkredit im eigentlichen Sinne** ist ein Kredit, den der Lieferant einem Abnehmer aus dem Kaufvertrag heraus gewährt. Diese Kreditart ist im Allgemeinen zu den kurzfristigen Krediten zu zählen.

Der Anteil der Barzahlungsgeschäfte nimmt immer mehr ab. Die Gründe sind vielfältig und liegen hauptsächlich im zunehmenden Serviceangebot der Banken bezüglich des bargeldlosen Zahlungsverkehrs sowie in der weiträumigen Verflechtung der Unternehmen mit ihren Vorlieferanten. Im Allgemeinen sehen die Vertragsvereinbarungen die Vorleistung des Lieferanten und die spätere Gegenleistung des Abnehmers durch Zahlung vor. Der Zeitraum zwischen Liefervorleistung und Zahlung bewirkt ein Gläubiger-Schuldner-Verhältnis, und damit entsteht ein Fremdfinanzierungsvorgang.

Ist zwischen Lieferant und Abnehmer nichts Besonderes vereinbart, liegt ein Lieferantenkredit in Buchform vor. Entsprechend den Zahlungs- und Lieferbedingungen hat der Abnehmer vielfach die Wahl,

– innerhalb einer kurzen Frist nach Rechnungs- bzw. Lieferdatum (z. B. 10 Tage) den Rechnungsbetrag unter Abzug von Skonto (z. B. 2 %) oder
– innerhalb einer längeren Frist (z. B. Zahlungsziel 30 Tage) den vollen Rechnungsbetrag ohne jeglichen Abzug

zu bezahlen. Dabei wird davon ausgegangen, dass der Abnehmer die Leistung des Lieferanten als einwandfrei ansieht und zumindest im jetzigen Augenblick die Zahlungsschuld anerkennt.

Zahlungen innerhalb der kurzen, meist zehntägigen Frist, werden als barzahlungsähnlich angesehen. Diese Frist benötigen der Abnehmer für die Prüfung der Leistung und die Zahlungsanweisung und die Bank zur Durchführung der Zahlung.

Die Ausnutzung des Zahlungsziels bringt dem Abnehmer den scheinbaren Vorteil der späteren Zahlung. Für die Frage, wie teuer diese zusätzliche Kreditinanspruchnahme ist, müssen die zusätzlich eingeräumte Kreditfrist von 30 Tagen Zahlungsziel abzüglich 10 Tage Skontofrist und der Skontosatz verglichen werden. Mit meist über 30 % (auf das Jahr umgerechnet) ist der Lieferantenkredit der weitaus teuerste Kredit. Trotzdem macht die Geschäftspraxis von dieser Kreditart z. B. bei Liquiditätsengpässen Gebrauch.

Aufgabe 9.09 *Berechnung des entgangenen Skontos S. 431*

Lieferantenkredit in Wechselform

Vielfach besteht von seiten des Käufers der Wunsch nach längeren Kreditfristen gegenüber den Lieferanten, mit denen man in laufenden Geschäftsbeziehungen steht. In diesen Fällen bietet sich zur Kreditgewährung die Wechselform an. (Zur Verbuchung vgl. ausführlich S. 1 ff.).

Der Lieferant zieht einen Wechsel in Höhe des Rechnungsbetrages auf den Käufer, der diesen Wechsel akzeptiert. Daraus ist eine Wechselverpflichtung entstanden. Unter bestimmten Bedingungen kann der Lieferant (Wechselinhaber) diesen Wechsel diskontieren lassen und dadurch sofort in den Besitz von liquiden Mitteln kommen. Die Kosten der Wechselfinanzierung sind im Vergleich zur Nichtinanspruchnahme des Skontos wesentlich geringer.

Ausstattungs- oder Einrichtungskredit

Beim Ausstattungs- oder Einrichtungskredit gewährt der Lieferant Unternehmen der nachfolgenden Stufe einen Kredit zur Beschaffung der erforderlichen Einrichtungsgegenstände. Er wird in der Regel als langfristiger Kredit gewährt. Der Kauf der Einrichtungsgegenstände erfolgt nicht beim Kreditgeber, sondern bei anderen Unternehmen. Das Interesse des Kreditgebers ist in diesem Fall darauf gerichtet, den Kreditnehmer über die Kreditgewährung als Abnehmer für seine Leistungen zu gewinnen.

Die Kreditgewährung kann mit einer Abnahmeverpflichtung für diese Leistungen verbunden sein. Typische Beispiele dafür finden sich in der Finanzierung von Gaststätten durch Brauereien oder von Tankstellen durch Mineralölgesellschaften.

3.3.2.2 Anzahlungs- oder Kundenkredit

Anzahlungen eines Kunden werden vielfach geleistet
– bei Langfristfertigung und hochwertigen Spezialanfertigungen,
– bei neuen Kundenbeziehungen oder Zweifeln an der Bonität eines Kunden,
– zur Sicherung des Warenbezugs bei Verkäufermarkt (langen Lieferzeiten oder Marktmacht des Lieferanten).

3.3.2.3 Kurz- und mittelfristige Bankkredite

Die kurz- und mittelfristigen Bankkredite lassen sich in drei Gruppen einteilen:

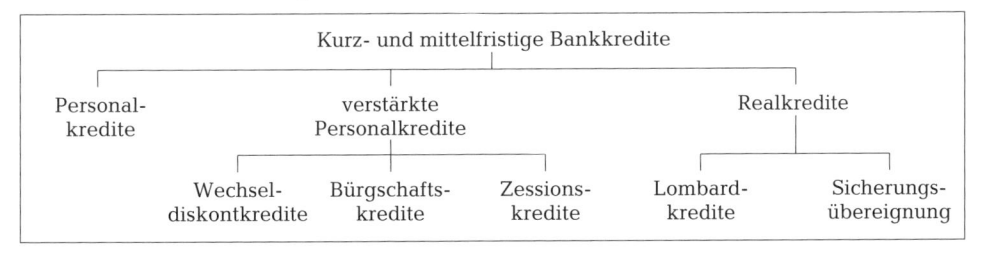

```
                    Kurz- und mittelfristige Bankkredite
         ┌─────────────────────┼─────────────────────┐
    Personal-           verstärkte               Realkredite
    kredite          Personalkredite
                ┌─────────┬─────────┐         ┌─────────┬─────────┐
            Wechsel-   Bürgschafts- Zessions-  Lombard-  Sicherungs-
         diskontkredite  kredite    kredite    kredite   übereignung
```

Wird ein Kredit lediglich auf Grund der Kreditwürdigkeit des Kreditnehmers, aber ohne Stellung einer dinglichen Sicherheit gegeben, liegt ein **Personalkredit** vor. Er wird meist als Kontokorrentkredit, weniger als Darlehen gewährt. Liegt ein Darlehensvertrag vor, so ist dieser formfrei.

Der **Kontokorrentkredit** ist ein kurzfristiger Kredit in laufender Rechnung, der dem Kreditbedarf des Kunden angepasst ist, wobei eine bestimmte Kreditlinie (Höchstgrenze) nicht überschritten werden soll. Er wird in der Regel prolongiert und dient hauptsächlich zur Finanzierung des Umsatzes, weshalb auf dem Kontokorrentkonto meist eine hohe Umschlagshäufigkeit zu verzeichnen ist.

Bei **verstärkten Personalkrediten** haften neben dem Kreditnehmer noch zusätzliche »Personen« (Wechselgaranten, Bürgen oder Drittschuldner) für die Rückzahlung und die Verzinsung des Kredits.

Realkredite sind Kredite, bei denen die Forderung des Kreditgebers zusätzlich durch Verpfändung oder Sicherungsübereignung realer Vermögenswerte gesichert ist.

Wechseldiskontkredit

Dem Kreditnehmer wird der Barwert später fälliger Wechsel zur Verfügung gestellt im Vertrauen darauf, dass am Verfalltag der Wechsel vom Bezogenen eingelöst wird. Mindestens zwei Wechselbeteiligte haften dem Kreditinstitut: der Bezogene und der Einreicher.

Infolge der Rediskontmöglichkeit, der Wechselstrenge, der Kurzfristigkeit, der Bestimmtheit des Zahlungstages und der Wechselhaftung ist der Diskontkredit für das Kreditinstitut einer der sichersten und für den Kunden in der Regel einer der billigsten Kredite.

Bürgschaftskredit

Der Bürgschaftskredit ist ein Personalkredit, der zusätzlich durch eine Bürgschaft gesichert ist. Es liegen zwei Rechtsgeschäfte vor: ein Kreditvertrag und ein Bürgschaftsvertrag.

Neben dem Kreditnehmer haftet der Bürge für Zinsen und Rückzahlung. Nach dem Gesetz ist die Bürgschaft ein Vertrag zwischen dem Gläubiger und dem Bürgen, wonach der Bürge für den Schuldner haftet (§ 765 BGB). Der Kreditgeber hat also für seine Forderungen zwei Schuldner.

Der Bürgschaftsvertrag kommt durch die schriftliche Bürgschaftserklärung des Bürgen und die formlose Entgegennahme durch das Kreditinstitut zustande. Vollkaufleute im Sinne des Handelsgesetzbuches können sich im Rahmen ihres Geschäftsbetriebes auch mündlich verbürgen.

Man unterscheidet zwei Arten der Bürgschaft:

Bei der **Ausfallbürgschaft** hat der Bürge das Recht zur Einrede der Vorausklage, d. h., er kann verlangen, dass der Gläubiger zunächst alle außergerichtlichen und gerichtlichen Maßnahmen ergreift, um vom Hauptschuldner sein Geld zu erhalten, ehe der Bürge zur Zahlung aufgefordert wird.

Eine **selbstschuldnerische Bürgschaft** liegt vor, wenn der Bürge auf die Einrede der Vorausklage verzichtet hat. Verweigert der Schuldner die Zahlung, so muss der Bürge auf erstes Verlangen des Gläubigers sofort bezahlen. Kreditinstitute verlangen fast immer eine derartige Bürgschaft. Die Bürgschaft von Vollkaufleuten ist stets selbstschuldnerisch.

Die **Bürgschaft erlischt**, wenn die Schuld durch den Hauptschuldner oder den Bürgen getilgt ist, wenn der Gläubiger auf die Forderung oder die Bürgschaft verzichtet oder wenn die vereinbarte Zeit abgelaufen ist.

Zessionskredit

Zur Sicherung eines Kredits kann ein Kreditnehmer eine oder mehrere Forderungen abtreten (Zession). Auch hier liegen zwei Rechtsgeschäfte vor: ein Kreditvertrag und ein Zessionsvertrag.

Durch den formfreien Zessionsvertrag zwischen dem alten und dem neuen Gläubiger geht die Forderung des alten Gläubigers auf den neuen Gläubiger über. Der Drittschuldner, gegen den die Forderung besteht, kann dem neuen Gläubiger (Kreditgeber, Zessionar) meist die Einwendungen entgegensetzen, die gegen den alten Gläubiger (Kreditnehmer, Zedent) auch begründet waren (z. B. Mängelrügen u. a.).

Je nachdem, ob der Drittschuldner von der Abtretung informiert wird oder nicht, spricht man von einer stillen oder offenen Zession. Bei der **stillen Zession** wird der Drittschuldner an den bisherigen Gläubiger zahlen. Bei der **offenen Zession** ist dem Drittschuldner der Forderungsübergang bekannt. Er kann dann mit befreiender Wirkung nur an den Zessionar zahlen. Oft wird im Zessionsvertrag vereinbart, dass die stille Zession jederzeit in eine offene umgewandelt werden kann, sobald dem Kreditinstitut die Bonität des Kreditnehmers nicht mehr gesichert erscheint.

Lombardkredit

Der Lombardkredit ist ein Realkredit, der durch Pfandrecht an einer beweglichen Sache oder einem verbrieften Recht gesichert ist. Er ist stets kurzfristig. Der Kreditnehmer erhält als Kredit nicht den vollen Wert seines Pfandes, sondern nur einen bestimmten Prozentsatz davon (Beleihungssatz). Der Zinssatz beim Lombardkredit wird als Lombardsatz bezeichnet.

Der Lombardkredit ermöglicht die Beschaffung kurzfristiger Betriebsmittel durch Beleihung von Gegenständen, die der Kreditnehmer nicht veräußern will oder nur zu einem ungünstigen Preis veräußern könnte (z. B. Effekten, Edelmetalle, Warenwertpapiere, Lebensversicherungen und Bausparverträge). Ferner ermöglicht er bei Einfuhr großer Warenmengen (Schiffsladungen) die kurzfristige Bezahlung des Kaufpreises und lässt dem Käufer Zeit, die Ware nach und nach abzusetzen.

Die Verpfändung erfolgt durch Einigung der beiden Parteien, dass ein Pfandrecht bestehen soll, und durch Übergabe des verpfändeten Gegenstands (Faustpfand). Durch die Übergabe wird der Pfandgläubiger Besitzer, aber nicht Eigentümer der verpfändeten Sache. Danach ergeben sich folgende Beziehungen:

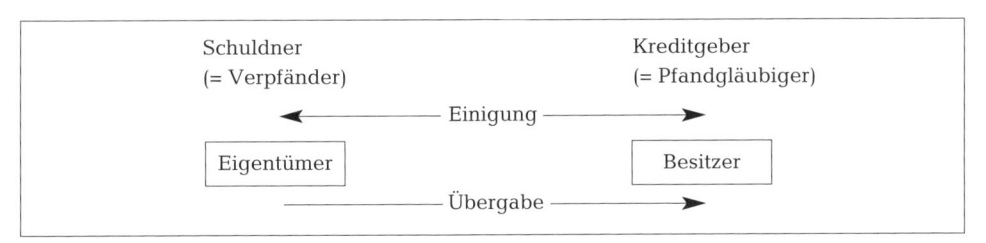

```
    Schuldner                           Kreditgeber
   (= Verpfänder)                    (= Pfandgläubiger)
        ◄─────────── Einigung ───────────►

    ┌───────────┐                    ┌───────────┐
    │ Eigentümer │                    │  Besitzer │
    └───────────┘                    └───────────┘
        ─────────────── Übergabe ───────────►
```

Der Pfandgläubiger hat die Pflicht, das Pfand mit der Sorgfalt eines Lagerhalters zu verwahren und zu verwalten. Er ist berechtigt, das Pfand zu verwerten, wenn der Schuldner die fällige Leistung nicht erbringt (Pfandreife).

Das **Pfandrecht erlischt** durch

– Rückgabe des Pfandes (der Vorbehalt, dass das Pfandrecht fortbestehen soll, ist unwirksam),
– Erlöschen der Forderung, für die es bestellt ist,
– ausdrücklichen Verzicht des Pfandgläubigers gegenüber dem Verpfänder.

Sicherungsübereignung

Bei der Sicherungsübereignung erwirbt der Kreditgeber das bedingte Eigentum an einer beweglichen Sache zur Kreditsicherung, der Schuldner aber bleibt (im Gegensatz zum Pfandrecht) Besitzer und kann mit den sicherungsübereigneten Gegenständen weiter arbeiten. Daher kann der Kreditgeber nicht frei über den übereigneten Gegenstand verfügen; das Eigentum daran soll mit der Rückzahlung des Kredits von selbst wieder auf den Kreditnehmer übergehen.

Kreditgeber und Kreditnehmer schließen neben dem Kreditvertrag einen Sicherungsübereignungsvertrag. Dieser enthält die Einigung, dass der Kreditgeber bedingter Eigentümer der Sache werden soll, und die Vereinbarung, dass der Kreditnehmer Besitzer bleibt (diese Vereinbarung ersetzt die Übergabe).

Die Sicherungsübereignung ist **nicht gesetzlich geregelt**, aber durch die Rechtsprechung anerkannt. Der neue Eigentümer kann Dritten gegenüber seine Rechte uneingeschränkt geltend machen, insbesondere einer Pfändung der übereigneten Sache durch andere Gläubiger des Kreditnehmers erfolgreich widersprechen. Gegenüber dem Kreditnehmer sind jedoch seine Rechte aus dem Eigentum beschränkt. Im Insolvenzfall des Kreditnehmers ist der Kreditgeber nicht aussonderungs-, sondern nur absonderungsberechtigt wie ein Pfandgläubiger.

3.3.3 Langfristige Fremdfinanzierung (Darlehensfinanzierung)

Kredite mit einer Mindestlaufzeit von 4 Jahren fallen in den Bereich der langfristigen Fremdfinanzierung. Als Formen haben sich das **Darlehen** und das **Schuldscheindarlehen** herausgebildet, die durch langfristige Sicherheiten (Fristengleichheit oder Fristenkongruenz) abgesichert sein müssen.

3.3.3.1 Darlehen (§§ 607 ff. BGB)

Unter einem Darlehen versteht man nach § 607 Abs. 1 BGB die Hingabe von Geld oder anderen vertretbaren Sachen mit der Vereinbarung, dass der Empfänger Sachen gleicher Art, Güte und Menge zurückgeben muss. In der Regel werden genaue vertragliche Abmachungen über Auszahlung, Zins, Laufzeit, Rückzahlungsweise u. a. getroffen. Nach der Rückzahlungsart unterscheidet man

- Kündigungsdarlehen (sie werden auf Kündigung zurückgezahlt),
- Rückzahlungsdarlehen (sie werden zu einer bestimmten Zeit in einer Summe zurückgezahlt),
- Annuitätendarlehen (sie werden durch Zahlung gleicher Raten = Zins und Tilgung, zurückgezahlt),
- Tilgungsdarlehen (sie werden durch gleiche Tilgungen zurückgezahlt).

Wegen der langen Laufzeit ist eine Sicherung notwendig, die möglichst unabhängig von den persönlichen Verhältnissen des Kreditnehmers ist. Deshalb werden Grundpfandrechte in Form von Hypotheken bzw. Grundschulden eingeräumt. Man spricht von so genannten **Grundkrediten.** Sie sind ein durch Pfandrecht an einer unbeweglichen Sache gesicherter Kredit.

Da die Übergabe des Pfandes beim Grundkredit nicht möglich ist, wird diese durch die Eintragung in das **Grundbuch** ersetzt. Das Grundbuch ist ein öffentliches Register und genießt öffentlichen Glauben.

Hypothek (Unterpfand §§ 1113 ff. BGB)

Eine Hypothek ist ein Pfandrecht an einem Grundstück, wonach der Gläubiger berechtigt ist, sich wegen einer bestimmten Forderung aus dem Grundstück zu befriedigen. Daher müssen zwei Voraussetzungen für das Bestehen einer Hypothek erfüllt sein: das Bestehen einer Forderung (Akzessorietät) und die Eintragung in das Grundbuch samt Zinssätzen und etwaigen Nebenleistungen. Dem Kreditgeber haftet sowohl das Grundstück als Pfand **(dingliche Sicherung)** als auch der Kreditnehmer persönlich mit seinem ganzen Vermögen **(persönliche Sicherheit).**

Eine **Übertragung der Hypothek** erfolgt in folgenden Fällen:

- Abtretung der Hypothekenforderung (die Forderung geht auf den Gläubiger über),
- Übertragung der Hypothekenschuld nach Tilgung der Forderung auf einen neuen Hypothekengläubiger zur Aufnahme eines neuen Kredits.

Unterscheidung der Hypothekenarten	
nach der Form der Bestellung	nach dem Nachweis der Forderung
(1) Buchhypothek – Sie entsteht durch Einigung zwischen dem Grundstückseigentümer und dem Gläubiger, dass eine Hypothek bestellt werden soll, und durch ihre Eintragung im Grundbuch. – Bei ihr ist das Grundbuch die alleinige Grundlage. (2) Briefhypothek – Sie wird durch Einigung, Eintragung und Erteilung eines Hypothekenbriefes bestellt. – Der Brief macht die Hypothekenforderung beweglich, d.h., er vermittelt den Erwerb und die Übertragung der Hypothek.	(1) Verkehrshypothek – Sie ist die im Gesetz als Regelfall angesehene (gewöhnliche) Form der Hypothek. – Erhält der Gläubiger bei Fälligkeit keine Zahlung, kann er gegen den Grundstückseigentümer auf Duldung der Zwangsvollstreckung in das verpfändete Grundstück klagen, um sich einen vollstreckbaren Titel zu verschaffen. – Zum Nachweis seines Forderungsrechts kann sich der Gläubiger auf das Grundbuch oder den Hypothekenbrief berufen. (2) Sicherungshypothek – Sie ist eine Hypothek, bei der sich das Recht des Gläubigers nur nach der Forderung bestimmt (streng akzessorisch). – Der Gläubiger muss den Beweis des Bestehens einer Forderung erbringen und kann sich nicht auf die Eintragung berufen. – Diese Form der Hypothek muss im Grundbuch als Sicherungshypothek bezeichnet sein.

Die **Hypothek erlischt**

- durch vertragliche Aufhebung oder
- durch Befriedigung des Gläubigers aus dem Grundstück (Zwangsvollstreckung).

Sie erlischt jedoch nicht bei Tilgung der Forderung; hier entsteht eine (unechte) Eigentümergrundschuld.

Grundschuld (§§ 1191 ff. BGB)

Die Grundschuld ist ein Pfandrecht an einem Grundstück, wodurch der Berechtigte ermächtigt wird, sich aus dem Grundstück in Höhe einer Geldsumme zu befriedigen. Der Unterschied zur Hypothek besteht darin, dass für ihre Bestellung **kein Schuldverhältnis** vorhanden sein muss. Wenn ein Schuldverhältnis vorhanden ist, braucht die Forderung nicht nachgewiesen zu werden. Daher besteht nur eine dingliche Sicherung durch das Grundstück.

Für Bestellung (Buch- oder Briefgrundschuld), Abtretung, Verpfändung und Löschung gelten in der Regel die gleichen Bestimmungen wie bei der Hypothek.

Nach der Person des Grundschuldberechtigten unterscheidet man Fremd- und Eigentümergrundschuld. Bei der **Fremdgrundschuld** ist nicht der Eigentümer des Grundstückes der Berechtigte, sondern eine andere Person (z. B. der Kreditgeber). Bei der **Eigentümergrundschuld** stehen die Rechte aus der Grundschuld dem Grundstückseigentümer selbst zu. Durch sie kann sich der Grundstückseigentümer eine bevorzugte Rangstelle im Grundbuch freihalten, um sich später durch Abtretung oder Verpfändung der Grundschuld Kredit zu beschaffen.

3.3.3.2 Schuldscheindarlehen

Das Schuldscheindarlehen ist ein langfristiges Darlehen, über das ein Schuldschein (Schuldurkunde, kein Wertpapier) ausgestellt wird. Als Kreditnehmer kommen nur emissionsfähige Unternehmen und solche Unternehmen in Betracht, die ein entsprechend hohes Eigenkapital und hohe Sicherheiten aufweisen können, da es sich bei dieser Finanzierungsform meist um Großkredite handelt. Als Kreditgeber fungieren Kapitalsammelstellen (Bankenkonsortium, Versicherungen u. a.). Die Schuldscheine werden in Teilabschnitten angeboten (jedoch kein Börsenhandel). Die Vorteile von Schuldscheindarlehen bestehen darin, dass trotz eines hohen Zinssatzes die Gesamtkosten in der Regel niedriger als bei Wertpapieremissionen sind und eine gute Anpassung an den Kapitalbedarf möglich ist.

3.3.4 Kreditleihe

Im Gegensatz zu den bisher behandelten Kreditarten werden bei der Kreditleihe nicht Waren, Geld oder Dienstleistungen im eigentlichen Sinne zur Verfügung gestellt, sondern es wird die Kreditwürdigkeit eines Unternehmens (meist einer Bank) »verliehen«. Hauptformen sind der Aval- und der Akzeptkredit. Als Kosten entstehen Provisionen (keine Zinsen).

3.3.4.1 Avalkredit

Der Avalkredit ist ein Bürgschaftskredit, bei dem z. B. ein Kreditinstitut eine selbstschuldnerische Bürgschaft übernimmt. Derartige Bankbürgschaften werden meistens von Behörden und von privaten Unternehmen zur Absicherung eventueller Vertragsstrafen gefordert oder werden als Sicherheit bei An- oder Vorauszahlungen vom Geldempfänger geleistet.

Die Beziehungen lassen sich wie folgt darstellen:

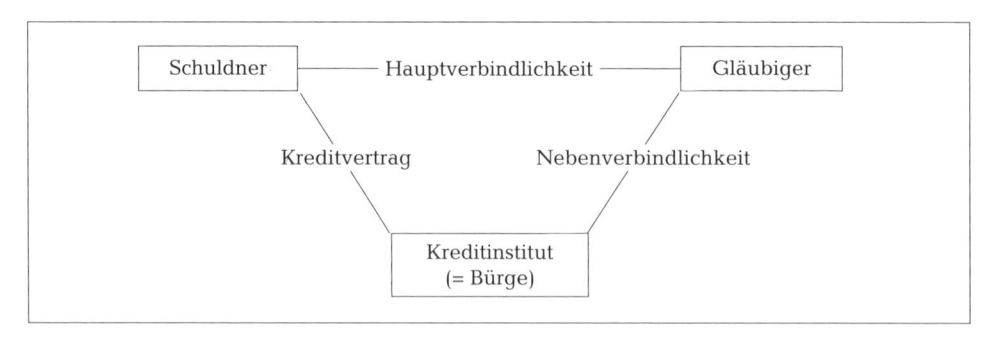

```
   Schuldner ──── Hauptverbindlichkeit ──── Gläubiger
        \                                      /
         \                                    /
      Kreditvertrag              Nebenverbindlichkeit
             \                          /
              \                        /
               Kreditinstitut
                  (= Bürge)
```

3.3.4.2 Akzeptkredit

Der Akzeptkredit ist ein Kredit, bei dem sich ein Kreditinstitut für einen Kunden durch ein Wechselakzept verpflichtet. Ist der Akzeptkredit als Kreditmittel anzusehen, diskontiert meist die akzeptierende Bank diesen Wechsel, damit sie neben der Akzeptprovision noch den Diskont erwirtschaftet.

Der Akzeptkredit dient auch als Zahlungsmittel an einen Lieferer zur Begleichung seiner Verbindlichkeiten. Dies wird vielfach im Exportgeschäft verlangt. Dabei wird vereinbart, dass der Lieferer direkt auf das Kreditinstitut einen Wechsel ziehen soll, wobei das Kreditinstitut seinem Kunden vorher seine Akzeptbereitschaft in Form eines Akzeptkredits kundtut. Diese Form des Akzeptkredits in Verbindung mit einem Wechseldiskontkredit wird auch als **Rembourskredit** bezeichnet.

Kontrollfragen

1. Was beinhaltet eine bankübliche Kreditprüfung?
2. Welche generellen Vor- und Nachteile sind mit der Kreditfinanzierung verbunden?
3. Nach welchen Gesichtspunkten lassen sich die Kreditarten unterscheiden?
4. Welche Objekte werden als dingliche Sicherheit herangezogen?
5. Warum werden Kontokorrentkredite zu den kurzfristigen Bankkrediten gerechnet, obwohl sie doch den Kreditnehmern über mehrere Jahre zur Verfügung stehen können?
6. Ist der Lieferantenkredit ein billiges oder ein teures Finanzierungsinstrument?
7. Welche Sicherheiten werden beim Lieferantenkredit verwendet?
8. Welche Bedeutung hat die Bürgschaft für einen Gläubiger?
9. Was ist unter einem Zessionskredit zu verstehen?
10. Welche Realkredite unterscheidet man?
11. Was versteht man unter einem Grundkredit?
12. Worin unterscheiden sich Hypothek und Grundschuld?
13. Was ist unter Kreditleihe zu verstehen?

Aufgabe 9.10 *Kredit und Sicherheiten S. 431*

3.4 Innenfinanzierung

Unter Innenfinanzierung versteht man die Beschaffung von zusätzlichen Finanzierungsmitteln aus dem betrieblichen Umsatzprozess (über den Cashflow) heraus und durch Umfinanzierung.

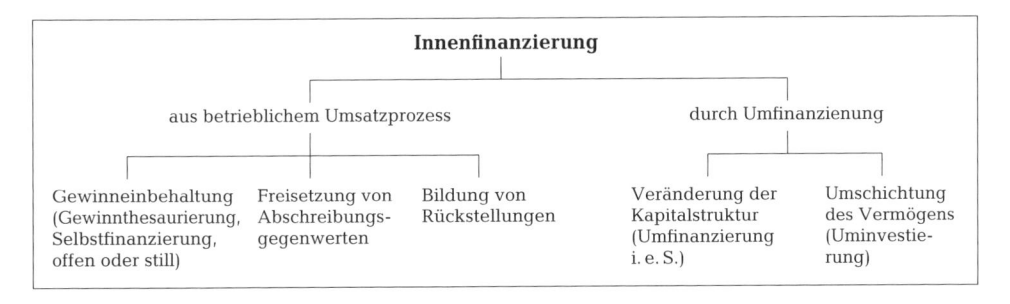

```
                            Innenfinanzierung
            ┌───────────────────┴───────────────────┐
   aus betrieblichem Umsatzprozess          durch Umfinanzierung
   ┌──────────┬──────────┬──────────┐       ┌──────────┬──────────┐
Gewinnein-   Freisetzung  Bildung von      Veränderung der   Umschichtung
behaltung    von          Rückstellungen   Kapitalstruktur   des Vermögens
(Gewinnthesaurierung, Abschreibungs-                        (Umfinanzierung  (Uminvestie-
Selbstfinanzierung,   gegenwerten                            i. e. S.)        rung)
offen oder still)
```

3.4.1 Gewinneinbehaltung (Selbstfinanzierung)

Die Gewinneinbehaltung ist die wichtigste Innenfinanzierungsart. Sie kann in offener und in stiller Form erfolgen.

Die **offene Form** liegt vor, wenn Gewinne nicht ausgeschüttet werden, sondern bei Einzelfirmen und Personengesellschaften auf den Kapitalkonten stehen bleiben und bei Kapitalgesellschaften den Gewinnrücklagen zugeführt werden. Die Gegenwerte dieses zusätzlichen Eigenkapitals verbleiben in den Vermögenswerten (z. B. in den Zahlungsmitteln, Forderungen, Vorräten).

Die **stille Form** vollzieht sich über die Bildung stiller Rücklagen, die durch Unterbewertung von Vermögensteilen (z. B. durch überhöhte Abschreibungen oder durch zu niedrigen Ansatz der Herstellungskosten selbsterstellter Anlagen) oder durch Überbewertung von Schulden (z. B. überhöhte Rückstellungen) entstehen.

Die Vorteile der Selbstfinanzierung bestehen für das Unternehmen in folgenden Punkten:

– Sie führt zu keinen Zinsausgaben, die die Liquidität belasten.
– Sie ermöglicht eine bewegliche Preispolitik, da auf eine Deckung des Eigenkapitalzinses kurzfristig verzichtet werden kann.
– Der mittlere und kleine Betrieb ist unter Umständen nicht auf Fremdkapital angewiesen, das möglicherweise, z. B. bei Bankkrediten, eine Einflussnahme auf die Unternehmensführung bedeuten kann.
– Sie hat Vorteile in Zeiten einer Hochzinspolitik.
– Sie stärkt die Kreditwürdigkeit.

Die Bedeutung der Selbstfinanzierung zeigt sich besonders in den verschiedenen Sonderabschreibungsmöglichkeiten, die der Steuergesetzgeber als Investitionsanreiz gezielt einsetzt. Wenn dadurch aber zurückbehaltene Gewinne nicht immer marktgerecht eingesetzt werden, kann eine verstärkte Selbstfinanzierung auch Kapitalfehlleitungen bewirken.

Aufgabe 9.11 *Selbstfinanzierung S. 432*

Aufgabe 9.12 *Selbstfinanzierung und Rentabilität S. 432*

3.4.2 Freisetzung von Abschreibungsgegenwerten

Die im Verkaufspreis einkalkulierten Abschreibungen fließen über die Verkaufserlöse in das Unternehmen zurück. Der Aufwandsposten Abschreibungen sorgt dafür, dass die Abschreibungsgegenwerte im Betrieb verbleiben und nicht als Gewinn erscheinen und eventuell ausgeschüttet werden.

Die verbrauchsbedingten Abschreibungen, die zunächst grundsätzlich zur Ersatzbeschaffung (Reinvestition) des Abschreibungsgegenstandes dienen, wirken auch als eine Quelle der Neuinvestition **(Kapazitätserweiterungs- bzw. Lohmann-Ruchti-Effekt)**. Dieser Effekt beruht auf der Tatsache, dass in den Verkaufspreisen der hergestellten Erzeugnisse der Abschreibungsgegenwert für die Anlagenabnutzung in der Regel früher vergütet wird, als für die Erneuerung der Anlagegüter benötigt (von denen die Abschreibungsbeträge stammen). Wenn diese Abschreibungsgegenwerte laufend reinvestiert werden, dann führt das zu einer Anlagenexpansion, ohne dass eine Zuführung neuer finanzieller Mittel notwendig ist. Da sich die Investitionspolitik in der Praxis jedoch hauptsächlich nach den Erfordernissen der Absatz- und Produktionsplanung richtet, kommt der Kapazitätserweiterungseffekt in der Praxis nur unter bestimmten Voraussetzungen zum Tragen. Die Anfangsinvestition muss mit Eigenkapital finanziert sein.

Aufgabe 9.13 *Finanzierung aus Abschreibungen S. 433*

3.4.3 Bildung von Rückstellungen

Die Anlässe zu Rückstellungen liegen im kurzfristigen Bereich (z. B. Garantieleistungen) und langfristigen Bereich (z. B. Pensionsrückstellungen) des Unternehmens. Bis zur Fälligkeit der Zahlungsverpflichtungen können die hierfür vorhandenen liquiden Mittel zur Finanzierung von Investitionen verwendet werden. Je längerfristiger die Rückstellungen sind, desto längerfristiger können auch die Investitionen sein. Wenn das Unternehmen seine Rückstellungen überhöht, indem es den Aufwand zu hoch ansetzt, verlagert es den Gewinn in Folgeperioden und behält ihn damit so lange als Selbstfinanzierungsquelle.

Von erheblicher Bedeutung sind die langfristigen **Pensionsrückstellungen**, die nach versicherungsmathematischen Grundsätzen zu bilden sind. Ein starker Trend ist im Hinblick auf den Abschluss von Gruppenversicherungsverträgen mit privaten Versicherungsgesellschaften festzustellen. Eine unmittelbare Finanzierungswirkung ist dabei aber nicht gegeben.

3.4.4 Umfinanzierung

Unter Umfinanzierung versteht man die Bereitstellung von Finanzierungsmitteln durch Änderung der Zusammensetzung des Vermögens oder Kapitals ohne Zuführung zusätzlicher Mittel.

Umfinanzierung im engeren Sinne ist die bewusst herbeigeführte Veränderung der Kapitalstruktur. Das kann z. B. durch eine so genannte Konsolidierung von Schulden, d. h. Umwandlung von kurzfristigem in langfristiges Fremdkapital, oder durch Umtausch von Wandelschuldverschreibungen in Aktien geschehen.

Umfinanzierung im Sinne von **Uminvestierung** bedeutet eine Umschichtung des Vermögens. Bisher gebundene Vermögenswerte werden freigesetzt, damit Finanzierungsmittel beschafft werden können. Beispiele dafür sind:

– Veräußerung nicht betriebsnotwendiger Teile des Sach- oder Finanzanlagevermögens,
– sale and lease back, d. h. Verkauf und »zurückleasen« von Anlagevermögen,
– Minderung der Bestände an unfertigen und fertigen Erzeugnissen durch Verkürzung der Fertigungs- bzw. Lagerdauer,
– Minderung der Bestände an Roh-, Hilfs- und Betriebsstoffen bzw. Waren (Bestandsmanagement),
– Minderung des Bestandes an Forderungen durch Kürzung des Zahlungsziels sowie straffe Überwachung der Außenstände (Erhöhung der Umschlagshäufigkeit der Debitoren bzw. die Verkürzung der durchschnittlichen Debitorendauer).

$$\text{Durchschnittliche Debitorendauer (Tage)} = \frac{360\ (365)\ \text{Tage}}{\text{Umschlagshäufigkeit der Forderungen}}$$

Kontrollfragen
1. Welche Formen der Innenfinanzierung unterscheidet man?
2. Welche Vorteile weist die Gewinnthesaurierung auf?
3. Was versteht man unter dem Lohmann-Ruchti-Effekt?
4. Durch welche Sachverhalte wird die Finanzierung aus Abschreibungen eingeengt?
5. Warum sind langfristige Rückstellungen für die Finanzierung günstiger als kurzfristige?
6. Welche Möglichkeiten bietet die Umfinanzierung?
7. Beschreiben Sie »sale and lease back«.
8. Durch welche Kennzahl wird die Umschlagshäufigkeit der Debitoren ermittelt?
9. Welche Teile des Umlaufvermögens fallen unter das Bestandsmanagement?
10. Wie wird der Cashflow ermittelt?

Aufgabe 9.14 *Finanzierung aus dem Cashflow S. 433*

Aufgabe 9.15 *Finanzierung und Bilanzauswirkung S. 434*

4 Leasing und Factoring als Finanzierungshilfen

4.1 Leasing

Unter Leasing versteht man die Gebrauchsüberlassung einer beweglichen (mobilen) oder unbeweglichen (immobilen) Sache (lang- oder kurzlebig) gegen Entgelt an einen »Mieter«. (Zu steuerlichen Zurechnungsfragen und zur Verbuchung vgl. ausführlich Band 2.) Als »Vermieter« fungieren die Hersteller der Anlagen selbst (Service-Equipment-Leasing bzw. Hersteller-Leasing), wie es bei EDV- und Telefonanlagen seit langem üblich ist, und Leasinggesellschaften, die Anlagen kaufen und diese dann vermieten (Finance-Equipment- Leasing bzw. indirektes Leasing).

Folgende Gesichtspunkte sind unter Berücksichtigung der nachstehenden Vor- und Nachteile zu beachten:

Vertragsdauer: Die durchschnittliche Laufzeit der Verträge richtet sich nach der für das Unternehmen voraussichtlichen Nutzungsdauer des Leasingobjektes. Sie beträgt im Allgemeinen für Maschinen 4 bis 5 Jahre, mindestens jedoch 3 Jahre, und bewegt sich aus steuerlichen Gründen in den im Leasing-Erlass (BdF-Schreiben vom 19. 4. 1971, BStBl 1971 I S. 264) angegebenen Grenzen (40 % bis 90 % der betriebsgewöhnlichen Nutzungsdauer). Die Dauer für Gebäude beträgt in der Regel 30 Jahre. Falls die Benutzung der Anlagen nach dem Ablauf der Mietdauer immer noch wirtschaftlich ist, kann der Mietvertrag mit einer wesentlich niedrigeren Miete jeweils für ein Jahr verlängert werden.

Kosten: Die Leasingrate richtet sich nach der Vertragsdauer; je kürzer die Vertragsdauer, desto höher die Rate. Sie ist so bemessen, dass in dem jeweiligen Zeitraum das von der Finanzierungsgesellschaft eingesetzte Kapital getilgt und verzinst wird. Weitere Kosten können durch Transport, Montage, Unterhaltung, Demontage und Versicherung entstehen.

Einfluss auf die Bilanz: Der Leasingnehmer erwirbt an den Anlagen ein Nutzungsrecht und kann dieses nicht aktivieren. Die Bilanz verliert damit an Aussagewert für die Bilanzanalyse.

Vor- und Nachteile des Leasing	
Vorteile	Nachteile
(1) Kreditwürdige Unternehmen können ohne Inanspruchnahme von Barmitteln einen Betrieb aufbauen, erweitern und rationalisieren. (2) Die Liquidität kann günstig beeinflusst werden, da die durch Leasing überlassenen Anlagen nicht gekauft werden müssen. (3) Die Anlagen können schnell dem neuesten Stand der Technik und der sich rasch wandelnden Wirtschaftslage angepasst werden, weil die Vertragsdauer der Leasingverträge verhältnismäßig kurz ist.	(1) Die Leasinggebühren für das Leasinggut sind hoch, weil das eingesetzte Kapital in kurzer Zeit amortisiert werden muss, der Vermieter eine Risikoprämie einkalkuliert und einen angemessenen Gewinn erzielen will. (2) Das Unternehmen kann durch die monatlich wiederkehrenden Leasingraten in Liquiditätsschwierigkeiten kommen, wenn die Leasingraten durch die Umsatzerlöse nicht rechtzeitig zurückfließen.

4.2 Factoring

Beim Factoring handelt es sich um eine Form der Absatzfinanzierung, die aus den USA übernommen wurde. Man spricht vom Factoringsystem. Der Verkäufer (Klient) verkauft einer Factoringgesellschaft (Factor) offene Buchforderungen aus Lieferungsgeschäften. Die Factoringgesellschaft vergütet dafür den Gegenwert der Forderungen abzüglich Zinsen (für die Zeit vom Ankauf der Forderungen bis zu deren Fälligkeit) und abzüglich einer Factorprovision für die gewährten Dienstleistungen (siehe nachstehende Aufstellung).

Funktionen des Factors		
Finanzierungsfunktion	Delkrederefunktion	Dienstleistungsfunktion
Finanzierungsfunktion durch »wechsellose Diskontierung« der Buchforderungen	Übernahme des Risikos von Forderungsausfällen (Versicherungsfunktion)	– Führung der Debitorenbuchhaltung – Mahn- und Inkassowesen (Eintreiben der Außenstände) – Informationsbeschaffung (z. B. Bonitätsüberwachung der Abnehmer)

Durch die Dienstleistungen des Factors ersparen sich die Klienten die Kosten der Debitorenbuchführung und des Mahnwesens sowie die Kreditrisiken. Sie können ihre Liquidität verbessern und eigene Verbindlichkeiten vorzeitig (mit Skontoabzug) bezahlen. Andererseits kann das schematische Eintreiben der Forderungen durch die Factoringgesellschaft durchaus zu einer Verärgerung der Kunden führen.

Aufgabe 9.16 *Vergleich Leasing oder Kreditkauf S. 435*

Aufgabe 9.17 *Factoring S. 435*

5 Finanzierungsregeln

Finanzierungsregeln werden in Form von Bilanz- bzw. Finanzierungskennziffern ausgedrückt.

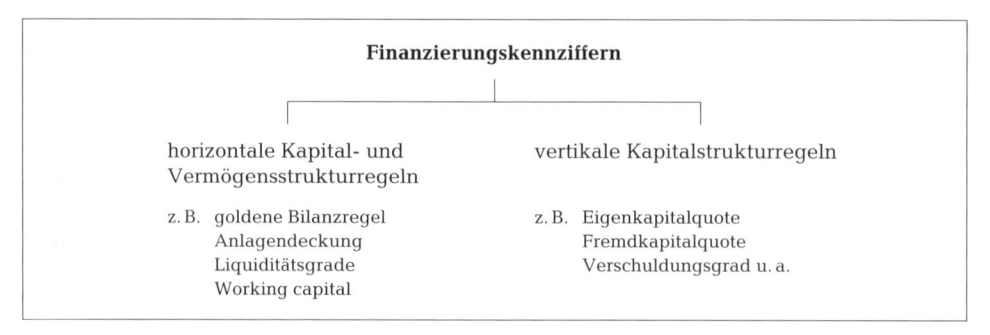

```
                        Finanzierungskennziffern
                    ┌────────────┴────────────┐
     horizontale Kapital- und          vertikale Kapitalstrukturregeln
     Vermögensstrukturregeln

     z. B.  goldene Bilanzregel        z. B.  Eigenkapitalquote
            Anlagendeckung                    Fremdkapitalquote
            Liquiditätsgrade                  Verschuldungsgrad u. a.
            Working capital
```

Diese Regeln werden ausführlich im Rahmen der Bilanzanalyse (Band 2) behandelt. Hier wird nur auf die Frage eingegangen, nach welchen Gesichtspunkten und mit welchen eventuellen Konsequenzen die Kapitalstruktur, d. h. das Verhältnis von Eigen- zu Fremdkapital aufgebaut werden kann.

Beispiel:
Eine geplante Unternehmensgründung erfordert 800 000,– Gesamtkapital. Es stehen zwischen 300 000,– und 500 000,– Eigenkapital zur Verfügung. Auf Grund einer sorgfältigen Ergebnisvorschaurechnung kann jährlich mit einem Bruttogewinn von 70 000,– gerechnet werden, von dem noch die Verzinsung des jeweils hinzugenommenen Fremdkapitals abzusetzen ist. Es sind folgende Möglichkeiten der Finanzierung gegeben:

– 300 000,– Eigenkapital und 500 000,– Fremdkapital,
– 400 000,– Eigenkapital und 400 000,– Fremdkapital,
– 500 000,– Eigenkapital und 300 000,– Fremdkapital

Die Fremdkapitalzinsen betragen alternativ 6 %, 8 % oder 10 %. Daraus ergibt sich die auf S. 389 dargestellte **Rentabilität des Eigenkapitals**, die als oberste Zielsetzung eines Unternehmers bzw. Gesellschafters oder Anteilseigners angesehen werden kann.

Die **Rentabilität des Gesamtkapitals** beträgt

$$\frac{\text{Gewinn} + \text{Fremdkapitalzinsen}}{\text{Gesamtkapital}} \times 100 = \frac{70\,000{,}-}{800\,000{,}-} \times 100 = \underline{\underline{8{,}75\,\%}}$$

Aus diesem Beispiel lassen sich folgende Finanzierungsgrundsätze ableiten, die auch als **Leverage-Effekt (Hebeleffekt)** bekannt wurden:

(1) Fremdkapital erhöht die Eigenkapitalrentabilität, solange der Fremdkapitalzinsfuß die Gesamtkapitalrentabilität unterschreitet (positiver Leverage-Effekt).
(2) Fremdkapital verringert die Eigenkapitalrentabilität, sobald der Fremdkapitalzinsfuß die Gesamtkapitalrentabilität überschreitet (Leverage-Risiko).

Allerdings muss diese Aussage insoweit eingeschränkt werden, als Fremdkapital nicht in unbeschränkter Höhe beschafft werden kann.

\multicolumn{7}{	c	}{Rentabilität des Eigenkapitals bei unterschiedlichen Zinsen und Kapitalstrukturen}
Eigenkapital	Fremdkapital	Fremdkapital-zinsfuß %	Fremdkapital-zins	Reingewinn	Rentabilität d. Eigenkapitals %
300 000,–	500 000,–	6	30 000,–	40 000,–	13,33
		8	40 000,–	30 000,–	10,00
		10	50 000,–	20 000,–	6,67
400 000,–	400 000,–	6	24 000,–	46 000,–	11,50
		8	32 000,–	38 000,–	9,50
		10	40 000,–	30 000,–	7,50
500 000,–	300 000,–	6	18 000,–	52 000,–	10,40
		8	24 000,–	46 000,–	9,20
		10	30 000,–	40 000,–	8,00

Ein weiterer wesentlicher Finanzierungsgrundsatz horizontaler Art ist der so genannte **Deckungsgrad.** Er ergibt sich aus der Forderung der Fristengleichheit **(Fristenkongruenz, goldene Bilanzregel)** von Kapitalbeschaffung und -verwendung. Der Deckungsgrad fordert, dass das langfristig gebundene Vermögen – in der Regel das Anlagevermögen und der eiserne Bestand – auch durch langfristiges Kapital (Eigenkapital und langfristiges Fremdkapital) zu finanzieren ist.

Kontrollfragen

1. Was versteht man unter Leasing und was unter Kreditkauf?
2. Beschreiben Sie die Eigentums- und Besitzrechte beim Leasing.
3. Was ist die sog. Grundmietzeit?
4. Beschreiben Sie je zwei Vor- und Nachteile des Leasing.
5. Unterscheiden Sie Factoring und Zession.
6. Beschreiben Sie zwei Funktionen des Factoring.
7. Welche Gefahr bzw. welcher Nachteil wird dem Factoring angelastet?
8. Wie lautet die Formel der Eigenkapitalquote und was drückt sie aus?
9. Stellen Sie zwei Finanzierungsregeln in Formeln dar.
10. Was besagt der positive und was der negative Leverage Effekt?

Aufgabe 9.18 *Finanzierungsregeln S. 436*

Aufgabe 9.19 *Kapitalstruktur und Leverage-Effekt S. 436*

6 Außenhandelsfinanzierung

6.1 Allgemeines

Die Außenhandelsfinanzierung spielt im Rahmen des Im- und Exports eine wichtige Rolle. Dabei handelt es sich beim Export um die in der Handelsbilanz der volkswirtschaftlichen Rechnung (Zahlungsbilanz) erfasste Warenausfuhr im Gegensatz zum Import. Das Ausfuhrvolumen betrug 1998 knapp 450 Mrd. €. Die steigende Bedeutung des Exports für die deutsche Wirtschaft ist ebenfalls an der zunehmenden Zahl an Finanzprodukten der Außenhandelsfinanzierung zu erkennen.

6.2 Definition der Außenhandelsfinanzierung

Die Außenhandelsfinanzierung ist eine Sonderform der Absatzfinanzierung bezogen auf die verschiedenen Formen des Außenhandels.

Außenhandelsfinanzierung i. e. S. ist die Deckung des Kapitalbedarfs für den Zeitraum des Land-, Luft- oder Seetransports vom Exporteur zum Importeur einschließlich der Übernahme der Risiken im Zusammenhang von Lieferung und Zahlung.

Außenhandelsfinanzierung i. w. S. umfasst darüber hinaus neben der Abwicklung des Zahlungsverkehrs auch die Finanzierung der Produktionsdauer bzw. des Wareneinkaufs beim Exporteur und die Aufnahme bzw. Gewährung von Lieferanten- oder Bankkredit für einen kurz-, mittel- oder langfristigen Zeitraum nach Lieferung durch den bzw. an den Importeur.

Die Außenhandelsfinanzierung befasst sich also mit der Kapitalbeschaffung für einen Zeitraum, der frühestens mit der Leistungserstellung im Exportland beginnt und spätestens beim Zahlungseingang vom Abnehmer des Importeurs endet. Sie schließt die Dispositionen der Abwicklung des Zahlungsverkehrs und die Abwälzung der finanziellen Außenhandelsrisiken mit ein.

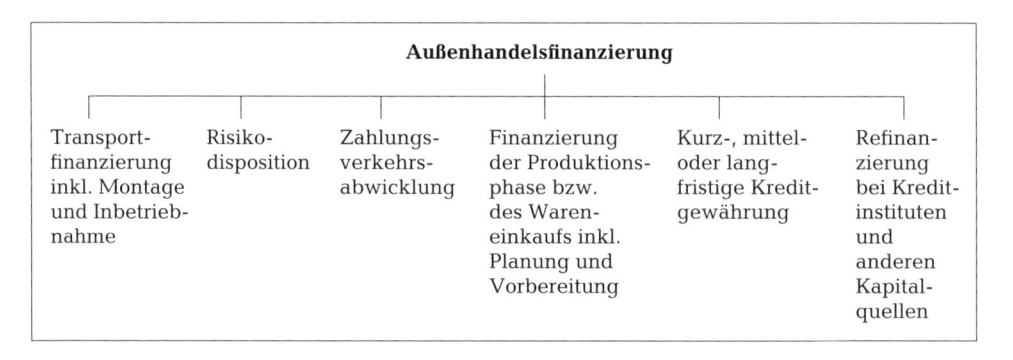

Außenhandelsfinanzierung					
Transportfinanzierung inkl. Montage und Inbetriebnahme	Risikodisposition	Zahlungsverkehrsabwicklung	Finanzierung der Produktionsphase bzw. des Wareneinkaufs inkl. Planung und Vorbereitung	Kurz-, mittel- oder langfristige Kreditgewährung	Refinanzierung bei Kreditinstituten und anderen Kapitalquellen

Je nachdem wie die Zahlungs- und Finanzierungsrisiken zwischen Im- und Exporteur verteilt sind, werden mehrere Arten der Zahlungsabwicklung unterschieden. Sie reichen von der Voraus- oder Anzahlung über das Dokumentenakkreditiv und Dokumenteninkasso bis zur offenen Rechnung. Als Beispiel wird im Folgenden das Dokumentenakkreditiv näher dargestellt.

6.3 Das Dokumentenakkreditiv

Das Dokumentenakkreditiv (letter of credit) ist die wichtigste Absicherungsalternative im Rahmen der Außenhandelsfinanzierung, wenn man von der sehr kostspieligen Möglichkeit der »Forfaitierung« (= regressloser Verkauf einer Auslandsforderung) absieht.

Ziel ist es, das Zahlungsrisiko des Exporteurs und das Lieferrisiko des Importeurs zu minimieren. Es handelt sich um die Zahlungsverpflichtung eines Importeurs (Käufer) mit seiner Bank, in seinem Auftrag und nach seinen Weisungen gegen Übergabe vorgeschriebener Dokumente eine Zahlung an einen Begünstigten, zumeist einen Exporteur (Verkäufer) zu leisten. Ein eröffnetes Akkreditiv stellt ein Zahlungsversprechen einer Bank (Akkreditivbank, eröffnende Bank) dar. Die Bank haftet zusätzlich gegenüber dem Begünstigten. Neben den Vorschriften des BGB existieren von der Internationalen Handelskammer in Paris aufgestellte einheitliche Richtlinien und Gebräuche für Dokumentenakkreditive (ERA), die inzwischen weltweit üblich und akzeptiert sind.

Ausgangspunkt ist ein Kaufvertrag, in dem neben vielen anderen Bereichen wie Preis, Menge, Lieferzeitpunkt usw. auch die »Incoterms« (International commercial terms) geregelt sind. Grundsätzlich muss in diesem Kaufvertrag eine Akkreditivklausel existieren, um diese Zahlungsart in Gang zu setzen.

Das Zahlungsversprechen der Bank gegenüber dem Exporteur ist bedingt und abstrakt. Bedingt deshalb, da sie nur gegen die Aushändigung eindeutig bestimmter Dokumente zu einem eindeutig bestimmten Zeitpunkt der Vorlage geleistet wird. Abstrakt, da es vom zugrunde liegenden Kaufvertrag losgelöst ist, d. h. die Bank auch ohne die Erfüllung des Warengeschäfts für die Zahlung bei Dokumentenakkreditiven haftet.

Den Ablauf eines Dokumentenakkreditivs zeigt die folgende Abbildung.

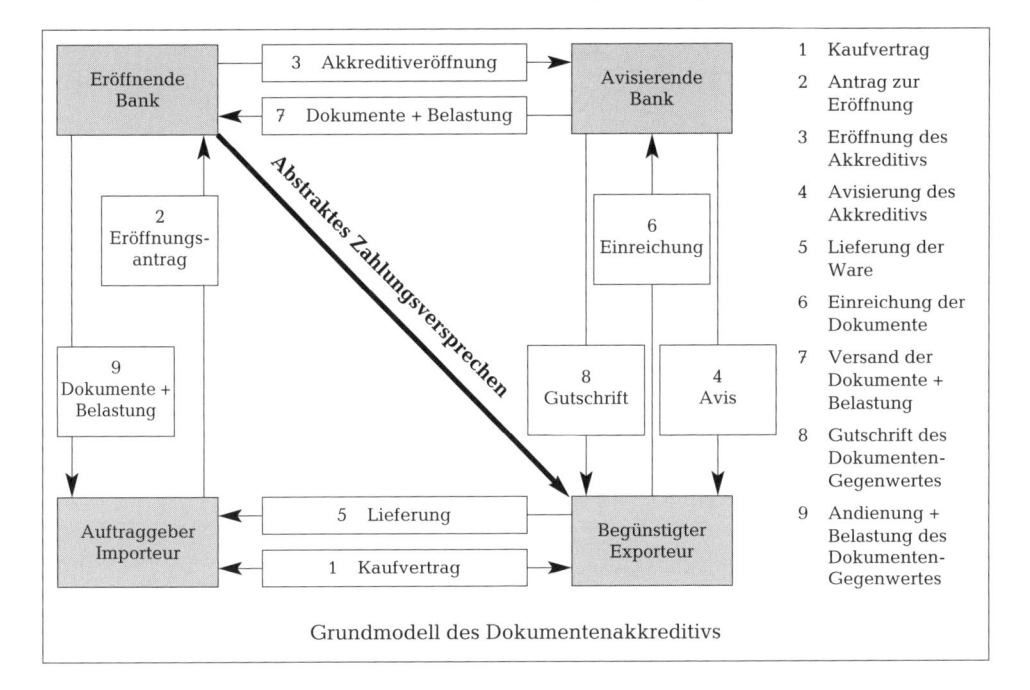

```
┌─────────────────────────────────────────────────────────┐   1  Kaufvertrag
│  ┌──────────┐   3  Akkreditiveröffnung  ┌──────────┐    │
│  │Eröffnende│ ◄─────────────────────►   │Avisierende│   │   2  Antrag zur
│  │  Bank    │   7  Dokumente + Belastung│  Bank     │   │      Eröffnung
│  └──────────┘                            └──────────┘   │
│                                                          │   3  Eröffnung des
│                                                          │      Akkreditivs
│  ┌──────────┐                            ┌──────────┐    │
│  │    2     │                            │    6     │   │   4  Avisierung des
│  │Eröffnungs│                            │Einreichung│  │      Akkreditivs
│  │ -antrag  │                            └──────────┘   │
│  └──────────┘                                           │   5  Lieferung der
│                                                          │      Ware
│  ┌──────────┐                  ┌───────┐ ┌──────┐       │
│  │    9     │                  │  8    │ │  4   │       │   6  Einreichung der
│  │Dokumente+│                  │Gutschr│ │ Avis │       │      Dokumente
│  │Belastung │                  │  ift  │ │      │       │
│  └──────────┘                  └───────┘ └──────┘       │   7  Versand der
│                                                          │      Dokumente +
│  ┌──────────┐                            ┌──────────┐   │      Belastung
│  │Auftrag-  │   5  Lieferung            │Begünstigter│  │
│  │ geber    │ ◄─────────────────────►   │ Exporteur  │  │   8  Gutschrift des
│  │Importeur │   1  Kaufvertrag          └──────────┘   │      Dokumenten-
│  └──────────┘                                           │      Gegenwertes
│                                                          │
│           Grundmodell des Dokumentenakkreditivs         │   9  Andienung +
└─────────────────────────────────────────────────────────┘      Belastung des
                                                                 Dokumenten-
                                                                 Gegenwertes
```

Abstraktes Zahlungsversprechen (diagonal zwischen Eröffnender Bank und Begünstigtem Exporteur)

Im Zeitpunkt der Vorlage des Dokumentenakkreditivs durch die avisierende Bank wird das Akkreditiv eröffnet.

Übergibt der Exporteur die vereinbarten Dokumente (z. B. Versandpapiere, Handelsrechnung, Prüfzeugnisse, Ursprungszeugnis), wird die avisierende Bank zahlen. Die Prüfung der vom Exporteur vorgelegten Dokumente wird von der avisierenden Bank sehr sorgfältig vorgenommen werden, da das Fehlen einer vereinbarten Bedingung das ganze Rechtsgeschäft beendet.

Es lassen sich mehrere Formen des Akkreditivs unterscheiden:

– Ein unwiderrufliches Dokumentenakkreditiv kann weder geändert noch widerrufen werden, d. h. die Akkreditivbank bzw. avisierende Bank muss unabhängig von der Bonität des Importeurs haften bzw. an den Exporteur zahlen.
– Beim widerruflichen Akkreditiv kann die eröffnende Bank jederzeit bis zur Eröffnung das Zahlungsversprechen zurücknehmen, wenn sich z. B. die wirtschaftlichen Verhältnisse des Importeurs (Käufer) verschlechtert haben.
– Ein bestätigtes Akkreditiv liegt vor, wenn die avisierende Bank zusätzlich für die Zahlung an den Exporteur haftet, während beim unbestätigten Akkreditiv nur die Akkreditivbank, also in der Regel die Bank des Käufers, haftet.

- Bei einem Sichtakkreditiv (payable after sight) hat die avisierende Bank ohne verzögernde Dokumentenprüfung eine Zahlung unter Vorbehalt zu leisten. Die Dokumentenprüfung erfolgt dann erst später.
- Bei einer hinausgeschobenen Zahlung (deferred payment) wird eine Zahlung in Raten oder spätere Zahlung vereinbart.
- Bei einem Remboursakkreditiv erfolgt die Zahlung durch Akzeptierung eines Wechsels.
- Bei einem übertragbaren Akkreditiv handelt es sich um die vertraglich vereinbarte Möglichkeit der Zahlung von der avisierenden Bank an einen Dritten statt dem Exporteur.
- Je nachdem, ob zwischen den Akkreditivbeteiligten eine zeitlich beschränkte Gültigkeit der Akkreditvzusage erfolgte oder nicht, wird von einem befristeten bzw. unbefristeten Akkreditiv gesprochen. Eine Befristung kann die Einhaltung der vereinbarten Lieferzeit positiv beeinflussen.

Kontrollfragen

1. *Zählen Sie drei Unterschiede zwischen einem Inlands- und einem Auslandsgeschäft auf.*
2. *Erklären Sie kurz den Sachverhalt der »Zahlungsbilanz«.*
3. *Definieren Sie bitte Außenhandelsfinanzierung im engeren und weiteren Sinne.*
4. *Beschreiben Sie drei Risikobereiche im Export- bzw. im Importgeschäft.*
5. *Welche Risiken versucht ein Dokumentenakkreditiv zu beseitigen?*
6. *Welche Rolle spielen im Auslandsgeschäft die sog. INCOTERMS?*
7. *Welche Institution stellt einheitliche Richtlinien und Gebräuche für Dokumentenakkreditive auf?*
8. *Definieren Sie ein unwiderrufliches Dokumentenakkreditiv.*
9. *Was beinhaltet die »Bestätigung« bei einem bestätigten Akkreditiv?*
10. *Was wird bei einem Seefrachtpapier (Konnossement) bescheinigt?*

7 Investitionsplanung und Investitionsentscheidung

7.1 Definition und Einteilungskriterien

Investition im engeren Sinne bedeutet: Umwandlung liquider Mittel in Gegenstände des Anlagevermögens. Im weiteren Sinne ist jede Umwandlung finanzieller Mittel in andere Vermögensteile als Investition anzusehen.

Einteilungskriterien der Investitionsarten		
Nach Art der Nutzleistungen	Nach Zwecksetzung	Nach zeitlicher Bindung
- Sachinvestitionen (z. B. in Grundstücke, Anlagen, Vorräte) - Finanzinvestitionen (z. B. in Beteiligungen, Forderungen) - Immaterielle Investitionen (z. B. in Forschung und Entwicklung, Werbung, Ausbildung, Sozialleistung)	- Gründungs- bzw. Errichtungsinvestitionen - Ersatz- bzw. Erhaltungsinvestitionen - Erweiterungs- bzw. Ergänzungsinvestitionen Die Unterscheidung in Gründungs- und laufende Investitionen hat eine besondere Auswirkung auf die Art der Finanzierung	- Kurzfristige Investitionen (Bindung nur innerhalb einer Umsatzperiode, d. h. keine periodisch abgegrenzten Verteilungsabschreibungen notwendig) - Langfristige Investitionen (Erstreckung über mehrere Perioden)

7.2 Investition und Risiko

Investitionen bestimmen das Leistungspotenzial des Unternehmens in entscheidender Weise. Die rasche technische Entwicklung und die ständige Veränderung der Marktverhältnisse machen eine Anpassung der Leistungsfähigkeit erforderlich. Diese Anpassung geschieht über die Investition. Der wachsende Grad der Mechanisierung und Automatisierung vor allem im Fertigungsbereich bedingt einen steigenden Einsatz der meist knappen finanziellen Mittel und ihre Bindung für einen mehr oder weniger langen Zeitraum.

Der Investor geht das Risiko ein, dass eine Investition sich als nicht so vorteilhaft erweist, wie er ursprünglich angenommen hat. Damit wird oft die Existenz des Betriebes gefährdet.

Die **Investitionsentscheidung** gehört damit zu den folgenschwersten Entscheidungen der betrieblichen Praxis. Deshalb wird der Investor die Investitionsrisiken durch die Investitionsplanung weitgehend offen zu legen suchen. Ihr Ziel ist eine möglichst treffsichere Investitionsentscheidung zur Verwirklichung des jeweiligen Investitionsmotivs, wie z. B. Ertragssteigerung und/oder Kostensenkung.

7.3 Aufgaben der Investitionsrechnung

Im Rahmen der Investitionsplanung soll eine Investitionsrechnung auf folgende Fragen Antwort geben:

- Ist eine einzelne Investition vorteilhaft im Hinblick auf die Ziele der Unternehmung?
- Welche von mehreren möglichen Investitionen soll durchgeführt werden, und zwar bezüglich
  - finanzieller Gesichtspunkte und/oder
  - technischer Möglichkeiten?
- Soll eine bereits vorhandene Anlage durch eine neue ersetzt werden?

Die Investitionsrechnung ist damit ein **Hilfsmittel** zur Ermittlung der Vorteilhaftigkeit einer Investition.

7.4 Verfahren der Investitionsrechnung

Theorie und Praxis bieten eine Reihe von Verfahren an, um die Vorteilhaftigkeit und damit auch das Risiko einer Investition aufzuzeigen. Das Risiko selbst ist damit nicht beseitigt. Folgende Verfahren werden unterschieden, wobei unterstellt wird, dass sog.

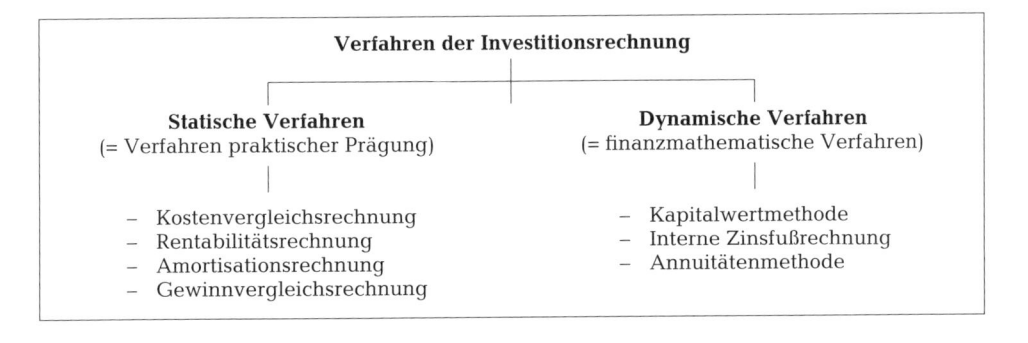

Verfahren der Investitionsrechnung	
Statische Verfahren (= Verfahren praktischer Prägung)	**Dynamische Verfahren** (= finanzmathematische Verfahren)
– Kostenvergleichsrechnung – Rentabilitätsrechnung – Amortisationsrechnung – Gewinnvergleichsrechnung	– Kapitalwertmethode – Interne Zinsfußrechnung – Annuitätenmethode

sichere Informationen vorliegen, was den Tatbeständen der Praxis meistens nicht entspricht. In solchen Fällen müssen mehrere Rechnungen durchgeführt werden, die von pessimistischen bzw. optimistischen Erwartungen ausgehen. Durch den Einsatz der EDV kann der Rechenaufwand bei Mehrfachrechnungen stark reduziert werden. Bei den Verfahren der Investitionsrechnung wird vereinfacht zwischen statischen und dynamischen Verfahren unterschieden, die im Folgenden erläutert werden.

7.4.1 Die statischen Verfahren

Kennzeichnend für die statischen Verfahren ist, dass sie mit den in der Praxis gebräuchlichen Größen **Kosten und Erlöse** arbeiten und diese Werte aus dem 1. Jahr der vollen Inbetriebnahme des Investitionsgutes als erwartete Durchschnittswerte heranziehen.

- Bei der **Kostenvergleichsrechnung** wird diejenige Investitionsalternative als ökonomisch sinnvoll angesehen, die die niedrigsten Gesamtkosten bzw. bei unterschiedlichen Kapazitäten und Auslastungsgraden die niedrigsten Stückkosten aufweist.
- Die statische **Rentabilitätsrechnung** setzt den durchschnittlichen Jahresgewinn einer Investition zum Kapitaleinsatz ins Verhältnis. Diejenige Alternative ist vorzuziehen, die die größte durchschnittliche jährliche Verzinsung des eingesetzten Kapitals erbringt. Diese Verzinsung muss zudem den Rentabilitätsvorstellungen des Investors entsprechen, die sich am Marktzins und den Investitionsrisiken orientieren werden.

Die Rechenformel lautet:

$$\frac{\text{Zusätzlicher Gewinn aus der Investition (pro Jahr in €)} \times 100}{\text{Zusätzlicher Kapitaleinsatz für die Investition (€)}} = \text{Rentabilität (R)}$$

- Bei der **Amortisationsrechnung** wird der Zeitraum berechnet, in dem der Kapitaleinsatz einer Investition im Rahmen des Betriebsprozesses über die Umsatzerlöse wieder zurückgeflossen ist. Den auf diese Weise ermittelten Zeitraum bezeichnet man als Amortisationszeit. Diejenige Alternative ist vorzuziehen, die die kürzeste Amortisationszeit aufweist. Diese Methode trägt dem **Sicherheitsaspekt** Rechnung und sollte zusätzlich zu den anderen Methoden angewendet werden.

Die Rechenformel lautet:

$$\frac{\text{Kapitaleinsatz der Investition (in €)}}{\text{durchschnittlicher Gewinn + Abschreibungen aus der Investition (sog. Cashflow) (in €)}} = \text{Amortisationszeit (A) z. B. Jahre}$$

In kleinen und mittleren Unternehmen haben sich wegen der einfachen Handhabung die Kostenvergleichsrechnung, die Rentabilitätsrechnung und die Amortisationsrechnung durchgesetzt.

Die Gewinnvergleichsrechnung wird nicht behandelt, weil sie in der Rentabilitätsrechnung enthalten ist.

Als **Ergebnis** ist festzustellen:

- Die statischen Methoden der Investitionsrechnung berücksichtigen nicht die gesamte Investitionsperiode, sondern nur eine angenommene Teilperiode, die ein Jahr (in der Regel das 1. Jahr der Investition) umfasst.
- Diese Teilperiode wird als repräsentativ für die gesamte Investitionsperiode angenommen.
- Als Rechengrößen werden durchschnittliche Kosten und Erlöse verwendet.

- Die einfachen Methoden der Investitionsrechnung sind nur brauchbar, wenn die zu vergleichenden Investitionsobjekte gleichartig und die ihre Wirtschaftlichkeit bestimmenden Einflussgrößen annähernd konstant sind.
- Voneinander abhängende Einflussgrößen bleiben weitgehend unberücksichtigt.
- Kosten und vor allem Erlöse bzw. Erträge müssen dem Investitionsobjekt zurechenbar sein.
- Der Hauptanwendungsbereich der einfachen Rechenmethoden sind die Ersatz- und Rationalisierungsinvestitionen.

Aufgabe 9.20 *Kostenvergleichsrechnung S. 437*

Aufgabe 9.21 *Anwendung der Kostenvergleichsrechnung S. 437*

Aufgabe 9.22 *Amortisationsrechnung S. 437*

Aufgabe 9.23 *Kostenvergleichs-, Rentabilitäts- und Amortisationsrechnung S. 438*

7.4.2 Die dynamischen Verfahren

Kennzeichen der dynamischen Verfahren ist die Zeitraumbetrachtung und das Einbeziehen von Zinsen.

> Es werden bei den dynamischen Verfahren die während der Nutzungsdauer anfallenden Einnahmeüberschüsse (= Differenz aus voraussichtlichen Einnahmen abzüglich voraussichtlichen Ausgaben der geplanten Investition) ermittelt und mit einem vom Investor gewünschten Zinssatz (= **Kalkulationszinssatz**) abgezinst.

Daraus lässt sich – je nach gewählter Methode – der Kapitalwert, der interne Zinsfuß oder die Annuität eines Investitionsvorhabens errechnen und beurteilen.

7.4.2.1 Kapitalwertmethode und Methode des Internen Zinssatzes

Die **Kapitalwertmethode** geht von der Kenntnis der laufenden Ausgaben und Einnahmen der Investition aus.
 Der Saldo wird als Rückfluss bezeichnet und kann in etwa mit dem Cashflow, also Gewinn plus Abschreibungen, gleichgesetzt werden.
 Diese Rückflüsse werden mit dem Kalkulationszinssatz, d. h. dem Verzinsungsanspruch des Investors (z. B. Kapitalmarktzins plus Risiko), auf den Barwert abgezinst.
 Von der Summe dieser Barwerte zuzüglich dem Barwert des Liquidationserlöses (= Einnahmen aus der Veräußerung des Investitionsgegenstandes am Ende der Nutzungsdauer) wird der Barwert der Investitionsausgabe abgezogen.
 Das Ergebnis ist der **Kapitalwert.**

- Ist der **Kapitalwert positiv**, dann verzinst sich das zu jedem Zahlungszeitpunkt noch gebundene Kapital zum Kalkulationszinssatz und darüber hinaus wird ein Vermögenszuwachs erwirtschaftet, der die tatsächliche Verzinsung erhöht.
- Bei einem **negativen Kapitalwert** ist das Gegenteil der Fall und die Investition verzinst sich nicht mit dem gewünschten Kalkulationszinssatz.

— Ist der **Kapitalwert = 0**, dann verzinst sich die Investition gerade zu diesem Zinssatz (= interner Zinssatz), wenn sich die Rückflüsse weder zeitlich noch von der Höhe her ändern.

Die **Interne-Zinssatz-Methode** hilft die tatsächliche Verzinsung (= interner Zinssatz) einer Investition zu ermitteln. Der Kapitalwert ist dann null. Voraussetzung ist, dass man die Rückflüsse aus der Investition zeitlich und der Höhe nach kennt. Der ermittelte interne Zinssatz ist mit dem vom Investor erhofften zu vergleichen.

Beide Methoden werden anhand eines einfachen Beispiels kurz vorgestellt:

Beispiel:

1. Ermittlung des Kapitalwertes:
- Investitionsausgabe 100 000,– €,
- Rückflüsse siehe nachstehende Tabelle,
- Nutzungsdauer der Investition 5 Jahre,
- gewünschter Zinssatz (Kalkulationszinssatz) 10 %.

Zusammenstellung der Ergebnisse

Zahlungszeitpunkt t (Ende des jeweiligen Jahres) (1)	Investitionsausgabe zum Zeitpunkt t_0 (Zeitwert) (2)	Rückfluss R_t (Zeitwert) (3)	Abzinsungsfaktoren für 10 % (4)	Barwerte (5) = (3) x (4) − (2) x (4)
0	100 000,–	–	1,0	− 100 000,–
1	–	30 000,–	0,9091	27 273,–
2	–	40 000,–	0,8264	33 056,–
3	–	30 000,–	0,7513	22 539,–
4	–	20 000,–	0,6830	13 660,–
5	–	20 000,–	0,6209	12 418,–
Kapitalwert = Summe der Barwerte der jährlichen Nettozahlungen				+ 8 946,–

Da der Kapitalwert positiv ist, verzinst sich die Investition mit mehr als 10 %, wenn die Rückflüsse in der angegebenen Höhe und im jeweiligen Zeitraum anfallen.

2. Ermittlung des Internen Zinssatzes
Er ergibt sich, wenn der Kapitalwert = 0 ist. Das unter 1. verwendete Beispiel wird fortgesetzt, indem man einen positiven und einen negativen Kapitalwert ermittelt und dann »interpoliert«.

Zahlungszeitpunkt t	Investitionsausgabe I_0 (Zeitwert)	Rückfluss R_t (Zeitwert)	Barwerte für p_1	Abzinsungsfaktoren für p_1 = 10 %	Barwerte für p_2	Abzinsungsfaktoren für p_2 = 20 %
0	100 000,–		1,0	− 100 000,–	1,0	− 100 000,–
1		30 000,–	0,9091	27 273,–	0,8333	24 999,–
2		40 000,–	0,8264	33 056,–	0,6944	27 776,–
3		30 000,–	0,7513	22 539,–	0,5787	17 361,–
4		20 000,–	0,6830	13 660,–	0,4823	9 646,–
5		20 000,–	0,6209	12 418,–	0,4019	8 038,–
Kapitalwert				+ 8 946,–		− 12 180,–

Der gesuchte Interne Zinssatz muss also zwischen 10 % und 20 % liegen. Mit Hilfe nachstehender Formel und unter Verwendung der Symbole aus vorstehender Tabelle lässt sich der Interne Zinssatz wie folgt berechnen:

$$r = p_1 - \text{Kapitalwert für } p_1 \frac{p_2 - p_1}{\text{Kapitalwert für } p_2 - \text{Kapitalwert für } p_1} \%$$

Werden die Werte der vorstehenden Tabelle in die obige Formel eingesetzt, erhält man folgendes Ergebnis:

$$r = 10 - 8\,946 \frac{20 - 10}{-12\,180 - 8\,946} = 14{,}2\,\%$$

Dieser Zinssatz entspricht der tatsächlichen Verzinsung der Investition, wenn die Rückflüsse in der angenommenen Höhe und in den angenommenen Zeiträumen anfallen. Hier steckt das Risiko der Investitionsentscheidung. Der Investor wird die ermittelte Verzinsung (Interner Zinsfuß) mit seinem eigenen Verzinsungswunsch vergleichen und möglicherweise unter Berücksichtigung anderer Kriterien über die Investitionsvornahme positiv oder negativ entscheiden.

7.4.2.2 Annuitätenmethode

Die Annuitätenmethode ist wie die Interne-Zinssatz-Methode eine Variante der Kapitalwertmethode. Wesentliches Kennzeichen der Annuitätenmethode ist die Umrechnung der Investitionssumme und der Rückflüsse in gleiche Jahresbeträge (Annuitäten). Die Umrechnung erfolgt mit Hilfe von so genannten Wiedergewinnungsfaktoren, die für eine gegebene Nutzungsdauer und einen angenommenen Kalkulationszinssatz wie die Abzinsungsfaktoren aus Tabellen entnommen werden können.

Es werden verglichen die

- **Annuität der Investitionssumme**

mit der

- **Annuität der Rückflüsse.**

Beispiel:
Es wird untersucht, ob eine Anlage mit folgenden Werten eine Verzinsung von mindestens 10 % bringt:

- Kapitaleinsatz im Zeitpunkt der Investitionsvornahme: 100 000,– €,
- Rückfluss über die gesamte Lebensdauer: 30 000,– € pro Jahr
- Nutzungsdauer: 5 Jahre,
- Kalkulationszinssatz: 10 %,

Da die Annuität der Rückflüsse über die gesamte Nutzungsdauer als konstant angenommen wird, erübrigt sich in diesem Fall eine Umrechnung. Es muss lediglich eine Umrechnung der Investitionssumme erfolgen:

100 000,– € × 0,2638   (so genannter Wiedergewinnungsfaktor.
= 26 380,– € pro Jahr   Er ist aus finanzmathematischen Tabellen ablesbar.)

Da die Annuität der Rückflüsse jährlich um 3 620,– € größer als die Annuität der Investitionssumme ist, liegt die tatsächliche Verzinsung (Effektivverzinsung) über dem angenommenen Kalkulationszinssatz von 10 %. Die Investition ist unter diesen Voraussetzungen als vorteilhaft anzusehen.

7.4.3 Beurteilung der Verfahren

Die Problematik der statischen und vor allem dynamischen Verfahren liegt in folgenden Hauptpunkten:

- Die Beschaffung der Informationen für die Investitionsrechnung ist wegen des Zukunftscharakters der Investition schwierig. Insbesondere bezieht sich dies auf die zukünftigen Einnahmen und Ausgaben sowie auf die Nutzungsdauer.
- Die genaue Zurechnung der Einnahmen (Erlöse) auf das einzelne Investitionsgut ist oftmals kaum möglich.
- Die Ermittlung bzw. Festlegung des Kalkulationszinsfußes ist bei den dynamischen Verfahren in der Praxis umstritten.
- Man geht davon aus, dass die Investition voll finanzierbar ist.
- Das mit jeder Investition verbundene Risiko ist nur sehr schwer und mit hohem Rechenaufwand in die Rechnung einbeziehbar.
- Beim Vergleich von Investitionsalternativen geht man davon aus, dass Nutzungsdauer und Investitionssumme in etwa gleich sind, d. h. eine sog. Differenzinvestition nicht in den Vergleich einbezogen werden muss.

Wegen dieser Problematik schlägt die Praxis bei der Investitionsentscheidung **Faustregeln** vor:

Beispiele:
»Eine Ersatzinvestition ist vorzunehmen, wenn die alte Anlage voll abgeschrieben ist.«

oder

»Anlagen werden jeweils ersetzt, sobald sie eine bestimmte Nutzungsdauer (gemessen meist an der Zahl der Maschinenlaufstunden) erreicht haben.«

oder

»Eine Anlage wird ersetzt, sobald ihre Instandhaltungskosten höher geworden sind als die Abschreibungen der Ersatzanlage.«

oder

»Risikoreiche Investitionen sind mit risikolosem Kapital zu finanzieren.«

Die ausschließliche Verwendung derartiger **Faustregeln ist gefährlich**, weil sie von zu stark vereinfachenden Annahmen ausgehen, die der Realität des Investitionsprozesses, den sie nur in Teilabschnitten erfassen, nicht gerecht werden. Dementsprechend ist die Gefahr von **Fehlentscheidungen** bei der ausschließlichen Anwendung dieser Faustregeln groß.

Kontrollfragen

1. *Nach welchen Kriterien können Investitionen eingeteilt werden?*
2. *Worin kann das Investitionsrisiko bestehen?*
3. *Beschreiben Sie drei Aufgaben der Investitionsrechnung im Rahmen der Investitionsplanung.*
4. *Worin unterscheiden sich statische und dynamische Verfahren der Investitionsrechnung?*
5. *Welches Verfahren der Investitionsrechnung berücksichtigt besonders den Risiko- bzw. Sicherheitsaspekt?*

6. Was versteht man unter dem Kalkulationszinssatz und nach welchem Gesichtspunkt kann er festgelegt werden?
7. Was drückt ein positiver Kapitalwert aus, was ein negativer?
8. Welcher Sachverhalt wird im Rahmen der Investitionsrechnungen als »Differenzinvestition« bezeichnet?
9. Was bedeutet »Interner Zinssatz« und wie kann er ermittelt werden?
10. Was versteht man im Rahmen der Investitionsrechnung unter einer Annuität?

Aufgabe 9.24 Kapitalwertmethode S. 438

Aufgabe 9.25 Kapitalwertmethode und Alternativangebot S. 439

Aufgabe 9.26 Kapitalwertmethode und Differenzinvestition S. 439

Aufgabe 9.27 Leverage-Effekt und Kapitalwertmethode S. 440

Aufgabe 9.28 Kapitalwert und Interner Zinsfuß S. 441

8 Planungsrechnung

8.1 Begriff und Funktionen der Planungsrechnung

Unter Planung versteht man die Gesamtheit aller Tätigkeiten der Vorbereitung und Festlegung von Entscheidungen. Planen ist nach Erich Kosiol ein vorbereitendes geistiges Handeln, das alle der eigentlichen Realisierung einer Handhabung vorangehenden Überlegungen und Entscheidungen über die erstrebten Ziele sowie die Mittel und Wege zu ihrer Erreichung umfasst. Demnach sind Entscheidungen wesentliche Bestandteile des Planungsprozesses. Planen ist immer zukunftsgerichtet, daher ist eine Planung ohne Prognosen nicht denkbar, erfolgt immer im Zustand unvollkommener Informationen, unter Unsicherheit und ist mit entsprechenden Risiken behaftet. Wesentliche Anliegen der Planung sind,

– das Risiko kalkulierbar zu machen und
– die Unsicherheitsmomente soweit als möglich zu reduzieren.

Die Planungsrechnung, die eine (laufende oder gelegentliche) quantitative Erfassung des Unternehmensgeschehens darstellt, hat vier Funktionen zu erfüllen:

(1) **Informationsfunktion:** Die Planung muss Prognosegrößen und Orientierungsdaten über die Zukunft liefern, um Entscheidungen vorzubereiten.
(2) **Entscheidungsfunktion:** Auf der Grundlage der Planungsrechnung werden unternehmerische Entscheidungen getroffen, die sich im Plan niederschlagen.
(3) **Steuerungsfunktion:** Der Plan als Ergebnis der Planungsrechnung ist Sollgröße (Vorgabe). Auf sie richten sich alle Anstrengungen und Maßnahmen der Planrealisation.
(4) **Kontrollfunktion:** Den ermittelten Planzahlen kommt die Aufgabe des Soll-Ist-Vergleichs zu. Dadurch ist zum einen eine Überwachung des wirtschaftlichen Erfolgs, zum anderen eine Motivierung der Planerfüllungsträger möglich (Letzteres wird hauptsächlich in der Führungskonzeption »Management by objectives« praktiziert).

8.2 Phasen der Planungsrechnung

Der Planungsprozess lässt sich in eine Folge von Phasen aufgliedern:

(1) Erkenntnis und Definition des Planungsproblems,
(2) Festlegung des Planungsziels,
(3) Informationsgewinnung und Analyse vergangenheitsbezogener Daten,
(4) Alternativenanalyse und -suche, Festlegen von Nebenbedingungen,
(5) Aufstellen von Planentwürfen und Vorauswahl nicht realisierbarer Pläne,
(6) Koordination mit anderen Teilplänen und Prüfung der Verträglichkeit mit Nebenbedingungen,
(7) Abschätzen der voraussichtlichen Konsequenzen der Alternativen sowie aller zur Beurteilung notwendiger Informationen,
(8) Analyse der Planungsalternativen unter Risiko- und Unsicherheitsgesichtspunkten,
(9) Beurteilung und Bewertung der Planalternativen durch ökonomische Effizienzkriterien,
(10) Vergleich und Auswahl der wirtschaftlich bestmöglichen Planalternative,
(11) Planrevision durch eine Abweichungsanalyse. Die einzelnen Teilschritte haben je nach Gegebenheit unterschiedliches Gewicht oder können unter Umständen wegfallen.

8.3 Arten der Planungsrechnung

Arten der Planungsrechnung	
Unterscheidungsmerkmal	Bezeichnung
Planungsinhalt	– Zielplanung (strategische Planung) – Strukturplanung (strukturelle Planung) – Maßnahmenplanung (taktische Planung) – Durchführungsplanung (operative Planung)
Betriebliche Funktionsbereiche	– Beschaffungsplanung – Produktionsplanung – Absatzplanung – Personalplanung – Finanzplanung
Bezugsbasis	– Periodenplanung – Projektplanung
Fristigkeit	Kurz-, mittel- und langfristige Planung
Planungsumfang	Teil- und Gesamtplanung
Genauigkeit	Grob- und Feinplanung
Ausrichtung auf bestimmte Phasen des Planungsprozesses	– Ermittlungsrechnungen – Vorschaurechnungen und Prognosemodelle – Entscheidungsrechnungen und -modelle

Bei der Planerstellung für die betrieblichen Funktionsbereiche (z. B. Beschaffungs-, Produktions-, Absatzplan) sind vielfältige Interdependenzen zu beachten. Da diese Pläne eine finanzwirtschaftliche Auswirkung haben, münden sie alle in den Finanzplan (vgl. S. 364 ff.), der somit für die Steuerung und Kontrolle des gesamten Unternehmensgeschehens eine große Bedeutung hat.

8.4 Verfahren und Methoden der Planungsrechnung

Die Planung bedient sich einer Vielzahl auch zu anderen Zwecken benutzter Informationsgewinnungs- und -auswertungsverfahren. Man unterscheidet
- Ermittlungsrechnungen,
- Vorschaurechnungen und Prognosemodelle,
- Entscheidungsrechnungen und -modelle.

Ermittlungsrechnungen werden als notwendige Vorstufe zur eigentlichen Planung verstanden und dienen vorwiegend der Ermittlung vergangenheitsbezogener Informationen. Zu ihnen zählen fast alle periodischen Rechnungen des betrieblichen Rechnungswesens (wie Bilanz, GuV-Rechnung) und auch gesonderte Ermittlungsrechnungen (z. B. Input- Output-Analyse, Break-even-Analyse, statistische Erhebungs- und Auswertungsrechnungen). Darüber hinaus dienen die Ermittlungsrechnungen auch zur Gewinnung ökonomischer Bewertungen, z. B. durch Rentabilitätsanalysen, Wertschöpfungsrechnungen, Kalkulationen, Unternehmensbewertungen.

Die **Vorschaurechnungen** sind Zusammenstellungen, Auswertungs- und Übersichtsschemata von Planzahlen, die für kurzfristige Perioden vorausgeschätzt wurden. Dazu gehören vor allem die Plankostenrechnung, die Finanzplanung und die Modelle der Terminplanung (z. B. die Netzplantechnik).

Die **Prognosemodelle** erstellen unter Hinzuziehung vergangenheitsbezogener Hypothesen Prognosen, z. B. in Form von Trend- und Simulationsmodellen. Dadurch können Entscheidungsrechnungen vorbereitet werden.

Entscheidungsrechnungen kommen zum einen als Vergleichsrechnungen zur Entscheidungsfindung vor (z. B. die Verfahren der Investitionsrechnung) und zum anderen als mathematische Entscheidungsmodelle für die analytische Bestimmung von Optimalwerten für die Entscheidungsvariablen (z. B. Losgrößenrechnung, Modelle der linearen und nichtlinearen Optimierung).

Ein Großteil der Verfahren und Modelle der Planungsrechnung ist im betrieblichen Rechnungswesen verankert oder basiert auf dessen Daten. Der Erfolg der Planungsrechnung ist also von einem gut ausgebauten und aussagekräftigen Rechnungswesen abhängig. Um schnell, zuverlässig und in der jeweils notwendigen Detaillierung über alle planungsrelevanten Strom- und Bestandsgrößen informieren zu können, müssen Planung (Sollgröße), Istanalyse, Kontrolle (Soll-Ist-Vergleich) und Planrevision (-anpassung) zeitlich und prozessual eng miteinander verknüpft werden. Dann kann das Rechnungswesen moderner Prägung als Basisinstrument einer zukunftsorientierten Steuerung der Betriebsprozesse verstanden werden.

Kontrollfragen
1. *Definieren Sie den Sachverhalt Planung.*
2. *Unterscheiden Sie »planen« und »improvisieren«.*
3. *Welche Funktionen hat die Planungsrechnung zu erfüllen?*
4. *Wie versucht man in der Planungsrechnung dem Prognoseproblem zu begegnen?*

5. Erläutern Sie Zusammenhänge zwischen der Finanzplanung und den anderen Planungsbereichen im Unternehmen.
6. In welchen Bereichen zeigt sich bei der Finanzplanung das Problem der Unsicherheit?
7. In welche Phasen kann man den Planungsprozess unterteilen?
8. Was ist der Unterschied zwischen Ermittlungs-, Vorschau- und Entscheidungsrechnungen?
9. Welches Ziel verfolgt die Finanzplanung?
10. Unterscheiden Sie zwischen »Strategie« und »Taktik«.

AUFGABEN

Aufgaben zum 5. Hauptteil: Besondere Buchungsvorgänge

Aufgabe 5.01 *Besitzwechsel, Schuldwechsel*
Ein Kunde erwirbt Erzeugnisse im Wert von 20 400,– zuzüglich 16 % Umsatzsteuer. Über den Rechnungsbetrag hat er einen Wechsel zu akzeptieren.

(1) Wie bucht der Lieferant
   a) den Warenverkauf,
   b) den Eingang des Akzeptes,
   c) Vorlage und Bareinlösung am Verfalltag?
(2) Wie bucht der Kunde
   a) den Wareneinkauf,
   b) Akzeptierung und Rücksendung des Wechsels,
   c) Bareinlösung am Verfalltag?

Aufgabe 5.02 *Wechseldiskontierung*
Ein Besitzwechsel in Höhe von 22 600,– wird an die Hausbank zum Diskont eingereicht. Sie belastet den Einreicher mit 370,– Diskont, 30,– Spesen und Gebühren.

Die entstandenen Diskontierungskosten zuzüglich 20,– eigener Auslagen werden vom Einreicher an den bezogenen Kunden in der in der Praxis am häufigsten gebräuchlichen Form weiterbelastet.

(1) Wie bucht der Einreicher
   a) die Einreichung und Diskontabrechnung der Bank,
   b) die Weiterbelastung an den Kunden,
   c) die Zahlung des Kunden durch Banküberweisung?
(2) Wie bucht der Kunde
   a) die Belastung mit den Diskontierungskosten,
   b) die Überweisung an den Rechnungssteller?

Aufgabe 5.03 *Diskontermittlung*

(1) Berechnen Sie den Betrag der Diskontabrechnung, wenn
   – der Wechsel auf 50 000,– lautet,
   – der Diskont 8,5 % beträgt,
   – die Laufzeit mit 33 Tagen angegeben ist,
   – die Bank 0,05 % Spesen von der Wechselsumme berechnet.
(2) Wie lautet die Buchung, wenn die Diskontierungskosten zuzüglich 40,– eigener Auslagen dem Kunden weiterberechnet werden?

Aufgabe 5.04 *Wechselprolongation*
Ein Kunde (Bezogener) kann einen Wechsel über 150 000,- nicht fristgerecht einlösen. Er bittet daher seinen Lieferanten (Aussteller), der den Wechsel inzwischen weitergegeben hat, den fehlenden Teilbetrag von 50 000,- zur Verfügung zu stellen. Nach Ausstellung und Akzeptierung eines Prolongationswechsels, der 9,5 % Diskont für 90 Tage, 50,- Spesen und die Umsatzsteuer enthält, werden die 50 000,- durch die Bank überwiesen.

(1) Wie hat der Lieferant zu buchen bei
    a) Erhalt des akzeptierten Prolongationswechsels,
    b) Überweisung von 50 000,- an den Kunden,
    c) Einreichung des Prolongationswechsels bei der Bank zum Diskont (die Bank bringt 8 % Diskont für 88 Tage und 0,05 % Wechselspesen in Abzug)?
(2) Wie hat der Kunde zu buchen bei
    a) Akzeptierung und Rücksendung des Prolongationswechsels,
    b) Geldeingang von 50 000,- auf Bankkonto,
    c) Einlösung des ursprünglichen Wechsels über 150 000,-,
    d) Einlösung des Prolongationswechsels durch die Hausbank?

Aufgabe 5.05 *Ermittlung des Betrags eines Prolongationswechsels*
Einem Kaufmann, der als Kunde (Bezogener) einen Wechsel über 85 000,- akzeptiert hat, fehlen zur Einlösung 3 000,-. Er bittet seinen Lieferanten um Überweisung des notwendigen Betrages und ist bereit, den neuen Prolongationswechsel zu unterschreiben. In die Prolongationswechselsumme werden bei einer Laufzeit von 60 Tagen 6 % Diskont und die Umsatzsteuer eingeschlossen.

(1) Ermitteln Sie den Wert des Prolongationswechsels, und nehmen Sie die Beleggestaltung vor.
(2) Nehmen Sie die beim Aussteller und Bezogenen im Zusammenhang mit der Wechselprolongation notwendigen Buchungen vor.

Aufgabe 5.06 *Anschaffung eines Firmenfahrzeugs mit Wechselfinanzierung*
Am 27. 3. 01 erwirbt ein Unternehmen einen neuen Pkw. Der Fahrzeughändler erstellt eine Rechnung mit folgenden Beiträgen:

Fahrzeug	30 588,00
Metallic-Lackierung	600,00
Transportkosten	680,00
Zulassung	100,00
	31 968,00
16 % Umsatzsteuer	5 114,88
Rechnungsbetrag	37 082,88

Nach Absprache mit dem Fahrzeughändler werden 7 082,88 sofort mit Bankscheck beglichen.
    Über die verbleibenden 30 000,- werden zwei Wechsel über je 15 000,- ausgestellt, fällig zum 30. 4. 01 (Wechsel I) und 31. 5. 01 (Wechsel II). In jeden Wechsel sind gemäß Fälligkeit 8,75 % Diskont und 3,50 Spesen einzurechnen.
    Der das Fahrzeug abholende Mitarbeiter tankt gegen Beleg für 70,- brutto. Der Betrag wird ihm aus der Kasse ersetzt.

(1) Über welchen Betrag lauten die beiden Wechsel unter Berücksichtigung der Umsatzsteuer?

(2) Mit welchem Wert ist das gekaufte Fahrzeug beim Käufer zu aktivieren?
(3) Nehmen Sie alle notwendigen Buchungen aus der Sicht des Käufers vor.
(4) Ermitteln Sie den Abschreibungsbetrag zum 31. 12. 01, wenn das Fahrzeug auf fünf Jahre linear abgeschrieben wird.

Aufgabe 5.07 *Wechselprotest*
Ein Besitzwechsel über 29 000,– wurde vergeblich zur Zahlung vorgelegt. Der mit dem Wechselprotest beauftragte Notar übergibt den Protestwechsel mit Protesturkunde dem Auftraggeber und stellt 63,– zuzüglich Umsatzsteuer in Rechnung.
 Der Wechselinhaber begleicht die Rechnung des Notars durch Barzahlung und nimmt fristgerecht Rückgriff auf den Vormann. Dazu stellt er in Rechnung: nicht eingelöste Wechselsumme, angefallene Protestkosten, 6 % Zinsen für 3 Tage, 1/3 % Provision von der Wechselsumme.

(1) Mit welchem Betrag belastet der Protestierende seinen Vormann?
(2) Wie lauten seine Buchungen?

Aufgabe 5.08 *Umkehrwechsel*
Ein Kunde erhält eine für ihn gefertigte Maschine im Wert von 180 000,– zuzüglich 16 % Umsatzsteuer geliefert. Die anfallenden Versandkosten gehen zu seinen Lasten. Bei Zahlung innerhalb von 14 Tagen werden 2 % Skonto gewährt.
 Auf Grund langjähriger Geschäftsverbindung wird die finanzielle Abwicklung im Rahmen des Scheck-Wechsel-Tauschverfahrens erfolgen. Die Hausbank des Kunden diskontiert den Wechsel und bringt 5 % Diskont (Laufzeit 88 Tage) in Abzug.
 Nehmen Sie die Buchungen beim Kunden und beim Lieferanten vor, wenn der Kunde den Wechsel fristgerecht einlöst.

Aufgabe 5.09 *Leasing*
Nach Absprache mit dem Leasinggeber bestellt der Leasingnehmer einen Gabelstapler bei der Herstellerfirma. Der Stapler wird am 25. September direkt an den Leasingnehmer geliefert, die Rechnung über 47 700,– zuzüglich Umsatzsteuer wird auf den Leasinggeber ausgestellt. Bei Zahlung innerhalb von 10 Tagen wird 2 % Skonto gewährt. Die Rechnung wird nach Skontoabzug vom Leasinggeber an den Hersteller des Staplers überwiesen.
 Der Leasingvertrag enthält folgende Bedingungen:
– Die Grundmietzeit beträgt 36 Monate, während der keine reguläre Kündigungsmöglichkeit besteht.
– Nach Ablauf der Grundmietzeit besteht die Möglichkeit, das Objekt weiter zu mieten. Weitere Absprachen wurden nicht getroffen.
– Die monatlichen Leasingraten betragen 1 518,– zuzüglich 16 % Umsatzsteuer.
– Die 1. Rate ist am 1. Oktober, die weiteren sind jeweils zum 1. des folgenden Monats fällig. Die Bank erhält einen Abbuchungsauftrag.

Laut AfA-Tabelle beträgt die Nutzungsdauer für Gabelstapler 4 Jahre.

(1) Um welchen Leasing-Vertragstyp handelt es sich?
(2) Welcher Vertragspartner hat den Gabelstapler zu aktivieren und am Jahresende abzuschreiben?
(3) Wie lauten die Buchungen bei Leasinggeber und Leasingnehmer an den jeweilgen Stichtagen und zum 31. Dezember des Vertragsjahres?

Aufgabe 5.10 *Leasing mit Aufteilung der Leasingraten*
Ein Unternehmen schließt im Oktober mit einer Leasinggesellschaft einen Vertrag, der u. a. folgende Punkte beinhaltet:
– Der Leasingnehmer übernimmt vom Hersteller eine Maschine im Wert von 55 000,– zuzüglich Umsatzsteuer. Die Transportkosten gehen zu Lasten des Empfängers.
– Die Leasinggesellschaft ist als Eigentümerin des Leasingobjektes Rechnungsempfänger.
– Die Grundmietzeit beträgt 36 Monate, während dieser kann von keiner Seite eine Kündigung erfolgen.
– Die monatlichen Leasingraten betragen 2 000,– und werden erstmals zum 1. November von einem Bankkonto abgebucht.
– Die Umsatzsteuer bis Ende der Grundmietzeit wird bei Verschaffung der Verfügungsmacht in Rechnung gestellt und ist sofort fällig.
– 3 Monate vor Ablauf des Vertrages kann der Leasingnehmer verlangen, dass der Vertrag um jeweils 1 Jahr verlängert wird. In diesem Fall beträgt die monatliche Anschlussmiete 200,– netto.

Die Maschine wird Mitte Oktober vom Hersteller an den Leasingnehmer ausgeliefert. Für Transport und Montage werden 6 200,– zuzüglich 16 % Umsatzsteuer durch Banküberweisung bezahlt. Die Nutzungsdauer beträgt laut AfA-Tabelle 5 Jahre.
(1) Um welchen Vertragstyp handelt es sich?
(2) Welchem der Vertragspartner ist das Leasinggut zuzurechnen?
(3) Errechnen Sie Zins-/Kosten- und Tilgungsanteil der ersten beiden Raten.
(4) Welche Buchungen haben die Vertragspartner bis 31. Dezember des Vertragsjahres durchzuführen?

Aufgabe 5.11 *Gewinn aus Anlagenverkauf*
Aus dem Anlagevermögen wird an einen Interessenten ein gebrauchter Lkw für 50 000,– zuzüglich 16 % Umsatzsteuer verkauft. Der Buchwert dieses Fahrzeugs beläuft sich zum Zeitpunkt des Verkaufs auf 6 000,–.
Wie lauten die notwendigen Buchungen?

Aufgabe 5.12 *Verlust aus Anlagenverkauf*
Ein Gabelstapler wird an einen Interessenten für 10 000,– zuzüglich Umsatzsteuer gegen Barzahlung verkauft. Der Buchwert des Staplers beträgt 25 000,–.
Wie lauten die notwendigen Buchungen?

Aufgabe 5.13 *Abzahlungs-/Teilzahlungsgeschäft*
Die Firma Josef Meier bietet ein Radiogerät zu folgenden Konditionen an: Anzahlung von 184,– sowie Zahlung von 6 Monatsraten zu je 100,– (Summe 784,– einschließlich Umsatzsteuer). Bei Nichtzahlung von zwei aufeinander folgenden Raten wird die ganze Restsumme fällig. Wird auch diese Schuld nicht beglichen, kann der Verkäufer von seinem vertraglich festgelegten Rücktrittsrecht Gebrauch machen. Die Vertragsparteien müssen dann ihre Leistung Zug um Zug zurückgeben. Der Verkäufer berechnet bei Rücktritt für den Gebrauch des Radios eine Miete von 100,– zuzüglich Umsatzsteuer.
(1) Welche Buchungen hat die Firma Meier durchzuführen, wenn der Kunde Baum sofort bei Abschluss des Vertrages am 1. Februar das Gerät erhält und die Anzahlung leistet?

(2) Die Ratenzahlung am 1. März wird von Baum pünktlich geleistet.
(3) Die 2. und 3. Rate werden jedoch nicht mehr überwiesen. Firma Meier macht daher am 15. Mai von ihrem Rücktrittsrecht Gebrauch. Sie fordert Rückgabe des Radios und berechnet für die Überlassung des Gerätes zum Gebrauch 100,– zuzüglich Umsatzsteuer. Baum gibt das Gerät zurück. Firma Meier zahlt nach Abzug der Miete den Restbetrag bar an den Käufer zurück. Wie lauten die Buchungen und wie hoch ist der Rückerstattungsanspruch?

Aufgabe 5.14 *An-/Vorauszahlungen*
Im Kaufvertrag für eine Maschine im Wert von 60 000,– werden folgende Zahlungsbedingungen vereinbart:
– 20 000,– bei Vertragsabschluss,
– 20 000,– bei Fertigungsbeginn,
– der Rest nach Auslieferung der Maschine im Februar des neuen Jahres.

Nehmen Sie die erforderlichen Buchungen beim Lieferanten und beim Kunden nach der Bruttomethode vor.

Aufgabe 5.15 *Nachnahme*
Ein Kunde erhält gegen Nachnahme Ware im Wert von netto 192,–. Der Lieferant verauslagt die Paketgebühr (9,00) und die Nachnahmegebühr (3,50). Außerdem fallen 3,– Zahlscheingebühr an.
(1) Berechnen Sie Umsatzsteuer, Nachnahmebetrag und Zahlscheinbetrag.
(2) Verbuchen Sie die Nachnahmesendung. Der Kunde löst sie ein.

Aufgabe 5.16 *Nichtannahme einer Nachnahmesendung*
Ein Lieferant verschickt Waren gegen Nachnahme: Rechnungsbetrag (netto) 487,–, verauslagte Paketgebühr 13,–, Nachnahmegebühr (verauslagt) 3,50, Zahlscheingebühr 3,–.
(1) Berechnen Sie Umsatzsteuer, Nachnahmebetrag und Zahlscheinbetrag.
(2) Verbuchen Sie die Nachnahmesendung. Der Kunde löst sie nicht ein. Die Post erhebt für Rücksendung und Zustellung 13,– Gebühren.

Aufgabe 5.17 *Reisekosten nach Einzelbelegen*
Nach Abschluss einer Dienstreise kann ein Arbeitnehmer hierzu folgende Daten belegmäßig zusammenstellen:
– Antritt der Reise: Mittwoch, 9.00 Uhr; Ende der Reise: Donnerstag, 19.00 Uhr
– DB-Fahrkarte: 137,– (Fahrpreis, Zuschlag, Platzreservierung)
– Taxibelege: 48,–
– Telefonkosten lt. Hotelbeleg: 18,50
– Übernachtungskosten, brutto, lt. Rechnung: 96,– (darin sind lt. Beleg 10,– Frühstückskosten enthalten), Rechnung lautet auf ArbN
– Kosten für Verpflegung lt. Beleg: Mittwoch 56,–, Donnerstag 60,–

Erstellen und buchen Sie die Reisekostenabrechnung. Der Arbeitgeber ersetzt die entstandenen Verpflegungskosten nach den steuerfreien Pauschbeträgen.

Aufgabe 5.18 *Reisekosten mit Verpflegungsaufwand ohne Beleg*
Ein Arbeitnehmer tritt am Sonntag, 17.00 Uhr, eine Dienstreise an, von der er am Freitag, 18.00 Uhr, zurückkehrt. In dieser Zeit fährt er mit seinem privaten Pkw 1 068 km, die der Arbeitgeber vereinbarungsgemäß pauschal vergütet. Für die Übernachtungen sind gemäß der Hotelrechnung 430,– angefallen (der Frühstücksanteil ist aus dem Beleg nicht ersichtlich). Die Verpflegungskosten werden mit den zulässigen Pauschbeträgen abgerechnet. An weiteren Kosten sind entstanden:
- Parkgebühren, lt. Belegen, 62,–
- Telefon lt. Hotelbeleg 45,80
- Stadtplan lt. Beleg 7,50
- Trinkgeld, ohne Beleg, 10,–

Erstellen und buchen Sie die Reisekostenabrechnung.

Aufgabe 5.19 *Lohn und Gehalt*
Im Laufe des Monats wurden an Arbeitnehmer Abschläge in Höhe von 10 000,– und Vorschüsse von 1 000,– ausbezahlt. Am Monatsende liegen laut Lohn- und Gehaltsliste die folgenden Daten vor:

- Vorschüsse 1 000,–
- Abschläge 10 000,–
- Gehälter 22 000,–
- Zeitlöhne 6 500,–
- Überstundenlöhne einschließlich Zuschläge 1 000,–
- Feiertagslöhne einschließlich Zuschläge 700,–
- Urlaubslöhne/Urlaubsgeld 2 600,–
- Lohnfortzahlung im Krankheitsfall 1 000,–
- Fahrgelderstattung (steuerfrei) 500,–
- Jubiläumszuwendung 3 500,–
- Arbeitgeberanteil vermögenswirksame Leistungen 400,–
- Arbeitgeberanteil zur Krankenversicherung freiwillig Versicherter 850,–
- abzuführende Lohn- und Kirchensteuer, Solidaritätszuschlag 5 400,–
- einbehaltene Sozialversicherungsbeiträge 6 000,–
- Arbeitnehmer- und Arbeitgeberbeiträge zum vermögenswirksamen Sparen 500,–
- einbehaltene Miete für Werkswohnung 350,–
- Rückzahlung Arbeitgeberdarlehen 1 000,–
- pauschalierte Lohnsteuer/Kirchensteuer und Solidaritätszuschlag auf Fahrgelderstattung 85,–
- Arbeitgeberanteil zur Sozialversicherung 6 000,–

Nehmen Sie die notwendigen Buchungen vor.

Aufgabe 5.20 *Geldwerter Vorteil aus Kantinenessen*
Die Mitarbeiter eines Unternehmens haben in den betriebseigenen Kantinen die Möglichkeit je Arbeitstag ein Kantinenessen einzunehmen. Die dazu notwendigen Essenmarken können aus im Betrieb aufgestellten Automaten gelöst werden. Zur Auswahl stehen täglich drei Menüs. Die Preise incl. 16 % MWSt betragen: Menü I 2,–, Menü II 2,30 und Menü III 3,–.
    Am Monatsende lässt sich feststellen, dass von Menü I 1 000 Essen, von Menü II 600 Essen und von Menü III 200 Essen verkauft wurden. Der Arbeitgeber übernimmt

gem. Betriebsvereinbarung die Lohnsteuerpauschalierung für den geldwerten Vorteil.

(1) Buchung des Essenmarkenverkaufes in einer Monatssumme
(2) Ermittlung des geldwerten Vorteiles im Verkaufsmonat
(3) Buchung des geldwerten Vorteils
(4) Mit welchem Prozentsatz hat die Lohnsteuerpauschalierung zu erfolgen?
(5) Ermittlung der Steuerschuld des Arbeitgebers aus der Lohnsteuerpauschalierung
(6) Buchung der an das Finanzamt abzuführenden Lohnsteuerschuld

Aufgabe 5.21 *Private Nutzung von Firmenfahrzeugen*
Für einen neu eingestellten Kundendienstmitarbeiter wird ein Firmen-Pkw angeschafft, der ihm auch uneingeschränkt für alle Fahrten zwischen Wohnung und Arbeitsstätte als auch für Privatfahrten zur Verfügung steht. Das Fahrzeug wurde zu den folgenden Bedingungen angeboten und vom Unternehmen erworben:

Netto-Listenpreis des Herstellers:	39 300,–
Zusatzausstattung:	
Klimaanlage	2 050,–
Radio	800,–

Alle Preise zzgl. 16 % MWSt.

Der Händler gewährt auf das Fahrzeug einen Nachlass von 15 %. An weiteren Kosten werden noch zum Nettopreis 700,– Überführungs- und 100,– Zulassungskosten zzgl. 16 % MWSt in Rechnung gestellt.

Nach dem Arbeitsvertrag hat der Arbeitnehmer den geldwerten Vorteil monatlich im Rahmen der Gehaltsabrechnung zu versteuern. Die Entfernung zwischen Wohnung und Arbeitsstätte beträgt 32 km.

(1) Ermitteln Sie die für den Betrieb aktivierungspflichtigen Anschaffungskosten.
(2) Auf welchen Betrag lautet der für die 1 %-Regelung notwendige Listenpreis?
(3) Auf welchen Betrag lautet der nach der 1 %-Regelung ermittelte geldwerte Vorteil?
(4) Wie lautet die Buchung des geldwerten Vorteils?
(5) Welche Bedeutung kommt dem ermittelten geldwerten Vorteil bei der Gehaltsabrechnung zu?

Aufgabe 5.22 *Freie Unterkunft und Verpflegung*
Eine ledige Sozialarbeiterin erhält in einem Wohnheim die Möglichkeit, ein eingerichtetes Zimmer zu bewohnen. Sie benutzt alle Gemeinschaftseinrichtungen, z. B. Bad, Dusche, Toilette, Freizeiträume usw., unentgeltlich. Ebenfalls nimmt sie teil an der Gemeinschaftsverpflegung der Heimbewohner.

(1) Auf welchen Betrag lauten die Sachbezugswerte für unentgeltliche Unterkunft und für unentgeltliche Verpflegung?
(2) Wie werden die beiden Sachbezugswerte aus Sicht der Umsatzsteuer behandelt?
(3) Wie lautet die Buchung für den Sachbezug »unentgeltliche Unterkunft«?
(4) Bilden Sie den Buchungssatz für den Sachbezug »unentgeltliche Verpflegung«.
(5) Wie sind die ermittelten und gebuchten Sachbezüge in der monatlichen Gehaltsabrechnung zu behandeln?

Aufgabe 5.23 *Überlassung einer Werkswohnung*
Ein Arbeitgeber stellt einem zeitweise versetzten leitenden Mitarbeiter und dessen Familie eine Wohnung in Firmennähe zur Verfügung. Dem Arbeitnehmer werden hierfür bei der monatlichen Gehaltsabrechnung 400,– Miete in Abzug gebracht. Ein Vergleich mit dem örtlichen Mietpreisspiegel ergibt, dass für eine vergleichbare Wohnung 600,– Miete zu entrichten wären.

(1) Welche Voraussetzung muss gegeben sein, dass von einer »Wohnung« im Sinne des Lohnsteuerrechtes gesprochen werden kann?
(2) In welcher Höhe ergibt sich der geldwerte Vorteil?
(3) Wie ist der geldwerte Vorteil zu buchen?
(4) Wie wirkt sich der geldwerte Vorteil auf die monatliche Gehaltsabrechnung aus?
(5) In welcher Höhe ergibt sich am Monatsende für das Unternehmen nach Buchung der Gehaltsabrechnung ein umsatzsteuerfreier Mietertrag?

Aufgabe 5.24 *Verbilligter Verkauf von Waren an Mitarbeiter*
Ein Arbeitnehmer ist bei einem Baumarkt beschäftigt. Für den Bau seines Wohnhauses bezieht er verschiedene Heizungs- und Installationsmaterialien. Der Arbeitgeber gewährt vom Listenverkaufspreis (brutto incl. 16 % MWSt) 15 133,– einen Preisnachlass von 15 %. An den Mitarbeiter wird eine Rechnung zum Bruttobetrag über 12 863,– incl. 16 % MWSt ausgestellt.

(1) Ermitteln Sie den geldwerten Vorteil.
(2) Wie lauten die erforderlichen Buchungen?
(3) Wie hoch wäre der geldwerte Vorteil, wenn der Arbeitgeber dem Arbeitnehmer die Ware zu seinem Einkaufspreis von 5 500,– zzgl. 16 % MWSt verkaufen würde, die Selbstkosten aber 6 000,– betragen?
(4) Welche Buchungen sind vorzunehmen?

Aufgaben zum 6. Hauptteil: Konzernrechnungslegung

Aufgabe 6.01 *Erstkonsolidierung nach der Buchwertmethode*
Ein Konzern setzt sich aus drei Konzernunternehmen, MU (Mutterunternehmen) sowie TU1 und TU2 (Tochterunternehmen 1 und 2), zusammen. MU hält 100 % der Anteile an TU1 und TU2. Die Schlussbilanzen der Konzernunternehmen, die nach einheitlichen Bewertungsrichtlinien erstellt wurden, zeigen folgendes Bild:

	Handelsbilanz MU		Handelsbilanz TU1		Handelsbilanz TU2	
	A	P	A	P	A	P
Aktiva						
Anlagevermögen						
nicht abnutzbar	1 000		250		500	
abnutzbar	2 000		400		800	
Beteiligungen						
an TU1	1 250					
an TU2	1 950					
Sonstige Aktiva	3 800		1 350		1 700	
Passiva						
Eigenkapital		4 000		800		1 200
Sonstige Passiva		6 000		1 200		1 800
	10 000	10 000	2 000	2 000	3 000	3 000

Führen Sie die Erstkonsolidierung nach der Buchwertmethode durch. Bei TU 1 und TU2 sind stille Reserven im nicht abnutzbaren Anlagevermögen in Höhe von 100 und 250, im abnutzbaren Anlagevermögen in Höhe von 150 und 200 vorhanden.

Aufgabe 6.02 *Erstkonsolidierung nach der Neubewertungsmethode*
Führen Sie auf Grund der Daten aus Aufgabe 6.01 die Erstkonsolidierung nach der Neubewertungsmethode durch.

Aufgabe 6.03 *Erstkonsolidierung nach der Buchwertmethode bei Vorhandensein von Minderheiten*
Führen Sie auf Grund der Daten aus Aufgabe 6.01 die Erstkonsolidierung nach der Buchwertmethode durch, wenn MU an TU1 zu 80 %, an TU2 zu 70 % beteiligt ist.

Aufgabe 6.04 *Erstkonsolidierung nach der Neubewertungsmethode bei Vorhandensein von Minderheiten*
Führen Sie auf Grund der Daten aus Aufgabe 6.01 die Erstkonsolidierung nach der Neubewertungsmethode durch, wenn MU an TU1 zu 80 %, an TU2 zu 70 % beteiligt ist.

Aufgaben zum 7. Hauptteil: Bilanzanalyse

Aufgabe 7.01 *Gestaltbarkeit von Bilanzen*

(1) Geben Sie Beispiele für Bilanzpositionen, die nur durch Prognosen oder Schätzungen erkannt und bewertet werden.
(2) Nennen Sie Sachverhaltsgestaltungen (Geschäftsvorfälle), durch die sich der Ergebnisausweis bis zu einem gewissen Grade beeinflussen lässt.

Aufgabe 7.02 *Analyseplanung*

(1) Wie sollte eine Bilanzanalyse beginnen?
(2) Fallen bei der Betrachtung von Jahresabschluss und Lagebericht der Festing GmbH Besonderheiten auf?

Aufgabe 7.03 *Aufwendungen für Erweiterung des Geschäftsbetriebs*

(1) Was wird man im »Normalfall« aus der Aktivierung dieser Position schließen?
(2) Was könnte die Festing GmbH veranlasst haben, Aufwendungen für Erweiterung des Geschäftsbetriebs in die Bilanz einzustellen?

Aufgabe 7.04 *Sonderposten mit Rücklageanteil*

(1) Mit welcher Bilanzposition muss der Sonderposten mit Rücklageanteil bei der Festing GmbH in Beziehung gesetzt werden?
(2) Was fällt daran Besonderes auf? Wie lassen sich die Zahlen erklären?

Aufgabe 7.05 *Sonstige betriebliche Aufwendungen*

(1) Was ist bei den »Sonstigen betrieblichen Aufwendungen« der Festing GmbH auffällig?
(2) Lassen sich Rückschlüsse über die Veränderung zwischen Vor- und Berichtsjahr und über die Zusammensetzung dieser Position ziehen?

Aufgabe 7.06 *Wertpapiere*

(1) Zu welchem Zweck hält bzw. hielt die Festing GmbH wohl Wertpapiere im Umlaufvermögen? In welchem Zusammenhang wurden Sie erworben?
(2) Waren sie rentabel? Handelte es sich um Spekulationsobjekte?

Aufgabe 7.07 *Steuern vom Einkommen und vom Ertrag*

(1) Wie ist beim Halbeinkünfteverfahren die Besteuerung von Thesaurierung und Ausschüttungen geregelt?
(2) Kann man überprüfen, ob bei der Festing GmbH im Vor- und Berichtsjahr bei den Steuern vom Einkommen und Ertrag Erstattungen oder Nachzahlungen zu verzeichnen waren? Gehen Sie dabei von einem Gewerbesteuer-Hebesatz von 400 % unter Anwendung der $^5/_6$-Methode aus, und beachten Sie auch den Solidaritätszuschlag.

Aufgabe 7.08 Kapitalerhöhung

(1) Wie wurde die Kapitalerhöhung durchgeführt?
(2) Finden Sie die Ausschüttung des Berichtsjahres im Hinblick auf die Zielsetzung des Unternehmens angemessen?

Aufgabe 7.09 Latente Steuern

Müssten im Jahresabschluss der Festing GmbH nicht auch Aussagen zum Thema »latente Steuern« gemacht werden? Prüfen Sie den Sachverhalt.

Aufgabe 7.10 Ansatzkorrekturen

Xaver Kroetz, ein reicher Mann, möchte einen Teil seines Geldes in Unternehmen anlegen. Er könnte bei zwei Firmen GmbH-Anteile in Höhe von 300 000,– erwerben, die beide eine gleich hohe Rendite versprechen. Da er von Bilanzierung nicht viel versteht, notiert er sich folgende Daten, die er seinem Freund Josef Schuster, der Bilanzbuchhalter ist, abends am Stammtisch vorlegen möchte.

Bilanz A				Bilanz B			
Anlagevermögen	500 000	Eigenkapital	300 000	Geschäfts-/Firmenw.	200 000	Eigenkapital	300 000
Umlaufvermögen	600 000	Fremdkapital	800 000	Sonstiges Anlagevermögen	300 000	Fremdkapital	800 000
	1 100 000		1 100 000	Umlaufvermögen	600 000		
					1 100 000		1 100 000

Beide Firmen hatten einen Jahresüberschuss von 150 000,–. Kroetz weiß auch noch, dass der Geschäfts- oder Firmenwert wohl erst kürzlich erworben worden sei.

Schuster erklärt, der bei der Firma B bilanzierte Geschäfts- oder Firmenwert sei kein echter Vermögenswert und daher aus bilanzanalytischen Vorsichtsgründen gegen das Eigenkapital aufzurechnen. Daraufhin erscheint Kroetz die Bilanz der Firma A als ausgewogener, woraufhin er sich entscheidet, dort sein Geld zu investieren.

(1) Warum wurde der Geschäfts- oder Firmenwert wohl bilanziert und nicht als laufender Aufwand verrechnet?
(2) Wie beurteilen Sie die Entscheidung von Kroetz?

Aufgabe 7.11 Bewertungskorrektur bei Anteilsbesitz

(1) Auf welche Größe bezieht sich die Anhangangabe nach § 285 Nr. 11 HGB »Höhe des Kapitalanteils« bei Kapitalgesellschaften?
(2) Wie hoch ist das Eigenkapital der im Anhang der Festing GmbH (Anteilsbesitz) aufgeführten Procom GmbH im Vor- und Berichtsjahr abzüglich eventueller Ausschüttungen?
(3) Hat das Tochterunternehmen DDS Computing in London im Berichtsjahr Gewinne ausgeschüttet?
(4) Wie erklären Sie sich die Differenz zwischen dem Buchwert der in der Bilanz der Festing GmbH ausgewiesenen Anteile an verbundenen Unternehmen und dem im Anhang genannten Eigenkapital?

(5) Zu welchen Werten würden Sie die Beteiligung an der Procom GmbH und die Anteile an DDS Computing in der Strukturbilanz ansetzen?
(6) Lassen sich gernerelle Regeln für Bewertungskorrekturen bei Anteilsbesitz aufstellen?

Aufgabe 7.12 *Bewertungskorrektur bei Herstellungskosten*

(1) Wie können stille Reserven bei der Herstellungskostenermittlung entstehen?
(2) Kann ein externer Bilanzanalytiker solche Reserven erkennen und gegebenenfalls das Ausmaß beurteilen?

Aufgabe 7.13 *Erstellung der Strukturbilanz der Festing GmbH*

(1) Stellen Sie die vorzunehmenden Ansatz- und Gliederungskorrekturen zusammen.
(2) Welches Problem tritt beim Ansatz der nicht passivierten Pensionsrückstellungen auf? Welche Lösung schlagen Sie vor?
(3) Erstellen Sie die Strukturbilanz unter Einfügung der vorzunehmenden Korrekturen. Unterstellen Sie dabei, dass laut Anhang des Vorjahres die nicht passivierten Pensionsrückstellungen des Vorjahres 278 000,– betragen.

Aufgabe 7.14 *Kreisdiagramm*

Erstellen Sie ein Kreisdiagramm für Aktiva und Passiva der Strukturbilanz (Berichtsjahr) der Festing GmbH.

Aufgabe 7.15 *Kennzahlen zum Vermögensaufbau*

(1) Errechnen Sie aus der Strukturbilanz und der Struktur-GuV-Rechnung der Festing GmbH die Kennzahlen zum Vermögensaufbau im Berichtsjahr und im Vorjahr. Unterstellen Sie als angenommenen Vorjahresanfangsbestand
 – an Vorräten 1 268 300,–,
 – an Forderungen aus Lieferungen und Leistungen 2 510 400,–.
(2) Interpretieren Sie die Ergebnisse.

Aufgabe 7.16 *Kennzahlen zur Kapitalstruktur*

(1) Errechnen Sie aus der Strukturbilanz und der Struktur-GuV-Rechnung die Kennzahlen zur Kapitalstruktur für die Festing GmbH für Vor- und Berichtsjahr. Unterstellen Sie als angenommenen Vorjahresanfangsbestand
 – an Eigenkapital 8 500 000,–,
 – an Gesamtkapital 14 800 000,–,
 – an Verbindlichkeiten aus Lieferungen und Leistungen 385 000,–.
(2) Interpretieren Sie die Ergebnisse.

Aufgabe 7.17 *Kennzahlen zur Finanzlage und Bewegungsbilanz*

(1) Errechnen Sie aus der Strukturbilanz und der Struktur-GuV-Rechnung der Festing GmbH die Kennzahlen zur Finanzlage im Berichts- und Vorjahr. Unterstellen Sie als angenommene Vorjahresangaben:

- Einstellungen in Sonderposten mit Rücklageanteil 979 200,–,
- Erhöhung der Pensionsrückstellungen um 160 800,–.

(2) Interpretieren Sie die Ergebnisse.
(3) Erstellen Sie die Bewegungsbilanz der Festing GmbH.
(4) Welche Aussagen können aus der Bewegungsbilanz gewonnen werden?

Aufgabe 7.18 *Kennzahlen zur Ertragskraft*

(1) Errechnen Sie aus der Strukturbilanz und der Struktur-GuV-Rechnung der Festing GmbH die Kennzahlen zur Ertragskraft im Berichts- und Vorjahr. Unterstellen Sie als angenommenen Vorjahresanfangsbestand
- an Eigenkapital 8 500 000,–,
- an Gesamtkapital 14 800 000,–.

(2) Interpretieren Sie die Ergebnisse.
(3) Welche Maßnahmen muss die Geschäftsführung eines Unternehmens ergreifen, wenn die Umsatzrentabilität unter den Zinssatz für langfristiges Kapital fällt?

Aufgabe 7.19 *Kennzahlen zum Wachstum*

(1) Errechnen Sie aus der Strukturbilanz und der Struktur-GuV-Rechnung der Festing GmbH die Kennzahlen zum Wachstum im Berichts- und Vorjahr. Unterstellen Sie ein Branchenumsatzwachstum und ein Branchengesamtkapitalwachstum von jeweils 12 %, einen Vorjahresanfangsbestand an Eigenkapital 8 500 000,–, an Gesamtkapital 14 800 000,–.

(2) Interpretieren Sie die Ergebnisse.

Aufgabe 7.20 *Return on Investment*

Errechnen Sie aus der Strukturbilanz und der Struktur-GuV-Rechnung der Festing GmbH die Daten für die Return-on-Investment-Analyse für das Berichtsjahr.

Aufgaben zum 8. Hauptteil: Kosten- und Leistungsrechnung

Aufgabe 8.01 *Einfache Divisionskalkulation*
In einem Wasserwerk sind in einer bestimmten Periode folgende Kosten angefallen:
- Förderung 2 400 000,–,
- Leitungsnetz 175 000,–,
- Verwaltung und Vertrieb 665 000,–.

Gefördert wurden 1 200 000 cbm Wasser. Wegen verschiedener Lecks im Leitungsnetz konnten aber nur 1 080 000 cbm gegenüber den Kunden abgerechnet werden.
(1) Wie hoch sind die Kosten der Förderung für einen Kubikmeter Wasser?
(2) Wie hoch sind die Kosten pro Kubikmeter bezogen auf die abgerechnete Menge?

Aufgabe 8.02 *Differenzierende Divisionskalkulation*
Die Firma Knaster & Co. stellt den Pfeifentabak »Sondermischung« her. Für eine Abrechnungsperiode liegen folgende Zahlen vor:

Stufe	Ausbringungsmengen	Stufenkosten	Einsatzmengen
1. Einkauf und Lager	31,2 t	299 520,–	—
2. Verarbeitung	23 600 kg	708 000,–	24,0 t
3. Verpackung, Vertrieb etc.	394 000 Päckchen	689 500,–	20 000 kg

(1) Wie hoch sind die Kosten je Mengeneinheit und Stufe?
(2) Wie hoch sind die Gesamtkosten pro Päckchen Tabak?
(3) Wie hoch ist der Wert der Lagerbestände, wenn davon ausgegangen wird, dass es zu Beginn der Periode keine Lagerbestände gab und 392 000 Päckchen Tabak abgesetzt werden konnten?

Aufgabe 8.03 *Äquivalenzziffernrechnung*
Eine Brauerei produziert die Sorten Spezial, Export und Pils. Die Abfüllung von Pils in Flaschen wird für teurer gehalten als die Abfüllung der anderen Sorten. Für die Bestimmung der Kosten des Materials und der Produktion (Kostenbereich I) einerseits und der Abfüllung (Kostenbereich II) andererseits wird deshalb mit verschiedenen Äquivalenzziffern gearbeitet. Es liegen für eine Nachkalkulation folgende Zahlen vor:

Sorte		Material und Produktion Kostenbereich I		Abfüllung Kostenbereich II	
		Menge (Flaschen)	Äquivalenzziffern	Menge (Flaschen)	Äquivalenzziffern
1	Spezial	180 000	0,85	200 000	1,00
2	Export	550 000	1,00	500 000	1,00
3	Pils	300 000	1,30	300 000	1,40

An Kosten fielen im Kostenbereich I 437 200,– und im Kostenbereich II 56 000,– an. Für Verwaltung und Vertrieb (Kostenbereich II) sind zusätzlich 200 000,– angefallen, die gleichmäßig auf alle 1 000 000 verkauften Flaschen verteilt werden sollen.

Welche Werte ergeben sich unter den angenommenen Bedingungen für folgende Größen:

(1) Kosten je Recheneinheit in den Kostenbereichen I und II,
(2) Kosten je Flasche und Sorte für die genannten Kostenbereiche,
(3) Gesamtkosten je Flasche?

Aufgabe 8.04 *Kuppelproduktion*
Die Geschäftsleitung einer Erdölraffinerie rechnet damit, im nächsten Geschäftsjahr 4,1 Mio. t Rohöl verarbeiten zu können. Die Kosten für den Spaltprozess werden auf 255,2 Mio. geschätzt. Es sollen folgende Hauptprodukte erzeugt werden:
–   660 000 t Benzin (Heizwert 11 000 kcal/kg),
– 1 760 000 t Heizöl (Heizwert 10 250 kcal/kg),
– 1 100 000 t Schweröl (Heizwert 9 000 kcal/kg).

Außerdem wird davon ausgegangen, dass ca. 225 000 t an Nebenprodukten anfallen. Die verbleibende Gewichtsdifferenz ergibt sich aus dem Eigenverbrauch der Raffinerie. Aus dem Verkauf der Nebenprodukte wird mit einem Erlös von 25 Mio. gerechnet. Die Kosten der Aufbereitung und Verpackung dieser Nebenprodukte werden voraussichtlich 3 Mio. betragen.

Für die Hauptprodukte wird mit Folgekosten in der Höhe von 93 Mio. gerechnet. Davon sind direkt zurechenbar auf Benzin 13 Mio., auf Heizöl 25 Mio. und auf Schweröl 11 Mio. Als indirekte Folgekosten verbleiben damit 44 Mio.

Die Verteilung der von den Hauptprodukten zu tragenden Kosten soll im Wege einer Prozentrechnung nach dem Heizwert erfolgen. Es sind zu bestimmen:

(1) der Restwert unter Berücksichtigung der indirekten Folgekosten für die Hauptprodukte,
(2) die Heizwerte für die geplanten Ausbringungsmengen der Hauptprodukte,
(3) die von den Hauptprodukten zu tragenden Kosten (insgesamt und pro Tonne).

Aufgabe 8.05 *Einfache Zuschlagskalkulation*
In einer kleinen Werkstatt sind in einer Abrechnungsperiode angefallen:
– 160 Fertigungsstunden der Lohngruppe 12 = 22,– je Stunde,
– 480 Fertigungsstunden der Lohngruppe 11 = 20,– je Stunde,
– 120 Fertigungsstunden eines Lehrlings = 5,– je Stunde.

Der Arbeitgeberbeitrag zur Sozialversicherung beträgt 12 %. An Gemeinkosten (ohne Sozialversicherung) sind 11 400,– angefallen.

(1) Wie hoch sind die in jeder Lohngruppe insgesamt zu verrechnenden Kosten pro Fertigungsstunde?
(2) Mit welchem Gemeinkostenzuschlag auf Fertigungslohn müsste im Falle einer einfachen Zuschlagskalkulation gerechnet werden?

Aufgabe 8.06 *Kostenkategorien*
Ordnen Sie folgende Kosten den Kostenkategorien des auf S. 232 abgebildeten Kostenwürfels zu:

(1) Fertigungslöhne,
(2) Reparaturkosten einer Produktionsanlage,
(3) Reparaturkosten der Heizungsanlage,
(4) Werbung eines Automobilherstellers für einen bestimmten Wagentyp.

Aufgabe 8.07 *Kalkulatorische Kosten*

Für das auf S. 252 dargestellte Beispiel sollen folgende Änderungen angenommen werden:
Als Ergebnis einer Überprüfung der Schätzung des Nutzungspotenzials wird seit Beginn des Jahres 03 von einem Gesamtpotenzial in Höhe von 10 500 Nutzungsstunden ausgegangen.

(1) Wie hoch wäre die kalkulatorische Abschreibung für das Jahr 03 anzusetzen, wenn weiterhin mit 1 500 Stunden Laufzeit in diesem Jahr gerechnet wird?
(2) Welche Konsequenzen ergeben sich aus der Änderung im Bereich der kalkulatorischen Wagnisse?
(3) Wie hoch wären die für das Jahr 03 anzusetzenden kalkulatorischen Zinsen, wenn mit einem Zinsfuß von 7,5 % gerechnet wird?

(Die Ergebnisse sollen jeweils auf volle 10,- aufgerundet werden.)

Aufgabe 8.08 *Bestimmung kalkulatorischer Abschreibungen und kalkulatorischer Wagnisse*

Ein Unternehmen hat im Jahre 01 eine Maschine für 84 000,- erworben (einschlägiger Preisindex 120 %). Das Nutzungspotenzial der Anlage wird zunächst auf 5 000 Betriebsstunden geschätzt. Am Ende des dritten Nutzungsjahres wird diese Schätzung auf 6 000 Stunden korrigiert. Der Index für entsprechende Maschinen wird für das Jahr 04 mit 118,5 % angesetzt. Die planmäßige Betriebsdauer pro Jahr wird voraussichtlich jeweils 800 Stunden betragen.

(1) Wie hoch sind die kalkulatorischen Abschreibungen im 1. und 4. Nutzungsjahr?
(2) Welche Konsequenzen ergeben sich im 4. Jahr aus der Korrektur des voraussichtlich verfügbaren Potenzials?
(3) Bei der Ausmusterung und der Demontage der Maschinen ergibt sich ein negativer Netto-Liquidationserlös. Wie ist dieser im Rahmen der Kostenrechnung zu behandeln?

Aufgabe 8.09 *Betriebsabrechnungsbogen (einfaches Beispiel)*

Im vereinfachten BAB eines Unternehmens sind die Summen der Kostenarten, die Zuordnung der Einzelkosten zu den Kostenstellen und die Normalzuschlagssätze bereits ausgewiesen.
Der BAB soll anhand folgender Informationen zu Ende geführt werden:
– Hilfslöhne und Gehälter sind nach folgendem Schlüssel zu verteilen:
  1 : 3 : 2 : 2 : 2 : 1 : 3 : 2.
– Der Sozialaufwand ist anteilig entsprechend der gesamten Lohn- und Gehaltskosten zu verteilen.
– Aus wirtschaftlichen Gründen werden die Stromkosten nur auf die Fertigungshauptstellen verrechnet, und zwar im Verhältnis 3 : 1 : 2.
– Die kalkulatorischen Zinsen werden auf der Basis des in den Kostenstellen gebundenen Kapitals wie folgt verteilt:
  Allgemeine Kostenstelle   100
  Fertigungshilfsstelle   50   (weiter S. 420)

Vereinfachter Betriebsabrechnungsbogen

	Kostenarten	Zahlen Betr.-Buchf. (Gesamt)	Allg. Kostenstelle	Fertigungsbereich				Material-stelle	Verwaltung	Vertrieb
				Fertig.-Hilfsstelle	Fertig.-stelle A	Fertig.-stelle B	Fertig.-stelle C			
1	Hilfslöhne und Gehälter	800								
2	Sozialkosten	360								
3	Hilfs- und Betriebsstoffe (ohne Strom)	500	130	60	60	80	30	40	42	58
4	Strom	180								
5	Kalkul. Zinsen	400								
6	Sonst. Kosten	560								
7	Summe I	2 800								
8	Umlage?									
9	Umlage?									
10	Summe II									
11	Fertigungslohn	1 000	—	—	300	200	500	—	—	—
12	Fertigungsstoffe	4 800	—	—	—	—	—	4 800	—	—
13	Herstellkosten (Ist)									
14	Normal-Herstellkosten									
15	Ist-Zuschlag (%)									
16	Normal-Zuschlag (%)	—	—	—	220 %	345 %	115 %	5,5 %	4,2 %	3,5 %
17	Verrech. Gemeinkosten									
18	Abweichung (€)									

Fertigungshauptstelle A   400
Fertigungshauptstelle B   800
Fertigungshauptstelle C   300
Einkauf und Lager (Materialstelle) 250
Verwaltung   40
Vertrieb   60

- Die sonstigen Kosten sind zu gleichen Teilen auf alle Kostenstellen zu verteilen.
- Die Umlage der allgemeinen Kostenstelle erfolgt nach folgendem Schlüssel: 2 : 3 : 4 : 2 : 1 : 1 : 1
- Die Fertigungshilfsstelle wird von allen Fertigungshauptstellen gleichmäßig beansprucht.

Aufgabe 8.10 *Betriebsabrechnungsbogen mit Kostenstellenausgleich*
Vervollständigen Sie das BAB-Formblatt von S. 421 anhand der folgenden Angaben:

(1) Zur Verteilung der Hilfslöhne und Gehälter liegen direkte Aufzeichnungen vor:

Allg. Kostenstelle	4 000,–
Ftg.-Hilfsstelle A	2 000,–
Ftg.-Hilfsstelle B	6 000,–
Ftg.-Hauptstelle I	12 000,–
Ftg.-Hauptstelle II	8 000,–
Materialbereich	3 000,–
Verwaltungs- und Vertriebsstelle	28 000,–

(2) Die Sozialkosten sind anteilig der Lohn- und Gehaltssumme der Kostenstellen zu verteilen.
(3) Die Hilfs- und Betriebsstoffe sollen nach folgendem Schlüssel aufgeteilt werden: 1 : 15 : 20 : 25 : 14 : 9 : 6
(4) Die Energiekosten werden allein dem Fertigungsbereich zugerechnet, wobei die Hauptkostenstellen doppelt so hoch wie die Hilfskostenstellen belastet werden sollen.
(5) Die sonstigen Kosten sind auf alle Kostenstellen gleichmäßig zu verteilen.
(6) Die Kosten der allgemeinen Kostenstelle sind nach dem Personalbestand der Kostenstellen zu verteilen: 12 : 8 : 24 : 22 : 5 : 6
(7) Die Leistungsbeziehungen zwischen den Fertigungshilfs- und den Fertigungshauptstellen ergeben sich aus nachfolgender Tabelle; führen Sie den notwendigen Kostenstellenausgleich mit anschließender Umlage durch.

Leistende Kostenstelle Empfang. Kostenstelle	Fertigungshilfsstelle A (Betriebswerkst.)	Fertigungshilfsstelle B (Transport)
Fertigungshilfsstelle A	—	27 000 km
Fertigungshilfsstelle B	120 Std.	—
Fertigungshauptstelle I	210 Std.	31 500 km
Fertigungshauptstelle II	270 Std.	31 500 km
Gesamt	600 Std.	90 000 km

(8) Ermitteln Sie Herstellkosten und Zuschlagssätze.

Vereinfachter Betriebsabrechnungsbogen für Monat Mai 20..								
Kostenarten \ Kostenstellen	Gesamt	Allg. Kostenstelle	Fertig.-Hilfsstelle A	Fertig.-Hilfsstelle B	Fertig.-Hauptstelle I	Fertig.-Hauptstelle II	Materialbereich	Verwalt./ Vertriebsbereich
1. Hilfslöhne u. Gehälter	63 000							
2. Sozialkosten	54 000							
3. Hilfs- u. Betriebsstoffe	27 000							
4. Energie	12 000							
5. Sonstige Kosten	9 800							
6. Summe I								
7.								
8.								
9.								
10.								
11.								
12.								
13. Fertigungslöhne	45 000				25 000	20 000		
14. Fertigungsmaterial	35 000							
15. Herstellkosten								
16. Zuschlagssätze								

Aufgabe 8.11 *Kalkulation mit Produktkosten und Soll-Deckungsbeiträgen*
Ein Unternehmen hat aufgrund einer Anfrage ein Angebot mit einem Gesamtpreis von 21 350,– (vor Umsatzsteuer) unterbreitet. Fracht und Verpackung sollen gesondert abgerechnet werden. Um den Auftrag zu bekommen, waren nachträglich 5 % Rabatt und 2 % Skonto einzuräumen.

Nach Abwicklung des Auftrags liegen zur Nachkalkulation folgende Informationen vor:

Der Kunde hat den vereinbarten Skonto in Anspruch genommen. Dem Gebietsvertreter steht eine Provision vom erzielten Gesamtdeckungsbeitrag zu. Skonto beeinflusst die Provision nicht. Die Produktkosten betrugen insgesamt 10 235,–, die verrechneten Soll-Deckungsbeiträge für die Managementkosten 8 390,–.

Wie hoch ist der dem Unternehmen verbleibende Deckungsbeitrag zum Leistungsergebnis?

Aufgabe 8.12 *Einfache Stundensatzrechnung*
Teil I:
Ende des Jahres 08 soll für die im Jahre 06 eingerichtete Kostenstelle »Bearbeitungszentrum 5« (Nr. 63 358) der Maschinenstundensatz für das Jahr 09 berechnet werden, und zwar so, dass sowohl eine Teil- als auch eine Vollkostenrechnung ermöglicht wird. Es wird von folgenden Daten ausgegangen:

a) Anschaffungswert 06 1 200 000,–. Der Preisindex für einschlägige Maschinen stand 06 bei 105,2 (Basisjahr 01). Für 09 wird ein Index von 109,4 erwartet. Der resultierende Wert ist auf volle 100,– abzurunden.
b) Die voraussichtlichen Gesamtlastlaufzeit der Anlage wird auf 22 400 Stunden geschätzt. Dabei beträgt die Lastlaufzeit 85 % der jeweiligen Gesamtlaufzeit. Pro Jahr wird von einer durchschnittlichen Lastlaufzeit von 2 800 Stunden ausgegangen.
c) Kalkulatorischer Zinsfuß 5 %.
d) Wartungskosten je Stunde Lastlaufzeit   15,00
e) Betriebsstoffe je Stunde Lastlaufzeit   85,00
f) Raumkosten je m² und Monat   32,00
   Raumbedarf 18 m²
g) Fertigungslöhne je Stunde Laufzeit   26,00
h) Sozialaufwand (gemessen am Fertigungslohn)
   Produktkosten   36 %
   Managementkosten   27 %
i) Werkzeugkosten je Stunde Lastlaufzeit   36,00
k) Restgemeinkosten je Stunde Laufzeit   18,50

Wie hoch sind die gesuchten Stundensätze?
(Produktkosten werden in der Lösung mit P und Managementkosten mit M gekennzeichnet.)

Teil II:

Im Februar 09 erhält die Firma eine Anfrage über die Lieferung von 18 000 Teilen, die ausschließlich in der Kostenstelle 63 358 zu fertigen wären. Der Kunde bietet einen Nettopreis von 4,75 pro Stück. Daraus sind an den zuständigen Vertreter 8,5 % Provision vom Deckungsbeitrag zu zahlen. Soll der Auftrag angenommen werden, wenn pro Stunde 45 Teile gefertigt werden können. Die Firma ist sehr gut beschäftigt. Man geht davon aus, dass sich in der Kostenstelle 63 358 im Jahr 09 pro Stunde Laufzeit der Anlage durchschnittlich ein Beitrag zur Deckung der Managementkosten von 27,– erzielen lässt.

Würde sich die Entscheidung ändern, wenn es sich um einen wichtigen Großkunden handelt?

Aufgabe 8.13 *Bestimmung eines Maschinenstundensatzes*

Sachverhalte

Ein Unternehmen will im Fertigungsbereich künftig nicht mehr mit Gemeinkostenzuschlagsätzen auf Lohnbasis, sondern möglichst mit Maschinenstundensätzen bzw. mit Arbeitsstundensätzen kalkulieren. Vor der generellen Einführung der Stundensatzrechnung sollen mit einem Pilotprojekt erste Erfahrungen gesammelt werden. Im Rahmen dieses Projekts ist für eine CNC-Drehmaschine für das Jahr 08 ein Standardstundensatz zu ermitteln. Die der Rechnung zugrunde zu legende Fertigungszeit soll einem mehrjährigen Durchschnitt entsprechen, also nur aus besonderen Gründen (z. B. Änderung der wöchentlichen Arbeitszeit) verändert werden. Außerdem soll die Rechnung so aufgebaut sein, dass sie sowohl die Ermittlung von Produktkosten als auch die Bestimmung von Angebotspreisen auf Vollkostenbasis (Parallelkalkulation) erlaubt. Es wird von folgenden Annahmen ausgegangen:

a) Im Rahmen einer 5-Tage-Woche wird 37,5 Stunden gearbeitet. Anteilige Rüstzeiten durchschnittlich 10 %.

b) Zeit für Reinigung und Wartung 1,5 Stunden pro Woche.
c) Ausfallzeit für Reparaturen (Instandhaltung) 2,0 Stunden pro Woche.
d) Arbeitsfreie Tage: 10 Feiertage, 15 Tage Betriebsurlaub.
e) Sonstige Ausfallzeiten (z. B. Stromausfall, Betriebsversammlung u. ä.) 60 Stunden.
f) Voraussichtlich verfügbare Gesamtkapazität 18 000 Stunden.
g) Anschaffungswert der Maschine im Jahr 05: 280 000,–.
Preisindex für einschlägige Maschinen (Basisjahr 01): 113,8 für das Jahr 04, 116,5 für Jahr 05, 124,6 (geschätzt) für Jahr 08.
h) Kalkulatorischer Zinsfuß 7,5 %.
i) Kalkulatorische Wagnisse 2,0 % vom aktuellen Wiederbeschaffungswert.
j) Kosten für Wartung und Reinigung (ohne Betriebsstoffe): 78 Stunden zu einem Lohnsatz von 25,– pro Stunde bei 80 % Lohnnebenkosten.
k) Verschiedene Betriebsstoffe (ohne Strom) 700,–.
l) Installierte Leistung 30 kW; Auslastung im Mittel 60 %. Kosten je kW 0,25.
m) Für Instandhaltungskosten pro Jahr werden 1,7 % des jeweiligen aktuellen Wiederbeschaffungswertes angesetzt.
n) Raumkosten:
Grundfläche der Maschine 8 qm,
Bedienungs- und Abstellflächen 7 qm,
Kosten pro qm und Monat 17,25.
o) Auftrags- und produktunabhängige Werkzeugkosten:
Anschaffungspreis je Werkzeug 200,–,
durchschnittliche Standzeit 40 Stunden,
durchschnittliche Lastlaufzeit 80 % der Maschinenlaufzeit.
p) Fertigungslöhne und Lohnnebenkosten:
An der Maschine ist ständig ein Arbeiter beschäftigt. Gearbeitet wird im Akkord. Der Grundlohn wird im Jahr 08 voraussichtlich 20,– betragen. Durchschnittlich ist mit einem Leistungsgrad von 125 % zu rechnen. Die Lohnnebenkosten werden mit 80 % veranschlagt.
q) Im Jahr 05 sind an einmaligen Kosten für selbsterstellte, auftrags- und produktunabhängige CNC-Programme 5 200,– angefallen.

Zu den o. g. Sachverhalten sind die folgenden **Aufgaben** zu lösen:
(1) Bevor Sie zu rechnen beginnen, sollten Sie versuchen, folgende Fragen zu beantworten:
   a) Wie lässt sich der Begriff »Maschinenstundensatz« mit Hilfe einer Formel definieren?
   b) Welche Risiken sind mit einer betont optimistischen (pessimistischen) Schätzung der Maschinenlaufzeit p. a. verbunden?
   c) Nach welchem Kriterium sind die Kostenarten zu bestimmen, welche in eine Stundensatzrechnung einbezogen werden sollten?
   d) Wie lässt sich die Forderung nach einer Parallelkalkulation erfüllen?
   e) Auf welcher Basis sind die in die Rechnung eingehenden Kosten prinzipiell zu bestimmen (Anschaffungswert, aktueller Wiederbeschaffungswert, zukünftiger Wiederbeschaffungswert)?
(2) Bestimmen Sie die Soll-Fertigungszeit der Maschine pro Jahr. Der errechnete Wert soll auf volle 50 Stunden abgerundet werden.
(3) Ermitteln Sie die Produktkosten je Maschinenstunde für alle relevanten Kostenarten.

(4) Ermitteln Sie die Soll-Deckungsbeiträge je Maschinenstunde.
(5) In der betreffenden Kostenstelle wird pro Jahr mit 32 000,– Restkosten gerechnet. Wie hoch ist der Rest(gemeinkosten)satz, wenn die Soll-Fertigungszeiten auf insgesamt 12 000 Stunden pro Jahr veranschlagt werden?
(6) Welcher Gesamt-Verrechnungssatz je Maschinenstunde ergibt sich ohne bzw. unter Berücksichtigung der Restgemeinkosten?

Aufgabe 8.14 *Deckungsbeitragsrechnung zur Programmbereinigung*
Dem Chef eines Unternehmens werden sechs Wochen vor Ablauf eines Geschäftsjahres folgende Zahlen als voraussichtliches Jahresergebnis vorgelegt:

	Erlöse	Vollkosten
Produkt A	150 000,–	140 000,–
Produkt B	280 000,–	250 000,–
Produkt C	200 000,–	210 000,–

Um das Ergebnis im folgenden Jahr zu verbessern, schlägt der Controller vor, das Produkt C künftig nicht mehr herzustellen. Der Verkaufsleiter wendet sich gegen diesen Vorschlag, weil im kommenden Jahr mit folgenden Umsatzsteigerungen bei konstanten Preisen und damit auch mit einer besseren Auslastung der Kapazitäten zu rechnen sei:

Voraussichtliche Umsatzsteigerung: Produkt A 25 %
Produkt B 20 %
Produkt C 30 %

Der Direktionsassistent wird beauftragt, eine Kostenanalyse für die fast abgelaufene Periode durchzuführen, die nach drei Tagen folgendes Ergebnis bringt:

	Produktkosten (Grenzkosten)	Spezielle Managementkosten (spezielle Fixkosten)	Allgemeine Managementkosten (allgemeine Fixkosten)
Produkt A	110 000,–	10 000,–	
Produkt B	210 000,–	0	51 000,–
Produkt C	190 000,–	15 000,–	

Von den speziellen Managementkosten fallen binnen vier Wochen 50 % weg, wenn die Produktion des betreffenden Produkts eingestellt wird.

(1) Wie wäre für die folgende Periode zu entscheiden, wenn allein auf Grund der Ergebnisse der Kostenrechnung entschieden werden kann? Begründen Sie Ihre Entscheidung durch entsprechende Berechnungen.
(2) In der Aufgabe betragen die Vollkosten (alter Stand) für das Produkt C 210 000,–; die Produktkosten einschließlich spezieller Managementkosten liegen bei 205 000,–. Worauf könnte der doch sehr geringe Unterschied zurückzuführen sein?

Aufgabe 8.15 *Deckungsbeitragsrechnung bei Engpass*

Ein auf die Herstellung von Pfeifentabak spezialisiertes Unternehmen produziert drei verschiedene Tabakmischungen mit einem unterschiedlichen Anteil der türkischen Rohtabaksorte »Suleiman«. Aufgrund der augenblicklichen Marktlage ist für absehbare Zeit pro Monat nur mit einer Anlieferung von 600 kg Suleiman zu rechnen. Es soll anhand nachstehender Daten ermittelt werden, welche Mischungen künftig in welchen Mengen hergestellt werden sollen, um einen möglichst hohen Gesamtdeckungsbeitrag zu erzielen.

Mischung	Verkaufspreis	Mengenabhängige Kosten (Produktkosten)	Potenzielle Absatzmengen	Anteil Rohtabak Suleiman
	€/kg	€/kg	kg	%
1	2	3	4	5
Schwarzer Pirat	58,–	40,–	1 900	23
Käpt'n Nemo	45,–	25,–	1 300	21
Walfischbai	32,–	20,–	1 500	11

Aufgabe 8.16 *Auftragsauswahl bei Unterbeschäftigung*

Für eine Drehmaschine, die von einem Mann bedient wird, soll ein Maschinenstundensatz errechnet werden. Es liegen folgende Informationen vor:
– Anschaffungswert im Jahr 01 120 000,–,
– aktueller Wiederbeschaffungswert im Jahr 03 128 000,–,
– voraussichtliche Gesamtlaufzeit 10 000 Betriebsstunden, geplante Laufzeit im Jahr 03 2 000 Stunden,
– kalkulatorischer Zinsfuß 8 %,
– kalkulatorische Wagnisprämie 1 % vom akuellen Wiederbeschaffungswert,
– Raumkosten 8 600,– pro Jahr,
– Kosten für Betriebsstoffe im Jahr 03 9 800,–,
– Werkzeugkosten 12 400,–,
– Stundenlohn 22,–.

Von der Firma Jomos wird ein Großauftrag über ein Drehteil angeboten. Jomos wäre bereit, einen Preis von 7,60 pro Stück zu bezahlen. Die Bearbeitungszeit pro Stück beträgt 10 Minuten. Ohne diesen Auftrag kann die Maschine im Jahr 03 wahrscheinlich nur zu 60 % ausgelastet werden.

Soll der Auftrag angenommen werden?

Wie hoch müsste der pro Stunde zu verrechnende Soll-Deckungsbeitrag sein?

Aufgabe 8.17 *Plankostenrechnung (einfache Gesamtabrechnung)*

Vervollständigen Sie folgendes Abrechnungsschema für die Plankostenrechnung.
Die Istbeschäftigung beträgt 160 Stunden, die Planbeschäftigung 120 Stunden.

Wie hoch sind Beschäftigungsgrad und Beschäftigungsabweichung?

Kostenart	Variator	Plankosten			Soll-kosten	Istkosten	Istkosten zu Plan-preisen	Preisab-weichung	Ver-brauchs-abwei-chung
		Mana-gement-kosten	Produkt-kosten	Gesamt					
1	2	3	4	5	6	7	8	9	10
Fertigungslöhne	10,0	.....	3 000	.....	.....	3 700	3 800	.....	.....
Fertigungsmaterial	.....	.....	.....	1 200	.....	1 550	.....	– 50	.....
Verschied. Kosten	4,4	.....	1 188	.....	.....	3 246	.....	.....	+ 50
Gesamt	.....	.....	.....	.....	.....	.....	.....	.....	.....

Aufgabe 8.18 *Plankostenrechnung (Planstundensatz für Kostenstelle)*
Für die Kostenstelle 235 der Firma XY gilt ein durchschnittlicher Planstundensatz von 3 000,–. Davon gelten 1 800,– als Produktkosten (Variator 6). Es wird mit einer planmäßigen Beschäftigung von 200 Stunden pro Monat gerechnet. Im November 01 betrugen die Gesamtkosten der Kostenstelle 541 800,– bei einem Beschäftigungsgrad von 90 %. Die im Abrechnungsmonat eingetretenen Preisänderungen sind im Vergleich zu den Planpreisen so gering, dass sie bei der Abrechnung außer Acht gelassen werden können.

(1) Wie hoch sind unter den genannten Bedingungen
   a) die Plankosten,
   b) die Sollkosten,
   c) der durchschnittliche Iststundensatz,
   d) die Verbrauchsabweichung,
   e) die Preisabweichung,
   f) die Beschäftigungsabweichung?
(2) Analysieren und erläutern Sie die Differenz zwischen Planstundensatz und Iststundensatz.

Aufgaben zum 9. Hauptteil: Finanzwirtschaft und Planungsrechnung

Aufgabe 9.01 *Kapitalbedarfsrechnung*
Ein Unternehmen, das elektronische Zulieferteile herstellt, beabsichtigt zur Ausnutzung seiner Kapazität die Fertigung eines elektronischen Gerätes aufzunehmen. Neben den Fertigungsräumen ist die erforderliche maschinelle und sonstige Ausrüstung bereits vorhanden. Auch die benötigten Arbeitskräfte stehen zur Verfügung.

Die Planung ergibt: In jeweils 30 Tagen ist eine geschlossene Serie von 10 Geräten zu fertigen. Auf ein Gerät kommen für 3 000,– Materialverbrauch und 7 500,– Fertigungslöhne. Bei vorsichtiger Schätzung und unter Zuhilfenahme von Informationen aus der Branche können folgende Kalkulationszuschläge übernommen werden:

Größen	Zuschlagssätze	davon Barausgaben	nicht zu Ausgaben führend
Materialgemeinkosten	10 % vom Materialverbrauch	$4/5$	$1/5$
Fertigungsgemeinkosten	80 % der Fertigungslöhne	$4/5$ abzüglich der Abschreibung	zunächst $1/5$, dazu der Abschreibungsanteil
Verwaltungs- und Vertriebsgemeinkosten	15 % der Herstellkosten	$4/5$	$1/5$

Der auf die neue Fertigung entfallende jährliche Abschreibungsanteil beträgt 270 000,–. Er ist im Zeitpunkt der Kapitalbedarfsrechnung keine Ausgabe, da die Anlagen bereits vorhanden sind. Eine Materialmenge für 30 Tage wird als zusätzlicher eiserner Bestand benötigt.

Durchlaufzeiten: Zahlungsziel für die Rohstoffe 60 Tage, Fertigungsdauer 30 Tage, Lagerhaltung 15 Tage, Kundenziel 90 Tage.

(1) Wie hoch ist der Kapitalbedarf für einen Durchlauf der Fertigung?
(2) Um wie viel lässt sich der Kapitalbedarf verringern, wenn es gelingt, das Kundenziel auf 30 Tage zu verkürzen?

Aufgabe 9.02 *Liquiditätsplanung*
Ein Unternehmen hat zu Beginn des 2. Quartals einen Kassenbestand von 800,– und ein Bankguthaben von 3 700,–. Für bereits bestehende und künftige Forderungen sind mit den Kunden folgende Zahlungsbedingungen vereinbart: Zahlungsziel 3 Monate, bei Barzahlung 3 % Skonto.

An **Einzahlungen** sind voraussichtlich zu erwarten:
– je $2/3$ der Umsätze der Monate Januar (24 000,–), Februar (27 000,–), März (28 500,–),
– je $1/3$ der voraussichtlichen Verkäufe im April, Mai, Juni (im Durchschnitt je 29 100,– als zu skontierende Soforteingänge),
– Gebäudeertrag 540,– je Monat,
– ein a. o. Erlös aus Anlagenverkauf in Höhe von 3 200,– im April.

An **Auszahlungen** sind voraussichtlich zu erwarten:
– Roh-, Hilfs- und Betriebsstoffe 13 500,– je Monat mit 5 % Verteuerung ab Juni,
– Personalkosten laufend 8 400,– je Monat mit 10 % Erhöhung ab Mai,

- sonstige Ausgaben 2 100,– je Monat,
- Steuern 1 000,– je Monat sowie zusätzlich Anfang April 1 500,–,
- Gebäudeaufwand im April 360,–, im Mai 500,–,
- a. o. Aufwand im April 500,–, im Juni 1 000,–,
- Finanzspesen im Juni 100,–,
- Investitionen im Mai 8 500,–, im Juni 4 380,–.

Dem Unternehmen steht ein auf 6 Monate befristeter, aber unter gleichbleibenden Verhältnissen prolongierbarer Kontokorrentkredit in Höhe von 6 000,– zur Verfügung.

Zur besseren Liquiditätsüberwachung ist eine Liquiditätsprognose für jeden der drei Monate des 2. Quartals zu erstellen.

Aufgabe 9.03 *Finanzplanung durch Liquiditätsprognose*
Finanzplanungen sind immer unternehmensindividuell zu gestalten. Ein neu gegründetes Unternehmen beginnt mit dem Verkauf seiner Produkte am 01. Juni 19... Im Monat Juni werden Produktverkäufe im Werte von 240 000,– und im Juli in Höhe von 420 000,– prognostiziert. Im Juni werden an liquiden Mitteln 140 000,– benötigt, im Juli wird der Zahlungsmittelbedarf auf 180 000,– geschätzt.

Die Verkäufe verteilen sich gleichmäßig auf 30 Kalendertage (je Monat). In den Kaufverträgen sind folgende Zahlungsbedingungen vereinbart: »Zahlbar innerhalb von 10 Tagen mit 2 % Skonto oder innerhalb von 60 Tagen netto Kasse«.

Das Unternehmen rechnet mit folgenden Zahlungsgewohnheiten der Kunden:
- 40 % der Kunden zahlen unter Skontoausnutzung am 10. Tag;
- 20 % der Kunden zahlen am 30. Tag ohne Abzug;
- 40 % der Kunden zahlen am 60. Tag ohne Abzug.

(1) Ermitteln Sie die zahlungswirksamen Einnahmen und Ausgaben der Monate Juni und Juli.
(2) Beurteilen Sie die Liquiditätssituation in diesen Monaten.
(3) Begründen Sie, welche finanziellen Maßnahmen das Unternehmen in den Monaten Juni und Juli ergreifen sollte.

Aufgabe 9.04 *Finanzplanung durch Liquiditätsprognose bei mittelständischen Unternehmen*
Zur Erstellung eines Finanzplanes sind Informationen notwendig, die eine Gegenüberstellung von Einnahmen und Ausgaben ermöglichen.

Als Leiter/in »Finanzen« in einem mittelständischen Unternehmen der Herrenbekleidungsindustrie können Sie Ihrem Auftragsbuch präzise Angaben über das Volumen an bestellter Ware für die nächsten Monate entnehmen. Folgende Mengen sind bestellt und werden im gleichen Monat geliefert:

April: 4 000 Artikel
Mai: 3 000 Artikel
Juni: 5 000 Artikel
Juli: 6 000 Artikel

In den vergangenen Monaten wurden verkauft:

Januar: 3 600 Artikel
Februar: 4 500 Artikel
März: 4 000 Artikel

Je Stück erzielen Sie einen Verkaufspreis von 150,–. Ihr Liquiditätsspektrum ergibt sich erfahrungsgemäß wie folgt: 60 % werden sofort (im Liefermonat) unter Abzug von 2 % Skonto bezahlt. Der Rest kommt zu 50 % im ersten Folgemonat, zu 30 % im zweiten und zu 15 % im dritten Folgemonat. Die restlichen 5 % fallen i. d. R. aus.

Als weitere Einnahme erwarten Sie die Rückzahlung eines Kredits durch eines Ihrer Tochterunternehmen an Sie in Höhe von 132 000,– im Juni.

Als Fixkosten (Gehälter) fallen jeden Monat 200 000,– an. Da mit einem Streik zu rechnen ist, erhöhen Sie die Gehälter im Juni vorsorglich (zur Streikvermeidung) auf 210 000,–.

Die liquiditätswirksamen Stückkosten kalkulieren Sie mit 70,– pro Stück. Diese Kosten werden jeweils im Vormonat fällig!

Für eine neue Maschine muss im April 200 000,– Anzahlung geleistet werden. Der Rest von 50 000,– ist bei Lieferung (voraussichtlich im Juni) zu bezahlen.

Ende März sind 10 000,– an liquiden Mitteln vorhanden. Ab April kumulieren sich Überschüsse/Fehlbeträge und können in den folgenden Monaten verwendet werden. Umsatzsteuer und Tagesspitzen bleiben außer Ansatz! Alle Einnahmen und Ausgaben werden als zahlungswirksam unterstellt.

(1) Erstellen Sie eine Finanzprognose für die Monate April, Mai und Juni.
(2) Erläutern Sie die Finanzlage für jeden der drei Monate.

Aufgabe 9.05 *Finanzplanung bei Neugründung*

Bei Neugründung eines Unternehmens rechnet der Inhaber in den ersten 9 Monaten seiner betrieblichen Tätigkeit mit folgenden Ein- und Auszahlungen:

Anfang Monat	voraussichtliche Einzahlungen	voraussichtliche Auszahlungen
Januar	—	160 000,–
Februar	40 000,–	80 000,–
März	80 000,–	80 000,–
April	120 000,–	80 000,–
Mai	120 000,–	80 000,–
Juni	120 000,–	80 000,–
Juli	120 000,–	80 000,–
August	120 000,–	80 000,–
September	120 000,–	80 000,–

(1) Warum ist die Finanzplanung gerade bei neugegründeten Unternehmen schwierig?
(2) Wie viel Kredit muss der Unternehmer in den Monaten Januar bis September bei seiner Bank aufnehmen, wenn man davon ausgeht, dass die Überschüsse aus den Einzahlungen zur Tilgung des Kredits verwendet werden?
(3) In welchem Monat ist das Unternehmen erstmalig in der Lage, den Kredit zu tilgen?
(4) Wie hoch ist die Verschuldung in den einzelnen Monaten?

Aufgabe 9.06 *Rechenschritte bei einer Kapitalerhöhung*

Der Vorstand der Software AG schlägt der Hauptversammlung eine Erhöhung des gezeichneten Kapitals von 75 Mio. auf 105 Mio. durch die Ausgabe junger Aktien vor.

Der Bezugskurs der jungen Aktien wird auf 113,– festgesetzt. Der Börsenkurs der alten Aktien beträgt 260,–. Die Emissionskosten belaufen sich auf 2,2 Mio.

(1) Ermitteln Sie das Bezugsverhältnis und den rechnerischen Wert des Bezugsrechts.
(2) Welcher rechnerische Mittelkurs ergibt sich nach der Kapitalerhöhung?
(3) Worin unterscheidet sich der Börsenkurs vom Bilanzkurs?
(4) Ermitteln Sie den Vermögenszuwachs der AG durch die Kapitalerhöhung.
(5) Welche Wirkung hat die Kapitalerhöhung aus Gesellschaftsmitteln auf die Bilanz?
(6) Nennen Sie zwei Gründe, die für eine Kapitalerhöhung aus Gesellschaftsmitteln sprechen.

Aufgabe 9.07 *Kapitalerhöhung gegen Einlagen*
Die Aktien einer AG kosten zur Zeit 240,– je 50,– Nennbetrag. Vorstand und Aufsichtsrat planen eine Erhöhung des gezeichneten Kapitals gegen Einlagen. Sie verbinden mit dieser Kapitalerhöhung folgende Absichten: Beschaffung von zusätzlich 35 – 40 Mio. Eigenkapital, Senkung des Börsenkurses der Aktien auf ca. 190,–, Senkung der Dividende auf einen niedrigeren Satz bei gleichbleibender Aktienrendite.
Der Vorstand schlägt der Hauptversammlung daher Folgendes vor:
– Erhöhung des seitherigen gezeichneten Kapitals von 37,5 Mio. auf 60 Mio.,
– Bezugskurs für die jungen Aktien 90,–,
– Durchführung zu Beginn des demnächst beginnenden Geschäftsjahres, sodass die jungen Aktien voll dividendenberechtigt sind.

(1) Berechnen Sie das Bezugsverhältnis und den rechnerischen Wert des Bezugsrechts.
(2) Prüfen Sie, inwieweit die verschiedenen Zwecke der Kapitalerhöhung erreicht sind:
  a) Welcher Betrag fließt der AG bei Berücksichtigung von 1 700 000,– Emissionskosten zu?
  b) Wie hoch ist der rechnerische Kurs der Aktien nach der Kapitalerhöhung?
  c) Wie viel Prozent betrug die Aktienrendite bei bisher 18 % Dividende?
  d) Wie viel Prozent muss die Dividende nach der Kapitalerhöhung mindestens betragen, um bei einem Kurs von 180,– die gleiche Rendite zu ergeben?
(3) Wie hoch ist die Dividendensumme, wenn vor der Kapitalerhöhung 18 % Dividende, nach der Kapitalerhöhung 13,5 % Dividende ausgeschüttet wurden?
(4) Wie viele Bezugsrechte benötigt ein Aktionär, der 20 alte Aktien besitzt, um 18 junge Aktien gleichen Nennbetrages beziehen zu können?

Aufgabe 9.08 *Bilanz nach Kapitalerhöhung gegen Einlagen*
Die Kesselbau AG in Dortmund hat vor der Kapitalerhöhung nachstehendes Aussehen.

Aktiva		Bilanz	Passiva
Sachanlagevermögen	8 000 000,–	Gezeichnetes Kapital	10 000 000,–
Beteiligungen	1 500 000,–	Kapitalrücklagen	1 000 000,–
RHB	2 400 000,–	Gesetzliche Rücklagen	600 000,–
Unfertige Erzeugnisse	2 100 000,–	Andere Gewinnrücklagen	2 000 000,–
Fertige Erzeugnisse	2 800 000,–	Hypothekenschulden	1 800 000,–
Forderungen	3 200 000,–	Darlehensschulden	3 000 000,–
Kreditinstitute	1 400 000,–	Verbindlichkeiten	2 200 000,–
		Bilanzgewinn (Gewinnausschüttung)	800 000,–
	21 400 000,–		21 400 000,–

Die Kesselbau AG benötigt für eine Betriebserweiterung zusätzliches Kapital. In der letzten Hauptversammlung ist beschlossen worden, das Grundkapital (gezeichnetes Kapital) im Verhältnis 5 : 1 zu erhöhen. Es ist beabsichtigt, die jungen Aktien mit dem Nennwert von 5,– zu einen Kurs von 18,– pro Stück auszugeben. Der Börsenkurs der alten Aktien beträgt vor der Kapitalerhöhung 21,–.

(1) Wie viel € flüssige Mittel erhält die Dampfkessel AG (ohne Berücksichtigung von Emissionskosten)?
(2) Um wie viel € erhöht sich das Grundkapital der Dampfkessel AG?
(3) Erstellen Sie die Bilanz der Dampfkessel AG unmittelbar nach der Kapitalerhöhung (ohne Berücksichtigung von Emissionskosten).
(4) Ermitteln Sie den Bilanzkurs vor und nach der Kapitalerhöhung.
(5) Wie viel € stille Reserven enthalten die Aktiva und Passiva der Dampfkessel AG, wenn der um die stillen Reserven korrigierte Bilanzkurs genau dem Börsenkurs vor der Kapitalerhöhung entspricht? Wie erklären Sie es sich, dass die Aktiva und Passiva des Unternehmens stille Reserven enthalten?
(6) Ermitteln Sie den rechnerischen Wert des Bezugsrechts.
(7) Wie viel Prozent Dividende (Bruttodividende) erhält ein Aktionär der Dampfkessel AG vor der Kapitalerhöhung?

Aufgabe 9.09 *Berechnung des entgangenen Skontos*
Ermitteln Sie die Zinskosten eines Lieferantenkredits bei Vorliegen folgender Zahlungsbedingungen:

(1) Zahlung mit 2 % Skonto innerhalb von 10 Tagen oder ohne Abzug innerhalb von 30 Tagen,
(2) Zahlung mit 2 % Skonto innerhalb von 10 Tagen oder ohne Abzug innerhalb von 60 Tagen,
(3) Zahlung mit 3 % Skonto innerhalb von 10 Tagen oder ohne Abzug innerhalb von 60 Tagen.

Aufgabe 9.10 *Kredit und Sicherheiten*
Die Auto GmbH benötigt zur Erweiterung ihres Betriebes einen Kredit in Höhe von 200 000,–. Die Hausbank führt eine Kreditwürdigkeitsprüfung durch und erhält die nachstehenden (vereinfachten) Bilanzzahlen:

Aktiva	Bilanz zum 31.12. (in T€)		Passiva
Anlagevermögen		**Eigenkapital**	
Unbebaute Grundstücke	50	Stammkapital	2 400
Bebaute Grundstücke	800	Gewinnrücklagen	355
Fuhrpark	220		
Betriebs- und Geschäftsausstattung	450	**Fremdkapital**	
		Darlehen	140
Umlaufvermögen		Verbindlichkeiten aus Lieferungen	
Vorräte	1 410	und Leistungen	380
Forderungen aus Lieferungen		Wechsel	125
und Leistungen	290		
Wertpapiere	55		
Bank	77		
Kasse	48		
	3 400		3 400

(1) Zur Sicherung des Kredits könnten der Bank die bebauten Grundstücke angeboten werden. Was spricht für diese Art der Sicherung des Kredits?
(2) Worin unterscheiden sich Hypothek und Grundschuld (2 Gründe), und welche Art der Sicherung würden Sie vorschlagen?
(3) Welche anderen Arten der Absicherung könnte die Auto GmbH anbieten bei den Forderungen, beim Fuhrpark und bei den Wertpapieren?

Aufgabe 9.11 *Selbstfinanzierung*
Viele Unternehmen finanzieren in großem Maße ihre Investitionen im Wege der Selbstfinanzierung.

(1) Erklären Sie die offene und die stille Selbstfinanzierung.
(2) Welche Vorteile bringt die Selbstfinanzierung für das Unternehmen?

Aufgabe 9.12 *Selbstfinanzierung und Rentabilität*
In der Hauptversammlung des Jahres 00 der Motor AG wird folgender Gewinnverwendungsvorschlag angenommen:

In den Gewinnrücklagen sollen 9 Mio. vom Jahresüberschuss eingestellt werden, als Dividende sollen 25 % und zusätzlich 1,50 Bonus je Aktie im Nennwert von 50,– ausgeschüttet werden.

(1) Ermitteln Sie aus der nachstehenden Bilanz der Motor AG unter Berücksichtigung der Gewinnverwendung
 – die Höhe der Beteiligungsfinanzierung und
 – die Höhe der offenen Selbstfinanzierung.

Aktiva		Bilanz zum 31.12.00 (in T€)	Passiva
Sachanlagen	615 000	Gezeichnetes Kapital	110 000
Finanzanlagen	45 500	Kapitalrücklage	55 000
Vorräte	33 500	Gewinnrücklagen	39 930
Forderungen	28 000	Jahresüberschuss	40 000
Sonstige Vermögensgegenstände	40 000	Rückstellungen	245 000
Liquide Mittel	35 000	Verbindlichkeiten gg. Kreditinst.	210 000
Rechnungsabgrenzungsposten	830	Verbindlichkeiten aus L + L	45 800
		Sonstige Verbindlichkeiten	52 100
	797 830		797 830

(2) Erläutern Sie, was man unter einer stillen Selbstfinanzierung versteht, und erklären Sie an drei Positionen der obigen Bilanz, warum dort üblicherweise stille Reserven vermutet werden können.
(3) Im Geschäftsjahr 00 wurde auf das gesamte eingesetzte Kapital eine Rentabilität von 7,5 % p. a. erzielt. Mit dieser Rendite kann auch im Geschäftsjahr 01 mindestens gerechnet werden. Für 01 geplante Erweiterungsinvestitionen im Volumen von 50 Mio. sollen entweder durch eine genehmigte Kapitalerhöhung oder durch Aufnahme von langfristigem Fremdkapital (Zinssatz 6,5 % p. a.) finanziert werden.

Für welche Finanzierung sollte sich die Motor AG unter Rentabilitätsgesichtspunkten und bei Vorliegen der erforderlichen Kreditsicherheiten entscheiden? Begründen Sie Ihre Entscheidung.

Aufgabe 9.13 *Finanzierung aus Abschreibungen*

Ein Unternehmen hat in den letzten 5 Jahren jeweils zu Anfang des Jahres eine Maschine (Nutzungsdauer 5 Jahre, lineare Abschreibung) zu Anschaffungskosten von 20 000,– erworben.

(1) Wie hoch ist die Kapitalfreisetzung im Jahr 05?
(2) Können in den Folgejahren Ersatzbeschaffungen aus dem Abschreibungsgegenwerten finanziert werden? Welche Bedingungen müssen hierfür vorliegen? Wäre eine Kapazitätserweiterung möglich?

Aufgabe 9.14 *Finanzierung aus dem Cashflow*

Die Vermögens- und Kapitalbestände einer Maschinen GmbH haben vor der Erstellung des Abschlusses folgendes Aussehen:

Aktiva	Bilanz zum 31.12. (in T€)		Passiva
Ausstehende Einlagen	10 000	Gezeichnetes Kapital	200 000
davon eingefordert 10 000		Gewinnrücklagen	50 000
Grundstücke und Bauten	200 000	Rückstellungen für Pensionen	2 000
Technische Anlagen und		Sonstige Rückstellungen	8 000
Maschinen	50 000	Verbindlichkeiten gegenüber	
Anlagen im Bau	40 000	Kreditinstituten (davon Restlaufzeit	
Betriebs- und Geschäftsausstattung	30 000	bis 1 Jahr 5 000)	95 000
Vorräte	10 000	Verbindlichkeiten aus Lieferungen	
Forderungen und sonstige		und Leistungen (bis 1 Jahr)	5 000
Vermögensgegenstände	5 000	Sonstige Verbindlichkeiten	
Wertpapiere des Umlaufvermögens	10 000	(bis 1 Jahr)	10 000
Guthaben bei Kreditinstituten	15 000		
	370 000		370 000

Ende Dezember hat die GmbH ein unbebautes Betriebsgrundstück, das mit Anschaffungskosten von 1 Mio. zu Buche stand, zum Preis von 4 Mio. verkauft, wobei die steuerlichen Voraussetzungen erfüllt sind.

Vor diesem Verkauf betrug der vorläufige Jahresüberschuss im laufenden Jahr nach der Vornahme von Steuerrückstellungen und Abschreibungen 7 Mio. Die Abschreibungen für Gebäude sind bereits gebucht und betragen 4 Mio., für bewegliche Anlagegüter betragen sie 11 Mio. Beide Werte sind in den kalkulatorischen Abschreibungen enthalten und bereits erwirtschaftet. Der endgültige Jahresüberschuss wird nicht ausgeschüttet, sondern der Rücklage zugeführt.

Im Folgejahr soll ein zur Zeit im Bau befindliches neues Betriebsgebäude fertiggestellt werden. Die gesamten Herstellungskosten belaufen sich auf 90 Mio. 40 Mio. sind bisher angefallen und bezahlt.

Zur Erweiterung der Produktion werden im Folgejahr für 9 Mio. neue Maschinen angeschafft. Darüber hinaus werden wie in jedem Jahr für 5 Mio. Maschinen und für 4 Mio. Betriebs- und Geschäftsausstattung reinvestiert.

(1) Berechnen Sie den Cashflow für das laufende Jahr.
(2) Stellen Sie eine für die GmbH günstige Finanzierung der Investitionen des laufenden Jahres dar, wenn die Gesellschafter für das neue Gebäude außer ihrem Haftungskapital im Folgejahr weitere Zuzahlungen in das Eigenkapital in Höhe von 12 Mio. leisten.
Der Rahmen für langfristige Kredite bei den Banken beträgt 110 Mio. bei einem Zinssatz von 7 % p.a.

Die Wertpapiere des Umlaufvermögens erbringen eine Rendite pro Jahr von durchschnittlich 5 %. Ihr Börsenwert wird im Folgejahr als konstant angenommen.
(3) Um welche konkrete Formen der Außen- und Innenfinanzierung handelt es sich?
(4) Welche Summe kann im Folgejahr zur Finanzierung der Investitionen aus der Innenfinanzierung herangezogen werden?

Aufgabe 9.15 *Finanzierung und Bilanzauswirkung*
Die Firma Metallix GmbH weist in ihrer kurzgefassten Schlussbilanz zum 31. 12. ... folgende Zahlen aus, die durch weitere Zusatzinformationen ergänzt werden:
Grundstücke und Gebäude haben einen Verkehrswert von gegenwärtig 1 900 000.
In den ausgewiesenen Rückstellungen sind 12 000,– als Zuführung in die Pensionsrückstellungen enthalten. Der Rest der Rückstellungen ist mittelfristig.
Bei den Verbindlichkeiten gegenüber Kreditinstituten handelt es sich um langfristige Darlehen, die durch Grundschulden abgesichert sind.
Die bilanzmäßigen Abschreibungen betrugen im vergangenen Geschäftsjahr 140 000,–.
Der Jahresüberschuss beträgt 220 000,–. Um die Kapitalstruktur zu verbessern, erfolgt keine Gewinnausschüttung. Der Gewinn wird den Gewinnrücklagen zugeführt.
Die vereinfachte Schlussbilanz hat also folgendes Aussehen:

Aktiva		Bilanz zum 31. 12. (in T€)		Passiva
Anlagevermögen		**Eigenkapital**		
Grundstücke und Gebäude	900	Gezeichnetes Kapital		450
Maschinen und maschinelle Anlagen	600	Gewinnrücklagen		300
Betriebs- und Geschäftsausstattung	120			
Umlaufvermögen		**Fremdkapital**		
Roh- Hilfs- und Betriebsstoffe	60	Rückstellungen		40
Fertigerzeugnisse	80	Verbindlichkeiten gegenüber Kreditinstituten		990
Forderungen aus Lieferungen und Leistungen	70	Verbindlichkeiten aus Lieferungen und Leistungen		80
Kasse und Bank	50	Sonstige kurzfristige Verbindlichkeiten		20
	1 880			1 880

Es ergeben sich folgende Fragestellungen:

(1) Welche beiden Arten der Außenfinanzierung können Sie auf der Passivseite erkennen?
(2) Stille Reserven stellen für das Unternehmen Finanzierungsquellen dar.
   Führen Sie drei Bilanzpositionen an, in denen stille Reserven enthalten sein könnten und erklären Sie, wie sie zustande gekommen sein könnten.
(3) Die Metallix GmbH plant die Erweiterung ihrer Produktionsanlagen. Die Baukosten werden mit 200 000,– angesetzt. Für die Maschinenausstattung sind 250 000,– und für die daraus resultierende dauerhafte Lagerbestandserhöhung für neue Werkstoffe und Erzeugnisse sind weitere 50 000,– erforderlich.
   Berechnen Sie den gegenwärtigen und den künftigen Verschuldungsgrad, der sich nach der Erweiterung ergibt, wenn diese voll fremd finanziert wird.
(4) Ermitteln Sie den Cashflow zum Bilanzstichtag.

Aufgabe 9.16 *Vergleich Leasing oder Kreditkauf*
Die Strom GmbH möchte zu Jahresbeginn für die Fertigung eine Maschine beschaffen, die eine betriebsgewöhnliche Nutzungsdauer von acht Jahren haben wird und deren Anschaffungskosten inklusive der Nebenkosten 600 000,– betragen.

Als Finanzierungsmöglichkeiten stehen zur Wahl:
- Ein Bankdarlehen, das mit acht Jahresannuitäten von jeweils 100 000,– (einschließlich 7 % Zins) getilgt wird oder
- ein Leasing-Vertrag mit einer Grundmietzeit von sieben Jahren, einer jährlichen Leasingrate von 107 000,– und einem Ankaufbetrag von 75 000,– bei Wahrnehmung der Kaufoption am Ende der Grundmietzeit.

(1) Berechnen Sie jeweils die Gesamtausgaben der Finanzierung für beide Arten (steuerliche Aspekte sind nicht zu berücksichtigen).
(2) Nennen Sie zwei Vorteile, die eine Entscheidung der Geschäftsleitung für Leasing begründen könnten.
(3) Führen Sie zwei Gründe an, die für die Kreditfinanzierung sprechen könnten.
(4) Erklären Sie kurz das Verfahren »Sale and lease back«.

Aufgabe 9.17 *Factoring*
Die Chic GmbH kämpft trotz einigermaßen gut verlaufender Konjunktur und auskömmlicher Umsätze mit einem Liquiditätsproblem. Die Kunden nehmen sehr lange Zahlungsziele in Anspruch. Ein hoher Forderungsausfall ist zu verzeichnen. Die Kreditlinien bei der Hausbank sind ausgeschöpft. Wegen kurzfristiger Liquiditätsengpässe kann das Unternehmen Skontierungsmöglichkeiten nicht ausnutzen.

Folgende Zahlen stehen zur Verfügung:
Jahresumsatz	12,0 Mio.
Jahresdurchschnittliche Außenstände	2,0 Mio.
Wareneinkauf	8,4 Mio.
Forderungsausfälle im abgelaufenen Jahr (ohne Umsatzsteuer)	50 000,–

Der Chic GmbH liegt von einer Factoring-Gesellschaft folgendes Angebot für echtes Factoring vor:
- Manipulationsgebühr einschließlich Delkredereprovision von 1,1 % des Umsatzes.
- Auszahlung der angekauften Forderungen in Höhe von 80 %. Die Factoring-Gesellschaft berechnet für die vorgestreckten Beträge einen Zinssatz von 7 5 % p. a. Aufgrund der vorliegenden Informationen sind die durchschnittlichen Außenstände als Berechnungsgrundlage anzusehen.

(1) Nehmen Sie eine Kosten-Nutzen-Analyse des Factoring vor. Stellen Sie Aufwand und Ertrag des Factoring einander gegenüber. Dabei ist davon auszugehen, dass durch das Factoring Verwaltungseinsparungen von 40 000,– entstehen und die Chic GmbH beim Wareneinkauf in vollem Umfang 3 % Skonto abziehen kann.
(2) Erläutern Sie, warum Factoring für die Chic GmbH bei der gegebenen Ausgangslage und einer durchschnittlichen Inanspruchnahme von 1,4 Mio. Lieferantenkredit im Jahr ein sinnvolles Finanzierungsinstrument sein kann.
(3) Erklären Sie den Unterschied zwischen echtem und unechtem Factoring.

Aufgabe 9.18 *Finanzierungsregeln*

Als Geschäftsführer einer GmbH wirken Sie bei der Finanzierung in Ihrem Unternehmen mit. Es liegen Ihnen die zusammengefassten Bilanzen der Jahre 01 und 02 vor.

Zusammengefasste Bilanzen (in T€)

	01		02	
Aktiva				
Anlagevermögen				
– Sachanlagen	4 300		6 300	
– Finanzanlagen	400	4 700	400	6 700
Umlaufvermögen				
– Vorräte	100		300	
– Forderungen aus Lieferungen und Leistungen	100		100	
– Flüssige Mittel	150	350	150	550
		5 050		7 250
Passiva				
Gezeichnetes Kapital		1 000		1 000
Gewinnrücklagen		2 050		2 050
Bilanzgewinn		80		80
Rückstellungen				
– Langfristige Rückstellungen		900		700
– Unterlassene Reparaturen		100		300
Verbindlichkeiten aus Lieferungen und Leistungen		120		320
Darlehen		800		2 800
		5 050		7 250

Der Bilanzgewinn wird erst im Folgejahr ausgeschüttet.

(1) Beschreiben Sie die »goldene« Finanzierungsregel.
(2) Berechnen Sie für die Jahre 01 und 02 diese Regel. Prüfen Sie nach, ob diese Regel in den beiden Jahren eingehalten wurde.

Aufgabe 9.19 *Kapitalstruktur und Leverage-Effekt*

Sie haben von einer GmbH folgenden stark vereinfachten Bilanzstatus vorliegen:

Aktiva		Bilanz vom 31.12. (in T€)	Passiva	
Anlagevermögen	2 000	Gezeichnetes Kapital	1 100	
Umlaufvermögen	1 200	Gewinnrücklagen	500	
		Kurzfristige Rückstellungen	100	
		Langfristige Verbindlichkeiten	600	
		Kurzfristige Verbindlichkeiten	900	
	3 200		3 200	

Die Investitionsplanung sieht eine Anlageinvestition in Höhe von 500 000,– vor. Dadurch müssen auch im Umlaufvermögen 100 000,– finanziert werden.

Sie sollen unter Beachtung der Finanzierungsregeln folgende Fragen beantworten:

(1) Soll die Anlageinvestition mit Eigen- oder mit Fremdkapital finanziert werden?
(2) Sie sollen die Finanzierung mit Fremdkapital unter dem Gesichtspunkt des Leverage-Effektes beurteilen. Der Darlehenszins beträgt zur Zeit 9 % p. a. Wann ist die Finanzierung mit Fremdkapital zweckmäßig, wann nicht und mit welcher Folge?
(3) Bei der Finanzierung von Investitionen ist auf das Gegensatzpaar »Rentabilität« und »Liquidität« zu achten. Erläutern Sie diesen Gegensatz.

Aufgabe 9.20 *Kostenvergleichsrechnung*
Die Kostenvergleichsrechnung stellt die Kosten von Investitionsalternativen einander gegenüber mit dem Ziel, die kostenmäßig günstigste Anlage zu ermitteln.

(1) Welche wesentlichen Kostenarten sind für einen Vergleich von Bedeutung?
(2) Auf welche Kosten kann im unmittelbaren Vergleich verzichtet werden?

Aufgabe 9.21 *Anwendung der Kostenvergleichsrechnung*
Die Metall GmbH will sich zur Kapazitätsausweitung eine neue Fertigungsstraße anschaffen. Das Unternehmen kann dabei zwischen zwei Anbietern wählen, welche die Anlage A bzw. B vorschlagen.

	Anlage A	Anlage B
Anschaffungswert	450 000,–	480 000,–
Nutzungsdauer	12 Jahre	12 Jahre
Maximale Produktionskapazität pro Jahr	28 000 Stck.	28 000 Stck.
Zinssatz	12 % p. a.	12 % p. a.

Die Abschreibung erfolgt linear über die Nutzungsdauer.

Sonstige Fixkosten pro Jahr	120 000,–	100 000,–
Personalkosten pro Jahr	180 000,–	245 000,–
Materialkosten pro Jahr	600 000,–	600 000,–
Energiekosten und sonstige variable Kosten po Jahr	86 000,–	79 000,–

(1) Durch eine Kostenvergleichsrechnung sollen Sie feststellen, welche der beiden Anlagen für das Unternehmen kostengünstiger ist?
(2) Führen Sie drei Nachteile der Kostenvergleichsrechnung an.
(3) Beschreiben Sie, wie vorgegangen werden muss, wenn der Betrieb mit unterschiedlichen Kapazitätsauslastungen rechnet?

Aufgabe 9.22 *Amortisationsrechnung*
Ein metallverarbeitender Betrieb erhält von einer Maschinenfabrik das Angebot, als Zulieferer Einbauteile zu fertigen. Die Maschinenfabrik bietet einen Vertrag mit einer Mindestabnahme von 2 000 Stück pro Jahr bei einem Preis von 30,–/Stück an. Zunächst soll der Vertrag auf 4 Jahre abgeschlossen werden, wobei der Preis jeweils nach Ablauf eines Jahres in Anlehnung an die Entwicklung der Personalkosten neu vereinbart werden kann.

Zur Herstellung der Teile ist eine Spezialmaschine erforderlich, die in zwei Ausführungen am Markt angeboten wird. Ausführung I ist ein Halbautomat (Anschaffungskosten 30 000,–), der im Einschichtbetrieb (ohne Überstunden) eine maximale Jahresproduktion von 2 000 Stück erlaubt. Ausführung II ist ein Vollautomat (Anschaffungskosten

80 000,–), der gegenüber Maschine I eine höhere Kapazität (2 600 Stück/Jahr) aufweist. Beide Maschinen haben eine voraussichtliche Nutzungsdauer von 8 Jahren.

Folgende Kalkulationswerte können berücksichtigt werden: Die Produktion führt bei beiden Maschinen zu Materialkosten von 5,50 pro Stück. Des Weiteren ist mit Betriebsmittelkosten (ohne Abschreibungen) von jeweils 5 000,–/Jahr zu rechnen. Die Personalkosten betragen voraussichtlich bei Maschine I 24 000,–, bei Maschine II 16 000,– im Jahr (jeweils ohne Überstunden bei Herstellung der Mindestabnahmemenge). Bei einer um 20 % erhöhten Produktionsmenge erhöhen sich bei I die Personal- und Betriebsmittelkosten um 30 %, bei II um 10 %.

(1) Für welche Maschine entscheidet sich der Investor, wenn weder Zinsen noch Ertragssteuern berücksichtigt werden, die Preis- und Kostenstruktur unverändert bleibt und unter Risikogesichtspunkten eine möglichst schnelle Amortisation der Anschaffungskosten angestrebt wird?
(2) Halten Sie im vorliegenden Fall die Amortisationsrechnung überhaupt für ein sinnvolles Entscheidungskriterium?
(3) Für welche Maschine wird sich der Investor entscheiden, wenn er während der 4 Jahre bei Produktion der Mindestabnahmemenge einen möglichst hohen Gewinn erzielen will (ohne Berücksichtigung von Zinsen und Ertragssteuern)?
(4) Ändert sich diese Entscheidung, wenn man ab dem 2. Jahr mit einer um 20 % höheren Absatzmenge und einer Vertragsverlängerung ziemlich sicher rechnen könnte?

Aufgabe 9.23 *Kostenvergleichs-, Rentabilitäts- und Amortisationsrechnung*
Die Firma Metallix ist Hersteller von Gussteilen. Sie beabsichtigt, eine alte Anlage durch eine neue und damit wirtschaftlichere Anlage mit einer höheren Fertigungskapazität zu ersetzen.

(1) Wie kann die Investition im vorliegenden Falle bezeichnet werden?
(2) Von verschiedenen Herstellern werden Angebote eingeholt und geprüft. Die Anlagen A und B stehen zur Entscheidung:

	Anlage A	Anlage B
Anschaffungswert	2,4 Mio.	3,2 Mio.
Nutzungsdauer	5 Jahre	5 Jahre
Produktions- und Absatzmenge pro Jahr	8 000 Stück	8 000 Stück
Stückkosten einschließlich kalkulatorischer Zinsen	240,–	235,–
Stückerlös	270,–	270,–
Kalkulatorischer Zinssatz p. a.	10 %	10 %

Welche Anlage ist vorzuziehen, wenn eine Kostenvergleichsrechnung angewandt wird?

(3) Welche Ergebnisse bringen eine Rentabilitäts- und eine Amortisationsrechnung, wenn bei Letzterer davon auszugehen ist, dass die gezahlten Fremdkapitalzinsen der Höhe nach mit den kalkulatorischen Zinsen übereinstimmen?
(4) Für welche Alternative würden Sie sich letzten Endes entscheiden? Begründen Sie Ihre Aussage.

Aufgabe 9.24 *Kapitalwertmethode*
Ein Omnibusunternehmer beabsichtigt, seinen Fuhrpark zu erweitern. Ein neuer Omnibus kostet 320 000,–. Er soll am Ende des vierten Jahres verkauft werden; geschätzter Verkaufserlös 80 000,–. Es wird mit folgenden Rückflüssen jeweils am Ende des Jahres gerechnet:

1. Jahr: 102 500,–
2. Jahr: 104 500,–
3. Jahr: 104 500,–
4. Jahr: 90 500,–

(1) Prüfen Sie mit Hilfe der Kapitalwertmethode (Tabelle), ob sich die Investition lohnt. Das Unternehmen rechnet mit einem Kalkulationszinsfuß von 10 %. Hierbei ergeben sich folgende Abzinsungsfaktoren:

Jahr 1: 0,909091
Jahr 2: 0,826446
Jahr 3: 0,751315
Jahr 4: 0,683013

Aufgabe 9.25 *Kapitalwertmethode und Alternativangebot*

Die zwei Unternehmer A und B, die beide im Freizeitmarkt tätig sind, erwarten von diesem in den nächsten Jahren enorme Zuwachsraten.

A prognostiziert aufgrund umfangreicher Marktanalysen für seine Investitionsüberlegungen folgende Einzahlungsüberschüsse:

1. Jahr: 600 000,–
2. Jahr: 900 000,–
3. Jahr: 700 000,–
4. Jahr: 900 000,–

Die Investitionssumme beträgt 1 100 000,–. A kann sein Geld zu 9 % anlegen und aufnehmen.

Der Mitbewerber B hört von den Überlegungen des A. Er will auf keinen Fall A als Konkurrenten auf diesem Markt. Er macht daher A ein Angebot: B zahlt an A vier nachschüssige Jahresraten in Höhe von jeweils 400 000,–, wenn A seinen Plan fallen lässt und er damit auf dem Freizeitmarkt quasi als Monopolist anbieten kann.

(1) Wie soll sich A entscheiden, wenn seine Zielsetzung darin besteht, eine möglichst große Rentabilität zu erreichen? Bei einem Zinssatz von 9 % ergeben sich folgende Diskontierungsfaktoren:

Jahr 1: 0,9174
Jahr 2: 0,8412
Jahr 3: 0,7722
Jahr 4: 0,7084

(2) Wie wird die Entscheidung von A ausfallen, wenn B sein Angebot ändert in: sofortige Zahlung von 1,4 Mio. in bar?
(3) Beschreiben Sie die Auswirkungen unterschiedlicher Zinssätze auf die Höhe des Kapitalwertes?

Aufgabe 9.26 *Kapitalwertmethode und Differenzinvestition*

Eine Produktionsmaschine soll durch eine neue ersetzt werden. Von verschiedenen Herstellern werden Angebote eingeholt. Es verbleiben noch zwei Alternativen, nachdem im Rahmen einer Vorauswahl die technische Leistungsfähigkeit als Auswahlkriterium herangezogen wurde.

Für beide Investitionsalternativen stehen folgende Planungsdaten zur Verfügung:

	Maschine 1	Maschine 2
Anschaffungskosten	700 000,–	600 000,–
Nutzungsdauer (Jahre)	4	4
Kalkulatorischer Zinssatz (%)	8	8
Maximale Produktionsmenge (Stück/Jahr)	20 000	20 000
Stückerlös	41,–	41,–
Variable Stückkosten	28,–	29,–

Die Anschaffung soll mit eigenen Mitteln finanziert werden. Die angegebenen Stückkosten sind alle liquiditätswirksam. Es ist davon auszugehen, dass die gesamte Produktionsmenge auch abgesetzt wird.

(1) Entscheiden Sie mit Hilfe der Kapitalwertmethode, welche Alternative betriebswirtschaftlich vorteilhafter ist.
(2) Begründen Sie, ob es für Ihre Investitionsentscheidung von Bedeutung ist, dass Maschine 1 um 100 000,– mehr Anschaffungskosten verursacht. Eine reale Anlagemöglichkeit zu einem anderen Zinssatz ist zur Zeit nicht gegeben.

Nachstehende Zinseszinsfaktoren für p = 8 % stehen zur Berechnung zur Verfügung:

8,0 % n	$\dfrac{1}{q^n}$ (Abzinsungsfaktor)	$\dfrac{q^n - 1}{q^n (q - 1)}$ (Abzinsungssummenfaktor)
1	0,925926	0,925926
2	0,857339	1,783265
3	0,793832	2,577097
4	0,735030	3,312127
5	0,680583	3,992710

Aufgabe 9.27 *Leverage-Effekt und Kapitalwertmethode*
Die Jahresbilanz der Fa. Mayer KG hat folgendes Aussehen:

Aktiva	Bilanz zum 31. 12. (in T€)		Passiva
Anlagevermögen	125	Eigenkapital	175
Umlaufvermögen	275	Fremdkapital	225
	400		400

Bei einem (durchschnittlichen) Fremdkapitalzins von 8 % wurde das Unternehmensziel, Verzinsung von 10 % für das investierte Kapital, erreicht.

(1) Für das kommende Geschäftsjahr ist eine Investition in das Sachanlagevermögen von 75 000,– geplant, die wegen Mangel an zusätzlichen Eigenmitteln mit Fremdkapital finanziert werden soll.
   a) Ermitteln Sie rechnerisch, wie sich eine solche Maßnahme auf die bisherige Eigenkapitalrendite auswirken würde, wenn für das zusätzliche Fremdkapital Zinsen von 9 %, 10 % oder 11 % zu zahlen wären?
   b) Welche Schlussfolgerungen können aus den Rechenergebnissen gezogen werden?

(2) Die geplante Investition von 75 000,– ist auf die Dauer von 5 Jahren angelegt und soll eine (kalkulierte) Rendite von 10 % bringen.
   a) Prüfen Sie mit der Kapitalwertmethode, ob dieses Ziel erreicht werden kann, wenn die daraus folgenden jährlichen Ein- und Auszahlungen einen Rückfluss von 20 000,–/Jahr ergeben. Die Abzinsungsfaktoren sind selbst zu ermitteln.
   b) Welche Vor- und Nachteile wären mit der Anwendung der Methode des internen Zinsfußes verbunden?

Aufgabe 9.28 *Kapitalwert und Interner Zinsfuß*
Ein Unternehmen plant zum 1.1.01 eine Erweiterung der Kapazität. Zur Beurteilung dieser Investitionsüberlegung sollen folgende Daten für eine Investitionsrechnung herangezogen werden:
– geplanter Kapitaleinsatz am 1.1.01 414 000,–,
– angenommene Nutzungsdauer 8 Jahre,
– veranlagte Mindestverzinsung 10 %,
– geschätzter Restwert am Ende der Nutzungsdauer 30 000,–.

Es werden folgende Kapitalrückflüsse in der Nutzungsdauer prognostiziert, wobei der Restwert noch nicht berücksichtigt ist:

Jahr	Rückflüsse	Jahr	Rückflüsse
01	44 000,–	05	130 000,–
02	70 000,–	06	120 000,–
03	106 000,–	07	90 000,–
04	130 000,–	08	50 000,–

(1) Wie hoch ist die Amortisationsdauer (Ermittlung statisch)?
(2) Wie hoch ist der Kapitalwert, wenn davon ausgegangen wird, dass die Rückflüsse erst am Jahresende zur Verfügung stehen werden?
(3) Ermitteln Sie rechnerisch und grafisch den Internen Zinsfuß dieser Investition, bei einer Versuchsrechnung mit einem weiteren Zinsfuß von 18 %.

Legen Sie Ihren Berechnungen folgende Diskontierungsfaktoren zugrunde:

Jahr	p = 10 %	p = 18 %	Jahr	p = 10 %	p = 18 %
01	0,909	0,847	05	0,621	0,437
02	0,826	0,718	06	0,564	0,370
03	0,751	0,609	07	0,513	0,314
04	0,683	0,516	08	0,467	0,266

LÖSUNGEN

Lösungen zum 5. Hauptteil: Besondere Buchungsvorgänge

Lösung zu Aufgabe 5.01 *Besitzwechsel Schuldwechsel*

(1) a)	Forderungen aus Lieferungen und Leistungen	23 664,–	
	an Warenverkauf		20 400,–
	Umsatzsteuer		3 264,–
b)	Besitzwechsel		
	an Forderungen aus Lieferungen und Leistungen		23 664,–
c)	Kasse an Besitzwechsel		23 664,–
(2) a)	Wareneinkauf	20 400,–	
	Vorsteuer	3 264,–	
	an Verbindlichkeiten aus Lieferungen und Leistungen		23 664,–
b)	Verbindlichkeiten aus Lieferungen und Leistungen	23 664,–	
	an Schuldwechsel		23 664,–
c)	Schuldwechsel an Kasse		23 664,–

Lösung zu Aufgabe 5.02 *Wechseldiskontierung*

(1) a) Bank   22 200,–
       Diskontaufwand   370,–
       Nebenkosten des Finanz- und Geldverkehrs   30,–
       an Besitzwechsel   22 600,–

b) **Belastungsanzeige**

Diskont		370,–
Bankspesen	30,–	
Eigene Auslagen	20,–	
	50,–	
+ 16 % Umsatzsteuer	8,–	58,–
Gesamtbetrag		428,–

Buchung

Sonstige Forderungen   428,–
    an Diskontertrag   370,–
       Sonstige Erlöse (umsatzsteuerpflichtig)   50,–
       Umsatzsteuer   8,–

c) Bank an Sonstige Forderungen   428,–

(2) a) Diskontaufwand   370,–
       Nebenkosten des Finanz- und Geldverkehrs   50,–
       Vorsteuer   8,–
          an Sonstige Verbindlichkeiten   428,–

b) Sonstige Verbindlichkeiten an Bank   428,–

Lösung zu Aufgabe 5.03 *Diskontermittlung*

(1) Wechselbetrag 50 000,00
·/· Diskont 8,5 %/33 Tage 389,58
·/· 0,05 % Spesen 25,00
Gutschrift 49 585,42

(2) **Belastungsanzeige**
Diskont 389,58
Bankspesen 25,00
Eigene Auslagen 40,00
65,00
+ 16 % Umsatzsteuer 10,40 75,40
Gesamtbetrag 464,98

Buchung
Sonstige Forderungen 464,98
   an Diskontertrag 389,58
      Sonstige Erlöse (umsatzsteuerpflichtig) 65,00
      Umsatzsteuer 10,40

Lösung zu Aufgabe 5.04 *Wechselprolongation*

(1) a) **Begleitschreiben zum Prolongationswechsel**
Überweisungsbetrag 50 000,00
+ Diskont 9,5 %/90 Tage 1 187,50
+ Spesen 50,00
1 237,50
+ 16 % Umsatzsteuer 198,00 1 435,50
Betrag Prolongationswechsel 51 435,50

Buchung
Besitzwechsel 51 435,50
   an Sonstige Verbindlichkeiten 50 000,00
      Sonstige Erlöse (umsatzsteuerpflichtig) 1 237,50
      Umsatzsteuer 198,00

b) Sonstige Verbindlichkeiten an Bank 50 000,00
c) Bank 50 403,93
   Diskontaufwand 1 005,85
   Nebenkosten des Finanz- und Geldverkehrs 25,72
      an Besitzwechsel 51 435,50

(2) a) Sonstige Forderungen 50 000,00
   Diskontaufwand 1 187,50
   Nebenkosten des Finanz- und Geldverkehrs 50,00
   Vorsteuer 198,00
      an Schuldwechsel 51 435,50
b) Bank an Sonstige Forderungen 50 000,00
c) Schuldwechsel an Bank 150 000,00
d) Schuldwechsel an Bank 51 435,50

Lösung zu Aufgabe 5.05 *Ermittlung des Betrags eines Prolongationswechsels*

(1) Überschlägige Ermittlung des Diskonts durch Vom-Hundert Rechnung

$$\frac{3\,000 \times 6 \times 60}{100 \times 360}$$

Überschlägig geschätzte Wechselsumme:

3 000,– + 30,– (vorläufiger Diskont) + 4,80 (16 % Umsatzsteuer) =   3 034,80

Ermittlung des Wechselbetrages

Überweisungsbetrag	3 000,00
+ Diskont (einschließlich Umsatzsteuer) für 60 Tage	?
= Wechselbetrag	?

Der **Diskont** errechnet sich durch eine Im-Hundert-Rechnung:

360 Tage = 6 %
60 Tage = p %

$$p = \frac{6 \times 60}{360} = 1\,\%$$

Auf diesen Prozentsatz ist noch die Umsatzsteuer zu ermitteln. Sie beträgt (in Prozent ausgedrückt):

16 % x p = 0,16 %

Der Basiswert für die Diskonterrechnung (einschließlich Umsatzsteuer) entspricht:

100 % ·/· (p + 0,16p)
100 % ·/· (1 % + 0,16 %) = 98,84 %

Nun lässt sich auf den Wechselbetrag hochrechnen:

$$\frac{3\,000,-}{98,84\,\%} = 3\,035,21$$

Aufteilung der Wechselsumme in ihre Bestandteile

Wechselsumme	3 035,21
·/· Überweisung	3 000,00
weiterberechnete Kosten einschließlich Umsatzsteuer	35,21
·/· 16 % Umsatzsteuer (aus 35,21)	4,86
= Rest = Diskont	30,35

Beleggestaltung

Überweisung		3 000,00
Diskont 6 %/60 Tage	30,35	
+ 16 % Umsatzsteuer	4,86	35,21
Summe Prolongationswechsel		3 035,21

(2) Buchung beim Aussteller

Akzeptierung:
Besitzwechsel 3 035,21
an Sonstige
  Verbindlichkeiten 3 000,00
  Sonstige Erlöse
  (umsatzsteuerpflichtig) 4,86

Überweisung:
Sonstige Verbindlichkeiten
an Bank 3 000,00

Buchung beim Bezogenen

Sonstige
Forderungen 3 000,00
Diskontaufwand 30,35
Vorsteuer 4,86
an Schuldwechsel 3 035,21

Bank
an Sonstige Forderungen 3 000,00

Lösung zu Aufgabe 5.06 *Anschaffung eines Firmenfahrzeugs mit Wechselfinanzierung*

(1) Ausgehend von zwei Teilbeträgen zu je 15 000,– ist auf eine Wechselsumme hochzurechnen, die den jeweiligen Barwert zuzüglich Nebenkosten und Umsatzsteuer auf die Nebenkosten beinhaltet.

Ermittlung des Wechselbetrags I:

Ausgangsbetrag (Teilschuld I)	15 000,00
+ Spesen	3,50
+ Umsatzsteuer (auf Spesen) 16 %	0,56
= Basiswert für Diskonterrechnung	15 004,06
+ Diskont (einschließlich Umsatzsteuer) für 33 Tage	?
= Wechselbetrag	?

Der **Diskont** ermittelt sich durch eine **In-Hundert-Rechnung** wie folgt:

a) Die unterjährige Verzinsung (p) in Abhängigkeit von der Laufzeit des Wechsels errechnet sich nach folgender Formel:

360 Tage = 8,75 %
 33 Tage = p %

$$p = \frac{8{,}75 \times 33 \text{ Tage}}{360 \text{ Tage}} = 0{,}8021 \, \%$$

b) Auf die unterjährige Verzinsung p ist noch die Umsatzsteuer zu ermitteln. Sie beträgt (als Prozentsatz ausgedrückt):

16 % x p = 0,1283 %

c) Der Basiswert für die Diskonterrechnung (einschließlich Umsatzsteuer) entspricht:

100 % ·/· (p + 0,16 p)
100 % ·/· (0,8021 % + 0,1283 %) = 99,0696 %

Bei hohen Diskontsätzen und langer Laufzeit empfiehlt es sich, mit vier bis fünf Nachkommastellen zu rechnen.

d) Nun lässt sich der Wechselbetrag I und der Diskont ermitteln:

$$\frac{15\,004{,}03}{99{,}0696 \, \%} = 15\,144{,}97$$

Die In-Hundert-Rechnung erlaubt es, dass bei späterer Diskontierung (zu den gleichen Bedingungen) der volle Ausgangsbetrag (hier 10 000,–) gutgeschrieben wird.

Die Wechselsumme I teilt sich danach wie folgt auf:

Wechselsumme	15 144,97
·/· Teilschuld	15 000,00
weiterberechnete Kosten einschließlich Umsatzsteuer	144,97
·/· anteilige Umsatzsteuer aus 144,97	20,00
·/· Spesen	3,50
Rest = Diskont	121,47

Für Wechsel I ergibt sich daher folgende **Beleggestaltung:**

Teilschuld I		15 000,00
Diskont 8,75 %/33 Tage	121,47	
Spesen	3,50	
	124,97	
+ 16 % Umsatzsteuer	20,00	144,97
Wechselsumme I		15 144,97

Entsprechend ermitteln sich die Daten für **Wechsel II:**

Teilschuld II		15 000,00
Diskont 8,75 %/63 Tage	233,91	
Spesen	3,50	
	237,41	
+ 16 % Umsatzsteuer	37,99	275,40
Wechselsumme II		15 275,40

(2) Nach § 255 HGB sind solche Aufwendungen zu aktivieren, die anfallen, um ein Wirtschaftsgut zu erwerben und in einen betriebsbereiten Zustand zu versetzen. Dazu rechnen auch die Aufwendungen für Zusatzausstattung, Überführung, Zulassung u. ä. Nicht zu den aktivierungspflichtigen Kosten rechnet die Erstbetankung.

Werden in Verbindung mit der Anschaffung eines Anlagegutes Fremdmittel in Anspruch genommen, z. B. Zinsen, Diskont, Gebühren, so sind diese nicht Teil der Anschaffungskosten des erworbenen Wirtschaftsguts, sondern Aufwand zu Lasten des laufenden Ergebnisses.

Die zu aktivierenden Anschaffungskosten betragen demnach 31 968,–.

(3) Es sind folgende Buchungen vorzunehmen:

– Fahrzeug	31 968,00	
Vorsteuer	5 114,88	
an Verbindlichkeiten		37 082,88
– Verbindlichkeiten		
an Bank (Scheck)		7 082,88
– Wechsel I:		
Verbindlichkeiten	15 000,00	
Diskontaufwand	121,47	
Nebenkosten des Finanz- und Geldverkehrs	3,50	
Vorsteuer	20,00	
an Schuldwechsel		15 144,97

– Wechsel II:
Verbindlichkeiten	15 000,00	
Diskontaufwand	233,91	
Nebenkosten des Finanz- und Geldverkehrs	3,50	
Vorsteuer	37,99	
an Schuldwechsel		15 275,40
– Kfz-Kosten	60,34	
Vorsteuer	9,66	
an Kasse		70,00

(4) Anschaffungskosten 27. 3. 01	31 968,00
20 % Abschreibung	6 394,00
Buchwert 31. 12. 01	25 574,00

Nach R 44 Abs. 2 EStR kann der volle Jahres-AfA-Betrag zum Ansatz kommen.

Lösung zu Aufgabe 5.07 *Wechselprotest*

(1) Protestwechsel		29 000,00
Protestkosten	63,00	
6 % Zinsen/3 Tage	14,50	
1/3 % Provision	96,70	174,20
Forderung an den Vormann		29 174,20
(2) Nebenkosten des Finanz- und Geldverkehrs	63,00	
Vorsteuer	10,08	
an Kasse		73,08
Protestwechsel an Besitzwechsel		29 000,00
Sonstige Forderungen	29 174,20	
an Zinsertrag		14,50
A. o. Ertrag		159,70
Protestwechsel		29 000,00

Lösung zu Aufgabe 5.08 *Umkehrwechsel*

Buchung beim Lieferanten

(1) Kauf der Ware:
Forderungen aus Lieferungen und Leistungen	208 800,00	
an Warenverkauf		180 000,00
Umsatzsteuer		28 800,00

(2) Zahlung unter Abzug von 2 % Skonto:
Bank	204 624,00	
Skonto	3 600,00	
Umsatzsteuer	576,00	
an Forderungen aus Lieferungen und Leistungen		208 800,00

Buchung beim Kunden

Maschinen	180 000,00	
Vorsteuer	28 800,00	
an Verbindlichkeiten aus Lieferungen und Leistungen		28 800,00

Verbindlichkeiten aus Lieferungen und Leistungen	208 800,00	
an Bank		204 624,00
Maschine		3 600,00
Vorsteuer		576,00

(3) Ausstellung und Annahme eines Wechsels über 204 624,–:
  Keine Buchung, da dem Wechsel keine Gegenposition gegenübersteht.   Keine Buchung, da dem Wechsel keine Gegenposition gegenübersteht.

(4) Diskontierung:
  Keine Buchung

  Bank   202 123,04
  Diskontaufwand   2 500,96
    an Schuldwechsel   204 624,00

(5) Einlösung des Schuldwechsels:
  Keine Buchung

  Schuldwechsel an Bank 204 624,00

Lösung zu Aufgabe 5.09 *Leasing*

(1) Gemäß Leasing-Erlass handelt es sich um Finanzierungsleasing mit Vollamortisation, da die Kosten des Leasinggebers während der Grundmietzeit voll gedeckt sind. Der Vertrag enthält keine fest vereinbarte Optionsmöglichkeit.

(2) Der Leasinggegenstand ist dem Leasinggeber nach folgenden Kriterien zuzurechnen:
  – Es ist eine feste Grundmietzeit gegeben.
  – Die Kosten des Leasinggebers sind während der Grundmietzeit gedeckt (36 Monate x 1 518,– = 54 648,–).
  – Gemessen an der betriebsgewöhnlichen Nutzungsdauer von 4 Jahren beläuft sich die Vertragsdauer auf 75 %.

(3) **Buchung beim Leasinggeber**   **Buchung beim Leasingnehmer**

a) Rechnungseingang:
Betriebsausstattung   47 700,00
Vorsteuer   7 632,00
  an Verbindlichkeiten aus
    Lieferungen und
    Leistungen   55 332,00

b) Überweisung an Hersteller unter Abzug von Skonto:
Verbindlichkeiten
aus Lieferungen
und Leistungen   55 332,00
  an Betriebsausstattung   954,00
    Vorsteuer   152,64
    Bank   54 225,36

c) Erste und weitere Leasingraten:
Bank   1 760,88   Leasingkosten   1 518,00
  an Erlöse aus   Vorsteuer   242,88
    Leasinggeschäften (umsatz-   an Bank   1 760,88
    steuerpflichtig)   1 518,00
    Umsatzsteuer   242,88

d) Abschreibung am Jahresende:
Abschreibung   Keine Buchung
  an Betriebsausstattung 5 843,25

Lösung zu Aufgabe 5.10 *Leasing mit Aufteilung der Leasingraten*

(1) Es handelt sich um Finanzierungsleasing mit Vollamortisation, da eine feste Grundmietzeit von 36 Monaten gegeben ist und die Kosten des Leasinggebers bis Ablauf der Grundmietzeit voll gedeckt sind (Anschaffungskosten 55 000,–; Summe aller Raten 36 x 2 000,– = 72 000,–).

(2) Die Vertragsdauer beträgt 60 % der Nutzungsdauer. Das würde zunächst Zurechnung beim Leasinggeber bedeuten. Da aber eine Mietverlängerungsoption gegeben ist, muss noch folgendes geprüft werden:

Anschaffungskosten	55 000,–
./. 3 Jahre lineare AfA	33 000,–
Restwert am Ende der Grundmietzeit	22 000,–

Der Wertverzehr für die Restnutzungsdauer von 2 Jahren beträgt somit 11 000,–/Jahr bzw. 917,–/Monat und ist damit größer als die jährliche bzw. monatliche Anschlussmiete. Deshalb ist das Leasinggut dem Leasingnehmer zuzurechnen.

(3)
Summe der 36 Leasingraten	72 000,–
./. Anschaffungskosten	55 000,–
= Zins-/Kostenanteil aller Raten	17 000,–

$$\text{Zins-/Kostenanteil einer Leasingrate} = \frac{17\,000,-}{\frac{(1+36)\,36}{2}}\,[(n-t)+1]$$

Zins-/Kostenanteil 1. Rate: $\frac{17\,000}{666}\cdot 36 = 919,-$

Zins-/Kostenanteil 2. Rate: $\frac{17\,000}{666}\cdot 35 = 893,-$

Tilgungsanteil der monatlichen Leasingraten			
Monat (1)	Rate (2)	Zins- und Kostenanteil (3)	Tilgungsanteil (2) – (3)
1. Rate November	2 000,–	919,–	1 081,–
2. Rate Dezember	2 000,–	893,–	1 107,–

(4) **Buchung beim Leasinggeber**   **Buchung beim Leasingnehmer**

a) Eingangsrechnung des Herstellers:
Leasingeinkauf   55 000,–
Vorsteuer   8 800,–
    an Bank   63 800,–

b) Buchung der Umsatzsteuer, Aktivierung der Kaufpreisforderung und fiktiver Verkauf an den Leasingnehmer:

Forderungen   Maschine
Leasingnehmer   55 000,–   an Verbindlichkeiten
Sonstige Forderungen   Leasinggeber   55 000,–
(Umsatzsteuer)   11 520,–   Vorsteuer
                                                   an Sonstige
                                                      Verbindlichkeiten   11 520,–

Neutralisationskonto (zu umsatzsteuerpflichtigen Erlösen aus Zins-/
Kostenanteil)   17 000,–
   an Erlöse aus Leasinggeschäft
      (umsatzsteuerpfl.)   55 000,–
      Erlöse aus Zins-/Kostenanteil
      (umsatzsteuerpflichtig) 17 000,–
      Umsatzsteuer   11 520,–

oder vorherige Buchung zusammengefasst:
Forderungen
Leasingnehmer   66 520,–
Neutralisations-
konto   17 000,–
   an Erlöse aus Leasinggeschäft
      (umsatzsteuerpfl.)   72 000,–
      Umsatzsteuer   11 520,–

c) Zahlung der berechneten Umsatzsteuer:
Bank   Sonstige Verbindlichkeiten
   an Sonstige Forderungen 11 520,–   an Bank   11 520,–

d) Überweisung der Transport- und Montagekosten:
                                   Maschine   6 200,–
                                   Vorsteuer   992,–
                                      an Bank   7 192,–

e) Zahlung der Leasingraten:

– **Rate November**
Bank   2 000,–   Verbindlichkeiten
   an Forderungen   Leasinggeber   1 081,–
      Leasingnehmer   1 081,–   Leasingkosten   919,–
      Zins-/Kostenertrag   919,–   an Bank   2 000,–

– **Rate Dezember**
Bank   2 000,–   Verbindlichkeiten
   an Forderungen   Leasinggeber   1 107,–
      Leasingnehmer   1 107,–   Leasingkosten   893,–
      Zins-/Kostenertrag   893,–   an Bank   2 000,–

f) Abschreibung am Jahresende:
                                     Abschreibungen an Maschine   6 120,–

Die Abschreibungen am Jahresende bestimmen sich aus 61 200,– Anschaffungskosten (55 000,– + 6 200,–), davon 0,5 + 20 % = 6 120,– (AfA-Betrag für ein halbes Jahr).

Lösung zu Aufgabe 5.11 *Gewinn aus Anlagenverkauf*

(1) Verkaufsvorgang:
    Bank   58 000,–
       an Erlöse aus Anlagenverkäufen (umsatzsteuerpflichtig)   50 000,–
          Umsatzsteuer   8 000,–

(2) Ausbuchen des verkauften Kfz:
Neutralisationskonto (zu Erlöse aus Anlagenverkauf) 50 000,00
   an Fuhrpark   6 000,00
      Gewinn aus Anlagenverkauf   44 000,00

Lösung zu Aufgabe 5.12 *Verlust aus Anlagenverkauf*

(1) Verkaufsvorgang:
Kasse   11 600,00
   an Erlöse aus Anlagenverkauf (umsatzsteuerpflichtig)   10 000,00
      Umsatzsteuer   1 600,00

(2) Ausbuchen des verkauften Gabelstaplers:
Neutralisationskonto (zu Erlöse aus Anlagenverkauf)   10 000,00
Verlust aus Anlagenverkauf   15 000,00
   an Betriebsausstattung   25 000,00

Lösung zu Aufgabe 5.13 *Abzahlungs-/Teilzahlungsgeschäft*

(1) Buchung bei Vertragsabschluss am 1. Februar:
Kunde Baum   784,00
   an Warenverkauf (umsatzsteuerpflichtig)   675,86
      Umsatzsteuer   108,14
Kasse an Kunde Baum   184,00

(2) – Buchung am 1. März:
Bank an Kunde Baum
100,00

(3) – Bestimmung des Rückerstattungsanspruchs am 15. Mai:
Rechnung 1. Februar   784,00
·/· Anzahlung   184,00
·/· Rate 1. März   100,00
Kontostand   500,00
·/· Rücktritt (Stornierung der Rechnung vom 1. Februar)   784,00
Saldo zugunsten Baums   284,00
Mietgegenrechnung   116,00
Rückerstattungsanspruch   1 368,00

– Stornierung der Ausgangsrechnung am 15. Mai:
Warenverkauf (umsatzsteuerpflichtig)   675,86
Umsatzsteuer   108,14
   an Kunde Baum   784,00

– Mietberechnung mit neuer Ausgangsrechnung:
Kunde Baum   116,00
   an Mieterlöse (umsatzsteuerpflichtig)   100,00
      Umsatzsteuer   16,00

– Erstattung des Guthabens:
Kunde Baum an Kasse   168,00

Lösung zu Aufgabe 5.14 An-/Vorauszahlungen

Buchung beim Lieferanten		Buchung beim Kunden	
(1) An-/Vorauszahlung bei Vertragsabschluss:			
Bank 23 200,–		Verbindlichkeiten	
an Forderungen aus		aus Lieferungen	
Lieferungen und		und Leistungen	23 200,–
Leistungen	23 200,–	an Bank	23 200,–
Anzahlungsver-		Lieferantenanzahlung	
rechnungskonto 23 200,–		(umsatzsteuerpfl.)	20 000,–
an Kundenanzahlung		Vorsteuer	3 200,–
(umsatzsteuerpfl.)	20 000,–	an Anzahlungs-	
Umsatzsteuer	3 200,–	verrechnungskonto	23 200,–
(2) Anzahlung/Vorauszahlung bei Fertigungsbeginn:			
Bank 23 200,–		Verbindlichkeiten	
an Forderungen aus		aus Lieferungen	
Lieferungen und		und Leistungen	23 200,–
Leistungen 23 200,–		an Bank	23 200,–
Anzahlungsver-		Lieferantenanzahlung	
rechnungskonto 23 200,–		(umsatzsteuerpfl.)	20 000,–
an Kundenanzahlung		Vorsteuer	3 200,–
(umsatzsteuerpfl.)	20 000,–	an Anzahlungs-	
Umsatzsteuer	3 200,–	verrechnungskonto	23 200,–
(3) Umbuchungen zum Bilanzstichtag			
Forderungen aus		Geleistete Anzahlungen	
Lieferungen und		(akt. Bestandskonto) 46 400,–	
Leistungen	46 400,–	an Verbindlichkeiten aus	
an Erhaltene Anzahlungen		Lieferungen und	
(pass. Bestandskonto) 46 400,–		Leistungen	46 400,–
Gegenkonto/Korrekturkonto		Anzahlungsver-	
zu Kundenanzahlung		rechnungskonto	46 400,–
(umsatzsteuerpfl.) 40 000,–		an Gegenkonto zu	
Aktive Rechnungs-		Lieferantenanzahlung	
abgrenzung	6 400,–	(umsatzsteuerpfl.)	40 000,–
an Anzahlungsver-		Sonstige	
rechnungskonto	46 400,–	Verbindlichkeiten	6 400,–
Bilanzausweis:		**Bilanzausweis:**	
Passivseite:		Aktivseite:	
Erhaltene Anzahlungen 46 400,–		Geleistete Anzahlungen	46 400,–
Umsatzsteuer		Vorsteuer	
(noch zu zahlen)	6 400,–	(noch zu verrechnen)	6 400,–
Aktivseite:		Passivseite:	
Aktive		Sonstige	
Rechnungsabgrenzung	6 400,–	Verbindlichkeiten	6 400,–

(4) Endabrechnung: Gesamtleistung, z. B. Maschine   60 000,–
                + 16 % Umsatzsteuer   9 600,–
                                                    69 600,–

	gel. Anzahlung	40 000,–	
	+ 16 % Umsatzsteuer	6 400,–	46 400,–
	Restzahlung		23 200,–

(5) Buchung der Endabrechnung:

Forderungen aus Lieferungen und Leistungen	69 600,–	Maschinen Vorsteuer	60 000,– 9 600,–
an Erlöse (umsatzsteuerpfl.) Umsatzsteuer	60 000,– 9 600,–	an Verbindlichkeiten aus Lieferungen und Leistungen	69 600,–

(6) Umbuchung der Anzahlung:

Erhaltene Anzahlungen (pass. Bestandskonto)	46 400,–	Verbindlichkeiten aus Lieferungen und Leistungen	46 400,–
an Forderungen aus Lieferungen und Leistungen	46 400,–	an Geleistete Anzahlungen (akt. Bestandskonto)	46 400,–
Kundenanzahlung (umsatzsteuerpfl.) Umsatzsteuer	46 000,– 6 400,–	(keine vergleichbare Gegenbuchung)	
an Anzahlungsverrechnungskonto	46 400,–		
Anzahlungsverrechnungskonto	46 400,–	Sonstige Verbindlichkeiten	6 400,–
an Aktive Rechnungsgrenzung	6 400,–	an Vorsteuer	6 400,–
Gegenkonto zu Kundenanzahlung (umsatzsteuerpfl.)	40 000,–		

(7) Restzahlung:

Bank	23 200,–	Verbindlichkeiten aus Lieferungen und Leistungen	23 200,–
an Forderungen aus Lieferungen und Leistungen	23 200,–	an Bank	23 200,–

Lösung zu Aufgabe 5.15 *Nachnahme*

(1) Es betragen:
- Umsatzsteuer 33,20
- Nachnahmebetrag 240,70
- Zahlscheinbetrag 237,70

(2) – Buchung des Versands (einschließlich Weiterberechnung der Postgebühren):

Nachnahmeforderung	237,70
Zahlscheinverrechnungskonto	3,00
an Warenverkauf (umsatzsteuerpflichtig)	192,00
Sonstige Erlöse (umsatzsteuerpflichtig)	15,50
Umsatzsteuer	33,20

– Buchung bei Zahlungseingang:

Postgirokonto an Nachnahmeforderung	237,70

Lösung zu Aufgabe 5.16 *Nichtannahme einer Nachnahmesendung*

(1) Es betragen:
- Umsatzsteuer 81,04
- Nachnahmebetrag 587,54
- Zahlscheinbetrag 584,54

(2) – Buchung des Versands (einschließlich Weiterberechnung der Postgebühren):

Nachnahmeforderung	584,54	
Zahlscheinverrechnungskonto	3,00	
an Warenverkauf (umsatzsteuerpflichtig)		487,00
Sonstige Erlöse (umsatzsteuerpflichtig)		19,50
Umsatzsteuer		81,04

– Buchung der Postkosten für Rücktransport und Zustellung:

Versandkosten an Kasse	13,00

– Stornierung der Ausgangsrechnung:

Warenverkauf (umsatzsteuerpflichtig)	487,00	
Sonstige Erlöse (umsatzsteuerpflichtig)	19,50	
Umsatzsteuer	81,04	
an Nachnahmeforderung		584,54
Zahlscheinverrechnungskonto		3,00

Lösung zu Aufgabe 5.17 *Reisekosten nach Einzelbelegen*

Die Reisekostenabrechnung wird wie folgt erstellt:

Aufwandsart	Brutto	Vorsteuer %	Vorsteuer Betrag	Netto
Fahrtkosten: DB-Fahrkarte, Platzreservierung, IC-Zuschläge	137,00	16,0 i.H.	18,90	118,10
Übernachtungskosten: Rechnungsbetrag 96,– ./. Frühstück lt. Beleg 10,–	86,00	–	–	86,00
Verpflegungskosten: Mittwoch (15 Std.) 12,– Donnerstag (19 Std.) 12,–	24,00	–	–	24,00
Nebenkosten: Taxibeleg 48,00 Hoteltelefon lt. Beleg 18,50		7,0 i.H. 16,0 i.H.	3,14 2,55	44,86 15,95
Auszahlungsbetrag	313,50		24,59	288,91

Buchungsmöglichkeit der Abrechnung:

Reisekosten	288,91	
Vorsteuer	24,59	
an Kasse		313,50

Lösung zu Aufgabe 5.18 Reisekosten mit Verpflegungsaufwand ohne Beleg

Die Reisekostenabrechnung wird wie folgt erstellt:

Aufwandsart		Brutto	Vorsteuer		Netto
			%	Betrag	
Fahrtkosten: 1 068 km x –,30		320,40	—	—	320,40
Übernachtungskosten: Rechnungsbetrag ./. 5 x Frühstück je 4,50	430,00 22,50	407,50	—	—	407,50
Verpflegungskosten nach Pauschbeträgen: 4 Tage zu 24 Stunden je 24,– 1 Tag zu 18 Stunden	96,00 12,00	108,00	—	—	108,00
Nebenkosten: Parkgebühren lt. Beleg Hoteltelefon lt. Beleg Beleg Buchhandlung Trinkgeld ohne Beleg	62,00 45,80	107,80 7,50 10,00	16,0 i. H. 7,0 i. H. —	14,87 –,49 —	92,93 7,01 10,00
Auszahlungsbetrag		961,20		15,36	945,84

Buchungsmöglichkeit der Abrechnung:
Reisekosten   945,84
Vorsteuer   15,36
    an Kasse   961,20

Lösung zu Aufgabe 5.19 Lohn und Gehalt

- Auszahlung der Vorschüsse:
  Sonstige Forderungen (Lohn- und Gehaltsvorschuss)
    an Kasse   1 000,–

- Buchung der Abschlagszahlungen:
  Abschlagsverrechnungskonto an Bank   10 000,–

- Buchung der Lohn- und Gehaltsabrechnung zum Monatsende:
  Gehälter   22 000,–
  Zeitlöhne   6 500,–
  Überstundenlöhne   1 000,–
  Feiertagsvergütung   700,–
  Urlaubslöhne/-geld   2 600,–
  Lohnfortzahlung im Krankheitsfall   1 000,–
  Fahrgelderstattung (steuerfrei)   500,–
  Sonstige Personalaufwendungen   3 500,–
  Arbeitgeberanteil vermögenswirksame Leistungen   400,–
  Arbeitgeberanteil zur Sozialversicherung   850,–
      an Sonstige Verbindlichkeiten (Steuern und Abgaben)   5 400,–
         Sonstige Verbindlichkeiten (Sozialversicherung)   6 000,–
         Sonstige Verbindlichkeiten (vermögenswirksame Leistungen) 500,–

Mieterträge	350,–
Darlehen an Arbeitnehmer	1 000,–
Sonstige Forderungen (Lohn- und Gehaltsvorschuss)	1 000,–
Abschlagsverrechnungskonto	10 000,–
Lohn- und Gehaltsverrechnungskonto	14 800,–

– Übernahme der pauschalierten Lohn- und Kirchensteuer:
  Aufwendungen pauschalierte Steuern und Abgaben
    an Sonstige Verbindlichkeiten (Steuern und Abgaben)   85,–

– Arbeitgeberanteil zur Sozialversicherung:
  Arbeitgeberanteil zur Sozialversicherung
    an Sonstige Verbindlichkeiten (Sozialversicherung)   6 000,–

– Lohn- und Gehaltsüberweisung:
  Lohn- und Gehaltsverrechnungskonto an Bank   14 800,–

– Abführung der einbehaltenen Abzüge im Folgemonat:
  Sonstige Verbindlichkeiten (Steuern und Abgaben)
    an Bank   5 485,–
  Sonstige Verbindlichkeiten (Sozialversicherung)
    an Bank   12 000,–
  Sonstige Verbindlichkeiten (vermögenswirksame Leistungen)
    an Bank   500,–

Lösung zu Aufgabe 5.20 *Geldwerter Vorteil aus Kantinenessen*

(1) Buchung des Essenmarkenverkaufes

Menü I: 1 000 Essen je 2,–	2 000,00
Menü II: 600 Essen je 2,30	1 380,00
Menü III: 200 Essen je 3,–	600,00
Erlös aus Essenmarkenverkauf, brutto	3 980,00
16 % Umsatzsteueranteil	548,97
Erlös aus Essenmarkenverkauf, netto	3 431,03

Kasse	3 980,00	
an Erlöse aus Personalverpflegung,		
umsatzsteuerpflichtig (16%)	3 431,03	
Umsatzsteuer		548,97

(2) Ermittlung des geldwerten Vorteils
  a) Sachbezug Kantinenessen 2002: 2,55
  b) Zusammensetzung des geldwerten Vorteils:

Menü	verkaufte Essen	geldwerter Vorteil je Essen	geldwerter Vorteil insgesamt
Menü I:	1 000	–,55	550,00
Menü II:	600	–,25	150,00
Menü III:	200	0,00	0,00
Summe geldwerter Vorteil:			700,00

(3) Buchung des geldwerten Vorteils
Aufwand geldwerter Vorteil Kantinenessen 700,00
    an Geldwerter Vorteil Kantinenessen, umsatzsteuerpflichtig (16%) 603,45
       Umsatzsteuer 96,55

(4) Prozentsatz der Lohnsteuerpauschalierung
Gem. § 40 Abs. 2 EStG kann der Arbeitgeber die Lohnsteuer mit einem Pauschsteuersatz von **25 %** erheben, soweit er arbeitstäglich Mahlzeiten im Betrieb an die Arbeitnehmer unentgeltlich oder verbilligt abgibt.

(5) Ermittlung der Lohnsteuerschuld aus Pauschalierung
Pauschale Lohnsteuer (25 % von 700,00) 175,00
Pauschale Kirchensteuer Bad.-Württ. (7 % von 175,00) 12,25
Pauschaler Solidaritätszuschlag (5,5 % von 175,00) 9,63

Steuerschuld des Arbeitgebers 196,88

(6) Buchung der abzuführenden Lohnsteuer
Aufwand aus LSt-Pauschalierung (25 %) 196,88
    an Verbindlichkeiten Finanzamt 196,88

Lösung zu Aufgabe 5.21 *Private Nutzung von Firmenfahrzeugen*

(1) Ermittlung der aktivierungspflichtigen Anschaffungskosten

	39 300,00	Listenpreis gem. Herstellerkatalog
+	2 050,00	Klimaanlage
+	800,00	Radio
=	42 150,00	
−	6 322,50	Nachlass 15 %
=	35 827,50	
+	700,00	Überführungskosten
+	100,00	Zulassungskosten
=	36 627,50	Netto-Anschaffungskosten

(2) Ermittlung des Listenpreises für Anwendung der 1 %-Regelung

	39 300,00	Listenpreis gem. Herstellerkatalog
+	2 050,00	Klimaanlage
+	800,00	Radio
=	42 150,00	
−	6 744,00	16 % Umsatzsteuer
=	48 894,00	
+	94,00	Abrundung auf volle Hundert €
=	48 800,00	Listenpreis

(3) Ermittlung des geldwerten Vorteils nach der 1 %-Regelung
– Für die private Nutzung Ansatz von 1 % des abgerundeten Listenpreises
  (48 800 × 1 %) 488,00
– für Fahrten zwischen Wohnung und Arbeitsstätte
  (48 800 × 0,03 %) × 32 Entfernungskilometer 468,48
– geldwerter Vorteil 956,48

(4) Buchung des geldwerten Vorteils am Monatsende
Gehälter (geldwerter Vorteil priv. Nutzung Firmen-Pkw)   956,48
    an Geldwerte Vorteile, umsatzsteuerpflichtig (16 %)   824,55
       Umsatzsteuer   131,93

(5) Geldwerter Vorteil und Gehaltsabrechnung
Der geldwerte Vorteil von 956,48 wird im Rahmen der monatlichen Gehaltsabrechnung dem lohnsteuer- und sozialversicherungspflichtigen Grundgehalt des Mitarbeiters hinzugerechnet.

Lösung zu Aufgabe 5.22 *Freie Unterkunft und Verpflegung*

(1) Sachbezugswerte für »Freie Unterkunft« und »Verpflegung«
 – Sachbezug für unentgeltliche Unterkunft   189,80
 – Sachbezug für unentgeltliche Verpflegung   195,80

(2) Unterschiedliche Behandlung der Sachbezugswerte
Der Sachbezugswert »unentgeltliche Unterkunft« ist nach § 4 Nr. 12a umsatzsteuerfrei. Dagegen ist das an Arbeitnehmer kostenlos verabreichte Essen als Sachbezug eine umsatzsteuerpflichtige Leistung zum vollen Steuersatz.

(3) Buchung geldwerter Vorteil aus »Unentgeltlicher Unterkunft«
Gehälter (geldwerter Vorteil Unterkunft)   189,80
    an Erlöse aus Vermietung, umsatzsteuerfrei   189,80

(4) Buchung geldwerter Vorteil aus »Unentgeltlicher Verpflegung«
Gehälter (geldwerter Vorteil Verpflegung)   195,80
    an Geldwerte Vorteile, umsatzsteuerpflichtig (16 %)   168,79
       Umsatzsteuer   27,01

(5) Geldwerte Vorteile in der Gehaltsabrechnung
Die beiden ermittelten Sachbezüge/geldwerten Vorteile in Höhe von insgesamt 379,25 sind im Rahmen der monatlichen Gehaltsabrechnung dem lohnsteuer- und sozialversicherungspflichtigen Grundgehalt hinzuzurechnen.

Lösung zu Aufgabe 5.23 *Überlassung einer Werkswohnung*

(1) Lohnsteuerrechtliche Definition der »Wohnung«
Unter Wohnung versteht man eine in sich geschlossene Einheit von Räumen, in denen ein selbständiger Haushalt geführt werden kann. Vorhanden sein müssen hierzu neben den Wohnräumen eine zugeordnete Wasserversorgung, Küche, Entsorgungsmöglichkeit und eine eigene Toilette.

(2) Ermittlung des geldwerten Vorteils
 – ortsüblicher Mietwert/Vergleichsmiete   600,–
 – vom Gehalt in Abzug gebrachte Miete   400,–
 – geldwerter Vorteil   200,–

(3) Buchung des geldwerten Vorteils
Gehälter (geldwerter Vorteil Wohnung)   200,–
    an Erlöse aus Vermietung, umsatzsteuerfrei   200,–

(4) Geldwerter Vorteil und Gehaltsabrechnung
Der ermittelte geldwerte Vorteil ist zusammen mit dem Grundgehalt lohnsteuer- und sozialversicherungspflichtig.

(5) Monatsergebnis Konto »Mietertrag«
Durch die Buchungen des geldwerten Vorteils und der hier nicht weiter dargestellten Lohn- und Gehaltsabrechnung ergibt sich am Monatsende auf dem Konto »Mietertrag, umsatzsteuerfrei« ein Haben-Saldo in Höhe von 1 200,–. Dieser Betrag entspricht im Ergebnis dem ortsüblichen Mietwert.

Lösung zu Aufgabe 5.24 *Verbilligter Verkauf von Waren an Mitarbeiter*

(1) Ermittlung des geldwerten Vorteils

Listenverkaufspreis netto	13 045,69
+ 16 % MWSt	2 087,31
= Endpreis	15 133,00
– 4 % Bewertungsabschlag vom Endpreis	605,32
= Geldwert des Sachbezuges	14 527,68
– Entgelt des Arbeitnehmers	12 863,00
= Zwischensumme	1 664,68
– jährlicher Rabatt-Freibetrag 1 224,–	1 224,00
= als Arbeitslohn steuerpflichtiger geldwerter Vorteil	440,68

(2) Buchung des Personalverkaufs
Forderungen an Mitarbeiter   12 863,00
    an Erlöse aus Personalverkauf,
        umsatzsteuerpflichtig (16 %)   11 088,79
    Umsatzsteuer   1 774,21
Buchung des geldwerten Vorteils

Der Personalverkaufspreis übersteigt die Mindestbemessungsgrundlage, sodass keine Umsatzsteuerpflicht eintritt. Bei einem evtl. weiteren Personalverkauf im Laufe des Jahres tritt ebenfalls Lohnsteuerpflicht ein, da der Freibetrag von 1 224,– bereits überschritten ist.

(3) Ermittlung des geldwerten Vorteils

Listenverkaufspreis netto	13 045,69
+ 16 % MWSt	2 087,31
= Endpreis	15 133,00
– 4 % Bewertungsabschlag vom Endpreis	605,32
= Geldwert des Sachbezuges	14 527,68
– Entgelt des Arbeitnehmers	6 380,00
= Zwischensumme	8 147,68
– 1 224,– Rabatt-Freibetrag im Kalenderjahr	1 224,00
= geldwerter Vorteil, lohnsteuerpflichtig	6 923,68

Der lohnsteuerpflichtige geldwerte Vorteil ist als Einmalbezug dem steuerpflichtigen Bruttoarbeitslohn hinzuzurechnen. Eine Berechnung in der Finanzbuchhaltung ist nicht vorzunehmen.

(4) Buchung der Personalverkaufs
Forderungen an Mitarbeiter   6 380,00
    an Erlöse aus Personalverkauf,
        umsatzsteuerpflichtig (16 %)   5 500,00
    Umsatzsteuer   880,00

Ermittlung des umsatzsteuerlichen geldwerten Vorteils
- Mindestbemessungsgrundlage Selbstkostenpreis   6 000,00
- Bemessungsgrundlage Personalverkauf   5 500,00
- noch umsatzsteuerpflichtig   500,00

Buchung des umsatzsteuerlichen geldwerten Vorteils
Geldwerter Vorteil Personalverkauf   580,00
    an Erlöse aus Personalverkauf,
        umsatzsteuerpflichtig (16 %)   500,00
        Umsatzsteuer   80,00

Lösungen zum 6. Hauptteil: Konzernrechnungslegung

Lösung zu Aufgabe 6.01 *Erstkonsolidierung nach der Buchwertmethode*

	Handelsbilanz MU		Handelsbilanz TU1		Handelsbilanz TU2		Summenbilanz	
	1		2		3		4 (= 1 + 2 + 3)	
	A	P	A	P	A	P	A	P
Aktiva								
Anlagevermögen								
nicht abnutzbar	1 000		250		500		1 750	
abnutzbar	2 000		400		800		3 200	
Beteiligungen								
an TU1	1 250						1 250	
an TU2	1 950						1 950	
Sonstige Aktiva	3 800		1 350		1 700		6 850	
Unterschiedsbetrag aus Kapitalkonsolidierung								
Passiva								
Eigenkapital		4 000		800		1 200		6 000
Sonstige Passiva		6 000		1 200		1 800		9 000
	10 000	10 000	2 000	2 000	3 000	3 000	15 000	15 000

	Summen-bilanz		Konsolidierung						Konzernbilanz nach Buchwert-methode	
			Verrechnung Eigenkapital und Beteiligung		Verteilung der Verrechnungs-differenz TU1		Verteilung der Verrechnungs-differenz TU2			
	4 (= 1 + 2 + 3)		5		6		7		8 (= 4 + 5 + 6 + 7)	
	A	P	S	H	S	H	S	H	A	P
Aktiva										
Anlagevermögen										
nicht abnutzbar	1 750				100		250		2 100	
abnutzbar	3 200				150		200		3 550	
Beteiligungen										
an TU1	1 250			1 250						
an TU2	1 950			1 950						
Sonstige Aktiva	6 850								6 850	
Unterschiedsbetrag aus Kapitalkonsolidierung			1 200[1]			250		450	500	
Passiva										
Eigenkapital		6 000	2 000							4 000
Sonstige Passiva		9 000								9 000
	15 000	15 000	3 200	3 200	250	250	450	450	13 000	13 000

1 Anschaffungskosten der Beteiligungen (1 250 + 1 950)   3 200
   ·/· anteiliges Eigenkapital (800 + 1 200)   2 000
   = Verrechnungsdifferenz   1 200

Lösung zu Aufgabe 6.02 — Erstkonsolidierung nach der Neubewertungsmethode

	Handels-bilanz MU		Handels-bilanz TU1		Neu-bewertung TU1		Handels-bilanz TU2		Neu-bewertung TU2		Summen-bilanz	
	1		2		3		4		5		6 (=1+2+3+4+5)	
	A	P	A	P	A	P	A	P	A	P	A	P
Aktiva												
Anlagevermögen												
nicht abnutzbar	1 000		250		100		500		250		2 100	
abnutzbar	2 000		400		150		800		200		3 550	
Beteiligung												
an TU1	1 250										1 250	
an TU2	1 950										1 950	
Sonstige Aktiva	3 800		1 350				1 700				6 850	
Unterschiedsbetrag aus Kapitalkonsolidierung												
Passiva												
Eigenkapital		4 000		800		250		1 200		450		6 700
Sonstige Passiva		6 000		1 200				1 800				9 000
	10 000	10 000	2 000	2 000	250	250	3 000	3 000	450	450	15 700	15 700

	Summenbilanz		Konsolidierung Verrechnung Eigenkapital und Beteiligung		Konzernbilanz nach Neu-bewertungsmethode	
	6 (= 1 + 2 + 3 + 4 + 5)		7		8 (= 6 + 7)	
	A	P	S	H	A	P
Aktiva						
Anlagevermögen						
nicht abnutzbar	2 100				2 100	
abnutzbar	3 550				3 550	
Beteiligung						
an TU1	1 250			1 250		
an TU2	1 950			1 950		
Sonstige Aktiva	6 850				6 850	
Unterschiedsbetrag aus Kapitalkonsolidierung			500[1]		500	
Passiva						
Eigenkapital		6 700	2 700			4 000
Sonstige Passiva		9 000				9 000
	15 700	15 700	3 200	3 200	13 000	13 000

[1] Anschaffungskosten der Beteiligungen (1 250 + 1 950)   3 200
 ·/· anteiliges Eigenkapital (800 + 250 + 1 200 + 450)   2 700
 = Verrechnungsdifferenz   500

Lösung zu Aufgabe 6.03 *Erstkonsolidierung nach der Buchwertmethode bei Vorhandensein von Minderheiten*

Die Spalten 1 bis 4 entsprechen denen nach Aufgabe 6.01.

	Summenbilanz		Konsolidierung							Konzernbilanz nach Buchwertmethode	
			Verrechnung Eigenkapital und Beteiligung		Minderheitsanteile		Verteilung der Verrechnungsdifferenz TU1		Verteilung der Verrechnungsdifferenz TU2		
	4 (=1+2+3)		5		6		7		8		9 (=4+5+6+7+8)
	A	P	S	H	S	H	S	H	S	H	A	P
Aktiva												
Anlagevermögen												
nicht abnutzbar	1 750						100		250		2 100	
abnutzbar	3 200						150		200		3 550	
Beteiligung												
an TU1	1 250			1 250								
an TU2	1 950			1 950								
Sonstige Aktiva	6 850										6 850	
Unterschiedsbetrag aus Kapitalkonsolidierung			1 720¹					250		450	1 020	
Passiva												
Eigenkapital		6 000	1 480		520²							4 000
Minderheitsanteile						520						520
Sonstige Passiva		9 000										9 000
	15 000	15 000	3 200	3 200	520	520	250	250	450	450	13 520	13 520

1 Anschaffungskosten der Beteiligungen (1 250 + 1 950) 3 200
  ·/· anteiliges Eigenkapital (80 % von 800 und 70 % von 1 200) 1 480
  = Verrechnungsdifferenz 1 720
2 Minderheitsanteile (20 % von 800 und 30 % von 1 200) 520

Nach Aufstellen der Summenbilanz **(Spalte 4)** werden in **Spalte 5** die von dem Mutterunternehmen gehaltenen Anteile an verbundenen Unternehmen (§ 271 Abs. 2 HGB) gegen das anteilige (nicht das gesamte) Eigenkapital der Tochterunternehmen aufgerechnet. Da das Mutterunternehmen an TU1 nur zu 80 % und an TU2 nur zu 70 % beteiligt ist, erfolgt die Aufrechnung auch nur gegen 80 % bzw. 70 % des Eigenkapitals.

In **Spalte 6** werden die Minderheitsanteile ausgewiesen. Da bei TU1 20 % und bei TU2 30 % andere Gesellschafter vorhanden sind, werden dementsprechende Prozentanteile des Eigenkapitals der Tochterunternehmen in den Ausgleichsposten für die anderen Gesellschafter umgegliedert, der im Eigenkapital gesondert auszuweisen ist (§ 307 Abs. 1 HGB). Der Unterschiedsbetrag aus Kapitalkonsolidierung (1 720, Spalte 5) ist hier um den Betrag der Minderheitsanteile (520) höher als bei einem Anteilsbesitz von 100 % (1 200, vgl. Aufgabe 6.01 Spalte 5).

In den **Spalten 7 und 8** werden die stillen Reserven aufgedeckt. Über die Höhe der Aufdeckung bei der Buchwertmethode werden in der Literatur unterschiedliche Auffassungen vertreten. Küting/Weber (Handbuch der Konzernrechnungslegung 1998 § 301 Tz 134) wollen nur eine quotale Aufdeckung (entsprechend dem Anteil des Mutterunternehmens) zulassen, während nach Ordelheide (Beck'sches Handbuch Rechnungslegung, C 401 Tz 53) auch die volle Aufdeckung mit dem Gesetz vereinbar ist. Hier wurde die volle Aufdeckung angewandt.

Der sich danach ergebende Unterschiedsbetrag aus der Kapitalkonsolidierung **(Spalte 9)** in Höhe von 1 020 ist Geschäfts- oder Firmenwert (§ 301 Abs. 3 HGB).

Lösung zu Aufgabe 6.04 *Erstkonsolidierung nach der Neubewertungsmethode bei Vorhandensein von Minderheiten*

Die Spalten 1 bis 6 entsprechen denen nach Aufgabe 6.02.

	Summenbilanz		Konsolidierung				Konzernbilanz nach Neubewertungsmethode	
			Verrechnung Eigenkapital und Beteiligung		Minderheitsanteile			
	6 (=1+2+3+4+5)		7		8		9 (= 6 + 7 + 8)	
	A	P	S	H	S	H	A	P
Aktiva								
Anlagevermögen								
nicht abnutzbar	2 100						2 100	
abnutzbar	3 550						3 550	
Beteiligungen								
an TU1	1 250			1 250				
an TU2	1 950			1 950				
Sonstige Aktiva	6 850						6 850	
Unterschiedsbetrag aus Kapitalkonsolidierung			1 205[1]				1 205	
Passiva								
Eigenkapital		6 700	1 995		705[2]			4 000
Minderheitsanteile						705		705
Sonstige Passiva		9 000						9 000
	15 700	15 700	3 200	3 200	705	705	13 705	13 705

1 Anschaffungskosten der Beteiligungen (1 250 + 1 950)   3 200
  ./. anteiliges Eigenkapital (80 % von 1 050 und 70 % von 1 650)   1 995
  = Verrechnungsdifferenz   1 205

2 Minderheitsanteile (20 % von 1 050 und 30 % von 1 650)   705

Die stillen Reserven sind bereits im Zuge der Neubewertung (vgl. Aufgabe 6.02 Spalten 3 und 5) in vollem Umfang aufgedeckt.

Nach Aufstellen der Summenbilanz **(Spalte 6)** werden in **Spalte 7** die von dem Mutterunternehmen gehaltenen Anteile an verbundenen Unternehmen (§ 271 Abs. 2 HGB) wieder gegen das anteilige (nicht das gesamte) Eigenkapital der Tochterunternehmen aufgerechnet.

Bei der Neubewertungsmethode sind in den Ausgleichsposten für Anteile anderer Gesellschafter gem. § 307 Abs. 1 Satz 2 HGB auch die Beträge einzubeziehen, die sich auf Grund der Neubewertung ergeben. Deshalb fallen die Minderheitsanteile hier mit insgesamt 705 **(Spalte 8)** um 185 höher aus als bei der Buchwertmethode (520, Aufgabe 6.03).

Auch der Unterschiedsbetrag aus der Kapitalkonsolidierung **(Spalte 9)** in Höhe von 1 205, der wiederum Geschäfts- oder Firmenwert darstellt, ist um denselben Betrag von 185 höher als bei der Buchwertmethode (1 020, Aufgabe 6.03).

Lösungen zum 7. Hauptteil: Bilanzanalyse

Lösung zu Aufgabe 7.01 *Gestaltbarkeit von Bilanzen*

(1) Prognosen und Schätzungen sind erforderlich, soweit sich Bilanzpositionen und ihre Bewertung nicht aus den in der Buchführung erfassten Geschäftsvorfällen ableiten lassen. Bei den **Aktiven** ist dies in der Regel der Fall, wenn anzunehmen ist, dass der Zeitwert unter die ursprünglichen Anschaffungs- oder Herstellungskosten gesunken ist. Besondere Unsicherheiten bestehen z. B. bei der Bewertung »dubioser« Forderungen.

Bei den **Passiven** basieren insbesondere die Rückstellungen auf Schätzungen und Prognosen. Bei den Rückstellungen für ungewisse Verbindlichkeiten beispielsweise ist nicht nur das konkrete Haftungsrisiko zu prognostizieren (Verpflichtung dem Grunde nach), sondern auch die Höhe, d. h. »der nach vernünftiger kaufmännischer Beurteilung notwendige Betrag« (§ 253 Abs. 1 Satz 2 HGB), durch möglichst fundierte Schätzung zu ermitteln. Schätzungsungenauigkeiten und -toleranzen bei den Rückstellungen sind oft sehr erheblich. Toleranzen für vertretbare Werte bestehen nicht selten in Höhe »normaler« Jahresergebnisse. Vgl. hierzu ausführlich Clemm, DStR 1990, 780; Hoffmann, BB 1994, 1743; ders. in Littmann/Bitz/Pust, Das Einkommensteuerrecht, § 6 Rn 860 ff.

(2) Sachverhaltsgestaltungen im Rahmen der Bilanzpolitik, z. B.
- Anschaffung von Anlagegütern (insbesondere von geringwertigen Wirtschaftsgütern) kurz vor dem Bilanzstichtag,
- Beschleunigung oder Verzögerung bei Auslieferung von Waren und Fertigstellung von Aufträgen,
- Vornahme oder Unterlassung von Teilabrechnungen bei langfristiger Fertigung,
- Leasing statt Kauf (Vermeidung der Bilanzierung, andere Erfolgsperiodisierung durch Leasingraten statt durch Abschreibungen),
- Tätigen von Sale-and-lease-back-Geschäften (z. B. des Grundvermögens).

Lösung zu Aufgabe 7.02 *Analyseplanung*

(1) Wie auch immer die Zielsetzung der Analyse sein mag, sie bedarf sorgfältiger Planung. Wer untersuchen will, hat – und das ist die **erste Stufe der Analyse** – das verfügbare »Material« gründlich zu sichten, um sich hinreichend zu informieren.

Es ist weiterhin notwendig, die äußere Form des Abschlusses intensiv zu betrachten **(formelle Analyse)**, weil diese zu zeigen vermag, mit welchen Zielen und Absichten bilanziert wurde. So kann man beispielsweise aus Art und Umfang der Offenlegung (z. B. tiefe Gliederung, freiwillige Angaben) schließen, ob das Unternehmen die Grenzlinie eng oder weit gezogen hat, über die hinaus Auskünfte nicht gegeben werden sollen.

Die eigentliche **materielle Analyse** sollte mit der Deutung herausragender Posten beginnen. Ein solches noch völlig unsystematisches Verfahren führt zu einer gewissen Einstimmung in das ganze Zahlenwerk und kann für das folgende planmäßige Vorgehen richtungsweisend sein. Man suche also zu erkennen, was hinter ungewöhnlich erscheinenden Daten steckt.

Danach kann die **systematische Analyse** einsetzen, mit der Aufbereitung des Jahresabschlusses und der Analyse von Kennzahlen.

(2) Auffällig ist, dass die Festing GmbH sich in einer Umbruchsituation befindet, gekennzeichnet durch Kapitalerhöhung, Beginn von Auslandstätigkeit, Ausbau und

Erweiterung von zwei der drei Geschäftsbereiche, geplante Verlagerung des Firmensitzes.

Dieser Umstand, den man bei der Auswertung des Analyseergebnisses nicht aus dem Auge verlieren sollte, schlägt sich in vielen Positionen nieder, z. B. bei Firmenwert, Sachanlagen, Finanzanlagen, Wertpapieren, Eigenkapital, Sonderposten mit Rücklageanteil.

Lösung zu Aufgabe 7.03 *Aufwendungen für Erweiterung des Geschäftsbetriebs*

(1) Die Inanspruchnahme der Bilanzierungshilfe, Ingangsetzungs- und Erweiterungskosten zu aktivieren, wird man in der Regel eher als Schwäche werten. Der Zweck dieser Bilanzierungshilfe besteht ja darin, aus der Anlaufphase Kosten in andere Rechnungsperioden zu transferieren, um einen Verlustausweis zu verhindern oder zu vermindern.

(2) Betrachtet man das Jahresergebnis der Festing GmbH (1 840 600,–), so hätte eine Verrechnung der Erweiterungskosten (28 600,–) als Aufwand im Berichtsjahr ohne weiteres vorgenommen werden können. Offensichtlich wollte die Firmenleitung mit der Aktivierung dieser Position die Bedeutung bzw. künftig wachsende Bedeutung des Geschäftsbereichs Schulung (vgl. Anhangangabe S. 107) besonders herausstellen.

Lösung zu Aufgabe 7.04 *Sonderposten mit Rücklageanteil*

(1) Aus den Anhangangaben zum Sonderposten mit Rücklageanteil geht hervor, dass er mit 1 670 200,– auf eine 6b-Rücklage zurückzuführen ist. Der Sonderposten ist also insbesondere in Beziehung mit den Sachanlagen der Festing GmbH zu sehen.

(2) Auffällig ist, dass, obwohl laut Anlagenspiegel der Festing GmbH im gesamten Anlagevermögen Zugänge zu verzeichnen waren, keine Übertragung der 6b-Rücklage, die in ihrer Höhe ja bereits im Vorjahr bestand, vorgenommen wurde. Demnach kann die 6b-Rücklage nur aus der Veräußerung von Gebäuden auf fremdem Grund und Boden entstanden sein; und die Zugänge der Position »Grundstücke und Bauten einschließlich der Bauten auf fremden Grundstücken« müssen aus Kauf von Grund und Boden resultieren, denn dann ist eine Übertragung gemäß § 6b EStG nicht möglich.

Der Lagebericht verdeutlicht diese Analyse. Die Zentrale soll einen Neubau erhalten, mit dessen Bau voraussichtlich Mitte Mai begonnen werden soll. Das Grundstück hierfür wurde offensichtlich im Berichtsjahr erworben.

Lösung zu Aufgabe 7.05 *Sonstige betriebliche Aufwendungen*

(1) Die »Sonstigen betrieblichen Aufwendungen« der Festing GmbH fallen im Berichtsjahr um 321 600,– geringer aus als im Vorjahr, ein Rückgang von ca. 18,2 %.

(2) Die »Sonstigen betrieblichen Aufwendungen« sind ein Sammelposten, der eine Vielzahl von unterschiedlichen Aufwendungen aufnimmt, darunter auch Einstellungen in den Sonderposten mit Rücklageanteil, Mieten, Pachten, Instandhaltung, Bürokosten, Werbe- und Reisekosten, Abschreibungen auf Forderungen etc. (vgl. hierzu ausführlich Band 1). Einer genauen Betrachtung ist dieser Sammelposten bei externer Analyse (im Gegensatz zu interner) i. d. R. entzogen; die Angaben hierzu sind für den Außenstehenden meist zu dürftig. Ob aus dem Gebäudeverkauf (siehe Aufgabe zuvor) einerseits und aus dem Anwachsen der Mitarbeiterzahl

(siehe Lagebericht) andererseits zu schließen ist, dass in einem bestimmten Umfang Mietaufwendungen enthalten sind, darüber lässt sich nur spekulieren. Dass im Berichtsjahr Einstellungen in den Sonderposten mit Rücklageanteil in Höhe von 130,2 T€ enthalten sind, ist aus dem Sonderpostenspiegel ersichtlich, die Einstellungen des Vorjahres leider nicht. Der Betragsunterschied zwischen Vor- und Berichtsjahr und die Zusammensetzung der »Sonstigen betrieblichen Aufwendungen« bleiben somit im Dunkeln.

Lösung zu Aufgabe 7.06 *Wertpapiere*

(1) Es ist zu vermuten, dass die Wertpapiere des Umlaufvermögens zumindest zum Großteil aus den Veräußerungen von Gebäuden auf fremdem Grund und Boden stammen (vgl. Aufgabe 7.04). Sie wurden vorübergehend, d. h. im Umlaufvermögen, angelegt, um für die Investitionen im Anlagevermögen (Grundstück, Erwerb des englischen Tochterunternehmens) genügend flüssig zu sein.

(2) Wie rentabel die Wertpapiere angelegt waren, hängt von den laufenden Erträgen und den Erträgen aus der Veräußerung ab. Während laufende Erträge aus Wertpapieren des Umlaufvermögens, d. h. Gewinnanteil, Dividenden u. ä., in der GuV-Position »Sonstige Zinsen und ähnliche Erträge« zu erfassen sind, sind Erträge/Verluste aus dem Abgang in den »Sonstigen betrieblichen Erträgen«/»Sonstigen betrieblichen Aufwendungen« auszuweisen.

	Berichtsjahr	Vorjahr	Index (Basis Vorjahr = 100)
Sonstige Wertpapiere	430 600,–	2 080 400,–	20,6
Sonstige betriebliche Erträge	282 600,–	166 800,–	169,4
Sonstige Zinsen und ähnliche Erträge	104 200,–	148 400,–	70,2

Schätzung der laufenden Erträge:
Geht man davon aus, dass aus Forderungen und sonstigen Vermögensgegenständen keine Zinserträge resultieren und Zinsen aus Guthaben bei Kreditinstituten nicht sonderlich hoch waren (es sei denn bei Termingeldern), so wird man die Zinsanteile aus Wertpapieren des Umlaufvermögens zwischen 7 % und 8,3 % annehmen können:
- im Vorjahr 148 400,– : 2 080 400,– = ca. 7 %
- im Berichtsjahr 104 200,– : $\dfrac{2\,080\,400,- + 430\,600,-}{2}$ = ca. 8,3 %

Schätzung der Erträge aus Abgängen:
Die Zunahme der sonstigen betrieblichen Erträge gegenüber dem Vorjahr um 69,4 % lassen die Vermutung plausibel erscheinen, dass hier Erträge aus der Veräußerung von Wertpapieren zu Buche schlagen. Bezieht man die Zunahme der sonstigen betrieblichen Erträge (282 600,– ·/· 166 800,– = 115 800,–) auf den Minderbestand an Wertpapieren (2 080 400,– ·/· 430 600,– = 1 649 800,–), so errechnen sich ebenfalls ca. 7,0 % (115 800,– : 1 649 800,–).

Alles in allem halten sich die gesamten Erträge aus Wertpapieren im üblichen Rahmen. Es war nicht in »spekulative« Objekte investiert.

Erträge/Verluste aus dem Abgang von Wertpapieren könnten möglicherweise auch in den Posten »Sonstige Zinsen und ähnliche Erträge« sowie »Abschreibungen auf Wertpapiere des Umlaufvermögens« ausgewiesen sein (vgl. hierzu ausführlich Band 1). Die Daten der GuV-Rechnung der Festing GmbH geben hierfür aber keinen Anlass.

Lösung zu Aufgabe 7.07 *Steuern vom Einkommen und vom Ertrag*

(1) Beim Halbeinkünfteverfahren gibt es nur einen Steuersatz (25 %) für Thesaurierung und Ausschüttungen (§ 23 Abs. 1 KStG).

(2) Bei der Berechung der Ertragsteuerbelastung ist zu berücksichtigen, dass die Gewerbeertragsteuer bei sich selbst und bei der Körperschaftsteuer abzugsfähig ist. Die Anwendung der $^5/_6$-Methode (R 20 Abs. 2 EStR) entspricht bei einem Hebesatz von 400 % (und einer Steuermesszahl von 5 %) der exakten Divisormethode (vgl. hierzu Band 1). Die folgende Modellrechnung zeigt die Steuerbelastung unter diesen Voraussetzungen:

	€
Jahresüberschuss vor Steuern	120 000
·/· Gewerbesteuer ($^5/_6$ von 120 000)	20 000
= Gewinn nach Gewerbesteuer	100 000
·/· Körperschaftsteuer (25 % von 100 000)	25 000
·/· Solidaritätszuschlag (5,5 % von 25 000)	1 375
= Jahresüberschuss nach Steuern	73 625
Gesamtsteuerbelastung	46 375
Gesamtsteuerbelastung in % des Jahresüberschusses vor Steuern	38,6458 %

Die Überprüfung der Ertragsteuerbelastung der Festing GmbH mit diesem Prozentsatz zeigt, dass hier keine Erstattungen oder Nachzahlungen zu verzeichnen waren.

	Berichtsjahr T€	Vorjahr T€
Ergebnis der gewöhnlichen Geschäftstätigkeit	3 041,1	2 019,7
+ Außerordentliche Erträge	79,0	100,0
·/· Sonstige Steuern	120,2	115,6
= Jahresergebnis vor Steuern	2 999,9	2 004,1
Ertragsteuern (38,6458 %)	1 159,3	774,5

Lösung zu Aufgabe 7.08 *Kapitalerhöhung*

(1) Die Kapitalerhöhung wurde wie folgt durchgeführt:

	T€
Kapitalrücklagen Vorjahr	1 600,0
Gewinnrücklagen (1 700,5 ·/· 560,2)	1 140,3
Gewinnvortrag Vorjahr	30,1
thesaurierter Jahresüberschuss Vorjahr	1 229,6
Kapitalerhöhung	4 000,0

(2) Sollen die Internationalisierungsbestrebungen, die im Lagebericht angesprochen werden, bei gleichzeitiger Wahrung der Eigenständigkeit von Erfolg gekrönt sein, ist Kapitalbildung wohl weiterhin erforderlich. Dem dient die Thesaurierung von ca. 1,23 Mio. aus dem Vorjahr.

Lösung zu Aufgabe 7.09 *Latente Steuern*

Durch in Handels- und Steuerbilanz unterschiedliche Bilanzierung und Bewertung können sich sog. Steuerlatenzen ergeben. Das sind zukünftige Steuerbe- oder -entlastungen, die auf Abweichungen zwischen handels- und steuerrechtlichen Ergebnissen beruhen, die sich später wieder ausgleichen (sog. timing differences).

In der Bilanz der Festing GmbH sind zwei Positionen festzustellen, die steuerlich anders zu behandeln und in die Gruppe der timing differences einzuordnen sind:
– zum einen die Aufwendungen für Erweiterung des Geschäftsbetriebs (die steuerlich sofort in voller Höhe als Betriebsausgaben abzuziehen sind, also nicht aktiviert werden dürfen),
– zum anderen der Geschäfts- oder Firmenwert (der steuerlich über 15 Jahre abzuschreiben ist – § 7 Abs. 1 Satz 3 EStG – und nicht wie hier über vier Jahre).

Während der Ansatz von Erweiterungsaufwendungen zu passiven latenten Steuerabgrenzungen führt (§ 274 Abs. 1 HGB), zählt die schnellere Abschreibung des Geschäfts- oder Firmenwerts zu den aktiven Steuerlatenzen. Obwohl diese beiden Posten unterschiedlichen Charakter haben,
– auf der Aktivseite Bilanzierungshilfe (mit Aktivierungswahlrecht),
– auf der Passivseite ein echter Schuldposten (mit Passivierungspflicht),

ist nach dem Wortlaut des § 274 HGB nicht auf die einzelnen Unterschiede zwischen handels- und steuerrechtlicher Ergebnisrechnung abzustellen, sondern auf den gesamten Steueraufwand, der dem Geschäftsjahr (oder früheren) zuzurechnen ist. Dies bedeutet, dass bei der Ermittlung der Steuerabgrenzung aktivische und passivische Komponenten saldiert werden müssen (vgl. hierzu ausführlich die Stellungnahme SABI 3/1988 Rz 4).

Auf die Festing GmbH angewendet ist der Nichtansatz einer Steuerabgrenzungspostens nur dann richtig, wenn der Saldo eine aktivische Steuerlatenz ergibt, denn für den Ansatz einer solchen besteht ein Aktivierungswahlrecht. Einzeln betrachtet ergäben sich folgende Abgrenzungen, die folgendermaßen berechnet werden:

Ergebnisdifferenz x Steuersatz = latente Steuerabgrenzung

		€
passiv: Aufwendungen für Erweiterung des Geschäftsbetriebs 28 600 x 38,6458 %		11 053
aktiv: Geschäfts- oder Firmenwert		
Abschreibung handelsrechtlich:	149 000	
Abschreibung steuerlich: (596 000/15)	39 733	
Differenz	109 267	
109 267 x 38,6458 %		42 227

Da der aktive Posten überwiegt, konnte die Festing GmbH korrekterweise auf den Ausweis dieses Postens verzichten, auch in den Folgejahren. Trotzdem muss sie allerdings in ihrer internen Rechnungslegung die Unterschiede zu jedem Bilanzstichtag zusammenstellen und im Zeitablauf verfolgen (Nachweispflicht, vgl. SABI 3/1988 Rz 4).

Lösung zu Aufgabe 7.10 *Ansatzkorrekturen*

(1) Wäre der Geschäfts- oder Firmenwert als laufender Aufwand verrechnet worden (Ausweis unter GuV-Posten 8 »Sonstige betriebliche Aufwendungen«), hätte sich ein Jahresfehlbetrag ergeben:

Jahresüberschuss	150 000,–
./. sonstige betriebliche Aufwendungen	200 000,–
Jahresfehlbetrag	./. 50 000,–

Der Ausweis eines Jahresfehlbetrags wäre bei der Suche nach weiteren Eigenkapitalgebern nicht sehr vorteilhaft gewesen.

(2) Nach Eliminierung des Geschäfts- oder Firmenwerts in der Bilanz der Firma B lagen Kroetz folgende Bilanzen vor:

Bilanz A				Bilanz B			
Anlagevermögen	500 000	Eigenkapital	300 000	Anlagevermögen	300 000	Eigenkapital	100 000
Umlaufvermögen	600 000	Fremdkapital	800 000	Umlaufvermögen	600 000	Fremdkapital	800 000
	1 100 000		1 100 000		900 000		900 000

Ein Geschäfts- oder Firmenwert kann zum einen Ausdruck dafür sein, dass bei Übernahme eines Unternehmens ein zu hoher Preis bezahlt wurde. Dann wäre die Entscheidung von Kroetz richtig gewesen.

Ein Geschäfts- oder Firmenwert kann zum anderen aber auch echtes Knowhow, Standortvorteile, Kundenbeziehungen oder allgemein gute Zukunftsaussichten verkörpern. Wenn in der Firma B eine solche Investition getätigt wurde und fast gleichzeitig nach neuen Eigenkapitalgebern Ausschau gehalten wurde, so scheint das darauf hinzudeuten, dass das Management sehr entschlossen und zielbewusst vorgeht. Kroetz hätte daher gerade über den Geschäfts- oder Firmenwert weitere Informationen einholen sollen, bevor er sich für die andere Firma entschieden hat.

Die ihm und seinem Berater Schuster vorliegenden Informationen gaben auf jeden Fall keinen Anhaltspunkt, der eine Eliminierung des Geschäfts- oder Firmenwerts aus der Bilanz der Firma B gerechtfertigt hätte.

Lösung zu Aufgabe 7.11 *Bewertungskorrektur bei Anteilsbesitz*

(1) Die Höhe des Anteils am Kapital an Kapitalgesellschaften bestimmt sich nach dem Verhältnis der Anteile am gezeichneten Kapital.

(2) Bestimmung des Eigenkapitals der Procom GmbH abzüglich Ausschüttungen (Erträge aus Beteiligungen) im Berichtsjahr:

Eigenkapital	1 102 700,–
./. Ausschüttung (20 300,– x 5)	101 500,–
Eigenkapital nach Abzug von Ausschüttungen	1 001 200,–

Vom Jahresüberschuss in Höhe von 210 400,– wurden demnach im Berichtsjahr 108 900,– (210 400,– ./. 101 500,–) in Gewinnrücklagen eingestellt.

Eine Berechnung für das Vorjahr ist nicht möglich, da auf Grund der Daten aus GuV-Rechnung und Anhang nur die Ausschüttungen des Vorjahres bekannt sind, nicht aber das Ergebnis des Vorjahres.

(3) Das Unternehmen DDS Computing, London, hat keine Gewinne ausgeschüttet. Sie wären in der GuV-Rechnung unter den Erträgen aus Beteiligungen als Davon-Posten gesondert anzugeben (§ 275 Abs. 2 HGB).

(4) Aus den Bilanzen der Festing GmbH ist ersichtlich, dass die Anteile an verbundenen Unternehmen erst im Berichtsjahr erworben wurden. Dem Buchwert der Anteile an verbundenen Unternehmen von 1 420 800,– steht ein Eigenkapital der DDS Computing, London, im Erwerbszeitpunkt von 568 320,– (756 420,– ·/· 188 100,–) gegenüber. Das bedeutet, dass die Festing GmbH das 2,5-fache des Eigenkapitals für den Erwerb des englischen Tochterunternehmens in London hat aufwenden müssen. Entsprechend hoch muss der Ertragswert der Tochterfirma eingeschätzt worden sein.

(5) Es kommt darauf an, für welche Zwecke die Analyse erstellt wird. Für den internen Vergleich wäre der Ansatz der Zeitwerte angebracht, hier die Anteile an verbundenen Unternehmen zum Buchwert von 1 420 800,– (denn durch den Erwerb hat der Käufer gezeigt, was ihm die Anteile »wert« sind), die Beteiligung an der Procom GmbH zum Eigenkapitalanteil nach Abzug von Ausschüttungen in Höhe von 200 240,– (1 001 200,– : 5).

Bei einem Betriebs- oder Branchenvergleich dagegen kommt es auf den Wertmaßstab der Vergleichswerte an; i. d. R. wird man auf die Buchwerte zurückgreifen.

(6) Wie die Beispiele aus der Aufstellung zum Anteilsbesitz der Festing GmbH zeigen, lassen sich keine generellen Regeln für eventuelle Bewertungskorrekturen ableiten. Es kommt auf die Analyse der Daten des Einzelfalles an.

Lösung zu Aufgabe 7.12 *Bewertungskorrektur bei Herstellungskosten*

(1) In den Herstellungskosten müssen nach § 255 Abs. 2 und 3 HGB lediglich die Materialkosten, die Fertigungseinzelkosten und die Sondereinzelkosten der Fertigung enthalten sein.

Für die Berücksichtigung von Materialgemeinkosten, Fertigungsgemeinkosten und des Wertverzehrs des Anlagevermögens, anteiliger Verwaltungskosten sowie der Kosten für soziale Einrichtungen, für freiwillige soziale Leistungen und für die betriebliche Altersversorgung besteht eine Wahlmöglichkeit.

Wird die handelsrechtlich zulässige Wertuntergrenze gewählt, dann sind stille Reserven vorhanden, die den nicht bilanzierten Kostenanteilen entsprechen. Vgl. hierzu ausführlich Band 1.

(2) Aus der Anhangangabe zu den Bewertungsmethoden nach § 284 Abs. 2 Nr. 1 HGB muss hervorgehen, wie von den Einbeziehungswahlrechten nach § 255 Abs. 2 Satz 3 und 4 und Abs. 3 HGB Gebrauch gemacht wurde bzw. wie die Herstellungskosten ermittelt worden sind. Ob also stille Reserven vorhanden sein müssen oder nicht, lässt sich daraus ableiten; eine Quantifizierung ist aber nicht möglich, da weitere Angaben hierzu gesetzlich nicht vorgeschrieben sind.

Lösung zu Aufgabe 7.13 *Erstellung der Strukturbilanz der Festing GmbH*

(1)

Ansatzkorrekturen	vorzunehmende Veränderungen			
Aufwendungen für Erweiterung des Geschäftsbetriebs	Aufwendungen für Erweiterung	·/·	Eigenkapital	·/·
Disagio	aktive Rechnungsabgrenzung	·/·	Eigenkapital	·/·
nicht passivierte Pensionsrückstellungen	Pensionsrückstellungen	+	Eigenkapital	·/·
erhaltene Anzahlungen auf Bestellungen	erhaltene Anzahlungen	·/·	Vorräte	·/·
Gliederungskorrekturen	**vorzunehmende Veränderungen**			
Ausschüttungen	Eigenkapital	·/·	kurzfristiges Fremdkapital	+
Sonderposten mit Rücklageanteil	Sonderposten mit Rücklageanteil	·/·	Eigenkapital und mittelfristiges Fremdkapital	+
Pensionsrückstellungen (einschließlich der nicht passivierten)	Pensionsrückstellungen	·/·	langfristiges Fremdkapital	+
Steuerrückstellungen	Steuerrückstellungen	·/·	kurzfristiges Fremdkapital	+
sonstige Rückstellungen	sonstige Rückstellungen	·/·	kurzfristiges Fremdkapital	+
passive Rechnungsabgrenzung	passive Rechnungsabgrenzung	·/·	kurzfristiges Fremdkapital	+

Hinzu kommen die Gliederungskorrekturen der Aktivseite, bei denen aber nur noch bestimmte Posten zusammenzufassen sind.

(2) Aus dem Anhang der Festing GmbH gehen nur die nicht passivierten Pensionsrückstellungen des Berichtsjahres hervor, nicht dagegen die des Vorjahres. Wird nur für das Berichtsjahr eine Strukturbilanz erstellt, ergeben sich keine Schwierigkeiten: Behandlung wie in Teilaufgabe (1) dargestellt. Wird aber auch die Strukturbilanz für das Vorjahr gefertigt, um Veränderungen vom Vor- zum Berichtsjahr zu erkennen, so tritt folgendes Problem auf: Eine Erfassung der nicht passivierten Pensionsrückstellungen in der Strukturbilanz des Berichtsjahres bei gleichzeitiger Nichterfassung im Vorjahr (da nicht möglich) würde Bewegungen dokumentieren, die gar nicht stattgefunden haben. Aus diesem Grund dürften die nicht passivierten Pensionsrückstellungen auch im Berichtsjahr nicht erfasst werden. Unter der Strukturbilanz wäre dann nachrichtlich etwa folgender Vermerk anzubringen: Im Berichtsjahr wurden nicht passivierte Pensionsrückstellungen in Höhe von 253 000,– nicht erfasst; für das Vorjahr ist kein Betrag bekannt.

Möglich wäre es, die fehlende Anhangangabe durch Einsicht beim Registergericht (vgl. § 9 HGB) zu ergänzen.

(3) Die Strukturbilanz der Festing GmbH ist auf S. 473 abgebildet.

Strukturbilanz der Festing GmbH

Aktiva	Berichtsjahr T€			Vorjahr T€		
A. Aufwendungen für Erweiterung des Geschäftsbetriebs	28,6 ./. 28,6		—			—
B. Anlagevermögen						
I. Immaterielle Vermögensgegenstände		1 108,4			480,6	
II. Sachanlagen		9 881,6			7 980,6	
III. Finanzanlagen		1 541,1			120,3	
C. Umlaufvermögen						
I. Vorräte	1 833,7		1 387,7			
Erhaltene Anzahlungen auf Bestellungen	./. 80,3	1 753,4	./. 30,2	1 357,5		
II. Finanzumlaufvermögen		2 900,3			2 600,6	
1. Forderungen						
2. Sonstige Vermögensgegenstände, Rechnungsabgrenzungsposten	157,1	138,9	176,0	160,9		
Disagio	./. 18,2		./. 15,1			
3. Geldwerte		1 411,3		2 811,1		
		18 735,0			15 511,6	

Passiva	Berichtsjahr T€			Vorjahr T€		
A. Eigenkapital						
I. Gezeichnetes Kapital		8 000,0			4 000,0	
II. Kapitalrücklage		—			1 600,0	
III. Gewinnrücklagen		560,2			1 700,5	
IV. Sonstiges Eigenkapital						
Gewinnvortrag	—		30,1			
Jahresüberschuss	1 840,6		1 229,6			
Aufw. für Erweiterungen	./. 28,6		—			
Disagio	./. 18,2		./. 15,1			
Nicht passivierte Pensionsrückstellungen	./. 253,0		./. 278,0			
Ausschüttung	./. 840,6		—			
Sonderposten mit Rücklageanteil (50 %)	900,2	1 600,4	835,1	1 801,7		
B. Fremdkapital						
I. Langfristiges Fremdkapital Pensionsrückstellungen (einschließl. der nicht passivierten)		1 111,0			711,0	
II. Mittelfristiges Fremdkapital	1 653,6		1 508,4			
Sonderposten mit Rücklageanteil (50 %)	120,4		—			
	900,2	2 764,6	835,1	2 219,4		
III. Kurzfristiges Fremdkapital	2 502,2		1 901,7			
Erhaltene Anzahlungen auf Bestellungen	./. 80,3		./. 30,2			
Ausschüttungen	840,6		—			
Steuerrückstellungen	520,4		408,6			
Sonstige Rückstellungen	1 000,5		1 070,3			
Passive Rechnungsabgrenzung	5,8	4 789,2	4,5	3 354,9		
		18 735,0			15 511,6	

Lösung zu Aufgabe 7.14 *Kreisdiagramm*

Aktiva der Festing GmbH nach der Strukturbilanz des Berichtsjahres

- Sachanlagen (52,8 %)
- Immaterielle Vermögensgegenstände (5,9 %)
- Finanzumlaufvermögen (23,7 %)
- Vorräte (9,4 %)
- Finanzanlagen (8,2 %)

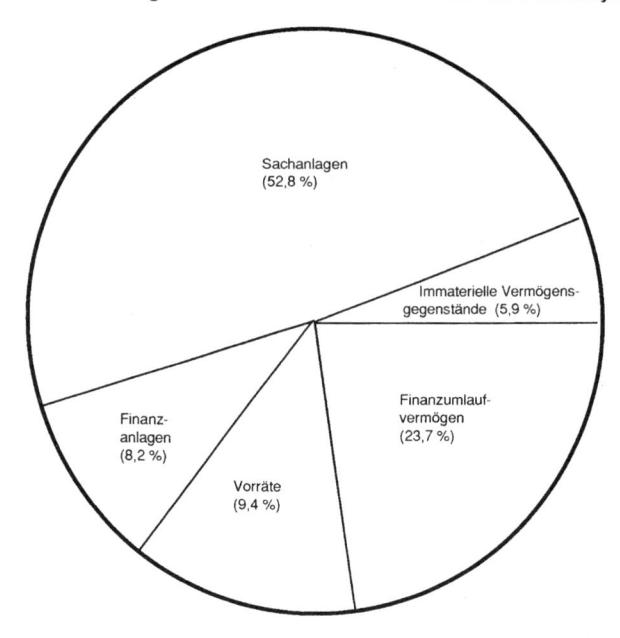

Passiva der Festing GmbH nach der Strukturbilanz des Berichtsjahres

- Gezeichnetes Kapital (42,7 %)
- Gewinnrücklagen (3 %)
- Sonstiges Eigenkapital (8,5 %)
- Langfristiges Fremdkapital (14,7 %)
- Mittelfristiges Fremdkapital (5,5 %)
- Kurzfristiges Fremdkapital (25,6 %)

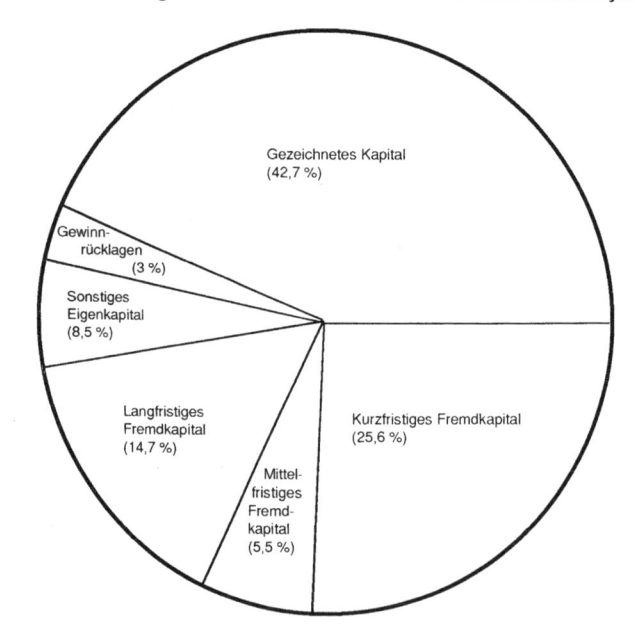

Lösung zu Aufgabe 7.15 Kennzahlen zum Vermögensaufbau

(1/2)

Kennzahlen zum Vermögensaufbau der Festing GmbH (B = Berichtsjahr, V = Vorjahr, Beträge in T€)		
Kennzahl	**Berechnung**	**Aussage**
Anlagevermögens-intensität	$\dfrac{\text{Anlagevermögen}}{\text{Gesamtvermögen}} \times 100$ B: $\dfrac{12\,531{,}1}{18\,735{,}0} \times 100 = 66{,}9\,\%$ V: $\dfrac{8\,581{,}5}{15\,511{,}6} \times 100 = 55{,}3\,\%$	Gestiegene Anlagenintensität durch Investitionen hat erhöhte Fixkostenbelastung zur Folge
Umlaufvermögens-intensität	$\dfrac{\text{Umlaufvermögen}}{\text{Gesamtvermögen}} \times 100$ B: $\dfrac{6\,203{,}9}{18\,735{,}0} \times 100 = 33{,}1\,\%$ V: $\dfrac{6\,930{,}1}{15\,511{,}6} \times 100 = 44{,}7\,\%$	Sinkende Umlaufvermögensintensität durch Umschichtung von Umlauf- in Sach- und Finanzanlagevermögen. Mangelnde Auslastung liegt – wie die Umsatzentwicklung zeigt – nicht vor.
Vorratsintensität	$\dfrac{\text{Vorräte}}{\text{Umlaufvermögen}} \times 100$ B: $\dfrac{1\,753{,}4}{6\,203{,}9} \times 100 = 28{,}3\,\%$ V: $\dfrac{1\,357{,}5}{6\,930{,}1} \times 100 = 19{,}6\,\%$	Erhöhte Vorratsintensität bei insgesamt gesunkenem Umlaufvermögen. Der höheren Kapitalbindung durch Vorräte steht aber erhöhter Umsatz gegenüber.
Anlagenkoeffizient	$\dfrac{\text{Anlagevermögen}}{\text{Umlaufvermögen}} \times 100$ B: $\dfrac{12\,531{,}1}{6\,203{,}9} \times 100 = 202{,}0\,\%$ V: $\dfrac{8\,581{,}5}{6\,930{,}1} \times 100 = 123{,}8\,\%$	Gestiegener Anlagenkoeffizient durch Investitionen, die nur teilweise aus umgeschichtetem Umlaufvermögen finanziert wurden. Folge: Zunehmende Fixkosten.
Umschlagshäufigkeit der Vorräte	$\dfrac{\text{Umsatz}}{\text{durchschnittlicher Vorrätebestand}}$ B: $\dfrac{21\,518{,}0}{(1\,753{,}4 + 1\,357{,}5) : 2} = 13{,}8\,\%$ V: $\dfrac{18\,557{,}5}{(1\,357{,}5 + 1\,268{,}3) : 2} = 14{,}1\,\%$	Verringerte Umschlagshäufigkeit durch gestiegene Lagerhaltung, auch die Fertigungsdauer kann sich erhöht haben. Es ist zu prüfen, ob sich die Lagervorräte abbauen lassen.
Umschlagsdauer der Vorräte	$\dfrac{365}{\text{Umschlagshäufigkeit der Vorräte}}$ B: $\dfrac{365}{13{,}8} = 26{,}4$ Tage V: $\dfrac{365}{14{,}1} = 25{,}9$ Tage	Die Lagerdauer hat sich um rund einen halben Tag erhöht, dadurch erhöht sich der Kreditbedarf. Die Lagerdauer sollte man auch mit dem Branchendurchschnitt vergleichen.

Kennzahl	Berechnung	Aussage
Umschlagshäufigkeit der Forderungen aus Lieferungen und Leistungen	$\dfrac{\text{Umsatz}}{\text{durchschnittlicher Bestand an Forderungen aus Lieferungen und Leistungen}}$ B: $\dfrac{21\,518{,}0}{(2\,900{,}3 + 2\,600{,}6) : 2} = 7{,}8$ V: $\dfrac{18\,557{,}5}{(2\,600{,}6 + 2\,510{,}4) :} = 7{,}3$	Die Umschlagshäufigkeit erhöhte sich leicht. Es wird also schneller bezahlt.
Kundenziel	$\dfrac{365}{\text{Umschlagshäufigkeit der Forderungen aus Lieferungen und Leistungen}}$ B: $\dfrac{365}{7{,}8} = 46{,}8$ Tage V: $\dfrac{365}{7{,}3} = 50{,}0$ Tage	Die Zahlungsmoral der Kunden hat sich gebessert.

Lösung zu Aufgabe 7.16 *Kennzahlen zur Kapitalstruktur*

(1/2)

Kennzahlen zur Kapitalstruktur der Festing GmbH (B = Berichtsjahr, V = Vorjahr, Beträge in T€)		
Kennzahl	**Berechnung**	**Aussage**
Eigenkapitalquote	$\dfrac{\text{Eigenkapital}}{\text{Gesamtkapital}} \times 100$ B: $\dfrac{10\,160{,}6}{18\,735{,}0} \times 100 = 54{,}2\,\%$ V: $\dfrac{9\,102{,}2}{15\,511{,}6} \times 100 = 58{,}7\,\%$	Die Eigenkapitalquote verminderte sich, weil die Erhöhung des Gesamtkapitals um 3 223,4 nur mit 1 058,4 durch Eigenkapital (32,8 %) finanziert wurde. Insgesamt gesehen ist die Eigenkapitalquote sehr gut.
Rücklagenquote	$\dfrac{\text{Rücklagen}}{\text{Eigenkapital}} \times 100$ B: $\dfrac{560{,}2}{10\,160{,}6} \times 100 = 5{,}5\,\%$ V: $\dfrac{3\,300{,}5}{9\,102{,}2} \times 100 = 36{,}3\,\%$	Der Rückgang der Rücklagenquote entstand durch Umwandlung von Rücklagen in gezeichnetes Kapital, nur ein geringer Teil des gezeichneten Kapitals wurde durch Einlagen aufgebracht.

Kennzahl	Berechnung	Aussage
Selbst-finanzierungsgrad	$\dfrac{\text{Gewinnrücklagen}}{\text{Gesamtkapital}} \times 100$ B: $\dfrac{560{,}2}{18\,735{,}0} \times 100 = 3{,}0\,\%$ V: $\dfrac{1\,700{,}5}{15\,511{,}6} \times 100 = 11{,}0\,\%$	Nach Umwandlung der Rücklagen in gezeichnetes Kapital ist der Selbstfinanzierungsgrad stark zurückgegangen.
Bilanzkurs	$\dfrac{\text{Eigenkapital}}{\text{Gezeichnetes Kapital}} \times 100$ B: $\dfrac{10\,160{,}6}{8\,000{,}0} \times 100 = 127{,}0\,\%$ V: $\dfrac{9\,102{,}2}{4\,000{,}0} \times 100 = 227{,}6\,\%$	Nach Rücklagenumwandlung in gezeichnetes Kapital muss Bilanzkurs rückläufig sein.
Rückstellungsquote	$\dfrac{\text{Rückstellungen}}{\text{Gesamtkapital}} \times 100$ B: $\dfrac{3\,174{,}5}{18\,735{,}0} \times 100 = 16{,}9\,\%$ V: $\dfrac{2\,987{,}3}{15\,511{,}6} \times 100 = 19{,}3$	Der Rückstellungsanteil am Gesamtkapital verminderte sich durch die Gesamtkapitalausweitung.
Pensions-rückstellungsquote	$\dfrac{\text{Pensionsrückstellungen}}{\text{Gesamtkapital}} \times 100$ B: $\dfrac{1\,653{,}6}{18\,735{,}0} \times 100 = 8{,}8\,\%$ V: $\dfrac{1\,508{,}4}{15\,511{,}6} \times 100 = 9{,}7\,\%$	Der Anteil der Pensionsrückstellungen am Gesamtkapital sank als Folge stärkerer Gesamtkapitalerhöhung durch Investitionen.
Fremdkapitalquote	$\dfrac{\text{Fremdkapital}}{\text{Gesamtkapital}} \times 100$ B: $\dfrac{8\,574{,}4}{18\,735{,}0} \times 100 = 45{,}8\,\%$ V: $\dfrac{6\,409{,}4}{15\,511{,}6} \times 100 = 41{,}3\,\%$	Zunahme der Fremdkapitalquote durch Investitionsfinanzierung aus Fremdmitteln.
Lang- und mittelfristige Finanzierungsquote	$\dfrac{\text{lang- und mittelfristiges Fremdkapital}}{\text{Gesamtkapital}} \times 100$ B: $\dfrac{3\,758{,}2}{18\,735{,}0} \times 100 = 20{,}2\,\%$ B: $\dfrac{3\,054{,}5}{15\,511{,}6} \times 100 = 19{,}7\,\%$	Der Anteil der lang- und mittelfristigen Fremdkapitalfinanzierung am Gesamtkapital stieg nur geringfügig, obwohl die Anlagenintensität stark wuchs.

Kennzahl	Berechnung	Aussage
Kurzfristige Finanzierungsquote	$\dfrac{\text{kurzfristiges Fremdkapital}}{\text{Gesamtkapital}} \times 100$ B: $\dfrac{4\ 789{,}2}{18\ 735{,}0} \times 100 = 25{,}6\ \%$ V: $\dfrac{3\ 354{,}9}{15\ 511{,}6} \times 100 = 21{,}6\%$	Das kurfristige Fremdkapital ist stärker angestiegen als das lang- und mittelfristige. Es beträgt nun etwa ein Viertel der Bilanzsumme.
Vorfinanzierungs-quote	$\dfrac{\text{erhaltene Kundenanzahlungen}}{\text{Fremdkapital}} \times 100$ B: $\dfrac{80{,}3}{8\ 574{,}4} \times 100 = 0{,}9\ \%$ V: $\dfrac{30{,}2}{6\ 409{,}4} \times 100 = 0{,}5\ \%$	Größere Bereitschaft von Kunden zur Vorfinanzierung
Verschuldungsgrad	$\dfrac{\text{Fremdkapital}}{\text{Eigenkapital}} \times 100$ B: $\dfrac{8\ 574{,}4}{10\ 160{,}6} \times 100 = 84{,}4\ \%$ V: $\dfrac{6\ 409{,}4}{9\ 102{,}2} \times 100 = 70{,}4\ \%$	Zunahme des Verschuldungsgrades durch Minderung der Eigenkapitalquote, das Eigenkapital wuchs nicht im gleichen Verhältnis mit.
Kapitalumschlag	$\dfrac{\text{Umsatz}}{\text{durchschnittliches investiertes Gesamtkapital}}$ B: $\dfrac{21\ 518{,}0}{(18\ 735{,}0 + 15\ 511{,}6) : 2} = 1{,}25$ V: $\dfrac{18\ 557{,}5}{(15\ 511{,}6 + 14\ 800{,}0) : 2} = 1{,}22$	Kapital- und Eigenkapitalumschlag verbesserten sich geringfügig, weil das durchschnittlich eingesetzte Kapital weniger stark anstieg als der Umsatz
Eigenkapital-umschlag	$\dfrac{\text{Umsatz}}{\text{durchschnittliches investiertes Eigenkapital}}$ B: $\dfrac{21\ 518{,}0}{(10\ 160{,}6 + 9\ 102{,}2) : 2} = 2{,}23$ V: $\dfrac{18\ 557{,}5}{(9\ 102{,}2 + 8\ 500{,}0) : 2} = 2{,}11$	
Umschlagshäufigkeit der Verbindlichkeiten aus Lieferungen und Leistungen	$\dfrac{\text{Materialaufwand}}{\text{durchschnittlicher Bestand an Verbindlichkeiten aus Lieferungen und Leistungen}}$ B: $\dfrac{7\ 261{,}3}{(701{,}3 + 398{,}0) : 2} = 13{,}2$ V: $\dfrac{6\ 483{,}0}{(398{,}0 + 385{,}0) : 2} = 16{,}6$	Die gesunkene Umschlagshäufigkeit geht auf langsamere eigene Zahlungsweise und auf Erhöhung des Umfangs der Lieferantenkredite zurück.

Kennzahl	Berechnung	Aussage
Lieferantenziel	$\dfrac{365}{\text{Umschlagshäufigkeit der Verbindlichkeiten aus Lieferungen und Leistungen}}$ B: $\dfrac{365}{13,2} = 27,6$ Tage V: $\dfrac{365}{16,6} = 22,0$ Tage	Die eigene Zahlungsweise hat sich um ca. sechs Tage verschlechtert, liegt aber noch im Rahmen des Normalen.

Lösung zu Aufgabe 7.17 *Kennzahlen zur Finanzlage und Bewegungsbilanz*

(1/2)

Kennzahlen zur Finanzlage der Festing GmbH (B = Berichtsjahr, V = Vorjahr, Beträge in T€)		
Kennzahl	**Berechnung**	**Aussage**
Anlagendeckung I	$\dfrac{\text{Eigenkapital}}{\text{Anlagevermögen}} \times 100$ B: $\dfrac{10\,160,6}{12\,531,1} \times 100 = 81,1\,\%$ V: $\dfrac{9\,102,2}{8\,581,5} \times 100 = 106,1$	Die Anlagendeckung I ist gesunken, weil ein Teil der Investitionen aus Fremdkapital erfolgte.
Anlagendeckung II	$\dfrac{\text{Eigenkapital + langfristiges Fremdkapital}}{\text{Anlagevermögen}} \times 100$ B: $\dfrac{10\,160,6 + 2\,764,6}{12\,531,1} \times 100 = 103,1\,\%$ V: $\dfrac{9\,102,2 + 2\,219,4}{8\,581,5} \times 100 = 131,9\,\%$	Die Anlagendeckung II ist trotz Verschlechterung noch ausreichend.
Liquidität 1. Grades	$\dfrac{\text{Geldwerte}}{\text{kurzfristiges Fremdkapital}} \times 100$ B: $\dfrac{1\,411,3}{4\,789,2} \times 100 = 29,5\,\%$ V: $\dfrac{2\,811,1}{3\,354,9} \times 100 = 83,8\,\%$	Liquiditätszustand ist noch zufriedenstellend; doch drastische Abnahme aller Liquiditätsgrade ist festzustellen. Diese Entwicklung muss aufgehalten werden.
Liquidität 2. Grades	$\dfrac{\text{Finanzumlaufvermögen}}{\text{kurzfristiges Fremdkapital}} \times 100$ B: $\dfrac{4\,450,5}{4\,789,5} \times 100 = 92,9\,\%$ V: $\dfrac{5\,572,6}{3\,354,9} \times 100 = 166,1\,\%$	

Kennzahl	Berechnung	Aussage
Liquidität 3. Grades	$\dfrac{\text{Umlaufvermögen}}{\text{kurzfristiges Fremdkaptial}} \times 100$ B: $\dfrac{6\,203{,}9}{4\,789{,}2} \times 100 = 129{,}5\ \%$ V: $\dfrac{6\,930{,}1}{3\,354{,}9} \times 100 = 206{,}6\ \%$	Liquidität 3. Grades hat dramatisch abgenommen, da Fremdkapital aufgenommen und das Umlaufvermögen verringert wurde. Kennzahl muss beobachtet werden.
Working capital	Umlaufvermögen ·/· kurzfristiges Fremdkapital B: 6 203,9 ·/· 4 789,2 = 1 414,7 V: 6 930,1 ·/· 3 354,9 = 3 575,2	Starke Abnahme des Working Capital (Grund siehe oben).
Cashflow	Jahresüberschuss/Jahresfehlbetrag + Abschreibungen +/·/· Veränderungen langfristiger Rückstellungen (Pensionsrückstellungen) +/·/· Einstellung/Auflösung des Sonderpostens mit Rücklageanteil ――――――――――― Cashflow B: 1 840,6 + 2 300,0 + 170,2 + 130,2 = 4 441,0 V: 1 229,6 + 2 173,0 + 160,8 + 979,2 = 4 542,6	Trotz erheblicher Steigerung des Jahresüberschusses ist der Cashflow gefallen, denn im Vorjahr waren die Einstellungen in den Sonderposten mit Rücklageanteil erheblich höher als im Berichtsjahr.
Cashflow-Umsatzrate	$\dfrac{\text{Cashflow}}{\text{Umsatz}} \times 100$ B: $\dfrac{4\,441{,}0}{21\,518{,}0} \times 100 = 20{,}6\ \%$ V: $\dfrac{4\,542{,}6}{18\,557{,}5} \times 100 = 24{,}5\ \%$	Die Cashflow-Umsatzrate ist rückläufig, denn der Cashflow ist gefallen, der Umsatz gestiegen.
Innenfinanzierungsgrad	$\dfrac{\text{Cashflow}}{\text{Zugänge des Anlagevermögens}} \times 100$ B: $\dfrac{4\,441{,}0}{6\,202{,}5} \times 100 = 71{,}6\ \%$ V: —	Der Innenfinanzierungsgrad beträgt 71,6 %, was bedeutet, dass 28,4 % der Investitionen im Anlagevermögen durch Außenfinanzierungsmittel aufgebracht werden mussten.
Dynamischer Verschuldungsgrad	$\dfrac{\text{Fremdkapital ·/· Geldwerte}}{\text{Cashflow}}$ B: $\dfrac{8\,574{,}4\ \text{·/·}\ 1\,411{,}3}{4\,441{,}0} = 1{,}61$ V: $\dfrac{6\,409{,}4\ \text{·/·}\ 2\,811{,}1}{4\,542{,}6} = 0{,}79$	Der dynamische Verschuldungsgrad hat sich etwa um die Hälfte verschlechtert, was hauptsächlich auf die Zunahme des Fremdkapitals und die Abnahme der Geldwerte zurückzuführen ist.

Bewegungsbilanz der Festing GmbH

Aktiva	Strukturbilanz Berichtsjahr T€	Strukturbilanz Vorjahr T€	Bewegungsbilanz Mittelverwendung + T€	Bewegungsbilanz Mittelherkunft ./. T€	Passiva	Strukturbilanz Berichtsjahr T€	Strukturbilanz Vorjahr T€	Bewegungsbilanz Mittelherkunft + T€	Bewegungsbilanz Mittelverwendung ./. T€
A. Anlagevermögen					A. Eigenkapital				
I. Immaterielle Vermögensgegenstände	1 108,4	480,6	+ 627,8		I. Gezeichnetes Kapital	8 000,0	4 000,0	+ 4 000,0	
II. Sachanlagen	9 881,6	7 980,6	+ 1 901,0		II. Kapitalrücklage	—	1 600,0		./. 1 600,0
III. Finanzanlagen	1 541,1	120,3	+ 1 420,8		III. Gewinnrücklagen	560,2	1 700,5		./. 1 140,3
	12 531,1	8 581,5	+ 3 949,6		IV. Sonstiges Eigenkapital	1 600,4	1 801,7		./. 201,3
						10 160,6	9 102,2	+ 4 000,0	./. 2 941,6
B. Umlaufvermögen					B. Fremdkapital				
I. Vorräte	1 753,4	1 357,5	+ 395,9		I. Langfristiges Fremdkapital	2 764,6	2 219,4	+ 545,2	
II. Finanzumlaufvermögen					II. Mittelfristiges Fremdkapital	1 020,6	835,1	+ 185,5	
1. Forderungen	2 900,3	2 600,6	+ 299,7		III. Kurzfristiges Fremdkapital	4 789,2	3 354,9	+ 1 434,3	
2. Sonstige Vermögensgegenstände, Rechnungsabgrenzungsposten	138,9	160,9		./. 22,0		8 574,4	6 409,4	+ 2 165,0	
3. Geldwerte	1 411,3	2 811,1		./. 1 399,8					
	6 203,9	6 930,1	+ 695,6	./. 1 421,8					
Bilanzsumme	18 735,0	15 511,6	+ 4 645,2	./. 1 421,8	Bilanzsumme	18 735,0	15 511,6	+ 6 165,0	./. 2 941,6
Saldo zum Vorjahr		3 223,4		3 223,4	Saldo zum Vorjahr		3 223,4		3 223,4

(3) Wie die Bewegungsbilanz der Festing GmbH (vgl. S. 481) zeigt, wurden für die Aktiv- und für die Passivseite zwei Spalten eingefügt, die die Mittelverwendung bzw. Mittelherkunft beschreiben. Positive Differenzen auf der Aktivseite und negative Differenzen auf der Passivseite geben die Mittelverwendung an, negative Differenzen der Aktivseite bzw. positive Differenzen der Passivseite geben die Mittelherkunft an.

(4) Als Ergebnis der Bewegungsbilanz der Festing GmbH kann festgehalten werden:
   a) **Finanzielle Gesamtveränderung**
      Insgesamt wurden 3 223 400,– Finanzmittel mehr eingesetzt als im Vorjahr.
   b) **Veränderungen in der Aktivseite**
      – Veränderung im Anlagevermögen: Insgesamt wurde das Anlagevermögen um 3 949 600,– vergrößert. Dabei wurde überwiegend in Sach- und Finanzanlagen investiert.
      – Veränderungen im Umlaufvermögen: Insgesamt ergab sich eine Verminderung des Umlaufvermögens um 726 200,–. Davon betrafen 1 421 800,– Geldwerte und sonstige Vermögensgegenstände sowie Rechnungsabgrenzungsposten, die mit 695 600,– in Vorräte und Forderungen wanderten (Aktivtausch), weitere 726 200,– schichteten sich in Anlagevermögen um (ebenfalls Aktivtausch).
   c) **Veränderungen in der Passivseite**
      – Veränderung im Eigenkapital: Das Eigenkapital wuchs trotz der Erhöhung des gezeichneten Kapitals um 4 000 000,–, letztlich netto nur um 1 058 400,–, weil Rücklagen und sonstiges Eigenkapital in Haftungskapital umgewandelt wurden, also in starkem Maße innerhalb des Eigenkapitals umgeschichtet wurde.
      – Veränderungen im Fremdkapital: Das Fremdkapital erhöhte sich insgesamt um 2 165 000,–, wobei das kurzfristige Fremdkapital um 1 434 300,– zunahm, das sind 66,2 % des Fremdkapitals überhaupt.

      Zusammenfassend lässt sich zur Passiv- bzw. Kapitalherkunftseite sagen, dass der Gesamtkapitalzuwachs von 3 223 400,– mit 32,8 % durch Eigen- und mit 67,2 % durch Fremdkapitalerhöhung finanziert wurde. Dabei wurden 44,5 % der Gesamtkapitalerhöhung durch Aufnahme kurzfristiger Kredite gedeckt.
   d) **Veränderungen der Passivseite der Bilanz im Verhältnis zur Aktivseite**
      Im Vergleich zwischen Aktiv- und Passivseite ist zu bemerken, dass die Erhöhung des Anlagevermögens von 3 949 600,– mit 1 058 400,– aus Eigenkapitalzuführungen und mit 545 200,– aus der Erhöhung langfristigen Fremdkapitals finanziert wurde. 185 500,– wurden aus der Erhöhung mittelfristigen und 1 434 300,– aus der Erhöhung kurzfristigen Fremdkapitals finanziert. 726 200,– stammen aus der Mobilisierung eigenen Umlaufvermögens (Vermögensumschichtung).
      Der hohe Anteil kurzfristigen Fremdkapitals an der Erhöhung des Gesamtkapitals könnte auf den ersten Blick zu ungünstiger Beurteilung führen. Die Anlagendeckung II ist jedoch mit 103,1 % noch ausreichend.

Lösung zu Aufgabe 7.18 *Kennzahlen zur Ertragskraft*

(1/2)

Kennzahl	Berechnung	Aussage
Prozentuale Änderung des Jahresergebnisses	$\dfrac{\text{Änderung Jahresergebnis}}{\text{Jahresergebnis Vorjahr}} \times 100$ B: $\dfrac{1\,840{,}6 - 1\,229{,}6}{1\,229{,}6} \times 100 = 49{,}7\ \%$ V: —	Beträchtliche Jahresüberschuss-steigerung
Prozentuale Änderung des Jahresergebnisses vor Steuern	$\dfrac{\text{Änderung Jahresergebnis vor Steuern}}{\text{Jahresergebnis vor Steuern Vorjahr}} \times 100$ B: $\dfrac{3\,966{,}1 - 2\,402{,}3}{2\,402{,}3} \times 100 = 65{,}1\ \%$ V: —	Die beträchtliche Jahresüber-schusssteigerung wird von der Steigerung des Jahresergebnisses vor Steuern noch übertroffen.
Anteil des Betriebs-ergebnisses	$\dfrac{\text{Betriebsergebnis}}{\text{Gesamtergebnis}} \times 100$ B: $\dfrac{3\,174{,}0}{1\,840{,}6} \times 100 = 172{,}4\ \%$ V: $\dfrac{2\,053{,}7}{1\,229{,}6} \times 100 = 167{,}0\ \%$	Der Anteil des Betriebsergebnisses am Gesamtergebnis verbesserte sich.
Anteil des Finanz-ergebnisses	$\dfrac{\text{Finanzergebnis}}{\text{Gesamtergebnis}} \times 100$ B: $\dfrac{./.\ 132{,}9}{1\,840{,}6} \times 100 = ./.\ 7{,}2\ \%$ V: $\dfrac{./.\ 34{,}0}{1\,229{,}6} \times 100 = ./.\ 2{,}8\ \%$	Das Finanzergebnis ist in beiden Jahren negativ und wurde durch erhöhten Zinsaufwand ungünstiger.
Anteil des außerordentlichen Ergebnisses	$\dfrac{\text{Außerordentliches Ergebnis}}{\text{Gesamtergebnis}} \times 100$ B: $\dfrac{79{,}0}{1\,840{,}6} \times 100 = 4{,}3\ \%$ V: $\dfrac{100{,}0}{1\,229{,}6} \times 100 = 8{,}1\ \%$	Rückläufigkeit des a. o. Ergebnisses.
Prozentuale Änderung der Ausschüttung	$\dfrac{\text{Ausschüttung Berichtsjahr}}{\text{Ausschüttung Vorjahr}} \times 100$ B: — V: —	Infolge der Anwendung des Schütt-aus-hol-zurück-Verfahrens im Vorjahr (damit Ausschüttung = null) nicht berechenbar.

Kennzahl	Berechnung	Aussage
Materialintensität	$\dfrac{\text{Materialaufwand}}{\text{Gesamtleistung}} \times 100$ B: $\dfrac{7\,261{,}3}{21\,734{,}0} \times 100 = 33{,}4\ \%$ V: $\dfrac{6\,483{,}0}{18\,737{,}8} \times 100 = 34{,}6\ \%$	Die Materialintensität ging geringfügig zurück.
Personalintensität	$\dfrac{\text{Personalaufwand}}{\text{Gesamtleistung}} \times 100$ B: $\dfrac{7\,840{,}0}{21\,734{,}0} \times 100 = 36{,}1\ \%$ V: $\dfrac{6\,468{,}0}{18\,737{,}8} \times 100 = 34{,}5\ \%$	Geringfügig erhöhte Personalkostenintensität
Abschreibungsintensität	$\dfrac{\text{Abschreibungsaufwand}}{\text{Gesamtleistung}} \times 100$ B: $\dfrac{2\,300{,}0}{21\,734{,}0} \times 100 = 10{,}6\ \%$ V: $\dfrac{2\,173{,}0}{18\,737{,}8} \times 100 = 11{,}6\ \%$	Leicht rückgängige Abschreibungsintensität
Intensität der sonstigen betrieblichen Aufwendungen	$\dfrac{\text{sonstige betriebliche Aufwendungen}}{\text{Gesamtleistung}} \times 100$ B: $\dfrac{1\,441{,}3}{21\,734{,}0} \times 100 = 6{,}6\ \%$ V: $\dfrac{1\,726{,}9}{18\,737{,}8} \times 100 = 9{,}2\ \%$	Drastisch gesunkene Intensität der sonstigen betrieblichen Aufwendungen infolge erheblich niedrigerer Einstellungen in Sonderposten mit Rücklageanteil. Betragsmäßige Höhe im Verhältnis zu den anderen Intensitätsgraden auffällig zurücktretend.
Eigenkapitalrentabilität	$\dfrac{\text{Jahresergebnis vor Steuern}}{\text{durchschnittliches investiertes Eigenkapital}} \times 100$ B: $\dfrac{3\,120{,}1}{9\,631{,}4} \times 100 = 32{,}4\ \%$ V: $\dfrac{2\,119{,}7}{8\,801{,}1} \times 100 = 24{,}0\ \%$	Die Eigenkapitalrentabilität erhöhte sich beträchtlich.
Gesamtkapitalrentabilität	$\dfrac{\text{Jahresergebnis vor Steuern} + \text{Zinsaufwand}}{\text{durchschnittliches investiertes Gesamtkapital}} \times 100$ B: $\dfrac{3\,120{,}1 + 257{,}4}{17\,123{,}3} \times 100 = 19{,}7\ \%$ V: $\dfrac{2\,119{,}7 + 193{,}2}{15\,155{,}8} \times 100 = 15{,}3\ \%$	Die Gesamtkapitalrentabilität erhöhte sich ebenfalls, allerdings nicht im selben Maße wie die Eigenkapitalrentabilität. Die Fremdkapitalfinanzierung hat die Eigenkapitalrendite verbessert (Leverage-Effekt).

Kennzahl	Berechnung	Aussage
Umsatzrentabilität (Gewinnspanne)	$\dfrac{\text{Betriebsergebnis}}{\text{Umsatz}} \times 100$ B: $\dfrac{3\,174{,}0}{21\,518{,}0} \times 100 = 14{,}8\,\%$ V: $\dfrac{2\,053{,}7}{18\,557{,}5} \times 100 = 11{,}0\,\%$	Die Umsatzrentabilität hat sich fast um 4 % erhöht.

(3) Wenn die Umsatzrentabilität unter den Zinssatz für das langfristige Kapital fällt, dann sind z. B. folgende Maßnahmen einzuleiten:
– Untersuchung, welches Sortiment dies verursacht,
– Abbau der Fixkosten global oder beim verursachenden Sortiment (falls ermittelbar),
– günstigerer Einkauf durch Lieferantenanalyse,
– rationellere Fertigung oder Auftragsabwicklung (Organisation).

Lösung zu Aufgabe 7.19 *Kennzahlen zum Wachstum*

(1/2)

Kennzahlen zum Wachstum der Festing GmbH (B = Berichtsjahr, V = Vorjahr, Beträge in T€)		
Kennzahl	**Berechnung**	**Aussage**
Umsatzwachstum	$\dfrac{\text{Umsatzänderung}}{\text{Umsatz der Vorperiode}} \times 100$ B: $\dfrac{2\,960{,}5}{18\,557{,}5} \times 100 = 16{,}0\,\%$ V: —	Die Betriebsergebnisänderung ist auffällig höher als das Umsatzwachstum. Dies ist auf eine Aufwandsreduktion im Bereich der sonstigen betrieblichen Aufwendungen zurückzuführen (geringere Einstellungen in Sonderposten mit Rücklageanteil).
Betriebsergebniswachstum	$\dfrac{\text{Betriebsergebnisänderung}}{\text{Betriebsergebnis der Vorperiode}} \times 100$ B: $\dfrac{1\,120{,}3}{2\,053{,}7} \times 100 = 54{,}5\,\%$ V: —	
Cashflow-Wachstum	$\dfrac{\text{Cashflow-Änderung}}{\text{Cashflow der Vorperiode}} \times 100$ B: $\dfrac{\cdot/\cdot\ 106{,}1}{4\,542{,}6} \times 100 = \cdot/\cdot\ 2{,}2\,\%$ V: —	Cashflow gering gefallen.

Kennzahl	Berechnung	Aussage
Gesamtkapital-wachstum	$\dfrac{\text{Änderung des Gesamtkapitals}}{\text{Gesamtkapital der Vorperiode}} \times 100$ B: $\dfrac{3\,223{,}4}{15\,511{,}6} \times 100 = 20{,}8\,\%$ V: —	Das Eigenkapitalwachstum ist trotz Kapitalerhöhung geringer ausgefallen als die Entwicklung des Gesamt- bzw. des Fremd-kapitals.
Eigenkapitalwachs-tum	$\dfrac{\text{Änderung des Eigenkapitals}}{\text{Eigenkapital der Vorperiode}} \times 100$ B: $\dfrac{1\,058{,}4}{9\,102{,}2} \times 100 = 11{,}6\,\%$ V: —	
Fremdkapital-wachstum	$\dfrac{\text{Änderung des Fremdkapitals}}{\text{Fremdkapital der Vorperiode}} \times 100$ B: $\dfrac{2\,165{,}0}{6\,409{,}4} \times 100 = 33{,}8\,\%$ V: —	
Anlagevermögens-wachstum	$\dfrac{\text{Änderung des Anlagevermögens}}{\text{Anlagevermögen der Vorperiode}} \times 100$ B: $\dfrac{3\,949{,}6}{8\,581{,}5} \times 100 = 46{,}0\,\%$ V: —	Das Anlagevermögen ist erheblich angestiegen. Das Umlaufvermögen wurde auf Kosten der Neuinvesti-tionen ins Anlagevermögen ver-mindert.
Umlaufvermögens-wachstum	$\dfrac{\text{Änderung des Umlaufvermögens}}{\text{Umlaufvermögen der Vorperiode}} \times 100$ B: $\dfrac{\cdot/\cdot\,726{,}2}{6\,930{,}1} \times 100 = \cdot/\cdot\,10{,}5\,\%$ V: —	
Cashflow-Gesamt-Kapitalrente	$\dfrac{\text{Cashflow}}{\text{durchschnittliches Gesamtkapital}} \times 100$ B: $\dfrac{4\,441{,}0}{17\,123{,}3} \times 100 = 25{,}9\,\%$ V: $\dfrac{4\,542{,}6}{15\,155{,}8} \times 100 = 30{,}0\,\%$	Mit 100,– Gesamtkapital wurde ein Cashflow in Höhe von 25,9 bzw. 30,– erwirtschaftet, was trotz Sinkens der Kennziffer weitere Wachstumschancen eröffnet.
Cashflow-Eigenka-pitalrente	$\dfrac{\text{Cashflow}}{\text{durchschnittliches Eigenkapital}} \times 100$ B: $\dfrac{4\,441{,}0}{9\,631{,}4} \times 100 = 46{,}1\,\%$ V: $\dfrac{4\,542{,}6}{8\,801{,}1} \times 100 = 51{,}6\,\%$	Die Cashflow-Eigenkapitalrendite ist wie die Cashflow-Gesamtkapi-talrendite etwas zurückgegangen, was hauptsächlich auf das Kapital-wachstum zurückzuführen ist.

Kennzahl	Berechnung	Aussage
Eigenkapitalquote	$\dfrac{\text{Eigenkapital}}{\text{Gesamtkapital}} \times 100$ B: $\dfrac{10\,160,6}{18\,735,0} \times 100 = 54,2\ \%$ V: $\dfrac{9\,102,2}{15\,511,6} \times 100 = 58,7\ \%$	Die Eigenkapitalquote ist zwar gesunken, aber immer noch günstig.
Pro-Kopf-Umsatz	$\dfrac{\text{Umsatz}}{\text{Anzahl der Mitarbeiter}}$ B: $\dfrac{21\,518,0}{101} = 213,0$ V: $\dfrac{18\,557,5}{76} = 244,2$	Die Personalproduktivität ist rückläufig, denn Umsatz und Gesamtleistung erhöhen sich weniger stark als die Mitarbeiterzahl.
Pro-Kopf-Leistung	$\dfrac{\text{Gesamtleistung}}{\text{Anzahl der Mitarbeiter}}$ B: $\dfrac{21\,734,0}{101} = 215,2$ V: $\dfrac{18\,737,8}{76} = 246,5$	
Umsatzwachstums-elastizität	$\dfrac{\text{Umsatzwachstum des Unternehmens}}{\text{Umsatzwachstum der Branche}}$ B: $\dfrac{16,0\ \%}{12,0\ \%} = 1,33$ V: —	Die Wachstumselastizitäten belegen den im Lagebericht angesprochenen Wachstumskurs, wobei das Kapitalwachstum deutlich größer ausfiel als das Umsatzwachstum.
Kapitalwachstums-elastizität	$\dfrac{\text{Wachstum des Gesamtkapitals des Unternehmens}}{\text{Wachstum des Gesamtkapitals der Branche}}$ B: $\dfrac{20,8\ \%}{12,0\ \%} = 1,7$ V: —	

Lösung zu Aufgabe 7.20 *Return-on-Investment*

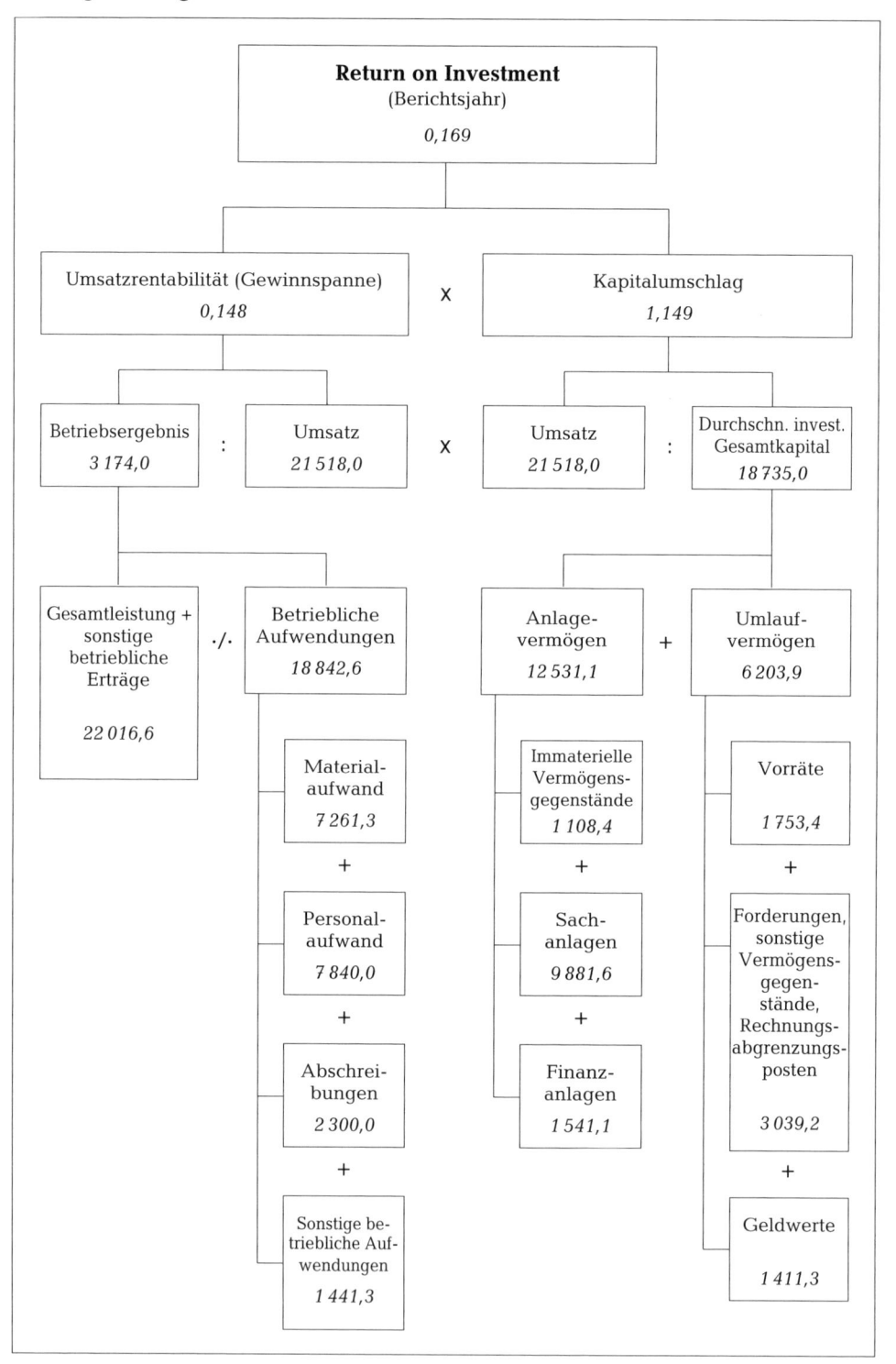

```
                          Return on Investment
                              (Berichtsjahr)
                                  0,169
            ┌─────────────────────────┴─────────────────────────┐
   Umsatzrentabilität (Gewinnspanne)    ×      Kapitalumschlag
                0,148                                1,149
        ┌──────────┴──────────┐              ┌──────────┴──────────┐
   Betriebsergebnis  :   Umsatz        ×    Umsatz   :  Durchschn. invest.
       3 174,0           21 518,0          21 518,0      Gesamtkapital
                                                            18 735,0
```

Gesamtleistung + sonstige betriebliche Erträge	./.	Betriebliche Aufwendungen		Anlagevermögen	+	Umlaufvermögen
22 016,6		18 842,6		12 531,1		6 203,9

Betriebliche Aufwendungen:
- Materialaufwand 7 261,3
- \+ Personalaufwand 7 840,0
- \+ Abschreibungen 2 300,0
- \+ Sonstige betriebliche Aufwendungen 1 441,3

Anlagevermögen:
- Immaterielle Vermögensgegenstände 1 108,4
- \+ Sachanlagen 9 881,6
- \+ Finanzanlagen 1 541,1

Umlaufvermögen:
- Vorräte 1 753,4
- \+ Forderungen, sonstige Vermögensgegenstände, Rechnungsabgrenzungsposten 3 039,2
- \+ Geldwerte 1 411,3

Lösungen zum 8. Hauptteil: Kosten- und Leistungsrechnung

Lösung zu Aufgabe 8.01 *Einfache Divisionskalkulation*

(1) Förderkosten pro cbm = $\dfrac{2\,400\,000{,}-}{1\,200\,000}$ = 2,–/cbm

(2) Kosten pro cbm = $\dfrac{3\,240\,000{,}-}{1\,080\,000}$ = 3,–/cbm

Lösung zu Aufgabe 8.02 *Differenzierende Divisionskalkulation*

(1) Die Kosten je Mengeneinheit und Stufe sind aus Spalte 3 ersichtlich.

Produktionsstufe	Ausbringungs-menge	Stufenkosten	Stufenkosten je Einheit
	M_A	K	k
	1	2	3 = (2 : 1)
1. Einkauf und Lager	31,2 t	299 520,–	9 600,– €/t
2. Verarbeitung	23 600 kg	708 000,–	30,– €/kg
3. Verpackung, Vertrieb etc.	394 000 Päckchen	689 500,–	1,75 €/Stück

(2) Die Gesamtkosten pro Päckchen Tabak ergeben sich aus Spalte 7, Zeile 3.

Produktionsstufe	Übernahmen aus Vorstufen und Zusätzen (Einsatzmenge)		Kumulierte Stufenkosten	
			gesamt	je Einheit
	M_E	K'	K''	k'
	4	5 = (4 x 7)[1]	6 = (2 + 5)	7 = (6 : 1)
1. Einkauf und Lager	—	—	299 520,–	9 600,– €/t
2. Verarbeitung	24,0 t	230 400,–	938 400,–	39,763 €/kg
3. Verpackung, Vertrieb etc.	20 000 kg	795 260,–	1 484 760,–	3,7684 €/St.

[1] Spalte 7 der Vorstufe

(3) Der Wert der Lagerbestände ergibt sich aus Spalte 11.

Produktionsstufe	Lagerzugänge/abgänge		Anfangs-bestände	Endbestände
	Menge	Wert		
	L_m	L_w	B_A	B_E
	8	9 = (8 x 7)	10	11 = (9 + 10)
1. Einkauf und Lager	7,2 t	69 120,–	—	69 120,–
2. Verarbeitung	3 600 kg	143 146,80	—	143 146,80
3. Verpackung, Vertrieb etc.	2 000 St.	7 536,80	—	7 536,80

Lösung zu Aufgabe 8.03 *Äquivalenzziffernrechnung*

(1/2)

	Kostenbereich I				
Sorte	Produktions-menge (Flaschen)	Äquivalenz-ziffern	Rechen-einheiten	Sortenkosten €	Kosten je Mengeneinheit €/Flasche
1	2	3	4	5	6
Spezial	180 000	0,85	153 000	61 200,–	–,34
Export	550 000	1,00	550 000	220 000,–	–,40
Pils	300 000	1,30	390 000	156 000,–	–,52
Summen	1 030 000		1 093 000	437 200,–	

Die Kosten je Recheneinheit im Kostenbereich 1 betragen:

437 200,– : 1 093 000 = –,40 € je Recheneinheit

Die Kosten je Flasche und Sorte sind aus Spalte 6 ersichtlich.

	Kostenbereich II				
Sorte	Verkaufte Flaschen	Äquivalenz-ziffern	Rechen-einheiten	Sortenkosten €	Kosten je Mengeneinheit €/Flasche
1	2	3	4	5	6
Spezial	200 000	1,00	200 000	10 000,–	–,05
Export	500 000	1,00	500 000	25 000,–	–,05
Pils	300 000	1,40	420 000	21 000,–	–,07
Summen	1 000 000		1 120 000	56 000,–	

Die Kosten je Recheneinheit im Kostenbereich 2 betragen:

56 000,– : 1 120 000,– = –,05 € je Recheneinheit

(3) Die Gesamtkosten je Flasche ergeben sich aus der jeweiligen Summe der Spalte 6 je Kostenbereich. Zusätzlich sind Kosten von 200 000,– aus Verwaltung und Vertrieb auf jede verkaufte Flasche umzulegen (200 000,– : 1 000 000 =) –,20 je Flasche. Die Gesamtkosten je Flasche betragen damit für Spezial –,59, für Export –,65 und für Pils –,79.

Lösung zu Aufgabe 8.04 *Kuppelproduktion*

(1) Bestimmung des Restwerts:

Gesamtkosten der Kuppelproduktion	255,2 Mio.
Erlös der Nebenprodukte	25,0 Mio.
Folgekosten Nebenprodukte	3,0 Mio.
Nettoerlöse (Überschüsse) aus dem Verkauf von Nebenprodukten	./. 22,0 Mio.
Indirekte Folgekosten der Hauptprodukte	+ 44,0 Mio.
Von den Hauptprodukten zu tragende Kosten (Restwert)	277,2 Mio.

(2) Aus der Multiplikation der geplanten Ausbringungsmenge mit den Heizwerten je kg resultieren insgesamt folgende Heizwerte:

Benzin: 660 000 t à 11 000 kcal/kg =   7 260 Mrd. kcal = 20,625 %
Heizöl: 1 760 000 t à 10 250 kcal/kg = 18 040 Mrd. kcal = 51,250 %
Schweröl: 1 100 000 t à 9 000 kcal/kg = 9 900 Mrd. kcal = 28,125 %
Summe: 35 200 Mrd. kcal = 100,000 %

(3) Nach den aus Teilaufgabe (2) ermittelten Relationen sind die in Teilaufgabe (1) festgestellten Kosten von 277,2 Mio. auf die Hauptprodukte zu verteilen.

			Verteilungsrechnung als Prozentrechnung				
Produkt	Menge	Heizwert		Anteilige Kosten	Direkte Kosten	Summe Kosten	Kosten pro t
	t	kcal	%	€	€	€	€
1	2	3	4	5	6	7	8
Benzin	660 000	7 260 Mrd.	20,625	57 172 500	13,0 Mio.	70 172 500	106,32
Heizöl	1 760 000	18 040 Mrd.	51,250	142 065 000	25,0 Mio.	167 065 000	94,92
Schweröl	1 1 00 000	9 900 Mrd.	28,125	77 962 500	11,0 Mio.	88 962 500	80,87
Summen	3 520 000	35 200 Mrd.	100,000	277 200 000	49,0 Mio.	326 200 000	—

Lösung zu Aufgabe 8.05 *Einfache Zuschlagskalkulation*

(1) Insgesamt wurden 760 Fertigungsstunden gefahren. Von den dabei angefallenen Gemeinkosten von 11 400,– entfallen also auf eine Fertigungsstunde genau 15,–. Damit ergeben sich folgende Verrechnungssätze je Fertigungsstunde:

Lohngruppe 12: (22,– + 12 %) + 15,– = 39,64 je Stunde
Lohngruppe 11: (20,– + 12 %) + 15,– = 37,40 je Stunde
Lehrling: (5,– + 12 %) + 15,– = 20,60 je Stunde

(2) Die Gesamtsumme der angefallenen Fertigungslöhne beläuft sich auf:

160 Std. zu 22,– =	3 520,–
480 Std. zu 20,– =	9 600,–
120 Std. zu 5,– =	600,–
Summe der angefallenen Fertigungslöhne	13 720,–

Darauf fallen 12 % = 1 646,40 Arbeitgeberbeiträge zur Sozialversicherung an, die in der einfachen Zuschlagskalkulation als Gemeinkosten zu berücksichtigen sind. Die Summe der Gemeinkosten beträgt damit

(11 400,– + 1 646,40) = 13 046,40.

Das ergibt einen Gemeinkostenzuschlagssatz auf Fertigungslöhne von

(13 046,40 x 100) : 13 720,– = rund 95,1 %.

Lösung zu Aufgabe 8.06 *Kostenkategorien*

(1) Der Fertigungslohn gehört eindeutig zu den Produktkosten und zu den Einzelkosten. Der Grad der Beeinflussbarkeit liegt im kurzfristigen Bereich.
(2) Bei den Reparaturkosten der Produktionsanlage handelt es sich um Produktkosten, die den Kostenträgern aber nur als Gemeinkosten zugerechnet werden können. Beeinflussbar wären diese Kosten z. B. durch die Anschaffung einer neuen, technisch besseren Anlage (also durch eine Investitionsentscheidung, deren Realisierbarkeit in Abhängigkeit der Sachlage wohl als mittel- bis langfristig einzustufen wäre).
(3) Die Reparaturkosten der Heizungsanlage sind als Management- und Gemeinkosten einzustufen.
(4) Bei der Werbung für einen bestimmten Pkw handelt es sich um Managementkosten. Sie dient der Marktgeltung des Unternehmens, aber nicht der Produktion selbst. Bezogen auf den betreffenden Wagentyp liegen Einzelkosten vor. Wird über die Schaltung von Anzeigen kurzfristig entschieden, so sind solche Kosten kurzfristig beeinflussbar. Liegt dagegen ein Abschluss für ein ganzes Jahr vor, so ist die Beeinflussung erst mittelfristig möglich.

Lösung zu Aufgabe 8.07 *Kalkulatorische Kosten*

(1) Im Jahr 03 ergab sich ein aktueller Wiederbeschaffungswert von 291 430,–. Bei einem geschätzten Nutzungspotenzial von nunmehr 10 500 Stunden, ergibt sich ein Stundensatz von 27,755 (291 430,– : 10 500 = 27,755). Bei 1 500 Stunden Laufzeit im Jahr 03 betragen die kalkulatorischen Abschreibungen also rund 41 640,– (27,755 x 1 500 = 41 632,50).
(2) In den ersten beiden Jahren wurde wegen der zu niedrigen Schätzung des Nutzungspotenzials zuviel abgeschrieben. Damit ergibt sich analog zu der Darstellung auf S. 253 f. ein Wagnisgewinn von rund 3 210,–. Der Betrag errechnet sich wie folgt:

$$\frac{\text{Aktueller Wiederbeschaffungswert Anfang 02}}{\text{Ursprünglich geschätztes Nutzungspotenzial}} \;.\!/.\; \frac{\text{Aktueller Wiederbeschaffungswert Anfang 02}}{\text{Korrigiertes Nutzungspotenzial}}$$

$$= \frac{305\,900,-\,€}{10\,000\,\text{Std.}} ./. \frac{305\,900,-\,€}{10\,500\,\text{Std.}} = 30{,}590\,€/\text{Std.} ./. 29{,}133\,€/\text{Std}$$
$$= 1{,}457\,€/\text{Std.}$$

Dieser Betrag wurde in den ersten beiden Jahren durchschnittlich pro Stunde Nutzungsdauer zuviel abgeschrieben. Gefahren wurden 2 200 Stunden (600 + 1 600), sodass sich insgesamt ein Wagnisgewinn von 3 205,40 (1,457 €/Std. x 2 200 Std.), auf volle 10,– aufgerundet also von 3 210,– ergibt.

(3) Die kalkulatorischen Zinsen auf Maschinen sind vom halben aktuellen Wiederbeschaffungswert zu berechnen. Bei einem Zinsfuß von 7,5 % gilt also:

$$\frac{291\,430,-}{2} \times 0{,}075 = 10\,928{,}63$$

Für das Jahr 03 sind also rund 10 930,– als kalkulatorische Zinsen zu verrechnen.

Lösung zu Aufgabe 8.08 *Bestimmung kalkulatorischer Abschreibungen und kalkulatorischer Wagnisse*

(1) Im 1. Jahr (Jahr der Anschaffung) entsprechen die Anschaffungskosten dem aktuellen Wiederbeschaffungswert der neuen Maschine. Bei einer Gesamtlaufzeit von 5 000 Betriebsstunden ergibt sich damit für die kalkulatorischen Abschreibungen ein Satz von 16,80 pro Betriebsstunde (84 000,– € : 5 000 Std. = 16,80 €/Std.). Bei einer Betriebsdauer von 800 Stunden belaufen sich die kalkulatorischen Abschreibungen also auf 13 440,–.

Im 4. Nutzungsjahr ergibt sich auf Grund der im Index zum Ausdruck kommenden Preisentwicklung ein aktueller Wiederbeschaffungswert von 82 950,–. Die folgende Rechnung zeigt, wie dieser Betrag zustande kommt:

$$\frac{\text{Anschaffungswert Jahr 01 x Index Jahr 04}}{\text{Index Jahr 01}} = \frac{84\,000,-\,€ \times 118{,}5}{120{,}0} = 82\,950,-\,€$$

Bei jetzt angenommenen 6 000 Betriebsstunden ergibt sich also ein Abschreibungssatz (kalkulatorisch) von 13,825 € pro Stunde. Bei 800 Betriebsstunden betragen die kalkulatorischen Abschreibungen somit 11 060,– € (13,825 x 800).

(2) Der Umstand, dass das Potenzial der Anlage zunächst um 1 000 Stunden zu niedrig eingeschätzt wurde, hat dazu geführt, dass in den ersten Nutzungsjahren zu hohe kalkulatorische Abschreibungen verrechnet worden sind. Die mit der Schätzung des Nutzungspotenzials (Nutzungsdauer) eines Anlagegutes verbundenen Risiken sind über die kalkulatorischen Wagnisse zu erfassen und zu verrechnen. Im Beispiel hat sich dadurch, dass das Potenzial zunächst unterschätzt wurde, ein Wagnisgewinn ergeben, der sich mit vertretbarem Aufwand und hinreichender Genauigkeit wie folgt bestimmen lässt:

$$\frac{\text{Aktueller Wiederbeschaffungswert}}{\text{Ursprünglich geschätztes Potenzial}} ./. \frac{\text{Aktueller Wiederbeschaffungswert}}{\text{Korrigiertes Potenzial}}$$

$$= \frac{82\,950,-\,€}{5\,000\,\text{Std.}} ./. \frac{82\,950,-\,€}{6\,000\,\text{Std.}}$$

$$= 16{,}590\,€/\text{Std.} ./. 13{,}825\,€/\text{Std.} = 2{,}765\,€/\text{Std.}$$

Bezogen auf 2 400 Stunden ergibt sich also ein Wagnisgewinn von 6 636,– € (2,765 €/Std. x 2 400 Std.). Mit 2 400 Stunden ist zu rechnen, weil auf Grund der falschen Schätzung des Nutzungspotenzials in den Nutzungsjahren 01 bis 03 insgesamt 2 400 Std. (3 x 800 Std.) mit einem falschen Kostensatz bewertet wurden.

(3) Analog zu Punkt (2) ergibt sich ein Wagnisverlust, wenn der aus dem Verkauf der ausgemusterten Maschine resultierende Bruttoerlös nicht ausreicht, um die Demontagekosten zu decken (negativer Netto-Liquidationserlös).

Lösung zu Aufgabe 8.09 *Betriebsabrechnungsbogen (einfaches Beispiel)*

	Kostenarten	Zahlen Betr.-Buchf. (Gesamt)	Allg. Kostenstelle	Fertigungsbereich				Material-stelle	Ver-waltung	Vertrieb
				Fertig.-Hilfsstelle	Fertig.-stelle A	Fertig.-stelle B	Fertig.-stelle C			
1	Hilfslöhne und Gehälter	800	50	150	100	100	100	50	150	100
2	Sozialkosten	360	10	30	80	60	120	10	30	20
3	Hilfs- und Betriebsstoffe (ohne Strom)	500	130	60	60	80	30	40	42	58
4	Strom	180	—	—	90	30	60	—	—	—
5	Kalkulat. Zinsen	400	20	10	80	160	60	50	8	12
6	Sonstige Kosten	560	70	70	70	70	70	70	70	70
7	Summe I	2 800	280	320	480	500	440	220	300	260
8	Umlage (Allg. Kostenstelle)	—	↳	40	60	80	40	20	20	20
9	Umlage (Fertigungshilfsstelle)	—	—	↳	120	120	120	—	—	—
10	Summe II[1]	2 800	—	—	660	700	600	240	320	280
11	Fertigungslohn	1 000	—	—	300	200	500	—	—	—
12	Fertigungsstoffe	4 800	—	—	—	—	—	4 800	—	—
13	Herstellkosten	—	—	—	—	—	—	—	8 000	8 000
14	Normal-Herstellkosten	—	—	—	—	—	—	—	7 989	7 989
15	Ist-Zuschlag (%)	—	—	—	220 %	350 %	120 %	5,0 %	4,0 %	3,5 %
16	Normal-Zuschlag (%)	—	—	—	220 %	345 %	115 %	5,5 %	4,2 %	3,5 %
17	Verrech. Gemeinkost.	2 805	—	—	660	690	575	264	336	280
18	Abweichung (€)	+ 5	—	—	—	– 10	– 25	+ 24	+ 16	—

1 Ist-Gemeinkosten

Lösungshinweise zum BAB:

Bei der Verteilung des Sozialaufwands **(Zeile 2)** sind die Fertigungslöhne mit zu berücksichtigen. Die Gesamtsumme aus Fertigungslöhnen, Hilfslöhnen und Gehältern macht 1 800,– (1 000,– + 800,–) aus. Der Sozialaufwand beträgt 360,–, also 20 % von 1 800,–. Folglich sind jeder Kostenstelle 20 % der Lohn- und Gehaltssumme als Sozialaufwand zuzurechnen.

Zur Ermittlung der verrechneten Gemeinkosten **(Zeile 17)** sind die Normalzuschläge auf die jeweiligen Bezugsbasen anzuwenden.

In **Zeile 18** wird eine negative Abweichung ausgewiesen, wenn die Ist-Gemeinkosten (Zeile 10) höher sind als die verrechneten Gemeinkosten (Zeile 17). Im umgekehrten Fall ist die Abweichung positiv.

Die im BAB ausgewiesenen Herstellkosten **(Zeilen 13 und 14)** ergeben sich wie folgt:

	Ist	Normal (Soll)
Fertigungsmaterial	4 800,–	4 800,–
Materialgemeinkosten	240,–	264,–
Fertigungslohn Fertigungsstelle A	300,–	300,–
Fertigungsgemeinkosten A	660,–	660,–
Fertigungslohn Fertigungsstelle B	200,–	200,–
Fertigungsgemeinkosten B	700,–	690,–
Fertigungslohn Fertigungsstelle C	500,–	500,–
Fertigungsgemeinkosten C	600,–	575,–
Summe Herstellkosten	8 000,–	7 989,–

Lösung zu Aufgabe 8.10 *Betriebsabrechnungsbogen mit Kostenstellenausgleich*

	Vereinfachter Betriebsabrechnungsbogen für Monat Mai 20..							
Kostenarten \ Kostenstellen	Gesamt	Allg. Kostenstelle	Fertig.-Hilfsstelle A	Fertig.-Hilfsstelle B	Fertig.-Hauptstelle I	Fertig.-Hauptstelle II	Materialbereich	Verwalt./Vertriebsbereich
1 Hilfslöhne und Gehälter	63 000	4 000	2 000	6 000	12 000	8 000	3 000	28 000
2 Soziale Kosten	54 000	2 000	1 000	3 000	18 500	14 000	1 500	14 000
3 Hilfs- und Betriebsstoffe	27 000	300	4 500	6 000	7 500	4 200	2 700	1 800
4 Energie	12 000	—	2 000	2 000	4 000	4 000	—	—
5 Sonstige Kosten	9 800	1 400	1 400	1 400	1 400	1 400	1 400	1 400
6 Summe I	165 800	7 700	10 900	18 400	43 400	31 600	8 600	45 200
7 Umlage: Allg. Kostenstelle	—		1 200	800	2 400	2 200	500	600
8 Summe II	165 800	—	12 100	19 200	45 800	33 800	9 100	45 800
9 Kostenstellenausgleich[1]	—	—	(19 000)	(23 000)	—	—	—	—
10 Umlage: Ftg Hilfsstelle A	—	—		(3 800)	6 650	8 550	—	—
11 Umlage: Ftg.-Hilfsstelle B	—	—	(6 900)		8 050	8 050	—	—
12 Summe III	165 800	—	—	—	60 500	50 400	9 100	45 800
Fortsetzung S. 496								

Kostenarten \ Kostenstellen	Gesamt	Allg. Kosten-stelle	Fertig.-Hilfsstelle A	Fertig.-Hilfsstelle B	Fertig.-Haupt-stelle I	Fertig.-Haupt-stelle II	Material-bereich	Verwalt./Vertriebs-bereich
13 Fertigungslöhne	45 000	—	—	—	25 000	20 000	—	—
14 Fertigungsmaterial	35 000	—	—	—	—	—	35 000	—
15 Herstellkosten[1]	200 000	—	—	—	—	—	—	200 000
16 Zuschlagssätze	—	—	—	—	242 %	252 %	26 %	22,9 %

Vereinfachter Betriebsabrechnungsbogen für Monat Mai 20.. (Fortsetzung)

1 Rechengang siehe unten.

Lösungshinweise zum BAB:

Zum Kostenstellenausgleich

Der Kostenstellenausgleich kann nach dem Gleichungsverfahren durchgeführt werden (vgl. S. 276 ff.). Zur Bestimmung der gesuchten Gleichungssysteme werden folgende Unbekannte definiert:

x = Kostensatz je Leistungseinheit (Std.) der Fertigungshilfsstelle A
y = Kostensatz je Leistungseinheit (km) der Fertigungshilfsstelle B

Damit gilt:

(I) $600 x = 12\,100 + 27\,000 y$
(II) $90\,000 y = 19\,200 + 120 x$

Gleichung (II) wird umgestellt und anschließend mit 5 multipliziert und zu Gleichung (I) addiert, sodass die Unbekannte x entfällt.

(II) $-120 x = 19\,200 - 90\,000 y$
(II) $-600 x = 96\,000 - 450\,000 y$
(I) $600 x = 12\,100 + 27\,000 y$
(III) $0 = 108\,100 - 423\,000 y$

   $y = 0{,}2555$

Nun lässt sich auch x ermitteln, durch Einsetzen in Gleichung (I) oder (II).

   $x = 31{,}6666$

Für die Gesamtleistung der Fertigungshilfsstelle A ergeben sich also folgende Kosten:
600 Std. zu 31,6666 €/Std. = 19 000,–.

Davon entfallen auf:
– Fertigungshilfsstelle B: 120 Std. zu 31,6666 €/Std. = 3 800,–
– Fertigungshauptstelle I: 210 Std. zu 31,6666 €/Std. = 6 650,–
– Fertigungshauptstelle II: 270 Std. zu 31,6666 €/Std. = 8 550,–

Für die Gesamtleistung der Fertigungshilfsstelle II gilt:
90 000 km zu 0,2555 €/km = 23 000,– €

Davon entfallen:
- Fertigungshilfsstelle A: 27 000 km zu 0,2555 €/km = 6 900,–
- Fertigungshauptstelle I: 31 500 km zu 0,2555 €/km = 8 050,–
- Fertigungshauptstelle II: 31 500 km zu 0,2555 €/km = 8 050,–

Ermittlung der Herstellkosten

Fertigungslöhne		45 000,–
Fertigungsgemeinkosten:		
Fertigungshauptstelle I	60 500,–	
Fertigungshauptstelle II	50 400,–	110 900,–
Fertigungsmaterial		35 000,–
Materialgemeinkosten		9 100,–
Herstellkosten		200 000,–

Lösung zu Aufgabe 8.11 *Kalkulation mit Produktkosten und Soll-Deckungsbeiträgen*

1. Angebotspreis	21 350,00
2. Rabatt: 5 % von Zeile 1	./. 1 067,50
3. Zielverkaufspreis	20 282,50
4. Produktkosten	./.10 235,00
5. Deckungsbeitrag I	10 047,50
6. Skonto: 2 % von Zeile 3	./. 405,65
7. Provision: 10 % von Zeile 5	./. 1 004,75
8. Deckungsbeitrag II	8 637,10
9. Soll-Deckungsbeiträge auf Managementkosten	./. 8 390,00
10. Beitrag zum Leistungsergebnis	247,10

Lösung zu Aufgabe 8.12 *Einfache Stundensatzrechnung*

Teil I:

a) Bestimmung des aktuellen Wiederbeschaffungswertes und der jährlichen Gesamtlaufzeit

Anschaffungswert Jahr 06 (Index 105,2 %)	1 200 000,00
Aktueller Wiederbeschaffungswert Jahr 09	
[(1 200 000 : 105,2) x 109,4]	1 247 908,75
Abgerundet	1 247 900,00

Da die Lastlaufzeit durchschnittlich 85 % der Gesamtlaufzeit entspricht, ergibt sich bei einer jährlichen Lastlaufzeit von 2 800 Stunden eine Gesamtlaufzeit von rund 3 295 Stunden.

b) Kalkulatorische Abschreibung
55,71 je Stunde Lastlaufzeit
(1 247 900 : 22 400)
Bei 2 800 Stunden (55,71 x 2 800)   155 988,00 (P)

c) Kalkulatorische Zinsen
5 % von 50 % aus 1 247 900,–   31 197,50 (M)

d) Wartungskosten 15,– je Stunde Lastlaufzeit
 (15,– x 2 800) 42 000,– (P)

e) Betriebsstoffe 85,– je Stunde Lastlaufzeit
 (85,– x 2 800) 238 000,– (P)

f) Raumkosten Raumbedarf 18 m², Preis je m² und
 Monat 32,– (32 x 12 x 18) 6 912,– (M)

g) Fertigungslöhne 26,– je Stunde Laufzeit.
 Die Gesamtlaufzeit wurde oben mit 3 295 Stunden ermittelt.
 Es gilt also: (26 x 3 295) 85 670,– (P)

h) Sozialaufwand
 Produktkosten 36 % 30 841,20 (P)
 Managementkosten 27 % 23 130,90 (M)

i) Werkzeugkosten 86,– je Stunde Lastlaufzeit 100 800,– (P)
 (36,– x 2 800)

k) Restgemeinkosten je Stunde Laufzeit
 (18,50 x 3 295) 60 957,50 (M)

Gesamtkosten 775 497,10
Summe Produktkosten 653 299,20
Summe Managementkosten 122 197,90

Die Bestimmung der Kostensätze muss auf Basis der für Jahr 09 geplanten Gesamtlaufzeit von 3 295 Stunden erfolgen, da nur auf dieser Basis kalkuliert werden kann. Es ergeben sich somit folgende Stundensätze

Gesamtkostensatz 235,36 €/Laufstunde
Produktkostensatz 198,27 €/Laufstunde
Managementkostensatz 37,09 €/Laufstunde
(Soll-Beitrag zur Deckung der Managementkosten)

Teil II:
45 Teile zum Preis von 4,75 je Einheit bringen pro
Laufstunde einen Erlös von (45 x 4,75) 213,75
Die einschlägigen Produktkosten betragen (s. o.) 198,27
Basis-Deckungsbeitrag je Laufstunde
Erlösschmälerungen 15,48
8,5 % Provision aus 15,48 1,31
Deckungsbeitrag (II) nach Erlösschmälerungen 14,16

Zur Herstellung der 18 000 Teile wird die Anlage 400 Stunden beansprucht. Es ergibt sich also ein Gesamtdeckungbeitrag II von 5 664,– (400 x 14,16). Im Fall schlechter Beschäftigung wäre der Auftrag somit anzunehmen, weil er einen positiven Deckungsbeitrag liefert. Da die Firma aber mit einer guten Beschäftigung rechnet und der mit dem Auftrag erzielbare Deckungsbeitrag nicht ihren Vorstellungen entspricht, müsste der Auftrag grundsätzlich abgelehnt werden. Dagegen spricht die Bedeutung des Kunden, den man mit der Ablehnung vielleicht verärgern würde. Es empfiehlt sich also mit dem Kunden Verhandlungen zu führen, mit dem Ziel einen besseren Preis zu bekommen. Gelingt das nicht, so wird unter Berücksichtigung der besonderen Verhältnisse die Annahme des Auftrags zu empfehlen sein. Das Beispiel zeigt, dass über die Annahme oder Ablehnung bestimmter Aufträge nicht allein die Daten der Kostenrechnung ausschlaggebend sein dürfen.

Lösung zu Aufgabe 8.13 *Bestimmung eines Maschinenstundensatzes*

(1)

a) Definition Maschinenstundensatz

Grundsätzlich gilt:

$$\text{Maschinenstundensatz} = \frac{\text{Maschinenabhängige Kosten}}{\text{Maschinenlaufzeit (Soll/Ist)}}$$

Dabei müssen sich Kosten und Laufzeit natürlich auf ein- und dieselbe Periode beziehen.

Wie im Nenner des Bruches gezeigt wird, können Maschinenstundensätze grundsätzlich sowohl als Soll- bzw. Plangrößen als auch als Istgrößen ermittelt werden. Die Aufgabe ist eindeutig auf die Bestimmung eines Plansatzes (Plan-Verrechnungssatz) ausgerichtet.

b) Risiken bei Schätzung der Maschinenlaufzeit

Eine hohe Planstundenzahl führt zu einem relativ geringen Stundensatz. Wird die eingeplante Laufzeit nicht erreicht, besteht die Gefahr, dass nicht alle relevanten Kosten gedeckt werden können. Wird die Stundenzahl bewusst niedrig angesetzt, so ergibt sich ein relativ hoher Stundensatz, das kann die Konkurrenzfähigkeit so stark beeinflussen, dass auch jetzt die geplanten Laufzeiten und die Kostendeckung nicht erreicht werden. Es gilt hier also, den richtigen Mittelweg zu finden.

c) Kriterien zur Bestimmung der in die Stundensatzrechnung einzubeziehenden Kostenarten

Im Sinne des Verursachungsprinzips sollen in den Stundensatz nur solche Kosten einbezogen werden, die der Maschine zumindest dem Grunde nach eindeutig zugeordnet werden können, ohne die sich die Maschine also nicht betreiben lässt. In diesem Sinne wurden die in das Beispiel einbezogenen Kostenarten ausgewählt.

Diejenigen Kosten einer Kostenstelle, die sich nicht in die Maschinenstundensätze einbeziehen lassen, sollten über so genannte Restkostensätze erfasst werden. Diese ergeben sich grundsätzlich aus der Division dieser Restkosten durch die Summe der Planlaufzeiten aller in der Kostenstelle installierten Maschinen.

d) Bedingungen einer Parallelkalkulation

Wie auf S. 195 festgestellt wurde, wird von einer Parallelkalkulation dann gesprochen, wenn die Rechnung so aufgebaut ist, dass sie sowohl zur Bestimmung der so genannten Produktkosten als auch zur Bestimmung von Angebotspreisen auf der Basis von Vollkosten, d. h. unter Einbeziehung entsprechender Fixkostenanteile, geeignet ist. Das Problem besteht nun zunächst darin, dass es, wie auf S. 229 ff. nachgewiesen, bis heute weder in der Theorie noch in der Praxis eindeutige Kriterien gibt, die eine widerspruchsfreie und damit akzeptable Trennung zwischen beschäftigungsabhängigen (beschäftigungsvariablen) und beschäftigungsunabhängigen (beschäftigungsfixen) Kosten ermöglichen würden. So lassen sich z. B. die Fertigungslöhne auf Basis der herrschenden Produktions- und Kostentheorie problemlos sowohl den variablen als auch den fixen Kosten zuordnen.

Um dem offenbar unlösbaren Problem der Trennung von angeblich beschäftigungsvariablen und beschäftigungsfixen Kosten aus dem Wege zu gehen, soll hier, wie bereits auf S. 232 und 234 f., zwischen Produktkosten und Managementkosten unterschieden werden. Diese Vorgehensweise orientiert sich an der Beziehung zwischen Kosten und Produkt und kommt deshalb zu folgender, in der Kostentheorie (vgl. z. B. Heinen: Betriebswirtschaftliche Kostentheorie, Wiesbaden 1985, S. 516 ff.) durchaus üblichen Unterscheidung zwischen

– Kosten, deren Entstehung in einem unmittelbaren (direkten) und kausalen Zusammenhang mit der betrieblichen Leistungserstellung steht, und
– Kosten, deren Entstehung nur in einer mittelbaren (indirekten) Beziehung zur betrieblichen Leistungserstellung steht, die aber in Kauf genommen werden müssen, um überhaupt produzieren zu können.

Im Interesse des Lesers wird auf diese beiden Kostengruppen im Sinne eines kleinen Repetitoriums nochmals etwas näher eingegangen. Das empfiehlt sich auch schon deshalb, weil hier ja eine von der herrschenden Lehre abweichende Meinung vertreten wird.

Die Kosten der oben zuerst genannten Gruppe sind es, die in der herrschenden Lehre sehr unpräzise als beschäftigungsvariable Kosten bezeichnet werden. Treffender sind sie zu definieren als diejenigen Kosten, die unmittelbar notwendig sind, um ein (am Markt zu verkaufendes) Produkt herzustellen. Sie sollen deshalb als **Produktkosten** bezeichnet werden. Produktkosten haben, wie oben schon betont wurde, ein Mengen- und ein Zeitgerüst, das in Rezepturen, Stücklisten, Arbeitsplänen, Prozesszeiten u. ä. zum Ausdruck kommt. Die dort erfassten Werte entsprechen den planmäßigen Verbräuchen an Gütermengen und Zeit, die notwendig sind, um dem gewünschten Produkt zur physischen Existenz zu verhelfen. In der Theorie werden sie in Verbrauchs- und Produktionsfunktionen erfasst. Durch die Bewertung dieser Verbräuche ergeben sich Kosten, die (unter sonst gleichen Umständen) kausal von der jeweiligen Ausbringungsmenge abhängig sind (mengenabhängige Kosten). Typische Beispiele hierfür sind Fertigungslöhne, Energieverbräuche und Hilfsstoffe. Produktkosten können sowohl Einzelkosten als auch Gemeinkosten sein. Das Tempo der Beeinflussbarkeit von Produktkosten hängt davon ab, wie schnell die einschlägigen Produktmengen herabgesetzt werden können, bzw. davon, wie schnell die Produktionstechnik verändert werden kann.

Die Kosten, die nur in einem **indirekten** Zusammenhang mit der Leistungserstellung stehen, werden traditionell, wie oben dargelegt wurde, völlig unzutreffend als beschäftigungsfix bezeichnet. Als typische Beispiele dafür gelten Gehälter in der Verwaltung, Sachversicherungen zum Schutz gegen Vermögensschäden, kalkulatorische Zinsen und kalkulatorische Wagnisse. Durch die Bezeichnung Fixkosten wird fälschlicherweise der Eindruck erweckt, als seien diese Kosten (zumindest auf längere Zeit) unveränderlich, eben fix. Das stimmt aber nicht, sie sind (von Preisänderungen ganz abgesehen) davon abhängig, welche Maßnahmen vom Management für notwendig gehalten werden, um ein bestimmtes Beschäftigungsvolumen (Summe aller in einer definierten Periode erbrachten und zum Verkauf bestimmten Leistungen) zu erhalten, zu erreichen und abzuwickeln. Diese Kosten sind also keinesfalls beschäftigungsunabhängig. Das gilt auch und gerade für die Kosten für Werbung, Forschung und Entwicklung, Büromaterial u. ä. In diesen Fällen kann es sogar notwendig sein, Mehrkosten in Kauf zu nehmen, um einen Beschäftigungsrückgang zu vermeiden oder zu stoppen. Letztlich handelt es sich bei den fälschlicherweise als Fixkosten bezeichneten Wertverzehren um Kosten, die nicht (wie die Produktkosten) unmittelbar zur Herstellung eines bestimmten Produkts notwendig sind, die aber vom Management (neben den Produktkosten) zur Erreichung der Ziele des Unternehmens für notwendig gehalten werden. Diese Kosten sollen deshalb als Managementkosten bezeichnet werden.

Die Managementkosten lassen sich definitionsgemäß in keinen direkten Zusammenhang zur betrieblichen Leistungserstellung bringen, sie müssen aber auf lange Sicht gedeckt werden. Um dem Rechnung zu tragen, sollten für diese Kosten in der Kalkulation (also auch bei der Rechnung mit Maschinenstundensätzen) Soll-Deckungsbeiträge verrechnet werden. Diese Soll-Deckungsbeiträge zeigen, wie schon festgestellt wurde, welche Beträge in den Verkaufspreis eines bestimmten Produkts zur Deckung von Managementkosten eingehen sollten. Es wird aber nicht behauptet, dass das Produkt diese Kosten auch tatsächlich verursacht habe.

e) Bewertungsbasis

Die Kosten- und Leistungsrechnung eines Unternehmens kann, wie auf S. 198 ff. begründet, nur dann brauchbare Ergebnisse liefern, wenn grundsätzlich alle Wertgrößen (Kosten und Erlöse) auf dem Preisniveau der jeweiligen Abrechnungsperiode beruhen (Wertkongruenz). Ist das nicht der Fall, so ergeben sich bei inflationärer Geldentwertung Scheingewinne, bei Deflation Scheinverluste. Bewertungsbasis für die Kosten- und Leistungsrechnung muss deshalb prinzipiell der aktuelle Wiederbeschaffungswert sein.

(2) Bestimmung der voraussichtlich verfügbaren Fertigungszeit

52 Wochen à 37,5 Std.		1 950,0 Std.
10 Feiertage à 7,5 Std.	75,0 Std.	
15 Urlaubstage à 7,5 Std.	112,5 Std.	
Ausfallzeiten für Reinigung und Wartung 1,5 Std. je Woche	78,0 Std.	
Reparaturzeiten 2,0 Std. je Woche	104,0 Std.	
Sonstige Ausfallzeiten, z. B. wegen techn. Störungen u. ä.	60,0 Std.	
Summe Ausfallzeiten	429,5 Std.	429,5 Std.
Verfügbare Fertigungszeit (vorläufig)		1 520,5 Std.
Soll-Fertigungszeit		1 500,0 Std.

Im Beispiel wird nicht zwischen Bearbeitungszeiten (Stückzeiten) und Rüstzeiten unterschieden. Vertretbar ist das dann, wenn die Kosten je Rüststunde und je Laufstunde grundsätzlich gesondert abgerechnet werden, um zu vermeiden, dass Aufträge mit relativ hohen Rüstzeiten zu stark belastet werden (und umgekehrt). Die Kosten je Laufstunde und je Rüststunde können sich insbesondere durch die Arbeitskosten unterscheiden. Das gilt z. B., wenn die Einsteller hoch bezahlte Spezialisten sind, für die Bedienung einer Maschine aber angelernte Kräfte eingesetzt werden können. Außerdem ist zu fragen, ob Rüststunden und Laufstunden bei der Verrechung kalkulatorischer Abschreibungen und Energiekosten gleich behandelt werden können.

(3) Bestimmung der Produktkosten je Maschinenstunde für alle relevanten Kostenarten

Kalkulatorische Abschreibungen

Sie sollen den Wertverzehr erfassen, der durch die planmäßige Nutzung der Anlage entsteht. Wertverluste durch technischen Fortschritt, Katastrophenfälle u. ä. gehören (entgegen einer weit verbreiteten Meinung) nicht zu den kalkulatorischen Abschreibungen, sondern zu den kalkulatorischen Wagnissen.

Basiswert ist der aktuelle Wiederbeschaffungswert, er ergibt sich aus:

$$\text{Aktueller Wiederbeschaffungswert} = \text{Anschaffungswert} \times \frac{\text{Index Rechnungsjahr}}{\text{Index Anschaffungsjahr}}$$

Für das Beispiel gilt also:

$$280\,000,\!-\,€ \times \frac{124{,}6 \text{ (Index Jahr 08)}}{116{,}5 \text{ (Index Jahr 05)}} = 299\,467{,}80\,€$$

Auf volle Tausend € aufgerundet ergeben sich 300 000,– € als aktueller Wiederbeschaffungswert für das Jahr 08.

Bei einer Kapazität von 18 000 Stunden ergibt sich (auf Basis 300 000,–) pro Stunde ein Abschreibungssatz von **16,666.**

Wartung und Reinigung (ohne Betriebsstoffe)
Hier werden nur die Arbeitskosten für die wöchentliche Reinigung und Wartung erfasst. Unter Wartung wird dabei insbesondere die Erneuerung von Kühlmittel und Schmieröl sowie von anderen Schmiermitteln verstanden. Instandhaltungskosten werden im Interesse einer möglichst aussagefähigen Rechnung gesondert ausgewiesen.

Bei einer Arbeitszeit von 78 Stunden zu einem Lohnsatz von 25,– plus 80 % Lohnnebenkosten fallen hier pro Jahr insgesamt 3 510,– an. Bezogen auf 1 500 Stunden Fertigungszeit ergibt sich ein Satz von **2,34 €** pro Stunde.

Betriebsstoffe (ohne Strom)
Zu erfassen sind hier die für Wartung und Reinigung anfallenden Betriebsstoffe. Bei geschätzten Jahreskosten von 700,– entfallen auf eine Fertigungsstunde **0,466 €**.

Stromkosten
Die Bestimmung der Stromkosten je Maschinenstunde kann in praxi wegen der häufig sehr komplizierten Vertragsgestaltung der Stromlieferanten einigermaßen problematisch sein. Zur Diskussion dieser Probleme fehlt hier der Raum. Für die vorliegende Aufgabe gilt:

Bei einer installierten Leistung von 30 kW, die im Mittel nur zu 60 % ausgenutzt wird (Leistungsfaktor 0,6), ergibt sich ein durchschnittlicher Verbrauch von 18 kW, sodass bei einem Preis von 0,25 €/kWh je Maschinenstunde **4,50** an Stromkosten anfallen.

Instandhaltungskosten
Zu den Kosten der Instandhaltung gehören alle Reparaturkosten (Arbeitskosten und Ersatzteile), durch die das Leistungsvermögen der Anlage erhalten werden soll. Zu denken ist also insbesondere an den Austausch von Verschleißteilen und die Beseitigung anderer (nutzungsbedingter) Defekte. Werterhöhende Großreparaturen gehören nicht hierher.

Da die Instandhaltungskosten einer Maschine mit zunehmender Nutzungsdauer ansteigen, empfiehlt es sich hier, mit normalisierten Kosten in Form eines Instandhaltungsfaktors zu arbeiten. Bei dem angenommenen Instandhaltungsfaktor von 1,7 % vom aktuellen Wiederbeschaffungswert muss pro Jahr mit Kosten in Höhe von 5 100,– gerechnet werden. Das entspricht bei 1 500 Stunden einem Kostensatz von **3,40** pro Stunde.

Fertigungslöhne und Lohnnebenkosten
Die Lohnnebenkosten sollen hier vereinfachend vollständig als Produktkosten verrechnet werden.

Bei dem vorgegebenen Leistungsgrad von 1,25 (125 %) ergibt sich auf der Basis eines Grundlohnes von 20,– je Vorgabestunde ein Effektivlohn von 25,– je Arbeitsstunde. Dieser Satz ist im Beispiel mit dem Lohnsatz je Maschinenstunde identisch.

Als Leistungsgrad (L) wird das Verhältnis von Vorgabezeit (V) zur Istzeit (I) bezeichnet (L = V: I). Der Effektivlohn je Stunde ergibt sich also aus der Multiplikation von Grundlohn und Leistungsgrad.

Einschließlich der 80 % Lohnnebenkosten ergibt sich ein Arbeitskostensatz von **45,–** je Maschinenstunde.

Werkzeugkosten
Unter Standzeit wird diejenige Stundenzahl verstanden, die ein Werkzeug im Durchschnitt technisch einwandfrei und wirtschaftlich arbeitet. Die Lastlaufzeit entspricht derjenigen Stundenzahl, in der das Werkzeug tatsächlich arbeitet, die Maschine also unter Last läuft. Die Lastlaufzeit ergibt sich somit als Differenz zwischen Gesamtlauf-

zeit und planmäßigen (unvermeidbaren) Leerzeiten. Solche Leerzeiten können sich z. B. beim Werkstückwechsel ergeben, oder wenn das Werkzeug bei einem Arbeitsgang mehrfach neu angesetzt werden muss.

Bei einer Lastlaufzeit von 80 % entspricht die für das Werkzeug geltende Standzeit von durchschnittlich 40 Stunden einer effektiven Maschinenlaufzeit von 50 Stunden. Die Maschine kann also im Durchschnitt 50 Stunden lang in Betrieb gehalten werden, bevor das Werkzeug gewechselt werden muss, weil es nicht mehr ordnungsgemäß arbeitet. Bei Anschaffungskosten von 200,– pro Werkzeug ergeben sich also je Maschinenstunde Werkzeugkosten von **4,– €** (200,– € : 50 Std. = 4,– €/Std.).

(4) Bestimmung der Soll-Deckungsbeiträge je Maschinenstunde

Kalkulatorische Zinsen

Die kalkulatorischen Zinsen sind als Kosten für das in der Maschine gebundene Kapital in die Stundensatzrechnung aufzunehmen, das dieses Kapital ja anderweitig hätte zinsbringend angelegt werden können.

Die Berechnung der kalkulatorischen Zinsen hat im Sinne des Prinzips der Wertkongruenz auf Basis des halben aktellen Wiederbeschaffungswertes zu erfolgen. Dem liegt die Annahme zugrunde, dass die kalkulatorischen Abschreibungen über die Erlöse wieder eingespielt werden, sodass das investierte Kapital sukzessive wieder freigesetzt wird. Bei gleichmäßiger Nutzung und konstantem Geldwert ist damit während der gesamten Nutzungsdauer durchschnittlich nur die Hälfte des ursprünglich investierten Kapitals gebunden. Damit gilt:

$$\text{Kalkulatorische Zinsen} = \frac{(\text{Aktueller Wiederbeschaffungswert}) \times (\text{Zinsfuß})}{(2 \times 100)}$$

$$= \frac{(300\,000,- \times 7,5)}{(2 \times 100)} = 11\,250,- \text{ für Jahr 08}$$

Bei 1 500 Betriebsstunden ergibt sich also ein Soll-Deckungsbeitrag von **7,50** je Maschinenstunde.

Der Zinsfuß sollte am Zinssatz für langfristige (mündelsichere) Anlagen orientiert werden. Die Errechnung der kalkulatorischen Zinsen auf Basis des jeweiligen Anlagen-Restwertes würde dazu führen, dass neue Maschinen prinzipiell höher mit Zinsen belastet werden als ältere Anlagen.

Kalkulatorische Wagnisse

Der Einsatz von Maschinen birgt Verlustgefahren durch Beschädigungen oder technische Veraltung. Soweit diese Risiken durch Versicherungen abgedeckt sind, müssen die Prämien in die Rechnung eingehen. Nicht versicherte Risiken müssen durch die Verrechnung einer internen Wagnisprämie berücksichtigt werden. Diese Wagnisprämien lassen sich am zweckmäßigsten anhand von Erfahrungswerten bestimmen, die am aktuellen Wiederbeschaffungswert gemessen werden. Bei dem angenommenen Faktor von 2 % des aktuellen Wiederbeschaffungswertes von 300 000,– ergeben sich im Jahr Wagniskosten von 6 000,–, pro Maschinenstunde ist im Beispiel also ein Soll-Deckungsbeitrag von **4,–** notwendig.

Raumkosten

Einschließlich Bedienungs- und Abstellflächen werden für die Maschine 15 qm benötigt. Bei einem Quadratmeterpreis von 17,25 je Monat sind das im Jahr 3 105,–. Es ist also ein Soll-Deckungsbeitrag von **2,07** pro Maschinenstunde erforderlich.

Kosten der CNC-Programmierung

Im Sinne des Prinzips der Wertkongruenz müssten die Programmierkosten von 5 200,– aus dem Jahre 05 eigentlich auf das einschlägige Preisniveau von 08 umgerechnet werden. Darauf wird wegen der Geringfügigkeit einer eventuellen Veränderung verzichtet.

Programmierkosten sind Managementkosten, weil durch den Gebrauch des Programms kein Güterverbrauch stattfindet. Das Programm wird durch den Gebrauch nicht verbraucht. Auf der Basis von insgesamt 18 000 Stunden ergibt sich ein Soll-Deckungsbeitrag von **0,288** je Maschinenstunde.

(5) Rest(gemeinkosten)satz

Bei den Restkosten handelt es sich eindeutig um Managementkosten der betreffenden Kostenstelle, die in Form eines besonderen Soll-Deckungsbeitrags zu verrechnen sind. Er beträgt im Beispiel **2,666** je Maschinenstunde (32 000,– € : 12 000 Std.).

(6) Gesamt-Verrechnungssatz

	Produktkosten	Soll-Deckungsbeitrag
	(in €/Maschinen-Std.)	
Kalk. Abschreibungen	16,666	0,000
Kalk. Zinsen	0,000	7,500
Kalk. Wagnisse	0,000	4,000
Wartung und Reinigung	2,340	0,000
Versch. Betriebsstoffe	0,466	0,000
Energie (Strom)	4,500	0,000
Instandhaltung	3,400	0,000
Raumkosten	0,000	2,070
Werkzeugkosten	4,000	0,000
Fertigungslöhne (incl. Lohnnebenkosten)	45,000	0,000
Programmierkosten	0,000	0,288
Teilkostensätze	76,372	13,858
Gesamt-Verrechungssatz (Plan-Verrechnungssatz)	90,230 €/Maschinen-Std.	
Soll-Deckungsbeitrag für die Restkosten	2,666 €/Maschinen-Std.	

Einschließlich des Soll-Deckungsbeitrags für die Restgemeinkosten müssen pro Maschinenstunde im Beispiel 92,896, also rund 93,– verrechnet werden.

Lösung zu Aufgabe 8.14 *Deckungsbeitragsrechnung zur Programmbereinigung*

(1)
a) **Ermittlung des Periodenergebnisses mit »C«**
   (siehe Tabelle S. 505)
b) **Ermittlung des Periodenergebnisses ohne »C«**

Periodenergebnis mit »C«	71 000,–
Deckungsbeitrag II von »C«	13 000,–
Periodenergebnis ohne »C«	58 000,–
(ohne Abbau von Managementkosten)	
Kurzfristig abbaufähige Managementkosten von »C«	7 500,–
Periodenergebnis II ohne »C«	65 500,–

Deckungsbeitragsrechnung zur Programmbereinigung				
Produkt	A	B	C	Gesamt
Erlöse	150 000,–	280 000,–	200 000,–	630 000,–
Produktkosten	110 000,–	210 000,–	190 000,–	510 000,–
Deckungsbeitrag I	40 000,–	70 000,–	10 000,–	120 000,–
Zuwachs im Folgejahr[1]	10 000,–	14 000,–	3 000,–	27 000,–
Deckungsbeitrag II (Folgeperiode)	50 000,–	84 000,–	13 000,–	147 000,–
Spezielle Managementkosten	10 000,–	—	15 000,–	25 000,–
Deckungsbeitrag III	40 000,–	84 000,–	·/· 2 000,–	122 000,–
Allgemeine Managementkosten				51 000,–
Periodenergebnis mit »C«				71 000,–

[1] Bei steigenden Absatzmengen steigen auch die Produktkosten entsprechend

Unter der Voraussetzung, dass die Produktion von C zu Beginn der neuen Periode eingestellt würde und die entsprechenden Kosten (Produktkosten und abbaufähige Managementkosten) abgebaut werden könnten, ergäbe sich, wie die auf S. 504 dargestellte Rechnung (b) zeigt, eine Ergebnisverminderung von 71 000,– auf 65 500,–, also um 5 500,–. Dieser Betrag ergibt sich aus dem Verlust von Deckungsbeiträgen für C von 13 000,–, welchen insgesamt nur 7 500,– abbaubare spezielle Managementkosten gegenüberstehen. Das Produkt C muss also im Programm bleiben.

(2) Die im Vergleich zu der Summe aus Produktkosten und speziellen Managementkosten (205 000,–) bei Produkt C relativ niedrigen Vollkosten (210 000,–) können sich aus der mehr oder weniger willkürlichen Verteilung der Managementkosten in der klassischen Zuschlagskalkulation ergeben. Das gilt insbesondere dann, wenn nicht zwischen allgemeinen und speziellen Managementkosten unterschieden wird.

Lösung zu Aufgabe 8.15 *Deckungsbeitragsrechnung bei Engpass*

Die Tabaksorte »Suleiman ist die Engpasssorte. Sie begrenzt das Volumen der möglichen Produktion. Es sind zunächst die Deckungsbeiträge für die zum Verkauf bestimmten Tabakmischungen zu bestimmen, und zwar je Mengeneinheit und je Engpasseinheit.

Die Deckungsbeiträge je Mengeneinheit errechnen sich nach folgender Formel:

Deckungsbeitrag je Mengeneinheit
= Erlös je Mengeneinheit ·/· Produktkosten je Mengeneinheit

Schwarzer Pirat: 58,– ·/· 40,– = 18,– je kg
Käpt'n Nemo: 45,– ·/· 25,– = 20,– je kg
Walfischbai: 32,– ·/· 20,– = 12,– je kg

Für die Ermittlung der Deckungsbeiträge je Engpasseinheit gilt:

$$\text{Deckungsbeitrag je Engpasseinheit} = \frac{\text{Deckungsbeitrag je Mengeneinheit}}{\text{Engpassbelastung je Mengeneinheit}}$$

Die Engpassbelastung ist aus der Spalte 5 der Tabelle in der Aufgabenstellung zu ersehen. Damit gilt für

Schwarzer Pirat: 18,– : 0,230 kg = 78,260 je kg Suleiman
Käpt'n Nemo: 20,– : 0,210 kg = 95,238 je kg Suleiman
Walfischbai: 12,– : 0,110 kg = 109,091 je kg Suleiman

Die Mischungen mit dem höchsten Deckungsbeitrag je Engpasseinheit werden bevorzugt hergestellt. Daraus ergibt sich folgendes Produktionsprogramm:

Ergebnisrechnung bei speziellem Engpass			
Mischung	Produzierte Menge kg	Engpassbelastung Verbrauch Suleiman	Deckungsbeitrag
1	2	3	4
Walfischbai Käpt'n Nemo Schwarzer Pirat	1 500,0 1 300,0 704,3	165 kg (= 11 % von Spalte 2) 273 kg (= 21 % von Spalte 2) 162 kg (= 23 % von Spalte 2)	18 000,– 26 000,– 12 677,40
Summen	3 504,3	600 kg	56 677,40

Für die Produktion Schwarzer Pirat verbleiben 162 kg Rohtabak Suleiman. Damit lassen sich 704,3 kg Schwarzer Pirat herstellen. Die Deckungsbeiträge (Spalte 4) ergeben sich durch Multiplikation der produzierten Mengen mit dem Deckungsbeitrag je Mengeneinheit.

Lösung zu Aufgabe 8.16 *Auftragsauswahl bei Unterbeschäftigung*
Die anfallenden Kosten sind zunächst in Produkt- und Managementkosten zu zerlegen. Dabei ergibt sich folgendes Bild:

	Produktkosten	Managementkosten
Kalkulatorische Abschreibungen: 20 % aus 128 000,–	25 600,–	
Kalkulatorische Zinsen: 8 % aus (128 000,– : 2)		5 120,–
Kalkulatorische Wagnisse: 1 % aus 128 000,–		1 280,–
Raumkosten		8 600,–
Hilfs- und Betriebsstoffe	9 800,–	
Werkzeugkosten	12 400,–	
Fertigungslohn: 2 000 Std. zu 22,–	44 000,–	
Summen	91 800,–	15 000,–

Bei 2 000 Stunden ergeben sich folgende Kalkulationssätze:

Produktkosten pro Stunde: 91 800,– : 2 000 = 45,90
Soll-Deckungsbeiträge pro Stunde: 15 000,– : 2 000 = 7,50

Von dem Drehteil können in der Stunde 6 Stück hergestellt werden. Sie bringen je Stück einen Erlös von 7,60, in der Stunde also 45,60. Da die Grenzkosten (Produktkosten) bei 45,90 liegen, ist der Auftrag abzulehnen.

Lösung zu Aufgabe 8.17 *Plankostenrechnung (einfache Gesamtabrechnung)*

Abrechnungsschema zur Plankostenrechnung

| Kostenart | Variator | Plankosten | | | Soll-kosten | Istkosten | Istkosten zu Planpreisen | Preis-ab-weichung | Ver-brauchs-abwei-chung |
		Manage-ment-kosten €	Produkt-kosten €	Gesamt €	€	€	€	€	€
1	2	3	4	5	6	7	8	9	10
Fertigungslöhne	10,0	—	3 000	3 000	4 000	3 700	3 800	+ 100	+ 200
Fertigungsmaterial	10,0	—	1 200	1 200	1 600	1 550	1 500	− 50	+ 100
Verschied. Kosten	4,4	1 512	1 188	2 700	3 096	3 246	3 046	− 200	+ 50
Gesamt	7,8	1 512	5 388	6 900	8 696	8 496	8 346	− 150	+ 350

Istbeschäftigung: 160 Stunden
Planbeschäftigung: 120 Stunden
Beschäftigungsgrad: 133,33 %
Beschäftigungsabweichung: + 504

Lösungshinweise zum Abrechnungsschema

Zur Ermittlung der Sollkosten **(Spalte 6)** sind die Produktkosten **(Spalte 4)** dem jeweiligen Beschäftigungsgrad (proportional) anzupassen. Die planmäßigen Managementkosten werden konstant gehalten. Der Beschäftigungsgrad beträgt (160 Std. x 100) : 120 Std. = 133,33 %.

Um die Preisabweichungen **(Spalte 9)** und die Verbrauchsabweichungen **(Spalte 10)** bestimmen zu können, sind die entsprechenden Daten aus der Aufgabenstellung in folgende Formeln einzusetzen:

Preisabweichung = Istkosten zu Planpreisen ·/· Istkosten

Verbrauchsabweichung = Sollkosten ·/· Istkosten zu Planpreisen

Der Soll-Deckungsbeitrag für die Managementkosten beträgt pro Stunde (1 512,– : 120 Std. =) 12,60. Wird dieser Beitrag für alle gefahrenen Stunden verrechnet, so ergibt sich eine **Beschäftigungsabweichung** von (160 Std. ·/· 120 Std.) x 12,60 = + 504 (Überdeckung).

Lösung zu Aufgabe 8.18 *Plankostenrechnung (Planstundensatz für Kostenstelle)*

(1)

a) **Plankosten**

   Planstundensatz x Planstunden = Plankosten
   3 000,– x 200 Std. = **600 000,–**

b) **Sollkosten**

   Die Produktkosten betragen bei Planbeschäftigung 360 000,– (1 800,– x 200 Std. bei Variator 6). Die Managementkosten belaufen sich also auf 240 000,– (600 000,– ·/· 360 000,–). Bei einem Beschäftigungsgrad von 90 % dürfen nur 90 % der Produktkosten anfallen, das sind 324 000,–. Damit betragen die Sollkosten **564 000,–** (240 000,– + 324 000,–).

c) **Durchschnittlicher Iststundensatz**

   (Istkosten : Iststunden) = Iststundensatz
   (541 800,– € : 180 Std.) = **3 010,– €/Std.**

d) Verbrauchsabweichung

(Sollkosten ·/· Istkosten zu Planpreisen) = Verbrauchsabweichung
(564 000,– € ·/· 541 800,– €) = **22 200,– €**

Da es keine Preisveränderung gibt, sind die Istkosten im Beispiel identisch mit den Istkosten zu Planpreisen.

e) Preisabweichung

Da es keine Preisänderungen bei den Einsatzfaktoren gegeben hat, kann es auch keine Preisabweichung geben.

f) Beschäftigungsabweichung

Die Managementkosten (Fixkosten) werden in der Plankostenrechnung proportionalisiert. Bei 90 % Beschäftigungsgrad können also 10 % der Managementkosten von insgesamt 240 000,– nicht gedeckt werden. Die Beschäftigungsabweichung beträgt somit **– 24 000,–**.

(2) Vergleich Planstundensatz/Iststundensatz

Die Differenz beträgt – 10,– € pro Stunde (3 000,– €/Std. ·/· 3 010 €/Std.). Sie ergibt sich aus der Verteilung der Abweichung auf die Iststunden. Es gilt also:

Verbrauchsabweichung je Iststunde: 22 200,– € : 180 Std. = **123,33 €/Std.**

Beschäftigungsabweichung je Iststunde: – 24 000,– € : 180 Std. = **·/· 133,33 €/Std.**

Die Differenz ergibt sich also daraus, dass zwar beim Faktoreinsatz (Mengenverbrauch) durchschnittlich pro Stunde 123,33 eingespart wurden; andererseits blieben durch die unter 100 % liegende Beschäftigung von den Managementkosten durchschnittlich 133,33 pro Stunde ungedeckt.

Lösungen zum 9. Hauptteil: Finanzwirtschaft und Planungsrechnung

Lösung zu Aufgabe 9.01 *Kapitalbedarfsrechnung*

(1) Bei einem Kundenziel von 90 Tagen, einer Lagerhaltung von 15 Tagen und einer Fertigungsdauer von 30 Tagen dauert es 135 Tage bis aus dem Umsatzprozess Kapital zurückfließt. Auf Grund des Zahlungsziels von 60 Tagen für den Einkauf von Rohstoffen verbleibt eine Differenz von 75 Tagen, die vorzufinanzieren ist.

Bezeichnung	Kosten je Tag	hiervon Ausgaben	vorzulegen für ? Tage	Kapital-bedarf
Material	1 000,–	1 000,– nach 60 Tagen	75	75 000,–
10 % Materialgemeinkosten	100,–	80,–	135	10 800,–
Löhne	2 500,–	2 500,–	135	337 500,–
80 % Fertigungsgemeinkosten	2 000,–	850,–	135	114 750,–
Herstellkosten	5 600,–	4 430,–		538 050,–
15 % Verwaltungs- und Vertriebsgemeinkosten	840,–	672,–	135	90 720,–
Selbstkosten	6 440,–	5 102,–		628 770,–
Eiserner Bestand				30 000,–
Kapitalbedarf				**658 770,–**

Berechnung der ausgabenbezogenen Fertigungsgemeinkosten:

Fertigungsgemeinkosten	2 000,–
·/· 1/5 Fertigungsgemeinkosten	400,–
4/5 Fertigungsgemeinkosten	1 600,–
·/· Abschreibung 1 Tag	750,–
Fertigungsgemeinkosten als Ausgaben	850,–

(2) Bei einer Reduzierung des Kundenziels auf 30 Tage lässt sich der Kapitalbedarf erheblich verringern auf 352 650,–.

Lösung zu Aufgabe 9.02 *Liquiditätsplanung*

	April		Mai		Juni	
	Sollwerte	Istwerte	Sollwerte	Istwerte	Sollwerte	Istwerte
Saldo aus dem Vormonat	+ 4 500,–	+ 4 500,–	+ 6 289,–		·/· 602,–	
Einzahlungen: Erlöse (alt) Erlöse (neu) Gebäudeerträge a. o. Erlöse	16 000,– 9 409,– 540,– 3 200,–		18 000,– 9 409,– 540,– —		19 000,– 9 409,– 540,– —	
Summe der Einzahlungen	+ 29 149,–		+ 27 949,–		+ 28 949,–	
Auszahlungen: Roh-, Hilfs- und Betriebsstoffe Personalausgaben sonstige Barausgaben Steuern Gebäudeaufwand a. o. Aufwendungen Finanzspesen Investitionen	13 500,– 8 400,– 2 100,– 2 500,– 360,– 500,– — —		13 500,– 9 240,– 2 100,– 1 000,– 500,– — — 8 500,–		14 175,– 9 240,– 2 100,– 1 000,– — 1 000,– 1 00,– 4 380,–	
Summe der Auszahlungen	·/· 27 360,–		·/· 34 840,–		·/· 31 995,–	
Überschuss/Fehlbetrag	+ 6 289,–		·/· 602,–		·/· 3 648,–	

Lösung zu Aufgabe 9.03 *Finanzplanung durch Liquiditätsprognose*

(1) Die Einnahmen im Juni stammen aus Verkäufen vom 1.–20. Juni (40 % zahlen am 10. Tag mit 2 % Skonto).

Verkäufe vom 1.–20. Juni	160 000,–
davon 40 %	64 000,–
·/· 2 % Skonto	1 280,–
Einnahmen im Juni	62 720,–
Ausgaben im Juni	140 000,–

Im Juli sind mit 2 % Skonto die Verkäufe vom 21.–30. Juni und die Verkäufe vom 1.–20. Juli zu erwarten. Zusätzlich 20 % der Verkäufe vom 1.–30. Juni (20 % bezahlen nach 30 Tagen ohne Abzug).

40 % der Verkäufe 21.–30. 6.	32 000,–	
·/· 2 % Skonto	640,–	
		31 360,–
40 % der Verkäufe 1.–20. 7.	112 000,–	
·/· 2 % Skonto	2 240,–	
		109 760,–
20 % der Verkäufe 1.–30. 6.		48 000,–
Einnahmen Juli		189 120,–
Ausgaben Juli		180 000,–

(2) Deckungslücke im Juni 77 280,–, Überdeckung im Juli 9 120,–.
(3) Im Juni Gefahr von Illiquidität. Da im Juli ein Überschuss erwartet wird, könnte im Juni ein Kontokorrentkredit in Anspruch genommen werden. Im Juli wäre bereits eine Kredittilgung möglich.

Lösung zu Aufgabe 9.04 *Finanzplanung durch Liquiditätsprognose bei mittelständischen Unternehmen*

(1) Die Finanzprognose (Liquiditätsprognose) hat nachstehendes Aussehen:

Einnahmen aus Umsatzerlösen der Monate	im April	im Mai	im Juni
Januar	32 400,–	—	—
Februar	81 000,–	40 500,–	—
März	120 000,–	72 000,–	36 000,–
April	352 800,–	120 000,–	72 000,–
Mai	—	264 600,–	90 000,–
Juni	—	—	441 000,–
Sonstige Einnahmen	—	—	132 000,–
Summe Einnahmen	*586 200,–*	*497 100,–*	*771 000,–*
Ausgaben Fixkosten	200 000,–	200 000,–	210 000,–
Stückkosten	210 000,–	350 000,–	420 000,–
Sonstige Ausgaben	200 000,–	—	50 000,–
Summe Ausgaben	*610 000,–*	*550 000,–*	*680 000,–*
= Über-/Unterdeckung	– 23 800,–	– 52 900,–	+ 91 000,–
Bestand 10 000,– (März) = Kumulierte Über-/Unterdeckung	– 13 800,–	– 66 700,–	+ 24 300,–

(2) In den Monaten April und Mai ergibt die Prognose eine Unterdeckung. Nur der Monat Juni zeigt einen Einnahmenüberschuss.

Lösung zu Aufgabe 9.05 *Finanzplanung bei Neugründung*

(1) Bei neugegründeten Unternehmen gestaltet sich sowohl die Einzahlungs- als auch die Auszahlungsprognose besonders schwierig, weil meist noch keine Anhaltspunkte vorliegen.
(2) Der Unternehmer muss zu Beginn des Monats Januar 160 000,– und Anfang Februar zusätzlich 40 000,– Kredit in Anspruch nehmen.
(3) Der Unternehmer kann zu Anfang des Monats April mit der Kredittilgung beginnen, da hier erstmals ein Einzahlungsüberschuss auftritt.

(4)

Anfang Monat	voraussichtliche Einzahlungen	voraussichtliche Auszahlungen	Einzahlungen ·/· Auszahlungen (kumuliert)
Januar	—	160 000,–	·/· 160 000,–
Februar	40 000,–	80 000,–	·/· 200 000,–
März	80 000,–	80 000,–	·/· 200 000,–
April	120 000,–	80 000,–	·/· 160 000,–
Mai	120 000,–	80 000,–	·/· 120 000,–
Juni	120 000,–	80 000,–	·/· 80 000,–
Juli	120 000,–	80 000,–	·/· 40 000,–
August	120 000,–	80 000,–	—
September	120 000,–	80 000,–	+ 40 000,–

Lösung zu Aufgabe 9.06 *Rechenschritte bei einer Kapitalerhöhung*

(1) Bezugsverhältnis $= \dfrac{\text{gezeichnetes Kapital (alt)}}{\text{Erhöhung gezeichnetes Kapital}}$

$= \dfrac{75 \text{ Mio.}}{30 \text{ Mio.}} = 5 : 2$

Wert des Bezugsrechtes $= \dfrac{\text{Kurs (alt)} - \text{Kurs (neu)}}{\text{Bezugsverhältnis} + 1}$

$= \dfrac{260 - 113}{(5 : 2) + 1} = 42,-$

(2) Der rechnerische Mittelkurs nach der Kapitalerhöhung ergibt sich aus

Kurs der alten Aktie – Bezugsrecht = 218,–

(3) Der Börsenkurs ist ein Marktpreis, der sich durch Angebot und Nachfrage ergibt. Der Bilanzkurs ergibt sich aus Werten der Bilanz, nämlich:

$\dfrac{\text{Bilanziertes Eigenkapital} \times 100}{\text{gezeichnetes Kapital}} = \text{Bilanzkurs (\%)}$

(4) Erhöhung um 30 Mio. $= \dfrac{30 \text{ Mio.}}{50,- (= \text{Nennwert})} = 600\,000$ Aktien

Emissionskurs x Zahl der Aktien	=	Vermögenszuwachs
(113) x (600 000)	=	67,8 Mio.
Abzüglich Emissionskosten	=	2,2 Mio.
Nettozuwachs	=	65,6 Mio.

(5) Die Struktur des Eigenkapitals ändert sich.
Beispielhaft seien folgende Gründe für eine Kapitalerhöhung aus Gesellschaftsmitteln genannt:
 – Senkung Kursniveau,
 – Verbesserung der Dividendenoptik.

Lösung zu Aufgabe 9.07 *Kapitalerhöhung gegen Einlagen*

(1) Bezugsverhältnis $= \dfrac{\text{gezeichnetes Kapital (alt)}}{\text{Erhöhung gezeichnetes Kapital}}$

$= \dfrac{37{,}5 \text{ Mio.}}{22{,}5 \text{ Mio.}} = 5 : 3$

Wert des Bezugsrechtes $= \dfrac{\text{Kurs (alt)} - \text{Kurs (neu)}}{\text{Bezugsverhältnis} + 1}$

$= \dfrac{240 - 90}{(5 : 3) + 1} = 56{,}25$

(2) a) Emission von $\dfrac{22{,}5 \text{ Mio.}}{50{,}- (= \text{Nennwert})} = 450\,000$ Aktien

   Zufluss: 450 000 zu 90,– = 40,5 Mio./1,7 Mio. Emissionskosten
   = 38,8 Mio.

   b) Kurs (alt) ·/· Wert des Bezugsrechtes = neuer Kurs
   Der neue Kurs beträgt somit: 240,– ·/· 56,25 = 183,75.

   c) Die Rendite bei 18 % Dividende beträgt

   $\dfrac{18 \times 50}{100} = 9{,}-$

   Das entspricht bei einem Aktienwert von 240,– einer Rendite von

   $\dfrac{9 \times 100}{240} = 3{,}75\,\%$

   d) Die Dividende muss mindestens 13,5 % betragen.

(3) Die Dividendenhöhe beträgt
   – vor der Kapitalerhöhung   18 % von 37,5 Mio. = 6 750 000,–,
   – nach der Kapitalerhöhung 13,5 % von 60 Mio. = 8 100 000,–.

(4) Der Aktionär benötigt auf Grund des Bezugsverhältnisses von 5 : 3 insgesamt 30 Bezugsrechte. Da er aus Aktienbestand heraus 20 Bezugsrechte besitzt, benötigt er noch 10 zusätzliche Bezugsrechte.

Lösung zu Aufgabe 9.08 *Bilanz nach Kapitalerhöhung gegen Einlagen*

(1) Die Kapitalerhöhung beträgt bei einem Bezugsverhältnis von 5 : 1 = 2 Mio.; das entspricht

$\dfrac{2 \text{ Mio.}}{5{,}- (= \text{Nennwert})} = 400\,000$ Aktien

(Anmerkung: Nennwert wird mit 5,– angenommen.)

400 000 Aktien x Emissionskurs 18,– = 7 200 000,–.

(2) Das Grundkapital erhöht sich um 2 Mio. (Bezugsverhältnis 5 : 1).

(3) Die Bilanz hat folgendes Aussehen:

Aktiva		Bilanz	Passiva
Sachanlagevermögen	8 000 000,–	Gezeichnetes Kapital	12 000 000,–
Beteiligungen	1 500 000,–	Kapitalrücklage	6 200 000,–
Roh-, Hilfs- und Betriebsstoffe	2 400 000,–	Gesetzliche Rücklage	600 000,–
Unfertige Erzeugnisse	2 100 000,–	Andere Gewinnrücklagen	2 000 000,–
Fertige Erzeugnisse	2 800 000,–	Hypothekenschulden	1 800 000,–
Forderungen aus		Darlehensschulden	3 000 000,–
Lieferungen und Leistungen	3 200 000,–	Verbindlichkeiten aus	
Bank	7 800 000,–	Lieferungen und Leistungen	2 200 000,–
	27 800 000,–		27 800 000,–

(4) Der Bilanzkurs wird ermittelt aus:

$$\frac{\text{Bilanziertes Eigenkapital} \times 100}{\text{Gezeichnetes Kapital}}$$

Bilanzkurs vor der Kapitalerhöhung $= \dfrac{13\,600\,000 \times 100}{10\,000\,000} = 136\,\%$

Bilanzkurs nach der Kapitalerhöhung $= \dfrac{20\,800\,000 \times 100}{12\,000\,000} = 173{,}3\,\%$

(5) Börsenkurs vor der Kapitalerhöhung : 21,–

Börsenkurs in % des Nennwertes: $\dfrac{21 \times 100}{5} = 420\,\%$

Die stillen Reserven errechnen sich nach folgender Formel:

$$\text{Bilanzkurs} = \frac{(\text{EK} + \text{stille Reserven}) \times 100}{\text{Gezeichnetes Kapital}}$$

$420 = \dfrac{(13\,600\,000 + x) \times 100}{10\,000\,000}$

42 000 000 = 13 600 000 + x
x   = 28 400 000

Stille Reserven entstehen durch
– Unterbewertung von Aktiva und
– Überbewertung von Passiva.

(6) Der rechnerische Wert des Bezugsrechtes ergibt sich aus folgender Formel:

$$\frac{\text{Kurs (alt)} - \text{Kurs (neu)}}{\text{Bezugsverhältnis} + 1} = \frac{21-18}{\frac{5}{1} + 1} = 0{,}50$$

(7) Bruttodividende $= \dfrac{800\,000,-}{2\,000\,000} = 0{,}40 = 8\,\%$

Lösung zu Aufgabe 9.09 *Berechnung des entgangenen Skontos*

Die Formel für die Berechnung der Kosten eines nicht in Anspruch genommenen Skontos lautet:

$$\frac{360}{(\text{Zahlungsziel} - \text{Dauer der Skontogewährung})} \times \frac{\text{Skontosatz}}{(100 - \text{Skontosatz})}$$

Danach ergibt sich im vorliegenden Fall eine Jahresverzinsung von:

(1) $\dfrac{360}{(30-10)} \times \dfrac{2}{(100-2)} = 0{,}3673 = 36{,}7\,\%$

(2) $\dfrac{360}{(60-10)} \times \dfrac{2}{(100-2)} = 0{,}1469 = 14{,}7\,\%$

(3) $\dfrac{360}{(60-10)} \times \dfrac{3}{(100-3)} = 0{,}2226 = 22\,3\,\%$

Es gibt in der Literatur auch andere Berechnungsalternativen, die aber nahezu zu gleichen Ergebnissen führen.

Lösung zu Aufgabe 9.10 *Kredit und Sicherheiten*

(1) Da es sich um einen langfristigen Kredit handelt, ist eine langfristige Absicherung notwendig, die unabhängig von den persönlichen Verhältnissen des Kreditnehmers ist. Daher kommen sowohl eine Grundschuld als auch eine Hypothek in Frage.
(2) Zwei wichtige Unterschiede sind:
   a) Die Grundschuld ist nicht akzessorisch, d. h. nicht an das Bestehen einer Kreditforderung gebunden.
   b) Da die Grundschuld eine von der Forderung losgelöste Sicherheit ist, wird sie im Gegensatz zur Hypothek von einem Schuldnerwechsel nicht berührt.
(3) Absicherung ist
   a) bei Forderungen die Zession,
   b) bei Fuhrpark die Sicherungsübereignung,
   c) bei Wertpapieren deren Lombardierung (= Veränderung).

Lösung zu Aufgabe 9.11 *Selbstfinanzierung*

(1) **Offene** Selbstfinanzierung erfolgt durch das Nichtausschütten bzw. Nichtentnahme von Gewinnen aus dem Unternehmen.
   Stille Selbstfinanzierung resultiert aus dem Vorhandensein stiller Reserven, die durch Unterbewertung von Aktiva oder durch Überbewertung von Schulden entstehen.
(2) Mögliche **Vorteile** der Selbstfinanzierung sind:
   – Erhöhung der Eigenkapitalquote,
   – Mittel zur Finanzierung risikoreicher Investitionen,
   – Erhöhung der Kreditwürdigkeit.

Lösung zu Aufgabe 9.12 *Selbstfinanzierung und Rentabilität*

(1) Beteiligungsfinanzierung = Gezeichnetes Kapital   110 Mio.
                                Kapitalrücklage   55 Mio.
                                Gesamt   165 Mio.

Offene Selbstfinanzierung
Ausschüttung 25 % von 50,– = 12,50 je Aktie + 1,50 Bonus = 14,– je Aktie

Aktienzahl = $\dfrac{110\ \text{Mio.}}{50}$ = 2 200 000 Aktien x 14,– = 30,8 Mio. Ausschüttung

Jahresüberschuss − Einstellung Gewinnrücklagen − Ausschüttung = Gewinnvortrag
40 Mio. − 9 Mio. − 30,8 Mio. = 0,2 Mio.

Gewinnrücklagen	39,93 Mio.
+ Einstellung Gewinnrücklagen	9,00 Mio.
+ Gewinnvortrag	0,20 Mio.
Offene Selbstfinanzierung	49,13 Mio.

(2) Bei der stillen Selbstfinanzierung werden durch Bilanzierungs- und Bewertungsmaßnahmen Gewinne nicht ausgewiesen und verbleiben im Unternehmen.
    Dies geschieht u. a. durch Unterbewertung von Aktiva, z. B. bei den Sachanlagen durch das Ausnutzen von Wahlrechten (Abschreibungsmethoden, GWG, niedriger Ansatz von Herstellungskosten) und bei den Vorräten (niedriger Ansatz von Herstellungskosten, Wahlrechte bei Bewertungsvereinfachungsverfahren), und durch Überbewertung von Schulden, z. B. durch Bildung von überhöhten Rückstellungen.
(3) Die Gesamtkapitalrentabilität ist größer als der Fremdkapitalzinssatz. Bei einer höheren Verschuldung wird die Eigenkapitalrentabilität steigen (positiver Leverage Effekt). Unter dem Aspekt der Rentabilität sollten die Erweiterungsinvestitionen bei Vorliegen entsprechender Kreditsicherheiten mit Fremdkapital finanziert werden.

Lösung zu Aufgabe 9.13 *Finanzierung aus Abschreibungen*

(1) Die Kapitalfreisetzung aus Abschreibungen steigt von 4 000,− auf 20 000,− im Jahre 05.
(2) Die Kapitalfreisetzung bzw. Summe der Abschreibungsgegenwerte entspricht Ende 05 gerade den Anschaffungskosten einer neuen Maschine. Wird eine neue Maschine angeschafft, so ergibt sich für Ende 06 die gleiche Sachlage. Der Anlagenpark kann somit allein aus den Abschreibungen erhalten werden, unter der Voraussetzung, dass
– die Wiederbeschaffungskosten nicht steigen,
– kein technischer Fortschritt zu berücksichtigen ist,
– die Abschreibungen in voller Höhe über die Umsatzerlöse in das Unternehmen zurückfließen.

Für eine Kapazitätserweiterung müsste die Summe der Abschreibungen pro Jahr höher sein als die Anschaffungskosten einer neuen Maschine, und zwar je höher, desto schneller die zusätzliche Anschaffung. Eine Kapazitätserweiterung ist deshalb am ehesten möglich, wenn sich der gesamte Anlagenwert aus kleinen Einheiten zusammensetzt.

Lösung zu Aufgabe 9.14 *Finanzierung aus dem Cashflow*

(1) Der Cashflow ergibt sich wie folgt:

Jahresüberschuss	7 Mio.
+ Abschreibungen	15 Mio.
+ Einstellung in die Sonderposten mit Rücklagenanteil	3 Mio.
Cashflow	25 Mio.

(2) Die Investitionen für das Folgejahr können aus folgenden Kapitalquellen finanziert werden:

a) **Betriebsgebäude**

Gesamte Herstellungskosten	90 Mio.
davon sind finanziert	40 Mio.
zu finanzieren sind	50 Mio.

Finanzierungsvorschlag

Auflösung der Rücklage (Verkauf Grundstücke)	3 Mio.
Einbehaltener Gewinn	7 Mio.
Eingeforderte ausstehende Einlagen	10 Mio.
Zuzahlungen der Gesellschafter	12 Mio.
Verkauf der Wertpapiere	10 Mio.
Darlehen bei Kreditinstituten	8 Mio.
Gesamt	50 Mio.

b) **Neue Maschinen**
Der Kapitalbedarf von 9 Mio. kann finanziert werden aus

Abschreibungsrückflüssen der beweglichen Anlagegüter	2 Mio.
Darlehen bei Kreditinstituten	7 Mio.

c) **Jährliche Reinvestitionen**
Die zu ersetzenden Maschinen und Güter der Betriebs- und Geschäftsausstattung werden finanziert durch 9 Mio. Abschreibungsrückflüsse.

(3) Es handelt sich um
– Stille Selbstfinanzierung
– Offene Selbstfinanzierung
– Beteiligungsfinanzierung
– Umfinanzierung
– Kreditfinanzierung
– Finanzierung aus Abschreibungen

(4) Im Folgejahr stehen aus der Innenfinanzierung folgende Beträge zur Verfügung:

– Stille Selbstfinanzierung	3 Mio.
– Offene Selbstfinanzierung	7 Mio.
– Finanzierung aus Abschreibungen	15 Mio.
– Finanzierung durch Vermögensumschichtung	10 Mio.
Insgesamt	35 Mio.

Lösung zu Aufgabe 9.15 *Finanzierung und Bilanzauswirkung*

(1) Erkennbar sind Beteiligungs- und Kreditfinanzierung.
(2) Folgende drei Bilanzpositionen können beispielhaft angeführt werden:
– Maschinen und maschinelle Anlagen:
   Der Marktwert ist möglicherweise höher als der Buchwert.
– Grundstücke und Gebäude:
   Der Marktwert ist möglicherweise höher als der Buchwert.
– Rückstellungen.
   Da Rückstellungen Verbindlichkeiten sind, die der Höhe nach und dem Zeitpunkt des Anfalls nicht genau bekannt sind, können auch hier stille Reserven enthalten sein.

(3) Der Verschuldungsgrad kann aus folgender Formel ermittelt werden: $\dfrac{\text{Fremdkapital}}{\text{Eigenkapital}}$

Danach ergibt sich: Verschuldungsgrad **vor** der Investition: 1,5
Verschuldungsgrad **nach** der Investition: 2,17

(4) Der Cashflow ergibt sich wie folgt:
Jahresüberschuss + Abschreibungen + Zuführung zu den
langfristigen Rückstellungen =   372 000

Lösung zu Aufgabe 9.16 *Vergleich Leasing oder Kreditkauf*

(1) Die Gesamtausgaben beim Kreditkauf bzw. Leasing betragen:

Kreditkauf: 8 Jahre x 100 000   =   800 000
Leasing: 7 Jahre x 107 000 + 75 000 =   824 000

(2) Die Grundmietzeit von 7 Jahren beträgt weniger als 90 % der betriebsgewöhnlichen Nutzungsdauer. Außerdem entspricht der Kaufoptionspreis bei linearer Abschreibung dem Restwert. Daher erfolgt die Aktivierung (Bilanzierung) beim Leasinggeber.
Es ergeben sich damit folgende Vorteile des Leasing (beispielhaft):
– keine Veränderung der Bilanzstruktur,
– kein Kapitaleinsatz zur Anlagenfinanzierung.

(3) Folgende Vorteile der Kreditfinanzierung sind beispielhaft anzuführen:
– Die Kreditfinanzierung ist um 24 000 günstiger als Leasing.
– Durch die Wahl der Abschreibungsart (z. B. linear oder degressiv) kann die Höhe des Aufwandes und damit der Gewinn beeinflusst werden.

(4) Bei »Sale and lease back« ist der zukünftige Leasingnehmer zunächst Eigentümer des Objekts. Er verkauft den Leasinggegenstand an eine Leasinggesellschaft (Leasinggeber) und »least« das Objekt dann vom Leasinggeber zurück. Das »Sale and lease back« dient damit zur einmaligen Liquiditätszuführung durch den Verkauf.

Lösung zu Aufgabe 9.17 *Factoring*

(1) Eine Gegenüberstellung von »Kosten« und »Nutzen« des Factoring ergibt:

Kosten		Nutzen	
Manipulationsgebühr (= 1,1 % des Umsatzes)	132 000,–	Skontoerträge (3 % vom Wareneinkauf)	252 000,–
Soll-Zinsen (7,5 % von 80 % der durchschnittlichen Forderungen)	120 000,–	Debitorenausfälle	50 000,–
		Einsparung Verwaltungskosten	40 000,–
Gesamt	252 000,–	Gesamt	342 000,–

Damit ergibt sich ein rechnerischer Vorteil des Factoring in Höhe von 90 000.

(2) Durch Factoring wird das in den Forderungen gebundene Kapital stark reduziert. Die Chic GmbH verfügt somit über Liquidität in Höhe von 1,6 Mio. (80 %). Damit kann der Lieferantenkredit abgebaut werden. Die restlichen 200 000,– stehen für andere Finanzierungszwecke zur Verfügung (z. B. Tilgung von Bankkrediten).

Liquiditätsengpässe aufgrund schleppender Zahlungsweise können nicht mehr entstehen. Das Risiko des Forderungsausfalls in Höhe von 50 000,– geht auf den Factor über. Außerdem ergeben sich Einsparungen bei den Verwaltungskosten von 40 000,–. Ein zusätzlicher Vorteil für die Chic GmbH ist, dass 3 % Skonto in Anspruch genommen werden können und sich die allgemeine Bonität durch Nichtinanspruchnahme von Zahlungszielen erhöht.

(3) Typisch für das echte Factoring ist, dass das Risiko des Forderungsausfalls mit übernommen wird. Beim unechten Factoring geht das Risiko zu Lasten des Factornehmers.

Lösung zu Aufgabe 9.18 *Finanzierungsregeln*

(1) Die »goldene« Finanzierungsregel wird im Allgemeinen mit der Forderung zur sog. Fristenkongruenz gleichgesetzt. Danach soll langfristig gebundenes Vermögen (Anlagevermögen und die Sicherheitsbestände) durch langfristiges Kapital (Eigenkapital und langfristiges Fremdkapital) finanziert sein.

(2) Daraus lässt sich folgende Berechnung (Werte in T€) und Kommentierung ableiten:

– Für das Jahr 01: $\dfrac{1\,000 + 2\,050 + 80 + 900 + 800}{4\,700} = 1{,}03$

Der Deckungsgrad B entspricht der Forderung der »goldenen« Finanzierungsregel.

– Für das Jahr 02 ergibt sich: $\dfrac{1\,000 + 2\,050 + 80 + 700 + 2\,800}{6\,700} = 0{,}99$

Der Deckungsgrad B entspricht ebenfalls der Forderung der »goldenen« Finanzierungsregel.

Lösung zu Aufgabe 9.19 *Kapitalstruktur und Leverage-Effekt*

(1) Die Anlageinvestition sollte dann mit Eigenkapital finanziert werden, wenn es sich um eine risikoreiche Investition handelt.

(2) Der Leverage-Effekt besagt folgendes:
   – Positiver Leverage-Effekt: Fremdkapital erhöht die Rentabilität des Eigenkapitals, wenn die Rentabilität des Gesamtkapitals über dem Fremdkapitalzinssatz liegt.
   – Negativer Leverage-Effekt (»leverage risk«): Fremdkapital vermindert die Rentabilität des Eigenkapitals, wenn der Fremdkapitalzinssatz über der Rentabilität des Gesamtkapitals liegt.

Entscheidend ist, ob die Gesamtkapitalrentabilität über oder unter 9 % liegt.

(3) Wenn alle liquiden Mittel im Unternehmen investiert werden, um eine größtmögliche Rentabilität zu erzielen, gerät die zur Existenzsicherung notwendige Liquidität in Gefahr.

Lösung zu Aufgabe 9.20 *Kostenvergleichsrechnung*

(1) Für die Kostenvergleichsrechnung sind im Wesentlichen folgende Kostenarten von Bedeutung:

kalkulatorische Zinsen, kalkulatorische Abschreibungen, Löhne und Lohnnebenkosten, Materialkosten, Instandhaltungskosten, Energiekosten, Raumkosten, Werkzeugkosten.

(2) Auf diejenigen Kosten kann verzichtet werden, die für alle zu vergleichenden Alternativen die gleiche Höhe aufweisen, denn sie wirken sich nicht auf das Vergleichsergebnis aus. Der effektive Kostenanfall pro Alternative kann aber nur unter Einbeziehung aller Kostenarten ermittelt werden.

Lösung zu Aufgabe 9.21 *Anwendung der Kostenvergleichsrechnung*

(1) Der Kostenvergleich ergibt nachstehendes Ergebnis:

Kosten	Anlage A	Anlage B
Sonstige Fixkosten	120 000,–	100 000,–
Personalkosten	180 000,–	245 000,–
Materialkosten	600 000,–	600 000,–
Energiekosten	86 000,–	79 000,–
Abschreibungen	37 500,–	40 000,–
Zinskosten vom durchschnittlich Gebundenen Kapital	27 000,–	28 800,–
Gesamtkosten	1 050 000,–	1 092 800,–

Damit ist die Anlage A kostengünstiger.

(2) Folgende Nachteile können genannt werden:
- Der Kostenvergleich berücksichtigt keine Erträge.
- Es wird keine Wirtschaftlichkeit ermittelt.
- Es bestehen möglicherweise Zurechnungsprobleme der Kosten.

(3) Bei unterschiedlichen Kapazitätsauslastungen muss ein Stückkostenvergleich erfolgen.

Lösung zu Aufgabe 9.22 *Amortisationsrechnung*

(1) Ermittlung der Amortisationsdauer bei einer Produktion von 2 000 Stück:

	Maschine I	Maschine II
Umsatz pro Jahr	60 000,–	60 000,–
./. Materialkosten	11 000,–	11 000,–
./. Personalkosten	24 000,–	16 000,–
./. Betriebsmittelkosten (ohne Abschreibungen)	5 000,–	5 000,–
Rückfluss pro Jahr	20 000,–	28 000,–

Die Amortisationsdauer errechnet sich nach der Formel:

$$\text{Amortisationsdauer} = \frac{\text{Anschaffungskosten}}{\text{Rückfluss pro Jahr}}$$

$$\text{Amortisationsdauer für Maschine I} = \frac{30\,000}{20\,000} = 1{,}5 \text{ Jahre}$$

$$\text{Amortisationsdauer für Maschine II} = \frac{80\,000}{28\,000} = 2{,}8 \text{ Jahre}$$

Nach dem Ergebnis der Amortisationsrechnung entscheidet sich der Investor für Maschine I.

(2) Durch die Durchführung der Amortisationsrechnung ist erkennbar, dass beide Maschinen mit ihrer Amortisationsdauer innerhalb der Vertragsfrist liegen. Insofern ist die Amortisationsrechnung hier sinnvoll. Eine Vorteilhaftigkeit für die eine oder andere Maschine kann aber daraus im vorliegenden Fall, wenn keine zusätzlichen Risiken auftauchen, nicht abgeleitet werden.

(3) Der Gewinn während der 4 Jahre ergibt sich wie folgt:

	Maschine I	Maschine II
Rückflüsse der Jahre 1 bis 4 ·/· Anschaffungskosten	80 000,– 30 000,–	112 000,– 80 000,–
Gewinn	50 000,–	32 000,–

Auch hier entscheidet sich der Investor für Maschine I.

(4) Die Entscheidung ändert sich, da jetzt Maschine II einen höheren Gewinn aufweist vor allem wegen der bei Maschine I stärker gestiegenen Personalkosten.

Maschine I	Jahr 1	ab Jahr 2	Summe der Jahre 1–4
Umsatz ·/· Materialkosten ·/· Personalkosten ·/· Betriebsmittelkosten (ohne Abschreibungen)	60 000,– 11 000,– 24 000,– 5 000,–	72 000,– 13 200,– 31 200,– 6 500,–	276 000,– 50 600,– 117 600,– 24 500,–
Rückfluss ·/· Anschaffungskosten	20 000,–	21 100,–	83 300,– 30 000,–
Gewinn			53 300,–

Maschine II	Jahr 1	ab Jahr 2	Summe der Jahre 1–4
Umsatz ·/· Materialkosten ·/· Personalkosten ·/· Betriebsmittelkosten (ohne Abschreibungen)	60 000,– 11 000,– 16 000,– 5 000,–	72 000,– 13 200,– 17 600,– 5 500,–	276 000,– 50 600,– 68 800,– 21 500,–
Rückfluss ·/· Anschaffungskosten	28 000,–	35 700,–	135 100,– 80 000,–
Gewinn			55 100,–

Lösung zu Aufgabe 9.23 *Kostenvergleichs-, Rentabilitäts- und Amortisationsrechnung*

(1) Es handelt sich um eine Ersatz- oder Reinvestition und gleichzeitig um eine Rationalisierungsinvestition.

(2) Die **Kostenvergleichsrechnung** ergibt, dass die Stückkosten der Anlage B um 5,– geringer sind.
Damit ist die Anlage B die kostengünstigere.

(3) **Rentabilitätsrechnung:**
Im Gewinn sind hier die kalkulatorischen Zinsen nicht enthalten (siehe Aufgabe), d. h. die kalkulatorischen Zinsen vom durchschnittlich gebundenen Anschaffungswert sind zu addieren. Folgender Rechenweg wird empfohlen:

Stückzahl x Gewinn/Stück + 10 % vom durchschnittlichen Anschaffungswert

Durchschnittliche Rentabilität von Anlage A:

$$8\,000 \text{ Stück} \times (270 - 240) + \frac{2\,400\,000 \times 100}{2 \times 100} = 360\,000 \text{ Gewinn}$$

Daraus ergibt sich die Rendite: $\frac{360\,000 \times 100}{1\,200\,000} = 30\,\%$

Durchschnittliche Rentabilität von Anlage B: 27,5 %

Die Rendite von Anlage A ist höher als bei Anlage B.

Amortisationsrechnung:

$$\text{Amortisationsdauer} = \frac{\text{Anschaffungskosten}}{\text{Gewinn p. a.} + \text{Abschreibungen p. a.}}$$

Anlage A: $\frac{2\,400\,000}{240\,000 + 480\,600} = 3{,}3$ Jahre

Anlage B: = 3,48 Jahre

Die Anlage A hat eine kürzere Amortisationsdauer.

(4) Letztendlich kommt **die** Anlage in Frage, welche die höhere Rendite abwirft.

Lösung zu Aufgabe 9.24 *Kapitalwertmethode*
Die Anwendung der Kapitalwertmethode ergibt folgendes Ergebnis:

Jahr	Rückflüsse (Zeitwert) (€)	Abzinsungsfaktor für p = 10 %	Rückflüsse (Barwert) (€)
1	102 500,–	0,909091	93 181,83
2	104 500,–	0,826446	86 363,61
3	104 500,–	0,751315	78 512,42
4	90 500,–	0,683013	61 812,68
	80 000,– (Verkaufserlös)	0,683013	54 641,04
Summe der Barwerte			374 511,58
·/· Anschaffungskosten der Investition			320 000,00
Kapitalwert der Investition			54 511,58

Ergebnis: Da der Kapitalwert positiv ist, liegt die Verzinsung über der gewünschten Mindestverzinsung von 10 %. Daher ist die Investition lohnend, wenn die Rückflüsse in der Höhe und in dieser Reihenfolge anfallen.

Lösung zu Aufgabe 9.25 *Kapitalwertmethode und Alternativangebot*

(1) Zur Entscheidung kann die Kapitalwertmethode herangezogen werden.

Für die Investitionssumme von 1 100 000,– ergibt sich:

Jahr	Rückflüsse (Zeitwert) (€)	Abzinsungsfaktor für p = 9 %	Rückflüsse (Barwert) (€)
1	600 000,–	0,9174	550 440,–
2	900 000,–	0,8417	757 530,–
3	700 000,–	0,7722	540 540,–
4	900 000,–	0,7084	637 560,–
Summe der Barwerte			2 486 070,–
./. Investitionssumme			1 100 000,–
Kapitalwert			1 386 070,–

Für das Alternativangebot ergibt sich bei einer Anschaffungsausgabe von € 0,–:

Jahr	Rückflüsse (Zeitwert) (€)	Abzinsungsfaktor für p = 9 %	Rückflüsse (Barwert) (€)
1	400 000,–	0,9174	366 960,–
2	400 000,–	0,8417	336 680,–
3	400 000,–	0,7722	308 880,–
4	400 000,–	0,7084	283 360,–
Summe der Barwerte			1 295 880,–
Anschaffungsausgabe			0,–
Kapitalwert			1 295 880,–

Da das Investitionsvorhaben von A den höheren Kapitalwert aufweist, ist diese Alternative vorzuziehen.

(2) Die 1,4 Mio. Barzahlung übertreffen den errechneten Wert der geplanten Investition. Zudem besteht kein Investitionsrisiko. Das Angebot wäre in diesem Falle anzunehmen.

(3) Steigt der Zinssatz, fällt der Kapitalwert bzw. kann negative Werte annehmen. Ein sinkender Zinssatz lässt den positiven Kapitalwert steigen.

Lösung zu Aufgabe 9.26 *Kapitalwertmethode und Differenzinvestition*

(1) Die Anwendung der Kapitalwertmethode ergibt folgendes Ergebnis:

Der jährliche Rückfluss errechnet sich wie folgt:

Rückfluss = (Erlöse – ausgabewirksame Kosten) x Stückzahl

Für Maschine 1 gilt:

Rückfluss = (41 – 28) x 20 000 = 260 000,–

Da es sich um gleichbleibende Rückflüsse handelt, kann mit dem Abzinsungssummenfaktor abgezinst werden. Dieses kann aus den Zinstabellen abgelesen werden.

260 000,00 x 3,312127	= 861 153,02
− Anschaffungskosten	= 700 000,00
Kapitalwert Maschine 1	= 161 153,02

Für **Maschine 2** gilt:

Rückfluss = (41 − 29) x 20 000,– = 240 000,00

Das ergibt eine Summe der Barwerte von	
240 000,00 x 3,312127	= 794 910,48
− Anschaffungskosten	= 600 000,00
Kapitalwert Maschine 2	= 194 910,48

Ergebnis: Da die Maschine 2 den vergleichsweise höheren Kapitalwert aufweist, ist diese Maschine unter Ertragsgesichtspunkten zu bevorzugen.

(2) Es ergibt sich eine Differenz der Anschaffungskosten von 100 000,–. Die Aufgabenstellung lässt keine eigenständige Investition zu einem anderen Zinssatz zu. Eine dennoch durchgeführte Differenzinvestition würde zu keinem anderen Ergebnis führen.
   Daher ist die Maschine 2 zu bevorzugen.

Lösung zu Aufgabe 9.27 *Leverage-Effekt und Kapitalwertmethode*

(1) Ermittlung der Eigenkapitalrentabilität:

Gesamtkapitalrendite 10 % von 400 000,–	= 40 000,–
·/· 8 % Fremdkapitalzinsen von 225 000,–	= 18 000,–
Gewinn	22 000,–

$$\text{Eigenkapitalrendite} = \frac{22\,000{,}- \times 100}{175\,000{,}-} = 12{,}57\,\%.$$

a) Entwicklung der Eigenkapitalrentabilität im neuen Geschäftsjahr bei einer Erhöhung des Fremdkapitals um 75 000,–.

FK-Zins für	75 000,–	9%		10%		11%	
Gesamtkapital	475 000,–	10 %	47 500,–	10 %	47 500,–	10 %	47 500,–
Fremdkapital (alt)	225 000,–	8 %	18 000,–	8 %	18 000,–	8 %	18 000,–
Fremdkapital (neu)	75 000,–	9 %	6 750,–	10 %	7 500,–	11 %	8 250,–
Eigenkapital	175 000,–	13 %	22 750,–	12,57 %	22 000,–	12,14 %	21 250,–

b) Die Schlussfolgerungen ergeben sich aus dem Leverage-Effekt: Zusätzliches Fremdkapital erhöht die Eigenkapitalrentabilität, wenn der Fremdkapitalzinsfuß unterhalb der Gesamtkapitalrentabilität liegt (positiver Leverage-Effekt).
   Zusätzliches Fremdkapital senkt die Eigenkapitalrentabilität, wenn der Fremdkapitalzinsfuß über der Gesamtkapitalrentabilität liegt (negativer Leverage-Effekt).

(2) Ermittlung des Kapitalwertes:
   a) Da der Kapitalwert positiv ist, verzinst sich die Investition mit mehr als 10 %, wenn die Rückflüsse in der Höhe und Reihenfolge anfallen.

Jahr	Rückfluss (Zeitwert)	Abzinsungsfaktor für p = 10 %	Rückfluss (Barwert)
1	20 000,–	0,909091	18 181,82
2	20 000,–	0,826446	16 528,92
3	20 000,–	0,751315	15 026,30
4	20 000,–	0,683013	13 660,26
5	20 000,–	0,620921	12 418,42
Summe der Barwerte			75 815,72
·/· Investitionsausgabe			75 000,00
Kapitalwert			815,72

Anmerkung: Eine schnellere Lösung wäre durch den Einsatz des Abzinsungssummenfaktors zu erreichen gewesen.

b) Der Interne Zinsfuß stellt die tatsächliche Verzinsung des Investitionsobjektes dar. Beim Internen Zinssatz r ist der Kapitalwert = 0.
Vorteil: Der Interne Zinsfuß gibt die tatsächliche Verzinsung wider.
Nachteil: Aufwendigere Berechnung; Interner Zinsfuß wird durch Interpolation zwischen einem positiven und einem negativen Kapitalwert (mathematisch ungenau) ermittelt.

Lösung zu Aufgabe 9.28 *Kapitalwert und Interner Zinsfuß*

(1) Die Amortisationsdauer lässt sich kumulativ durch Addition der Rückflüsse abzüglich Kapitaleinsatz von 414 000,– ermitteln. Sie liegt hier zwischen dem 4. und 5. Jahr.
(2) Ermittlung des Kapitalwertes bei einem Zinssatz von $p_1 = 10\,\%$:

Rückfluss (Zeitwert)	Abzinsungsfaktor bei $p_1 = 10\,\%$	Rückfluss (Barwert)
44 000,–	0,909	39 996,–
70 000,–	0,826	57 820,–
106 000,–	0,751	79 606,–
130 000,–	0,683	88 790,–
130 000,–	0,621	80 730,–
120 000,–	0,564	67 680,–
90 000,–	0,513	46 170,–
50 000,–	0,467	23 350,–
30 000,– (Restwert)	0,467	14 010,–
Summe der Barwerte =		498 152,–
·/· Kapitaleinsatz		414 000,–
Kapitalwert C_{o_1}		+ 84 152,–

Der positive Kapitalwert besagt, dass die Durchführung der Investition im Vergleich zur Anlage des Kapitaleinsatzes zu 10 % 84 152,– mehr erbringt, also vorteilhaft ist.
(3) Zur Ermittlung des Internen Zinsfußes wird ein positiver Kapitalwert (Versuchszinssatz 10 %) und ein negativer Kapitalwert (Versuchszinssatz 18 %) aus den erwarteten Rückflüssen zugrunde gelegt.

Ermittlung des negativen Kapitalwertes mit einem Zinsssatz von $p_2 = 18\,\%$:

Rückfluss (Zeitwert)	Abzinsungsfaktor bei $p_2 = 18\,\%$	Rückfluss (Barwert)
44 000,–	0,847	37 268,–
70 000,–	0,718	50 260,–
106 000,–	0,609	64 554,–
130 000,–	0,516	67 080,–
130 000,–	0,437	56 810,–
120 000,–	0,370	44 400,–
90 000,–	0,314	28 260,–
50 000,–	0,266	13 300,–
30 000,– (Restwert)	0,266	7 980,–

Summe der Barwerte =		369 912,–
·/· Kapitaleinsatz		414 000,–
Kapitalwert C_{o_2}		·/· 44 088,–

Der Interne Zinsfuß r lässt sich durch Interpolation der beiden Kapitalwerte ermitteln:

$$r = p_1 - \frac{C_{o_1}\,(p_2 - p_1)}{C_{o_2} - C_{o_1}}$$

$$r = 10 - \frac{84\,152\,(18 - 10)}{-44\,088 - 84\,152} = 15{,}25\,\%$$

Grafische Lösung:

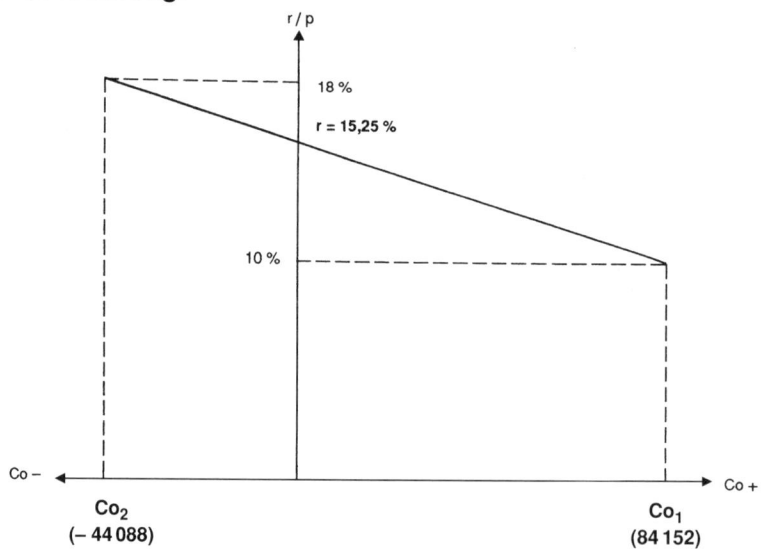

Der Interne Zinsfuß von 15,25 % besagt, dass diese Investition bei diesem Zinsfuß einen Kapitalwert von Null ergibt, oder anders ausgedrückt, bei Durchführung der Investition eine Verzinsung von 15,25 % erreicht, also 5,25 % mehr als eine Alternativanlage zu 10 %.

Literaturverzeichnis

Besondere Buchungsvorgänge, Konzernrechnungslegung, Bilanzanalyse

Adler, Hans/Düring, Walther/Schmaltz/Kurt: Rechnungslegung und Prüfung der Unternehmen (Gesamtausgabe) – Kommentar zum HGB, AktG, GmbHG, PublG nach den Vorschriften des Bilanzrichtlinien-Gesetzes, 6. Aufl., Stuttgart 1994–2000.

Alt, Walter/Jenak, Katharina: Was Lohnbuchhalter wissen müssen – Praxisleitfaden zur Lohn- und Gehaltsabrechnung, 17. Aufl., Stuttgart 2001.

Brandis, Henning von/Hüttche, Tobias: Lexikon Rechnungslegung Bilanzanalyse Bilanzpolitik, Stuttgart 2003.

Castan, Edgar/Heymann, Gerd u. a.: Beck'sches Handbuch der Rechnungslegung, Loseblattausgabe, München.

Ditges, Johannes/Arendt, Uwe: Bilanzen, 10. Aufl., Ludwigshafen 2002.

Eggloff, Frank: Das kleine Lexikon des Rechnungswesens, Stuttgart 2001.

Eisele, Wolfgang: Technik des betrieblichen Rechnungswesens – Buchführung und Bilanzierung, Kosten- und Leistungsrechnung, Sonderbilanzen, 7. Aufl., München 2002.

Falterbaum, Hermann/Bolk, Wolfgang/Reiß, Wolfram/Eberhart, Roland: Buchführung und Bilanz, 19. Aufl., Achim 2002.

Glade, Anton: Praxishandbuch der Rechnungslegung und Prüfung – Systematische Darstellung und Kommentar zum Bilanzrecht, 2. Aufl., Herne 1995.

Gräfer, Horst: Bilanzanalyse – mit Aufgaben und Lösungen und einer ausführlichen Fallstudie, 8. Aufl., Herne 2001.

Horschitz, Harald/Groß, Walter/Weidner, Werner: Bilanzsteuerrecht und Buchführung, 9. Aufl., Stuttgart 2002.

Jebens, Carsten: iAS kompakt, Stuttgart 2003.

Institut der Wirtschaftsprüfer (Hrsg.): Die Fachgutachten und Stellungnahmen des Instituts der Wirtschaftsprüfer auf dem Gebiete der Rechnungslegung und Prüfung, Loseblattausgabe, Düsseldorf.

Küting, Karlheinz/Weber, Claus-Peter: Der Konzernabschluss – Lehrbuch und Fallstudie zur Praxis der Konzernrechnungslegung, 7. Aufl., Stuttgart 2001.

Küting, Karlheinz/Weber, Claus-Peter: Die Bilanzanalyse – Lehrbuch zur Beurteilung von Einzel- und Konzernabschlüssen, 6. Aufl., Stuttgart 2001.

Küting, Karlheinz/Weber, Claus-Peter: Handbuch der Konzernrechnungslegung – Kommentar zur Bilanzierung und Prüfung, Band II, 2. Aufl., Stuttgart 1998.

Loidl, Christa: Buchführung leicht und praxisnah – eine Einführung mit Fallbeispielen, 4. Aufl., Stuttgart 2000.

Rehkugler, Heinz/Poddig, Thorsten: Bilanzanalyse, 4. Aufl., München 1998.

Schiederer, Dieter/Loidl, Christa: Aufbaukurs der Buchführung, 5. Aufl., Stuttgart 1999.

Wobbermin, Michael: Buchhaltung, Jahresabschluss, Bilanzanalyse – Einführung mit Fallbeispielen und Kontrollfragen, 1. Aufl., Stuttgart 1999.

Kosten- und Leistungsrechnung

Andreas, Dieter/Reichle, Walter: Das Rechnen mit Maschinenstundensätzen, 6. Aufl., Frankfurt 1987.

Däumler, Klaus-Dieter/Grabe, Jürgen: Kostenrechnung 2. – Deckungsbeitragsrechnung, 5. Aufl. Berlin/Herne 1994.

Deyhle, Albrecht: Controller-Praxis, Bd. I und Bd. II, 14. Aufl., Gauting 2001.

Ebert, Günter: Kosten- und Leistungsrechnung, 9. Aufl., Wiesbaden 2000.

Freidank, Carl C.: Kostenrechnung, 5. Aufl., München, Wien 1994.

Gau, Eberhardt: Praxis der Kosten- und Leistungsrechnung. Bd. 1: Aufbau der Betriebsabrechnung. 2. Aufl., Freiburg 1981.

Grochla, Erwin: Unternehmensorganisation, Hamburg 1972.

Grochla, Erwin: Materialwirtschaft, Wiesbaden 1958.

Gutenberg, Erich: Grundlagen der Betriebswirtschaftslehre. 1. Bd.: Die Produktion, 24. Aufl., Berlin, Heidelberg, New York 1983.

Gutenberg, Erich: Grundlagen der Betriebswirtschaftslehre. 2. Bd.: Der Absatz, 17. Aufl., Berlin, Heidelberg, New York 1984.

Haberstock, Lothar: Kostenrechnung I, (Einführung). Bearbeitet von Volker Breitecker. 10. Aufl., Hamburg 1998.

Haberstock, Lothar: Kostenrechnung II, (Grenz-)Plankostenrechnung, 7. Aufl., Hamburg 1997.

Hantke, Hans: Moderne Verfahren der Kostenrechnung II., Plankostenrechnung, Deckungsbeitragsrechnung, Bonn 1974.

Heinen, Edmund: Betriebswirtschaftliche Kostenlehre, Kostentheorie und Kostenentscheidungen, 6. Aufl., Wiesbaden 1991.

Hummel, Siegfried/Männel, Wolfgang Kostenrechnung 1. Grundlagen, Aufbau und Anwendung, 4. Aufl., Wiesbaden 1984.

Kicherer, Hans-Peter: Kosten- und Leistungsrechnung, 2. Aufl., München 2000.

Kigler, Wolfgang: Einführung in die Kostenrechnung, 3. Aufl., Wiesbaden 1992.

Kosiol, Erich: Kostenrechnung, Wiesbaden 1964.

Leitsätze für die Preisermittlung auf Grund von Selbstkosten. Bundesanzeiger Nr. 244 vom 18. 12. 53

Lücke, Wolfgang: Die kalkulatorischen Zinsen im betrieblichen Rechnungswesen. In: Zeitschrift für Betriebswirtschaft, Ergänzungsheft 1965.

Mayer, Reinhold: Prozeßkostenrechnung und Prozeßkostenmanagement: Methodik, Vorgehensweise und Einsatzmöglichkeiten. In: Prozeßkostenmanagement. Hrsg. v. IFUA Horvath u. Partner, München 1991, S. 73–99.

Mellerowicz, Konrad: Kosten und Kostenrechnung, Bd. 1: Theorie der Kosten, 5. Aufl., Berlin, New York 1973.

Miller, Jeffrey G./Vollman, Thomas E.: The hidden factory. In: Harvard Business Review, Sept./Oct. 1985, S. 143.

Most, Otto: Allgemeine Statistik, 5. Aufl., Frankfurt 1956.

Niemand, Stefan: Prozeßkostenrechnung für den Beschaffungsbereich eines Automobilherstellers. In: Kostenrechnungspraxis, Zeitschrift für Controlling, Heft 3/1992, S. 160–167.

Olshagen, Christian: Prozeßkostenrechnung – Aufbau und Einsatz, Wiesbaden 1991.

Preißler, Peter R./Dörrie, Ulrich: Grundlagen der Kosten- und Leistungsrechnung, 3. Aufl., München 1999.

Riebel, Paul: Einzelkostenrechnung und Deckungsbeitragsrechnung, 7. Aufl., Wiesbaden 1994.

Schäfer, Erich: Die Unternehmung, Einführung in die Betriebswirtschaftslehre, 10. Aufl. (Nachdruck), Wiesbaden 1991.

Schäfer, Erich: Der Industriebetrieb. Betriebswirtschaftslehre der Industrie auf typologischer Grundlage, Bd. 2, Opladen 1971.

Schmidt, Fritz: Die organische Tageswertbilanz, 3. Aufl., 1929, unveränderter Nachdruck, Wiesbaden 1989.

Schwarz, Horst: Kostenrechnung als Instrument der Unternehmensführung, 3. Aufl., Herne/Berlin 1986.

Schweitzer, Marcell/Küpper, Hans-Ulrich: Systeme der Kosten- und Erlösrechnung, 7. Aufl., München 1998.

Vormbaum, Herbert: Kalkulationsarten und Kalkulationsverfahren, 4. Aufl., Stuttgart 1977.

Finanzwirtschaft und Planungsrechnung

Beike, Rolf/Schlütz, Johannes: Finanznachrichten lesen – verstehen – nutzen, 3. Aufl., Stuttgart 2001.

Büschgen, Hans E.: Das kleine Börsenlexikon, 22. Aufl., Düsseldorf 2001.

Günther Peter/Schittenhelm, Frank Andreas: Investition und Finanzierung, Stuttgart 2003.

Olfert, Klaus: Finanzierung, 11. Aufl., Ludwigshafen 2001.

Perridon, Louis/Steiner, Manfred: Finanzwirtschaft der Unternehmung, 11. Aufl., München 2002.

Swoboda, Peter: Investition und Finanzierung, 5. Aufl., Göttingen 1996.

Uhr, Wolfgang/Locarek-Junge, Hermann: Finanzierung, BWL Lernsoftware interaktiv, Stuttgart 1997.

Uhr, Wolfgang/Rehkugler, Heinz: Investitionsrechnung, BWL Lernsoftware interaktiv, Stuttgart 1995.

Vormbaum, Herbert: Finanzierung der Betriebe, 9. Aufl., Wiesbaden 1996.

Wöhe, Günter/Bilstein, Jürgen: Grundzüge der Unternehmensfinanzierung, 9. Aufl., München 2003.

Stichwortverzeichnis

A

Abgangsspiegel 27
Abschlagsverrechnungskonto, Löhne und Gehälter 57
Abschlagszahlungen, Löhne und Gehälter 56
Abschreibungen
- außerplanmäßige 117
- buchhalterische 248
- degressive 251
- kalkulatorische 248, 252, 272, 312, 318
- lineare 251
Abschreibungsbemessungsgrundlage, kalkulatorische 250
Abschreibungsintensität 141, 157
- deutscher Unternehmen in % 175
Abschreibungsmethode, kalkulatorische 251
Abzahlungsgeschäfte 27
- Umsatzsteuer 29
- Verbuchung 29
Abzugskapital 256
Äquivalenzziffern 208, 213
- Verteilungsschlüssel Raumkosten 316
Äquivalenzziffernrechnung 203, 208
- Vorgehensweise 208
Akkordlohn 242
Akkreditiv
- befristetes 392
- bestätigtes 391
- Eröffnung 391
- Formen 391
- Remboursakkreditiv 392
- Sichtakkreditiv 392
- übertragbares 392
- unbefristetes 392
- unwiderrufliches Dokumentenakkreditiv 391
- widerrufliches 391
Aktien
- Arten 370, 371
- Kapitalbeschaffung 370
Aktivierungswahlrechte 152
Akzeptkredit 383
Allgemeiner Bereich
- Kostenstellengliederung 267, 281, 282, 290, 293
Amortisationsrechnung 393, 394
Amortisationszeit 394
Anhang, praktischer Fall 106
Anlagenabgang 22
Anlagenbuchführung 251
Anlagendeckung 134, 157, 388

Anlagendeckungsgrad II, deutscher Unternehmen in % 168
Anlagenkoeffizient 128
Anlagenspiegel 150
- Anlagenabgang 26
- praktischer Fall 108
Anlagenverkauf 22
- Abgangsspiegel 27
- Einkommensteuer 22
- Konten 24
- Tauschgeschäft 23
- Umsatzsteuer 23
- Verbuchung 25
Anlagenwagnisse 251, 260, 261
Anlagevermögensintensität 127
Anlagevermögenswachstum 144
Annuitätendarlehen 380
Annuitätenmethode 393
- Beispiel 397
Anteile, eigene 113
Anteilsbesitz 117, 118
- praktischer Fall 109
Anzahlungen 30
- Ausweis am Jahresende 34
- Buchungstechniken 31, 32, 33
- erhaltene 34
- Istversteuerung 31
- Umsatzsteuer 35
Anzahlungskredit 377
Assoziierte Unternehmen
- Konzernrechnungslegung 83, 92
Aufwand
- außerordentlicher 184
- Begriff 181, 183
- betriebsfremder 184
- das Gesamtergebnis betreffender 182, 184
- neutraler 182, 184, 185
- periodenfremder 184
- rechentechnisch bedingter neutraler 184
Aufwands- und Ertragskonsolidierung 96
Aufwandsrückstellungen 153
Aufwendungen für die Ingangsetzung und Erweiterung des Geschäftsbetriebs 113
Ausfallbürgschaft 378
Ausgabe, Begriff 180
Ausgangsfrachten, Sonderkosten 263
Außenfinanzierung 368
- Beteiligungsfinanzierung bei emissionsfähigen Unternehmen 370

- Beteiligungsfinanzierung bei nicht emissionsfähigen Unternehmen 369
- Darlehensfinanzierung 380
- Kreditleihe 382
- Kreditwürdigkeitsprüfung 375
- kurz- und mittelfristige Fremdfinanzierung 376
- langfristige Fremdfinanzierung 380
Außenhandelsfinanzierung 389
- Definition 390
- Dokumentenakkreditiv 390
Außenverpackung, Sonderkosten 263
Außerplanmäßige Abschreibungen 117, 118
Aussonderungsbereich, Kostenstellengliederung 267
Aussonderungsstellen, Begriff 269
Ausstattungskredit 376, 377
Ausstehende Einlagen, Ausweis 149
Ausstehende Einlagen auf das gezeichnete Kapital 112
Ausweiswahlrechte, beim Jahresabschluss 148
Avalkredit 382

B

BAB 270
- Beispiel auf Vollkostenbasis 280
- formale Struktur 271
- innerbetriebliche Leistungsverrechnung 273
- Kritik am BAB auf Vollkostenbasis 288
- mit EDV 296
- Verrechnung primärer Gemeinkosten 271
Bankkredit
- kurz- und mittelfristiger 377
- Personalkredit 377
- Realkredit 377
- verstärkter Personalkredit 377
Barliquidität 358, 359
Baseler Beschlüsse, Rating 375
Basiszinssatz 4
Beiträge, Kostenartenrechnung 247
Belegschaftsaktie
- Begriff 370, 371
Belegschaftsrabatte, Sachbezüge 74
Berichtigungsaktie, Begriff 372

Beschäftigungsabweichung
- Bestimmung bei Plankostenrechnung 334, 335, 338
Beschäftigungsgrad 225
Beschaffungskosten, innerbetriebliche 238
Beschaffungsnebenkosten 238
Besitzwechsel 2
Beständewagnisse 260, 261
Beteiligungsfinanzierung 368
- bei emissionsfähigen Unternehmen 370
- bei nicht emissionsfähigen Unternehmen 369
Betriebsabrechnungsbogen 270
- Beispiel auf Vollkostenbasis 280
- formale Struktur 271
- innerbetriebliche Leistungsverrechnung 273
- mit EDV 296
- Verrechnung primärer Gemeinkosten 271
Betriebsergebnis 121, 189
Betriebsergebniswachstum 143
Betriebsvergleich, Bilanzanalyse 100
Bewegungsbilanz 138, 139, 358, 361
Bewegungszahlen 126
Bewertungsvereinfachungsverfahren 119
Bewertungswahlrechte 153
Beziehungszahlen 126
Bezugsrecht, rechnerische Ermittlung 372
Bezugsverhältnis 372
Bilanz, praktischer Fall 104
Bilanzanalyse 99
- Ansatzkorrekturen 111
- Aufbereitung der GuV-Rechnung 121
- Aufbereitung des Jahresabschlusses 111
- Betriebsvergleich 100, 111
- Bewertungskorrekturen 111, 116
- Branchenvergleich 100
- Gliederungskorrekturen 111, 114
- Gliederungsmöglichkeiten 101
- Grenzen 102
- Grundsätze 101
- interne und externe Adressaten 100
- Kennzahlenanalyse 122, 125, 156
- praktischer Fall 103
- Struktur-GuV-Rechnung 122, 123, 124
- Strukturbilanz 111, 119, 120
- Zeitvergleich 100
- Zweck 99

Bilanzenzusammenhang 119
Bilanzierungshilfe, für Währungsumstellungsaufwendungen 155
Bilanzierungswahlrechte 152
Bilanzkennziffern, horizontale 134
Bilanzkritik 99
Bilanzkurs 130
Bilanzpolitik 103
Blankoindossament 3
Branchenkennzahlen 157
Branchenvergleich, Bilanzanalyse 100
Briefhypothek 381
Buchhypothek 381
Buchwertmethode
- Folgekonsolidierung 89, 90
- Kapitalkonsolidierung 87, 88
Bürgschaftskredit 377, 378
- Ausfallbürgschaft 378
- selbstschuldnerische Bürgschaft 377

C

Cashflow 136, 358, 360, 394
Cashflow-Analyse 360
Cashflow-Eigenkapitalrendite 144
Cashflow-Gesamtkapitalrendite 144
Cashflow-Umsatzrate 137, 157
- westdeutscher Unternehmen in % 171
Cashflow-Wachstum 143
Checklisten, über die Wahlrechte beim Jahresabschluss nach HGB 148

D

Darlehen 380
- Annuitätendarlehen 380
- Kündigungsdarlehen 380
- Rückzahlungsdarlehen 380
- Schuldscheindarlehen 380, 382
- Tilgungsdarlehen 380
Darlehensfinanzierung 380
- Darlehen 380
- Schuldscheindarlehen 380
Deckungsbeitrag 194
- Berechnung 320
- je Engpasseinheit 323
Deckungsbeitragsrechnung 320
- Auftragsauswahl in Engpasssituationen 322
- Begriff 194
- Entscheidungen über Eigenfertigung oder Fremdbezug 322
- Entscheidungen über kurzfristige Preisuntergrenze 321

- Entscheidungen zur Programmbereinigung 321, 322
- Gewinnplanung 324
- kurzfristige Erfolgsrechnung mit Soll-Deckungsbeiträgen 326
- Möglichkeiten 320
Deckungsgrad 389
Dienstwohnungen, Sachbezüge 71
Disagio 113, 150, 152
Diskont 5
Divisionskalkulation 203
- differenzierende 203, 204
- einfache 203
- Sonderform 208
- vielstufige 203, 204
Dokumentenakkreditiv 390
- Ablauf 391
- Begriff 390
- Formen 391
- Grundmodell 391
Durchschnittskosten, Begriff 190
Durchschnittsverzinsung 258
Dynamischer Verschuldungsgrad 137, 157
- westdeutscher Unternehmen in % 172

E

Eigene Anteile 113
Eigenkapital
- ausgewiesenes 355
- Begriff 355
- kündbares 370
- reales 355
Eigenkapitalquote 130, 144, 157, 388
- deutscher Unternehmen in % 160
Eigenkapitalrentabilität 142, 388
Eigenkapitalumschlag 132
Eigenkapitalwachstum 143
Eigenleistungen, Begriff 188
Eingeforderte Nachschüsse 113
Eingeforderte, noch ausstehende Kapitaleinlagen 112
Einheitstheorie, Konsolidierung 78
Einkaufskommission 41
- Buchungen beim Kommissionär 42
- Buchungen beim Kommittenten 42
- Buchungstechnik 42
- Provisionsanspruch 41
Einnahmen, Begriff 185
Einrichtungskredit 376, 377
Einzelkosten
- Begriff 190
Einzelkostenlöhne 241

Einzelkostenrechnung, Begriff 194
Emissionsbedingungen, Kapitalerhöhung gegen Einlagen 371
Emissionskurs 372
Endkostenstellen
- BAB 271
- Begriff 269
Entscheidungsrechnung, Planungsrechnung 401
Entwicklungswagnisse 260
Equity-Konsolidierung
- Buchwertmethode 93
- Kapitalanteilsmethode 93
- Kapitalkonsolidierung 92
Erhaltene Anzahlungen auf Bestellungen 114
Ermittlungsrechnung, Planungsrechnung 401
ERP-Kredite 369
Ersatzinvestition 392
Ertrag
- außerordentlicher 187
- Begriff 186
- betriebsfremder 187
- das Gesamtergebnis betreffender 186, 188
- neutraler 186, 187
- periodenfremder 187
- rechentechnisch bedingter neutraler 187, 188
- Zweckertrag 186
Erweiterungsaufwendungen 113
Erwerbsmethode, Vollkonsolidierung 86
Essenmarken 60, 61, 62
Euro, Wahlrechte im Zusammenhang mit der Einführung 155
Europäische Zentralbank 4
Euroumrechnungsrücklage 156
EZB 4

F

Factoring 387
- Begriff 387
- Delkrederefunktion 387
- Dienstleistungsfunktion 387
- Finanzierungsfunktion 387
Fahrtkosten 46
- Pauschbeträge 46
- tatsächliche Aufwendungen 46
Fertigungsbereich
- Kostenstellengliederung 266, 281, 283, 291
Fertigungsgemeinkosten 266
Fertigungslohnschein, Beispiel 242
Fertigungswagnisse 260
Festbewertung 154
Finanzbedarf, Maßnahmen 367

Finanzierungskennziffern 388
Finanzierungsleasing 15, 16
Finanzierungsquote
- kurzfristige 131, 157
- lang- und mittelfristige 131, 157
Finanzierungsquote, kurzfristige, deutscher Unternehmen in % 165
Finanzierungsquote, langfristige, deutscher Unternehmen in % 164
Finanzierungsregeln 388
- horizontale Kapitalstrukturregeln 388
- horizontale Vermögensstrukturregeln 388
- vertikale Kapitalstrukturregeln 388
Finanzinvestition 392
Finanzkontrolle, Aufgaben 367
Finanzplan, Schema 365
Finanzplanung 362
- Aufstellung einer Finanzprognose 364
- Ermittlung des Kapitalbedarfs 363
- Finanzkontrolle 367
- kurzfristige 366
- Maßnahmen bei Finanzüberschuss 367
- mittel- und langfristige 366
- Planung der Kapitalbeschaffung bei Finanzbedarf 367
Finanzprognose 364, 366
Finanzüberschuss, Maßnahmen 367
Finanzumlaufvermögen
- Bilanzanalyse 114, 115
Finanzwirtschaft 353
- Aufgabenstruktur 353
- finanzwirtschaftliche Grundbegriffe 354
- finanzwirtschaftliche Zielsetzungen 356
Firmenwagen 62
- 1 %-Regelung 63, 65, 66
- Fahrtenbuch 63, 64, 65
- Lohnsteuer 62
- Lohnsteuerpauschalierung 66
- Überlassung an Arbeitnehmer 62
- Umsatzsteuer 64
Flexible Plankostenrechnung 327
- Abrechnungsphase 332
- Abweichungsanalyse 332
- Aufbau und Durchführung 329
- Beispiel mit Mengenangaben 335
- Beispiel ohne Mengenangaben 334

- Formen 328
- Grundlagen 327
- Planungsphase 329
Freie Unterkunft, Sachbezüge 69
Fremdemission, Kapitalerhöhung gegen Einlagen 371
Fremdfinanzierung 368
- Kreditfähigkeit 375
- Kreditleihe 382
- Kreditwürdigkeitsprüfung 375
- kurz- und mittelfristige 375
- langfristige 380
Fremdkapital
- Aufgliederung nach Bindungsfrist 116
- Begriff 355
Fremdkapitalquote 131, 157, 388
- deutscher Unternehmen in % 163
Fremdkapitalwachstum 144
Fremdleistungen 245
Fremdreparaturen 245

G

Gebühren, Kostenartenrechnung 247
Gehälter 52
Gemeinkosten
- Begriff 190, 191
- primäre 271
- Verrechnungssatz bei Stundensatzkalkulation 217
Gemeinkostenlöhne 241
Gemeinkostenzuschlagssatz 215
- BAB auf Vollkostenbasis 286, 289
- Zuschlagskalkulation auf Vollkostenbasis 299
Gemeinschaftsunternehmen, Quotenkonsolidierung 94
Gesamtkapitalrentabilität 142, 157, 388
Gesamtkapitalrentabilität vor Steuern, deutscher Unternehmen in % 176
Gesamtkapitalumschlag 157
- deutscher Unternehmen in % 166
Gesamtkapitalwachstum 143
Gesamtkonzernabschluss 80
Geschäfts- oder Firmenwert 152, 154
Gewährleistungswagnisse 260
Gewerbeertragsteuer, Kostenartenrechnung 246
Gewinn- oder Verlustvortrag, bei teilweiser Verwendung des Jahresergebnisses 150
Gewinneinbehaltung 383
- offene Form 383, 384
- stille Form 383, 384

Gewinnspanne 147
Gewinnvergleichsrechnung 393, 394
Gezeichnetes Kapital, ausstehende Einlagen 112
Gliederungswahlrechte, beim Jahresabschluss 148
Gliederungszahlen 126
GmbH, Kapitalbeschaffung 370
Goldene Bilanzregel 134, 388, 389
Gratisaktie
– Begriff 370, 371, 372
Grenz- und Vollkostenrechnung, kombinierte 307
Grenzkosten
– Begriff 190
Grenzkostenrechnung, Begriff 194
Grundkosten 182, 185
Grundkredit, Darlehensfinanzierung 380
Grundleistung 186
Grundmietzeit, Leasing 15
Grundsteuer, Kostenartenrechnung 246
Gruppenbewertung 117, 119, 155
Gruppenversicherungsverträge 385
GuV-Rechnung
– Aufbereitung bei Bilanzanalyse 121
– betriebswirtschaftliche Grobstruktur 121
– praktischer Fall 106

H
Haftungsverhältnisse 148, 150
Handelsbilanz II, Konzernabschluss 85
Herstellungskosten 188
– Bewertungswahlrechte 153
Hilfskostenstellen
– Abrechnung im kombinierten BAB 293
– Begriff 269
Hilfslöhne 243
Hypothek 381
– Briefhypothek 381
– Buchhypothek 381
– Erlöschen 381
– Hypothekenarten 381
– Sicherungshypothek 381
– Übertragung 381
– Verkehrshypothek 381

I
IAS
– Konzernrechnungslegung 77, 82, 83
Indexzahlen 126
Indossament 3
Indossant 4
Indossatar 4

Ingangsetzungsaufwendungen 113
Inhaberaktie, Begriff 370
Inkassoliquidität 358, 359
Inlandsreisekosten 45
Innenfinanzierung
– aus betrieblichem Umsatzprozess 383
– Begriff 383
– durch Umfinanzierung 383
Innenfinanzierungsgrad 137
Innerbetriebliche Leistungsverrechnung 273
– Anbauverfahren 274
– Beispiel zur Abrechnung des Fuhrparks 276
– Bildung von Kalkulationssätzen 279
– einseitige Leistungsbeziehungen 273
– Gleichungsverfahren 276, 277, 284
– Grundtypen 273
– mehrseitige Leistungsbeziehungen 276
– Schlüsselgrößen 274
– Soll-Ist-Vergleich 279
– Stufenleiterverfahren 284
– Stufenverfahren 274
– Treppenverfahren 274
– wechselseitige Leistungsverrechnung 279
Insolvenzfrüherkennung 135
Interessentheorie, Konsolidierung 79
Interessenzusammenführungsmethode, Kapitalkonsolidierung 92
Interne Zinsfußrechnung 393
– Beispiel 396
Interner Zinssatz 396
Inventur, permanente 238
Investition
– Arten 392
– Begriff 392
Investitionsarten 392
Investitionsentscheidung 392
Investitionsplanung 392
Investitionsrechnung
– Aufgaben 393
– dynamische Verfahren 393, 395
– statische Verfahren 393, 394
Istbeschäftigung, Bestimmung 332
Istbeschäftigungsgrad 332
Istkosten, Bestimmung bei Plankostenrechnung 332
Istkostenrechnung, Begriff 193
Istpreis 240

J
Jahresabschlussanalyse 99
– Aufbereitung des Jahresabschlusses 111

– Kennzahlenanalyse 122, 125, 156
– praktischer Fall 103
Joint Venture, Quotenkonsolidierung 94

K
Kalkulation
– auf Teilkostenbasis 302
– bei fehlendem preispolitischem Spielraum 304
– bei vorhandenem preispolitischem Spielraum 306
– einteiliger Produkte 297
– mehrteiliger Produkte 300
– von Einzelteilen 300
– von Kuppelprodukten 203, 210
Kalkulationsphase, Prozesskostenrechnung 346
Kalkulationssätze
– BAB 271
– BAB auf Vollkostenbasis 285
– Stundensätze 271
Kalkulationssatz, Bestimmung bei Plankostenrechnung 331
Kalkulatorische
– Abschreibungen 272, 312, 318
– Wagnisse 272, 312
– Zinsen 272, 312
Kalkulatorische Kosten 182, 248
– Abschreibungen 182, 248, 252
– Miete 182, 262
– Unternehmerlohn 182, 261
– Wagnisse 182, 259
– Zinsen 182, 255
Kalkulatorischer Gewinn, retrograde Bestimmung 300
Kalkulatorischer Zinsfuß 257
Kantine
– Aussonderung im BAB 282, 285
– kombinierter BAB 291, 293
Kantinenessen 59
– Abrechnung 61
– Essenmarken 60
– Kostenartenrechnung 243
– Lohnsteuer 60
– Sachbezüge 59
– Umsatzsteuer 61
– Verbuchung 61
Kapazitätserweiterungseffekt 384
Kapital
– Begriff 355
– betriebsnotwendiges 256
Kapitalbedarf 362
– bei bestehenden Unternehmen 363
– bei Gründung 363

- Deckung 356
- Ermittlung für das Anlagevermögen 363
- Ermittlung für das Umlaufvermögen 363, 364
- Ursachen und Einflussgrößen 362

Kapitalbeschaffung 368
- Außenfinanzierung 368
- Beteiligungsfinanzierung 368, 369
- durch Ausgabe von Aktien 370
- Eigenfinanzierung 368
- Finanzierungsarten 368
- Fremdfinanzierung 368, 374
- Innenfinanzierung 383
- Kapitalerhöhung gegen Einlagen 371
- Kapitalquellen 368

Kapitalbindung, durchschnittliche 364
Kapitaleinlagen, eingeforderte, noch ausstehende 112
Kapitalerhöhung 371
- aus Gesellschaftsmitteln 372
- bedinge 373
- Erleichterungen für nicht börsennotierte AGs 373
- gegen Einlagen 371
- genehmigte 373
- ordentliche 371

Kapitalflussrechnung 358, 361
Kapitalkonsolidierung 86
- Buchwertmethode 87, 88
- Equity-Konsolidierung 92
- Interessenzusammenführungsmethode 92
- Neubewertungsmethode 87, 88

Kapitalquellen 368
Kapitalquoten 130
Kapitalumschlag 132, 147
Kapitalwachstumselastizität 145
Kapitalwert 395
Kapitalwertmethode 393, 395
- Beispiel 396

Kennzahlen
- zum Finanzierungspotenzial 136
- zum Vermögensaufbau 127, 129
- zum Wachstum 143, 146
- zur Ergebnisentwicklung 140
- zur Ertragskraft 140, 142
- zur Finanzlage 134, 138
- zur Kapitalstruktur 129, 133
- zur Kostenstruktur 141
- zur Liquidität 135
- zur Rentabilität 141

Kennzahlenanalyse 122, 125, 156

Kennzahlensysteme 145, 356
Kfz-Steuer, Kostenartenrechnung 246
KG, Kapitalbeschaffung 369
Kombinierte Produkt- und Vollkostenrechnung, kombinierter BAB 292
Kommissionär 41
Kommissionsgeschäfte 41
- Einkaufskommission 41
- Verkaufskommission 41
Kommissionslager 43
Kommissionsware 43
Kommittent 41
Konsignationslager 43
Konsignationsware 43
Konsolidierung 78
- Einheitstheorie 78
- Interessentheorie 79
- organisatorische Voraussetzungen 80
Konsolidierungsgrundsätze 79
Konsolidierungskreis 79, 83
- Einbeziehungsverbot 83, 84
- Einbeziehungswahlrechte 83, 84
Kontokorrentkredit 378
Konzern, Begriff 78
Konzernabschluss
- anteilmäßige Konsolidierung 94
- Aufstellungspflicht 80
- Aufwands- und Ertragskonsolidierung 96
- Equity-Konsolidierung 92
- EU-VO über die Anwendung internationaler Rechnungslegungsstandards 83
- Form 83
- Gesamtkonzernabschluss 80
- größenabhängige Befreiungen 81
- Handelsbilanz II 85
- Inhalt 83
- Interessenzusammenführungsmethode 92
- Kapitalkonsolidierung 86
- Konsolidierungskreis 83
- Konzern-GuV 96
- Konzernanhang 85, 96, 97
- Konzernlagebericht 85, 97
- materiellrechtliche Bedeutung 80
- nach international anerkannten Rechnungslegungsgrundsätzen 82
- Offenlegung 98
- organisatorische Voraussetzungen 80
- Prüfung 98
- Quotenkonsolidierung 94
- Schuldenkonsolidierung 95
- Stichtag für die Aufstellung 85
- Teilkonzernabschluss 82

- Unterschied zum Einzelabschluss 80
- Vollkonsolidierung 85, 86
- Weltabschluss 83
- Zwischenabschluss 86
- Zwischenergebniseliminierung 95
- Zwischenholding 82
Konzernanhang 85, 96, 97
Konzernlagebericht 85, 97
Konzernrechnungslegung 77
- anteilmäßige Konsolidierung 94
- assoziierte Unternehmen 83, 92
- Aufstellungspflicht 80
- Buchwertmethode 87, 88
- Einheitstheorie 78, 84
- Equity-Konsolidierung 92
- Erstkonsolidierung 88, 89, 91
- EU-VO über die Anwendung internationaler Rechnungslegungsstandards 83
- Folgekonsolidierung 88, 89, 91
- Gesamtkonzernabschluss 80
- größenabhängige Befreiungen 81
- IAS 77
- Inhalt und Form des Konzernabschlusses 83
- Interessenzusammenführungsmethode 92
- Kapitalkonsolidierung 86
- Konsolidierung 78
- Konsolidierungsgrundsätze 79, 84
- Konsolidierungskreis 83, 84
- Konzernabschluss nach international anerkannten Rechnungslegungsgrundsätzen 82
- Konzernanhang 96, 97
- Konzernbegriff 78
- Konzernlagebericht 97
- Neubewertungsmethode 87, 90
- Offenlegung 98
- Prüfung 98
- purchase method 86
- Quotenkonsolidierung 94
- Rechtsgrundlagen 77
- Schuldenkonsolidierung 95
- Stichtag für die Aufstellung 85
- Teilkonzernabschluss 82
- Unterschied zum Einzelabschluss 80
- Vollkonsolidierung 85, 86
- Vollkonsolidierung beim Vorhandensein von Minderheiten 90
- Zwischenabschluss 86

- Zwischenergebniseliminierung 95
- Zwischenholding 82

Kosten
- Begriff 181
- beschäftigungsabhängige 228
- beschäftigungsvariable 229, 231
- degressive 224, 225
- fixe 223, 224, 225, 226
- intervallfixe 224, 225
- kalkulatorische 182, 248
- mengenabhängige 227, 228
- progressive 224, 225
- proportionale 224, 225
- regressive 224, 225
- variable 223, 224, 226
- Zusatzkosten 182

Kosten- und Leistungsrechnung 179
- Aufgaben 195
- Gliederung 191
- Grundlagen 179
- Prinzipien 195
- zentrale Begriffe 180

Kostenarten
- Begriff 192
- primäre 220, 272, 281
- sekundäre 220
- Zurechnung auf Kostenstellen 281

Kostenartenplan 221
- Beispiel 222

Kostenartenrechnung 195
- Aufgabe 219
- Begriff 191
- Kostenartenbildung 220
- Kostenartengliederung 220
- Wesen 219

Kostenbereiche 266, 281

Kostendimension
- Art der Kostenverursachung 232, 233
- Ausgabenwirksamkeit 232, 233
- Tempo der Beeinflussbarkeit 232, 233
- Zurechenbarkeit 232, 233

Kostenfunktion
- Typ A 225
- Typ B 227

Kostenstellen 265
- Begriff 192
- Beziehungen zu den Kostenträgern 269
- Beziehungen zwischen den Kostenstellen untereinander 269
- Zurechnung von Kostenarten 281

Kostenstellengliederung 265
- Beispiel 280
- Bereichsstellen 268
- Prinzipien 268
- Teilkostenstellen 268

Kostenstellenplan, Beispiel 270
Kostenstellenrechnung 195
- BAB auf Vollkostenbasis 280
- Begriff 191
- Formen 270
- in tabellarischer Form 271
- kombinierter BAB 289
- Kostenbereiche 266
- Kostenstellenbildung 265
- Kostenstellengliederung 265
- Kostenstellenplan 270
- Zweck 265

Kostensteuern 246
Kostentheorie 223
Kostenträger, Begriff 192
Kostenträgerrechnung
- auf Vollkostenbasis 202
- Begriff 191
- differenzierte Formen der Zuschlagskalkulation 297

Kostenträgerstückrechnung 192
- Ermittlung Deckungsbeitrag 320

Kostenträgerzeitrechnung 192
- Ermittlung Deckungsbeitrag 321

Kostentreiber, Prozesskostenrechnung 340

Kostenvergleichsrechnung 393, 394

Kostenverläufe, in Abhängigkeit von der Beschäftigung 224

Kreditantrag 375
Kreditfähigkeit 375
Kreditleihe 382
- Akzeptkredit 383
- Avalkredit 382

Kreditwürdigkeitsprüfung 375
- Rating 376

Kündigungsdarlehen 380
Kundenkredit 377
Kundenziel 129
Kuppelproduktion
- Begriff 210
- Restwertrechnung 211
- Verteilungsrechnung 211, 213

L

Lagebericht, praktischer Fall 109
Latente Steuern 151
Leasing 15, 386
- Aufteilung der Leasingraten 19
- Begriff 386
- ertragsteuerliche Besonderheiten 18
- Kosten 386
- Nachteile 387
- umsatzsteuerliche Besonderheiten 18

- Vertragstypen 15
- Vorteile 387
- Zurechnung des Leasinggutes 16
- Zurechnung des Leasinggutes beim Leasinggeber 16
- Zurechnung des Leasinggutes beim Leasingnehmer 18

Leistung
- Begriff 186
- kalkulatorische 186, 188

Leistungsergebnis 189
Leistungsverrechnung, innerbetriebliche 273
Leverage-Effekt 130, 388
Lieferantenkredit 376
- Ausstattungs- und Einrichtungskredit 376, 377
- im eigentlichen Sinne 376
- in Buchform 376
- in Wechselform 376, 377

Lieferantenkonti 238
Lieferantenziel 132
Lifo-Verfahren 117
Liquidität
- absolute 358
- Begriff 356, 358
- dynamische 358, 359
- potentielle 358
- relative 358, 359
- statische 358, 359
- umsatzbedingte 358

Liquidität dritten Grades, deutscher Unternehmen in % 170

Liquidität zweiten Grades, deutscher Unternehmen in % 169

Liquiditätsarten 358
Liquiditätsgrade 135, 157, 358, 359, 388
Liquiditätskennzahlen 135
Lmi-Prozesse, Prozesskostenrechnung 340
Lmn-Prozesse, Prozesskostenrechnung 340

Löhne und Gehälter 52
- Abrechnungstechnik 52
- Abschlagsverrechnungskonto 57
- Abschlagszahlungen 56
- Konten 53
- Lohn- und Gehaltsvorschüsse 55
- Lohnbuchhaltung 53
- Verbuchung mit Lohn- und Gehaltsverrechnungskonto 55
- Verbuchung ohne Lohn- und Gehaltsverrechnungskonto 54

Lohmann-Ruchti-Effekt 384
Lohn- und Gehaltsabrechung 241

Lohn- und Gehaltsverrechnungskonto 55
Lohn- und Gehaltsvorschüsse 55
Lohnbuchhaltung 53
Lohnschein 243
Lohnsteuerpauschalierung, Firmenwagen 66
Lombardkredit 377, 379

M

Managementkosten
- Abgrenzung zu Produktkosten 235
- Begriff 232, 235
- Beispiel differenzierte Stundensatzrechnung 319
- Beispiel Plankostenrechnung 336
- kombinierter BAB 294
Maschinen-Kostenkarte, Beispiel 252
Maschinenstundensätze
- Beispiel I 309
- Beispiel II 314
- differenzierte Stundensatzrechnung 308
- Technik der Bestimmung 308
Materialbereich
- Kostenstellengliederung 266, 281, 283, 291
Materialgemeinkosten 266
Materialintensität 141, 157
- deutscher Unternehmen in % 173
Materialkonto, in Staffelform 239
Materialkosten, Begriff 237
Materialverbrauch
- Bewertung 238
- Erfassung 237
Miete
- kalkulatorische 262
- Kostenartenrechnung 247
Mietverlängerungsoption 15
Minimumprinzip 195
Mittelherkunft, Bewegungsbilanz 138
Mittelverwendung, Bewegungsbilanz 138
Modelle, Sonderkosten 263

N

Nachkalkulation, Begriff 193
Nachnahmesendungen 37
- Annahmeverweigerung 40
- Buchungsmöglichkeiten 38
- Nachnahmebetrag 37
- postalische Bestimmungen 37
- Umsatzsteuer 38
- Zahlscheinbetrag 37
- Zahlscheingebühr 37
Nachschüsse, eingeforderte 113

Namensaktie
- Begriff 370, 371
Nebenkostenstellen, Begriff 269
Nebenleistungen, Begriff 189
Nennwertaktie
- Begriff 370, 371
Neubewertungsmethode
- Folgekonsolidierung 90, 91
- Kapitalkonsolidierung 87, 88
Neutrales Ergebnis 121, 189
Normalkostenrechnung, Begriff 193
Nutzungsdauer, kalkulatorische 249

O

Offenlegung
- Anhang kleiner Kapitalgesellschaften 149
- Konzernrechnungslegung 98
Offenlegungen, größenabhängige Erleichterung 151
Offenmarktpolitik 4
Operate Leasing 15

P

Pacht, Kostenartenrechnung 247
Passivierungswahlrechte 152
Pensionsrückstellungsquote
Pensionsrückstellungen 114
Pensionsrückstellungsquote 131
Pensionsrückstellungen 153
Pensionsrückstellungsquote 157
- deutscher Unternehmen in % 162
Pensionsrückstellungen, Innenfinanzierung 385
Personalintensität 141, 157
- deutscher Unternehmen in % 174
Personalkosten 241
Personalkredit 377
- Bürgschaftskredit 377, 378
- verstärkter 377, 378
- Wechseldiskontkredit 377, 378
- Zessionskredit 377, 379
Personalproduktivität 144
Pfandindossament 3
Pfandrecht 379
Planbeschäftigung, Bestimmung 330
Planbeschäftigungsgrad 330
Plankosten
- Bestimmung bei Plankostenrechnung 331
- verrechnete 334
Plankostenrechnung 327
- Abrechnungsphase 332
- Abweichungsanalyse 332

- Aufbau und Durchführung 329
- Begriff 193
- Beispiel mit Mengenangaben 335
- Beispiel ohne Mengenangaben 334
- flexible 329
- Formen 328
- Grundlagen 327
- Planungsphase 329
- starre 328
Plankostensatz, Bestimmung 331
Planmenge, Bestimmung bei Plankostenrechnung 330
Planpreis 240
- Bestimmung bei Plankostenrechnung 331
Planungsrechnung 399
- Arten 400
- Begriff 399
- Phasen 400
- Verfahren 401
Postenzusammenfassung 148
Preisabweichung
- Bestimmung bei Plankostenrechnung 334, 335, 337
Preiskontrolle 196
Prinzip der Fristenkongruenz 134
Prinzipien der Kosten- und Leistungsrechnung 197
- Adäquanz 201
- Aktualität 201
- Ausschaltung außergewöhnlicher Ereignisse 201
- Durchschnittsprinzip 200
- Flexibilität 197, 198
- Mengenkongruenz 199
- Objektivität 197
- Periodengerechtigkeit 198
- Plausibilität 200
- relative Genauigkeit 201
- relative Richtigkeit 201
- Relevanz 197, 198
- Transparenz 197, 198
- Verursachungsprinzip 200
- Vollständigkeit 197
- Wertkongruenz 199
- Wirtschaftlichkeit 197
Pro-Kopf-Leistung 145
Pro-Kopf-Umsatz 144
Produktionsfunktion
- Typ A 225
- Typ B 227, 229
Produktionstheorie 223
Produktkalkulation, Prozesskostenrechnung 348
Produktkosten 194
- Abgrenzung zu Managementkosten 235
- Begriff 232, 234
- Beispiel differenzierte Stundensatzrechnung 317

- Beispiel Plankostenrechnung 336
- kombinierter BAB 294
Produktkostenrechnung, mit Solldeckungsbeiträgen 303
Prognosemodelle, Planungsrechnung 401
Programmplanung 196
Prolongationswechsel 8
Prolongationswechselbetrag 9
Prolongationswechsel, Verbuchung 10
Protestkosten 12
Provision, Produktkostenrechnung 305
Provisionen, Sonderkosten 263
Provisionsanspruch, Einkaufskommission 41
Prozesskostenrechnung 338
- differenziertes Rechenbeispiel 343
- Entstehungsgründe 338
- Kalkulationsphase 346
- Kritik 347
- Vorgehensweise 340
- Wirtschaftlichkeit 349
- Ziele 340
Prozesskostensatz
- Beispiel 341
- Ermittlung 342
Prüfung, Konzernrechnungslegung 98
Purchase method, Vollkonsolidierung 86

Q
Quotenaktie
- Begriff 370, 371
Quotenkonsolidierung 94

R
Rabatt-Freibetrag
- Sachbezüge 73, 74
Ratengeschäfte 27
- Umsatzsteuer 29
- Verbuchung 29
Rating, Baseler Beschlüsse 376
Raumkosten
- differenzierte Stundensatzrechnung 312, 316
- innerbetriebliche Leistungsverrechnung 275
Reagibilitätsgrad 225
Realkredit 377, 378
- Lombardkredit 377, 379
- Sicherungsübereignung 377, 380
Rechts- und Beratungskosten, Kostenartenrechnung 248
Regress 12
Reisekosten 45
- Abrechnung 49, 50
- Einkommen- und Lohnsteuer 45
- Fahrtkosten 46
- Kostenartenrechnung 248

- Nebenkosten 46, 49
- Übernachtungskosten 46, 48
- Umsatzsteuer 49
- Verbuchung 49, 50
- Verpflegungskosten 46, 47
- Vorstellungsgespräche 49
Reisenebenkosten 49
Remboursekredit, Begriff 383
Rentabilität 141, 356, 394
Rentabilitätsrechnung 393, 394
Repräsentationskosten, Kostenartenrechnung 248
Restgemeinkosten
- Beispiel differenzierte Stundensatzrechnung 309, 319
Restwertverzinsung 257
Return on investment 145, 147, 356
ROI 145, 147, 356
Rückgriff (Wechsel) 11
Rücklagen, steuerfreie 115
Rücklagenquote 130
Rückstellungen
- Bilanzanalyse 116
- sonstige 116
Rückstellungen für unterlassende Instandhaltungen 152
Rückstellungsbildung
- Innenfinanzierung 383, 385
Rückstellungsquote 131, 157
- deutscher Unternehmen in % 161
Rückzahlungsdarlehen 380
Rüstkosten, Begriff 235
Rüstkostensatz, differenzierte Stundensatzrechnung 314

S
Sachanlagenintensität 157
- deutscher Unternehmen in % 158
Sachbezüge 59
- freie Unterkunft und Verpflegung 69
- grundlegende lohnsteuerliche Vorschriften 59
- grundlegende umsatzsteuerliche Vorschriften 59
- Kantinenessen 59
- Rabatt-Freibetrag 73, 74
- Überlassung von Firmenwagen an Arbeitnehmer 62
- Überlassung von gemieteten oder geleasten Fahrzeugen an Arbeitnehmer 69
- Überlassung von Werks-/Dienstwohnungen 71
- unentgeltliche Warenüberlassung an Arbeitnehmer 75
- verbilligte Dienstleistungen an Arbeitnehmer 73

- verbilligter Warenverkauf an Arbeitnehmer 73
Sachinvestition 392
Scheck-Wechsel-Tauschverfahren 13
Schlüsselgrößen, BAB 272
Schuldenkonsolidierung 95
Schuldscheindarlehen 380, 382
Schuldwechsel 2
Selbstemission, Kapitalerhöhung gegen Einlagen 371
Selbstfinanzierung 383
- offene Form 383, 384
- stille Form 383, 384
Selbstfinanzierungsgrad 130
Selbstschuldnerische Bürgschaft 378
Sicherungshypothek 381
Sicherungsübereignung 377, 380
Skontration 237, 239
Solawechsel 1
Soll-Deckungsbeitrag
- bei fehlendem preispolitischem Spielraum 304
- differenzierte Stundensatzrechnung 314, 318
- kurzfristige Erfolgsrechnung 326, 327
Soll-Ist-Vergleich 279
- BAB auf Vollkostenbasis 285
Sollkosten, Ermittlung bei Plankostenrechnung 333
Sondereinzelkosten 263
Sonderkosten
- abrechnungstechnische Behandlung 264
- Begriff 263
- charakteristische Merkmale 264
- der Fertigung 264
- des Vertriebs 264
Sonderposten mit Rücklageanteil 115, 117, 119, 150, 151, 152
Sonderpostenspiegel, praktischer Fall 107
Sonderwerkzeuge, Sonderkosten 263
Sonstige Rückstellungen, Bilanzanalyse 116
Sozialkosten
- Begriff 243
- kalkulatorische Verrechnungssätze 244
Soziallöhne 241, 244
Spezialleasing 15
Stammaktie
- Begriff 370, 371
Statischer Verschuldungsgrad 132
Stellenkosten, indirekte 191
Steuerabgrenzung, aktive 113
Steuerfreie Rücklagen 115

Steuern, Kostenartenrechnung 246
Steuerrückstellungen, Bilanzanalyse 116
Stromkosten, differenzierte Stundensatzrechnung 312
Struktur-GuV-Rechnung
- Bilanzanalyse 122, 123, 124
Strukturbilanz
- Bilanzanalyse 111, 116, 119, 120
Stückliste, Beispiel 301
Stundensätze
- Ermittlung im kombinierten BAB 294
- Ermittlung mit Hilfe des BAB 271
Stundensatzkalkulation
- einfache 217
- Vorgehensweise 218
Stundensatzrechnung
- differenzierte 302, 308
- einfache 203, 214, 217
- Vorgehensweise 218
Substanzerhaltung 199
Synchronkalkulation, Begriff 193

T
Target Costing 349
Teilkonzernabschluss 82
Teilkostenrechnung, Begriff 194
Teilkostenstellen 268
Teilzahlungsgeschäfte 27
- Umsatzsteuer 29
- Verbuchung 29
Tilgungsdarlehen 380
Trassant 1

U
Übernachtungskosten 48
- Einzelnachweis 48
- Pauschbetrag für Arbeitnehmer 48
Überstundenlöhne 241
Umfinanzierung 383
- im engeren Sinne 383, 385
- Umschichtung des Vermögens 383, 385
Uminvestierung 383, 385
Umkehrwechsel 13
Umlaufvermögensintensität 127
Umlaufvermögenswachstum 144
Umsatzerlöse, Begriff 185
Umsatzliquidität 358, 359
Umsatzrentabilität 142, 147, 157
Umsatzrentabilität vor Steuern, deutscher Unternehmen in % 177
Umsatzsteuer, Kostenartenrechnung 246

Umsatzwachstum 143
Umsatzwachstumselastizität 145
Umschlagsdauer, der Vorräte 128
Umschlagshäufigkeit
- der Forderungen aus Lieferungen und Leistungen 128
- der Verbindlichkeiten aus Lieferungen und Leistungen 132
- der Vorräte 128
Umschlagskoeffizienten 128, 132
Unentgeltliche Verpflegung
- Sachbezüge 70
Unternehmerlohn, kalkulatorischer 261
Unterpfand, Darlehensfinanzierung 381
US-GAAP, Konzernrechnungslegung 82

V
Variator
- Beispiel 337
- Plankostenrechnung 331
Venture-Capital-Markt 370
Verbindlichkeitsspiegel 116
- praktischer Fall 109
Verbrauchsabweichung
- Bestimmung bei Plankostenrechnung 334, 335, 337
Verbrauchsfolgeverfahren 117, 119, 155
Verkaufskommission 43
- Buchungen beim Kommissionär 44
- Buchungen beim Kommittenten 44
- Buchungstechnik 43
- Kommissionslager 43
- Kommissionsware 43
- Konsignationslager 43
- Konsignationsware 43
Verkehrshypothek 381
Vermögen
- Begriff 355
- im betriebswirtschaftlichen Sinne 355
- im rechtlichen Sinne 355
Vermögensintensitäten 127
Verpflegung, unentgeltliche 70
Verpflegungskosten 47
Verpflegungsmehraufwendungen 47
Verschuldungsgrad 388
- dynamischer 137, 157
- statischer 132
Versicherungsprämien, Kostenartenrechnung 247
Vertreterprovision, Zuschlagskalkulation auf Vollkostenbasis 298

Vertriebsbereich
- Kostenstellengliederung 267, 281, 283, 291
Vertriebswagnisse 260, 261
Verwaltungsbereich
- Kostenstellengliederung 283, 291
Verwaltungsgemeinkosten 267
Voll- und Teilkostenkalkulation
- kombinierte 304, 307
Vollindossament 3
Vollkonsolidierung 86
- beim Vorhandensein von Minderheiten 90
- Erwerbsmethode 86
- purchase method 86
Vollkosten-BAB, Beispiel 282
Vollkostenrechnung, Begriff 194
Vollmachtsindossament 3
Vorauszahlungen 30
- Ausweis am Jahresende 34
- Buchungstechniken 31, 32, 33
- erhaltene 34
- Istversteuerung 31
- Umsatzsteuer 31
Vorfinanzierungsquote 131
Vorkalkulation
- Begriff 192
- Zuschlagskalkulation auf Vollkostenbasis 297, 298
Vorkostenstellen
- BAB 271
- Begriff 269
Vorratsintensität 127, 157
- deutscher Unternehmen in % 159
Vorschaurechnung, Planungsrechnung 401
Vorzugsaktie
- Begriff 370, 371

W
Wachstumselastizität 145
Wachstumsindizes 143
Wachstumsquoten 143
Wagnisse
- kalkulatorische 259, 272, 312
Wechsel 1
- Annahme 2
- Aufbewahrung 2
- Ausstellung 2
- eigener 1
- Einlösung 2
- gezogener 1
- Verbuchung 1
Wechseldiskontierung 4
- Diskontierungskosten 6
- Verbuchung 6, 7
Wechselindossierung 3
Wechselkredit 4

Wechselprolongation 8
Wechselprotest 11
– Verbuchung 12
Weihnachtsgeld 241
Werbekosten, Kostenarten-
  rechnung 248
Werkswohnungen, Sachbe-
  züge 71
Wiederbeschaffungswert
– aktueller 250, 254, 259, 312
– zukünftiger 250
Working capital 136, 388

Z
Zahlungsstockung 358
Zahlungsunfähigkeit 357
Zeitvergleich, Bilanzanalyse
  100

Zession, Begriff 379
Zessionskredit 379
– offene Zession 379
– stille Zession 379
Zielkostenrechnung 349
– Darstellung 349
– Kritik 350
– Target Costing 349
Zinsen
– kalkulatorische 255, 257,
  272, 312
Zinsfuß, kalkulatorischer 257
Zusatzaktie, Begriff 372
Zusatzkosten 182
Zusatzleistungen, Begriff 188
Zuschlagskalkulation
– differenzierte auf Vollkos-
  tenbasis 297, 298, 301

– einfache 203, 214, 215
– Vergleich zur Stundensatz-
  kalkulation 218
– Vorgehensweise 215
Zweckaufwand 182, 185
– Typ A 183
– Typ B 183
Zweckertrag 186
Zwischenabschluss, Konzern-
  rechnungslegung 86
Zwischenergebniseliminierung
  95
Zwischengewinne 96
Zwischenholding, Konzern-
  rechnungslegung 82
Zwischenkalkulation, Begriff
  193
Zwischenverluste 96

QP 829
QP 827

03 0906 04 02